스토리텔링으로 배우는

서비스 에티켓

최병호·이현재 공저

Learning Through Storytelling

Service Etiquette

(주)백산출판사

머리말

아리스토텔레스가 "한 마리의 제비가 날아온다고 봄을 만드는 것은 아니며, 하루가 봄을 만드는 것도 아닌 것처럼, 하루나 짧은 시간으로 인간은 복을 받고 행복한 사람이 되는 것은 아니다."라고 했듯이, 말은 덕(德)을 기르는 데 있어 특정한 시기가 중요한 것이 아니라 평생을 배우고 때에 맞춰 배운 내용을 반드시 실천하는 것이 필요하다는 걸 알 수 있다.

경험주의 아버지로 불리는 프랜시스 베이컨이 말한 "아는 것이 힘이다."라는 문구를 보아도 지식만이 중요한 게 아니라 대상을 제대로 이해하고 적시에 활용하는 것이 얼마나 중요한지 알 수 있다. 즉, 많이 보고 배워서 생각의 폭을 넓혀야 한다.

"아는 만큼 보이는 서비스 에티켓"이라는 말이 개인의 경쟁력을 평가하는 잣대가 된 지도 오래되었다. 소통형 인재가 매력 있는 사람으로 인식되듯이 인간은 모두가 유일무이한 존재이다. 각자의 개성을 가진 존재인 만큼 우리는 타인의 성공 사례를 무작정 따라 하기보다는 성공 이면에 숨어 있는 서비스 에티켓을 깨달아 나만의 가치를 실현해야 한다. 자신에 대한 이해를 기반으로 장단점을 분석하고 개발할 수 있는 방법을 자기 주도적으로 학습하고 이것을 정리하여 자신만의 포트폴리오를 만들어 지속적으로 자신을 점검하고 개발할 수 있는 자료로 활용한다면 경쟁력을 지닌 사람이 될 것이라 확신한다.

예나 지금이나 훌륭한 인재를 구하는 것은 무엇보다 중요한 일이고 또 어려운 일이다. 선인들은 인재를 구함에 있어 '신언서판'이란 기준을 사용했다. 인재상은 고정불변이 아니라 시대에 따라 변한다. 과거 산업화 시대에 필요했던 인재와 지금 우리 사회가 필요로 하는 인재, 그리고 30년 후 미래 사회가 필요로 하는 인재는 모두 다를 것이다. 지금처럼 교과서와 인터넷에 나오는 지식을 단순히 습득하는 개념의 교육은 점점 더 의미가 없어진다. 배우는 과정과 배우는 것을 활용하는 과정이 함께 어우러지는 교육, 일정 기간에 습득하는 것이 아닌 평생 주기로 배우는 것이 중요하다.

미래 사회에서 필요한 인재상은 한마디로 '인성을 갖춘 인재'라고 할 수 있다. '인성을 갖춘 인재'는 스스로 목표를 정하고 결정하며 남과 다름을 인정하고 다양성을 추구한다. 또한 자신만이 아니라 다른 사람들을 배려하는 이타적 인재를 의미한다.

본서는 저자들의 오랜 연구와 대학 현장에서 학생들을 지도하면서 쌓은 경험을 토대로 이론과 실무 중심으로 구성하였고 전체 장을 대학의 한 학기 수업으로 활용할 수 있도록 하였다.

본 교재의 내용은 5개 Part, 13 Chapter로 구성하였다.

Part Ⅰ은 생활 속에서 느끼고 체험하는 문화, 해외여행, 식음료로부터 동일한 시대와 공간 속에서 그 구성원들 간에 제각기 나타나는 다양한 문화적 차이를 받아들여 나름대로 기준과 색을 유지하면서 문화 간 상호작용을 살펴보았다.

Part Ⅱ는 일상생활에서 자주 거론되는 사례로 인류무형문화유산, 희로애락, 리더십으로부터 효과적인 협력과 문제해결 능력을 발휘하는 실천 방법을 알아보았다.

Part Ⅲ은 심리학으로 본 프레젠테이션, 위기 탈출, 패션에 대해 살펴보았다.

Part Ⅳ는 문화예술 활동에서 자주 경험하는 레저 · 스포츠, 모르면 손해가 되는 일상, 살아가는 데 도움이 되는 영어 회화 표현을 다루었다.

Part Ⅴ는 사회적 이슈인 세상을 살아가는 힘, 문해력을 기반으로 4차 산업혁명 시대에 사회가 요구하는 역량을 설명하였다.

끝으로 본 교재 발간까지 애써주신 백산출판사 진욱상 사장님과 편집을 맡아 세심하게 많은 도움을 주신 편집부 여러분께 진심으로 감사의 인사 말씀을 드린다.

2023년 8월

저자 일동

차례

I 생활 속에서 즐기는 에티켓 / 11

Ⅱ 사례로 배우는 서비스 에티켓 / 139

Ⅲ 심리학으로 본 에티켓 / 241

PART

I

생활 속에서 즐기는 에티켓

Learning Through Storytelling Service Etiquette

CHAPTER 1

문화의 또 다른 시각

1. 문화를 뛰어넘어서

1) 문화의 정의

문화(文化)의 개념은 다양한 시각에서 다른 의미로 해석할 수 있어서 간단하게 설명하기는 쉽지 않다. 문화는 합의된 정의를 마련하기 어려운 특질을 가진 용어이긴 하나 그것의 역사적 의미의 궤적을 들여다보았을 때, 우리는 문화가 언제나 당대적 범주로서 늘 살아 있는 정의가 이루어지는 영역이며, 정치나 경제와는 달리 인간 삶의 특수한 방식과 질의 측면을 강조하는 것으로, 특정 생산물이나 외적인 행위, 외형적인 제도와 그 자체만이 아니라 그것과 관련된 사회적 개인들 또는 집단들의 고유한 생물학적 본능, 욕구, 감정, 능력, 신념들에 관한 문제였음을 짐작할 수 있다.

흔히 문화라 했을 때 우리는 문화인, 문화생활, 문화시민, 문화시설, 주거문화, 문화유산, 청소년문화, 대중문화, 고급문화, 한국문화, 동양문화, 서양문화 등 이처럼 문화는 좁은 의미와 넓은 의미로 다양하게 사용되고 있다.

문화는 삶의 이상과 목적을 실현하려는 인간 의지의 활동을 통해 창조되는 것이고, 인간을 둘러싸고 있는 다양한 물질문화와 비물질문화에 대한 인간의 지적 활동이며, 정신적인 행위로 구체화된 생활양식의 형식과 내용의 지표이자 물적 산물의 총화이다. 라틴어 '콜레레(colere, 경작하다, 재배하다)'에서 유래되어 '숭배[마음과 예(藝), 쿨투스(cultus)]', '문화(쿨투라, cultura)'를 거쳐 교양, 수양, 재배, 배양이라는 뜻의 영어 'culture'로 사용되고 있다. 의식주를 비롯하여 언어, 풍습, 종교, 학문, 예술, 제도 따위를 모두 포함한다. 이외에 문화에 대한 다양한 학자들의 정의를 살펴보면 다음과 같다.

첫째, 영국의 문화인류학자인 에드워드 버넷 타일러(Edward Burnett Tylor, 1832~1917)는 1871년에 발간한 저서 『원시문화(Primitive Culture)』에서 문화(culture) 또는 문명이 '복합적인 생활양식'으로 '지식, 신념, 예술, 도덕, 법, 관습 및 사회구성원으로서 인간이 획득한 능력 또는 습관을 포함하는 복잡한 총화'라고 한다. 일상적으로 사용되는 단어인 '문화'의 개념은 개인 간의 차이, 집단 간의 차이, 지역사회 간의 차이, 나아가서는 국가 간의 차이, 즉 문화권 간의 차이가 그만큼 다양한 층위와 범주를 가지고 이해할 수 있는 개념이다.

둘째, 미국의 문화인류학자인 에드워드 홀(Edward T. Hall, 1914~2009)의 『숨겨진 차원(The Hidden Dimension)』에 의하면, 마치 동물의 왕국에서 볼 수 있는 것과 같이 동물들이 특징적으로 한 영역을 설정해 두고 동종의 다른 구성원으로부터 그것을 방어하려고 침입자를 물리치기 위해 싸우는 행동처럼, 이 공간은 인간관계의 친소(親疏)에 따라 그 거리가 달라진다. 즉 가족, 연인 등 친밀한 사람들과의 '밀접한 거리(0~46cm)', 친한 친구와의 '개인적 거리(46~120cm)', 사무적 인간관계의 '사회적 거리(120~360cm)', 연설이나 강연 같은 데서 큰 소리로 의사소통하는 '공적인 거리(360cm 이상)' 등으로 구분한다. 적절한 개인적 공간은 나라별, 문화별로 다소 차이가 있는 것으로 조사된 바 있다. 문화가 다른 사람들이 교류할 때 서로 문화 고유의 비언어적 행동양식을 이해하지 못해 의미를 왜곡하고 복잡한 의사소통 과정에서 상황이나 배경이 얼마만큼 중요한지에 따라 고맥락 문화(High context culture)와 저맥락 문화(Low context culture)로 구분한다.

셋째, 영국의 문화비평가 레이먼드 윌리엄스(Raymond Williams, 1921~1988)는 『Keyword, 1976』에서 문화를 "영어 단어 중에서 가장 난해한 몇 개 단어 중 하나(Culture is one of the two or three most complicated words in the English language.)"라고 말했다. 그것은 이 단어가 유럽의 몇몇 언어와 얽혀 복잡한 역사적 전개를 이루었기 때문인데, 이보다 주된 이유는 이 단어가 현재 여러 학문 분야나 서로 다른 사상 체계에서 중요한 개념으로 사용되기 때문이다. 레이먼드 윌리엄스는 문화를 더 세분화하여 '지적 · 정신적 · 심미적인 계발의 일반적 과정', '한 인간이나 시대 또는 집단의 특정한 생활양식', '지적인 작품이나 실천행위(signifying practices), 특히 예술적인 활동'의 세 가지 개념으로 구분하여 볼 수 있다.

지적 · 정신적 · 심미적인 계발의 일반적 과정	물질문명과 반대되는 정신문화
한 인간이나 시대 또는 집단의 특정한 생활양식	일상적 생활로서의 살아 있는 문화 또는 문화적 실천
지적인 작품이나 실천 행위	문화는 미술, 음악, 문화, 영화, 건축, 옷차림 같은 문화적 텍스트

넷째, 네덜란드의 비교문화학자인 게흐트 호프스테드[Geert Hofstede; 마스트리히트대학교(Maastricht University) 명예교수]는 그의 저서 『Cultures and Organizations: Software of the Mind, Third Edition』에서 문화가 표현되는 방식을 '상징(symbols), 의례(rituals), 영웅(heroes), 가치(values)'의 네 가지로 구분하였다. 상징이란 동일한 문화를 공유한 사람들만이 인식할 수 있는 특별한 의미를 지닌 단어, 몸짓, 그림 및 사물을 말한다. 영웅은 생존 여부나 실재 여부에 관계없이 사회에서 가치 있게 여기는 여러 특징을 가지고 있어, 사회구성원들에게 역할 모범으로서의 구실을 하는 인물을 의미한다. 의례는 문화 내에 없어서는 안 될 사회적으로 중요한 집단 행위이다. 의례는 의례 그 자체를 위해 수행된다. 의례에는 인사법, 타인에게 존경을 표현하는 방식, 그리고 사회적 · 종교적인 의식이 포함된다. 문화의 가장 핵심부에 존재하는 것이 가치이다. 가치는 문화의 본질적인 구성요소의 하나로 해당 문화를 잘 반영시켜 주는 변수이기도 하다. 상징, 영웅, 의례를 합해서 관행이라 하는데, 이는 모두 외부 관찰자가 관찰할 수 있기 때문이다. 그러나 문화적인 의미

는 제3자가 관찰할 수 없으며 그 문화권에 속해 있는 사람들이 내리는 관행의 해석이 바로 그 문화의 의미이다.

호프스테드는 1980년 IBM이라는 다국적 기업의 현지 회사에 근무하는 종업원들을 대상으로 통계적 기법을 이용하여 글로벌기업의 국가 간 문화차이를 실증 분석하였다. 그는 비교 분석한 연구 결과에 대해 4가지 차원의 연구모형을 제시하였는데, 4가지 차원이란 권력거리(power distance), 불확실성 회피성향(uncertainty avoidance), 개인주의 대 집단주의(individualism vs collectivism), 남성성과 여성성(masculinity vs feminity)이다. 여기에 호프스테드(Hofstede)와 본드(Bond)는 1988년에 5번째 문화차원으로 유교적 동적 차원인 장기지향성 대 단기지향성(long-term orientation vs short-term orientation)을 또 하나의 문화차원으로 추가하여 총 5가지 문화차원을 제시하였다. 마지막으로 불가리아 학자인 밍코프 박사(M. Minkov)가 발견한 본성과 절제(indulgence vs restraint)를 추가하였다.

권력거리란 "한 국가의 제도나 조직의 힘없는 구성원들이 권력의 불평등한 분포를 기대하고 수용하는 정도"를 말한다. 불평등은 어느 국가에나 존재하지만 불평등을 받아들이는 방식은 국가마다 모두 다르다. 이를 수치화한 것이 권력거리지수(Power Distance Index: PDI)이다. 이 지수는 한 국가 내에서의 의존 관계를 보여준다. 권력거리지수가 낮은 문화는 평등문화로, 권력거리지수가 높은 문화는 불평등 문화로 볼 수 있다. 개인주의란 "개인 간의 구속력이 느슨한 사회를 말한다.

반대로 집단주의란 사람이 날 때부터 강력하고 단결이 잘된 내집단에 통합되어 있으며, 평생 무조건 내집단에 충성하는 대가로 그 집단이 개인을 계속 보호해 주는 사회"를 말한다. 이를 수치화한 것이 개인주의지수(Individualism Index: IDV)로 개인주의지수가 높으면 개인주의 문화에, 개인주의지수가 낮으면 집단주의 문화에 속한다. 남녀 간의 생물학적 차이는 전 세계를 아울러 공통적이다. 반면, 남녀에게 주어진 사회적 역할은 문화마다 다르다. 이는 남녀 역할 분화 시, 생물학적 요인은 일부분에 불과하지만 남여 역할 패턴의 안정성은 전적으로 사회화의 문제이기 때문이다. 여성성과 남성성 중 어떤 가치를 더 강조하는지 정도를 나타내는 것이 남성성지수(Masculinity Index: MAS)이다. 불확실성이란 주관적인 경험이자 느낌으로, 이에 대처하는 방식은 모두 다르다. 불확실성이라는 느낌은 개인적인 것이지만 동시에 사회적으로 공유되는 것이기도 하다. 호프스테드는 이를 "한 문화의 구성원들이 불확실한 상황이나 미지의 상황으로 인해 위협을 느끼는 정도"라고 정의한다. 긴장성 스트레스, 예측 가능성의 요구, 성문율 및 불문율의 필요성으로 나타나는 이 지수는 불확실성회피지수(Uncertainty Avoidance Index: UAI)이다. 한 사회에서의 미덕(Virtue) 추구에 관한 것이다. 유교적 동적 차원으로 장기지향-단기지향(Long Term Orientation–Short Term Orientation: LTO)라고 명명된 이 차원은 "지위에 의한 인간관계 서열 정립, 이 질서의 유지, 끈질김"과 같은 요소로 구성된다.

6번째 문화의 특질은 호프스테드의 동료인 밍코프(M. Minkov, 1959)에 의해 주창된 것으로 인간이 근본적으로 갈구하는 삶의 여흥을 받아들이는 자세를 뜻하는 것이다. 방종-자제지수(Indulgence vs Restraint)는 문화차원지수가 높은 국가는 주로 남미 국가들로 삶의 희로애락을 받아들이는 자세가 개방적이고 표현이 솔직한 국가들이라 할 수 있다. 반대로 지수가 낮은 국가는 주로 아시아 국가들로 반응을 절제하여 즐거움과 환희에 대한 말과 행동의 표현이 상당 부분 실제 생각이나 느낌과 다를 수 있다는 것을 뜻한다.

호프스테드 문화차원이론 구성요소

출처: https://r6game.tistory.com/entry/Hofstedes-cultural-dimensions-theory

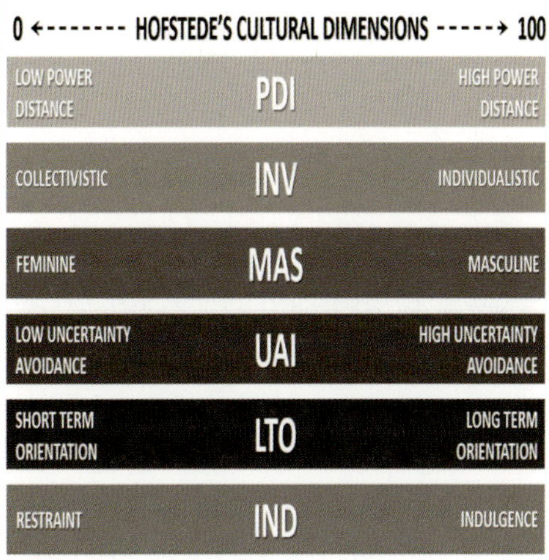

호프스테드 문화차원 변수의 특성

출처: https://r6game.tistory.com/entry/Hofstedes-cultural-dimensions-theory

한국 사회는 상대방의 감정을 중시한다. 공적인 상황과 사적인 상황에서 타인의 시선을 의식하는 동시에 관찰하고 평가한다. 이를 통해 한국 비즈니스 파트너는 자신의 행동으로 인해 다른 사람과 혹은 조직에 피해를 주지 않기 위해 노력한다.

면대면 상황으로 모든 문화권에서 상대방을 처음 만났을 때 존중과 반가움의 표시로 서로 악수를 한다. 악수는 전 세계적으로 가장 보편적인 인사 방법 중 하나이다. 악수가 통하지 않거나 안 좋은 의미로 사용되는 문화권도 있다고 하지만 국제화와 세계화가 이루어진 지금은 전 세계에서 악수가 보편화되어 있다.

악수의 기원은 중세시대 때 기사들이 칼을 차고 다니곤 했는데 적을 만났을 때는 오른손으로 칼을 빼 들어 적의를 표현했다고 한다. 하지만 상대방과 싸울 의사가 없을 때는 손에 무기가 없다는 것을 증명하기 위해 오른손을 내밀어 잡았는데 이것이 악수의 유래가 되었다. 악수는 자신에 대한 확신과 자신감을 보여주는 또 다른 표현이기 때문이다. 악수할 때는 반드시 일어서서 상대방의 눈을 보며 하는 것이 좋다. 왼손잡이일지라도 악수는 오른손으로 해야 한다.

최근 상대의 눈을 보지 않고 악수를 한 바이든 대통령의 노 룩(The no-look handshake) 악수가 정치권에서 문제가 되었던 것처럼, 악수 예절에서 상대의 눈을 보는 것은 그만큼 중요하다. 고대 바빌론에서는 신성한 힘이 인간에게 전해지는 것을 상징하는 의미로, 왕이 성상(聖像)의 손을 잡았다는 이야기가 있다. 고대 로마의 율리우스 카이사르는 오른손으로 하는 인사법을 장수들에게 가르쳤다. 중세 기사들은 칼을 차고 다녔는데 적을 만났을 때 오른손으로 칼을 빼 들어서 적의를 표했다. 하지만 상대방과 싸울 의사가 없을 때는 손에 무기가 없다는 것을 보여주기 위해 오른손을 내밀어 잡았다. 그것이 악수의 유래가 되었다는 것에, 신빙성의 무게가 실린다.

지금도 사하라 사막 이남의 아프리카인들은, 모르는 사람과 마주치면 오른손을 들어 손바닥을 활짝 펴는 인사를 한다. 이처럼 오른손을 드는 이유는 상대방과 싸울 무기를 지니지 않았다는 것을 의미한다. 악수는 악의가 없음을 보여주는 행동으로, 한국에서도 고려시대나 조선시대에, 손에 무기를 쥐고 있지 않다는 것을 증명하는 데서 시작되었다고 추측한다. 미국과 한국의 악수 문화에는 확실한 차이가 있다. 미국의 악수는 동등하며 수평적이다. 미국에서는 손아귀의 힘을 빼고 흐느적거리듯(dead fish handshake) 가볍게 하는 악수는 최악이다. 미국의 빌 클린턴 전 대통령은 사람들과 악수할 때 두 손으로 상대를 반기거나 다른 한 손으로 상대의 팔꿈치를 잡기도 하는데, 그런 행동이 즉각적인 호감을 끌어낸다는 반응이다.

사람은 대부분 악수를 하며 호의를 전한다. 두 손으로 악수하는 사람도 있다. 내가 친해지고 싶은 사람과 거리감을 없애고자 애용하는 방법은 그 사람의 팔꿈치를 잡는 것이다. 악수를 힘차게 하는 만큼, 반갑고, 좋은 인상을 주고 싶고, 성의를 다하고 있다는 표시다. 힘있게 악수하면서 간단한 인사말과 함께 눈을 마주치고 미소 짓는 것이 미국식 좋은 악수 예절이다. 반면 한국은 해양경찰 예절 규칙 제9조(악수)에 의하면 ① 상급자가 먼저 요청이 있을 때에 한하여 그 1보 앞에서 차렷 자세로 오른손을 내어 이에 응한다. ② 이때 손은 가볍게 잡고 상대방의 눈을 마주보며 자연스럽게 교환하며, 절도 있는 목소리로 계급 성명이나 "감사합니다"라는 인사를 건넨다. ③ 악수 시 허리를 굽히거나, 고개를 숙이는 등 저자세 악수법은 삼가며, 손을 너무 흔들거나 두 손을 움켜쥐는 것은 실례가 된다고 한다. 악수에서도 상하 관계가 뚜렷하다. 수직적이다. 윗사람이 아랫사람에게, 선배가 후배에게, 상급자가 하급자에게, 먼저 악수를 청하기 전에 손을 내미는 것은 예의가 아니다.

한국의 군대에서는 이렇게 배운다고 한다. 상급자가 악수를 청할 수 있고 하급자는 그것을 받는데, 이때 하급자는 반드시 손에서 힘을 빼야 하는 것이 매우 중요하다고 한다. 악수를 청한 사람이 흔들고 싶은 만큼 흔들고 아랫사람은 그냥 수동적으로 응대해야 한다. 상관이 멈추면 그때 멈추면 된다는 것이다.

미국의 리더십 연구가 로버트 브라운(Robert E. Brown)은 악수의 유형에 따라 심리적인 성격을 구분하기도 했다. 그에 의하면 손이 아플 정도로 꽉 쥐는 악수는 타인에 대한 지배욕을 드러내며, 왼손을 상대방의 손 위에 얹는 경우는 빨리 친해지려는 성향을 지닌 사람으로 분류된다. 상대를 자기 쪽으로 당기며 악수하는 경우는 자기 뜻대로 상황을 통제하려는 욕망이 강한 사람으로 보았다.

브라운 역시 가장 모범적인 악수는 상대방과 눈을 맞추고 적당하게 힘을 주어

2~3회 손을 흔드는 것이라고 했다. 신경 과학 저널에 게재된 한 논문에 따르면 악수를 할 때 인간관계가 더 가까워지는 것으로 나타났다. 악수할 때 뇌의 사회성을 담당하는 부분에서 상대방에 대한 호감도를 높이는 신호를 보낸다는 것이다. 그와 동시에 상대방에 대한 부정적인 해석을 멀리하는 신호도 보낸다고 한다. 악수하는 시간을 너무 오래 끌면 상대방이 불편해할 수 있다.

반면에 너무 빨리 악수를 끝내면 무례해 보이거나 상대에 대한 무관심으로 보일 수 있다. 악수할 때 상대방의 눈동자 색깔을 구별할 수 있을 정도로 똑바로 바라보되, 대략 0.5초 정도 쳐다보는 것이 훨씬 호감을 준다고 한다. 이에 영국의 한 조사기관은 가장 적절한 악수 시간으로 2초에서 3초 사이를 제시했다.

악수 에티켓에 대해서 살펴보면 악수는 원칙적으로 오른손으로 한다. 오른손에 짐을 들고 있다고 해서 왼손으로 악수를 청하는 것은 결례이다. 한국인의 정서상 상급자나 연장자와 악수를 한다면 왼손은 가볍게 오른손을 받치면서 상체를 약간 숙이는 것까지는 무방하지만 너무 허리를 푹 숙여서 악수하면 굽실거리는 인상을 줄 수 있다. 악수할 때는 손을 맞잡고 상하로 가볍게 흔들어준다. 자신의 어깨보다 높게 흔들어선 안 되며 윗사람이 흔드는 대로 따라 흔드는 것이 바람직하다.

장갑을 착용했을 때는 벗고 하는 것이 원칙이나 여성의 경우는 장갑을 끼고 악수해도 예의에 어긋나는 것은 아니며 의전(儀典)상 장갑을 끼어야 하는 경우, 굳이 장갑을 벗지 않아도 된다. 여성과 악수할 때, 남자와 악수하는 것처럼 손을 마구 흔드는 것은 좋지 않다. 꼭 잡은 느낌으로 힘을 주어 악수한다.

일반적으로 악수는 처음에는 가볍게 손을 쥐고 차차 힘을 주면서 서로의 정성과 호의를 나타낸다. 악수할 때 너무 힘을 주고 꽉 잡는 사람에게는 어떤 생각을 하게 될까? 아마도 교양과 인격에 문제가 있는 사람이라는 생각을 하게 되어 다시 만나는 것조차 기피하게 될 것이다.

상사와 악수할 때 힘을 빼고 손을 잡거나 힘을 꽉 준다면 무례해 보이므로 상대방보다 약간 힘을 빼는 정도가 적당하며 상대방의 눈을 바라본다. 서양 문화에 익숙하지 않은 동양인들이나 허리를 굽히고 예를 표시하는 우리나라 사람의 경우에는 습관적으로 허리를 깊이 숙이며 악수해서 상대방에 대한 존경심을 표현하는 경우가 많다. 악수를 청하는 순서는 일상생활에서는 이성끼리의 악수에 있어서는 남성보다는 여성이 먼저 청하는 것이 예의이다. 직장 내에서는 직급이 우선하여 남성상사가 여성부하 직원에게 먼저 악수를 청하는 것이 바람직하다.

일반적으로 다음과 같은 순서를 익히면 쉽게 적용할 수 있다. ① 여성이 남성에게, ② 선배가 후배에게, ③ 연장자가 연소자에게, ④ 기혼자가 미혼자에게, ⑤ 상급자가 하급자에게 악수를 청한다. 서양인과 악수하는 경우라면 굳이 허리를 숙이지 말고 바른 자세로 허리를 펴고 밝은 표정으로 상대방의 눈을 바라보며 손을 잡는 것이 매너이다. 두 손으로 상대의 손을 감싸 쥐듯이 꼭 잡고 허리를 깊이 숙이며 악수하는 태도에서 서양인들은 종종 의아해한다고 한다.

상사나 어르신과 악수할 때 자신을 낮추고 숙이면서 예를 표현하는 것이 아름다운 한국적 악수방법이기는 하나 우리 방식만을 고집하기보다는 요즘과 같은 국제화 시대에 서양인들의 인사법인 올바른 악수 방법을 알아둔다면 좋은 인상을 줄 수 있으며 대인관계에도 긍정적으로 기여할 수 있다.

□ 생각 넓히기

☞ 세계 여러 나라의 결혼식 활동에 답하면서 문화의 의미를 파악해 보시오.

출처: 충청투데이, 2021.09.28.	출처: 대한뉴스, 2009.06.29.
우리나라의 전통 결혼식	일본의 전통 결혼식

 출처: 라프란드코리아, 2022.09.15.	 출처: 동포투데이, 2021.10.09.
미국의 전통 결혼식	중국의 전통 결혼식

1. 공통점

2. 차이점

3. 문화를 왜 배우고 실천해야 하는지 설명하시오.

2) 문화를 바라보는 세대

세대의 개념은 고대 그리스 시대로부터 오늘날에 이르기까지 다양한 의미로 사용되었으며 영어로는 'Generation'이라 표현된다. 세대는 '새로이 출연하다'라는 그리스어(희랍어) 'genos'에서 유래되었고, 이 말에는 인종 · 종족이란 뜻과 함께, 자녀의 출산 혹은 새로운 존재의 출현이란 뜻이 있다. 세대(generation)는 일상적으로 널리 사용되는 개념이지만 이론적 관점에 따라 여러 가지 의미로 해석되고 있다. 일반적으로 코호트 개념으로 동년배 집단, 특정기간 내 같은 중요한 일을 경험하는 사람들로 볼 수 있다. 한국은 짧은 시간 동안 극심한 사회적 재난과 변동 과정을 겪었기 때문에 출생 집단에 따른 사회 문화적 · 정치적 · 경제적 경험 및 가치관의 차이는 매우 독특하고 상이하게 나타난다.

세대란 한자로 풀이하면 '(인간 세)世와 (대신할 대)代'로 사람의 한평생을 대신하여 잇는다는 뜻으로 '공통된 체험을 기반으로 공통적 의식이나 풍속을 전개하는 연령층'을 의미한다고 볼 수 있다. 즉, 세대는 비슷한 시기에 태어나 삶의 성장기 동안 중요한 사건들을 공유하여 유사한 가치관과 행동양식을 갖는 사람들의 집합이라고 할 수 있다. 또한 '새로운 존재의 등장(To come into existence)'이라는 근본적 의미를 내포하고 있어 기존의 세대와는 구별되는 존재 또는 기존 세대의 전제하에 생겨나는 집단으로 자신이 속한 집단과 이전 집단과의 특성의 차이를 발생시키는 상대적 개념이라 할 수 있다. 따라서 새로운 세대의 등장은 필연적으로 세대 차이를 발생시킨다. 특히 빠른 속도로 발달하는 현대사회에서는 세대 간 격차가 더욱 뚜렷해지고 있어 사회변화를 예측하는 변수로서의 '세대'에 대한 사회적 관심이 더욱 높아지고 있다.

세대(Generation)의 어원은 '성립' 혹은 '출현'의 의미가 있는 희랍어 'genos'에서 유래했다. 세대는 하나의 통합된 개념으로 정의되기보다 여러 관점에 따라 다소 모호한 개념으로 정의되고 있다. 다만, 국립국어원을 포함한 대부분의 사전은 '세대'의 정의에 '비슷한 시기의 유사한 의식을 가진 집단'의 의미를 내포하고 있다. 1875년에 처음으로 세대이론을 제시한 독일 철학자 딜타이(Wilhelm Dilthey, 1833~1911)

는 역사학적 관점에서 감수성이 예민한 청년기에 영향력이 큰 사건을 만나 그 사건으로 인해 비슷한 사고방식과 행동양식을 지니는 동시대 사람들을 '세대'로 정의하였으며, '세대의 문제'에서 세대 개념을 체계화한 사람은 헝가리 태생의 독일 사회학자 카를 만하임(Karl Mannheim, 1893~1947)이다. 그는 세대 개념을 세대위치(generation location), 실제 세대(generation as an actuality), 세대 단위(generation unit)로 구분하였다. 독일의 지식 사회학 개척자이자 사회 심리학의 도입자인 카를 만하임(Karl Mannheim)은 저서 『세대의 문제』(1928)에서 세 가지 사회학적 측면으로 세대를 고찰했는데 첫 번째는 세대의 상황이었고, 두 번째는 세대의 관련 그리고 마지막 세 번째는 세대의 통합이었다. '세대의 상황'이란 태어난 공통 사회기반의 통합 가능성에 관한 이야기이고 '세대의 관련'이란 해당 상황에 대하여 가지게 되는 문제의식의 통일성에 관한 이야기이다. 마지막으로 '세대의 통합'은 집단생활을 통해 결합 작용이 일정한 힘이 된다는 뜻이다. 세대가 가지고 있는 힘이 위대하고 특별하다고 본 것이다. 이 이론에 따르면 세대 간 공통 행동양식 및 문제의식은 은연중에 통합되어 있으며 그로 인한 소속감이 통합되었을 때의 힘은 무시할 수 없는 수준이라는 뜻이다.

'세대를 어떻게 분류할 것인가'보다 근본적으로 '그러한 구분이 가능한가'에 대한 질문은 세대 연구의 중대한 화두로 자리해왔다. 세대를 구분함에 있어, 일정한 시간 간격(대략 15~30년)으로 구분하는 것이 가능하다는 학자들과, 불규칙한 사회변동 때문에 일정한 시간 간격을 정하는 것은 불가능하다는 학자들의 주장이 혼재해 있다. 국내는 일반적으로 인정받은 세대 구분이 없는 상황이다. 국내에서는 세대를 베이비붐세대, X세대, 밀레니얼세대, Z세대(MZ세대) 등 4개의 집단으로 구분하였다.

구분	올드 파워(old power)		뉴 파워(new power)	
명칭	베이비붐 세대 (1차 베이비부머)	X세대 (386세대, 2차 베이비부머)	밀레니얼 세대 (Y세대, 베이비붐 에코세대)	Z세대 (MZ세대)
출생기간 및 세대 구성요소	1950~1964년생 이념주의	1965~1980년생 경쟁주의	1981~1996년생 경험주의	1997~2012년생 윤리주의
주요사건	5 · 16군사정변, 새마을 운동	6월 민주항쟁, 88올림픽, PC(인터넷) 등장	2002 월드컵, 외환위기, 금융위기	촛불혁명, 한류, 4차 산업혁명
커뮤니케이션	전화, 대면	이메일, SNS	SNS, 소셜미디어	스마트폰
명칭유래	미국 조사연구기관 퓨리서치센터 (Pew Research Center)	더글러스 코플랜드의 소설『X세대(Generation X)』	린 C. 랭카스터와 데이비드 스틸먼의 『밀레니얼 제너레이션』	미국의 미래 교육학자 마크 프렌스키가 발표한 연구『디지털 원주민, 디지털 이주민』
특징	일 중독, 권위주의, 개인 생활보다는 업무 중시, 조직에 충성과 애착 강함, 아날로그 중심의 전후 세대, 일에 몰입해 최고가 되는 것을 가치 있는 것으로 판단	일과 삶의 균형을 중시하지만 때로는 희생을 각오함, 팀 단위 작업을 지향함, 디지털 이주민 중심의 물질주의와 경쟁사회를 경험해 안정과 인정을 중시	기술을 이용한 멀티태스킹에 능함, 관심 분야만 집착함, 유연성, 높은 자존감, 디지털 유목민 중심의 세계화와 경험주의를 경험해 자율성과 자존감 그리고 개인의 성장을 중시	평등 중시, 개개인의 보상 중시, 새로운 기술과 소비활동에 적극적, 디지털 네이티브 중심의 현실주의와 다양성 그리고 평등을 중시, 수평적 소통, 성과에 대한 보상을 숨기지 않고 투명하게 진행

□ 생각 넓히기

☞ 세대에 관련된 용어에 대해서 설명하시오.

1. 세대 차이와 세대 갈등의 원인 및 극복사례를 조사하시오.

2. 꼰대 문화와 공존할 수 있는 방안에 대해 설명하시오.

3. 팬덤(Fandom) 문화의 긍정적인 효과와 부정적인 효과에 대해 설명하시오.

3) 누구에게도 배울 수 없는 팁 문화

팁(사례금, tip, gratuity)제도는 식생활 문화 부문인 호텔 및 외식산업 분야와 호스피탤리티 산업 부문인 여행사, 크루즈, 여가산업 등에서 광범위하게 시행되고 있는데, 특히 식생활 문화와 관련해서는 빼놓을 수 없는 중요한 부분이다. 사회적으로 팁 제도가 일반화·규범화되어 있는 미국의 경우 식생활 문화에서 팁의 비중은 매우 크다고 할 수 있다. 팁은 소액의 수당, 급료 등을 의미하는 라틴어 스팁스(하찮은 선물, stips)에서 유래한 'stipend'의 준말이라는 설(說)과 18세기 술집이 아니라 중세시대부터 마차 정류장 주변의 지천한 도시근로자, 하인계급의 사람들이 마차를 이용하는 귀족들의 선심처럼 던져주는 몇 푼의 돈으로 생계를 유지했다는 설(說), 16세기 영국에서 시작되어 유럽 여러 나라로 옮겨졌다는 설, 18세기 영국 선술집(tavern)에서 신속한 서비스를 받기 위해 종사원들에게 코인을 지급한 데서 비롯되었다는 설, 중세시대 귀족들이 안전한 통행을 보장받기 위해 걸인들에게 제공한 것이 시초라는 설, 18세기 영국의 커피숍에서 신속한 서비스를 보장받기 위해 손님들이 모금함에 팁을 넣는 것에서 유래되었다는 설 등이 있다.

이러한 팁에 대한 정의는 나라별로 약간의 차이를 보인다. 국어사전에서 팁은 "시중을 드는 사람에게 위로와 고마움의 뜻으로 일정한 대금 이외에 더 주는 돈(행하, 行下)", 웹스터(Webster)사전에는 "제공된 서비스 혹은 어떤 서비스를 미리 고려하여 규정 금액이나 합당한 선의 보상 이외에 더 지불하는 소액의 돈 또는 물품", 옥스퍼드(Oxford)사전에는 "지위가 낮은 사람에게 주는 사례 혹은 선심으로 주어지는 조그마한 액수의 돈"이라 정의하고 있다. 'T.I.P.'의 의미는 "To Insure Prompt Service"로 종종 해석되며, 미국에서는 종사원이 질 높은 서비스 제공에 대한 보상으로서 팁의 지급 여부가 문제가 아니라 금액의 문제로 받아들이고 있다. 서비스는 고객과 종사원 간의 커뮤니케이션이며, 고객을 만족시킬 수 있는 서비스를 제공해야 고객감동을 이끌어낼 수 있으며, 성실한 서비스를 받지 못한 고객은 봉사료를 꼭 지급해야 할 의무는 없으며, 서비스 제공에 감동하거나 만족하면 감사의 표시로 팁을 주게 된다. 봉사료와 팁은 서비스와 밀접한 관련이 있으며, 고객과 종사원 사이의 고객접점에서 발생되므로 서비스 직종에서 팁에 대한 정의를 정확히 논하기에는 충분하지 않다.

팁 문화의 장단점을 보자면 경제학자들은 질 높은 서비스를 제공하는 것에 대한 인센티브나 보상으로써 종사원들에게 제공하는 것이 비용적인 면에 있어서 가장 효율적인 방법이기 때문에 팁이 존재한다고 주장한다. 호텔에서 제공하는 서비스 품질향상을 위해 팁 제도 도입이 필요하며, 이를 통해 다국적 고객의 욕구충족을 위한 서비스를 제공함으로써 고객만족을 이끌어낼 수 있다고 보았고, 고객의 티핑 행위가 서비스품질에 민감할수록 회사는 더 큰 혜택을 볼 수 있으며, 서비스품질에 민감하지 않은 의무적 봉사료 부과 제도보다 팁 문화가 사회에 더 유리하며, 종사원들의 팁 유발을 위한 서비스 향상을 기대할 수 있다고 보았다. 국내와 같은 유럽식 요금 제도를 시행하는 호텔기업의 경우 고객의 비자율적(非自律的) 의사로 강제로 부과되는 봉사료 제도보다는 팁 문화가 적절하다고 제시하였다. 한편, 팁 문화의 단점은 예측 불가능하다는 점과 팁 수령 경험자들은 팁을 받음으로써 동기 부여는 될 수 있으나 팁에 의존하게 됨으로써 팁이 만족이나 보상보다는 스트레스의 원인이 될 수 있다는 것이다.

출처: 팁 문화는 노예제 산물? 헤럴드경제, 2016.02.27.

출처: 미국의 팁 문화와 최저임금, 노컷뉴스, 2014.07.07.

영국의 타블로이드 신문 '더 데일리 스타(The Daily Star)'는 해외여행을 하는 사람들이 호텔, 식당, 택시를 이용하면서 그 나라의 팁 문화를 몰라서 불편한 상황을 겪지 않도록 포괄적인 가이드가 필요하다고 하였다. 보통 사람들은 계산서 금액에 10%를 팁으로 주면 된다고 생각한다. 하지만 미국 기준으로 10% 지급이 너무

적자, 미국에서는 기본으로 15%를 팁으로 주고, 서비스에 대한 만족 여부에 따라 20%를 지급한다. 프랑스, 이탈리아, 영국, 남아메리카 등의 팁 문화는 미국과 다르다. 한국, 중국, 일본, 싱가포르, 노르웨이에서는 많은 관광객들이 팁을 내지 않는 경우가 많다. 이로 인해, 아시아인들은 팁 문화에 부정적이다. 팁은 신용카드나 현금으로 주면 된다. 다만, 패스트푸드점이나 식당에서 음식을 주문하고 본인이 직접 가져가는 경우에는 팁을 안 줘도 된다. 이탈리아의 일부 지역 레스토랑에서는 '코페르토(coperto)'라고 하는 카페문화가 있다. 일종의 자릿세에 해당하는데 이로인해 선 채로 짧은 시간 가볍게 에스프레소 한 잔을 비우고 다시 발걸음을 옮기는 로마인들의 모습을 자주 볼 수 있기도 하다.

□ 호텔 팁 문화

☞ 윗글을 읽고 국가별 팁 문화에 대해 조사 후 발표하자.

국가 (   )

1. 호텔

출처: https://www.mk.co.kr/economy/view/2014/1304804

2. 레스토랑

3. 대중교통

4. 제시된 기사를 읽고 느낀 점에 대해 설명하시오.

Understand Inflation and How It Affects You

- Inflation Calculator: How you experience inflation can vary greatly depending on your spending habits. Answer these seven questions to estimate your personal inflation rate.
- Tax Rates: The I.R.S. has made inflation adjustments for 2023, which could push many people into a lower tax bracket and reduce tax bills.
- Your Paycheck: Inflation is taking a bigger and bigger bite out of your wallet. Now, it's going to affect the size of your paycheck next year.
- Cost of Living: As food prices rise, eating is becoming increasingly expensive. We took a close look at five New Yorkers' food and drink habits to see where the effects are most felt.

Battle Over Wage Rules for Tipped Workers Is Heating Up

The provision, known as the tip credit, is a unique industry subsidy that lets employers meet pay requirements more cheaply. And even in a tight labor market, it is often abused at the employees' expense, according to workers, labor lawyers, many regulators and economists.

"It's baked into the model," said David Weil, the administrator of the Wage and Hour Division of the Labor Department under President Barack Obama, referring to the frequency of violations. "And it's very problematic."

Terrence Rice, a bartender from Cleveland who has worked in the bar and restaurant industry since 1999, chuckled at the notion that the law is consistently followed.

"As long as I've been doing this, I have never, ever — not one time — met anyone that's been compensated" for a below-minimum pay period, he said, adding that slow weeks with inadequate pay are viewed as the "feast or famine" norm in the industry. Busier seasons, weekends or shifts can bring a rush of a cash followed by slow weekdays, bad-weather weeks or economic turbulence.

Now the yearslong arrangement is coming under increasing challenge.

In the District of Columbia, a measure on the November ballot would ban the subminimum wage by 2027. A ballot proposal in Portland, Maine, would ban subminimum base pay and bring the regular minimum wage to $18 an hour over three years.

Employers in Michigan are bracing for increased expenses in February, when the state tipped minimum of $3.75 an hour is set to be discontinued and the regular state minimum wage will rise to $12 from $9.87.

출처: https://www.nytimes.com/2022/10/13/business/economy/tipped-wage-subminimum.html

2. 에티켓, 새로운 이해

1) 서비스는 '한 번 더'

소유권 이전이 수반되지 않는 무형의 소비재인 서비스는 라틴어 '세르부스(Servus, 노예)'와 영어의 'Servant(종)', 'Servitude(종의 생활)', 'Servile(종처럼 생활하는)'이라는 의미로 파생되었다.

시대적 특성에서 알 수 있듯이 손님(Guest, Customer, Visitor, Patron, Passenger, Client, Buyer, Shopper)을 어떤 존재로 보느냐에 따라 주종관계(主從關係), 동반자관계(同伴者關係), 상생협력관계(相生協力關係) 등으로 나뉜다.

서비스의 사전적 의미는 "재화(財貨)를 생산하지는 않았으나 그것을 운반 · 배급하거나 생산 · 소비에 필요한 노무를 제공하는 일"(고려대한국어대사전), "개인적으로 남을 위해 돕거나 시중을 듦", "장사에서 가격을 깎아주거나 덤을 붙여줌"(표준국어대사전) 등으로 해석하고 있다. 그 외 하위 해석으로는 각 분야별, 조직별로 서비스라는 용어가 다양하게 쓰이고 있음을 아래와 같이 설명하고 있다. '서비스(service)'를 케임브리지 사전(Cambridge Dictionary)에서는 "a system that supplies something that people need"(사람들이 필요로 하는 것을 공급하는 시스템), 또는 "the work that people who work in shops, restaurants, hotels, etc. do to help customers"(상점, 식당, 호텔 등에서 일하는 사람들이 고객을 돕기 위해 하는 일)라고 정의하며 하위의 해석 개념 중 "extra money that is added to your bill in a restaurant to pay the waiters"(웨이터에게 지급하기 위해 식당에서 청구서에 추가되는 추가 금액)와 "the time you spend working for an organization"(조직에서 일하는 데 소비한 시간), "a religious ceremony"(종교의식) 등과 같이 정부, 음식점, 회사, 종교단체 등 각 분야별, 단체별로 서비스라는 단어에 대한 뜻을 여러 가지로 해석하고 있다.

"서비스란 판매를 위해 제공되거나 판매에 연관되어 제공되는 행동 효용과 만족이다"라고 정의한 미국마케팅협회(America Marketing Association; AMA, 1960)의 정의는 서비스란 판매행위에 종속되며 독립적이 아니라는 암시를 하고 있으며 서비스란 판매에 수반되는 활동(activities), 편익(benefits), 만족(satisfaction)을 말함으로써 판매직원이 고객의 편의를 위해 제공하는 일련의 과정에서 고려될 수 있는 모든 것들을 포함한다고 볼 수 있다. 서비스란 욕구 만족을 제공하는 본질적인 행위이며 제품이나 다른 서비스의 판매와 연계되지 않는 무형의 활동으로 확인 가능한 것이다.

서비스는 고객의 변화, 물리적 소유의 변화 또는 무형자산의 변화를 촉진하여 이익을 창출하는 프로세스라고 주장하였다. 애덤 스미스(A. Smith)는 서비스 노동이 부를 창출할 수 없기 때문에 '비생산적 노동'으로 간주하였고 비물질적인 것은 보존이 용이하지 않아 부가 아니라는 생각이었을 것이라고 당시의 18세기 서비스 인식을 소개했다. 그 후 프랑스 경제학자 장 밥티스트 세이(Jean Baptiste Say)는 효용이라는 개념을 사용해 소비자에게 효용을 주는 모든 활동이 생산적이라는 논리로 서비스를 '비물질적 부(富)'라고 정의하였다. 그러면서 서비스를 경영학 관점으로 보아 "서비스란 고객과 기업과의 상호작용을 통해 고객의 문제를 해결해 주는 일련의 활동이다"라고 정의하였다.

서비스는 눈에 보이는 유형의 상품과는 다르게 무형재라는 큰 특징을 가지고 있다. 서비스는 일반 제품과 비교해 보았을 때 무형성, 생산과 소비의 비분리성, 이질성, 소멸성이라는 4가지 특성을 다음과 같이 보유하고 있다.

첫째, 무형성(Intangibility)이다. 서비스의 무형성은 제품과 서비스를 분류하는 특징적인 의미이다. 서비스가 무형적이라는 것은 눈에 보이지 않으며 지각하기가 쉽지 않음을 뜻한다. 제품이 인지되는 것과 같은 형태로 보거나 느끼거나 만지거나 맛볼 수 없는 어떤 특성이라 설명하고 있다. 이러한 특성을 나타내기 때문에 서비스란 고객의 구전과 개인의 주관적인 생각 등에 의해 평가되는 경우가 많고 인지도나 직원의 외모 또는 태도 등이 중요하며, 고객의 이미지를 보완하고 정확하지 않은 생각들을 제거하는 것이 중요하다고 할 수 있다.

둘째, 생산과 소비의 비분리성(Inseparability)이다. 또 다른 서비스의 특성이란 소비와 생산이 함께 이루어져 소비행동이 일어날 때 서비스를 제공하는 사람과 고객이 같이 공존해야 한다는 것이다. 고객이 원하는 서비스를 만족스럽게 제공하기 위해서 고객과 서비스 제공자 간에 상호작용이 필요하다. 따라서 고객도 서비스 성취도에 영향을 미치는 것이다. 그러나 고객은 소비하기 전에 그 제품에 대한 서비스를 경험해 볼 수 없다는 한계가 있으며, 서비스를 제공하는 사람은 대량생산의 시스템과 품질을 통제할 수 없게 되는 어려움이 발생한다. 이러한 비분리성 때문에 직접 고객을 대면하여 일어나는 서비스 접점에 있는 직원들이 조직과 서비스 품질 전체의 효과성의 결정요인이 되며, 성공적인 기업 마케팅에 핵심 요인이 되는 것이다.

셋째, 이질성(Heterogeneity)이다. 서비스의 불일치성이라고도 하는데, 이는 누가 어디서 어떻게 언제 얼마나 다양한 서비스를 제공했느냐와 그 서비스를 누가 어떠한 상황 속에서 받았는지에 따라서 서비스 수준과 성과가 다르게 나타난다는 것을 의미한다. 서비스는 생산과 인도과정에서 고객과 직원 상황 등 여러 변화로 인하여 제공하고 받는 서비스가 다를 수 있다.

넷째, 소멸성(Perishability)이다. 서비스는 제공하는 시점에서 소비하지 않으면 사라지게 되며 재고가 생기지 않기 때문에 기업들은 예약, 계절에 따른 할인정책 등의 마케팅전략을 운영하고 있다. 또한 구매시점에 소멸된 서비스는 얼마나 많은 고객들의 수요가 있는지 예측하기 어렵고 생산과 공급의 균형을 이루는 것이 사실상 불가능하다.

2) 더 똑똑해진 고객

스마트 시대는 세상 전체가 똑똑해진 시대를 말한다. 가장 똑똑해진 사람, 가장 많이 변화한 사람은 누구일까? 그것은 고객이다. 그렇다면 가장 덜 바뀌고 있는 사람, 변화의 방향에 빠르게 적응하지 못하는 건 누구일까? 기업이다. 고객의 변화 속도에 항상 뒤처지고 있다는 점이다.

고객(顧客)은 "경제에서 창출된 재화와 용역을 구매하는 가구나 개인, 조직을 일컫는다. 상점에 물건을 사러 오는 손님을 말하는 것이 보통이다."라고 사전적으로 정의된다. 고객은 시장에서 자신이 필요로 하는 재화와 용역을 제공자로부터 구매하여 재화와 용역을 소비하는 소비의 주체인 것이다. 따라서 얼마나 많은 고객을 확보하고 그들과의 관계를 얼마나 오래 유지하느냐가 기업의 성장과 발전을 좌우한다고 해도 과언이 아니다.

고객들은 서비스 생산 공정에서 서비스를 구매 및 소비하는 동안 서비스생산자들과 접촉하여 자연스럽게 인간관계를 형성하게 된다. 고객의 서비스 구매 및 소비행위가 발생하지 않는다면 서비스 고객관계는 형성될 수 없다. 따라서 서비스 고객관계 고객과 서비스생산자라는 두 사람과의 관계로 서비스기업과 고객 사이의 경제적 교환과정에서 발생하는 현상이라고 할 수 있다. 이런 관점에서 본다면 서비스 고객관계는 가족관계 · 친구관계 · 연인관계와는 달리 경제적 목적을 달성하기 위하여 형성되는 일종의 공적 관계 또는 계약관계라고 볼 수 있다.

고객이란 자신의 특정한 경제적 욕구를 충족하기 위하여 서비스를 구매 및 소비하기 위하여 서비스 생산 공정에서 서비스생산자와 접촉하는 사람이다. 서비스 고객관계를 거시적 관점에서 보면 사람들이 일상생활에서 유지하고 있는 다양한 인간관계의 한 부분이라고 할 수 있다. 따라서 서비스 고객관계를 제대로 이해하기 위해서는 먼저 인간관계에 대한 올바른 이해가 필요하다.

고객을 이해하기 위해서는 그들의 욕구가 무엇이고, 그런 욕구가 왜 생겨났는지에 대한 인간행동 이해가 필요하다. 인간의 행동은 욕구와 욕망을 원동력으로 해서 야기된다. 소비자의 구매행동은 무엇인가의 욕구를 충족시키려 한다는 것으로 동기 부여되며, 이러한 고객의 욕구는 고객의 요구라고 불리는 경우도 많다. 고객이 욕구를 인식하고 더불어 상품과 서비스의 구입에 의해 그 욕구가 충족된다면 인식된 시점으로부터 구매행동은 개시된다.

오늘날 고객 행동의 연구에서는 제품과 서비스의 구입에 의한 욕구의 충족행동을 일종의 문제해결이라 간주하고 있다. 미국 심리학자 매슬로(A.H. Maslow, 1908~1970)는 모든 인간은 본능적 욕구를 가지고 태어나며 이 욕구를 5단계로 정리하여 이를 계층적으로 모델화했다. 이 모델에서 1단계는 기본적으로 인간의 생명이나 육체적 건강에 대한 생리적 욕구로 먹고, 자고 신체적 생리 욕구를 해결하는 단계이다. 2단계는 안전의 욕구로 위험한 환경으로부터 자신을 보호할 욕구인데 추위나 더

위 등의 날씨, 질병, 범죄 등으로부터 안전을 확보하고 싶은 단계이다. 3단계는 사회적(social) 욕구로 사회적으로 어느 집단, 소속, 단체, 회사 등에 소속되어 소속감을 주고받고 싶어 하는 욕구 단계이다. 4단계는 존경(esteem) 욕구로 사회나 자신이 소속된 단체, 집단 구성원들로부터 존경이나 명예, 권력을 받고 싶어 하는 욕구이다. 5단계는 자아실현(self-actualization) 욕구로 자신의 능력과 노력을 토대로 자신이 이루고 싶은 목표치를 모두 성취하여 충족하는 고차원의 욕구가 우세하게 되고, 그 때문에 인간의 욕구는 점차 변화하는 것을 나타낸다.

3) 성격 차이

성격은 우리가 일상생활에서 자주 사용하는 단어이며, 우리가 더이상 익숙할 수 없는 단어이다. "사람의 마음은 서로 다르고, 얼굴은 각각 다르다"는 말은 사람의 심리 차이가 사람의 얼굴처럼 천차만별이라는 뜻이다. 현실에선 활발하고 명랑한 사람, 용감하고 결단력 있는 사람, 나약하고 비겁한 사람 등 특징적인 차이가 심리학에서 나오는 '성격(Personality)'이라고 하였다. 성격이란 영어의 personality는 희랍어의 페르소나(persona)로부터 유래되었다.

본래 이 말은 고대 희랍연극에서 배우들이 쓰던 가면을 지칭하는 말이며, 어원은 라틴어 per(through, 통하여)와 sonare (speak · sound, 말한다, 소리 내다)의 합성어인 personare로 배우가 무대에서 쓰는 가면을 의미한다. 고대 그리스 · 로마시대에는 고귀한 성질을 가진 개인을 의미하는 말로 변화되는 과정을 거쳐, 현대에 이르러서는 한 사람의 진실한 속성이나 다른 사람과 구별할 수 있는 인상 전체를 의미하는 단어로 사용되고 있다. 이러한 성격은 타인과 구별되는 개인적인 특성으로서 환경의 영향에 관계없이 행위에 영향을 미칠 수 있는 개인만의 독특한 심리적 특성으로 다양한 측면에서 파악될 수 있는 특성을 지닌다.

모든 인간이 환경에 적응해 나가는 데 필요한 개인 내부의 역동적이며 조직화된 특성은 어떤 상황에 접했을지라도 비교적 일관되고 안정적으로 나타나며 한 개인을 다른 사람과 구별할 수 있도록 하는 특징적인 사고나 감정, 행위를 포함하는 개인의 전체적인 인상으로 나타난다. 이와 같이 한 개인이 환경에 적응해 나가는 과정에서 비교적 일관성 있게 나타나는 개인 특유의 행동 및 사고양식을 성격이라고 한다.

현대에 이르러서는 성격의 구성이나 발달에 대한 견해 차이 때문에 다양하게 정의되고 있으며 성격분야의 몇몇 대이론가들이 표명한 견해를 살펴보면 올포트(G.W. Allport, 1897~1967)는 자신이 처한 환경에 대하여 개개인만의 독특한 적응력을 결정하는 정신적이고 신체적인 총체(psychophysical systems)로서의 개인의 역동성 측면에서 성격을 정의하였다.

그는 여러 학문에서 사용되던 성격의 정의들을 50가지로 정의하고 성격이론을 체계화하였다. 그에 따르면, 성격이란 '인간 그 자체'를 의미하는 것으로 이는 가장 많이 사용되는 정의이고, 그 정의를 총괄적인 것(omnibus 또는 rag-bag), 통합적인 것(integrative), 위계적인 것(hierarchical), 적응적인 것(adjustmental), 차이적인 것(distictive 그리고 uniqueness)과 같이 5가지로 분류한 바 있다.

독일계 영국 심리학자 한스 아이젱크(Hans Jurgen Eysenck, 1916~1997)는 성격은 환경에 대한 개인의 적응을 결정하는 개인의 특성, 기질, 지능, 신체의 비교적 지속적이고 안정적인 조직이라 하였다. 아이젱크는 성격의 기본차원을 정신병적차원(psychoticism dimension, P), 외내향성 차원(extraversion-introversion, E), 신경증적 차원(neuroticism dimension, N)의 세 유형(PEN)으로 제안하고 그것들을 측정하기 위한 객관적 검사도 연구, 제작하였다. 또한 주요 성격 차원의 하나로 허위성 차원(lie dimension)을 빼놓을 수 없다. 이와 같은 과정을 거쳐 발전해 온 성격차원의 이론적 모델은 4대 기질 이론과 현대 경험적 성격 이론의 복합체로써 모두가 기술적 특징을 가지고 있다.

더 나아가서 성격차원 이론은 객관적 자료에 의해서 실증되었다는 점에서 높이 평가할 만하다. 스위스의 정신분석학자인 카를 융(Carl Jung)은 심리 유형론을 토대로 4가지 정신 기능(사고, 감정, 직관, 감각)과 2가지 태도(외향, 내향)를 조합하여 다음의 8가지 심리유형을 만들어냈다. 8가지 심리유형은 외향적 사고형, 내향적 사고형, 외향적 감정형, 내향적 직관형, 외향적 감각형, 내향적 감각형, 외향적 직관형, 내향적 직관형으로 이들 유형은 선호성을 나타낸다. 즉, 아동은 태어날 때부터 특정 기능을 선호하는 경향을 지니고 태어난다고 하였다. 즉, 아동은 자신이 선호하는 기능을 사용할 때 편안하고 그 기분이 다른 활동으로 일반화되어 그 사람의 전반적인 특성을 이루고 그에 관련된 행동이나 기술을 발달시킨다고 한다. 이러한 근원적 선호성이 각기 다른 심리유형을 가진 인간의 개인차를 더욱 잘 설명할 수 있다고 한다.

□ 생각해 보기

☞ 윗글을 읽고 아래 제시된 용어에 대해서 설명하시오.

1. MBTI(Myers-Briggs Type Indicator)로 기업에서 인재 채용 시 발생되는 문제에 대해서 설명하시오.

2. 교류분석(TA: Transactional Analysis)의 주요 개념에 대해서 설명하시오.

3. 에니어그램(Enneagram)의 9가지 유형에 대해서 설명하시오.

4. 다중지능(Multiple Intelligence), 신경언어프로그래밍(NLP: Neuro Linguistic Programming)에서 가드너가 제시한 8가지 지능에 대해서 설명하시오.

5. DISC 행동유형의 4가지 유형에 대해서 설명하시오.

4) 배려의 시작, 매너와 에티켓

스마트한 현대생활에서는 지식과 정보가 넘쳐나듯이 '지식인'은 매우 많지만, 정작 똑똑한 지식인에 비해 교양과 매너를 고루 갖춘 '지성인'은 좀처럼 찾아보기 힘들다고 한다. 지능정보기술이 확장된 미래에 인간은 인간만이 할 수 있는 영역에서 활동하며 살아가게 될 것이라 예측할 수 있다. 이에 따라 미래의 인재상은 '가장 인간다운 활동을 할 수 있는 인간'이라고 정의할 수 있을 것이다.

모든 사람들은 태어나서 죽을 때까지 한 차례도 멈추지 않고 관계를 맺고 사회생활을 하고 있다. 만약 함께 식사하러 간 사람이 식탁에서 큰 소리로 코를 풀거나, 가래침을 뱉거나, 젓가락이나 포크를 사용하지 않고 손으로 음식을 먹는다면 어떤 기분이 들까? 이와 같은 행위는 상대를 당혹하게 하거나, 불쾌하게 하거나, 역겨움을 느끼게 하므로 그런 사람과는 함께 식사하기를 꺼리고, 지속적인 인간관계를 유지하는 데 주저할 것이다.

우리는 살아가면서 가끔 매너와 에티켓 하나에 기분이 상하고, 작은 것 하나에 크게 감동을 받는다. 대부분의 사람들은 "매너(manners)와 에티켓(étiquette)은 같은 말 아닌가요?"라고 묻는데 이는 엄연히 다른 뜻을 갖고 있다. 에티켓은 '있다', '없다'로 표현하고, 매너는 '좋다', '나쁘다'로 표현하는데 전자는 내가 당연히 해야 할 도리인 반면 후자는 상대방 입장에서 상대를 편안하게 만들어주는 배려로 정의한다.

에티켓(étiquette)의 유래를 살펴보면 고대 프랑스어로 '에스띠끼에 Estiguier'(출입을 금지한다는 뜻의 나무 푯말)라는 의미인데, 과거 궁정(宮廷)에서는 각국 대사의 주요 순위를 정하고 그에 수반하는 예식의 절차를 정한 뒤 그 내용을 적은 티켓을 나누어주었다. 이는 루이 13세의 비(妃)였으며, 루이 14세 초까지 섭정한 안느 도트리슈(Anne d'Autriche)의 노력으로 궁정 에티켓이 발달되면서 루이 14세 때 완전히 정비되었다. 한편으로는 베르사유 궁전 정원 푯말에서 유래했다는 이야기도 있는데, 그 내용이 참 재미있다. 당시 왕족들은 베르사유 궁전에 화장실이 없기 때문에 자신의 전용 변기를 가지고 다녔는데, 궁에 드나들던 변기를 들고 다니지 못한 몇몇 귀족들은 잔디에 들어가 볼일을 보기도 했다. 결국 궁전 정원을 관리하던 정원사는 잔디를 해치지 말라는 내용의 푯말을 정원에 세워 놓았고, 이 푯말이 이후에 '에티켓'이 되었다고 한다.

현대사회에서 여럿이 함께 살아가면서 접촉하거나 행동할 때 공통적으로 적용되는 규범을 지키지 않으면 서로 충돌하거나 혼란을 가져오게 된다. 예를 들면, 차가 교차로에서 꼬리를 물고 진입해서 멈춰 서 있는 행위로 인해 교통흐름을 방해한다거나 공연장 입장권을 구입하기 위해 줄서기를 하지 않고 새치기를 하는 것은 타인의 눈살을 찌푸리게 한다. 이렇듯 법적 구속력은 없지만 사회활동을 보다 부드럽고 쾌적한 분위기로 만들기 위해 지켜야 할 규범적 성격을 가진 것이 에티켓이다.

에티켓의 유래는 각 나라별로 또 다르다. 영국에서는 '기사도 정신', 즉 '균형과 절제(balance & Self-control)'로, 프랑스에서는 '똘레랑스(tolérance)' 즉 '관용과 이해(generosity & understanding)'로 좋은 게 좋다는 식으로 그냥 넘어가자는 말이 아니다. 인간은 누구나 실수할 수 있기 때문에 인내하고 더 중요한 일을 맡기면 반드시 성공한다는 믿음을 가져야 가능한 태도이다. 가진 게 있어야만 포용력을 발휘할 수 있는 것이 아니다. 누구나 평소에 똘레랑스 정신을 갖추고 있으면 결정적인 기회가 왔을 때 능히 포용력을 보여줄 수 있다.

에티켓의 본질은 첫째, 상대방에게 폐를 끼치지 않는다. 둘째, 상대방에게 호감을 주어야 한다. 셋째, 상대방을 존경한다 등의 세 가지 뜻으로 요약될 수 있다. 에티켓은 남을 대할 때의 마음가짐이나 태도를 말하는데 구체적으로는 옥외와 옥내에서의 에티켓, 남녀 간의 예의 · 복장 · 소개 · 결혼 · 흉사 · 석차(자리 순서) · 인사 · 호칭 · 식사예절 등으로 생활 전반의 분야에 영향을 미친다.

에티켓의 유래와 개념

- 프랑스어의 에스티켓(estiquette), 또는 에스띠케(estiquet)에서 유래된 것으로 옛날 프랑스 베르사유궁의 정원에 예의 없는 사람들이 들어가 꽃을 밟아버린 사건이 생겨, 정원 주위에 말뚝을 박아 외부인의 출입을 막았는데, 그 말뚝에 쓰여 있던 단어가 에티켓이었다.

- 영어의 as ticket, with ticket과 같은 의미로 원래 궁중의 예법을 지칭한다.
- 인간관계를 원활하게 하기 위한 규범으로 타인에 대한 마음의 형식이다.
- 형식(FORM), 유무로 평가를 한다.
- 영어의 에티켓(Etiquette)은 프랑스어에서 유래한 것으로 프랑스어와 동일한 스펠링이다. 프랑스어사전에는 '상표'나 '꼬리표'라는 뜻과 '예의범절' 두 가지 의미로 나온다. 독일어는 에티케트(Etikett), 이탈리아어는 에티케타(Etichetta), 스페인어는 에티케타(Etiqueta)로 표시된다. Etiqueter(에티크테)란 말은 '꼬리표를 붙이다', Etiqueteur(에티크퇴르)는 '꼬리표를 다는 사람'이란 뜻이다. 기타 독일어, 스페인어 등 유럽 언어 모두 이런 뜻으로 활용된다.

매너(manner)의 어원은 마누아리우스(Manuarius)라는 라틴어에서 왔는데, 마누스(Manus; 손)라는 의미는 사람의 행동이나 습관을 뜻하고, 아리우스(Arius)는 방식이나 방법을 뜻한다. 사전적인 의미는 방법, 방식, 태도라고 명시되어 있다. 즉 사람마다 갖고 있는 독특한 습관, 몸가짐으로 해석할 수 있다. 그 기본개념은 상대방에 대한 존중과 배려라고 할 수 있다. 매너를 딱딱한 예절로 인식하고 마음을 담지 않은 채 습관적으로 반복하는 것을 매너리즘(mannerism)이라고 표현하는 것처럼 매너는 저마다 갖고 있는 독특한 행동방식과 습관이긴 하지만 상대를 배려하는 마음을 담은 행동으로 매너를 지키면 보기 좋은 사람으로 인식한다.

매너는 결코 어렵거나 까다롭고 거추장스러운 격식이 아니다. 언제 어디서나 서로의 존재를 인정해 주려는 노력에서 비롯된 행동의 표출이다. 매너는 바란다고 해서 손쉽게 형성되는 것이 아니다. 항상 다른 사람을 배려하고, 특별한 상황에서 주의 깊게 관찰하고, 모든 상황에 대해서 다시 한번 더 생각하는 습관, 생각과 행동을 일치시키려는 노력과 자세, 상대의 문화나 전통을 이해하려는 노력을 통해 몸에 형성되는 것이다.

매너란 어떤 일을 할 때 더욱 바람직하고, 더욱 쾌적하며 우아한 감각을 익히기 위해 생겨난 습관이다. 그것은 상대방에 대한 마음 씀씀이나 물건 다루는 방법·접하는 방법·몸짓 등에 관한 것으로, 이것은 오랫동안 많은 사람과의 관계를 통해 터득해서 개인의 몸에 익숙하도록 노력하는 것이다. 상대방을 위한 배려와 이해하려는 행동들로 인간관계를 원만하게 한 사례들을 살펴보면 버스에서 노약자 배려석에 앉지 않고 다른 좌석에 앉았지만 손아랫사람들이 웃어른께 양보하고, 어린이를 안고 있는 사람들을 보았을 때 내 좌석을 기꺼이 양보해 주는 것, 엘리베이터가 닫히는 순간 누군가가 달려오는 소리가 들린다면 문을 다시 열어 함께 이용하는 따뜻한 마음, 셀프 서비스 커피전문점에서 내가 사용한 컵을 반납할 때 옆에 누군가가 그냥 놓고 간 컵이 있다면 그것마저 함께 반납해 주는 것, 사소한 것이지만 식당에서 자기가 먹은 음식과 마신 음료 컵을 가지런히 정리해 놓고 가는 것은 남을 배려하는 밑거름이 될 것이다.

매너에는 크게 두 가지가 있다. 일차적 입장의 매너와 이차적 입장의 매너로, 일차적 입장에서의 매너는 자신의 관점에서 사물과 사람을 바라보는 지극히 개인주의적인 입장이라는 것이다. 이러한 입장에서 매너는 상대를 의식하기보다 자기 자신의 입장에서 모든 것을 생각하고 행동하기 때문에 보는 이로 하여금 자신감 있고 독립적이라는 인상을 줄 수 있다. 그러나 단체에서 이러한 입장을 고수하는 사람들은 다소 독선적이고, 이기적으로 비쳐질 수 있다.

앞서 설명한 바와 같이, 매너는 본디 배려가 기본이 되어야 하는 행동양식으로 먼저 상대를 생각하는 마음이 있어야 한다는 것이다. 이차적인 입장은 상대의 관점에서 사물과 사람을 바라보는 입장으로 일차적 입장과는 다소 차이를 보인다. 이러한 관점을 고수하는 사람은 상대방을 배려하는 마음이 우선시되어 상대에게 좀더 편안하고 좋은 이미지를 줄 수 있다는 점에서 좋게 판단될 수 있다. 그러나 이 관점 역시 지나치면 상대방의 주장과 입장을 항상 먼저 고려하고 배려하게 되어 결국 상대에게 의존적인 사람으로 비쳐질 수 있으므로 일차적 입장과 이차적 입장을 고루 취하는 것은 진정성 있는 매너를 잘 활용하는 사람이라 할 수 있다.

매너의 유래와 개념

- 어원은 라틴어 마누아리우스(manuarius)이다.
- 마누스(manus)는 영어의 손(hand)을 뜻하며 사람의 손이라는 의미 외에 사람의 행동, 습관 등의 뜻을 내포하고, 아리우스(arius)는 more at manual, more by the manual로서 방법, 방식을 의미한다.
- 매너는 사람마다 가지고 있는 독특한 습관이자 마음가짐에서 나오는 몸가짐으로 인간의 행동방식을 의미하며 방식(Way)으로 질적인 평가를 한다.

영국인의 차(Tea) 문화

영국에서는 직장인들이 오후에 30분 가량의 티타임을 즐기는 것이 법적으로 규정되어 있을 정도로 차(Tea) 문화가 중요하다. 흔히 'Afternoon Tea'라고 불리며 오후 4시경에 가정에서, 홍차 전문점에서, 호텔에서도 즐기는 영국의 전통문화 중 하나이다. 대개 이 Tea는 인디애나, 스리랑카에서 수입된다. 기호에 따라 우유나 설탕을 넣어 마시기도 하는데, 우유를 먼저 붓고, 물을 먼저 붓느냐 혹은 물을 먼저 붓고 우유를 나중에 넣는가에 따라 홍차의 맛이 미묘하게 달라진다고 한다. 전통적으로는 생선 으깬 것이나, 오이를 넣어 작고 앙증맞게 잘라 접시에 담은 샌드위치 한 조각을 먼저 먹고, 이후 잼과 크림을 곁들인 스콘이 나오기도 한다. 남부지방에서는 버터로 구운 토스트나 크럼켓(Crumket: hot cake의 일종)이 따라 나오며, 이후 과일케이크, 스펀지 케이크, 진저(ginger: 생강) 케이크 또는 지역 특성의 웰시 케이크(Welsh cake) 등을 먹기도 한다.

□ 에티켓 광고음악 만들기

☞ 윗글을 읽고 광고음악을 만들어 불러보자.

제목 (   )

구분	개념	사례 조사
배경음악 BGM(Background Music)		
CM송 (Commercial Message Song)		
사운드 디자인 (Sound Design)		
창작하기 (30초, 15초, 6초 영상)		

CHAPTER 2

해외여행

1. 호텔의 또 다른 매력

1) 호텔 어디까지 알고 있니?

호텔은 서양문화로서 오늘날 대중화되었지만 아직도 많은 사람들은 호텔 이용에 대한 부담감을 가지고 있으며, 자신 있고 세련된 이용을 못하는 경우를 종종 볼 수 있다. 우선 호텔을 보다 친근하고 즐겁게 이용하려면 호텔에 대한 개념부터 알아볼 필요가 있다.

호텔의 어원은 중세 라틴어의 '순례자, 참배자, 나그네를 위한 숙소'라는 의미의 호스피탈레(hospitale)라는 형용사의 '환대'를 뜻하는 의미에서 파생됐고 이후 '환대'를 뜻하고 중성어인 '순례자, 참배자, 나그네를 위한 숙소'를 뜻하는 Hospital에서 출발했다. Hospital이 중세의 프랑스어로 Hotel로 돼 근대의 영어로 받아들여지면서 'S'의 음이 사라지고 Hotel로 변화돼 현재의 호텔로 쓰이게 됐다. 이처럼 고대 세계에서 최고의 미덕 중 하나로 꼽히던 여행자 환대의 관습은 고대 로마에서 '호스피탈리타스(hospitalitas, 객지(客地) 사람이나 손님을 위한 아파트/숙소)'라고 불렸다.

이 말의 어근인 호스페스(hospes, 방문객 또는 방문객을 접대하는 사람)는 손님과 접대자를 가리키는 말인데, 이방인이나 적을 뜻하는 호스티스(hostis)에서 유래했다고 한다. 영어 '호스타일(hostile; 적대적인)'의 어원이다.

웹스터(Webster)사전에 따르면 호스피탈레(hospitale, 방문객을 받는 저택)는 두 가지 뜻을 가지고 있다. 사전적 의미로 호텔은 "A hotel is a building where people stay, for example on holiday, paying for their rooms and meals"로 휴가 중 룸과 식사를 대가를 지불하며 쉬는 건물로 표기하고 있다. 이는 휴가 등의 일시적 또는 장기적인 숙소와 기타 편의시설을 일정의 사용료를 지불하고 사용하는 공간을 의미한다. 근대 산업사회 이후 철도의 보급으로 인해 이동이 용이해지면서 여가로서 여행을 즐기는 풍조가 보편화되기 시작했고, 1874년 처음으로 뉴욕에 시티호텔이 개관하면서, 1900년대에는 호텔산업이 커다란 성장을 이루며 황금기를 맞이하기 시작했다.

첫 번째는 '여행자를 위하 잠자리와 휴식의 장소'인 호텔(hotel)의 어원은 '나그네, 손님, 타향인, 여행자'를 의미하는 라틴어의 '호스페스(hospes)'에서 유래한다. 아이러니컬하게도 이 '호스페스(hospes)'라는 단어는, '손님'을 의미함과 동시에 이들을 접대하는 '주인'을 지칭하기도 한다. 어떤 공간의 주인은 그 공간에 가장 먼저 손님으로 도착한 이다. 주인이 진정한 주인으로서의 권리, 즉 주권을 행사하기 위해서는 바로 그 공간에 새로 객(客)이 도착해야만 한다. 손님과 주인이 동시에 존재할 때 비로소 제 의미를 갖는 참으로 매력적인 단어인 호스페스(hospes)에서 파생된 '호스피탈리스(hospitalis)'는 '융숭한 대접', '고객을 융숭하게 대접한다'는 뜻을 가진다.

두 번째는 '부상자나 병자를 숙박시키면서 간호하는 시설'이라는 뜻으로 '호스피탈리스(hospitalis)'의 변형어인 '호스피탈레(hospitale)'는 '순례자 또는 나그네를 위한 숙소'를 뜻한다. 이후 이 단어는 병원을 의미하는 '호스피탈(hospital)'과 '대저택, 기숙사, 숙소' 등을 나타내는 '호스텔(hostel)'로 각각 구분되어 사용되다가 호스피탈(hospital)은 오늘날의 병원으로 발전되었고 호스텔(hostel)은 '호텔(hotel)'이라는 용어로 변천되어 현재 사용되는 호텔의 의미로 진화되었다. 같은 어원에서 유래하는 호텔과 병원은 애초에 같은 개념으로 인식되었던 만큼 건물의 구조에 있어서도 유사한 점이 매우 많다. 병원과 호텔, 겉으로만 보면 서로는 완전히 다른 업종이다. 하지만 365일 24시간 교대 체제로 쉬는 날 없이 고객을 상대하면서 식사와 수면을 제공한다는 면에서 병원과 호텔은 제법 비슷한 업종이다. 호텔의 로비와 병원의 현관, 호텔의 프런트데스크와 병원의 접수 창구, 호텔의 객실과 병원의 병실, 호텔의 식음료업장과 병원의 식당, 호텔 직원의 투숙객 및 방문객에 대한 접객 서비스와 의사 및 간호사의 입원환자 및 외래환자에 대한 의료 서비스 등 비교적 큰 어려움 없이 서로의 경계를 자연스럽게 넘나들고 있다.

서울 신라호텔 현관 쪽에 설치된 5성 인증 현판

출처: 별, 호텔의 등급을 논하다, ㈜고릴라디스트릭트.

호텔의 표시형식과 등급	
무궁화 등급표시에서 별 등급 제도로 변경	
미국에서 미국자동차협회(AAA: American Automobile Association)는 다이아몬드와 포브스 여행부문(Forbes Travel)은 별의 숫자	Luxury Hotel, Full Service Upper Upscale, Upscale, Upper Midscale, Midscale, Economy

등급	내용
5성급	4성급 기준 + 3개 이상의 레스토랑, 대형 연회장과 국제회의장, 24시간 룸서비스, 피트니스센터 등 부대시설과 편의시설 등
4성급	3성급 기준 + 고급 사설, 비즈니스센터, 2개 이상의 레스토랑, 연회장, 국제회의장, 12시간 이상 룸서비스, 피트니스센터
3성급	2성급기준 + 1개 이상의 레스토랑(직영, 임대 포함), 로비, 라운지, 안락한 휴식 공간
2성급	1성급 기준 + 최소한 식음료 부대시설
1성급	객실, 욕실, 조식가능한 안전한 호텔

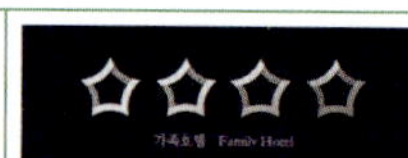

호텔의 표시형식과 등급	
무궁화 등급표시에서 별 등급 제도로 변경	
유럽에서는 호텔별협회(Hotel Star Union), 비영리 단체인 호트렉(Hotrec)	• 1성급 호텔: 기본 객실 제공과 공용 화장실 및 자판기 구비한 호텔 • 2성급 호텔: 컬러 TV를 갖춘 기본 객실 제공 및 바와 식당을 운영하는 호텔 • 3성급 호텔: 다양한 객실 옵션과 식당, 헬스장, 비즈니스 시설을 제공하는 호텔 • 4성급 호텔: 다양한 객실 및 스위트 옵션, 식당과 바, 비즈니스 시설, 컨시어지(안내서비스), 수영장, 헬스장 및 탁아소 서비스를 제공 하는 호텔 • 5성급 호텔: 위에 언급된 모든 서비스 요건을 갖추고 최고급 숙박 공간을 제공하는 호텔
실제 전 세계 호텔을 동일한 기준에서 평가하고 등급을 매기는 국제 표준 규격은 없다.	

출처: 호텔 등급 어떻게 매기나요, 중앙일보, 2015.05.20.

빈 살만 왕세자는 롯데호텔서울 최상위 객실인 이그제큐티브 타워 32층 로열 스위트룸에 머물 것으로 추정된다. 해당 객실의 1박 투숙료는 2,200만 원이다. 왕세자의 일행은 약 400여 명으로 알려졌다. 이그제큐티브 타워의 로열 스위트룸(460.8㎡)은 국내 최대 규모의 스위트 객실로 연중 대부분 국빈 방문 시 사용된다. 호텔 측에 따르면 인테리어에 무려 41억 원이 투자됐다.

1. 스위트룸(Suite Room), 이그제큐티브 라운지(Executive Lounge)에 대해서 설명하시오.

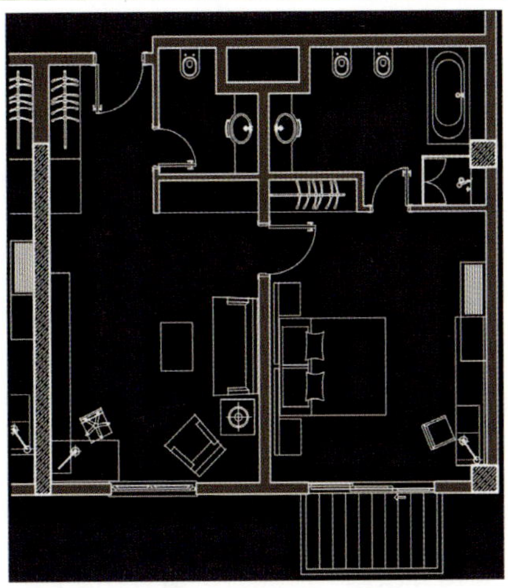

출처: https://www.gettyimagesbank.com/

2) 역사의 옷을 바꾸려는 호텔 브랜드 네이밍(Naming)

소비자는 가상의 이름이나 아예 이름이 없는 상품, 서비스보다는 이름이 확실한 브랜드에 대하여 더 호의적인 반응을 보이며 브랜드 지식의 구성요소는 브랜드 인지도와 브랜드 이미지라고 하였다. 소비자가 그 브랜드를 이미 알고 있고 그 브랜드에 대하여 호의적이고(favorable), 강력하고(strong), 독특한(unique) 이미지를 기억 속에 갖고 있을 때 브랜드 자산이 형성된다.

현대는 양적인 충족시대에서 벗어나 개성화, 다양화를 특징으로 하는 문화의 시대로 이행하고 있으며, 소비자의 욕구는 대중적인 수준에서 개인적인 수준으로 변화하여 누구나 좋아할 수 있는 전지전능의 상품보다는 자신의 감성에만 맞는 상품을 구입하는 소비 형태로 바뀌고 있다. 따라서 상품을 공급하는 층은 이런 소비자의 변화에 대응해 섬세한 감성에 호소, 공감을 얻을 수 있는 제품을 개발하는 데 주력해야 할 것이다.

소비자가 특정회사의 제품에 대해 느끼는 좋거나 나쁜 느낌이 제품을 구매하는 데 있어 중요한 역할을 하므로 소비자가 특정 브랜드에 대해서 갖게 되는 이미지 형성의 요인을 파악하지 않을 수 없다. 그리고 그 브랜드에 대한 긍정적인 이미지를 형성하기 위해서는 그 형성 요인을 파악하고 부정적인 이미지 형성의 경우는 개선 또는 예방을 하여야 한다.

결국 브랜드 이미지는 특정 브랜드에 대해 소비자가 그 브랜드를 대하면서 내면적으로 형성되는 감정, 태도, 연상 등이 포함된 종합적인 개념으로 볼 수 있다. 이러한 특정 브랜드 이미지는 개별 제품의 시장점유율을 확대 · 유지하는 데, 영향을 미칠 뿐만 아니라, 기업이 생산하는 타 제품 및 기업 전체의 이미지에까지 영향을 미치며 플러스 효과를 창출하는 중요한 역할을 한다.

브랜드 네임은 브랜드의 이름으로 사람이 듣거나 발음할 수 있는 언어, 단어, 문자, 숫자 등이 결합되어 하나의 새로운 단어로써 브랜드 개념을 나타내는 언어의 표현체이며 특정 기업의 재화나 용역을 경쟁사와 구별할 수 있게 하는 것이다. 합리적이고 가치 있는 브랜드 네임은 브랜드 인지도를 제고시킬 수 있고 호의적인 소비자 반응을 유도하며 경쟁업체보다 선점하여 진입장벽의 역할을 한다. 효과적인 브랜드 네임은 브랜드 인지도를 향상시킬 수 있고 제품에 대한 소비자의 호의적인 태도를 이끌어낼 수 있다.

브랜드 네이밍은 반드시 독특해야 다른 상품과 구별할 수 있다. 날로 치열해지는 시장의 경쟁 환경 속에서 성공의 여부는 브랜드 네이밍에서 결정된다 해도 과언이 아니다. 고로, 적절한 브랜드 네이밍은 기업 문화와 기업 이미지 발전에 중대한 영향을 끼친다. 즉 적절한 브랜드 네이밍은 제품의 판매에 도움이 된다. 반대로 부적절한 브랜드 네이밍은 제품 판매를 방해할 뿐만 아니라 브랜드 이미지를 구성하는 것도 방해한다.

우수한 기업들의 성공비결은 광범위한 브랜드 인지도와 간단 명료한 브랜드 네이밍을 가지기 때문이다. 브랜드 네이밍은 소비자의 구매 결정에 영향을 미치기 때문에 기업의 중요한 판매수단이 되고 있다. 그러므로 적절한 네이밍을 선택하는 것이 기업의 가장 중요한 마케팅 전략이다. 한마디로 요약하면 소비자들이 제품의 이름으로 다른 제품을 구별하여 제품에 대한 인정, 만족, 충성이 이루어진다.

이에 따라 브랜드 네이밍은 기업의 발전에 지극히 중요한 역할을 하며 브랜드 네이밍은 제품 및 서비스에 대한 평가와 소비자의 구매 결정에 영향을 줄 수 있다. 또한 제품의 특성과 기능을 강화할 수 있는 장점이 있다. 동시에 브랜드 네이밍은 비교적 높은 암시 기능을 가지며 이런 암시 기능을 의지하여 소비자가 생생한 기억을 형성하게 된다. 또한 브랜드 네이밍은 구매 결정의 간소화에 도움이 된다.

왜냐하면 소비자가 브랜드 네이밍으로 제품의 기본적인 정보를 얻게 되기 때문이다. 적절한 브랜드 네이밍이 기업의 이념, 문화 배경과 제품의 기본적인 정보를 다 표현할 수 있다. 또한 제품의 특성을 잘 표현할 수 있는 브랜드 네이밍은 소비자들이 기억하기 쉽고 이해하기 편하여 브랜드 연상을 하게 된다고 한다.

우리 사회는 하루가 다르게 빠르게 변하는 상품의 홍수 속에서 많은 브랜드를 접하며 살고 있다. 브랜드 네임은 소비자에게 상징적인 의미를 제공하는데, 이는 제품에 대해 지각하고 의사결정을 하는 과정에 정보를 제공한다. 브랜드 네임이 기업의 제품을 시장에서 효과적으로 포지셔닝하는 역할을 한다.

소비자들은 브랜드 네임을 통해 제품을 유추하거나 제품평가의 단서로 활용하기 때문에 소비자에게 호소할 수 있어야 하고 시장 성격에 맞는 바람직한 특징이 있어야 한다. 또한 잘 선택된 브랜드 네임은 제품의 효익을 제시하는 등 특별한 이익들을 가져다주며, 브랜드 아이덴티티, 구매의 간결화, 품질 표시에 공헌하며, 믿음, 안전감, 힘, 지속성, 속도, 지위, 배타성과 같은 감정을 유발시키기도 한다. 시장 내 상품들이 동질적일 경우에는 브랜드 네임이 제품의 유일한 특성일 수도 있다.

따라서 기업은 사용하는 상표가 상품에 부가가치를 부여하여 무형의 자산가치(brand equity)를 가질 수 있도록 해야 한다. 소비자 입장에서 상표가치란 상표를 사용한 제품에 대해 소비자가 가지고 있는 연상 정도로써 반영될 수 있다. 특히 기존 브랜드 네임을 사용한 신제품을 소비자가 평가하는 상황에서는 기존 브랜드 네임이 중요한 정보 단서를 제공하기 때문에 그 중요성이 매우 크다.

신라, 롯데, 하얏트, 앰배서더, 임페리얼, 워커힐 등은 호텔을 자주 찾는 사람이 아니라도 익히 들어본 이름이다. 국내 5성급 호텔은 크게 로컬 브랜드와 해외 브랜드의 두 종류로 나뉜다는 사실부터 알면 편하다. 로컬 브랜드에는 롯데 · 신라 · 임페리얼 호텔 그룹 등이 있다. 이들은 자체 자본과 브랜드를 내걸고 호텔을 운영하고 있다. 과거에는 비용 부담이 큰 직접 투자 방식으로 해외 진출에 나섰다. 하지만 직영 방식은 부지 매입부터 건물을 짓기까지 기간이 오래 걸리고 투자금도 만만치 않다. 코로나19로 인해 재무적인 압박이 커지자 리스크를 낮추고 안정적인 수익 창출을 위해 위탁운영을 통한 '자산경량화(asset light)' 전략으로 선회하고 있다.

위탁 운영은 별도의 소유주가 있고 호텔의 경우 자신의 브랜드를 공유하고 체계적인 시스템을 통해 운영해 주는 대신 수수료를 받거나 매출의 일부분을 가져가는 구조다. 위험 부담을 최소화하면서 영업이익률 제고가 가능하고 단기간에 더 많은 고객을 확보하고자 시티호텔 명동은 고층을 선호하는 기업체를 위해서

16~25층을, 욕조 선호도가 높은 일본 자유여행객을 위해 5~9층을, 흡연이 가능한 룸을 선호하는 중국 관광객을 위해서 10~15층을 제공하는 등으로 세분화했다.

롯데호텔은 요한 볼프강 폰 괴테(Johann Wolfgang von Goethe, 1749~1832)의 세계적인 명작 『젊은 베르테르의 슬픔(The Sorrows of Young Werther, 1774)』에 나오는 여주인공 '샤롯데'에서 따온 아름다운 이름으로 '샤롯데(Charlotte)'는 소설을 넘어 전 세계 독자들에게 사랑받는 '만인의 연인'이 되었다. 롯데그룹도 사랑과 자유, 풍요가 가득한 세상을 만들겠다는 꿈으로 대한민국을 대표하는 기업으로 성장했고 이제 세계 곳곳에서 세계인의 사랑을 받는 기업으로 도약하고 있다.

아시아를 선도하는 글로벌 그룹으로 세계의 모든 고객에게 보다 풍요로운 생활, 아름다운 미래를 선사할 것이다. 롯데호텔은 프리미엄 랜드마크 호텔 '시그니엘', 클래식 어퍼 업스케일 브랜드 '롯데호텔', 라이프스타일 호텔 'L7', 비즈니스호텔 '롯데시티호텔', 가족 여행객들을 위한 '롯데리조트', 프리미엄 시니어 레지던스 브랜드 'VL'을 보유하며 브랜드 포트폴리오를 다각화하고 있다.

현재 국내 19개와 해외 11개 등 전 세계 30개 호텔과 리조트, 1만 1천 실에 이르는 객실을 보유해 아시아 대표 호텔 체인으로 성장하고 있다. 최상급 '시그니엘', 5성급 '롯데호텔', 라이프스타일형 'L7', 비즈니스형 '롯데시티호텔', '롯데리조트' 등 다양한 고객층을 겨냥한 포트폴리오 전략에 방점을 두고 있다. 호텔 이름에는 타깃 고객에 대한 우위가 정해져 있다.

호텔들은 각 브랜드에 따른 시장을 세분화해 '고급브랜드－대중브랜드－저가브랜드 혹은 레지던스형' 등 다양한 형태로 다각화해 운영하고 있다. 하얏트(Hyatt), 스타우드(Starwood), 메리어트 인터내셔널(Marriott International), 아코르(Accor), 인터컨티넨탈 호텔 그룹(IHG; Intercontinental Hotel Group), 윈드햄(윈덤) 호텔 그룹(WYNDHAM Hotel Group) 등이 대표적이다.

이 중 스타우드와 아코르는 일반인들에게는 생소하다. 이들은 해외 유명 호텔 브랜드로, 스타우드 계열에는 'W 워커힐'과 '웨스틴 조선', '쉐라톤 그랜드 워커힐', '쉐라톤 인천' 등이, 아코르 계열에는 '풀만 앰배서더 창원 시티 세븐', '노보텔 앰배서더 강남 · 독산 · 대구', '이비스 앰배서더 명동 · 서울' 등의 앰배서더 호텔 등이 해당된다. 대부분의 해외 브랜드 호텔들은 소유와 운영이 분리돼 있다. 이 때문에 같은 브랜드의 호텔이라도 소유주는 다른 경우가 많다.

이 중 앰배서더는 해외 브랜드를 들여왔지만, 해외 브랜드 회사와 합작해 호텔 매니지먼트 회사의 설립(AAK: Accor Ambassador Korea) 등 세계적인 체인호텔들의 운영방식과 함께 설명해야만 이해할 수 있다. 세계적인 체인호텔은 소유주가 누구인지, 경영에 얼마나 참여하는지 그 계약형태에 따라 오너십(Ownership), 매니지먼트(Management), 프랜차이즈(Franchise)의 세 형태로 분류된다.

구분	힐튼	메리어트	아코르	하얏트
럭셔리	월도프아스토리아, 콘래드	JW메리어트, 세인트레지스, 리츠칼튼, W호텔	페어몬트, SO소피텔, 래플스, 소피텔	파크하얏트, 안다즈
최고급	힐튼호텔&리조트	메리어트, 쉐라톤	스위소텔, 풀먼	그랜드 하얏트
고급	더블트리	코트야드, 포포인츠	노보텔, 머큐어	하얏트 리젠시, 하얏트 플레이스
이코노미	힐튼가든인	목시	이비스, 이비스스타일, 이비스버짓	

출처: https://triple.guide/articles/c5523ca9-aa0f-481b-93f3-8103f9786ccb

□ 호텔 네이밍(Naming) 만들기

☞ 윗글을 읽고 자신의 생각으로 호텔 네이밍을 만들어보자.

『브랜드 네이밍(The Omnipowerful Brand)』의 저자 프랭크 델라노(Frank Delano)의 브랜드(Brand) 이름을 만드는 7가지 원칙에 의거하여 만들어본다.

- 그 제품이 가지는 핵심, 독특한 면, 정신 등을 표현(제품 본질)
- 소비자의 주목을 끌 수 있어야 하고 분명한 이미지 구축(상상력 자극)
- 제품의 품질이 뛰어나다는 인상 제시(발음이 정확)
- 단순하게 만듦(기억이 수월함)
- 시청각적인 요소를 활용하여 브랜드를 고객의 마음속에 각인시킴(영어로 만듦)
- 브랜드가 겨냥한 목표 집단의 이미지에 일치시킴(남성적인지 여성적인지 구분)
- 제품의 성능에 대해 주장할 때는 신뢰 형성(과장된 느낌 제거)

의미 요소	
음성 요소	
시각적 요소	
브랜드 네이밍	

롯데호텔 해외 진출 및 운영 현황

지역	위치	호텔명	개관	등급	운영방식	브랜드
미국	괌	롯데호텔 괌	2014년 6월	5성	임차	시그니엘 (롯데의 최상위급 럭셔리호텔) 롯데호텔 (최고급,Upper Upscale) 롯데시티호텔 (비즈니스호텔) L7 (부티크 비즈니스호텔)
	뉴욕	롯데뉴욕팰리스	2015년 8월	6성 및 5성	직영	
	시애틀	롯데호텔 시애틀	2020년 9월	5성	위탁	
러시아	모스크바	롯데호텔 모스크바	2010년 9월	5성	직영	
	상트페테르부르크	롯데호텔 상트페테르부르크	2017년 9월	5성	직영	
	블라디보스토크	롯데호텔 블라디보스토크	2018년 7월	5성	직영	
	사마라	롯데호텔 사마라	2018년 12월	5성	위탁	
	서남부 크라스노다르 변경주 소치	롯데호텔 소치	2025년 말	5성	해외 프랜차이즈 계약 1호	
일본	도쿄	롯데시티호텔긴시초	2010년 4월	3성	직영	
	니가타현 묘코시	롯데아라이리조트	2017년 12월	5성	직영	
베트남	호찌민 사이공	롯데호텔 사이공	2013년 4월	5성	직영	
	하노이	롯데호텔 하노이	2014년 9월	5성	임차	
		L7웨스트 레이크 하노이 바이 롯데	2023년 8월 예정	5성	직영	
미얀마	양곤	롯데호텔 양곤	2017년 9월	5성	위탁	
우즈베키스탄	타슈켄트	롯데시티호텔 타슈켄트팰리스	2013년 10월	4성	위탁	

출처: https://www.thebell.co.kr/free/content/ArticleView.asp?key=202009181443100760103567&lcode=00

3) 어메니티 눈으로 본 호텔

'호텔 조식'을 좋아하는 사람들이라면 유튜브에 올라온 '호텔 조식 비교 후기' 영상을 찾아본 뒤 숙소를 예약할 테고, 여행에서 '의미', '가치'를 찾는 '미닝아웃'을 중시하는 고객들은 제로 웨이스트 여행, 그린 마케팅 등 관련 키워드를 내세운 프로모션을 선택할 수 있다. 코로나19를 피해 위로와 치유가 있는 여행을 원한다면 헬스, 피트니스, 건강과 관련한 프로모션이 마련된 곳이 제격이다.
호텔의 이미지와 로망을 체험할 수 있는 상품, 서비스도 있다. 특급호텔의 경우 자체적으로 시그니처 향을 개발해 호텔 공간에 적용하고, 해당 향을 디퓨저, 캔들, 룸 스프레이 등으로 판매하기도 한다. 특정 향을 통해서 (향을 맡을 때마다) 해당 호텔의 이미지를 떠올릴 수 있기 때문이다.

출처: 대중화인가, 럭셔리 로망의 실현인가… 엔데믹 시대와 만난 호텔 트렌드, 매일경제, 2022.07.15.

어메니티란 인간다운 생활을 영위하는 기본요건, 즉 인간의 존엄과 가치가 훼손받지 않고 건강하고 문화적인 최저한도의 생활이 확보되는 것으로부터 출발한다. 사람들은 삶의 질 향상에 대한 기본적 권리를 가지고 있으며, 쾌적한 환경에서 살 수 있는 환경이 조성되어야 한다. 어메니티는 사람이 어떤 사물이나 환경에 대해 긍정적으로 느끼는 쾌적성으로 광의로는 개인과 기업이 생활 및 비즈니스의 장으로서 도시에서 추구하고자 하는 모든 것을 의미하기도 한다. 어메니티(amenity)는 '쾌적한', '기쁜' 등과 같은 감정을 표현하는 라틴어 아모에니타스(amoenitas)에 어원을 두고 있으며, 복수로서 어메니티스(amenities)는 장소나 기후 등이 매력적이거나 바람직하다는 것으로서 쾌적한 환경, 사는 느낌이 좋음, 조압적인 삶의 쾌적함, 매력, 여유, 환대, 좋은 인간관계 등 여러 가지 의미로 사용되고 있다. 특히 어메니티는 '사랑하다'라는 의미를 가진 라틴어 아마레(amare)에까지 거슬러 올라갈 수 있으며, 이는 사람이나 풍토, 사물, 생물에 이르기까지의 폭넓은 사랑을 의미한다. 어메니티는 어떤 공간이나 건물이 인간의 마음과 감각에 상응하여 쾌적하고 매력 있는 공간을 형성하는 물리적인 환경의 상태가 중요하다. 셋째, 어메니티는 상대적인 개념으로 개인이나 지역, 국가에 따라서 독특한 특성을 지니고 있다.

OECD는 다양한 경제 관련 보고서를 통해 어메니티의 가치를 강조하였는데, 경제협력개발기구(OECD: Organization for Economic Cooperation and Development)는 어메니티를 "경관, 역사, 그리고 문화적 요소를 포함해 자연적인 것이든 인위적인 것이든 지역에 존재하는 모습들로서 사회적 · 경제적 가치를 지니며 효용을 제공하는 것"으로 정의하면서 그 유형을 어메니티 자원이 생성된 기원을 기준으로 세 가지로 분류했다. 즉 첫째는 인간의 특별한 개입 없이 자연적으로 형성된 어메니티, 둘째는 자연과 인간 간의 상호작용에 의해 형성된 어메니티, 그리고 셋째는 인간 스스로 인위적으로 만든 어메니티이다.

따라서 어메니티는 한 사회의 경제, 가치관, 관습에 따라 변화할 수 있는 상대적인 개념이다. 도시어메니티의 유형은 편리성, 환경성, 심미성, 문화성의 4가지로 범주화되었고, 사회가 변화함에 따라 어메니티에 대한 욕구는 '편리성→환경성→심미성→문화성'의 방향으로 발전했다. 산업혁명을 기점으로 그 이전에는 인간의 이동과 쾌적한 주거공간을 위한 편리성이 중요했다면, 산업혁명 이후에는 증가한 공해를 해결하기 위한 환경성이 중요했고, 1893년 시카고박람회를 기점으로 하여 도시를 예술작품으로 인식하는 관점이 등장하면서 심미성이 중요해졌고, 지금의 21세기에 이르러서는 도시의 정체성과 문화성을 구현할 수 있는 어메니티가 중요해졌다.

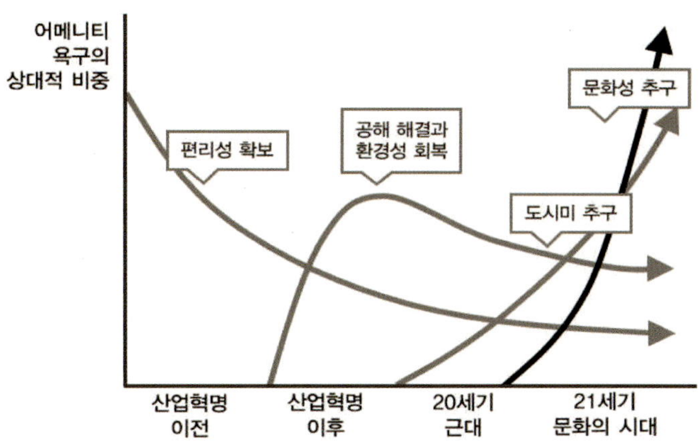

출처: 어메니티가 도시경쟁력이다, 삼성경제연구소, 2002.

호텔의 이미지와 로망을 체험할 수 있는 상품, 서비스도 있다. 최근 일부 특급 호텔의 경우 자체적으로 시그니처 향을 개발해 호텔 공간에 적용하고, 해당 향을 디퓨저, 캔들, 룸 스프레이 등으로 판매하기도 한다. 특정 향을 통해서(향을 맡을 때마다) 해당 호텔의 이미지를 떠올릴 수 있기 때문이다. '더 캑터스(The Cactus) 호텔'은 이름과 달리 라이프스타일 편집숍이다. 상상 속에 존재하는 호텔(더 캑터스 호텔)을 만들어, 마치 해당 호텔에서 만났을 법한 디자인 상품을 판매하고 있다. 부드러운 호텔 수건과 머그컵(객실에 하나쯤은 있는), 실내 슬리퍼 등 객실 가구, 소품, 어메니티부터 휴일 조식 플레이트(계란 프라이, 팬케이크, 베이컨)를 모형화한 스펀지 등 개성 넘치는 각종 디자인 상품도 판매 중이다. 사람들이 호텔의 디퓨저를 구매하거나 이 사이트를 찾는 이유는, 내 일상의 공간을 프리미엄 공간으로 변화시켜 마치 호텔에 온 듯한 감성을 통해 대리 만족을 느낄 수 있기 때문이다. 또한 어메니티는 호텔이 고객의 편의를 위해 무료로 구비한 각종 서비스용품으로 샴푸, 린스, 바디클렌저, 바디로션 등의 욕실용품을 말한다. 그 외에도 다리미, 헤어드라이기 등의 전자제품, 우산, 쇼핑백 등의 유용한 용품뿐만 아니라 무료조식, 무료주차, 스크린 골프 등이 모두 어메니티에 해당된다. 고객들은 호텔에서 제공하는 어메니티를 점점 더 당연하게 받아들이기 때문에 호텔은 자신만의 어메니티를 통해 고객에게 차별화된 경험을 제공하고 있다. 어메니티는 호텔의 품격을 나타내는 소품으로 호텔을 선택하는 중요한 매력물이다. 유명호텔들은 인기 있는 브랜드 제품을 구비해서 호텔을 방문하는 순간 어메니티를 통한 고객감동과 쾌적한 여행이 되도록 노력하고 있다. 최근 환경의 중요성이 높아지면서 호텔들은 어메니티에 친환경 트렌드를 접목해 지속가능한 발전목표로 삼고 있다. 플라스틱 퇴출 운동으로 작은 사이즈의 어메니티는 감소하는 추세이며 예전에는 작고 깜찍한 용기의 어메니티는 세면도구를 준비하지 못한 고객을 위한 호텔 서비스였다. 고객들은 평소 쉽게 접할 수 없는 브랜드의 작고 예쁜 용기의 제품을 사용한 후 기념품 삼아 가지고 가는 경우도 있었다. 앞으로는 이러한 어메니티를 호텔에서 찾아보기 어려워질 것이다. 환경부의 일회용품 규제에 따라, 2022년부터 숙박업소의 일회용품도 규제 대상으로 50객실 이상 숙박업소는 무료로 제공할 수 없고, 2024년부터는 모든 숙박업소가 해당된다. 유엔세계관광기구(UNWTO: UN World Tourism Organization)에 따르면, 전 세계 모든 산업 중 관광산업이 배출하는 탄소배출량은 전체의 5% 정도를 차지하는데, 그중 교통부문 4%, 숙박부문에서 1%의 탄소가 배출된다고 했다. 관광객의 증가로 탄소배출량도 함께 증가하고 있다. 따라서 탄소배출량을 감축하기 위한 노력으로 호텔들이 고객과 함께 친환경 활동에 적극 동참하고 있다. 일반적으로 어메티니에 제공되는 작은 플라스틱 용기는 재활용 규정이 없어서 재활용되지 않아 매립지에 묻혀 분해까지는 수십에서 수백 년이 걸린다고 한다. 세계경제포럼(WEF: World Economic Forum)에 의하면 매년 800만 톤의 플라스틱이 바다에 버려진다고 한다. 글로벌 호텔들은 코로나19로 호텔업계의 전반적인 위기 속에서도 ESG(Environment, Social, Governance: 환경, 사회, 지배구조) 경영혁신으로 지속가능한 호텔로의 변화에 노력하고 있다. 이들 호텔들은 욕실 어메니티에 일회용 플라스틱 용기를 대용량 디스펜서(대용량, dispenser)로 대체해서 객실 내 모든 용품도 친환경제품으로 변화시키고 있다. 그러나 정부 방침에 따른 일회용품 제공 중단에 동참하는 호텔들도 어려움이 있다. 왜냐하면 5성급 이상의 호텔은 여러 사람들이 사용하는 위생용품은 고객 불만이 나올 수 있기 때문이다. 최고급 어메니티는 호텔의 품격을 증명하고, 고객을 유인하는 중요한 요소 중 하나로 호텔에서 경쟁력을 갖추기 위한 수단이며, 빠르고 쉽게 홍보할 수 있는 효과적인 방법이기 때문이다. 요즘 고객들은 참신성, 실용성, 친환경성 등을 요구하기 때문에 호텔들은 다양하고 창의적인 어메니티를 제공함으로써 고객만족과 동시에 호텔의 브랜드가치도 향상시킬 수 있다.

□ 호텔 내 다양한 어메니티

☞ 윗글을 읽고 호텔 어메니티에 대해 조사한 후 발표하자.

1. 욕실 내 어메니티를 찾아보시오.

2. 객실 내 어메니티를 찾아보시오.

3. 기타 어메니티를 찾아보시오.

출처: '호캉스' 기념품, 호텔 어메니티 사라진다, 서울경제, 2021.04.10.

4. '미닝아웃(meaning+coming out)', 즉 '신념(meaning)'과 '벽장에서 나오다(coming out)'의 합성어가 왜 호텔 분야에서 크게 관심을 가지는지 설명하시오.

5. 호텔별 친환경 캠페인에 대해서 조사하시오.
   「자원의 절약과 재활용 촉진에 관한 법률 시행령」(약칭: 자원재활용법 시행령)

4) 호텔 객실이용 에티켓

해외여행이나 출장 시에는 호텔을 이용하게 된다. 호텔을 이용하려면 사전에 객실을 예약하는 것이 기본상식이다. 예약 시에는 투숙 호텔(객실예약부서)로부터 투숙자명 및 성별, 여권번호, 도착일시와 출발예정 일시, 항공기 편명(KE905), 연락처, 지급방법, 묵고자 하는 방의 침대 형태 등을 확인하는 것이 필요하다. 투숙 일정이 변경되거나 취소 시에는 호텔 측에 변경 요청과 취소 통보를 한다. 이때 취소에 따른 수수료가 부과될 수 있다.

호텔에 도착(체크인 Check-In, 보통 오후 2시경)하면 먼저 프런트데스크(Front Desk Service)에 가서 숙박등록카드(Registration Card)를 작성한다. 등록카드는 가족동반의 경우를 제외하고 한 사람씩 작성하게 되어 있는데 특히 주소를 자세히 적는 것이 중요하다. 숙박등록이 끝나면 객실번호, 호텔이름 등이 기재된 호텔카드(키 Key)를 받고 벨어텐던트(Bell Attendant)의 안내에(도움 없이 혼자) 따라 투숙 객실로 이동한다.

호텔 투숙 중 외출 시에는 객실카드를 프런트에 맡기거나 개인이 소지하고 다니다가 분실 및 훼손으로 재발급 시 일정 비용이 추가되는 경우도 있다. 객실 내 텔레비전은 일반채널과 호텔 자체에서 개설해 놓은 자체 채널로 구성되어 있다. 자체 채널의 시청은 객실 내에 비치된 프로그램 안내서나 호텔 이용안내책자를 참고하면 된다. 호텔 객실 내에서 사용하는 전화는 자동으로 계산되어 체크아웃 시 지불하도록 되어 있다. 고객의 편의를 위해 객실에서 직접 국제전화 및 모닝콜(Morning Call, Wake Up, 벨소리에 깰 수 있도록 하는 것)을 할 수 있다. 객실 내에서 제공되는 일회용 어메니티인 웰컴 드링크(Welcome Drink, Complimentary, 생수, 차(Tea) 무료)는 전기포트를 사용하여 음용하면 된다. 호텔 객실 내에는 룸서비스 메뉴(Room Service Menu)가 비치되어 있으므로 메뉴판을 보고 구내전화로 주문하면 되는데, 룸서비스의 경우 레스토랑 가격보다 10~15% 정도 비싸다. 한편 아침 일찍 식사를 하고 싶을 때는 전날 밤에 행거메뉴(Hanger Menu)에 미리 주문을 해놓고 객실 문밖의 문고리에 걸어두면 지정된 시간에 주문한 식사를 가져오므로 아침에 시간이 촉박한 경우 이용하면 매우 편리하다. 객실 내 미니 바(Mini-Bar, Refreshment Center, 작은 냉장고)는 냉장고 비치품목과 진열된 주류 및 가벼운 스낵(Snack)류가 갖춰져 있다. 냉장고 미니 바는 센서식(전자식) 냉장고와 일반 냉장고로 나뉜다. 미니 바 이용 후에는 비치되어 있는 계산서(bill)에 직접 표시하거나 자동으로 체크되므로 체크아웃(Check-Out) 시에 계산하면 된다. 장기체류(Long-Term Stay, 2박(宿泊) 이상) 시 객실 메이크업 서비스(Make Up Room, Turn Down Service)와 DD카드(DO not Disturb, 방해를 받고 싶지 않을 경우)를 객실 문밖에 걸어두면 된다. 여행 중에 일일이 세탁하려면 번거롭기 그지없고 그렇다고 옷을 많이 싸가지고 다니면 짐이 부담스러워진다. 이러한 이유에서 호텔에서는 세탁서비스(Laundry Service)로 세탁과 다림질까지의 서비스를 유료로 제공하고 있다. 세탁서비스의 이용 시 객실 내에 비치된 안내책자 등을 참고하여 서비스를 받으면 된다. 고급호텔일수록 고객을 위한 최상의 서비스를 제공하고자 호텔 현관에서 가까운 곳에 컨시어지[Concierge, le comte des cierges(촛불관리자), 문지기]가 위치하여 현지 사정에 익숙하지 않은 여행자의 손과 발이 되어 각종 정보 제공에서부터 컴플레인(complaints) 사항의 처리 등 원스톱(one-stop) 서비스를 제공하고 있다. 호텔의 부대시설 중 또 하나 빠트릴 수 없는 것이 피트니스(fitness)이다. 이곳은 무료인 경우도 있고 소정의 입장료를 내는 체력장, 사우나, 수영장 등이 기본을 이루며 곳에 따라 테니스장, 조깅코스, 골프 연습장 등까지 갖춘 곳도 있다.

□ 호텔 내 객실의 변신

☞ 윗글을 읽고 호텔 객실을 창의적으로 디자인해 보시오.

1. 수면 및 공간기능을 높이기 위한 방안에 대해서 설명하시오. 1) 어떤 침대와 매트리스 2) 호텔 베개 3) 호텔 객실 구조 4) 호텔 객실 내 비품 및 시설 명칭은? 5) 객실 내에서 주의해야 할 에티켓은? 6) 객실 내 슬리퍼를 신고 로비 및 레스토랑에 가면 안 되는 이유는? 7) 친환경 및 탄소제로를 실천하는 방법은?	 출처: http://www.traveldaily.co.kr/news/articleView.html?idxno=20449
2. 위생기능을 높이기 위한 방안에 대해서 설명하시오. 1) 욕실 내에 비치된 수건의 개수와 명칭 2) 미끄럼 방지를 위한 대안은? 3) 샤워커튼과 벽면 유리 청소법은? 4) 욕실 내 비품 및 시설 명칭은? 5) 욕실 내 비치된 유리컵 청결 방법은? 6) 객실 내 효율적인 비품관리 방법은? 7) 온수 및 절수를 위한 방안은?	 출처: https://blog.allstay.com/travel_tip/5-best-seoul-hotel-with-bathtub/

2. 탈것의 색다른 매력

1) 공항 및 비행기의 하늘길 에티켓

과거의 공항은 주로 항공기의 이착륙을 목적으로 이용되는 계류장(繫留場)으로 정의되었으며, 보다 넓게는 장소적 의미에 더하여 공항이용객이나 화물을 운송·처리하는 데 있어 필요한 기반시설 및 장비와 더불어 공역을 확보하여 비행이 가능하게 하는 상태를 포괄하여 이르기도 하였다. 그러나 최근 공항의 개념은 과거 공항이 가졌던 항공산업의 발달을 위한 인프라를 넘어 국가 간의 통상이나 문화예술, 과학기술 발달의 선도 역할을 담당하는 공항도시의 개념으로 바뀌고 있다. 또한 전 세계적으로 공항의 상업지구 개발이 활성화되는 추세를 보이면서 비항공 매출을 통한 공항 수익 증대뿐 아니라 지역경제의 발전, 나아가 허브 공항으로서의 역할과 함께 국가경제발전에 크게 기여하고 있다. 국제민간항공기구(ICAO: International Civil Aviation Organization)는 "공항(Aerodrome, Airfield)이란 항공기의 도착, 출발이나 지상 이동을 위하여 일부 또는 전체가 사용되는 건물, 시설물, 장비 등이 포함된 육지나 수상의 일 구역"으로 정의하고 있으며, 미국 연방항공청(FAA: Federal Aviation Administration)은 "공항(Airport)이란 공항이용객이나 화물을 항공기에 싣거나 내리기 위해 정기적으로 이용되는 착륙지역"이라 정의하고 있다. 사전적 의미를 살펴보았을 때, 공항(활주로, 계류장, 여객터미널, 주차장, 면세점 등)에 대한 ICAO의 정의인 '에어로드롬(Aerodrome)'은 국문으로 '비행장'이라 해석되며, FAA 정의에서의 'Airport'는 '공항'이라 해석된다. 이 두 용어의 차이를 구분하면 '공항'이란 항공기 이착륙 지원 시설뿐 아니라 승객과 화물을 처리할 수 있는 시설까지 모두 갖춘 경우를 뜻하며, '비행장'이란 항공기 이착륙 지원만을 할 수 있는 시설을 갖춘 장소를 말한다. 즉, 공항이 비행장보다 넓은 개념의 용어이므로 비행장은 공항의 범주에 속한다고 볼 수 있지만, 모든 비행장을 공항이라고 칭할 수는 없다. 우리나라의 경우, 「공항시설법」 제2조(정의) 제7호 및 제8호에서 "공항시설이란 항공구역에 있는 시설과 공항구역 밖에 있는 시설 중 대통령령으로 정하는 시설로서 국토교통부장관이 지정한 시설을 말한다"고 정의하고 있다. 즉 「공항시설법 시행령」 제2조 및 제3조에 의거하여 비행장과 공항시설을 구분하여 설명하고 있다.

해외여행 시에 지켜야 할 두 가지는 안전과 에티켓이다. 해외여행자는 여행지에서 자기 나라를 대표하는 민간 외교관이라는 사명감을 가지고 여행지의 문화와 여행 시에 발생할 수 있는 문제에 대해 꼼꼼히 공부해야 한다. 해외여행 시 첫 관문이자 방문 국가의 자국민을 보호함과 동시에 국제법 질서를 유지할 수 있는 1차적 여과장치인 공항에서의 출입국 수속절차[(CIQ: Customs(세관검사), Immigration(출입국 관리), Quarantine(검역)]를 밟기 위해서 주의할 점들과 기내에서 지켜야 할 기본적인 에티켓을 이해하면 즐거운 여행을 할 수 있을 것이다.

출국 절차로는 출국수속, 출국신고서, CQI과정, 출국심사가 있다. 탑승의 경우 공항 도착시간은 비행기 출발 2시간 전이 일반적이며 출국 여객들이 많이 몰려들면 대중교통 · 자동탑승권발권 · 자동수하물위탁(Self Bag Drop) · 웹 · 모바일 및 공항 키오스크(무인 정보단말기)를 이용하면 유리하다. 공항에 도착하면 해당 항공사에서 운영하는 체크인 카운터로 이동하여 탑승 수속을 한다. 탑승 수속(Boarding Procedures)을 위해서는 어느 나라에서나 일반적으로 72시간 전까지 좌석예약에 대한 확인이 필요하며, 최소한 항공기 출발 40분 전까지는 탑승 수속(항공권 발권) 마감을 한다. 보안검색으로 인하여 주말과 성수기에는 탑승수속이 지체될 수 있으므로 충분한 시간적 여유가 필요하며 항공사별로 기내 반입 가능한 수하물 규격(무게)이 다르므로 미리 확인해야 한다. 출국심사대 앞에서 순서대로 대기하다가 여권, 탑승권을 심사관에게 제시하고 출국 확인을 받고 여권을 반환받으면 출국심사대를 통과한다. 출국 수속이 모두 끝나면 탑승권에 기재된 탑승구(항공기의 입구, Gate No)를 확인한 후 면세점에서 쇼핑을 하거나 휴식을 취하면서 기다리다가 탑승 안내방송이 나오면 표지판에 따라 여권(「여권법 시행령」)과 탑승권을 소지하고 탑승한다. 항공기 정시운항을 위하여 이륙 30분 전에 탑승을 시작하여 10분 전에 탑승이 마감되므로 늦지 않도록 주의한다.

출국 시 주의사항

- 여객이 기내에 휴대할 수 있는 수하물 크기의 기준이 항공사마다 다르므로 사전에 해당 항공사에 문의한다(항공사 전화번호 참조).
- 항공기 출발 3시간 전에 공항에 도착하면 여유롭게 탑승 수속을 마치고 쇼핑도 즐길 수 있다.
- 면세구역에는 현금 지급기가 없으므로 출국장에 들어가기 전에 준비한다.
- 타인수하물 위탁운송은 밀수(마약, 금괴, 총포류) 및 사고위험이 높으므로 반드시 거절한다.

항공사 탑승 수속(탑승 수속카운터, 셀프체크인) 및 수하물 위탁(좌석배정)

출발 전 항공권과 여권 유효기간 및 서명

보안검색(항공보안법)

공항 도착 ▶ 세관신고(외국환거래규정), 병무(병역법)/검역신고(검역법) 출국장으로 이동 ▶ 출국심사(여권, 탑승권 확인) 탑승구로 이동(면세품 구입 및 인수)

충분한 시간

해외여행자는 미화(US$) 1만 달러 초과 시 관할세관의 장에게 신고

항공기 탑승(여권, 탑승권 준비)

입국 절차로는 입국서류, 도착, 입국심사, 수하물 수취(찾기) 및 세관검사 등이 있다. 이를 좀 더 살펴보면 여행객은 입국심사 서류를 작성(검역 설문지, 여행자 휴대품 신고서)해서 입국수속을 받아야 한다. 검역이 필요한 국가에서 입국하는 승객과 승무원(Flight Attendant, Flight Crew)은 검역 설문지를 작성하고 입국에 필요한 서류(여권, 입국카드 등)를 제시하면 입국 심사관은 방문목적과 체류기간 등을 질문한 후 여행객의 응답에 따라 입국 허가를 부여하면 수하물 수취대[캐로셀(Carousell, 수하물 컨베이어벨트), BHS, 수하물처리시스템, Baggage Handling System]번호를 확인한 후 수하물을 찾아서 나가면 된다.

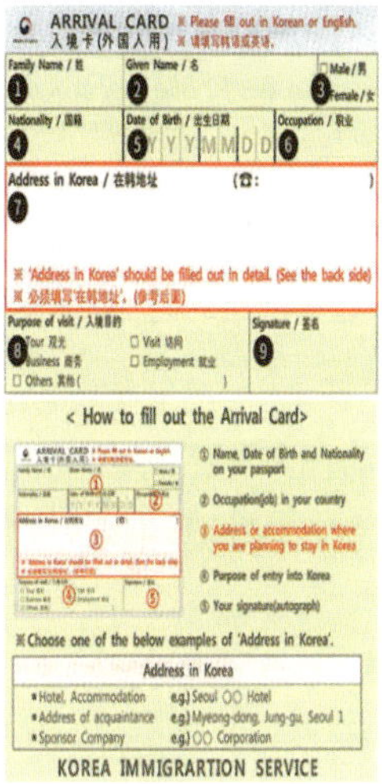

입국 신고서

1. 성
2. 이름
3. 성별
4. 국적
5. 생년월일
6. 직업
7. 한국 내 체류예정지
8. 방문목적
9. 서명

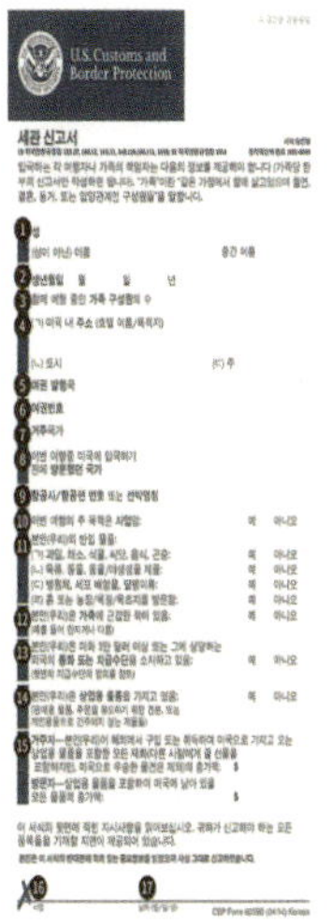

세관 신고서

1. 성
2. 생년월일
3. 함께 여행 중인 가족 구성원 수
4. 미국 내 체류주소
5. 여권발행 국가
6. 여권번호
7. 거주국가
8. 이번 여행 중 미국 도착 전 방문국가
9. 항공사/항공편명
10. 여행의 목적 비즈니스 여부
11. 물품 소지 여부
12. 가축과 가까이 한 적 있는지 여부
13. $10,000 이상 혹은 그와 동등한 가치의 외화 소지 여부
14. 시판용 상품 소지 여부
15. 거주자 - 미국으로 가지고 오는 모든 물품의 총 가치 방문객 - 시판용 상품 포함 미국에 남겨둘 모든 물품의 총 가치
16. 서명
17. 날짜

출처: https://flyasiana.com/C/KR/KO/ready/immgrtn

□ 해외여행 시 추억 만들기

☞ 윗글을 읽고 해외여행을 창의적으로 디자인해 보시오.

1. 해외여행 시 여행용 캐리어 선택방법에 대해서 설명하시오.
2. 해외여행 시 준비물에 대해서 설명하시오.
3. 여권 발급 및 분실 절차를 설명하시오.
4. 시차 적응과 긴급할 때 처리요령에 대해서 설명하시오.
5. 환승절차에 대해서 설명하시오.
6. 수하물 파손 및 분실 처리방법에 대해서 설명하시오.

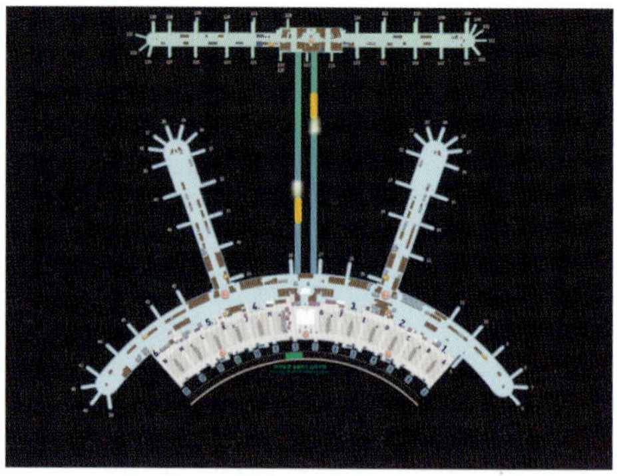

출처: https://www.airport.kr/ap/ko/map/mapInfo.do?TERMINAL=P01

1. 기내 꼴불견의 유형과 대처방안에 대해서 설명하시오.
2. 질병 예방법(검역법, 검역법 시행규칙)으로 출발 전과 국가별 현지에서 주의해야 할 사항에 대해서 설명하시오.
3. 승객의 안전과 건강을 위한 항공기 좌석 크기의 최저기준에 대해서 설명하시오.
4. 기내반입 금지 물품, 반입가능 물품, 면세점 쇼핑에 대해서 설명하시오.
5. 보안검색 절차 시 주의할 점에 대해서 설명하시오.
6. 항공기를 타고 내리는 순서에 대해서 설명하시오.

출처: http://www.discoverynews.kr/news/articleView.html?idxno=892334

CHAPTER 3

식음료의 변신

1. 밥상머리, 또 다른 매력의 시작

건강한 사람으로 성장하기 위해서 먹는 것은 절대적이고 중요한 일이다. 따라서 수단과 방법만 다를 뿐 동서양을 막론하고 식사예절에 대한 교육을 중요하게 여긴다. 또 음식의 종류나 형태는 달라도 식사예절은 과거나 지금이나 큰 차이가 없어서 인간 생활에서 매우 중요한 요소 중 하나라고 하겠다. 음식을 먹을 때 중요하게 여겼던 것은 타인과 함께 식사할 때의 예절이라고 할 수 있다. 음식을 먹을 때는 단정하고 깨끗한 모습을 갖추어 자기 자신을 낮추고 상대방을 높이는 겸손한 식생활 습관을 형성해서 인성과 사회성을 기르게 된다는 것이다.

접시 위에 어떤 음식이 놓이는지를 살펴보면 개인이나 사회의 문화와 통념을 읽을 수 있다. 더 나아가 환경적 요인이나 사회적 관습 또한 엿볼 수 있다. 외국을 여행하면서 새로운 충격으로 다가왔던 점은 문화권, 혹은 나라별 · 개인별 '먹을 것'에 대한 수용 정도의 차이였다. 어떤 동물이든 목을 완전히 잘라 피를 다 뽑아내지 않고 조리한 음식을 먹으면 병에 걸린다고 생각하는 아랍인, 자신은 '채식주의자'이지만 어패류는 먹는다고 얘기하던 영국인, 눈알까지 생생하게 붙어 있는 채로 방금 가죽을 벗긴 양머리를 보기 좋게 진열해 놓은 스페인의 정육점들이 저자에게 '먹을 것'에 대해 많은 생각을 하게 했다. 사람들은 보통 자신이 어렸을 적부터 자연스럽게 경험한 것들을 토대로 세상을 바라본다. 그것은 너무나 당연하게 여겨져서 자신이 속해있던 곳이 아닌 다른 어떤 장소에 가거나 다른 이를 통해 접하게 되는 새로운 것, 익숙하지 않은 것들에 대해서는 쉽게 말로 설명할 수 없는 감정이 들곤 한다. 정리되지 않은 채 동시에 드는 여러 감정들은 왜 그런지 이유조차 깨닫지 못한 채, 감정적으로 행동하게 되는 경우도 있다. 그러한 감정을 불러일으키는 여러 가지 중 낯선 '먹을 것'에 대한 감정은 본능적이라고 착각할 만큼 강하고 직접적이다. 그중에서도 익숙하지 않은 '고기'에 대한 느낌은 더욱 강렬하다.

우리나라에서 '밥상머리'란 사람이 밥상에 서로 마주앉은 자리를 말하는데, 이는 단순히 음식을 먹고 배고픔을 채우는 1차원적인 개념만이 아니라, 그 자리에서 나누는 대화와 식사예절 등을 모두 포함하는 것이며, 가족의 전통과 삶의 지혜가 두루 전수되는 교육의 현장이기도 하다. 옛날부터 우리는 어른과 함께 한 밥상머리에서 인생을 살아가는 데 필요한 덕목을 배웠다. 어른이 수저를 들기 전에 먼저 음식에 손을 대지 않고 기다리는 데서 어른에 대한 공경과 예절, 그리고 인내심을 배웠고, 가족 간의 대화와 소통을 통해 나의 생각과 다른 생각을 이해하고 받아들이는 능력을 키웠으며, 하나의 그릇에 담긴 음식물을 가족끼리 서로 나눠 먹으면서 배려와 절제를 깨우쳤다. 이처럼 밥상은 예절이 살아 숨쉬는 곳이었고 어떤 잘못도 이해받는 화해의 공간이었으며, 삶의 철학이 대물림되는 교육의 장이었다.

한 예로 세계 최고의 명문가로 인정받는 케네디 대통령의 집안에서는 매일 가족식사를 함께하는 것으로 유명하다. 대통령이라는 직업상 굉장히 바쁘고 가족과의 시간을 내는 것이 어려웠을 것이라 생각하지만 케네디 대통령은 가족식사를 굉장히 중요하게 생각했다고 한다. 현대사회의 밥상머리교육이 어려운 이유는 바쁘기 때문이라 말하곤 한다. 이는 사회생활이 바쁜 주목적이 누구에게 있는지를 돌아볼 수 있는 시사점이 된다고 생각한다. 케네디 대통령은 같은 식사 시간을 지정해서 이 시간을 어기면 밥을 주지 않음으로써 자녀들에게 시간과 약속의 소중함을 일깨워주었다. 시간이 주는 신뢰도를 가정에서 매일 느끼게 함으로써 자녀들이 직접 시간을 체크하고 조절하고 약속 지키는 습관을 들일 수 있도록 하였다. 식사 시간에는 신문을 읽고 자녀들이 자유롭게 토론하도록 분위기를 조성했다. 식사 시간에 자유롭게 토론하는 것은 유대인의 밥상머리교육과 굉장히 흡사하다. 영유아기의 밥상머리교육은 식습관, 예절, 인성 등으로 한정적이지만 학령기를 지나 청소년기에 접어들면서 부모와 함께 하나의 주제를 가지고 이야기하며 가족의 결속력을 응집시키고 대화를 통해 의견의 차이를 좁혀 나가며 문제를 해결하는 힘을 길러주는 등 사회생활에서 필요한 긍정적인 힘으로 발전한다. 나라마다 그리고 어느 시대에나 밥상머리교육은 존재하고 실행되어 왔다. 밥상머리교육을 하는 나라의 문화와 정서는 비록 각각 다르지만 밥상머리교육을 진행하는 이유는 비슷하다. 밥상머리교육을 통해 영유아기부터 음식의 소중함을 인지하여 올바른 식습관을 형성하고 식사 시간에 이뤄지는 대화를 통해 가족의 유대감과 응집력이 단단해지며 함께 식사를 준비하고 정리하는 과정을 통해 참을성 · 절제와 같은 마음을 익히고 기본 생활습관과 예절을 배울 수 있다.

2. 식탁에서 갖추어야 하는 에티켓

1) 예약의 에티켓

고급 레스토랑에서 누군가와 즐거운 식사를 하고 싶다면 반드시 예약을 해야 한다. 빈자리가 없어 파트너와 문밖에서 기다려야 하거나, 맘껏 뽐내고 차려 입은 복장이 드레스 코드(고객의 복장 규정)에 어긋나 입장이 허락되지 않을 수도 있고, 인원수나 목적에 따라 서비스와 좌석위치가 바뀔 수 있기 때문이다. 예약 시에는 우선, 자신의 성명을 또박또박 확실하게 밝히고 일시 및 참석자의 수를 알려준다. 테이블 매너에서는 시간의 엄수를 특히 요구하므로 확실히 지킬 수 있는 시간에 예약을 해놓고 테이블의 준비를 위해 함께 갈 사람의 수를 미리 알려둔다. 또한 모임의 목적, 예를 들면 생일, 기념일 등을 미리 알려주면 레스토랑 측에서도 그 모임에 맞는 서비스를 해준다. 요리에 대한 협의도 잊어서는 안 된다. 특히 시간이 걸리는 로스트비프(roast beef)라든가 테린 같은 요리 등은 미리 주문해 두는 것이 좋다. 한편 예약 당일에 사정이 생겨 변경사항이 발생했을 경우에는 미리 연락해 주는 것도 에티켓이다.

2) 착석의 에티켓

레스토랑을 이용할 때 입구(Please, wait to be seated)에 도착하면 안내도 받지 않고 빈자리가 있다고 무작정 가서 앉으면 안 된다. 직원(매니저, 리셉셔니스트, 테이블 서버)이 테이블로 안내할 때까지 기다리면 "몇 분이십니까?", "예약하셨습니까?" 등을 물은 후 테이블까지 안내해 준다. 다만 안내받은 테이블의 위치가 마음에 들지 않은 경우에는 "저쪽 자리는 안 될까요?"라는 식의 희망을 표시하는 것은 무방하다. 그런데 정식 디너에서는 서열을 중시한다. 레스토랑에서는 대개 안내자가 제일 먼저 상석의 의자를 빼주도록 되어 있으므로 상석에 그날의 주빈이 앉도록 하면 된다.

한편, 연회에서 서열의 결정은 행사 주최 측 주빈(Guest of Honor, host, hostess)의 역할 중 하나로 대개 주빈은 고령의 여성이나 처음 초대한 사람으로 정한다. 혹은 사회적 지위가 높은 유명인사도 주빈의 자격이 있다. 호스트의 친구나 친척 등은 말석(末席)에 앉는다. 또 남녀가 번갈아가며 앉도록 한다. 매우 중요한 여성손님은 호스트의 오른쪽에 앉게 한다. 부부나 커플이 함께한 경우에는 나란히 앉지 않고 떨어져 앉도록 한다.

레스토랑에서 고객들이 좋아하는 식사 자리(seat)는 첫째, 앉았을 때 전망이 좋은 자리가 최상석이다. 창가라면 외부의 경치가 내려다보이는 곳, 스테이지(stage)나 플로어(floor, 무대)에서 쇼를 관람하기 좋은 곳이 좋겠다. 둘째, 마음이 편한 곳이 좋다. 즉, 업소에서 통로가 되는 곳, 즉 사람들이 많이 오가는 곳, 의자의 등받이가 스치는 곳이라든가 입구에서 가까운 곳 등은 좋은 자리라 할 수 없다. 셋째, 출입구나 주방, 화장실에서는 떨어져 있는 쾌적한 위치로 창가나 장식이 예쁜 자리이다. 끝으로 직업에 따라서 자리의 선호도가 조금씩 다르다는 점이다. 건축이나 인테리어 전공자들은 대체로 공간 전체가 잘 보이는 자리를 선택한다. 식사와 더불어 공간의 디자인을 감상하고 즐기고, 또 배우기 위함이다. 따라서 자리에 앉을 때도 여성이 앉고 난 후에 남성이 앉도록 되어 있다. 여럿이 식사할 때도 마찬가지이다. 고령자, 연장자, 여성들과 함께인 경우라면 남성은 그들이 앉을 때까지 의자 뒤에 서서 기다리거나 여성의 착석을 보조해 주는 것이 신사와 숙녀만이 갖출 수 있는 기본적인 품위(品位)이다. 한편 웨이터나 남성이 의자를 빼주면 여성은 왼쪽에서부터 의자 앞으로 가서 앉는다. 의자에 앉을 때는 허리를 깊숙이 하여 앉고 상체는 꼿꼿이 세운다. 아무것도 하지 않을 때의 손은 자연스럽게 테이블 위나 무릎 위에 올려놓는다. 테이블 에티켓의 커다란 목적 중 하나는 상대에게 불쾌감을 주지 않고 맛있게 식사를 하려는 데 있다. 부자연스러운 자세나 어색한 동작은 상대가 부담스러워한다. 부드러운 움직임, 자연스러운 자세는 몸과 테이블 사이에 주먹 하나쯤 간격(間隔)이 되도록 바싹 당겨 앉는다.

《상석에 1인이 앉는 경우》

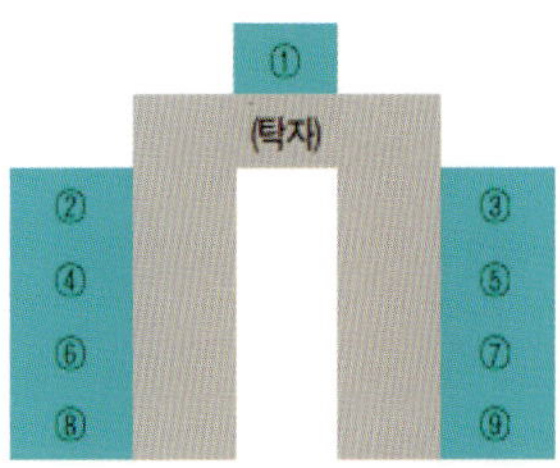

* 그림에서 ①은 최상위자의 좌석표시이며 최상위자 측에서 보아 ②우 ③좌 등 서열에 따라 착석한다.

《상석에 3인이 앉는 경우》

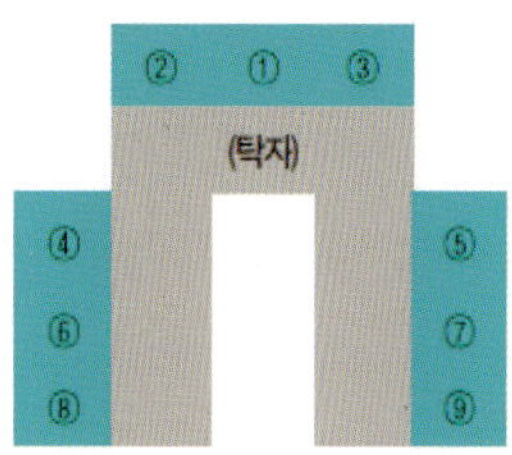

* 그림에서 ①은 최상위자를 표시하며 최상위자 측에서 보아 ②우 ③좌 등 서열에 따라 착석한다.

레스토랑에 들어갈 때나 연회에 참석할 때는 모자나 코트, 가방 등의 짐은 클로크 룸(cloak room, 보관소)에 맡기는 것이 원칙이다. 다만, 여성의 경우 핸드백에는 화장품이나 손수건 등 항상 곁에 두고 써야 하는 물건들이 들어 있어 클로크 룸에 맡길 수가 없다. 이럴 경우 핸드백은 자신의 등 뒤 의자의 뒤쪽에 놓으면 된다. 또 긴 장갑을 끼었을 경우에도 이를 핸드백 속에 넣거나 핸드백과 함께 의자 뒤에 놓으면 된다.

Etiquette Focus

핸드백으로 표현하는 에티켓

1. 핸드백의 정의와 역사에 대해서 설명하시오.
2. 핸드백의 구조별 명칭과 역할에 대해서 설명하시오.
3. 친환경백과 명품백의 차이점에 대해서 설명하시오.
4. 엘리자베스 여왕의 핸드백 사랑에서 배우는 에티켓에 대해서 설명하시오.

https://www.youtube.com/watch?v=zdplMSaennk

출처: https://view.asiae.co.kr/article/2022111402241774751

레스토랑에 가면 테이블(식탁) 위에 가지런히 놓여 있는 하얗고 빳빳한 냅킨이 가장 먼저 눈에 들어온다. 식사할 때 옷을 더럽히지 않기 위해 사용하는 냅킨(Napkin in Lap)은 영국 기사들이 결투 신청을 할 때 던졌던 항전의 상징, '손수건'에서 유래했다는 해석도 있다. 냅킨은 음식이 나오기 전에 냅킨을 완전히 펴서 반으로 접은 후 접히는 부분이 본인을 향하게 하고 양옆으로 길게 무릎 위에 놓아야 하며, 외국에서는 냅킨 사용하는 모습을 보고 그 사람의 매너 수준을 가늠하기도 한다. 다만 목에 냅킨을 두르는 것은 어린이나 몸이 불편한 사람, 흔들리는 비행기나 열차에서만 가능하다.

서양에서는 해산물이나 손으로 먹어야 하는 메뉴에는 물에 담긴 넓적한 작은 그릇(Finger Bowl, 핑거볼, 손 닦는 작은 물그릇)에 손을 씻게 가져다준다. 손을 진짜 씻으면 안 되고, 손가락 끝만 살짝 담가서 씻는 척만 하고 난 후에 냅킨으로 닦아내면 된다. 식사 도중 늦게 온 사람을 만났을 때는 반갑다고 바로 일어나지 말고 먼저 입안의 음식을 다 먹은 다음 냅킨으로 입 언저리를 닦고, 냅킨을 왼손에 쥐고 일어나 인사한다. 식사 중에는 냅킨을 테이블 위에 올려놓지 않는다. 뷔페식당 등에서 잠깐 자리를 떠날 때는 냅킨을 의자에 놓거나 테이블에 살짝 걸쳐 접시로 눌러둔다. 냅킨을 테이블 위에 두면 식사가 모두 끝났다는 뜻이다. 따라서 커피까지 다 마신 뒤 테이블 위에 올려놓는다. 이때 냅킨을 꾸깃꾸깃하게 내팽개치듯 던져놓는 사람이 많다. 냅킨을 여러 번 펼쳐서 다시 접거나 냅킨으로 테이블을 닦는 등의 행동도 삼가야 한다. 또 냅킨의 가운데 부분이 아닌 가장자리 부분을 사용해서 입을 닦아야 한다. 마지막으로 식사가 끝나고 차를 마실 때쯤에는 냅킨을 접은 후 식탁 왼쪽에 올려두면 된다.

그런데 이 핑거볼의 용도를 몰랐던 초대된 한 귀족이 급기야 두 손으로 그릇을 들고 그 안에 담긴 물을 마시기 시작했다. 이를 본 영국 귀족들이 눈을 휘둥그레 뜨고 어찌할 바를 몰라 당황해 하고 있을 때, 여왕은 태연히 그릇을 들고 천천히 물을 마시기 시작했다. 그다음은 말하지 않아도 어떻게 되었을지 예상할 수 있을 것이다. 그렇다. 그 자리에 있던 모든 영국 귀족들이 일제히 여왕을 따라 핑거볼의 물을 마셨다는 일화이다. 그 물이 손 씻는 물인지 모를 리 없는 여왕께서 자신이 초대한 손님이 무안해 할 것을 염려해서 행한 이 행동은 '진정한 매너'가 무엇인지를 잘 보여준다. 그 나라의 문화나 에티켓을 잘 숙지하고 좋은 매너를 갖춰 행동할 수 있다면 두말할 나위 없이 좋겠지만, 다른 문화가 익숙지 않은 상대방에 대해서도 이해와 배려를 아끼지 않는 것, 이 또한 우리가 갖춰야 할 '매너'이다.

Etiquette Focus

냅킨 접기

1. 냅킨홀더(세팅의 장식적 효과로 격식 있는 식사)에 대해서 설명하시오.
2. 센터피스에 대해서 설명하시오.
3. 종이접기와 냅킨 접기의 차이점에 대해서 설명하시오.
4. 다음 유튜브는 상대에게 호감을 주는 음식점 냅킨 예절이다. 각자 시청하고 느낀 점에 대해 설명하시오.

https://www.youtube.com/watch?v=F64kz-BrsMI

출처: [반 고흐 자상갤러리] 식당 내부 풍경, 한국일보

3) 타인과 가까워지는 음식(飮食) 에티켓

서양의 통념상 식당은 식욕을 채우는 장소인 동시에 사교의 장으로 식탁에서는 에티켓을 갖추어야 한다. 따라서 가정이든 식당이든 연회장(宴會場, Banquet Hall)이든 테이블에 함께 자리한 사람들은 각각의 정보를 교환한다거나 서로의 이해를 깊게 하기 위해 화기애애(和氣靄靄)한 분위기를 이어가는 대화를 나누게 된다. 이때 너무 큰 소리로 떠들어 사람들에게 불쾌감을 준다거나 아무 말 없이 묵묵히 식사만 하여 주위사람들에게 부담을 주는 행위는 삼가도록 한다.

한국에서는 아무것도 아닌 일이 해외에서는 예절에 크게 어긋나는 실례가 되는 경우도 있다. 우리나라는 음식을 먹을 때 가급적 '쩝쩝', '후루룩' 등의 소리를 내지 않아야 하고, 어른이 먼저 수저를 든 다음에 식사를 시작해야 한다. 입안에 음식물을 많이 넣고 이야기를 하면서 음식을 먹는 것은 예의에 어긋나므로 입을 다문 채 음식을 씹어야 하고, 음식을 모두 삼킨 다음에 말하는 것이 좋다. 반찬을 뒤적거리거나 젓가락으로 콕콕 찍고, 음식에 대해 맛이 있다, 없다는 등의 평가를 하는 것은 예의 없는 행동으로 여겨진다. 다른 나라에서는 식사할 때 어떤 예절을 중요시할까? 외국인 친구와 식사를 하거나 해외 출장 시 공식 석상의 만찬을 즐길 때 실수하지 않으려면 다른 나라의 음식 에티켓을 꼭 알아두는 것이 좋다.

레스토랑에서는 테이블 위를 언제, 어디서, 누가, 무엇을, 왜, 어떻게의 육하원칙에 따라 조화롭고 아름답게 구성한 테이블 세팅을 이해한다면 당황하지 않고 마음을 설레게 된다.

테이블은 개인영역과 공공영역으로 나뉘어 있으며 개인영역에서 중앙의 접시를 중심으로 나이프와 포크는 각각 오른쪽과 왼쪽에 놓이게 된다. 따라서 있는 그대로 나이프는 오른손에, 포크는 왼손에 잡으면 된다. 양식에서의 커틀러리(Cutlery, 날붙이류) 혹은 플랫웨어(Flatware)라는 나이프(Knife Set)와 포크(Fork)는 하나만을 계속 사용하는 것이 아니라 코스에 따라 각각 다른 것을 사용한다. 포크와 나이프는 대개 각각 3개 이하로 놓여 있게 마련인데 바깥쪽에 있는 것부터 순서대로 사용한다. 나이프와 포크를 동시에 사용하여 고기를 자를 때에는 끝이 서로 직각이 되게 하며 팔꿈치를 옆으로 벌리지 말고 팔목부위만을 움직여 자르는 것이 좋다. 나이프는 사용 후 반드시 칼날이 자기 쪽을 향하도록 놓는다. 식사 중에 포크와 나이프는 접시 양끝에 걸쳐 놓거나 접시 위에 서로 교차해서 놓는다. 포크의 경우 접시 위에 놓을 때는 엎어 놓는다. 식사가 끝났을 때는 접시 중앙의 윗부분에 나란히 놓는다. 나이프, 포크, 스푼을 사용했을 경우에는 바깥쪽부터 나이프, 포크, 스푼(spoon)의 순으로 가지런히 모아 놓는다. 음식물을 입안에 넣고 씹을 때 포크와 나이프는 접시 위에 놓도록 하며 나이프의 경우 입안에 직접 넣는 것은 금기로 되어 있다.

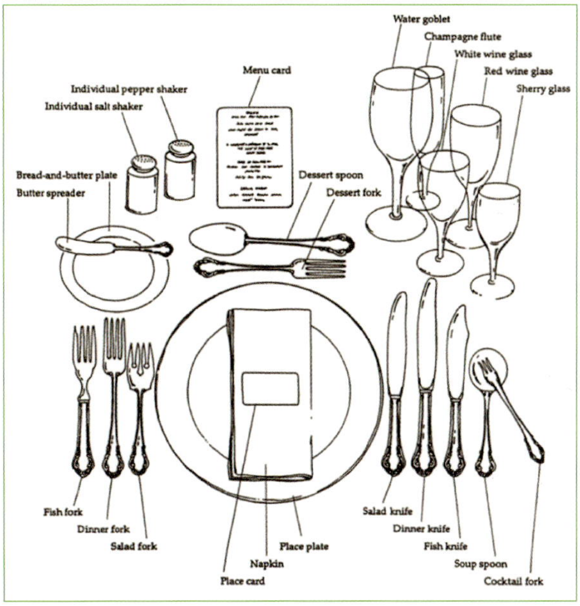

<table>
<tr><th>문화인의 척도</th><th>포크, 나이프로 보는 에티켓</th></tr>
<tr><td>1. '포크'라는 이름은 농사 지을 때 사용하는 갈퀴를 뜻하는 라틴어 푸르카(furca)에서 유래하였다. 포크는 11세기경 이탈리아에 전해져 북부 투스카니 지방에서 처음 등장하였다. 하지만 음식을 만질 수 있는 것은 신이 만들어준 인간의 손뿐이라고 믿었기 때문에 당시 성직자들은 포크 사용을 금지하고 오직 손으로만 음식을 먹었다고 한다.

출처: 원래 사용이 금지되었던 포크, 유래는? 시선뉴스, 2016.12.18.</td><td rowspan="2">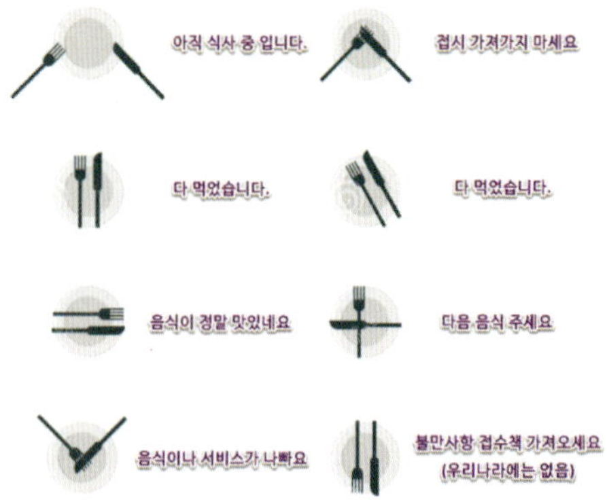

출처: 양식 식사예절
https://m.blog.naver.com/westfafa/221395212105</td></tr>
<tr><td>2. 수저 밑에 냅킨 깔면 무엇이 문제인지 설명하시오.</td></tr>
</table>

4) 숨은 건강 동반자, 식사 순서 에티켓

세계 각 나라는 역사와 문화가 다양한 만큼 식사 에티켓도 다르다. 음식은 다양한 삶의 양식이 녹아 있는 문화적 차원의 것임에 대한 인식이 필요하며, 사전에 정확한 숙지가 중요하다.

미식의 나라로 불리는 프랑스의 미식 문화(Le repas gastronomique des Français)는 국가적 정체성과 자부심으로써 음식의 중요성에 대한 인식은 꽤 오랜 역사를 갖고 있다. 음식에 탐욕스러울 만큼 왕성한 호기심을 가진 프랑스인은 아무리 간단하고 가벼운 식사라고 해도 충분한 시간을 가지고 입으로 즐길 수 있는 두 가지의 기쁨을 천천히 즐긴다고 한다. 첫째로, 식사 중 끊임없이 이어지는 대화의 기쁨인 식사 예절이다. 둘째로 충분한 식사 시간을 갖고 즐기는 애피타이저로 시작하여 디저트까지 입으로 맛볼 수 있는 요리에 대한 애착이 강한 민족이다. 여기에는 '미각과 시각, 후각, 촉각 등 4대 감각이 하나로 창조된 숭고한 예술행위'라는 의미가 담겨 있다. 다시 말하면 프랑스 미식은 '집단적인 통과의례'와 관련이 있다. 프랑스 미식법의 준비과정은 레시피 선정, 재료구입, 음식과 궁합이 맞는 와인 구입,

5~6가지 코스 요리, 음식에 맞는 테이블 세팅, 음식을 먹는 동안 맛·향의 조화, 식사 에티켓으로 2시간 이상의 점심식사를 하는 것으로 프랑스 무형문화유산 속에 깊이 뿌리내린 정체성과 소속감을 심어주고 있다. 프랑스에서 미식(美食)법은 1800년대에 처음 등장하였는데 19세기 초부터 '프랑스적' 요리관습이 생겨나기 시작하였고 오트 퀴진(Haute Cuisine: 프랑스의 최고급 코스요리를 뜻하는 말로 전통적인 코스 메뉴를 이르기도 한다. 프랑스의 절대왕정이 완성된 루이 14세 시대에 뿌리를 두어 한 코스당 최소 4~6개의 요리가 연달아 나오고, 육류를 많이 사용하고, 버터와 크림을 중심으로 한 소스에 향신료를 듬뿍 사용), 그랑 퀴진(Grande Cuisine: 고급요리의 전통)이라는 프랑스 미식법의 기초적인 관습이 생겨나게 되었다. 하지만 2차 세계대전 이후 많은 요리사들이 부상당하거나 사망하여 프랑스의 음식문화는 누벨 쿠진(Nouvelle Cuisine: 새로운 요리, 무겁고 기름진 정통 프랑스요리를 가볍고 더 신선하게 만든 요리 종류)이라는 새로운 국면을 맞이하게 되었다.

프랑스어로 미슐랭, 영어로는 미쉐린이라고 읽는 미슐랭 가이드(Michelin Guide)는 프랑스의 타이어 회사인 미쉐린이 출판하는 가이드북이다. 1900년 프랑스 지도국에서 근무하던 앙드레 미슐랭(André Jules Michelin, 1853~1931)과 에두아르 미슐랭(Édouard Michelin, 1859~1940) 형제가 운전자들에게 도움될 만한 지도와 자동차 정비 요령, 주유소 위치, 여행하다 쉴 곳을 찾는 사람들을 위한 식당과 숙소 목록 등 실용적인 정보들을 가득 실었다. 이후 미쉐린 가이드북이 소개하는 레스토랑 섹션의 영향력이 점점 커지자 미쉐린 형제는 '미스터리 다이너' 또는 '레스토랑 인스펙터'로 불리는 비밀 평가단을 모집해 본격적인 평가를 시작했다. 1926년엔 훌륭한 식당을 선정해 미슐랭 스타를 부여하기 시작한 미쉐린 스타는 처음에는 별 1개를 주는 것으로 시작하여 5년 후에는 등급에 따라 1부터 3개까지 주는 방식을 선보였으며 1936년에는 별점 평가 등급의 구체적인 기준을 세웠다. 이들은 한 식당을 1년 동안 5~6차례 방문해 직접 시음·시식해 객관적인 평가를 내린다. 요리 재료 수준, 요리법의 완성도, 요리의 창의성, 가격에 합당한 가치, 메뉴의 통일성, 맛의 일관성, 분위기나 서비스 등이 평가요소로 작용한다. ★★★(3스타, Exceptional cuisine, worthy of a special journey)는 '요리를 맛보기 위해 여행을 떠나도 아깝지 않은 집'을 의미하며, ★★(2스타, Excellent cooking, worth a detour)는 '요리를 맛보기 위해 멀리 찾아갈 만한 집', ★(1스타, Very good cooking in its category)는 '요리가 훌륭한 집', 빕 구르망(Bib Gourmand)은 합리적인 가격에 훌륭한 음식을 제공하는 식당으로, 미슐랭의 마스코트 비벤덤이 입맛을 다시는 모양의 픽토그램이 표시된다. 여기서 말하는 '합리적인 가격'은 1인분 평균 4만 5,000원 이하(유럽 35유로, 일본 5,000엔, 미국 40달러)로 알려져 있다. 레드 시리즈와 마찬가지로 그린 시리즈 역시 '꼭 가봐야 할 곳(★★★), 추천하는 곳(★★), 흥미로운 곳(★)'으로 구분해 별점을 부여한다.

한국의 경우 2011년부터 여행지에 별점을 주는 『그린 가이드』가 발행되면서 식당 100여 곳을 소개한 바 있으나 레스토랑에 별을 부여하는 것에 대한 평가는 2016년이 처음이다. 미쉐린 가이드를 평가하는 레스토랑 평가 기준은 첫째, 요리 재료의 수준이며 둘째, 요리방법과 요리의 풍미 그리고 완벽성 셋째, 셰프만의 창의성과 개성 있는 요리 넷째, 가격에 합당한 가치 그리고 마지막으로는 전체 메뉴의 통일성과 언제 방문해도 변함없고 한결같은 일관성 등의 총 다섯 가지로 평가된다. 이 중에서 요리를 제외하는 다른 요소들은 없다. 다만 서비스 부분에서 서비스 요소들은 스타와는 또 다르게 여러 가지 픽토그램 즉, 그림문자로 표시가 된다. 미쉐린 가이드가 선정한 레스토랑들은 일반적으로 값비싼 레스토랑으로 인식되고 있다. 현재는 요리의 품질을 평가하는 별 외에도 픽토그램(그림을 이용한 기호, 그림문자)으로 실내 장식 · 인테리어 · 서비스 등에 대한 질도 평가하고 있다.

메뉴의 기원은 라틴어의 미누투스(Minutus)에서 유래된 말로 불어의 미뉘트(Minute)에서 파생되었다. 미누투스(Minutus)는 '작은 것을 합친다'의 뜻을 가지고 있으며 이것이 미뉘트(Minute)가 되어 '작은 목록표, 상세히 기록하다'라는 의미로 쓰이고 있다. 미뉘트(Minute)에서 Menu가 파생되어 '상세히 기록한 작은 목록표'라는 뜻으로 쓰이게 되었다. 식당에서 최초로 메뉴가 사용되기 시작한 것은 1498년 프랑스 어느 귀족의 착안이라 전해지고 있다. 그 후 1541년 프랑스의 앙리 8세 당시 브랑위그 공작이 주최한 연회석상에서 요리에 관한 내용, 순서 등을 메모하여 자기 식탁 위에 올려놓고 차례대로 나오는 내용을 즐기고 있었는데 이것이 초대되어 온 손님들의 눈에 들어 퍼지기 시작한 것이 메뉴의 유래가 되었다고 한다. 그 후 19세기에 이르러 프랑스 파리에 있는 팰리스 로열(Palace Royal)에서 메뉴의 명칭이 일반화되어 사용되었다고 한다. 메뉴의 정의에 대해서 『Webster's Dictionary』는 메뉴를 "식사에서 제공되는 음식의 상세한 목록(A detailed list of the foods served at a meal)"으로 설명하고 있고, 『The Oxford Dictionary』에서는 "연회나 식사에서 제공되는 요리의 상세한 목록(A detailed list of the dishes to be served at a banquet or meal)"으로 설명되어 있다. 즉 '식사로 제공되는 요리를 상세히 기록한 목록표'라 할 수 있다.

□ 생각 넓히기

☞ 프렌치 레스토랑 메뉴 북에 대해서 설명하시오.

메뉴 북 디자인 유의사항	사례 조사
1. 메뉴 디자인은 메뉴계획에서 선정된 아이템을 메뉴 북에 옮기는 과정이다. 메뉴의 근본적인 역할은 레스토랑에서 제공하는 식음료를 고객에게 알리는 것이다. 제공되는 아이템을 가장 경제적이고 효과적으로 고객에게 알리기 위해서는 메뉴가 레스토랑에서 제공하는 식음료를 기록하는 단순한 리스트가 아닌 마케팅 도구, 또는 광고의 도구로 정의되어 디자인되어야 한다.	
2. 메뉴 시선이동, 배치 및 구성형태	
3. 타이포그래피, 색채, 사진, 가격 등	

한국과 지리적으로 인접한 중국과 일본은 정치, 사회, 문화적으로 많은 연관성을 가지고 있으며, 쌀을 주식으로 하는 식문화를 형성하고 있다. 그러나 각각의 고유한 전통과 자연환경 속에서 식도구의 사용방법, 상차림 등의 식문화가 차별화되었다. 한 · 중 · 일이 공통적으로 사용하는 젓가락의 식문화는 단순히 음식을 먹는 식도구가 아니라 한 · 중 · 일 3국의 사회 · 문화적 특성을 나타낸다. 특히 한국

의 경우 유일하게 금속재질의 젓가락을 사용하여 왔다. 현재 한국은 젓가락과 숟가락을 함께 사용하고 있고, 중국은 젓가락과 렝게(도기숟가락 변형)를 병행하고 있으며, 일본은 젓가락만을 사용하는 것이 일반적이다. 이처럼 젓가락을 사용하는 식문화가 동아시아 3국의 공통문화이지만 구체적인 사용방법은 3국이 크게 다른 양상을 보이고 있다. 1443년 조선통신사의 서장관으로 일본을 방문한 신숙주(1417~1475)가 1471년에 편찬한 『해동제국기(海東諸國記)』에는 "일본의 국왕사(國王使)가 삼포(三浦)에 머물 때 상관인(上官人)과 부관인(副官人), 정관(正官), 수행원에게 익힌 음식을 제공했는데, 조반(早飯)에는 정관 이하는 거식칠과상을, 수행원에게는 거식오과상(車食五果床)을 차려줬으며 아울러 삼도탕(三度湯)을 제공했다"고 나오며 "여러 추장(酋長)의 사자(使者)는 국왕의 사신과 같으며, 절도사(節度使)의 특송사(特送使)도 국왕의 사신과 같다. 조반(早飯)은 건어(乾魚)가 주첩(主楪)인 오과상(五果床)에다 세 가지 탕을 제공한다"라고 나온다. 일본국기국속조(日本國記國俗條)를 살펴보면 1443년 당시 일본에서는 숟가락을 사용하지 않고, 젓가락만으로 식사를 하였다고 나온다. 또한 16세기 말 임진왜란 때 충청도 관찰사로서 명나라 군과 함께 싸웠던 윤국형(1543~1611)이 저술한 『갑진만록(甲辰漫錄)』을 살펴보면 당시 중국의 명나라 사람들 또한 숟가락을 사용하지 않고, 젓가락만으로 식사를 하였다고 나온다. 이와 같이 고대에는 젓가락과 숟가락을 병행하여 사용하였던 3국이 시대적 배경으로 젓가락만을 사용하게 되기도 하였고, 숟가락과 젓가락을 함께 사용하게 되기도 하였다. 또한 형태와 재질에서도 차이점이 나타나게 되었다. 식사를 하기 위한 수단은 크게 3종류로 손가락(手食), 포크, 젓가락(箸食)으로 나뉜다. 젓가락은 한국, 중국, 일본 등 3국의 문화다. 이것이 동남아시아의 베트남, 태국, 인도네시아, 말레이시아, 싱가포르 등지로 전파됐다. 현재 세계 젓가락 사용 인구는 28%로 포크와 나이프 사용 인구와 비슷하다. 흥미로운 것은 한 · 중 · 일 젓가락의 차이이다. 원탁에 빙 둘러앉아 식사하는 중국인은 굵고 긴 나무젓가락을 쓴다. 밥공기를 들고 먹는 일본인은 반대로 짧은 나무젓가락이다. 한국인만 유일하게 쇠젓가락을 쓰고 길이는 중국과 일본의 중간 정도다. 한반도에 금 · 철 · 구리 등의 매장량이 풍부해 일찌감치 금속가공기술이 발달한 데서 유래한 것으로 보고 있다.

<table>
<tr><th colspan="2">분류</th><th colspan="2">의미</th></tr>
<tr><td rowspan="3">먹는 방법</td><td>수식(手食) 문화권</td><td>- 음식을 먹을 때 도구 없이 오른손으로 먹는 것은 이슬람문화와 힌두문화에 해당하며 레스토랑에는 대부분 테이블에 물이 든 대접이 놓여 있다. 물이 든 대접은 손을 씻기 위한 것임
- 오른손 손가락은 자연의 다섯 요소를 의미한다고 믿는다. 즉 엄지는 공간, 검지는 공기, 중지는 불, 약지는 물, 마지막으로 소지는 대지를 뜻함</td><td>동남아시아, 중동, 아프리카, 오세아니아</td></tr>
<tr><td>저식(著食) 문화권</td><td>음식을 먹을 때 손을 사용하는 대신 숟가락과 젓가락을 사용</td><td>한국, 중국, 일본, 베트남</td></tr>
<tr><td>포크와 나이프 문화권</td><td>육식을 먹을 때 손을 사용하는 대신 포크와 나이프를 사용, 포크의 사용은 상류사회로부터 시작됨</td><td>유럽, 북아메리카</td></tr>
<tr><td>주식</td><td>주식에 따른 문화권</td><td colspan="2">밀 문화권, 쌀 문화권, 옥수수 문화권, 서류(薯類, 덩이줄기, 덩이뿌리) 문화권, 육류 문화권</td></tr>
<tr><td colspan="2">고대 문명</td><td colspan="2">중국문화권, 인도문화권, 유럽문화권, 아랍문화권, 아프리카문화권</td></tr>
</table>

□ 생각 넓히기

☞ 프렌치 레스토랑 메뉴 북에 대해서 설명하시오.

<table>
<tr><th>메뉴 북 디자인 유의사항</th><th>사례 조사</th></tr>
<tr><td>1. 메뉴 디자인은 메뉴계획에서 선정된 아이템을 메뉴 북에 옮기는 과정이다. 메뉴의 근본적인 역할은 레스토랑에서 제공하는 식음료를 고객에게 알리는 것이다. 제공되는 아이템을 가장 경제적이고 효과적으로 고객에게 알리기 위해서는 메뉴가 레스토랑에서 제공하는 식음료를 기록하는 단순한 리스트가 아닌 마케팅 도구, 또는 광고의 도구로 정의되어 디자인되어야 한다는 것이다.</td><td rowspan="3"></td></tr>
<tr><td>2. 메뉴 시선이동, 배치 및 구성형태</td></tr>
<tr><td>3. 타이포그래피, 색채, 사진, 가격 등</td></tr>
</table>

프랑스는 유럽내륙의 서부 지중해와 대서양 사이에 위치하며 기후가 온화하여 각종 농산물, 축산물, 수산물이 풍부하다. 프랑스는 격조 높은 테이블문화가 특징이고 이는 프랑스 식문화를 고급화시킨 원인이다. 프랑스는 미식가들의 천국이라 불릴 만큼 다양한 재료와 섬세한 요리법으로 그 맛을 즐길 줄 아는 나라이다. 70년대부터 시작된 '누벨 퀴진(nouvelle cuisine)의 영향으로 음식의 시각적 효과를 중요시하고 채소의 사용을 늘리기 시작했다. 또한 다양한 소스와 포도주, 치즈, 빵, 육류가공품 등이 발달하였다. 프랑스의 요리는 일정한 순서에 의해 진행되는데 요리순서는 다음과 같다.

가. 아페리티보(Aperitivo, 식전주 문화)

소량의 알코올을 마시면 위산 분비가 활발해져 식욕이 좋아지는데 특히 신맛과 쓴맛이 더욱 효과적이다. 대표적인 식전주(아페리티프, 식전주, Apéritif)로 셰리주가 있다. 셰리주(스페인 전통 와인. 브랜디 등을 섞어 알코올 함량을 높인 와인)는 스페인산 백포도주를 말하는데 맛이 담백하고 다소 곰팡내가 나는 듯한 것이 특색이다. 스페인에서는 셰리와인을 헤레스라고도 하는데, 이는 주생산지인 헤레스 델 라 프론테라(Jerez de la Frontera) 지방의 이름에서 따온 것이다. 한편, 셰리주에는 크림 셰리와 드라이 셰리가 있는데 크림 셰리는 여성에게, 드라이 셰리는 남성에게 각각 잘 어울린다. 정식만찬에서는 셰리주와 함께 베르무트를 식전주로 마신다. 베르무트(주정강화와인으로 와인의 알코올 도수를 높인 것)는 백포도주에 여러 가지 약초와 향초 등을 가미한 것으로 드라이한 프랑스 베르무트(Sweet, Dry Vermouth)와 약간 달짝지근한 이탈리아 베르무트가 있다. 그 밖의 식전용 칵테일로는 남성의 경우 마티니, 여성의 경우 맨해튼이 좋다. 요즘 인기를 끌고 있는 칵테일 중에 키르, 혹은 키르 로얄(Kir Royal)이라는 것이 있다. 키르라는 명칭은 겨자 생산지로 유명한 프랑스의 3대 도시인 리옹(Lyon)시, 렁지스(Rungis)시, 디종(Dijon)시에서 디종(Dijon)시의 키르라는 시장의 이름에서 따온 것으로 그가 처음 만들어 마시기 시작한 데서 유래되었다고 한다. 키르는 크렘 드 카시스(Creme de Casis)라고 하는 리커(Liquor)에 백포도주를 혼합한 것이고 키르 로얄은 샴페인을 혼합한 것이다. 그 밖에 즐겨 마시는 식전주로 마가리타(Margarita), 캄파리(Campari), 듀보네(Dubonnet, 칵테일용 적포도주), 샴페인(Champagne) 등이 있다. 술을 마시지 못하는 사람이나 여성의 경우, 식전주를 다 함께 마실 때에는 멍하니 앉아 있는 것보다 진저에일(Ginger Ale)이나 주스 등을 마시는 것이 예의이다.

플라스틱 컵 '가로줄'에 이렇게 깊은 뜻이?

플라스틱 컵에 그어진 가로줄이 사실은 술의 '적정량'을 표시한 것이라는 주장이다. 이 그림에 따르면, 맨 아래 1온스(30cc)는 리커(소주나 위스키), 5온스(148cc)는 와인, 12온스(355cc)는 맥주를 의미한다고 설명한다.

출처: 머니투데이, 2012.09.17.

가) 차가운 술인 경우 글라스의 목 부분을 잡는다. 식전주는 식욕을 촉진하기 위해 찬 것이 준비되는 경우가 많다. 이런 경우 글라스를 감싸듯이 잡으면 체온으로 인해 술의 온도에 변화가 생겨 제맛을 잃게 된다. 또한 술의 아름다운 빛깔도 볼 수 없게 된다. 차게 마시는 식전주의 경우는 글라스의 목 부분을 잡도록 하며, 너무 시간을 끌며 마시지 않는다. 한편 식전주로 칵테일이 나올 경우 올리브나 체리, 레몬 등을 글라스 가장자리에 장식하는데 이는 먹어도 된다. 장식 핀에 끼워져 있으면 장식 핀으로 먹도록 하며 레몬 등은 손으로 집어 먹어도 된다.

나) 식전의 위스키는 얼음(희석)과 함께 천천히 마신다. 위스키는 원래 식후주이나 최근에는 식전에 마시는 경우가 많아졌다. 그러나 위스키는 알코올 함유량이 80~95%로 높으므로 물이나 소다수로 희석(믹서, 탄산수, 토닉워터 등)하여 마시도록 한다. 한국에서는 잔을 비우고 술을 따라주는 것이 매너이고, 일

본에서는 잔이 비기 전에 술을 따라주는 것이 매너이다. 위스키 알코올 함유량 80%는 도수로는 40도이다. 식전주는 한 잔(올드 패션드 글라스) 또는 두 잔 정도로 끝내도록 하며 식사 전에 너무 마셔 취하지 않도록 한다.

칵테일에 사용되는 얼음

얼음은 맑고 단단한 것을 사용하는 것이 좋으며 용도에 따라 알맞은 크기와 모양을 선택한다.

Shaved Ice(눈얼음)
Crush Ice(부순 얼음)
Cube Ice(각 얼음)
Cracked Ice(깬 얼음)
Lump(Block) of Ice(덩어리 얼음)

잘 녹지 않는 얼음 만드는 방법은?

알코올 함량(g) = 부피(ml) × 알코올 도수(%) ×알코올 비중(0.7947)/100

나. 색채의 조화, 전채요리(前菜料理)

전채요리(애피타이저, appetizer)는 식사 전, 또는 식사의 첫 코스에 제공되며 식욕을 촉진시키기 위한 요리로서 담백한 맛과 작고 아름다운 모양으로 다양하게 만드는 특징을 지닌 요리이다. 나라마다 식생활이 달라 서양요리라고 해도 그 지역이 광범위하고 기후, 풍토, 문화의 차이가 심하므로 식생활에 끼치는 영향도 자연히 다르다. 전채요리는 식욕을 촉진시키기 위해 식사 전에 가볍게 먹는 요리로서 불어로는 '오르되브르(Hors-d'oeuvres: 식사 전에 나오는 첫 번째 전채요리)'라고 한다. 즉 이는 'Hors'+'Oeuvre'의 합성어로 메인코스 전에 먹는 엑스트라 요리라는 의미를 갖고 있다. 불어의 'Hors'는 '의 밖, 의 앞'의 뜻이고 'Oeuvre'는 '작업, 식사'를 의미하는데 두 단어 사이에 전치사(de)가 있어 오르되브르(Hors d'oeuvre)라고 한다. 따라서 프랑스어로 '작업 밖의'로 해석된다. 두 단어를 풀이하면 식사 전 또는 사이 외의 것이 된다. 이것은 식사 전이나 칵테일 리셉션(파티, 뷔페), 애프터 파티(After Party)에서 식사가 제공되지 않는 때에 식사와 분리되어 서브되는 음식을 지칭한다. 전채요리는 모양과 소량이 중요하므로 첫째가 시각적인 부분과 감촉, 그리고 맛, 향기에 의하여 이루어질 수 있다. 그리고 균형과 통일성, 포인트, 계절성과 행사의 성격과 흐름 등을 감안해서 디자인해야 함은 당연하다. 서양요리는 코스 중심의 과학화되고 체계적인 것으로서, 첫 코스는 손님에게 오랜 인상을 남길 수 있어야 한다. 처음부터 너무 많은 음식을 서브한다면 손님이 다음 음식에 많은 부담을 느낄 것이 분명하다. 전채요리에서의 식재료는 다양하게 분류되어 있으며 음식균형을 고려하여 소고기(식육의 부위별 · 등급별 및 종류별 구분방법), 돼지고기, 가금류(家禽類), 갑각류(甲殼類), 생선류(生鮮類)의 음식으로 분류되기도 한다. 전채의 기본적인 종류는 크게 나누어 더운 것과 찬 것이 있는데 더운 것은 Hors d'ourvre Chaud(Hot)라 부르며, 찬 것은 Hors d'oeuvre Froid(Cold)라 부른다. 이것을 다시 세분하면 칵테일(Cocktail), 오르되브르(Hors d'oeuvre), 샐러드(Salad), 카나페(Canape), 렐리쉬(Relish) 등의 다섯 가지로 분류한다. 간혹 메인코스를 앙트레(Entrée, 앙뜨레)라고 부르기도 하는데 이는 원래 영어의 입구라는 의미로 프랑스에서는 메인 코스 전에 먹는 요리를 총칭하여 앙트레라고 하는 경우도 있다. 오르되브르는 러시아인들이 식전주로 보드카와 자쿠스키(Zakouskis, 러시아식 전채)라고 하는 간단한 요리를 먹는 관습이 전해진 것이라는 설과 13세기에 마르코 폴로가 중국의 냉채 요리를 보고 창안해 낸 것으로 이탈리아에서 시작되어 프랑스로 건너간 것이라는 설이 있다. 전채요리는 언제나 시각과 미각을 동시에 자극할 수 있도록 꾸며져야 하기 때문에 서양요리에 있어서 가장 먼저 접하는 요리로 색채 조화가 바탕이 되는 것이다. 우리나라에는 전채요리라고 하면 동치미국물과 초고추장을 곁들인 생선요리나 오징어 무침 등을 들 수 있다. 요즘같이 육류요리를 많이 섭취하는 시대에 알칼리성 채소는 꼭 필요하며 샐러드는 신선한 과일과 채소의 고운 색으로 인해 식사에 빠져서는 안 될 요리로, 식사의 중심점이 되기도 한다.

동양적 사고방식에서는 여러 사람이 식사할 때 모든 요리가 다 나오기 전에 먼저 먹는 것을 예의에 어긋나는 것으로 여기지만 서양요리에서는 요리가 나오는 대로 바로 먹는 것이 매너이다. 서양요리는 뜨거운 요리든 찬 요리든 가장 먹기 좋은 온도일 때 고객에게 서브되고 좌석배치에 따라 상석부터 제공되기 때문이다.

따라서 온도가 변하기 전에 먹는 것이 예의이면서 또한 제맛을 즐길 수 있는 하나의 요령이다. 그러나 4~5명이 함께 식사하는 경우 요리가 전부 나오는 데 그다지 시간이 걸리지 않으므로 먼저 나온 경우에는 조금 기다렸다가 함께 식사하는 것이 좋으며 특히 윗분의 초대를 받은 경우에는 더욱 그렇다. 그런 경우에는 윗분이 나이프와 포크를 잡은 후에 먹기 시작하는 것이 에티켓이다. 한편, 친구 몇 명이 식당에서 각자 주문해서 식사할 때는 요리 나오는 시간이 다를 수 있으므로 식사의 시작은 조금 달라도 되지만 식사를 끝내는 타이밍은 맞추는 것이 예의다.

전채요리는 식전에 먹는 식욕 촉진제 같은 것으로 뒤에 나올 생선이나 고기요리를 맛있게 먹기 위해 침(타액)이나 위액의 분비를 원활히 하려는 데 목적이 있다. 따라서 전채요리의 수는 셀 수 없을 정도로 많으며 식욕을 높여주는 것이라면 일단 전채요리가 될 수 있다.

전채요리는 아무리 맛이 있어도 지나치게 많이 먹으면 곧이어 나올 메인요리를 제대로 먹을 수 없으므로 적당히 먹는다. 한편 메뉴에 전채요리가 있다고 해서 반드시 전채를 먹어야 하는 것은 아니다. 수프부터 시작해도 되고 또 수프를 생략하고 생선요리부터 바로 시작해도 된다. 요컨대, 공복이야말로 최고의 애피타이저(Appetizer)인 것이다.

전채요리라고 하면 바로 찬 요리가 떠오른다. 차가운 전채의 대표적인 것으로는 캐비아(Caviar)와 푸아그라(거위 간; Foie gras)가 있다. 캐비아는 러시아산이 제일 유명하다. 고급 레스토랑에서 가끔 볼 수 있는 음식이다. 고급 음식인 캐비아는 철갑상어의 알을 소금에 절인 음식이다. 철갑상어는 담수어(淡水魚)로 지방이 적고 비타민과 단백질이 많아 러시아에서는 예전부터 건강식품으로 사랑받아왔다. 그래서 수술을 마친 환자들이 회복식으로 캐비아 기름만 뽑아 마시기도 했고 야채를 섭취하지 못하는 추운 지방에서 결핍되기 쉬운 영양분을 섭취하기 위해 먹기도 했다. 캐비아를 자연의 상태에서 구할 수 있는 곳은 러시아, 이란, 카스피해(Caspian Sea) 등지이다. 캐비아는 다른 나라에서도 생산하고, 우리나라에서 양식으로도 생산되지만, 역사적으로 러시아와 이란의 캐비아를 최고라고 한다. 벨루가 캐비아는 가장 예쁘고, 크고, 귀하고, 오래된 철갑상어에서 얻는다. 푸아(foie)는 프랑스어로 '간(liver)'을, 그라(gras)는 '지방의, 살찐(fatty)'이란 의미로, 푸아그라(foie gras)는 말 그대로 '지방간(fatty liver)'을 뜻한다. 푸아그라 역시 그 수가 많지가 않아 최상의 전채로 꼽힌다. 식도락가들은 짙은 핑크색의 푸아그라가 좋다고 말한다. 차가운 전채로는 생굴이나 새우 칵테일, 훈제연어도 좋다. 따뜻한 전채요리로는 파이가 있다. 또 에스카르고(달팽이)도 맛이 뛰어난 전채로 꼽힌다. 한편 차가운 전채 다음에는 비교적 진한 맛의 요리를, 따뜻한 전채 다음에는 비교적 가벼운 요리를 드는 것이 좋다. 또한 푸아그라를 전채로 한 경우에는 수프를 생략한다든가 생선요리를 생략하는 것이 좋다. 비슷한 맛의 요리를 겹쳐서 먹으면 미각이 상쇄되기 쉽기 때문이다.

전채요리로 나온 셀러리, 파슬리, 양파, 당근 등은 손으로 먹어도 상관없다. 손을 더럽힐 염려가 없기 때문이다. 전채에서만이 아니라 끈적거리지 않는 음식은 손으로 먹어도 된다. 아스파라거스는 손으로 먹는 것이 더 맛있다고도 한다. 줄기부분을 손으로 잡고 봉우리부분에 소스를 묻혀 베어 먹는데 줄기부분은 남긴다. 작은 토스트나 크래커 위에 치즈, 연어, 캐비아 등을 얹어 한입에 먹기 좋게 나오는 카나페는 손으로 먹는다. 크기도 한입에 먹을 정도로 적당할 뿐 아니라 포크나 나이프를 대면 모양이 흐트러지므로 손으로 하나씩 취향대로 골라 그대로 먹으면 된다.

전채요리로 나오는 생굴(Oyster, 노로바이러스)은 대개 껍질째 제공된다. 이때 사용하는 포크는 한쪽 혹은 양쪽의 폭이 넓고 칼날로 되어 있다. 왼손으로 껍질을 단단히 잡고 포크의 칼날로 관자부분을 떼어내고 떠서 먹으면 된다. 이때 레몬즙 또는 식초를 뿌려 먹으면 맛이 더욱 산뜻하다. 먹고 난 다음 껍데기에 남아 있는 즙 역시 일미이므로 그대로 입에 대고 마시면 된다. 생굴이 맛이 있는 계절은 10월 중순~3월 중순까지이다. 흔히 영어로 'R'이 있는 달이라고도 말하는데 이는 대부분의 조개류나 복어(복어 조리자격이 없는 자는 복어 조리를 하면 안 되고, 복어 요리를 먹을 때는 반드시 관련 자격을 취득한 전문가가 조리한 복어인지 확인하고 섭취)의 경우도 마찬가지이다. 이 시기가 지나면 대개 산란기에 접어들어 살이 적어지고 물이 많아져 때로는 중독성을 띠기도 하므로 주의해야 한다. 식당에서 생굴을 주문하면 6개 또는 12개가 1인분으로 나온다.

다. 특별한 경험, 수프(Soup, Potage) 에티켓

보통 수프가 나오는데 수프는 크게 두 종류가 있다. '포타주(Potage)'는 진한 수프로 야채수프와 크림수프가 대표적이며, 콩소메(Consomme)는 고기 단자를 넣은 맑은 수프를 가리킨다. 수프를 먹을 때 뜨겁다고 입으로 불면서 먹으면 안 되고, 후룩후룩 소리를 내며 먹어도 안 된다. 원칙적으로 빵은 수프를 먹고 나서부터 즉 요리와 함께 시작해서 디저트를 먹기 전에 끝낸다. 단, 빵이 처음부터 제공되면 처음부터 먹어도 무방하다. 빵은 왼쪽에 놓으며 여러 빵을 섞어 놓으면 손으로 가져다 먹는다. 빵은 손으로 입에 들어갈 만큼씩 뜯어 먹으며 테이블에 떨어진 부스러기는 내버려둔다. 콩소메는 'Potage Clair(포타주 클레르)'라 해서 맑은 수프 그리고 진한 수프는 '포타주 리에(Potage Lié, Thick soup)'라 해서 이른바 야채수프, 크림수프 등이 해당된다. 콩소메는 만드는 과정이나 시간에 따라 맛의 차이가 크게 느껴지는 음식으로 그 레스토랑 조리사의 실력이 그대로 나타난다 해도 과언이 아닐 정도다. 따라서 정통 프랑스 레스토랑에서 일류조리사가 정성을 다해 만들어 내놓은 콩소메를 맛도 보지 않고 소금이나 후추를 뿌리는 일은 삼가도록 한다. 반면 진한 수프의 경우는 콩소메보다 섬세한 맛은 덜하나 감자, 옥수수, 야채 등의 내용을 첨가해 맛이 좀 더

진하다. 따라서 진한 수프의 경우에는 담백한 요리가, 콩소메의 경우는 진한 맛의 메뉴가 어울리며 코스가 많은 정찬(正餐)요리에 적합하다. 영국이나 미국에서는 '차우더(Chowder)'라고 하여, 조개나 생선 국물로 만든 걸쭉한 수프를 크래커와 함께 찍어 먹기도 한다. 그릇은 그 안에 담는 요리와 가장 밀접한 관계가 있으므로 음식의 특성에 맞게 식기를 선택하는 것이 중요하다.

수프는 '마시는(drink)는 것이 아니라 먹는(eat) 음식이다.'라는 말처럼 소리 내서 마시지 않도록 주의해야 한다. 서양사람들은 전통적으로 수프를 소리 내서 먹는 것처럼 야만적인 행동은 없다고 생각한다. 프랑스에서는 평소에 싫어하는 사람을 식탁에서 만나면, 일부러 수프를 소리 내면서 먹으라고 할 정도로 수프 먹으면서 소리 내는 것을 상스러운 일로 받아들이고 있다. 그러므로 뜨거운 수프는 입으로 불지 말고 스푼으로 저어서 식혀가며 먹는다. 한 번 스푼으로 뜬 것은 스푼을 옆으로 하여 입술에 갖다 댄 다음, 입으로 흘러내리도록 앞쪽을 들기만 하면 된다. 즉 스푼이 입안으로 다 들어가는 것은 아니다. 그리고 스푼에 뜬 수프를 여러 번에 나누어 먹는다거나 스푼을 빨아먹는 것도 좋지 않다. 또한 수프가 얼마 남지 않았을 때 바닥 긁는 소리를 내지 않는 것이 중요하다. 수프를 먹는 방법에는 영국식과 프랑스식이 있는데, 스푼을 바깥쪽으로 밀면서 떠먹는 것이 영국식이라면, 반대로 바깥쪽에서 당기면서 떠먹는 것은 프랑스식이다. 손잡이가 달려 있는 부용 컵(bouillon cup)의 경우 한두 숟가락을 떠먹은 후 손잡이를 손으로 들고 먹어도 된다. 수프를 뜰 때는 한쪽 방향으로만 하면 된다. 다만 안에서 바깥으로 또는 바깥에서 안쪽으로 혼합하면 산만하게 보이므로 주의해야 한다. 수프가 조금 남으면 왼손 첫째 손가락(엄지, 무지, 벽지, 대지, 거지)과 둘째 손가락(집게, 검지, 인지, 염지, 두지)으로 자기 앞쪽 부분을 살며시 잡아 올려 떠먹는다. 수프를 다 먹으면, 스푼을 접시 안에 그대로 놓는다. 이때 손잡이는 오른쪽에 오도록 한다. 수프를 먹고 싶지 않을 때는 수프 접시 안에 수프 스푼을 뒤집어 올려놓으면 된다.

빵은 처음부터 테이블에 놓여 있는 경우도 있지만 연회의 경우 대개 수프가 끝나면 바로 나오게 되어 있다. 빵은 처음부터 먹는 것이 아니며 수프와 함께 먹는 것도 아니다. 빵은 요리와 함께 먹기 시작해 디저트를 들기 전에 끝내는 것이다. 빵은 요리의 맛이 남아 있는 혀를 깨끗이 하여 미각에 신선미를 주기 때문이다. 그러나 빵이 처음부터 제공되는 경우에는 조금씩 먹어도 된다. 빵 접시는 왼쪽에 놓인다. 따라서 긴 테이블에서 식사할 경우에는 오른쪽에 있는 빵 접시를 잘못 사용하는 실수를 하지 않도록 주의한다. 또 빵 접시를 중앙에 갖다 놓거나 하지 않도록 한다. 점심과 저녁 식탁에는 빵에 버터만 제공된다.

빵은 웨이터(F&B Attendant)가 여러 종류를 가져와 서브하든 테이블 위에 처음부터 놓여 있든 간에 자신의 손으로 취향대로 가져와서 먹는다. 이때 여성에게 먼저 건네는 것이 매너이다. 또한 포크나 나이프로 먹지 않는다. 한쪽씩 적당량을 손으로 잘라 먹으면 된다. 빵을 손으로 자르다 보면 빵 부스러기가 떨어지기 쉬우므로 되도록 빵 접시 위에서 자르도록 하고 테이블 위에 부스러기가 떨어졌어도 손으로 털거나 할 필요는 없다.

토스트[불에 탄, 굽다, tostare(토스타레)에서 유래]는 나이프로 자른다. 버터나 잼이 발라졌기 때문에 손으로 자르려고 하면 불편하기 때문이다. 이럴 경우에는 왼손으로 빵의 한쪽 끝을 잡고 오른손에 나이프를 들고 자르면 된다. 끝으로 토스트나 크루아상(croissant), 브리오슈(Brioche, 식빵) 등은 조식용 빵이므로 만찬회 석상에서 이를 요구하는 실수를 범하지 않도록 한다. 오해를 사고 있는 브리오슈와 프랑스 시민들로부터 과장된 소문의 희생양이 된 마리 앙투아네트(Marie Antoinette d'Autriche, 1755~1793)는 나라의 빈 곳간, 배고픈 서민의 분노가 궁중의 사치와 왕비의 향락으로 이어져 왕비에 대한 적대감과 음해는 상상을 초월할 정도로 프랑스 국민의 마음을 파고들었다. 이런 와중에 프랑스는 흉년이 들어 식량 부족으로 사회 갈등과 불만이 극에 달했던 상황이었다. 이때 신하가 왕비에게 국민들이 먹을 빵이 없어 고통스러워하고 있다고 하자 왕비는 "빵이 없으면 케이크를 먹으라고 하세요"라고 했다는 것이다. 버터는 1인용

으로 제공되기도 하고 2인용으로 나올 때도 있다. 2인용일 경우는 버터나이프(butter knife; butter spreader)로 빵 접시에 버터를 한 조각 옮긴 다음 사용한다.

라. 동서양의 길목, 와인 에티켓

유럽인들은 '와인이 없는 식탁은 태양 없는 세상과 같다.'는 표현을 곧잘 한다. 연중 흐린 날이 많은 유럽에서 태양이 갖는 의미는 특별하다. 그만큼 와인을 소중히 한다는 뜻이다. 게다가 와인은 알칼리성 음료이기 때문에 육식을 주로 하는 서양인들의 식탁에 빠져서는 안 될 중요한 존재이다. 와인은 포도를 발효, 숙성시켜 만드는 양조주이다. 와인은 맥주와 같은 양조주로서 가장 역사가 오래된 술 중에 하나이다. 오래전, 인류가 먹이를 찾아다니던 시절, 산을 헤매다 야생포도를 발견, 모아두었던 것이 시간이 지남에 따라 공기 속의 효모(yeast, 곰팡이)로 인해 자연 발효되어 알코올 성분이 생성된 것으로 추정된다. 기원전 4000년경, 메소포타미아(두 강, 티그리스강과 유프라테스강)의 한 무덤에서 포도의 씨가 발견됨에 따라 고대 그리스, 이집트, 페르시아인들도 그 이전부터 와인을 즐겨 마셨음이 입증되기도 했다. 와인이 처음 문헌에 등장하는 것은 BC 1700년경의 바빌로니아 함무라비 법전에서다. 이 법전에는 와인에 따른 여러 규정이 적혀 있는데, 내용을 보면 "신전에 봉사하는 여성은 와인을 팔지 못하며 신전 내에서의 부정을 금하고, 또한 와인상인은 술버릇이 나쁜 자에게 와인을 판매하지 못한다"라고 되어 있다. BC 1400년에는 고대 이집트의 람제이왕 분묘에서 포도나무의 재배에서부터 발효에 이르는 과정이 그려진 벽화가 발견되어 이때부터 본격적인 와인 제조가 이루어졌다는 사실이 증명되기도 했다.

한편 BC 10~1세기 사이에 쓰인 것으로 알려진 성경책에도 와인에 관련된 내용이 500여 군데나 있으며 노아가 최초로 경작한 식물이 포도였다고 전하고 있다. 이와 함께 예수 그리스도가 "포도주는 나의 피요, 빵은 나의 육체이다"라고 말한 이후부터 포도주는 기독교와 매우 밀접한 관계를 갖게 되었고 여러 종교계에서도 포도주를 신성한 음료로 여기게 되었다. 16세기 독일의 학자 파라셀수스(Paracelsus)

는 와인 독성학을 J커브 그래프(J-shaped curve)를 통해 증명했다. “와인이 음식이 되느냐 약이 되느냐 독이 되느냐는 모두 복용량의 문제이다.” 적당량의 와인을 마시면 건강에 도움이 되지만 너무 많이 마시면 해가 된다는 J커브 그래프로 설명했다. 와인이 약이 되고 독이 되는 것은 단지 건강에 대한 것만은 아니고 사회적으로도 약도 되고 독도 된다. 음주운전은 독을 넘어 무기가 될 수도 있어 사회적 골칫거리가 되고 있다. 자제력을 쉽게 잃는 사람이 술을 너무 많이 마시면 폭력으로 이어지기도 하고 심지어 살인으로 이어지기도 한다. 그렇다고 술이 마냥 나쁜 것만도 아니다. 사회가 빡빡하게 돌아갈 때 윤활유 역할을 하는 것이 술이기도 하다. 이렇게 사회에서도 독이 되기도 하고 윤활유가 되기도 하는 술. 파라셀수스는 또 우리에게 말한다. “모든 것은 독이 있다. 독이 아닌 것은 없다. 복용량에 따라 독도 될 수 있고 치료제도 될 수 있다. 양약에는 복용량이 있는데 이는 독이 될 수 있는 것을 최대한 안전하게 약이 되게 하려는 방법이다.”

와인은 크게 제법에 의해 분류하거나 색깔에 의해 분류한다.

제법에 의한 분류로는 다음의 세 가지가 있다. 첫째, 와인 양조 시에 발생되는 탄산가스를 제거시켜 만드는 비발포성 와인으로 보통 식탁에 올려지는 일반와인을 일컬으며 이를 테이블 와인이라고도 한다. 둘째, 발포성 와인으로 1차 발효가 끝난 다음 2차 발효에서 생긴 탄산가스를 그대로 함유시킨 것으로 보통 샴페인이라고도 한다. 그러나 샴페인은 원래 프랑스 북부의 샹파뉴 지방에서 생산되는 스파클링 와인에 붙여진 이름이다. 따라서 샹파뉴 지방 이외의 곳에서 생산되는 발포성 와인이라면 샴페인(샹파뉴; Champagne)이라 할 수 없는 것이다. 이러한 경우에는 상품명에 Sparkling Wine이라 붙이는 게 올바른 것이다. 프랑스의 스파클링은 Vin Mousseux(뱅 무스)라고 구분하여 표기한다. 국내산 와인의 역사는 1969년 정부에서 식량 부족을 이유로 쌀로 만든 술보다 과일로 만든 술을 장려하면서 애플와인 ‘파라다이스’가 출시되면서 시작됐다고 볼 수 있다. 1974년 제과업체 해태에서 ‘노블와인’이라는 최초의 포도로 만든 와인을 출시한 이후 마주앙(Majuang), 진로의 샤토 몽블르, 금복주의 두리랑, 대선주조의 그랑주아 등이 나오면서 와인 제조의 전성시대를 구가하게 됐다. 그랑주아는 발포성 와인을 샴페인으로 부르는데 이는 엄격히 말해 스파클링 와인 그랑주아라고 하는 것이 올바른 표현이라고 하겠다. 셋째, 주정강화와인이다. 이는 와인을 제조하는 과정에 알코올 도수가 높은 그 지방의 브랜디 혹은 독특한 향신료, 약초 등을 첨가해 만든 것으로 스페인의 셰리, 이탈리아의 시실리아섬에서 생산되는 마르살라, 포르투갈의 포르투와 마데이라 와인 등이 이에 속한다. 베르무트도 주정강화와인으로 Dry Vermouth(드라이 베르무트)는 프랑스에서, Sweet Vermouth(스위트 베르무트)는 이탈리아에서 각각 생산된다. 셰리와 베르무트는 식전주로 마데이라와 마르살라, 포르투는 디저트 코스로 각각 좋으며 이 와인들은 조리용으로도 많이 사용된다. 이들의 알코올 도수는 20~25도 정도이다.

와인의 색깔에 의한 분류로는 백색, 적색, 핑크색 그리고 백포도주 중 노란색에 가까운 옐로와인 등이 있다. 그 밖에 와인은 단맛의 정도에 따라 드라이와 스위트로 구분되며 숙성기간에 따라 Young Wine과 Old Wine으로 구분된다. 또한 시음할 때는 여러 가지 맛과 향과 빛깔로 표현하는데 맛의 농도에 따라서 라이트(Light)와 헤비(Heavy)로도 표현된다.

가) 와인의 선택

와인의 선택에는 4가지 포인트가 있다.

첫째가 포도와 떼루아(Terroir, 토양), 둘째가 수확연도, 셋째가 브랜드명, 넷째가 요리와의 조화이다. 우선 대표적 와인 산지가 많은 프랑스를 중심으로 소개해 본다. 와인의 대명사라 할 정도로 유명한 보르도 와인은 프랑의 남서부 보르도 지방이 산지이다. 보르도 와인은 특히 적색 와인이 유명한데 선홍색을 띠고 있다. 맛은 섬세하고 향이 특히 좋으며 다소 떫은맛과 신맛의 조화가 절묘하다. 중년층에게 인기가 높다. 백색 보르도(Bordeaux) 와인은 맑고 투명하며 당분이 많은 것에서부터 드라이한 것에 이르기까지 종류가 다양하고 감칠맛에 산미가 강한 것이 특징이다. 부르고뉴(Bourgogne)는 프랑스 동부의 론강 상류와 센강 지류유역에서 생산되는 와인이다. 적색 버건디(burgundy)는 암홍색으로 적색 보르도가 여성적인데 비해 남성적이다. 젊은 층에게 어울리는 와인이다. 백색 와인은 연한 황록색으로 향이 좋고 드라이하다. 론강 하류의 론 지방은 프랑스 남부의 훌륭한 햇살 덕분에 알코올분이 많은 와인을 생산해 낸다. 프랑스 북동부 라인강 상류의 알자스 와인은 드라이하면서 방향이 풍부하다. 그 밖에 세계 각지의 와인을 소개해 보면 우선 스위스 와인은 대부분이 백포도주이다. 담홍색이며 당분이 훌륭하다. 독일 와인에는 라인강 상류지방에서 생산되는 호크라 불리는 라인 와인과 모젤 와인이 있다. 라인은 감칠맛에 당분이 많으며 모젤 와인은 그린색의 병에 담겨 있어 병의 색깔로 와인을 구분하면 된다. 이탈리아 와인은 일광의 흡수도가 좋아 감칠맛이 있고 다소 거친 듯한 것이 특징이다. 이탈리아 와인은 밀짚 같은 것이 병의 몸통 부분을 싸고 있는 경우가 많은데, 이는 와인수출량이 제일 많아 운반도중 파손되는 것을 방지하고 직사광선을 피하게 하기 위해 고안해 낸 것이라고 한다.

나) 와인은 요리와의 조화를 생각해서 선택한다.

서양요리는 육류가 주를 이루기 때문에 식사가 진행됨에 따라 지방으로 인해 입안이 점점 요리의 맛에 무뎌지게 된다. 와인의 독특한 시큼털털한 맛은 지방분을 없애주고 혀를 긴장시켜 신선한 미각을 되찾아주는 역할을 한다. 또 와인의 알코올 성분은 적당히 위를 자극하여 식욕을 촉진시켜 준다. 그러나 요리의 맛을 더해주는 역할을 하는 와인과 요리의 관계는 미묘해서 서로 조화를 이루지 못하는 경우도 있다. 여기서 와인 선택의 기본적인 포인트에 대해 알아보자. 전채나 카나페에는 식욕을 촉진시켜 주는 드라이한 백포도주나 셰리주가 좋다. 이 와인들은 수프에도 잘 어울린다. 담백한 맛으로 먹는 생선, 조개류, 닭 요리 등에는 부드러운 풍미의 허브 드라이 백포도주가 어울리며, 맛이 진한 육류요리에는 감칠맛에 향이 강한 적포도주가 제격이다. 그리고 같은 적포도주라 해도 쇠고기, 돼지고기 등 가축류에는 부드러운 보르도가, 사슴, 멧돼지, 산양, 오리, 꿩, 기러기 등 야생의 동물이나 조류에는 맛이 강한 버건디가 잘 어

울린다. 요리와 와인의 궁합은 이처럼 제각기 다르지만 코스 전체적으로도 와인과 요리의 리듬이 있다. 예를 들어 와인이 두 종류 이상 있는 경우에는 맛이 담백한 라이트한 와인부터 시작하여 맛이 강한 헤비와인으로, 같은 상품인 경우에는 연대가 빠른 것에서부터 오래된 것의 순서로 마신다. 또한 드라이와인에서 스위트한 와인으로, 화이트 와인에서 레드 와인으로, 차가운 와인에서 차갑지 않은 와인의 순으로 마신다. 한편, 화이트 와인을 가미한 요리나 소스에는 화이트 와인을, 레드 와인을 가미한 요리에는 레드 와인을 마시는 것이 일반적이며 이탈리아 요리에는 이탈리아 와인을, 스위스 요리에는 스위스 와인을 마시는 것이 가장 잘 어울린다. 와인은 요리와 함께 마시기 시작해 요리와 함께 끝낸다. 즉, 디저트가 나오기 전까지 마신다.

다) 와인은 앙금이 일어나지 않게 따른다.

와인은 병에 담긴 후에도 숙성이 진행되기 때문에 저장할 때 언제나 코르크 마개가 젖어 있도록 뉘어서 보관한다. 하룻밤이라도 세워두면 코르크 마개가 말라 버려 알코올 성분과 방향성질이 날아가게 되고 공기를 흡수해 산화작용을 일으켜 와인이 변질할 염려가 있기 때문이다. 따라서 와인은 테이블 위에 놓을 때도 와인 받침대에 상표가 위로 오게 하여 눕혀 놓는다. 한편 와인에는 각각 마시기 좋은 온도가 있다. 대개 적포도주는 실온(17~20도)에서 마시며 백포도주는 10~12도 정도로 차게 해서 마시는 것이 상식이다. 그러나 숙성이 덜 된 적포도주는 실온보다 차게 마시는 경우도 있는데 차게 마신다고 와인 잔에 얼음을 넣으면 안 된다. 와인은 품질이 좋을수록 앙금이 있게 마련이다. 특히 적포도주는 눈에 띄게 앙금이 나온다. 따라서 와인을 따를 때는 와인의 맛이 떨어지지 않도록 조용히 잔을 채우도록 한다.

라) 와인은 종류에 따라 사용하는 글라스가 다르다.

와인 잔으로는 대개 튤립 형태의 다리가 긴 잔이 사용된다. 튤립형을 사용하는

것은 와인의 방향을 효과적으로 유지하기 위한 것이다. 즉 향기를 잔 속에 발산시켜 조금이라도 오래 잔 속에 남아 있게 하기 위해 입을 대는 부분이 안쪽으로 다소 굽어지도록 만든 것이다. 다리 부분이 긴 것은 와인이 들어있는 부분에 손을 대어 차갑게 해놓은 와인이 손의 온도로 따뜻해지지 않도록 하기 위한 것이다. 보통 와인 잔은 투명한 것이 많지만 라이와인이나 백포도주에는 색깔 있는 글라스가 사용되기도 한다. 이는 잔 속 포도주의 색조를 더욱 효과적으로 보이게 하기 위한 것이다. 영국 런던의 돌체스터 호텔은 라인와인용 글라스로 연록색의 잔을, 파리의 맥심 레스토랑은 백포도주 글라스로 황록색의 잔을 사용하고 있다. 한편 글라스류는 사용목적에 따라 크게 세 가지로 나뉜다. 하이볼, 맥주, 주스, 밀크, 차가운 홍차나 커피, 물 등은 대개 키가 큰 텀블러에 넣는다. 와인이나 칵테일 등에는 중형사이즈의 튤립형 글라스를 사용한다. 포트(Port, 포르투갈, 스페인 왕위계승 전쟁을 기억하는 술) 와인이나 셰리주(Sherry, 백포도주) 등은 소형의 튤립형 글라스를 사용한다.

마) 와인에 대한 시음은 남성이 한다.

손님을 초대한 사람이 제일 먼저 와인을 시음하는 것은 테이블 매너의 상식이다. 시음은 그 와인의 맛이나 온도를 체크해 완전한 상태인지를 확인하기 위해 하는 것이다. 와인은 가끔 마개가 완전치 못해 맛이 나빠지는 경우도 있고 마개를 뺄 때 코르크 등이 일부 병 속으로 빠지는 경우도 있기 때문에 손님을 초대한 사람이 체크할 필요가 있다. 따라서 손님을 초대한 경우는 우선 호스트의 글라스에 와인을 1/4 정도 따른 후 일단 시음을 해보고 OK 사인을 하면 웨이터가 와인을 손님들에게 서브하게 된다. 레스토랑에서 와인 전문가인 소믈리에(sommelier)가 와인에 대한 서브를 한다. 와인에 대한 시음은 시각, 후각, 미각의 세 감각기관을 동원해서 한다. 먼저 눈으로 와인의 색깔을 보게 되는데 촛불이나 밝은 곳에서

약간 기울여 본다. 백포도주는 침전물이 없어야 하며 엷은 초록빛이거나 담황색(淡黃色)이어야 한다. 적포도주는 처음에는 자줏빛이었다가 숙성이 진행되면서 루비나 석류빛을 띤다. 보통 숙성이 짧은 와인일수록 색깔이 선명하고, 오래된 와인일수록 색깔이 진하지만 아주 검붉은색이거나 침전물이 많아 맑지 못하면 저장이 잘못되어 상태가 좋지 못한 것이다. 다음에는 향기를 맡아본다. 향기는 바로 와인의 질을 나타낸다. 와인의 향기는 원료인 포도에서 나는 과일 향과 숙성 중에 자연스럽게 생겨나는 향으로 구성된다. 부패된 와인에서는 코르크 마개가 썩은 냄새나 식초냄새가 난다.

끝으로 맛을 본다. 포도주를 넣고 혀끝으로 포도주를 굴리듯이 하면선 천천히 단맛[Extra Brut(단맛 없음) → Brut → Extra Dry → Sec → Demi → Sec → Doux(단맛 있음)] 쓴맛, 신맛, 떫은맛 등을 보는데 이상의 4가지 맛의 균형과 조화의 정도에 따라 맛이 있다, 혹은 없다라고 말한다. 대개 4가지 중 한 가지 맛이 특히 강할 때 질이 떨어지는 포도주라고 한다. 와인의 시음은 남성이 하는 것이 에티켓이다. 주인이 여성일 경우는 동석한 남성손님에게 시음을 의뢰한다. 시음이 끝나 OK 사인이 나면 웨이터는 와인을 따라주게 되는데 그 순서는 최초로 상석의 여성에게 한 후 그다음은 시계바늘 방향으로 여성에게만 따라준다. 그 후 남성 중 상석의 손님에게 따르고 같은 순서로 남성에게 따라준다. 마지막에 초대한 사람의 잔에 따라주면 초대자가 신호를 하게 되므로 그때부터 조금씩 마시면 된다.

바) 와인은 공기와 결혼시킨 후에 마신다.

오랜 숙성기간을 거쳐 식탁에 제공된 와인은 비로소 대기와 접촉, 공기 중의 산소와 섞이게 된다. 이를 메리(Marry) 즉, 와인과 공기의 결혼이라 하는 것이다. 특히 적포도주는 산소와 결합되면 더욱 활력이 생겨난다. 따라서 적포도주는 마시기 30분 혹은 1시간 전에 마개를 빼두면 더욱 맛이 좋아지는데 이를 전문용어로 와인은 숨을 쉰다. 혹은 브리딩(Breathing; Aeration)이라고 한다. 디캔팅(Decanting)

은 와인의 찌꺼기를 거르는 용도로 자주 사용됐다. 와인은 묵을수록 자연스럽게 침전물이 생긴다. 이 침전물은 작은 포도 조각, 색소, 타닌 등의 입자가 결합한 물질이다. 병입된 지 얼마 안 된 레드 와인은 색소와 타닌의 입자가 매우 작아 와인에 고루 퍼져 있다. 그래서 영 빈티지 와인은 색이 진하고 맛을 보면 타닌이 많아 떫은맛이 강하게 느껴진다. 하지만 시간이 지날수록 와인 속 색소와 타닌은 점점 뭉치고, 뭉친 입자가 너무 커져서 와인에 더이상 녹아 있을 수 없게 되면 찌꺼기가 되어 가라앉는다. 그래서 올드 빈티지 와인은 색소와 타닌이 줄어 색이 연하고 질감도 매끈하다. 디캔팅을 하는 이유는 두 가지다. 첫째, 자연적으로 발생하는 침전물이 잔에 닿지 않도록 하는 것 둘째, 와인에 공기가 통하게 하고 와인이 너무 숙성되기 전에 '열어주는' 역할을 한다. 디캔터(Decanter)가 따로 없더라도 걱정하지 마라. 병을 열고 와인 잔을 테이블 위에 둔 채 병을 바닥 쪽으로 잡고, 병의 목 부분은 절대 잡지 않는다. 와인 잔에 살살 부으면 된다. 와인이 확 튀는 것만 피하기 위해 살살 부으면 된다.

사) 와인을 마시기 전에는 반드시 냅킨으로 입을 닦는다.

와인은 요리와 함께 마시는 식중주이므로 특히 기름기 같은 것이 와인 잔에 묻기 쉽다. 따라서 와인을 마시기 전에는 반드시 냅킨으로 가볍게 입 주위를 닦도록 한다. 여성의 경우는 립스틱이 잔에 묻지 않도록 주의한다. 만약 립스틱이 글라스에 묻으면 엄지손가락으로 즉시 닦으면서 마신다. 글라스에 지저분한 것이 묻지 않도록 한다는 것은 입안에 음식물을 넣은 채 와인을 마시지 말라는 의미이다. 와인을 요리와 함께 마셔 입안에서 섞이게 되면 와인 특유의 섬세한 풍미가 없어지기 때문이다. 요리와 와인의 궁합이란 혀에서 코로 빠져나오는 향과 풍미에서 느끼는 맛의 조화를 의미한다.

아) 맥주는 물이다.

맥주는 기본적으로 정식 만찬석상에서는 마시지 않는 것이 예의이다. 그러나 가까운 사람들과의 만남에서는 관계없이 마시는 경우도 있다. 맥주를 마실 때는 과음하지 않도록 주의한다. 테이블 석상에서의 맥주는 취하기 위한 술이 아니라 목이 마를 때 마시는 물 같은 것이다. 따라서 맥주는 식전주이기보다 식사 중간중간에 물 대신 조금씩 마시는 것이 이상적이라 하겠다. 한편 맥주의 생명은 거품에 있으므로 거품이 2~3cm 정도 되게 따르는 것이 이상적이다. 따라서 마실 때에도 거품이 없어지기 전에 마시는 것이 좋은데, 이때도 거품 속에 있는 맑은 맥주를 마시고 거품은 위에 계속 남아 있도록 한다. 또한 맥주는 6~9도로 차가울 때가 제일 맛이 있으므로 따른 후 오래 방치해 두면 온도가 높아져 제맛을 잃게 된다.

자) 와인 등을 따라줄 때 글라스를 들어 올리지 않는다.

한국에서는 술을 주고받을 때 잔을 든 채로 하는데 테이블 매너에서는 음료를 따라줄 때에는 글라스류를 들거나 기울이지 않도록 되어 있다. 한편 웨이터나 호스트가 음료나 주류를 권할 때 사양하는 방법으로는 따르려 할 때 글라스 가장자리에 가볍게 손을 얹어 표시를 하면 된다. 그리고 술이나 음료는 남기지 않도록 한다. 흔히, 술을 마시지 않는 사람 중에 처음부터 사양한다는 의미로 술잔을 엎어놓는 경우가 있는데 테이블 매너에서는 글라스류를 엎어놓는 것을 금기시하고 있다. 이런 경우는 처음 서브받을 때 앞서 말한 대로 글라스에 가볍게 손을 얹어 사양하면 된다. 그러나 건배용 샴페인은 마시지 않더라도 조금만 따라놓도록 한다.

차) 와인을 주문할 때는 빈티지(vintage) 차트를 참고한다.

와인 애호가나 세련된 비즈니스맨, 외교관들은 대부분 빈티지 차트를 봐가며 와인을 선택한다. 빈티지 차트란 주로 프랑스 와인을 수확연도에 따라 와인산지별로 등급을 표시해 놓은 표를 말한다. 그 등급은 오래된 연도순에 따르는 것이 아니라 포도를 수확한 해의 날씨 즉, 일조량, 일사량, 강우량, 온도, 습도, 바람 등에 따라 결정된다. 포도는 나무에 꽃이 피고 나서 포도가 익을 때까지 100일간의 날씨가 가장 중요하다고 한다. 포도열매가 맺히려면 햇볕이 필요하고 적당량의 비도 필요하다. 날씨가 좋지 않아 흐린 날이 많거나 비가 많이 오면 포도의 당도가 충분히 형성되지 않아 와인의 맛이 시고 거칠어지며 미네랄의 부족으로 병 속에서 오랜 기간 숙성에 견딜 힘도 잃게 된다. 등급은 와인을 전문적으로 감정하는 사람들이 와인의 재료로 쓰인 포도가 수확된 해에 엄격한 심사를 하여 결정한다.

※ 로버트 파커 빈티지 차트

국가	지역	2012	2011	2010	2009	2008	2007	2006	2005
프랑스	Alsace	NT	NT	NT	79I	90T	90R	79I	87R
	Bordeaux: St Julien/Pauillac/St Estephe	87E	88E	98T	99E	91E	86E	87E	95T
	Bordeaux: Margaux	88E	87E	95T	97E	90E	86E	88E	98T
	Bordeaux: Graves	89E	86E	99T	98E	91E	87E	87E	96T
	Bordeaux: Pomerol	92E	88R	95T	98E	96E	86I	90T	95T
	Bordeaux: St Emilion	89I	87R	94T	93E	92E	86I	88E	99T
	Bordeaux: Varsac / Sauternes	NT	NT	NT	96E	87E	94T	88E	96T
	Burgundy : Cote de Nuits red	NT	NT	NT	95E	88I	84E	89I	98T
	Burgundy : Cote de Beaune red	NT	NT	NT	95E	89I	80E	82I	96T
	Burgundy white	NT	NT	NT	90R	91T	91I	90E	90R
	Burgundy : Beaujolais	NT	89R	88R	97R	86R	85R	89R	95R
	Champagne	NT	NT	NT	NT	NT	NT	NT	88I
	Languedoc and Roussillon	NT	83R	95T	89I	90I	92T	90I	88T
	Loire Valley white	NT	86R	92T	88I	90I	84I	83E	94E
	Rhone : Cote Rotie / Hermitage	NT	88E	94T	98T	79I	89E	92E	89T
	Rhone : Chateauneuf du Pape	NT	88R	97T	93E	86R	98E	90E	95T

출처: 가자와인 홈페이지

□ 실패하지 않는 와인 리스트 만들기

1. 더글라스 케네디 『빅픽처』, 헤밍웨이의 『태양은 다시 떠오른다』 작품 속에서 다룬 와인과 와이너리(Winery) 대해서 설명하시오.

2. 와인 레이블(Label)은 프랑스어로 '에티켓(etiquette)'이라 하며 와인의 이름, 언제, 어디서, 어떤 포도로 누가 만들고 어떤 등급인가 하는 여러 가지 정보(알코올 도수, 지리적 표시, 품질등급, 빈티지, 용량, 병입 장소, 와인명 등)가 들어 있어야 한다. 국가별 와인 레이블에 대해서 설명하시오.

□ 놓치기 쉬운 와인 에티켓

1. 윗사람이 따라줘도 잔을 들지 않는다.
2. 테이스팅은 호스트(host tasting)가 스월링(Swirling; 향의 강도, 다양성, 복합미 등 확인)해야 한다.

출처: "흔들고 머금고 마시고"… 와인 테이스팅, '폼'이 아니네, 매일경제, 2020.05.22.

3. 오래됐다고 좋은 와인 아니다.
4. 볼이 넓은 잔은 레드 와인용이다.
5. 두 모금 정도 남았을 때 다시 따른다.
6. 샴페인을 마실 때는 다른 사람에게 방해되지 않도록 조용히 열어야 한다.

마. 생선과 육류에 대한 에티켓

생선요리의 대표적인 것으로 광어 뫼니에르가 있다. 뫼니에르(Meunière)란 생선 조리법의 하나로 계란과 밀가루를 묻혀 프라이팬에서 익히는 것인데 원래는 '방앗간 여주인'이라는 뜻이라고 한다. 광어 뫼니에르(서양식 버터구이)는 광어를 통째로 요리하는 경우와 머리와 꼬리부분을 떼어내어 요리하는 경우가 있다. 통째로 요리된 광어 뫼니에르를 먹으려면 우선, 포크로 머리 부분을 고정시키고 나이프로 머리 부분과 몸통을 자른 후, 꼬리 부분도 잘라낸다. 그다음에는 지느러미 부분을 발라낸다. 머리와 꼬리, 지느러미는 접시의 위쪽에 한데 모아 놓는다. 그러고 나서 뼈를 따라 왼쪽에서 오른쪽으로 나이프를 수평으로 움직여 위쪽의 살과 뼈를 발라놓는다. 생선의 살만을 앞쪽에 놓고 왼쪽에서부터 먹을 만큼 잘라가며 먹는다. 위쪽의 살을 다 먹은 다음에는 생선을 뒤집지 말고 그 상태에서 다시 나이프를 뼈와 아래쪽의 살 부분 사이에 넣어 살과 뼈를 발라놓는다. 발라낸 뼈는 접시 위쪽의 머리, 꼬리 등과 함께 놓아둔다. 남은 생선의 살을 동일한 방법으로 조금씩 잘라가며 먹는다. 간혹 가시를 먹은 경우에는 입속에서 발라내 왼손으로 입을 가린 후 포크로 가시를 빼거나 오른손으로 살짝 빼내어 접시 가장자리에 올려놓는다. 생선요리에 주로 사용되는 생선은 다음과 같다.

구분	생선의 종류
바다생선	대구, 청어, 도미, 농어, 참치, 혀가자미, 넙치 등
민물고기	송어, 연어, 은어 등
갑각류	왕새우, 새우, 바닷가재, 대게 등
패류	전복, 홍합, 가리비, 대합, 굴 등
연체류	오징어, 문어 등

가) 생선 뫼니에르에 곁들여진 레몬은 나이프로 눌러 즙을 낸다.

메뉴판 poissons(푸아송, 생선요리)에서 'Sole'은 가자미이다. 솔 뫼니에르라는 가자미 구이는 매우 유명하다. 종종 혼동되는 마리니에르(mariniere)는 '마린'의 어원을 가진 바다풍의 요리를 의미하는 다른 단어다. 벨기에의 명물 Moule Mariniere(물 마리니에르)는 홍합을 백포도주에 조리한 것으로 국물이 거의 남지 않게 바싹 조려 익힌 후 홍합살만 소스에 찍어 먹는다. 이러한 홍합요리는 소스에 따라 20가지가 넘는다. 이외에 푸아송 메뉴판의 주인공들은 rouget barbet(루제 바르베, 노랑촉수), lotte(아구), daurade(도미), bar(농어), mulet(숭어), cod(대구) 정도다. 생선 뫼니에르(Meunière: 생선을 버터에 굽기 전 밀가루를 살짝 묻혀 맛과 향을 더한 것)에는 얇게 자른 레몬이 함께 나오는데 생선의 담백한 맛과 레몬의 산미가 멋진 조화를 이루기 때문이다. 뫼니에르가 나오면 먼저 레몬의 한쪽 끝을 포크로 고정시키고 나이프로 가볍게 눌러 즙을 낸다. 이때 너무 세게 누르면 생선이 부스러질 수 있으므로 주의한다. 즙을 짠 레몬은 접시 한쪽에 놓는다. 특히 생선 그라탱(구이 접시에 닭고기, 육류, 해물류, 달걀, 채소, 마카로니와 같은 면류 등을 섞고 소스와 함께 담아 치즈와 빵가루를 뿌리고 버터를 넣어 겉면이 노릇해질 때까지 오븐에 구워내는 프랑스의 대표적인 프랑스 요리)은 대개 포크로 먹는다.

나) 새우는 껍질을 떼어내고 먹는다.

새우요리가 나오면 우선 포크로 머리 부분을 고정시키고 나이프를 새우의 살과 껍질 사이에 넣어 살을 벗겨내듯 하면서 꼬리 쪽으로 나이프를 옮겨간다. 이렇게 양쪽으로 반복하다 보면 껍질이 쉽게 벗겨진다.

다음으로 왼손의 포크로 꼬리 부분을 들어 올리고 오른손의 나이프로 껍질 부분을 누른다. 그러고 나서 다시 포크로 살 부분만 당기면 쉽게 빠져나온다. 껍질만 한곳에 놓아두고 살 부분을 왼쪽부터 잘라가며 마요네즈나 크림소스 등에 묻혀 먹는다.

통째로 먹는 왕새우의 경우는 미리 발라서 나오므로 한번 정도 잘라 먹으면 된다. 보리새우나 중간새우는 샐러드나 그라탕, 프라이 등에 사용되며 잔새우는 게와 마찬가지로 새우 칵테일 등으로 주로 먹는다.

다) 부야베스는 포크, 나이프, 스푼을 사용해 먹는다.

부야베스(Bouillabaisse)는 지중해의 생선과 프로방스의 채소, 그리고 아프리카와 서아시아의 향신료를 넣고 끓인 지중해식 생선 스튜로 마르세유 지방의 전통 요리다. 프랑스의 옛말인 오크어(òc, 옥시타니아어) 부야바서(bolhabaissa)에서 유래하였다. 남프랑스의 명물 요리로 원래 지중해 연안의 마르세유 항과 툴롱 항에서 잡아 올린 해산물을 어부들이 수프로 만들어 먹은 것이 시초라고 한다. 수프인지 생선 요리인지 구분이 잘 안 가는 요리이지만 대개 생선요리 코스로 나오는 경우가 많다. 마르세유와 툴롱(toulon) 등지의 가난한 어부들이 상품성 없는 물고기를 집에 가져와 가족과 함께 바닷물에 들큼하게 끓여 먹었던 쏨뱅이(rascasse), 달고기(saint-pierre), 붕장어(congre), 도미(daurade), 대구(merlan), 아구(lotte de mer), 성대(grondin) 등 지중해산 생선에 마늘, 토마토, 파프리카 등 프로방스의 야채로 육수를 내고, 사프란(saffron) · 아니스(snise)와 같은 향신료들이 듬뿍 들어간다. 여기에 조개, 새우, 게 등과 토마토, 양파를 넣고 사프란, 소금, 후추로 맛을 낸 것이다. 그리고 마지막으로 마늘빵을 수프위에 띄워 다진 파슬리를 뿌려 놓는다. 부야베스는 각 지방의 특산 해산물을 이용해 지방마다 독특한 맛을 살릴 수 있다는 장점이 있다. 우리나라의 해물찌개도 이와 비슷하다고 할 수 있다. 먹을 때는 자기가 좋아하는 해산물을 나이프와 포크를 이용해 먹고 스푼으로 수프를 떠서 먹으면 된다. 스푼이나 나이프, 포크 중 어느 것을 사용치 않을 때는 수프접시 아래에 있는 밑접시에 놓으면 되는데 스푼이나 나이프는 오른쪽에, 포크는 왼쪽에 놓는다. 팔팔 끓는다는 의미의 부이(bouillir)와 약한 불로 자작하게 끓인다는 의미인 아베세(abaisser)의 합성어이며, 프로방스의 속담 "수프가 끓으면 불을 줄여라(Quand ça bouille tu baisses.)"

에서 온 이름이다. 부야베스에는 백포도주가 잘 어울리며 수프가 진하므로 빵과 곁들여 먹어도 좋다.

라) 에스카르고(달팽이 요리)도 생선요리이다.

조개류, 새우, 게 등과 마찬가지로 에스카르고도 생선요리로 분류된다. 에스카르고(Escargot)는 버터와 마늘, 향료 등을 넣어 오븐에 구운 직후에 내게 되어 있다. 먹을 때는 왼손의 에스카르고용 홀더(집게)로 껍질을 고정시킨 후 오른손의 에스카르고용 포크로 집어내어 먹는다. 알맹이를 꺼내 먹고 난 껍질 속에 남아 있는 국물도 맛있으므로 그대로 입으로 가져가 마시면 된다. 뜨거워 마시지 못할 때는 놔뒀다가 다른 에스카르고를 먹는 동안 식으면 마신다. 한편 에스카르고는 전채요리로 먹을 수도 있는데 이런 경우에는 생선요리를 생략하고 바로 고기요리로 들어가면 된다. 대합을 먹을 때는 손으로 껍질을 잡고 포크로 관자부분을 밑으로부터 떠서 살을 떼어 먹으면 된다. 관자가 잘 떨어지지 않을 때는 살 부분만 먹으면 된다.

마) 소스(sauce)가 나올 때까지 요리에 손을 대지 않는다.

서양요리에 있어서 소스의 맛이 아주 중요한 역할을 한다. 소스는 소금, 후추와 마찬가지로 어디까지나 요리의 맛을 좋게 하기 위한 것으로 요리의 재료, 레시피(조리법)와 조화를 이루지 않으면 안 된다. 레스토랑의 메뉴에는 대개 요리이름에 소스가 함께 쓰여 있게 마련이다. 소스 뿌리는 요리를 주문한 경우에는 요리가 나왔다고 바로 먹으면 안 된다. 곧바로 소스가 따라 나오므로 잠깐 기다렸다 뿌려주면서 먹기 시작한다. 메뉴에 소스에 대한 내용이 쓰여 있지 않으면 대체로 물기 없는 요리 즉, 튀김이나 구이 등에는 소스가 따라 나오고 물기가 포함되어 있는 요리 즉, 삶은 것이나 조린 것에는 없다고 생각하면 된다. 어쨌든 요리가 나온 뒤 조금 기다려도 소스가 나오지 않으면 먹기 시작한다.

바) 묽은 소스는 요리에 직접 뿌리고 진한 소스는 접시 한쪽에 덜어 놓는다.

요리가 나온 후 소스가 나오면 무엇이든 요리에 바로 뿌리지 말고 진한 소스는 접시 한쪽에 덜어 놓고 조금씩 찍어 먹도록 한다. 대개 육류요리에는 묽은 소스가 나오므로 그대로 요리 위에 뿌리면 되지만 생선요리에는 마요네즈 소스, 타르타르 소스(tartar sauce) 등 진한 소스가 나오므로 접시 한쪽에 덜어 놓고 요리에 적당히 묻혀가며 먹으면 된다. 진한 소스를 요리 위에 그대로 얹으면 소스의 맛이 너무 강해 요리 본래의 맛을 잃게 할 수 있기 때문이다. 묽지 않은 소스는 직접 위에 모두 묻히지 말고 조금씩 묻혀가며 먹는다. 미식가들이 즐겨 먹는 고기요리에는 나름대로의 독특한 향과 맛이 있기 마련인데 이러한 고기의 맛을 한층 더해주는 전통적인 소스로는 오리고기에 오렌지 소스, 돼지고기에 파인애플 소스, 양고기와 함께 곁들여 먹는 민트젤리 소스 등이 있다. 소스의 종류에는 브라운 소스(brown sauce: 밀가루를 노릇노릇하게 볶은 뒤 버터, 소금, 육수를 넣어 만든 서양 소스), 화이트 소스(white sauce: 버터와 밀가루에 우유를 섞어 만든 흰빛이 나는 소스), 마요네즈 소스, 비네그레트 소스(vinaigrette sauce), 토마토 소스(tomato sauce), 에멀전(Emulsion: 물과 기름을 섞는 기법)에 의한 소스 등이 있다. 브라운 소스는 고기에 잘 맞고, 화이트 소스는 생선요리, 닭 요리, 야채 요리에 잘 어울린다.

사) 스테이크의 으뜸은 샤토브리앙이다.

미국의 속담에 "뼈에 가까운 고기일수록 맛있다"는 말이 있다. 확실히 안심이나 등심을 뼈째로 구운 포터 하우스 스테이크나 티본스테이크는 스테이크의 진수라 하겠다. 프랑스어로 필레란 안심을 뜻한다. 안심이란 소의 등뼈 안쪽으로 콩팥에서부터 허리 부분까지 이르는 가느다란 양쪽 부위를 말한다. 주위는 지방으로 둘러싸여 있지만 안심 자체는 지방이 거의 없는 부드러운 육질을 갖고 있어 쇠고기 중 최상급에 속한다.

이러한 안심스테이크 중 최고급 스테이크가 앞쪽 넓은 부분의 안심을 이용해 만든 샤토브리앙이다. 그 이름은 19세기 프랑스의 귀족작가였던 샤토브리앙이라는 이름에서 따온 것이라고 한다. 그는 대단한 미식가로 자신의 요리장이던 몽미레이유에게 안심을 가장 맛있게 굽는 방법에 대한 연구를 하도록 하여 항상 맛있는 스테이크를 즐겼다고 한다. 그런데 그는 안심을 구워 오면 항상 똑같은 부위만 먹고 다른 곳은 남겼는데 이것이 세상에 알려져 그대로 스테이크의 이름이 되었던 것이다.

샤토브리앙(Châteaubriand)의 옆부분 즉, 안심의 중간부분은 필레(filet), 그 다음이 투르네도(tournedos), 필레 미뇽(filet mignon), 가는 부분이 쁘띠 필레(petit filet), 테트(tête)이다. 이 중에서 투르네도는 얇게 자른 돼지고기의 지방질로 싸서 굽는데 이는 지방분을 보충하고 풍미를 더해주기 위한 것이다. 곧잘 베이컨을 말아 굽기도 하는데 이는 베이컨의 강한 냄새가 안심에 스며들어 맛을 오히려 떨어뜨릴 수 있다.

아) 스테이크의 참맛은 육즙에 있다.

스테이크는 굽는 정도에 따라 맛도 달라진다. 따라서 스테이크를 주문할 때는 취향대로 웨이터에게 굽는 정도를 알려준다. 굽는 정도는 취향대로 선택하면 되는데 대개 적게 구울수록 육즙이 많아 고기의 참맛을 즐길 수 있다. 때로는 피가 뚝뚝 떨어질 것 같다고 하는 표현을 하기도 하는데 스테이크를 자를 때 나오는 핑크색의 즙은 피가 아니다. 고기가 열을 받을 때 나오는 엑기스(진액)이다. 이 육즙이야말로 스테이크 고유한 맛의 원천이다.

따라서 굽는 시간이 길어지면 이 육즙이 증발해 버려 맛이 떨어지고 또 씹을 때 육질이 다소 질기게 느껴진다. 또 간혹 고기를 전부 잘라놓고 먹는 사람이 있는데, 이럴 경우 육즙이 접시로 전부 흘러내려 스테이크의 맛도 떨어질뿐더러 미리 잘라놓으면 금세 식어버리므로 스테이크 본연의 맛이 먹을수록 줄어들게 되는 것이다. 다른 육류와 달리 비프스테이크(beef steak)를 주문할 경우에는 자기가 좋아하는 고기의 굽기 정도를 요청할 수 있다. 비프스테이크는 익힌 정도에 따라 다음과 같이 구분한다.

Rare (약간 구운 것)	표면만 구워 중간은 붉은 날고기 상태 그대로이다.
Medium rare (좀 더 구운 것)	중심부가 핑크인 부분과 붉은 부분이 섞여 있는 상태이다.
Medium (중간 정도 구운 것)	중심부가 모두 핑크빛을 띠는 정도이다.
Well done (완전히 구운 것)	표면이 완전히 구워지고 중심부도 충분히 구워져 갈색을 띤 상태이다.

❶ 레어(Rare)
❷ 미디엄 레어(Medium rare)
❸ 미디엄(Medium)
❹ 웰 던(Well done)

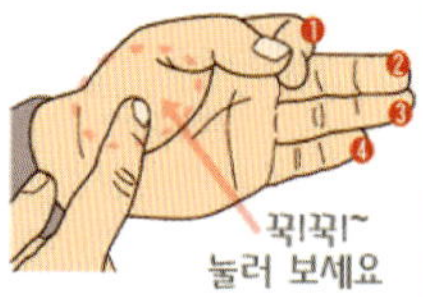

쇠고기 익은 정도	실제 미국식당에서 내는 온도	미 농무부 기준
레어 (rare)	섭씨 49~52도 (화씨 120~125도)	자료 없음
미디엄 레어 (medium rare)	섭씨 약 52~57도 (화씨 125~135도)	섭씨 약 63도 (화씨 145도)
미디엄 (mediun)	섭씨 약 57~63도 (화씨 135~145도)	섭씨 약 71도 (화씨 160도)
미디엄 웰 (medium well)	섭씨 약 63~68도 (화씨 145~155도)	자료 없음
웰 던 (well done)	섭씨 약 68도+ (화씨 155도+)	섭씨 약 77도 (화씨 170도)

1. 엄지와 검지를 잡고=레어
2. 엄지와 중지를 잡고=이디엄레어
3. 엄지와 약지를 잡고=미디엄
4. 엄지와 새끼손가락을 잡고=웰던

출처: 스테이크 굽기 정도
https://m.blog.naver.com/songs_remind/60199520351

자) 고기는 반드시 한입 크기로 자르고 결에 따라 자른다.

고기를 먹을 때 오른손에 나이프, 왼손에 포크를 쥔다. 우선 고기의 왼쪽을 포크로 고정시켜 나이프로 먹기 좋을 만큼씩 잘라가며 먹는다. 왼쪽부터 먹는 것은 왼손에 포크를 쥐고 있기 때문이지만 오른쪽부터 먹어도 상관은 없다. 스테이크를 자를 때는 접시의 바깥쪽에서부터 안쪽으로 하여 종(결)으로 자른다. 스테이크는 각 부위마다 자르는 방법이 제각각이나 어느 부위든 고기의 결을 따라 잘라서 요리하고 손님에게 제공될 때에는 고기의 결이 위에서 아래를 향하도록 담게 되어 있기 때문이다.

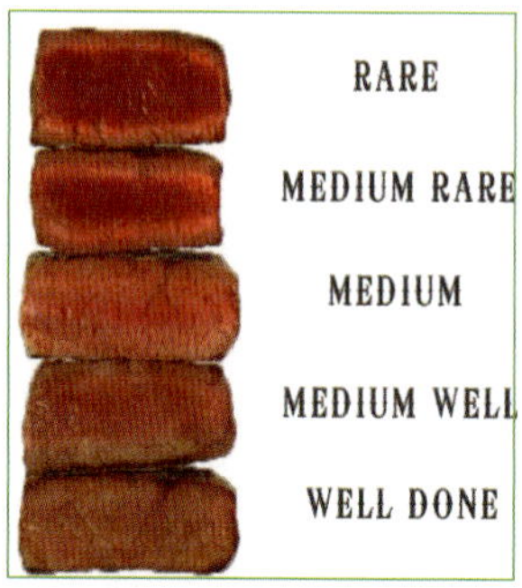

티본스테이크나 립스테이크는 크기 때문에 종으로 한번 잘라도 한입에 먹기에 클 수도 있다. 이런 경우 다시 비스듬히 잘라가며 먹으면 된다. 또 나이프로 고기를 자를 때 톱질하듯 자르는 사람이 있는데 고기용 나이프는 앞부분이 톱니 같은 칼날로 되어 있으므로 앞쪽으로 당기듯 자르면 된다. 스테이크를 한꺼번에

다 잘라놓고 먹는 것은 보기에도 좋지 않을 뿐 아니라 고기가 쉽게 식어 맛이 없어지므로 잘라가며 먹는다.

차) 미트 파이(Meat Pie)의 껍질은 포크로 자르지 않는다.

파이라고 하면 대개 디저트를 연상하지만 서양에서는 오히려 미트파이, 치킨파이 등의 육류요리가 많다. 미국에서는 새로 며느리를 들이면 이웃들을 초대해 며느리가 만든 파이를 대접해, 며느리의 솜씨를 평가했다고 한다. 그만큼 친숙한 요리였던 것이다. 미트파이는 푹 삶아 맛을 낸 고기를 파이 껍질로 싸서 오븐에 구워낸 것이다. 육즙이나 고기의 향이 속으로 스며들어 미묘한 맛을 낸다. 또한 파이 껍질에도 육즙이 스며들어 있어 씹을 때 이루 형용하기 어려운 맛을 즐길 수 있다.

파이의 껍질은 나이프와 포크로 떼어내어 내용물인 고기와 함께 잘라 함께 먹는 것이 더욱 맛이 있다. 파이 껍질은 비교적 부드러운 포크로 잘라도 되지만 잘못하다간 파이 껍질이 미끄러져 빠지거나, 전체 모양이 망가지기 쉽다. 따라서 포크로 파이를 꼭 누르고 나이프로 잘라가며 먹는 것이 안전하다. 한편 국물이 있는 파이는 스푼이 함께 나오므로 접시에 남아 있는 국물은 스푼으로 떠서 먹는다.

채식주의자(Vegetarian)란 육식을 피하고 식물로 만든 음식만을 먹는 사람을 가리킨다. 채식주의란 개념이 처음으로 나타난 것은 고대 인도와 고대 그리스에서이다. 이러한 채식주의는 모두 불살생의 원리에 따른 것으로 종교집단이나 철학자들에 의해 제기됐다. 유럽에서는 고대 로마가 기독교를 국교로 삼으면서 채식주의가 사라져 갔다. 다시 등장하기 시작한 것은 르네상스 시기이며, 19세기와 20세기 들어서 점차 확산됐다. 1847년 영국에서 최초로 '채식주의자협회'가 설립됐으며, 1908년에는 국제협회가 창립됐다. 20세기에는 영양학적 · 윤리적 관심 때문에, 최근에는 환경과 경제적 관심 때문에 채식주의자가 늘어나고 있다. 하지만 미국의 조사에 따르면 육류와 어류를 포함한 고기를 먹지 않는 전 세계의 채식주의자는 대략 1~2.8%에 지나지 않는다고 한다. 인도의 채식주의자가 전 세계 채식주의자의 70% 이상을 차지하고 있다. 육식을 하지 않는다는 것은 고기뿐만 아니라,

동물로부터 나온 유제품(우유, 버터, 치즈, 요구르트 등), 동물의 알, 육수, 동물성 성분이 들어간 조미료 등, 게다가 생선류도 먹지 않는 것을 말한다. 그러나 엄격하지 않은 채식주의자는 고기를 제외한 동물성 음식을 먹기도 한다. 채식주의자의 유형은 다음과 같이 나눠볼 수 있다.

① 락토 베지테리언(Lactovegetarian)은 고기와 동물의 알은 먹지 않지만 유제품은 먹는 경우로 인도와 지중해 연안의 나라에서 흔하다. ② 락토 오보 베지테리언(Lacto-ovovegetarian)은 고기는 먹지 않지만 유제품과 동물의 알은 먹는 경우로 서양 대부분의 채식주의자들은 락토 오보 베지테리언으로 분류된다. ③ 오보 베지테리언(Ovovegetarian)은 고기와 유제품을 먹지 않지만 동물의 알은 먹는 경우이다. ④ 비건(Vegan)은 고기와 유제품, 동물의 알을 포함한 모든 종류의 동물성 음식을 먹지 않는 경우로 일부는 꿀도 먹지 않는 경우가 있다.

짐승의 가죽으로 만든 옷이나 화장품류처럼 동물을 이용해서 만든 모든 상품과 가죽을 얻기 위해 짐승을 학대하는 생명의 존엄성 침해에 반대하여 사용하지 않는 사람도 넓은 의미에서 비건이라고 부른다. 채식주의자는 준채식(Semi-vegetarian)이라 하여 채식은 아니나 특정한 고기를 먹지 않는 사람을 지칭하기도 한다. 일반적으로 육식을 하던 사람들이 비건으로 이행하는 중간 단계에서 거치는 경우가 많다. 폴로 베지테리언(Pollo-vegetarian)은 우유, 달걀, 생선, 닭고기까지 먹는 채식주의자로, 붉은 살코기는 먹지 않는다. 페스코 베지테리언(Pesco-vegetarian, Pescetarianism)은 우유, 달걀, 생선까지 먹는 채식주의자이다. 플렉시테리언(Flexitarian)은 대부분 채식을 하지만 때때로 육식을 하는 경우이며 일부는 공장식 농장에서 생산되는 고기를 거부하고 자연상태에서 자란 동물만을 먹는 경우도 있다. 불교 채식주의(Buddhist vegetarian, vegetarianism)는 모든 고기류와 양파, 마늘, 부추, 리크, 샬롯 등을 먹지 않는다. 자이나교 채식주의(Jain vegetatian)는 유제품은 먹지만 달걀, 꿀, 뿌리 식물을 먹지 않는다. 생식주의(Raw veganism)는 음식을 익히거나 열을 이용해 조리하지 않고 주어진 그대로 먹는 경우이며 조리과정에서 영양소가 파괴되거나 변형되는 것을 막기 위한 경우가 많다. 과식주의(Fruitarianism)는 과일과 견과류의 열매와 씨앗 등, 식물에게 해를 끼치지 않는 부분만 먹는 경우이다. 일부 열매주의

자는 나무에 매달려 있는 열매는 먹지 않고, 다 익어 땅에 떨어진 열매만 먹는 경우도 있다. 따라서 감자와 시금치 등은 먹지 않는다. 영양소 결핍의 가능성이 있어 그 수가 많지는 않다. 채식주의자들과는 기준의 차이가 있지만, 문화별 기피 음식을 살펴보면 육류 음식이 대부분인 건 비슷하다. 미국 문화인류학회의 회장을 역임한 문화인류학자 마빈 해리스(Marvin Harris)가 쓴 문화인류학의 고전 『음식문화의 수수께끼』에는 "신성한 암소와 혐오스러운 돼지"라는 흥미로운 부제가 붙어 있다. 세계적으로 가장 흔하게 '먹을 것'으로 취급되는 소와 돼지지만 그것들을 금기시하는 문화를 살펴보면 여러 요인이 뒤섞여 있는 것을 알 수 있다. 돼지고기의 경우 특히 이슬람 지역에서 기피돼 왔다. 그러나 종교적 이유에서만은 아니었다. 돼지고기 기피현상은 이슬람교가 발흥하기 전부터 있어 왔고, 현대의 일부 비이슬람 집단에서도 볼 수 있기 때문이다. 대부분의 이집트인들은 돼지고기를 먹지 않았는데 이는 이집트 신화에서 비롯된다. 매의 모습을 한 고대 이집트 주신 호루스가 돼지로 변한 세트(이집트 신화에 나오는 암흑신 게브와 누트의 아들) 때문에 눈을 다친 일화가 있다. 세트는 멸시의 대상이었기 때문에 당연히 그를 상징하는 돼지 또한 낮은 지위를 갖게 됐던 것이다. 돼지고기 터부의 원인은 이처럼 종교적인 문제뿐 아니라 위생 · 경제 · 환경 · 생태적 가설 등 다양한 뿌리를 두고 있다. 쇠고기 거부의 중심지는 인도이다. 이는 인도의 자연환경이나 경제적 · 종교적인 요인과 관련이 있다. 인도 고대 아리아인에게 소는 우유와 고기의 공급원이었고 수레를 끄는 데 필요해 부의 척도로 여겨지기도 했다. 이들에게 전투를 뜻하는 단어는 '소를 얻기 위한 투쟁'이란 말과 같았다. 이렇듯 음식의 금기는 단일한 이유로 설명될 수 없다. 경제 · 환경 · 종교 · 관습 · 신분 · 제도 · 전통 등 여러 요인이 뒤섞여 있는 것이다. 한마디로 세계관의 표현이기도 하다. 단순히 종교나 관습, 기호의 여부를 떠나 오랜 시간에 걸쳐 형성된 삶의 모습인 것이다.

□ 육류의 부위에 따른 종류와 명칭 알아보기

1. 소고기의 부위별 명칭에 대해서 생각해 봅시다.

2. 돼지고기의 부위별 명칭에 대해서 생각해 봅시다.

3. 닭의 부위별 명칭에 대해서 생각해 봅시다.

바. 맛봐야 하는 샐러드와 드레싱 에티켓

가) 옥수수는 손으로 먹어도 된다.

식기를 사용하지 않고 손으로 먹어도 되는 요리를 핑거 푸드라고 한다. 우선 옥수수는 먹기 불편한 음식으로 특히 여성들이 꺼리는 경향이 많다. 따라서 옥수수 중앙에 은제 막대기를 끼워 제공되는 경우가 많다. 이런 경우에는 막대기를 양손으로 잡고 1/4~1/2 정도에 버터를 바르고 소금, 후추를 뿌려서 베어 먹은 뒤 다시 나머지 부분도 같은 식으로 먹는다. 여기저기 생각 없이 갉아먹는 것은 삼가도록 한다. 막대기가 꽂혀 있지 않은 경우에는 양손으로 잡고 먹어도 무방하다. 그 밖에 샐러드로 나오는 아티초크도 손으로 먹는다. 먹는 방법은 바깥쪽에 붙어 있는 잎사귀를 뜯어낸 후 껍질 안쪽을 소스(Sauce, Salsa)에 묻혀 껍질을 벗겨가며 먹는다. 살짝 데친 새우의 경우도 작아서 나이프나 포크로는 먹기 불편하므로 손으로 먹는다. 베이컨(Bacon)을 바삭바삭하게 튀긴 크리스피(Crispy) 등은 손으로 먹어도 된다.

나) 콩을 포크로 뜰 때 빵을 이용한다.

메인(상차림에서 주가 되는 요리)에 곁들여지는 가니시(Garnish: 고명. 음식을 돋보이게 하기 위해 곁들이는 것) 중에 완두콩처럼 먹기 힘든 것이 있다. 가니시는 접시를 완성시키는 중요한 요소이다. 예전엔 감자나 아스파라거스, 당근과 같이 보편적인 재료를 흔히 사용했다면, 지금은 셰프의 성향에 따라 가니시를 대하는 마음가짐이나 방식에도 차이가 있다. 어떤 셰프는 비주얼만을 위해 요리와 상관없이 예쁘기만 한 식재료를 가니시로 사용해서 더욱 먹기 힘든 콩류를 제공하기도 한다. 메인 요리에 제공된 콩류는 빵으로 눌러가며 떠서 먹으면 된다. 그 밖에 빵으로 접시에 남은 소스를 닦아가며 먹어도 좋다. 한편 포크로 콩을 가볍게 눌러 납작하게 만든 다음 먹는 것도 좋은 방법이다. 가니시는 요리와 번갈아가며 먹는 것이다. 또 가니시 중에서 생야채는 단순한 장식이 아니라 요리와 조화를 이루는 맛과 향을 고려해 함께 내놓는 것이므로 굳이 남길 필요가 없다. 서양요리에서는 원칙적으로 먹지 못하는 것은 접시에 함께 내지 않는다. 급변하는 고객의 라이프스타일에 맞춰 가니시(무늬, 장식)의 변화와 혁신이 거듭되고 있다. 라이프스타일의 개념은 독일의 사회학자 막스 베버(Max Weber)와 정신분석학자인 알프레드 아들러(Alfred Adler)에 의하여 사회학, 심리학에서 대두되었고 1960년대 초 윌리엄 레이저(William Lazer)에 의해 마케팅 분야에 소개되었다. 라이프스타일(Life style)의 사전적 의미는 "개인 · 가족의 가치관으로 나타나는 다양한 생활양식 · 행동 · 사고 등 생활의 문화적 · 심리적 차이를 포괄하는 말"이라고 정의되어 있으며, 원래 사회학과 문화인류학에서 명확한 정의 없이 사용하던 말이었으나, 최근 소비자의 행동연구분야와 마케팅 및 다양한 분야에서 관심을 끌게 되었다. 라이프스타일의 특성은 구성원들의 라이프스타일에 관련되어 부분적으로 결정되기도 하며, 세대별 라이프스타일의 단계, 인구통계적 특성, 사회계층과 같은 요인 등에 의해 결정된다. 이처럼 라이프스타일은 외부 환경과 개인적 특징의 총제로서 그들의 생활양식과 행동양식에 반영되어 나타나고 이러한 각각의 라이프스타일에 따라 소비자의 욕구, 태도, 소비행동이 다르게 나타나게 된다.

구분	라이프스타일
막스 베버 (사회학)	일정한 생활패턴으로 형성되는 계층 간의 생활양식, 생활태도, 인생관 등의 특정 생활양식
알프레드 아들러 (정신분석학)	'Style of Life' 개념을 처음으로 정의. 행동의 주체자로서 능동적이며 목표 지향적인 자기 통일성을 가진 존재로 통일성을 찾아내어 개인의 행동 예측 가능
윌리엄 웰스 (마케팅)	소비자 행동에 초점을 둔 개념으로 감정 · 정신보다 구체적인 행동의 스타일을 포함
윌리엄 레이저 (마케팅)	집단의 문화 또는 삶의 양식을 기술하는 것. 라이프스타일은 마케팅 시장에 동시에 영향을 미치는 개념이며, 생활양식에 의한 문화, 개인의 기대, 사회집단 등 복잡하고 다양하게 얽혀 영향을 미치고 있음

다) 구운 감자의 껍질은 먹어도 된다.

서양요리에서 감자는 제일 자주 사용되는 야채이다. 구운 감자는 껍질째 오븐에서 익혀 스테이크나 로스트비프의 가니시로 곧잘 이용된다. 뜨거운 상태로 나오기 때문에 왼손의 포크로 고정시키면서 나이프로 중심부를 X자로 잘라 버터를 얹어 놓는다. 감자가 식기 전에 버터를 골고루 잘 발라놓으면 버터가 감자 속에 녹아들어 한층 더 맛있는 감자를 즐길 수 있다. 이때 베이컨과 실파를 곁들여 먹기도 한다. 그런데 흔히 나이프로 감자의 껍질을 벗겨가며 포크로 알맹이만 먹는 경향이 있는데 알맞게 구워진 감자의 껍질은 감자를 먹을 때 생기기 쉬운 목 메임을 방지해 주는 역할을 한다. 또 감자를 좋아하는 사람들은 껍질 특유의 고소한 맛이 일품이라고 말하기도 한다. 튀김감자는 초승달 모양이나 기둥모양으로 잘라 튀기는데 대개 다진 파슬리(파셀리)를 뿌려 역시 스테이크 등의 가니시로 나온다. 작으니까 소금을 뿌려가며 포크로 먹는다. 으깬 감자는 삶은 감자를 곱게 채에 밭쳐 우유, 버터, 소금, 후추를 넣어 맛을 낸 것으로 대개 생선요리의 가니시로 나오는데 포크로 떠서 먹는다. 삶은 감자는 소금을 넣어 삶아낸 감자를 반으로 잘라 생선요리 등의 가니시로 내는데 취향에 맞게 소금을 뿌려가며 나이프로 잘라 먹는다.

라) 소금이나 후추는 무턱대고 뿌리는 것이 아니다.

테이블 위에는 대개 소금, 후추, 머스터드, 타바스코 등의 조미료가 놓여 있다. 흔히 음식이 나오면 무턱대고 이들 조미료를 뿌리는 사람들이 있는데 이는 매너에서 벗어나는 일이다. 일단 한두 번 먹어본 다음 취향에 맞게 조미료를 뿌리도록 한다. 특히 프랑스의 일류 레스토랑에서는 요리의 맛이 제일 좋은 상태에서 음식을 낸다는 전통이 있어 함부로 조미료를 뿌리는 사람은 주방장을 무시하는 것으로 여길 수도 있으며 음식을 먹을 줄 모르는 사람 취급을 하거나 경원시(敬遠視)하는 경향이 있다.

마) 샐러드(Salad)와 고기(육류)요리는 번갈아가며 먹는다.

샐러드는 고기요리를 먹을 때 없어서는 안 되는 야채로 반드시 함께 먹는다. 정식요리나 풀코스요리를 먹을 때는 샐러드가 따라 나오므로 상관없지만 일품요리를 주문할 때에는 샐러드도 함께 주문하도록 한다. 고기와 야채는 맛에서도 조화를 이루지만 고기는 산성이 강한 식품이므로 알칼리성이 강한 생야채를 먹음으로써 중화시킬 수 있다는 영양학적인 의미가 있기 때문이다. 또한 고기요리의 냄새를 중화시키는 역할도 한다. 대개 고기요리를 전부 먹고 난 다음 샐러드를 먹기도 하는데 고기와 샐러드는 번갈아가며 먹는 것이 더욱 효과적이라는 것을 명심하도록 한다. 샐러드에 사용되는 소스를 특별히 드레싱이라고 하는데 소스가 뿌려진 모습이 마치 여성들의 드레스 입은 모습과 같다고 해서 생겨난 말로 전해진다. 드레싱은 크게 프렌치 드레싱(French dressing)류와 마요네즈 소스류로 구분된다. 프렌치드레싱은 기름과 식초를 이용해 만든 소스로 생야채, 생선, 과일, 치즈 등 산뜻한 샐러드에 잘 어울린다. 또한 마요네즈 소스는 진한 맛을 낼 때 사용되는데 샐러드를 양이 많은 일품요리로 먹을 때 사용된다. 영미인들은 샐러드를 고기요리와 같이 먹거나 그전에 먹는 반면 프랑스 사람들은 고기요리가 끝난 다음에 먹는 습관이 있다. 서양요리에서 소스는 요리 색을 좋게 하고 맛을 좌우한다고 할 정도로 중요한 역할을 한다. 소스에는 생선, 육류, 야채, 과자용 등의 재료별, 또는 굽기, 찌기, 튀기기 등의 조리법에 따라 정해지지만 사용 범위가 넓은 소스도 있다. 소스에 엄격한 형식은 없으나 요리에 따라 적합한 소스가 있으므로 그 기준을 알아둘 필요가 있다. 소스에 필요한 재료에는 다음의 세 가지가 있다. 첫 번째로 소스 퐁(fonds)이다. 퐁은 육류, 조류 또는 어류에 향미 야채와 향초를 넣어 맛을 우려냄으로써 수프나 각종 소스를 만드는 데 기본이 되는 국물이다. 퐁에는 색에 따라 퐁블랑과 퐁블룬의 2가지가 있다. 퐁블랑은 재료를 찬물에 넣어 끓여 곤 것으로 화이트소스에 이용하는 소스를 말하며,

퐁블론은 재료를 갈색이 날 때까지 볶아 고아낸 것으로 브라운 소스에 이용한다. 두 번째로 소스는 '루'이다. 루는 밀가루를 버터로 볶은 것으로, 소스에 농도를 주어 매끄럽게 해주는 토대가 된다. 세 번째로 리에종(liaison)이다. 리에종이란 '연결시킨다'거나 '연결체'란 의미로 기초 소스의 토대를 말한다.

바) 샐러드는 포크만으로 먹어도 된다.

샐러드는 대개 1인분씩 따로따로 제공되지만, 때로는 커다란 그릇에 담겨져 덜어먹을 때도 있다. 이러한 경우에는 커다란 스푼과 포크가 옆에 놓여 있게 마련인데, 이를 이용해 자신의 그릇에 덜어먹으면 된다. 왼손에 스푼을 쥐어 샐러드를 뜨고 오른손의 포크로 가볍게 위를 눌러 야채가 떨어지지 않게 가져오면 되는데 너무 많이 가져와 남기는 등의 실례를 범하지 않도록 한다. 샐러드를 덜어놓으면 바로 드레싱을 하는데 프렌치드레싱의 경우는 샐러드 위에 직접 뿌리지만 마요네즈 소스라면 접시 한쪽에 놓아 조금씩 찍어가며 먹도록 한다.

샐러드에는 대개 나이프와 포크가 따라 나오지만 포크만으로 먹어도 무방하다. 샐러드(salad)의 어원은 육류를 많이 먹는 로마시대 사람들이 생채소에 소금(sal)을 뿌려 먹던 식습관에서 비롯됐다고 알려져 있으며, 이후 소금 이외에 꿀과 오일로 만든 드레싱을 곁들여서 사용하였다. 샐러드는 소화에 도움을 주기 위해 육류와 함께 먹는 것이 일반적이지만 미용효과 및 식이요법에도 이용되었다.

이후 유럽 왕실 간의 결혼으로 식문화의 빠른 전파와 함께 전쟁을 겪으면서 다른 대륙으로까지 샐러드 문화가 전해지게 되었다. '샐러드드레싱' 혹은 '소스'는 식물성원료에 당류, 식염, 식초 등을 가하여 혼합 또는 발효 · 숙성시킨 것으로 정의되어 있으며, 식품에 풍미를 더하고 음식의 관능적 특성을 살려주기 위한 목적을 갖고 있다.

드레싱은 식용유, 식초 등을 주원료로 하여 유화시키거나 분리액상으로 제조한 것이며, 일반적으로 드레싱은 차가운 상태의 소스로 채소에 곁들여 먹는 것이다. 드레싱의 종류로는 마요네즈, 유화형드레싱, 분리액상드레싱, 샐러드드레싱, 프렌치드레싱이 있다. 이를 사용되는 재료에 따라 오일과 식초의 혼합 드레싱, 마요네즈 혼합 드레싱, 조리된 드레싱의 3가지로 나눈다. 드레싱은 식품을 제조, 가공, 조리함에 있어 식품의 풍미를 내기 위한 목적으로 사용되고 있다.

사) 프랑스에서는 디저트 전에 치즈를 먹는다.

프랑스에서는 디너 시에 반드시 치즈를 먹는 습관이 있다. 치즈는 샐러드와 디저트 사이에 먹는다. 때로는 한 종류의 커다란 치즈를 내기도 하고 때로는 작은 접시에 여러 종류의 치즈를 내기도 한다. 치즈에도 나이프와 포크가 따라 나오지만 포크만으로 먹어도 무방하다. 치즈에는 적포도주와 곁이 딱딱한 프렌치 빵이 잘 어울린다. 프랑스 치즈는 크게 하드치즈와 소프트 치즈로 나뉘는데 종류에 따라 그 향이 매우 고약한 경우도 있다.

프랑스 치즈의 종류로는 로크포르 외에도 브리치즈, 블루치즈, 카망베르 치즈, 리바로(Livarot), 콩테 등이 있다. 가장 눈길을 끄는 것은 카망베르 치즈이다. 카망베르 치즈는 곰팡이에 의해 숙성된 치즈로 향이 강하다. 겉면에 가는 줄무늬와 솜털 모양의 곰팡이를 지니고 있는데, 건조과정에서 흰색 페니실린(penicillin)으로 인해 곰팡이가 생겨난다. 약 3~6주 정도의 숙성기간을 거치며 비스킷이나 카나페(Canape) 등과 잘 어울린다.

로마시대부터 프랑스는 가장 품질 좋은 치즈를 생산하는 국가 중 하나였다. 로마인들이 프랑스를 떠난 후에도 프랑스에서는 로마인들이 즐겨 먹던 로크포르 치즈와 캉탈(Cantal) 등 인근 지역의 다른 치즈도 사용한다. 7~8세기경에는 많은 수도원에서 치즈의 제조가 이루어졌으며 그 제조기술은 자연스럽게 프랑스 전반으로 확산되었다. 이는 우리나라의 사찰에서 두부 제조가 활발히 이뤄졌던 것과 같은 것으로 볼 수 있다.

프랑스에서 가장 사랑받는 치즈인 카망베르는 오주 지방의 작은 마을인 카망베르 지역에서 프랑스 혁명 때 마리 아렐(Marie Harel)에 의해 만들어졌다. 카망베르 치즈는 프랑스 노르망디 마을에서 나폴레옹에게 대접한 것으로 잘 알려졌다. 이 치즈는 향이 강하고 곰팡이에 의해 숙성된 치즈로 천연 외피의 연질치즈로 분류된다. 세상에는 많은 종류의 치즈가 존재한다. 이탈리아의 고르곤졸라, 프랑스는 카망베르, 네덜란드의 고다치즈, 스위스의 에멘탈(Emmental) 치즈, 미국산 모차렐라 치즈, 임실치즈 등이 잘 알려져 있다. 나라별 치즈에 대해서 알아보자.

출처: 아주경제, 2014.09.11.

[나에게 맞는 치즈 찾기]

치즈 100g에는 성인이 하루에 필요한 칼슘 권장량(700㎎)이 들어 있다. 계란으로 같은 양의 칼슘을 섭취하려면 약 40개가 필요하다.
마그네슘, 인, 칼륨, 아연 등 미네랄과 지용성 비타민 A, D, E, K 등도 풍부하다.

사. 작은 사치, 디저트 에티켓

디저트는 프랑스어로 '식사를 마치다', '테이블을 치우다'라는 의미의 '데세르비르(Desservir)'에서 유래한 말로, '식사가 끝난 뒤 가볍게 즐기는 후식'을 통칭한다. 오늘날 개인의 기호가 다양해지면서 케이크와 과일, 커피, 아이스크림 등 디저트의 종류도 다양화되고 있다. 메인코스가 끝나고 디저트를 주문하기 전에 빵, 조미료, 식사가 끝난 접시를 모두 치우는 것과 관계가 있다고 볼 수 있을 것이다. 디저트용 과자는 프랑스어로 '앙트르메(Entremets)'라고 하는데 이는 '앙트르(중간)'라는 단어와 '메(음식)'라는 단어의 합성어로 옛날 정찬 코스에서는 로스트(굽는) 요리 다음에 나오는 야채나 과일 치즈 같은 모든 요리들을 지칭하는 용어였다. 단맛이 기본인 디저트의 필수 재료 설탕은 중세시대만 굉장히 고가였기 때문이다. 우리 역사만 보아도 삼국시대 때 당나라를 통해 처음 설탕이 도입되었고 왕족이나 귀족이 주로 즐길 수 있는 사치품이었다고 전해진다. 그러나 오늘날에는 빙과류를 포함해 달콤한 과자 전부를 가리키는 의미로 사용되며 영어로는 스위트라 부른다.

서양요리에서는 설탕을 거의 사용하지 않으며 전분도 적게 사용한다. 따라서 식후에 달콤한 것이 먹고 싶어지는 것은 당연하다 하겠다. 그런데 디저트용 과자는 달콤한 것으로 부드러워야 한다. 쿠키라든가 빵 등의 마른과자는 조식의 빵 대신, 혹은 오후에 차를 마실 때 먹도록 하며 디너 시의 디저트로는 적당하지 않다. 디너의 따뜻한 디저트로는 푸딩(Pudding)이 있다. 또 크림 또는 과일을 이용한 과자나 파이 등도 있다. 차가운 디저트로는 아이스크림과 셔벗이 있다.

2010년 유네스코는 프랑스 미식 전통을 인류문화유산으로 등재했다. 가족이나 친구들이 모여 식전에 아페리티프(Aperitif) 술을 마시고, 식사는 전식 · 본식 · 후식을 적절한 포도주와 곁들여 먹는 전통이다. 식후에는 디제스티프(Digestif) 술을 마시면서 즐거운 대화를 나누는 일상 속에서 느끼는 문화다. 프랑스는 실제 학교나 직장 식당을 가더라도 반드시 전 · 본 · 후식의 스리 코스 식사를 제공하도록 법으로 정한 나라이다. 레스토랑이나 카페라는 사회제도가 만들어진 것도 18세기 파리다. 레스토랑, 카페, 앙트레(전식), 데세르(디저트), 뷔페, 메뉴, 알 라 카르트(a la carte, alacarte) 등 요식 관련 용어가 프랑스어인 이유다. 카페는 지식인이나 예술가들이 모여 하루 종일 토론하면서 근대 세계의 정신문화를 만들어낸 곳이다. 레스토랑은 주머니 두둑한 부르주아들이 입의 쾌락을 추구하면서 음식의 미학이 발달하도록 기여한 곳이다. 1989년 슬로푸드(Slow food, 슬로 라이프) 운동이 시작된 곳도 파리다.

가) 수분이 많은 과일은 스푼으로 먹는다.

과일은 수분의 많고 적음이나 형태에 따라 먹는 방법도 제각각이다. 수분이 많은 멜론이나 오렌지류는 스푼으로 먹는다. 사과나 감 등 수분이 적은 것은 나이프와 포크를 사용한다. 또 포도처럼 작은 것은 손으로 먹어도 된다. 구체적으로 먹는 방법을 살펴보면 멜론은 반달형으로 잘라 제공된 경우, 왼손으로 껍질 부분을 누르고 오른손의 스푼으로 오른쪽부터 떠서 먹는다. 그러나 레스토랑에서는 대개 먹기 좋게 칼질해서 껍질 위에 알맹이를 올려서 내므로 이때에는 포크로 하나씩 먹으면 된다. 수박이나 파파야 등도 멜론과 같은 방식으로 먹는다. 씨는 미리 스푼 등으로 발라내지 말고 입속에서 발라내어 스푼에 뱉어 접시 위에 놓는다. 그레이프프루트도 스푼으로 먹는다. 대개 반분하여 나오므로 하나씩 스푼으로 파가며 먹는데 스푼의 반 정도가 톱니모양으로 되어 있는 것이 특징이다. 딸기는 한 알씩 스푼으로 먹는다.

나) 포도의 씨와 껍질은 손바닥 안에 뱉어 살짝 접시에 놓는다.

포도는 왼손으로 송이를 잡고 오른손으로 한 알씩 따서 먹는다. 한번에 몇 알씩 먹는 것은 보기에 좋지 않다. 껍질과 씨는 손으로 받아 접시에 내려놓는다. 포도는 알맹이를 손바닥에 놓고 주먹을 쥐 듯하여 포도가 입으로 들어가는 것이 보이지 않도록 하는 것이 좋다. 밀감은 꼭지가 없는 쪽부터 껍질을 까서 한 알씩 떼어 먹는다.

다) 아이리시 커피는 식후주의 대용으로도 좋다.

식후의 커피는 대개 진한 것을 조금 마시는 것이 좋다. 커피 중에는 술이 첨가된 카페로얄, 아이리시 커피 등 특이한 것들이 있다. 아이리시 커피(Irish Coffee)란 커피에 아이리시 위스키를 넣은 후 생크림을 얹어 마시는 것으로 식후주와 커피를 동시에 즐기는 커피이며 카페로얄은 코냑(브랜디)과 오렌지 향을 가미해 마시는 다소 귀족적인 커피이다.

아. 정성을 담은 식후주(소화를 돕기 위해 식후에 마시는 술, 디제스티프, Digestif) 에티켓

식후 소화를 돕는 역할을 하는 술로 대부분 알코올 농도가 짙고 감미로운 것이 특징이며 소량을 마신다. 한국에서의 인삼주나 더덕주가 대표적인 것이다. 리큐어는 과일이나 곡류를 발효시킨 양조주 또는 증류주에 향초 · 시럽 · 약초 · 과실 등 각종 재료를 첨가한 뒤, 가공을 거쳐 향, 색, 맛을 입힌 일종의 혼성주다. 리큐어는 혼성주라는 뜻으로 프랑스와 유럽에서는 '리큐어(liqueur)', 독일에서는 '리코르(likor)', 미국에서는 '코디알(cordial)'이라고도 부른다. 리큐어는 과일이나 곡류를 발효시킨 양조주 또는 증류주에 향초 · 시럽 · 약초 · 과실 등 각종 재료를 첨가한 뒤, 가공을 거쳐 향, 색, 맛을 입힌 일종의 혼성주다. 주로 칵테일 베이스로 사용되며, 달콤한 맛과 향 때문에 특히 여성들에게 많은 사랑을 받고 있다. 이 때문에 리큐어는 알코올 도수가 낮은 술로 알고 있는데, 이는 잘못된 상식이다. 커피 리큐어인 '베일리스(Baileys)'와 '깔루아(Kahlua)'의 알코올 도수는 각각 17%와 20%, 코코넛 리큐어인 '말리부(Malibu)'는 21%다. 소주나 맥주에 비하면 알코올 도수가 높은 편에 속하지만 달콤한 음료와 믹스해 마시기 때문에 알코올 향을 잘 느끼지 못하는 것뿐이다. 실제 보드카를 믹스한 '블랙러시안(Black Russian)'의 경우 알코올 도수가 높아 주로 남성들이 선호하는 칵테일이기도 하다.

주류음용 문화의 변화는 전 세계적으로 불고 있다. 건강과 웰빙을 중시하는 라이프스타일이 떠오르면서 변화에 직면했다는 평가다. 특히 밀레니얼세대를 중심으로 바뀌고 있다. 식품산업통계연보에 따르면 전 세계 주류시장은 맥주 소비량이 압도적이지만 2019년부터 2024년까지 예상 연평균 성장률은 3.3%에 불과하다. 이는 와인(6%), 증류주(4.1%)보다 낮다. 새롭게 주목할 품목은 와인이다. 와인은 현재 매출 2,980억 8,100만 달러에서 1,015억 달러 추가 성장할 것으로 전망된다. 건강과 웰빙이 메가트렌드가 되며 무알코올 음료시장 역시 연평균 23.1% 성장률을, 이색적인 맛과 향을 가진 하이브리드 음료 등장에 혼성주시장도 연평균 성장률 12%로 주요 주류시장에서 손꼽힌다. 미국에서는 밀레니얼세대를 중심으로 수

제스타일 주류 음료가 인기다. 글로벌데이터 소비자조사에서는 밀레니얼세대 약 35%가 수제맥주에 관심을 갖고 적극 구매하는 것으로 나타났다. 이에 미국 와일리 루츠 브루잉 컴퍼니(Wiley Roots Brewing Company)는 메이플 & 피칸 슈트르델(독일식 패스추리) 밀맥주를 내놨다. 손이 많이 가는 전통적 밀 맥주를 캔 맥주로 즐기는 것. 슈트르델 패스추리 향을 첨가해 겉으로 보기엔 맥주인지 구분이 잘 안 가는 점이 특징이다. 미국에서는 '건강식=자연식품'이란 인식이 강하게 자리 잡으면서 과일과 채소가 들어간 술도 등장했다. 미국 풀세일 브루잉(Full Sail Brewing)사는 맥주 생산에 사용되는 물 소비량을 줄이기 위해 보통 6~8:1로 사용되는 물의 양을 3:1로 줄였다. 남는 곡물 등은 지역 농부들에게 제공, 소 먹이로 사용함으로써 음식물 쓰레기양도 줄이는 중이다.

출처: 이코노믹리뷰(https://www.econovill.com), 2021.01.12.

가) 브랜디(Brandy)와 코냑(Cognac)

브랜디란 포도를 증류해서 만든 것을 총칭하며 체리나 복숭아, 사과 등을 증류하여 만든 경우에는 브랜디 앞에 그 원료가 되는 과일이름을 붙여 부른다. 즉 체리브랜디, 피치브랜디, 애플브랜디 등으로 부른다. 브랜디는 쉽게 말하자면 와인을 증류한 것으로 와인이 생산되는 곳이면 어디든지 생산이 가능한데, 그중에서도 프랑스 코냑 지방의 포도로 만든 증류주를 코냑이라 부르며 아르마냑 지방에서 생산되는 브랜디를 아르마냑이라 부른다. 코냑의 명칭은 코냑산 브랜드바인(Brandewjin, 증류한 와인)으로 '불에 구운 와인'이라는 뜻의 네덜란드어다. 나중에 브랜디라 불리게 됐다. 코냑은 프랑스보다 영국에서 더 사랑받는 술이다. 복잡한 프랑스어가 들어간 와인과 달리 코냑엔 간결한 영문이 많이 적혀 있다. 코냑으로 유명한 회사로는 헤네시(Hennessy), 카뮈(Camus), 레미 마르땡(Remy Martin), 마르텔(Martel), 쿠르부아지에(Courvoisier)가 있다. 코냑은 숙성기간에 따라 등급을 정해놓고 그 등급을 상표에 표기해 놓는 것이 특징이다. 코냑에도 등급이 있다. 가장 먼저 만든 곳은 코냑의 대표주자 '헤네시'. 1818년 영국 웰스 왕자와 조지 왕 4세에게 헌상하는 특별한 코냑으로 V.S.O.P(Very Special Old Pale)라는 제품을 출하했다. 이후 1900년대에 들어오면서 코냑의 등급이 정립됐다. 기업마다 표식이 다소 다르지만 일반적으로 V.S(Very Special)는 2년 이상, V.S.O.P(Very Superior Old Pale)는 4년 이상, X.O(Extra Old)는 10년 이상 숙성한 제품이다. 15년 이상 숙성한 제품은 X.X.O(Extra Extra Old) 등급으로 표시한다. 코냑 시장에는 영국계 출신이 많다. 세계 코냑 시장의 39%를 차지하는 헤네시는 아일랜드 출신의 장교였던 리처드 헤네시가 만들었다. '마르텔'은 영국 해협 채널 제도의 저지섬 출신인 존 마르텔이 창업자다. 나폴레옹이 세인트 헬레나(Saint Helena)섬으로 유배 갈 때 가지고 갔다는 코냑 '쿠르부아지에'는 1909년 영국에서 와인 및 증류주 사업을 하던 사이먼 가문이 인수했다. 이 기업들은 철저히 프랑스식을 따른다. 프랑스라는 브랜드를 활용해 비싼 가격에 판매할 수 있기 때문이다. 쿠르부아지에는 지금도 나폴레옹을 마케팅에 활용한다. 고급식당에서는 V.S.O.P급 이상을 주로 취급하는데 등급에 따른 숙성연도는 회사마다 차이가 있으며 일반적으로 알려진 등급별 숙성연도와 실제 숙성기간에는 다소 차이가 있을 수 있다. 법적으로는 최저숙성연도인 3star급만 관리하고 있으며 기본적으로 브랜디는 25~50년 사이에 숙성된 것이 최고의 맛과 향을 지닌다고 한다. 이때의 숙성이란 오크통 속에서의 숙성을 의미한다. 브랜디란 원래 네덜란드어에서 유래된 '불에 태운 와인(Burnt Wine)이라는 뜻으로 이는 증류하는 과정을 의미한다. 보통 8병 정도의 와인을 증류하면 1병의 브랜디를 만들 수 있다고 하는데, 증류된 흰색의 브랜디가 짙은 갈색으로 변하는 것은 오크통 속에서 숙성되는 동안 오크통의 향과 색이 자연스럽게 브랜디에 스며들기 때문이다. 코냑으로 유명한 코냑 지방은 원래 좋은 포도주를 생산하지 못해 주로 수출용 와인을 만들었던 곳이다. 이에 수출용 와인의 운반량을 줄이기 위해 증류했던 것이 유명한 코냑 생산지로 발전하는 계기가 되었던 것이다. 코냑용 글라스는 향을 보존하고 극대화시키기 위해 라군형(Lagoon Shape)으로 되어 있다. 크기는 9온스, 22온스, 32온스, 자이언트 코냑 글라스 등 다양하다. 코냑을 마실 때만큼은 잠깐 참아보고 잔을 흔들어 코냑이 안에서 파도치게 한 후, 둘째와 셋째 손가락으로 잔을 잡고 손바닥의 온기로 코냑을 데우면서 아주 조금씩 색과 향과 맛을 눈과 코와 혀로 음미하면서 마신다. 코냑을 데우는 이유는 향이 더욱 짙게 느껴지도록 하기 위한 것인데, 이때 브랜디 워머를 사용하기도 한다. 코냑 지방은 조용한 지역으로 코냑 향기가 항상 공기 중에 퍼져 있다. 매일 오크통에서 약 25,000병의 코냑이 증발해 버리는데 이것을 이곳 사람들은 천사의 몫이라 하여 Angel's Drink, 혹은 Angel's Share라고 유머스럽게 표현한다. 아르마냑(Armanac)은 코냑 지방에서 약 80마일 정도 떨어진 곳에 위치한 아르마냑 지방에서 생산되는 브랜디이다. 아르마냑은 코냑에 비해 향이 더욱 진하며 증류방법이 약간 다르다. 또한 이 지방에서 생산되는 독특한 검은 참나무로 통을 만들어 사용하기 때문에 맛에도 강한 개성이 나타난다.

나) 여성에게 잘 어울리는 리큐어

리큐어란 당도가 있고 색깔이 아름다운 술로 식후에 여성들이 주로 마시는 매혹적인 양주이다. 리큐어는 증류주를 베이스로 하여 과즙, 약초, 꽃, 천연향료, 식물의 잎이나 뿌리 등을 가미하여 만든다. 원래 리큐어는 약용으로 만들어졌는데, 13세기 초 연금술사들에 의해 만들어진 증류주에 오렌지, 레몬, 장미꽃을 넣어 만든 것이 그 시초라고 한다. 이러한 리큐어가 프랑스로 전해진 것은 이탈리아의 부호 메디치가의 둘째 딸 카트린 드 메디치가 앙리 2세와 결혼할 때 이탈리아의 리큐어를 가져가 선보인 이후라고 한다. 리큐어의 주정은 27~89도에 이르기까지 매우 다양하며 그 종류도 50여 종에 이르는데 대표적인 리큐어를 소개하면 다음과 같다.

① 베네딕틴(Benedictine)

프랑스의 북부 노르망디 근처에 위치한 베네딕트파 수도원에서 처음 만들어낸 이 리큐어는 27가지의 재료를 넣어 만든다고 하는데 그 비법은 아직도 알려져 있지 않다. 1501년에 유행했던 말라리아를 앓던 환자를 구했을 정도로 효험이 있었다는데 병의 라벨에 'D.O.M.'이라고 적혀 있는 것은 최고 최대의 신에게 바치는 술(Deo Optimo Maximo)이라는 의미로 영어로는 'To god most good, most great'라고 한다. 식후 칵테일의 하나로 B&B라 하는 것이 있는데 이는 베네딕틴과 브랜디를 혼합해서 만든 것이다.

② 샤르트뢰즈(Chartreuse, 리큐어의 여왕, 그린과 옐로)

라 그랑드 샤르트뢰즈라는 수도원에서 만들어진 것으로 노란색(43도)과 그린색(55도)의 두 종류가 있다. 리큐어의 여왕으로 불리는 이 샤르트뢰즈는 원래 수도원의 신부들이 주변에서 구한 130여 종의 약초를 넣어 만들었다고 한다. 1903년에는 프랑스의 종교단체법으로 인해 신부들이 스페인으로 망명을 가게 되어 생산이 중단되었다가 1941년부터 다시 만들어지게 된다.

③ 크렘 드 망트

크렘 드 망트(Creme de Menthe)란 소위 페퍼민트의 박하향이 강한 리큐어로서 녹색, 백색, 홍색의 세 가지가 있는데 녹색과 홍색은 착색한 것으로 주정도는 27도이다.

스포츠맨, 군인 및 탐험가들의 필수 리큐어로 되어 있으며 식후주로 여성들에게 매우 사랑받는데 얼음 섞은 냉수에 타서 마시면 맛이 일품이다. 프랑스의 Get사(제트) 것이 유명한데 호리병 모양의 병이 특색이며 라벨의 페퍼민트(peppermint)가 pepppermint로 되어 있는 것은 19세기 전반에 모조품이 너무 많이 나돌아 이를 막기 위해서 일부러 그렇게 했다고 한다. 박하향이 강한 리큐어로서 초록, 빨강, 무색의 세 종류가 있다.

④ 쿠앵트로(Cointreau, 오렌지 껍질로 만든 리큐어)

흰색 오렌지 리큐어의 최고급품으로서 엄선된 오렌지의 에센스를 추출해 고급 브랜디와 섞어 만든다. 1849년 프랑스의 루아르에서 탄생된 이 리큐어는 디저트에 오렌지 향을 내는 데 많이 사용되기도 한다. 사이드카나 화이트 레이디라는 칵테일을 만드는 재료로도 쓰인다.

⑤ 드람부이(Drambuie)

스카치 베이스에 벌꿀, 향료 등을 넣어 만든 것으로 1745년에 처음 만들어졌다. '인간의 만족을 위해 만들어진 음료'라는 뜻이라고 한다.

⑥ 쿰멜(Kummel)

쿰멜이란 영어의 Caraway(화향풀)라는 뜻의 독일어로서 그 열매를 주원료로 하여 만든 리큐어인데 떫고 씁쓸하나 독특한 풍미가 있다. 무색투명한 리큐어로 주정도(酒精度)는 30도이다.

칵테일 관련 조선일보(2012.10.15.) 기사에 따르면 영국 런던의 유명 '칵테일 바텐더' 살바토르 캘러브리즈(Salvatore Calabrese)가 한 잔에 1,000만 원 가까이 하는 칵테일을 만들어 '가장 비싼 술' 부문 기네스북에 올랐다고 12일 미국 허핑턴포스트

가 보도했다. 보도에 따르면 캘러브리즈가 만든 8,824달러(약 970만 원)짜리 칵테일에 넣은 술들의 숙성기간을 모두 합하면 대략 740년이 된다. 그는 "칵테일 한 잔 안에 진정한 술의 역사가 있다"고 설명했다. 이 칵테일에는 4가지 종류의 술이 들어갔다. 1778년산 클로 드 그리피어 비유 코냑(1778 Clos de Griffier vieux cognac), 1770년산 쿰멜 리큐어(1770 Kummel liqueur), 1860년산 더브 오렌지 큐라소(1860 Dubb orange Curacao), 1900년경에 만들어진 앙고스투라 비터스(Angostura bitters)다. 캘러브리즈(Calabrese)는 자신의 이름을 따 칵테일에 '살바토르의 유산(legacy)'이라는 이름을 붙였다. 그는 런던 플레이보이 클럽에서 촬영한 동영상에서 "내가 만드는 칵테일은 세상에서 가장 비싼 칵테일일 뿐만 아니라 가장 오래된 칵테일일 것"이라고 말했다. '살바토르의 유산'이 나오기 전까지 가장 비싼 칵테일의 가격은 6,054.3달러(약 666만 원)였다. 두바이에 있는 스카이뷰 바에서 만들었다.

이상과 같은 리큐어 외에도 그랑마니에, 칼루아. 아마레토, 삼부카 등이 있는데 특히, 삼부카는 이탈리아 사람들이 즐겨 마시는 식후주로 술에 불을 붙여 커피 원두를 3개 정도 넣은 다음 원두가 녹아 흘러내리 때 레몬껍질로 불을 끄고 마시는 독특한 리큐어이다. 리큐어는 보통 그 맛과 향을 즐기기 위해 스트레이트로 많이 마시는데 리큐어 글라스란 작은 1~2oz(28.349523125g)이고 용량의 글라스를 말한다.

□ 음료의 이해

1. 양조주, 증류주, 혼성주 음료에 대해서 설명하시오.

2. 식사용도(식전주, 식중주, 식후주)에 따른 알코올성 음료에는 무엇이 있는지 설명하시오.

3. 전통주(제조법, 당화와 발효, 주세법)에 대해서 설명하시오.

주세법에 의하면 술(酒)은 '알코올분 1도 이상의 음료'로 정의되고 있으며, 알코올 분이란 원용량에 포함되어 있는 에틸알코올(섭씨 15도에서 0.7947의 비중을 가진 것)을 말한다. 전통주는 한민족의 식생활 풍속이 담긴 술로 정의할 수 있으며, 특정 민족의 생활습관이 빚어낸 중요한 문화유산 중의 하나로 그 지방에서 전해 내려오는 방법으로 빚은 술을 의미한다. 현재 전통주, 민속주, 전통 민속주, 지역 특산주, 농민주 등 다양한 명칭으로 불린다. 전통주 또는 전통 민속주에 대한 범위와 개념이 명칭으로 인해 혼란스러운데, 탁·약주가 사실상 법에 의해 규정한 전통주에 포함되어 있지 않기 때문이다.

다) 커피 속 문화 에티켓

커피가 우리나라에 처음으로 소개된 시기는 약 1890년 전후로 추정된다. 1896년 아관파천 때 고종이 초대 조선 주재 카를 이바노비치 베베르(Karl Ivanovich Wäber, 1841~1910) 공사의 처형 독일계 러시아인인 마리 앙투아네트 손탁(Marie Antoinette Sontag, 1854-1922) 여사에게 커피를 대접받았다는 기록이 있어 지금까지 우리나라 사람으로는 고종이 처음 커피를 '양탕국(서양 양洋, 빛깔과 맛이 탕약과 비슷해 끓일 탕湯, 마실거리의 국, 덕수궁 정관헌)'이라 부르면서 마신 것으로 알려진다. 1884년(고종 21년)부터 한국 최초의 미국인 의료 선교사로 활동한 호레스 알렌(Horace N. Allen, 1858~1932)의 저서에는 "궁중에서 어의로서 시종들로부터 홍차와 커피를 대접받았다"고 기록되어 있으며, 선교사 헨리 거하드 아펜젤러(Heny G. Appenzeller, 1858~1902)의 선교단 보고서에는 1888년 인천에 위치한 대불 호텔을 통해 커피가 일반인들에게 판매되었음이 밝혀졌다.

커피가 처음 도입된 시기와 다방이 문을 연 것은 1800년대의 일이지만, 1990년대 이전까지 커피는 '타 먹는 커피'가 대세였다. '둘(커피) 둘(설탕) 둘(크림)'처럼 기호에 따라 다른 비율로 타 마시는 커피에 대한 한국인들의 사랑은 유별나다 할 정도로 엄청났다. 그리고 이 유별난 사랑은 '커피믹스'라는 초유의 발명품으로 이어졌다. 1940년 동아커피유한회사를 설립하여 국산커피를 제조하였고, 1945년부터 미군정이 통치하면서 커피문화가 대중화될 수 있었다. 1999년 7월이 되자 이화여대 앞 스타벅스라는 브랜드 커피 전문점이 처음으로 개점하여 이후 브랜드 커피 전문점뿐만 아니라 커피 전문점의 활발한 성장과 발전이 지금까지 계속되고 있다. 한국인의 커피 사랑은 2020년 각국의 연간 커피 소비량을 확인한 통계를 보면 알 수 있다. 프랑스 551잔, 한국 367잔, 미국 327잔, 일본 280잔, 중국 9잔으로 전 세계 평균은 161잔이다. 한국은 세계 2위로 전 세계 평균의 두 배 이상이다. 즉 한국인 약 5,200만 명이 하루에 한 잔 이상의 커피를 마신다. 여기 인구 100만 명당 커피 전문점 수 통계도 재미있다. 한국 1,384개, 일본 529개, 영국 386개, 미국 185개, 중국 71개로 한국의 커피 전문점 수는 압도적이다. 그만큼 한국에서의 커피산업 성장세는 무서울 정도다. 전문가들은 2023년 한국의 커피 매출을 약 8조 6,000억 원으로 예상한다. 2021년 우리나라의 커피 시장 규모는 약 43억 달러였다. 이러한 기록은 미국의 261억 달러, 중국 51억 달러에 이어 세계 3위로 성장했고 일본 40억 달러, 영국 33억 달러를 넘어섰다. 이를 인구 대비로 비교해 보면, 우리나라 인구는 약 5,200만 명, 미국은 약 3억 5,000만 명, 중국은 약 14억 명이다. 우리나라가 미국 인구라고 가정하면 약 273억 달러, 중국 인구라고 가정하면 약 1,094억 달러를 커피를 위해 지갑을 여는 셈이다. 실로 엄청난 소비량이다.

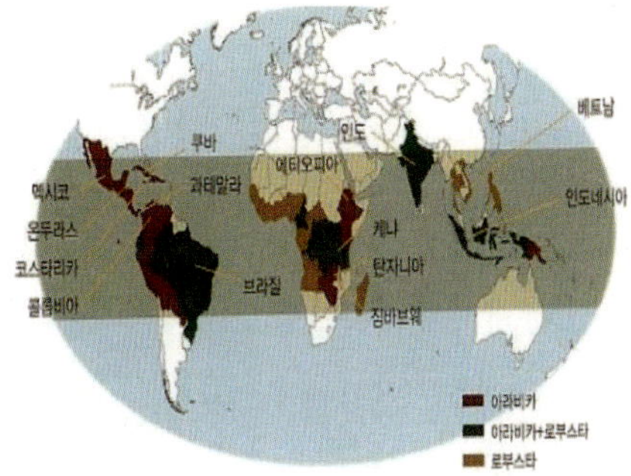

초기의 커피는 약용이나 종교의식에 주로 사용되었고 이슬람교도들이 술 대신 마셨다 하여 '이슬람의 와인'으로 불리기도 했으며, 기원에 관해서는 에티오피아 '칼디(Kaldi, 6세기경)의 전설'과 예멘 '오마르(Omar)의 전설' 등이 있다. Coffee라는 단어는 처음 이슬람 와인 금지법에 의해 채택된 Arabic의 와인을 일컫는 시적 용어로부터 시작되었다. 'Plant(식물)' 혹은 'Land of God(신의 땅)'을 의미하는 'Kaffa'라는 에티오피아 지역으로부터 전해왔다는 기원설도 있다. 터키어로는 'kahue', 슬라브어로 'kava', 네덜란드어로 'koffie', 이탈리아어로 'caffe', 프랑스어로 'cafe', 독일어로 'kaffee', 그리고 본래 커피나무 전체를 지칭하는 라틴어로 'coffee'가 있다.

커피가 어떻게 유래되었는지에 대한 구체적인 기록은 전해지지 않고 있다. 전통적으로 기독교 세계에서의 음료문화를 와인, 불교의 음료를 차라고 한다면 이슬람의 음료는 커피라고 할 수 있다. 커피는 이슬람 지역에서 발원하여 널리 퍼졌기 때문이다. 차와 마찬가지로 커피 발견설에는 여러 설이 있다. 첫째, 오마르 원조설은 예멘 원조설을 뒷받침한다. 오마르(Aliben Omar) 장로는 이슬람교의 일파인 수피교 사제였다. 그는 사람의 질병을 치료하는 능력이 있었지만 추문에 연루되었다는 이유로 추종자들과 함께 유배생활을 하게 되었다. 인근 사막으로 쫓겨나 삶과 죽음의 기로에 놓였을 무렵 오마르 무리는 붉은 열매가 달린 나무를 발견했고 그 열매를 먹은 이후 피로가 가시고 정신을 차릴 수 있었다는 것이다. 파리 국립도서관에 보관되어 있는 문서에는 "커피 외에는 먹을 것이 없던 이들이 커피 열매를 따다 스튜냄비에 끓여 그 즙을 먹었다"고 전하고 있다. 오마르가 커피를 발견하게 되었던 것은 13세기경의 일이고 오마르가 이 열매를 신성시하여 환자들을 치료하는 용도로 쓰면서 약리적 효과가 있는 것으로 전해졌다. 그들은 커피와 함께 모카로 돌아갔고 국왕이 오마르 일행을 위한 수도원을 건립했다는 것이 오마르 원조설의 전말이다. 둘째, 솔로몬 음용설이다. 선지자 솔로몬은 여행 중 들른 어느 마을에서 이름 모를 병에 걸린 주민들을 보게 되었다. 그는 천사 가브리엘의 하명에 따라 예멘에서 가져온 커피 음료를 주었고 주민들의 병이 완치되었다는 전설이다. 이 전설은 종교적인 관점에서 생각하는 가설로 추정된다. 셋째, 칼디 발견설이다. 아비시니아 지방의 염소치기 칼디는 평소 얌전하던 염소들이 목장 근처에서 어떤 열매를 먹은 이후부터 흥분하는 것을 보게 되었다. 이에 대해 보고받은 수도원 원장은 열매의 효능을 시험한 후 수도사들에게 음용을 권장하였다고 한다. 이는 가장 유명한 커피 기원설인데 아비시니아지방은 에티오피아의 옛 지명이므로 커피가 에티오피아에서 최초로 발견되었다는 설을 뒷받침하고 있다. 넷째, 원주민 식용설이다. 커피는 800년경 에티오피아 사람들이 음식으로 섭취하였고 에티오피아 남동쪽의 카파(Kaffa) 지역에 살았던 원주민들은 커피 열매 간 것과 가축의 기름을 반죽한 뒤 동그랗게 빚었다고 한다. 이는 휴대용 식량이자 전사들의 사기진작 음식으로 사용되었다. 6세기경 에티오피아가 예멘 지역을 지배했던 역사는 에티오피아가 원조라는 학설을 뒷받침해 주고 있다. 또한 에티오피아 남동쪽의 도시 카파(Kaffa)는 커피라는 이름과 유사하고 에티오피아는 야생 커피가 잘 자랄 수 있는 여건이었기 때문에 예멘 원조설보다 더 신빙성이 있는 것으로 보인다.

다음은 커피의 문헌적 기록에 대해 살펴보고자 한다. 먼저 다른 국가에서 커피 명칭을 어떻게 일컫는지 알아보도록 한다. 오늘날 에티오피아는 커피를 부나(Bunna)라고 하지만 그 외 다른 나라들은 '커피'와 비슷한 발음을 가지고 있다. 튀르키예(터키)는 카흐베(Kahve), 터키의 지배를 받았던 헝가리는 카베(Kave), 체코, 벨라루스, 크로아티아는 카바(Kava)로 쓴다. 그리스는 카페오(Kafeo), 알바니아와 불가리아는 카페(Kafe), 독일은 카페(Kaffee)라 한다. 영어인 Coffee와 네덜란드어 Kofie는 철자는 다르지만 '커피'라고 발음한다. 각 나라에서 부르는 커피의 음운은 에티오피아를 제외하고 비슷함을 알 수 있다. 커피가 전파된 경로를 보면 가장 일찍 접한 나라는 터키이고 영국 및 유럽은 터키를 통해 커피를 구입할 수 있었으므로 영어의 커피(Coffee), 프랑스어의 카페(Cafe), 이탈리아어 카페(Caffe)는 모두 터키어 카흐베(Kahve)에서 유래되었다고 본다. 오랫동안 커피를 카와(Kahwa)라고 일컬었던 아랍과는 다르게 에티오피아에서는 '부나'라고 일컬었는데 고대 아라비아인들은 콩과 나무를 분(Bun) 또는 '분나(Bunna)'로 불렀으며 그 음료를 '분춤(Bunchum)'이라 불렀다. 이는 콩을 의미하는 bean에서 유래했을 가능성과 카파 북부지역의 지명인 부노(Buno)에서 유래했을 가능성이 있다. 분 또는 분나를 문서에 최초로 언급한 사람은 10세기경 의사로 활동했던 라지(Razi, 850~922)였다. 그는 의학백과에 "분(Bun), 분컴(Bunchum)은 붉은 열매로 즙을 낸다. 위장수축을 부드럽게 하고 각성제로 좋은 약이다."라고 기록했다.

그런가 하면 이븐 시나(Ibn Sina, 980~1037)는 11세기경 붕크(Bunc)를 접했다고 적고 있다. 후대로 갈수록 '카흐베'라는 단어가 많이 등장하게 된다. 카흐베를 언급한 대표적인 서적은 1582년에 출간된 『Aigentliche Beschreibung der Raiβ Inn die Morgenländer』라는 책인데 이 책은 아우구스부르크의 의사 레온하르트 로이볼프(Leonhard Rauwolf, 1535~1596)의 여행서로 그는 여행 중 접했던 커피에 대해 기록하였다. "여기 사람들은 '카우베'라고 하는 잉크처럼 검은 음료를 마시는데, 위장장애 치료에 효력이 있다. 이들은 이른 아침에 탁 트인 장소에서 다른 이들의 시선에 신경 쓰지 않고 가능한 한 뜨겁게 데운 이 음료를 중국 잔에 담아 마신다."라고 적고 있다. 또한 그는 분누(Bunnu) 열매에 끓인 물을 부어 음료를 만드는데 분누 열매는 월계수 열매와 비슷하다고 묘사하며 시장에 이 열매를 파는 상인과 음료를 파는 집이 많다고 기록하고 있다. 10세기에 의학적 효능으로 언급되었던 커피는 16세기에 들어 기호음료로써 인기를 끌었던 것으로 짐작된다. 식물학자 알피누스(Alpinus, 1553~1617)는 『De Medicina Egyptiorum』이라는 책에 "본, 반이라 불리는 나무의 열매로 검은 음료를 만들어 마시고 '카오바'라 부르며 위통 완화, 변비 치료, 비장 통증, 자궁염증, 이집트 여성들의 생리 불순에 뜨겁게 많이 마신다."고 서술하고 있다. 그의 말에 따르면 나무 이름과 그 열매로 만든 음료를 별개로 일컬었다는 것을 알 수 있다.

커피잔 손잡이를 권총 방아쇠 당기듯 손가락을 끼우는 것이 아니고 세 손가락(엄지, 검지, 중지)으로 가볍게 잡고 마신다. 받침접시를 들거나 잔 밑에 왼손을 받치듯 하고 커피를 마시는 사람이 있는데 이것은 매너에 어긋난다. 설탕과 밀크는 기호에 따라 사용하며 휘젓기는 적당히 하고 각설탕이 아닌 경우에는 공용 설탕스푼을 사용해서 문화 충격을 최소화한다. 각설탕은 두 개를 커피 스푼에 담아 커피잔에 넣는 것이 좋다. 티스푼은 쓰고 나면 반드시 커피잔 뒤편에 놓는 것이 좋다. 커피를 마실 때는 대화하면서 적절히 식혀가며 천천히 마시되 뜨거운 차는 급하게 후후 불면서 마시지 않는다. 잔받침은 테이블 위에 놓은 상태에서 커피잔만 들고 마신다. 커피잔에 립스틱 자국을 남기지 않도록 주의한다.

□ 커피문화의 이해

1. 반 고흐, 바흐, 발자크와 커피에 대해서 설명하시오.

2. 커피는 500종 이상의 속과 6,000종 이상을 포함하는 커피 중 3대 원종인 아리비카(Coffee Arabica: Arabica Coffee), 로부스타(Coffee Robusta: Wild Congo Coffee), 리베리아(Coffee Liberia: Liberian Coffee)에 대해서 설명하시오.

3. 핸드드립, 사이펀 추출, 모카포트 추출, 프렌치 프레스 추출, 이브릭 추출, 에스프레소 추출방법에 대해서 설명하시오.

그 밖에 태양왕 루이 14세 때 프랑스에 처음 선보인 커피는 프랑스 최초의 카페 '프로코프'가 1686년에 생기면서 대중에게 알려지기 시작했다. 『고리오 영감』으로 유명한 소설가 오노레드 발자크도 이곳의 단골이었는데 집필에 몰두하기 위해 그가 마신 커피는 하루 30잔이 넘는다. 파리에 있는 메종 드 발자크(발자크 박물관)에는 생전 그가 쓰던 책상과 함께 손때 묻은 커피포트가 전시되어 커피 애호가들의 반가움을 산다. 이렇게 시작된 프랑스 커피는 오늘날 그들에게 없어서는 안 되는 먹을거리를 넘어 카페문화를 만들어냈다. 야외 카페에 앉아 무심한 일상을 즐기며 신문을 보다가, 거리의 오가는 사람을 구경하다, 옆자리의 낯선 이와도 1년은 알고 지낸 듯이 서로 안부를 묻는다. 이때 언제나 그들의 손엔 '드미타스'라고 불리는 에스프레소 잔이 들려 있다. 드미타스에 마시는 에스프레소, 우유거품과 계피향의 카푸치노, 아침에 마시는 연한 아메리칸 커피, 카페인이 들어 있지 않은 디카페인 커피(decaffeinated coffee) 등이 있다. 커피잔의 손잡이는 엄지와 인지로 가볍게 쥐는데 손가락을 방아쇠 당길 때처럼 손잡이에 끼워서는 안 된다. 커피는 80도 정도의 온도일 때가 가장 맛있다고 하는데, 다소 뜨겁다고 느껴질 땐 입으로 불어가며 마시지 말고 시간을 두고 약간 식으면 마신다. 설탕이나 프림(Frima)을 넣고 너무 많이 젓는 것도 그다지 보기 좋지 않으므로 주의한다. 설탕은 천천히 녹여 처음에는 약간 쓴맛을 그리고 나중에는 달콤한 맛을 즐기도록 한다. 홍차나 녹차의 티백을 깨끗이 처리하는 것이 세련된 매너이고 스푼으로 짜낸 티백은 컵의 뒤쪽에 가로로 놓는다. 손잡이가 없는 찻잔은 오른손으로 잔을 살짝 감싸 쥐고, 왼손으로는 잔의 아랫부분을 조심스럽게 받쳐서 들고 차를 마신다. 주인이 차를 우리는 동안 손님은 조용히 기다리도록 한다. 주인이 차를 권하면 손님은 가볍게 답례의 인사를 하고, 후후 불거나 후룩후룩 소리내어 들이마시지 않도록 조심한다. 차는 한번에 다 마시지 말고 색과 향을 느끼면서 조금씩 나누어 마시며 맛을 즐기도록 한다. 찻잔을 비웠을 때, 주인이 차를 더 권하면 그에 대한 응대를 하면서 받도록 한다.

중국이 차의 기원이라는 증거는 차 이름 그 자체에 있다. 세계에서 차를 의미하는 말을 'tea'와 'cha' 두 가지로 구분할 수 있다. 미국, 영국, 독일, 프랑스, 스웨덴, 노르웨이와 같은 서유럽 등 국가에서는 'tea'로, 아시아, 한국, 일본, 티베트, 이란 등 국가에서는 'cha'로 부르고 있다. 각 나라마다 조금씩 다른 발음으로 불리고 있으나, 결국은 'tea'와 'cha'에 그 근원이 있는 것을 알 수 있다. 이 'tea'와 'cha'는 바로 차를 가리키는 중국의 방언이다. 광둥성(廣東省)과 복건성(福建省)은 차의 집산지로 중국 전역에서 생산된 차는 이곳으로 모여 시장을 형성하였다. 이 중 육로로 차를 수입한 국가들은 광둥성의 발음인 'cha'로, 해로를 통해 차를 수입한 서유럽 국가들은 복건성의 방언 발음인 'ti'로 차를 불렀다.

중국차는 발효 정도에 따라 불발효차(不醱酵茶), 반발효차(半醱酵茶), 발효차(醱酵茶), 후발효차(後撥酵茶)로 구분한다. 녹차와 같이 찻잎을 바로 솥에서 덖어내 증기로 쪄서 산화효소를 파괴시켜 녹색이 그대로 유지되도록 만든 차를 불발효차(不醱酵茶)라고 하며, 오룡차와 같이 햇볕이나 실내에서 시들이기와 교반을 하여 찻잎의 폴리페놀 성분을 10~65% 정도 발효시켜 만든 차를 반발효차(半醱酵茶)라고 한다. 다음으로 홍차와 같이 시들리기와 발효공정을 거쳐 85.5% 이상 발효시켜 만든 차를 발효차(醱酵茶)라고 하며, 후발효차(後撥酵茶) 또는 흑차(黑茶)는 녹차와 같은 제조방식으로 효소를 파괴시킨 뒤 찻잎을 퇴적하여 공기 중에 있는 미생물의 번식을 유도해 다시 발효가 일어나게 만든 차를 말한다. 녹차는 천연물질로 티토페놀, 카테킨, 엽록소, 커피린, 아미노산, 비타민 등 영양분도 많다. 녹차의 이러한 천연 영양 성분들은 노화 방지, 암 방지, 항암, 살균, 소염 등에 특수효과가 있다. 녹차의 원산지가 광범위하고 허난성(河南省), 구이저우성(贵州省), 장시성(江西省), 안휘성(安徽省) 등이 중국의 녹차 주산지이다. 백차는 반발효차이며, 차 안의 폴리페놀과 에스테르류가 인슐린 합성작용을 촉진할 수 있고 카테킨 성분이 혈중 다당류를 제거하는 작용을 한다. 또한 백차의 활성매(活性酶)는 인체에 대한 설탕 대사의 기능을 조절해 주고, 혈당 수치를 낮추어주므로, 당뇨병을 예방하고 치료하는 데 효과적이다. 백차의 원산지는 주로 푸젠성(福建省), 윈난성(云南省)이다. 황차는 반발효차이고 노란색 찻잎에 노란색의 찻물이다. 황차는 우려내는 과정에서 많은 양의 소화효소가 다량 함유되어 있으며, 비위에 좋고 소화 불량 개선, 식욕 촉진, 다이어트 등에 효과가 있다. 황차의 원산지는 주로 후난성(湖南省), 사천성(四川省), 안후이성(安徽省), 절강성(浙江省)이다. 오룡차(烏龍茶)는 절반 정도만 발효시키며, 발효 도중 온도가 올라감에 따라 찻잎의 카테킨이 결합되어 대량의 폴리페놀이 형성된다. 폴리페놀류는 세포 속 활성 산소 분자를 제거하는 데 도움을 주며, 피부를 보호하고 배독(排毒)효과를 주는 효능이 있다. 오룡차(烏龍茶)의 원산지는 주로 푸젠성(福建省), 광둥성(广东省), 대만성(台湾省)이다. 홍차는 85% 이상 발효시킨 완전발효차이며 찻물 색상이 빨간색이다. 홍차에 함유되어 있는 카테킨 성분은 강력한 항산화(抗酸化) 효과를 가지고 있어서 많이 마시면 노화에 따른 각각의 질병을 예방하면서 건강을 유지할 수 있게 되는데, 뇌졸중과 동맥경화, 심장질환, 암 등을 줄여줄 뿐만 아니라 강력한 항균, 항바이러스 기능은 장(臟) 내의 유해균을 죽여 변비나 설사에도 효과적인 도움이 된다. 홍차의 원산지는 주로 안후이성(安徽省), 사천성(四川省), 푸젠성(福建省), 윈난성(云南省) 등이다. 흑차는 후발효차이고 흑차의 카페인 성분이 방광을 자극해 이뇨효과가 있고, 숙취 해소에도 도움이 된다. 흑차의 원신지는 주로 광시성(广西省), 사천성(四川省), 윈난성(云南省) 등이다.

<table>
<tr><td rowspan="7">전통차</td><td rowspan="6">종류</td><td colspan="3">재료, 제조, 가공상태, 발효 정도의 기준에 의한 분류</td></tr>
<tr><td>불발효차</td><td colspan="2">증제녹차(전차, 옥로차), 덖음녹차, 배차</td></tr>
<tr><td>반발효차</td><td colspan="2">경발효차(10~20%), 중발효차(20~40%), 증발효차(50~60%)</td></tr>
<tr><td>발효차</td><td rowspan="2">오서독스(Orthodox), 언오서독스(홍차)
홍차의 등급은 FOP(Flowery Orange Pekoe), OP(Orange Pekoe), P(Pekoe), PS(Pekoe Souchong), S(Souchong)로 나눈다.</td><td rowspan="2">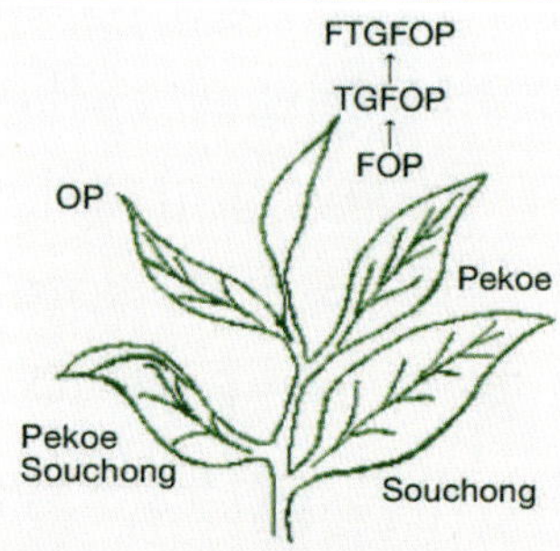

홍차의 등급</td></tr>
<tr><td rowspan="2">후발효차</td></tr>
<tr><td colspan="2">보이차(普洱茶, 푸얼차)</td></tr>
<tr><td>성분</td><td colspan="3">차의 화학성분은 매우 복잡하다. 알려진 바로는 500가지가 넘는 성분들이 차를 구성하고 있지만, 그중 폴리페놀, 카페인, 당류, 비타민 등은 유기물 형태로 존재하며 섭취했을 때 인체에 직접적인 영향을 미친다고 알려져 있다.</td></tr>
</table>

PART

Ⅱ

사례로 배우는 서비스 에티켓

Learning Through Storytelling Service Etiquette

CHAPTER 4

유네스코 인류무형문화 유산 속 에티켓

1. 세계화와 지역화의 이해

오늘의 세계는 지리적으로는 국경이 있지만 기능적으로는 국경이 없는 것과 같이 하나의 사회적 공간으로 통합되고 있다. 이에 따라 세계를 구성하고 있는 기본적인 영역단위로서의 국가의 의미와 경제는 크게 약화되고, 그 대신에 국경을 초월한 세계 전체의 기능적인 통합성 또는 의존성의 의미가 날로 크게 부각되고 있다.

세계화(지구화, Globalization)란 정보통신기술의 혁신으로 인한 상호의존성의 증대와 세계의 서로 다른 지역 간의 기능적 통합을 의미한다. 세계화는 경제적 세계화, 문화적 세계화, 정치적 세계화의 세 가지 범주에서 논의될 수 있다. 경제적 세계화는 국경을 초월한 무역활동의 증대, 다국적 기업의 활동 등에 의해 세계경제가 더욱 상호 의존적이고 상호 연계되는 것을 의미하고, 문화적 세계화는 세계적 생활양식으로 세계문화의 출현과 문화적 제국주의, 문화편중현상, 혼합문화의 탄생, 탈전통화 등이 중요한 특징이다.

지역화(localization, 탈세계화)는 지리적으로 인접하여 상호 의존도가 높은 국가들이 경제적 효율성을 높이고자 경제블록을 형성하는 형태로 나타나고 있으며, 각

지역 공동체가 고유 특성에 따라 가장 지역적인 것을 만들어가는 일련의 과정을 의미한다. 지역이 국가의 한 구성요소에서 벗어나 정치, 경제, 사회의 새로운 주체로 등장하는 현상으로 중앙에 집중된 정치적, 경제적 힘을 지방으로 분산시키는 것이다. 이러한 지역화는 최근 지방자치제도의 활성화, 지역 주민의 적극적인 참여를 바탕으로 지역이 세계적 차원의 경제 · 문화 교류에 참여하게 됨으로써 더욱 관심을 받고 있다. 지역화는 지방의 경쟁력을 강화시켜 이를 국가의 경쟁력 증대로 이끌어 가는 것을 강조하는 협의의 관점에서 생각해 볼 수 있는데, 가장 지방적인 것이 가장 세계적일 수 있다는 인식 확대, 고장의 특색을 담는 음식, 토산품, 관광지 개발과 지역 간, 대륙 간 협력체제도 강화되고 있다. 대표적인 지역 블록으로는 유럽연합(EU), 북미자유무역협정(나프타, NAFTA), 동남아시아국가연합(ASEAN), 아시아 · 태평양경제협력체(APEC), 남미국가연합(UNASUR), 역내포괄적경제동반자협정(RCEP), 환태평양경제동반자협정(TTP), 미국 · 멕시코 · 캐나다협정(USMCA), 자유무역협정(FTA), 관세 및 무역에 관한 일반협정(GATT), 세계무역기구(WTO) 등과 같이 지역 간 상호의존성 증대로 배타적인 블록화는 블록에 소속되어 있지 않은 비회원국에 대한 차별로 나타나 무역 분쟁이 발생할 수 있다.

구분	국가 / 지역 정보
동북아시아	대만, 몽골, 한국, 일본, 중국
동남아시아	동티모르, 베트남, 라오스, 말레이시아, 미얀마연방, 브루나이, 싱가포르, 인도네시아, 캄보디아, 태국, 필리핀
서남아시아태평양	나우루, 네팔연방, 뉴질랜드, 니우에, 마셜제도, 마이크로네시아연방, 몰디브, 바누아트, 방글라데시, 부탄, 사모아, 솔로몬제도, 스리랑카, 아프가니스탄, 인도, 쿡제도, 키리바시, 통가, 투발루, 파키스탄, 파푸아뉴기니, 팔라우, 피지, 호주
북미	미국, 캐나다
중남미	가이아나, 과테말라, 그레나다, 니카라과, 도미니카공화국, 도미니카연방, 멕시코, 바베이도스, 바하마, 베네수엘라, 벨리즈, 볼리비아, 브라질, 세인트루시아, 세인트빈센트그레나딘, 세인트키츠네비스, 수리남, 아르헨티나, 아이티, 앤티가바부다, 에콰도르, 엘살바도르, 온두라스, 우루과이, 자메이카, 칠레, 코스타리카, 콜롬비아, 쿠바, 트리니다드토바고, 파나마, 파라과이, 페루
러시아 · 중앙아시아	러시아, 우즈베키스탄, 카자흐스탄, 키르기스스탄, 타지키스탄, 투르크메니스탄

유럽	교황청, 그리스, 네덜란드, 노르웨이, 덴마크, 독일, 라트비아, 루마니아, 룩셈부르크, 리투아니아, 리히텐슈타인, 모나코, 몬테네그로, 몰도바, 몰타, 벨기에, 벨라루스, 보스니아헤르체고비나, 북마케도니아, 불가리아, 사이프러스, 산마리노, 세르비아, 스웨덴, 스위스, 스페인, 슬로바키아, 슬로베니아, 아르메니아, 아이슬란드, 아일랜드, 아제르바이잔, 안도라, 알바니아, 에스토니아, 영국, 오스트리아, 우크라이나, 이탈리아, 조지아, 체코, 코소보, 크로아티아, 튀르키예, 포르투갈, 폴란드, 프랑스, 핀란드, 헝가리
중동 · 북아프리카	레바논, 리비아, 모로코, 모리타니아, 바레인, 사우디아라비아, 시리아, 아랍에미리트, 알제리, 예멘, 오만, 요르단, 이라크, 이란, 이스라엘, 이집트, 카타르, 쿠웨이트, 튀니지, 팔레스타인
사하라 이남 아프리카	가나, 가봉, 감비아, 기니, 기니비사우, 나미비아, 나이지리아, 남수단, 남아프리카공화국, 니제르, 라이베리아, 레소토, 르완다, 마다가스카르, 말라위, 말리, 모리셔스, 모잠비크, 베냉, 보츠와나, 부룬디, 부르키나파소, 상투메프린시페, 세네갈, 세이셸, 소말리아, 수단, 시에라리온, 앙골라, 에리트레아, 에스와티니, 에티오피아, 우간다, 잠비아, 적도기니, 중앙아프리카, 지부티, 짐바브웨, 차드, 카메룬, 카보베르데, 케냐, 코모로, 코트디부아르, 콩고, 콩고민주공화국, 토고

출처: 외교부

2. 유네스코 인류무형문화유산의 이해

문화유산은 나라와 민족에 따라 다를 수밖에 없다. 문화유산의 다양성으로 인해 유네스코는 물론 세계 각 나라가 각기 다른 개념과 명칭을 가지고 있다. '무형문화유산'이란 명칭은 유네스코가 사용하면서 많은 나라가 이를 채용하였으나, 문화유산보호에 대한 개념이 비교적 빨리 성숙되고 보전체계의 역사가 오랜 나라는 무형문화유산에 대한 개념을 각각 달리 설정하고 있다. 문화유산은 인류의 미래 문화발전을 위해서 다음 세대에게 계승 · 상속할 만한 가치를 갖고 있는 인류 사회의 문화적 소산이자 정신적 · 물질적인 모든 문화양식이다. 문화유산(文化遺産)은 일반적으로 유형문화유산(有形文化遺産)과 무형문화유산(無形文化遺産)으로 구분된다. '문화유산'이라는 용어는 최근 수십 년간 상당히 변화해 왔다. 이는 부분적으로 유네스코가 제정한 국제협약에 기인할 수 있다. 유네스코 문화유산은 기념물이나 유물 수집에만 한정되지 않는다. 문화유산에는 구전전통(oral traditions), 공연예술(performing arts), 사회적 관습(social practices), 의례(rituals), 축제행사(festive events),

자연과 우주에 대한 지식과 관습 그리고 전통공예기술 등 선조에게서 물려받아 후손에게 물려줄 전통이나 살아 있는 표현물(living expressions)이 포함된다. 무형문화유산에 관한 명칭은 유네스코에서 무형문화유산(Intangible Cultural Heritage), 한국에서는 무형문화재(無形文化財), 마찬가지로 일본에서도 무형문화재(무케이붕카자이, むけいぶんかざい)라고 한다. 중국에서는 무형문화유산 개념을 도입하였으나 자국어로 비물질문화유산(非物質文化遺産)이라는 명칭을 쓰고 있다.

PATRIMONIO MUNDIAL · WORLD HERITAGE · PATRIMOINE MONDIAL	문화유산, 자연유산 그리고 문화와 자연의 가치를 담은 복합유산 세계유산은 1972년 유네스코(UNESCO, 국제연합교육과학문화기구) 세계 문화 및 자연유산의 보호에 관한 협약(Convention Concerning the Protection of the World Cultural and Natural Heritage)에 의거하여 세계유산목록에 등재된 유산을 지칭한다. 인류의 보편적이고 뛰어난 가치를 지닌 각국의 부동산 유산이 등재되는 세계유산의 종류에는 문화유산, 자연유산 그리고 문화와 자연의 가치를 함께 담고 있는 복합유산이 있다.
Intangible Cultural Heritage	우리의 다양한 무형유산이 유네스코 무형유산 대표목록에 등재될 수 있도록 지속적으로 노력하겠다. 2003년 유네스코 무형문화유산보호협약(Convention for the Safeguarding of Intangible Cultural Heritage)에 의거하여 문화적 다양성과 창의성이 유지될 수 있도록 대표목록 또는 긴급목록에 각국의 무형유산을 등재하는 제도이다. 2005년까지 인류구전 및 무형유산걸작이라는 명칭으로 한 유네스코 프로그램 사업이었으나 지금은 세계유산과 마찬가지로 정부 간 협약으로 발전되었다.
Memory of the World	선조들이 과거에 있었던 일들을 문서 등으로 남긴 것이 바로 기록유산이다. 유네스코가 고문서 등 전 세계의 귀중한 기록물을 보존하고 활용하기 위하여 1997년부터 2년마다 세계적 가치가 있는 기록유산을 선정하는 사업으로 유산의 종류로는 서적(책)이나 문서, 편지 등 여러 종류의 동산 유산이 포함된다.

유네스코(UNESCO: United Nations Educational, Scientific and Cultural Organization)는 교육 · 과학 · 문화의 보급 및 교류를 통하여 국가 간의 협력증진을 목적으로 설립된 UN 산하의 국제연합전문기구이며, 인류가 보호해야 할 문화 및 자연유산을 세계유산으로, 전통과 지식, 관습, 기 · 예능과 같은 무형의 문화유산을 인류무형문화유산으로 지정하여 보호하는 활동을 하고 있다.

유네스코등재 유산은 '세계유산(World Heritage)', '인류무형문화유산(Intangible

Cultural Heritage of Humanity)', '기록유산(Memory of the World)'으로 구분된다. '세계유산'은 세계유산 목록에 등재된 유산을 지칭하는데, 이는 1972년 10월 17일부터 11월 21일까지 열린 유네스코 총회에서 '유네스코 세계문화 및 자연유산의 보호에 관한 협약(Convention concerning the Protection of the World Cultural and Natural Heritage: 약칭 '세계유산협약)'을 채택했다.

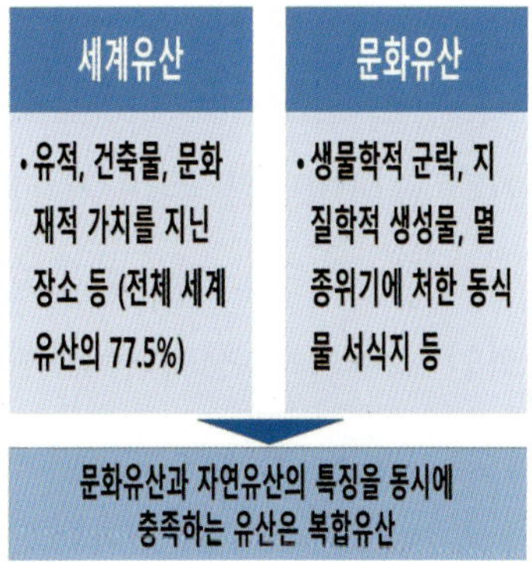

무형문화유산(종합성)이란 용어는 원래 영어 'Non-Physical Heritage(비물질유산)'으로 시작하다가 'Oral and Intangible Heritage(구전무형문화유산)'으로 변경되었다. '공동체 · 집단과 때로는 개인이 자신의 문화유산의 일부로 보는 관습 · 표상 · 표현 · 지식 · 기능 및 이와 관련한 도구 · 물품 · 공예품 및 문화 공간'을 말한다. 「무형유산보호협약」에서는 무형문화유산을 '무형문화유산의 전달수단으로서 언어를 포함한 구전 전통 및 표현', '공연예술', '사회적 관습 · 의식 및 제전', '자연과 우주에 대한 지식 및 관습', '전통 공예 기술' 등의 다섯 가지로 분류하고 있다. 유네스코가 발간하고 문화재청과 유네스코아태무형유산센터에서 번역한 『무형문화유산의 이해: 2003년 무형문화유산보호협약 해설집』에서는 무형문화유산의 특징을 다음과 같이 설명하고 있다. 전통성과 현대성: 무형문화유산은 과거 전통으로부터 물려받은 것뿐 아니라 다양한 문화집단이 참여하는 오늘날의 농촌 및 도시 문화의 관습을 나타낸다.

무형문화유산의 보호(Safeguarding)란 무형문화유산의 감정 · 기록 · 연구 · 보존 · 보전 · 보호(protection) · 증진 · 고양, 특히 공식적, 비공식적 교육을 통한 전수 및 활성화 등 유산의 생명력을 보장하기 위한 조치를 말한다. '보전'이란 부주의, 파괴 또는 이용으로부터 사회적 관행과 재현물을 보존하기 위해 조치를 취하는 것을 말하며, '보존'은 이러한 관습과 재현물(再現物)을 유지할 수 있도록 하는 것, '보호'는 관습과 재현물이 손상되지 않도록 하는 것을 의미한다. 무형문화유산이 존속하기 위해서는 공동체에 부합해야 하며 또한 한 세대에서 다음 세대로 끊임없이 전수되고 재창조되어야 한다. 그러나 보호(safeguarding)는 보통의 의미에서 '보호(protecting)'나 '보전(conservation)'을 뜻하지 않는다. 자칫 무형문화유산이 고정되거나 굳어져버릴 수 있기 때문이다. 보호는 "무형문화유산의 존속, 즉 끊임없는 재창조와 전승을 가능하게 하는 것을 의미한다. 춤 · 음악 · 악기 · 공예 등의 구체적인 표현물의 창조라기보다 세대 간의 전승 내지 전달 과정에 초점을 맞춘다.

유산(遺產, heritage)이란 우리가 선조로부터 물려받아 후손에게 물려주어야 할 인류공동의 자산으로 인류문명사와 자연사에 있어 매우 중요한 가치를 가진다. 세계유산은 세계유산협약이 규정한 탁월한 보편적 가치를 지닌 유산으로서 그 특성에 따라 '문화유산', '자연유산', '복합유산'으로 나누어진다. '문화유산'은 유적이나 건축물 등 문화재적 가치를 지닌 장소 등으로 인간에 의해 만들어진 움직일 수 없는 문화재로 첫째, 기념물은 기념물, 건축물, 기념 조각 및 회화, 고고 유물 및 구조물, 금석문, 혈거 유적지 및 혼합유적지 가운데 역사, 예술, 학문적으로 탁월한 보편적 가치가 있는 유산이다. 둘째, 건조물군은 독립되었거나 이어져 있는 구조물들로서 역사상, 미술상 탁월한 보편적 가치가 있는 유산이다. 셋째, 유적지는 인공의 소산 또는 인공과 자연의 결합의 소산 및 고고 유적을 포함한 구역에서 역사상, 관상상, 민족학상 또는 인류학상 탁월한 보편적 가치가 있는 유산이다. '자연유산'은 자연 그대로의 상태가 잘 보존되어 있는 자연지역이나 자연유적지, 지질학적 생성물과 희귀한 동물 및 생물이 사는 곳으로 첫째, 무기적(無機的) 또는 생물학적 생성물들로부터 이룩된 자연의 기념물로서 관상(觀相)상 또는 과학상 탁월한 보편적 가치가 있는 것이다. 둘째, 지질학적 및 지문학적 생성물과 이와 함께 위협에 처해 있는 동물 및 생물의 종(種)의 생식지 및 자생지로서 특히 일정구역에서 과학상, 보존상, 미관상 탁월한 보편적 가치가 있는 것이다. 셋째, 과학, 보존, 자연미의 시각에서 볼 때 탁월한 보편적 가치를 정확히 드러난 자연지역이나 자연유적지를 말한다. 복합유산은 문화유산과 자연유산의 특징을 동시에 충족하는 두 가지 특성을 모두 가지고 있는 것을 말한다. '인류무형문화유산'은 2003년 유네스코 무형문화유산보호협약(Convention for the Safeguarding of Intangible Cultural Heritage)에 의거하여 각국의 무형문화유산을 등재함으로써 급진적인 세계화와 산업화로 인해 급격히 소멸되고 있는 무형문화유산을 보호하고자 시작된 제도이다. 우리나라는 2016년 3월부터 「무형문화재 보전 및 진흥에 관한 법률」을 신규 제정해 시행하고 있다. 이는 무형문화재만을 대상으로 하는 최초의 법률로서, 무형 문화재 특성에 맞는 독자적인 정책수립 및 집행이 가능하게 되었다. 무형문화재만을 위한 독립 입법으로 인해 발생한 큰 변화는 '기능'과 '예능'을 중심으로 구분하던 무형문화재의 범주가 유네스코(UNESCO)의 「무형문화유산보호협약」 국제기준을 반영해 7가지 분야로 크게 확상 됐다는 것과 보호의 기본원칙이 '원형(原型)' 유지에서 '전형(典型)' 유지로 변경됐다는 것이다.

무형문화유산은 무형(無形), 형태가 없는 문화유산을 말한다. 형태가 없는 문화유산 중 어느 범위까지를 무형문화유산으로 규정할 수 있을 것인지에 대하여는 2003년 유네스코 「무형문화유산보호협약」, 한국의 1962년의 「문화재보호법」, 2015년 새로이 제정된 「무형문화재 보전 및 진흥에 관한 법률」(이하 「무형문화재법」)을 참고할 수 있다.

2003년 유네스코 무형문화유산 보호 협약	개념	공동체 · 집단과 때로는 개인이 자신들의 환경 · 자연 · 역사의 상호작용에 따라 문화유산의 일부로 보는 관습(practices) · 표상(representations) · 표현(expressions) · 지식(knowledge) · 기술(skills) 및 이와 관련한 도구(instruments) · 물품(objects) · 공예품(craftwork) 및 문화공간(cultural spaces)을 말함
	범주	무형문화유산의 전달수단으로서의 언어를 포함한 구전 전통 및 표현, 공연 예술, 사회적 관습 · 의식 및 축제 행사, 자연과 우주에 대한 지식 및 관습, 전통 공예 기술
1962년 문화재보호법	개념	연극, 음악, 무용, 공예기술, 기타의 무형의 문화적 소산으로서 우리나라의 역사상 또는 예술상 가치가 큰 것
	범주	연극(인형극, 가면극), 음악(제례악, 연례악, 대취타, 가곡, 가사 또는 시조의 영창, 산조, 농악, 잡가, 민요, 무악, 범패), 무용, 공예기술, 기타(의식 · 놀이 · 무예 · 음식 제조 등), 제작 · 수리기술
2015년 무형문화재 보전 및 진흥에 관한 법률	개념	여러 세대에 걸쳐 전승되어 온 전통문화를 창조적으로 계승하고, 이를 활용할 수 있도록 함으로써 국민의 문화적 향상을 도모하고 인류문화의 발전에 이바지하는 것
	범주	전통적 공연 · 예술, 공예, 미술 등에 관한 전통기술, 한의약, 농경 · 어로 등에 관한 전통지식, 구전 전통 및 표현, 의식주 등 전통적 생활관습, 민간신앙 등 사회적 의식(儀式), 전통적 놀이 · 축제 및 기예 · 무예

유네스코 인류무형문화유산 등재 신청서 양식에는 등재 신청 국가, 등재 신청 종목명, 관련 담당자 등과 같이 기본적인 정보 입력이 필요하다. 그리고 등재 신청 종목을 어떻게 규정하는지 기술하게 되어 있다. 대상에 대한 규정은 신청 종목의 주체(관련 공동체, 집단, 개인)에 대한 기술과 신청 종목 관련 지역과 지리적 범주에 대한 기술로 구성되어 있다. 유네스코 인류무형문화유산 등재 신청을 위한 기본 조건으로는, 자국의 무형유산목록에 등재되어 있어야 한다는 것이다. 한국에서는 중요무형문화재와 시 · 도 무형문화재에 등재된 무형유산을 통해서 신청이 가능하다. 인류무형문화유산 등재절차로는 우선, 문화재청에서 한국의 대표목록을 선정하여 조사하고, 문화재위원회의 심의를 거쳐 신청 종목을 선정하게 된다. 지자체에서는 문화재청으로 추천을 할 수 있다. 이렇게 최종 신청 접수된 신청서를 토대로 문화재위원회는 해당 종목의 가치가 선정기준에 부합하는지 여부를 판단하여 선정하게 되고, 유네스코 긴급회의를 통해 정부에서 등재신청서를 제출한다.

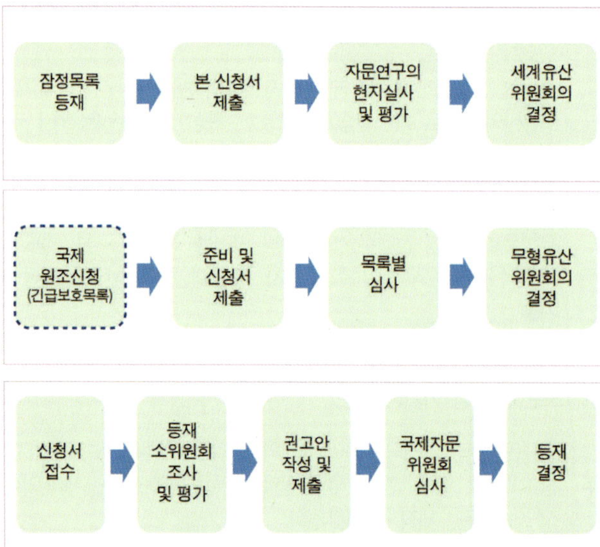

세계유산의 경우 일 년에 한 번 개최되는 세계유산위원회에서, 무형유산 또는 연례회의인 무형유산보호협약 정부간위원회에서 최종적인 등재 결정을 내린다. '위원회'는 '위원국'들로 구성되는데 세계유산협약과 무형유산보호협약에 가입한

협약 당사국 중 일부가 위원국으로 선출되며, 이들이 전문가 집단으로 구성된 자문기구의 권고의견을 참고해 유산 등재의 최종 결정을 내리게 된다. 2003년 유네스코 무형문화유산보호협약에 의거하여 문화적 다양성과 창의성이 유지될 수 있도록 대표목록 또는 긴급목록에 각국의 무형유산을 등재하는 제도이다. 2005년까지 인류구전 및 무형유산걸작이라는 명칭으로 유네스코 프로그램 사업이었으나 지금은 세계유산과 마찬가지로 정부 간 협약으로 발전되었다. 인류무형문화유산의 목적은 문화 다양성의 원천인 무형유산의 중요성에 대한 인식을 고취하고, 무형유산 보호를 위한 국가적 · 국제적 협력과 지원을 도모하기 위한 것이다.

창립	유네스코한국위원회 1954년 1월 30일
소재지	서울 명동
설립근거	유네스코한국위원회 1954년 1월 30일 「유네스코 헌장」 제7조(국가위원회 설립 요청), 「유네스코 활동에 관한 법률」
목표	교육 · 과학 · 문화 · 정보커뮤니케이션 등 유네스코 관련 분야의 국제적 교류와 협력을 통해 국가 간, 문화 간 상호 이해와 친선을 증진하고 문화와 지식을 널리 확산시켜 세계평화와 인류의 복리 증진에 기여
기능과 역할	– 국가, 지방자치단체, 기관 · 단체와 개인의 유네스코 활동 참여 진작 – 유네스코 활동 관련 정책 수립, 협약 체결 등에 필요한 조사, 심의와 건의 유네스코 총회 의안 작성, 대표의 선정 등에 관한 건의 – 유네스코 활동의 국내 이행에 관한 심의와 건의 – 유네스코 활동과 관련된 국내외 기관 · 단체와 협력 및 사업 수행 조정 등

3. 탈춤의 이해

탈춤의 농경의식설은 고대 이래로 농민들이 농사가 잘되길 바라는 마음으로 거행했던 농경의식이 가면극의 기원이 되었다는 설이다. 농경의식설에 따르면 처음 신의 얼굴을 모방하여 만든 가면이 점점 인간의 모습을 닮은 가면으로 바뀌었고, 인간과 자연 사이의 갈등을 주술적으로 해결하기 위해 거행했던 굿이 사회적 갈등을 예술적으로 표현하려는 모습으로 바뀌어 가면극의 형태로 발전한 것이다.

탈춤이란 연기자가 가면으로 얼굴을 가리고 자신과는 다른 인물이나 동물 혹은 초자연적인 존재로 분하여 극적인 상황을 연출하는 연극이다. 탈춤은 탈꾼, 악사, 관객과 여러 악기, 소도구 등의 무수한 개체들로 구성된다. 그리고 이러한 개체들의 접속과 일탈에 의해 탈춤은 역동적으로 출렁이는 장을 형성한다. 개체는 탈춤 전체를 살아 있게 만드는 주인공이다. 탈춤을 구성한 모든 기계들은 어떤 하나의 고정적인 동일성을 통해서가 아니라 그것을 구성하는 발생적 요소를 통해서 이해되어야 한다. 한 시대의 공연예술은 삶의 복합체이고 사회를 투영하는 거울이기도 하다. 다양한 제 분야의 예술의 요소들이 모여서 이루어지는 공연예술의 종합적인 특성을 살펴볼 때 예술 안에 나타나는 모습들은 다양한 요소들의 형태로 남아 있기 때문이다. 우리 예술의 흐름을 보아도 삶과 예술이 한데 어우러져서 생성되는 형태로 발전하여 왔다. 단순히 예술이 예술 자체에만 머무르지 않았고 생활 속에 녹아 있는 여러 감정과 사상이 공연이라는 형태로 표출되었던 것이다. 이러한 의미에서 우리 공연의 주된 흐름 가운데에서 탈춤은 가장 독특한 위치를 차지하고 있다. 예술로서의 공연형식보다는 생활 속의 유희(遊戲)의 수단으로서 생성된 탈춤의 역사는 우리 민족의 생활상을 엿볼 수 있는 단면들이 된다. 공연예술이란 밖으로 표현되는 행동양식 못지않게 그 안에 스며 있는 정신적인 사상이 중요하리라 생각한다. 이러한 의미에서 탈춤에 내재되어 있는 정신적인 사상은 매우 중요한 탐구의 대상이 된다.

탈춤의 공연요소 속에 묻혀 있는 사설(辭說)의 이야기는 그 당시 민중의 생활상이 될 것이고 사설(辭說)이 주는 사상적인 측면들은 시대의 생각과 정신을 읽을 수 있는 중요한 단서가 된다. 탈춤에서 탈은 얼굴이나 낯 또는 머리에 쓰거나 온몸을 숨겨 그 속에서 놀릴 수 있는 가장물(假裝物) 모두를 지칭한다. 다른 한자로는 가면(假面: 연극이나 춤 또는 놀이에서 얼굴을 감추거나 달리 꾸미려고 종이, 나무, 흙 따위로 만들어 얼굴에 쓰는 물건), 면(面), 면구(面具), 대면(大面: 황금빛 가면을 쓰고 구슬 달린

채찍으로 귀신 쫓는 시늉을 하는 춤), 대면(代面), 가수(假首: 얼굴과 머리 뒤까지 가리는 탈), 가두(假頭: 얼굴과 머리의 뒤쪽까지 모두 가리는 탈)라는 표현이 있고 우리말로는 광대, 초란이, 탈바가지, 탈박 등으로 불러왔고 영어로는 마스크(Mask, Maskaro: 검댕이로 검게 칠한 것, 마술사, 마귀)라고 통용되고 있다. 동 · 서양을 막론하고 탈은 거의 모든 민족에서 볼 수 있는데 이렇게 부정적인 의미가 그 기원이 되고 있다. 이는 재앙이나 병을 가져오는 악신이나 역신을 쫓으려 한 데서 연유한 것 같다. 탈이란 본래의 얼굴 모습과는 다른 형상으로 얼굴을 가리는 것으로 기본적인 의미는 얼굴에 쓰는 가면을 뜻한다. 그러나 탈에는 그 외에도 가리거나 숨긴다는 의미가 포함되어 있다. 채희완(1992)은 탈과 관련된 말들의 예를 들어 탈에 숨겨진 이차적인 의미들을 밝혀내고자 하였다. 탈이란 말의 이면에는 많은 의미가 내재되어 있다. '탈나다'라는 말처럼 '뜻밖에 일어난 궂은일, 몸에 생긴 병'을 뜻하기도 한다. 우리는 흔히 겉보기와는 다른 행동을 하는 사람을 보고 '탈을 썼다' 혹은 '가면을 썼다'고 한다. 이 말은 그 사람의 표리부동한 이중성을 일컫는 말이다. 때로는 인간답지 못한 행동을 하는 사람에게 '사람의 탈을 쓰다'라고 하는 것처럼 가축, 행색을 멸시하는 의미로 나타내기도 한다. 이렇듯 탈이란 말은 눈가림, 꾸며댐, 거짓, 액, 까다로움, 꼬투리, 헐뜯음, 허물 등과 같은 부정적인 의미들과 연관되어 있어 대체적으로 그리 바람직하고 좋은 어감은 아니다. 한편, 서양에서는 탈을 뜻하는 'mask'가 우리의 경우에 비해 그다지 부정적이지는 않다. 가장무도회에서의 동물 형상, 경기에서 방어용 마스크, 용접 마스크 등으로 쓰이며, 가장, 변장, 복면, 자기 방어, 보호나 은폐 등의 뜻이 담겨 있어 그리 나쁜 어감을 주지는 않는다. 따라서 탈, 가면, 마스크가 갖는 의미와 어감을 볼 때, 탈춤은 탈을 쓰고 탈난 것을 탈잡아 노는 춤 놀이라 할 수 있다. 즉, '탈을 쓴다'는 것은 놀이에서 가면을 얼굴에 쓴다는 말이겠고, '탈난 것'이란 자의건 타의건 일상생활에서 마주치게 되는 온갖 궂은일이나 변고, 액, 재앙을 일컫는 것이고, '탈 잡는다'는 것은 이러한 것들을 해소시킬 것을 핑계로 삼는다는 것이겠고, 이를 위해 한바탕 춤 놀이를 하는 것이라 할 수 있다. 탈이 시작된 것은 주술적인 목적으로 보이는데, 아프리카나 대양주 섬들의 원주민들과 에스키모족, 인디언 부족들의 일부는 아직 주술적인 기능의 탈을 사용하고 있다. 보편적으로 탈은 그 목적과 기능에 따라 다음과 같이 분류되고 있다. 제의(祭儀)에 모셔졌던 신앙성을 띤 탈로는 신성탈, 벽사탈, 영혼탈 등이 있고, 이 밖에도 죽은 사람을 본떠서 만든 추억탈이 있는가 하면, 토템 숭배에서 나타나는 동물로 분장하기 위한 토템탈, 또 비가 내려주기를 기원하는 기우탈 등도 있다. 생산적 효율 면에서 쓰였던 수렵탈이 있고, 이와는 성격이 다른 전쟁탈도 있는데, 이것들은 서로 다른 것이라기보다는 상호 보완적인 관계를 지니고 있다. 이후 오락성을 띠면서 생겨난 예능탈은 크게 무용탈과 연극탈로 분류한다. 우리나라에서는 지방마다 다양하고 풍부한 탈의 유산을 지니고 있다. 풍요제의탈, 벽사탈, 신성탈, 장례탈, 의술탈, 예능탈이 발달하였고, 전쟁탈과 유사한 목우사자(木偶獅子: 나무로 사자의 모양을 본떠 만든 조각품)도 있다.

<table>
<tr><td rowspan="4">탈(Mask, 假面)</td><td>제의용</td><td colspan="2">신성탈</td><td colspan="2">장례탈</td></tr>
<tr><td>주술용</td><td>기원탈</td><td>박시탈</td><td>의술탈</td><td>토템탈</td></tr>
<tr><td>놀이용</td><td colspan="2">축제탈</td><td colspan="2">예능탈</td></tr>
<tr><td>기타</td><td colspan="2">수렵탈</td><td colspan="2">전쟁탈</td></tr>
</table>

탈춤의 기원을 살펴보면 첫째, 농경의식설은 고대 이래로 농민들이 농사가 잘 되길 바라는 마음으로 거행했던 농경의식이 가면극의 기원이 되었다는 설이다. 농경의식설에 따르면 처음 신의 얼굴을 모방하여 만든 가면이 점점 인간의 모습을 닮은 가면으로 바뀌었고, 인간과 자연 사이의 갈등을 주술적으로 해결하기 위해 거행했던 굿이 사회적 갈등을 예술적으로 표현하려는 모습으로 바뀌어 가면극의 형태로 발전한 것이다. 둘째, 산대희(山臺戲)기원설은 산대희(탈을 쓰고 큰 길가나 빈터에 만든 무대에서 하는 복합적인 구성의 탈놀음)에서 가면극인 산대놀이가 생겨났다는 주장이다. 산대희기원설은 일제시대에 활동했던 안확에 의해 처음으로 주장되었다. 그는 산대희, 처용무, 나례를 같은 것으로 보았다. 중국에서는 산악을 담당했던 사람들이 이 연희들을 발전시켜 '나희(儺戲)'라는 가면극을 탄생시켰고, 일본에서는 산악을 담당했던 사루가쿠(猿樂)들이 '노(能)'라는 가면극을 탄생시킨 것처럼, 한국에서도 중국 사신을 맞이할 때 나례도감에 동원되어 연희를 펼치던 '반인

(泮人)'들이 18세기 전반에 산악 · 백희 계통의 연희와 가면희들을 바탕으로 재창조해 낸 것이 '본산대놀이'라고 보았다. 이러한 입장은 산대희기원설을 이어받아 확대 발전시켜 논의한 것으로서, 본산대놀이의 '산악 · 백희기원설'이라고 부를 수 있다. 셋째, 기악기원설은 국악인 백제인 미마지(味摩之)가 중국 오국(吳國)에서 배운 기악을 일본에 전했고 그 기악이 바로 가면극의 기원이 되었다는 설이다. 넷째, 제의기원설은 자연과 초자연적 존재들에 대한 종교적 제의(祭儀)인 계절적인 풍요제의에서 시작되있다는 연극의 제의기원설을 탈춤에 수용한 것으로 고대의 제천의식에서 행해졌던 무당의 굿에 가면극의 발생 기원과 마을굿의 유형을 농악대, 무당, 제관이 주도하는 행사로 각각 분류하고 가면극은 농악대 주도의 풍농굿에서 출발했다고 말한다. 마을굿에서 잡색으로 농악대의 가면을 쓰고 노는 무리가 따라다니며 때때로 의미 없는 몸짓을 하기도 하지만, 마을굿의 본 행사가 끝난 다음 따로 연희를 벌인 것이 가면극의 시초라고 한다.

탈춤은 지역에 따라서 달리 부른다. 황해도 지역에서는 '탈춤'이라 부른다. 서울과 경기도 지역에서는 '산대놀이'로, 부산 지역에서는 '야류'라 한다. 경상남도 지역에서는 '오광대'라 부른다. 한국의 탈춤에는 '산대(山臺)', '해서(海西)', '야류(野遊)', '오광대(五廣大)' 등의 네 가지가 있다. 각종 문헌상에 나타난 한국 탈춤의 최초 놀이는 『삼국사기』에서 전해오는 최치원의 '향악오수(鄕樂五首)' 중 '대면(大面)' · '속독(束毒)' · '산예(狻猊)' 등으로 7세기쯤에 등장했다. 한국의 탈춤은 크게 '마을굿 놀이 계통'과 '본산대놀이 계통'으로 나누어진다. 마을굿 놀이의 경우 하회별신굿탈놀이와 강릉관노가면극처럼 향촌 제사 활동인 마을굿에서 유래 발전해 왔다. 한국의 자생적 연희의 흔적은 이미 상고시대 암각화와 국중대회를 통해 확인할 수 있다. 본산대놀이 계통의 경우는 삼국시대에 중국과 서역으로부터 산악, 백희, 그리고 상고시대 제천의식 등에서 연행된 전문적 연희자들의 연희가 통일신라시대, 고려, 조선을 거치면서 형성된 것이다. 본산대놀이의 경우 대부분 전문 연희자들에 의해 전승됐지만, 여기서 전파된 별산대놀이, 해서탈춤, 야류와 오광대 등은 농민 하급관료, 무속인 등 지역 주민들에 의해 전승됐다.

탈의 고장인 해서(海西)지방의 '봉산탈춤'은 황해도 지역의 대표적인 탈춤으로 황해도 봉산군 동선면 길양리에서 전승된 탈춤이며, 봉산탈춤은 17세기 후반에 생성되어 18세기 중엽 이후 현재와 같은 양식의 탈놀이로 정립되었을 것으로 본다. 1967년 6월 16일 국가무형문화재 제17호로 지정된 봉산탈춤은 서흥, 봉산, 기린, 재령, 신천, 황주 및 안악 등지의 탈춤을 대표한다. 봉산탈춤은 피리, 젓대, 북, 장구, 해금으로 구성된 삼현육각으로 연주되는 염불, 타령, 굿거리장단에 맞추어 주가 되는 춤사위에 몸짓, 재담 그리고 노래가 합쳐진 탈춤으로 형식이 가무적인 부분과 연극적인 부분, 두 가지로 나누어진다. 1970년 7월 22일 중요무형문화재로 지정된 '강령탈춤'은 산대도감 계통극의 서북(西北)형이라 할 수 있는 황해도 탈춤 중 해주형 탈춤에 속한다. 강령지방은 해주에서 남서쪽으로 80리가량 떨어진 5일장이 서는 작은 읍이었다. 나라를 일본에 빼앗기자 해주감영 소속 교방의 예술가들과 관아의 청사를 중심으로 집결되었던 탈놀이꾼들이 강제로 해산당하자, 그 일부가 강령으로 모여 탈춤이 성행하게 되었다고 한다. '은율탈춤'은 원래 황해도 은율군 은율 소읍에서 전승되어 온 가면극이다. 6·25 때 월남한 장용수, 장교헌, 김춘신, 김영택 등의 놀이꾼들에 의해 남한에서 놀이가 복원되어 오다가 1968년에 은율탈춤보존회를 결성하고 복원과정을 진행하게 된다. 활발한 활동으로 인해 1978년 2월 23일 중요무형문화재로 지정된 은율탈춤은 약 200년에서 300년 전 사람들이 전쟁을 피해 섬에서 피난 나오면서 얼굴을 가리기 위해 탈을 쓴 것에서 비롯되었다고 한다. 은율탈춤은 사리원, 신천, 봉산, 재령, 안악, 해주 등지에서 연희되었으며, 은율탈춤은 서부평야지대의 끝부분에 위치한 지리적 조건으로 보아 봉산탈춤형과 해주탈춤형과의 상호교류와 영향관계를 보여주는 또 하나의 황해도 탈춤형의 좋은 예라고 할 수 있다. 1920년대까지 황해도 내에서는 동부의 봉산탈춤, 서부의 은율탈춤, 남부의 해주탈춤이 손꼽혔다. 은율탈춤은 단오절을 중심으로 2~3일과 석가탄신일, 칠월 백중놀이에서도 연희되었다. 은율탈춤은 보통 어두워지면 연희를 시작하여 자정이 되어야 끝이 나며 관객들은 해가 짧은 초여름밤 함께 참여하여 노래 부르며 해가 뜰 때까지 놀았다고 한다. 은율탈춤은 다른 지방 탈춤과 다르게 파계승보다는 양반을 비판하는 대목을 강조하여 양반과 서민의 대립을 중점적으로 표현하였다.

영남지방의 '고성오광대'는 1964년 12월 24일 국가무형문화재로 지정되어 주로 정월대보름 저녁에 연희되었다. 앞 놀이에 걸립이 있기도 하나, 연희자가 직접 비용을 부담할 정도로 오락적인 성격이 강하다. 고성오광대는 본래 서울의 산대놀이에서 분파된 가면극에 속하지만, 해서탈춤이나 산대놀이와는 다른 경남지역만의 향토적인 성격을 가지고 있다. 예를 들면 고성오광대의 춤사위는 경남의 향토적 민속춤인 덧배기(경상도식 자진모리장단)춤(탈을 쓰고 풍물놀이 장단에 맞추어 추는 춤)을 기본으로 하고 있으며, 과장의 구성도 산대놀이와 다르다. 고성오광대에는 경남지방의 다른 오광대나 야류와 같이 병신춤인 문둥이과장과 영노가 양반의 정체를 확인하는 내용의 영노(비비)과장이 있다. 또 파계승과장의 내용이 간단하고, 할미가 죽으면 봉사가 독경한 후 상여소리를 부르며 상여를 내가는 등 경남지방 가면극의 특성을 그대로 갖고 있다. '통영오광대'에서 통영오광대 놀이의 내용은 민중의 삶의 모습을 반영하고 있으며 양반과 파계승에 대한 풍자, 그리고 처첩 간의 갈등 등을 다루고 있다. 양반에 대한 말뚝이의 조롱이 매우 신랄한 것에 비해 파계승에 대한 풍자는 다른 탈춤에 비해 약한 편이다. 통영오광대는 경남지방 가면극에 공통된 특징인 향토적성과 함께 다른 야류나 오광대와 구별되는 특성을 가지고 있다. 말뚝이과장이 확대된 모습은 다른 야류나 오광대와 공통적이나, 통영오광대는 양반의 수가 많고 양반의 이름도 매우 풍자적이다. 대부분의 탈춤에서 세 명의 양반이 등장하고 많은 경우에도 다섯을 넘지 않는 데 비해, 통영오광대는 고성오광대와 함께 가장 많은 일곱 명의 양반이 등장한다. 또한 양반의 이름 역시 비정상적인 신체적 특징을 반영하여 지었다. 이는 이름만으로도 양반의 실체를 적나라하게 폭로하는 수단으로 작용한다. 통영오광대의 원양반, 둘째양반, 홍백양반, 먹탈, 손님, 삐뚜르미(이목구비를 다 비틀어 놓은 모습), 조리중은 동래야류의 원(元)양반, 차(次)양반, 모(毛)양반, 넷째양반, 종갓집 도령 등과 비교된다. 대개 나이순으로 이름을 매기거나 다섯 방위를 상징하는 것과는 달리, 양반 역할의 작명 그 자체가 양반에 대한 적나라한 비판이 된다. '가산오광대'는 1980년에 중요무형문화재로 지정되었고 통영오광대 · 고성오광대와 달리 약 300년의 긴 역사를 가지고 있다. 병신춤인 문둥이과장, 정체 확인 형식의 영노과장, 말뚝이 대사의 확대, 봉사의 독경 등 경남지방 탈춤의 독자성과 고유성을 갖고 있지만 오방신장무과장 같은 특색도 가지고 있다. 오방신장무과장은 현존하는 탈춤 중 가산오광대와 진주오광대에서만 연희 되고 있다. 오방신장무는 동, 서, 남, 북, 중앙 다섯 방위를 맡은 신장이 각 방위의 색깔을 나타내는 청, 적, 황, 백, 흑색의 탈과 의상을 착용하고 나와서 추는 춤으로 잡귀를 쫓고 놀이판을 정화하는 종교적 기원과 놀이를 시작하는 의식무의 성격을 함께 띠고 있다. 반주악기로는 꽹과리, 북, 장고로 이루어져 있으며 꽹과리가 기본 악기로 사용된다. 연희가 끝나고 한바탕 춤을 추는 파지 굿(가산오광대에서, 마지막에 관중과 함께 어울려 하는 굿)에서는 징과 태평소가 쓰이기도 한다.

부산 일대에서 행해지는 '동래야류(들놀음)'는 1967년 12월 21일 국가무형문화재로 지정되어 노년층들 사이에서는 들놀음이라고도 불리며 젊은 층 사이에서는 동래야유로도 알려져 있는데 현지에서는 야유(野遊)를 야류라 부른다. 해마다 음력 정월 보름을 전후하여 장터나 타작마당, 시냇가 같은 야외에서 연희되며, 그해의 연중무사(年中無事) 및 풍년을 기원한다. 동래야류가 정확히 언제부터 시작되었는지 알 수는 없으나, 지금으로부터 약 1세기 전 경상 우도에서 좌도로 흘러들어왔다는 설이 있고, 이 지방의 오랜 민속극인 대동(大同)놀음에 오광대놀이의 일부가 편입되었다는 설도 있다. 옛날부터 이 지방 평민들 사이에 전승되어 왔으며, 지방의 하급 관리도 함께 연희했었다고 한다. 동래야류는 매해의 첫 달 3일에서 4일경 각 마을의 농청(農廳)을 중심으로 조직된 농악대가 집집마다 돌면서 지신을 밟고, 걸립한 뒤 얻어지는 곡식과 유지의 기부를 받아 공연에 쓰일 비용을 확보하면서 시작된다. '수영야류'는 1971년 중요무형문화재로 지정되어 음력 정월대보름에 산신제(山神祭)와 함께 거행되던 민속 탈춤이다. 산신제 준비로 정월 초 3일에서 4일경부터 야류계(野流契)가 주축이 되어 마을의 집들을 돌며 지신밟기를 하며 걸립한다. 이 지신밟기는 야류의 경비 조달과 함께 부락과 각 가정의 벽사진경을 위한 행사이다. 동래야류에 문둥이 과장이 있는 대신 수영야류에는 사자 과장이 들어 있는 것으로 보아 동래야류가 종교적 행사이기보다는 한량놀이로서 민중의 축전 행사로서의 오락적 성격이 뚜렷한 것에 비하여, 수영야류는 산신제에 이어 거행되는 벽사연상의 종교적 의미를 가졌다고 볼 수 있다. 수영야류의 춤사위는 덧배기 춤으로, 일정한 형식 없이 즉흥적으로 추는데도 수영지방의 토속적인 멋이 들어 있다. 평사위, 어름사위, 겨드랑사위, 돌림사위, 배김사위 등 평범한 춤사위로 이루어져 순박하고 가식 없는 토속적인 성격을 확인할 수 있다. 그중 말뚝이춤의 합사위, 앉은뜀사위, 허리돌림사위 등은 다른 지방의 말뚝이춤에서 볼 수 없는 독특한 형태를 가진다. 수영야류의 길놀이는 난봉가패, 양산도소리패의 가무와 풍물패의 잡희 등으로 이루어지며, 수십 명으로 구성된 길 군악대가 풍물소리와 어울려 길 군악을 노래하며 행군한다. 수영야류의 반주음악은 선율악기 없이 꽹과리, 징, 북, 장구, 소고 등 타악기만으로 구성되며, 굿거리장단을 기본으로 자진모리장단, 세마치장단, 휘모리장단 등이 사용된다.

서울, 경기지방 일대에서 행해지는 '양주별산대놀이'는 1964년에 중요무형문화재로 지정되어 서울 중심의 경기지방에서 연희되어 온 산대도감극(山臺都監劇)의 한 갈래이다. 약 200년 전부터 해마다 주로 4월 초파일(음력 사월의 초여드렛날, 음력 4월 8일)과 5월 단오(음력 5월 5일)에 한양 사직곡 딱딱이패(산대놀음을 하는 광대의 무리를 얕잡아 이르는 말)를 초청하여 산대놀이를 놀다가, 그들이 지방공연 관계로 공연 약속을 어기는 일이 많아지자 관리와 아전들이 주가 되어 사직골 딱딱이패를 본떠서 탈을 만들고 연희를 시작하였다고 한다. 민간 오락화된 양주별산대놀이는 목사가 주재하던 객문동(客門洞)을 중심으로 그 지역 사람들만이 출 수 있던 독특한 탈춤으로 전승되어왔다.

양주별산대놀이는 4월 초파일, 5월 단오, 8월 추석에 주로 연희되고 크고 작은 명절이나 가뭄 때 기우제 같은 때도 연희되었다. 격식대로 하자면 놀이 전의고사(告祀)에는 떡과 삼색 과일 외에 쇠머리, 돼지 다리 등 푸짐한 제물이 올라와 먹고, 취기가 올라온 뒤 놀이가 시작되었다. 재석에는 가면을 쓰고 동헌(東軒)을 비롯하여 육방(六房)을 돌아 축하하고 초청에 응하여 다른 지방에 순회공연을 떠나 전곡이나 주식 등의 대접을 받았다.

양주별산대놀이는 다른 한국 탈춤과 마찬가지로 음악 반주에 춤이 주가 되고 노래가 따르는 가무극의 부분과 묵극의 몸짓과 재담 등의 대사가 따르는 연극적인 부분으로 구성된다. '송파산대놀이'는 1973년 중요무형문화재로 지정되어 산대도감 계통극의 중부형의 한 분파로 약 200년 전 창설되었으나 도중에 쇠진되었다가 1900년대 들어 다시 부흥되었다고 한다. 연희 시기는 정월대보름, 사월초파일, 오월단오, 칠월백중, 팔월추석 등의 명절을 포함하는 경우가 대부분이며 때로는 장이 잘 안 될 경우 잘되게 하기 위해서도 탈놀음을 하였다.

송파산대놀이의 내용, 형식, 과장과 춤 가면 등은 양주별산대놀이와 거의 비슷하나 몇 개의 탈과 배역이 고형을 지니고 있다는 특징이 있다. 양주별산대놀이에서 없어진 초라니, 당녀(唐女), 해산어멈, 신할멈, 무당탈 등을 따로 가지고 있고 놀이 과장에서도 탈이 맡은 역이 따로 있다. 초라니(우리나라 속담에 "집안이 망하려면 초라니부터 나온다.")탈은 하회별신굿놀이의 초랭이탈과 비교되고 정약용의 『목민심서』에도 우리 말에 초라니는 산대를 가리키는 말이라는 대목이 있는데, 산대에 초라니탈이 있었던 것으로 짐작되어 이 역시 고형을 남기고 있는 것으로 볼 수 있다.

강원도 일대의 '강릉관노놀이'는 강릉단오제 때 행해지는 탈춤으로 우리나라 가면극 전승의 주류를 이루는 산대도감 계통극과는 그 계통을 달리하는 서낭제 농촌형 탈놀이의 하나이다. 서낭제에 농촌형 탈놀이는 제의적 연희의 성격을 갖고 있는 농촌형의 탈춤이라 할 수 있다. 따라서 농악대의 잡색놀이와 함께 토착적인 탈놀이의 기원에 많은 영향을 준다. 강릉단오제는 음력 3월 20일에 신의 술을 빚는 것에서부터 시작하여, 4월 1일과 8일에 서낭당에의 헌주(獻酒)와 무악새신(巫樂賽神)이 있고, 14일 저녁에 대관령으로 출발하여 15일에 대관령국사성황(大關嶺國師城隍)을 맞이하여 읍내의 대서낭당에 모시고, 27일에 다시 굿을 지낸 다음, 5월 1일부터 본제를 시작하여 단오 당일까지 연희되었다. 강릉관노탈놀이는 원래 대사가 없는 묵극이었다는 주장과 다소의 재담이 있었다는 주장으로 나누어진다. 일반 탈춤이 서민들의 울분과 양반들에 대한 반감을 풍자하고 있으나, 강릉관노놀이 탈춤의 연희자들은 원래 관노들이기 때문에 대담하게 양반을 조롱하고 모욕하는 내용이 없다. 현재는 옛 연희자나 탈들이 전해지지 않아 강릉단오제만 중요무형문화재로 지정하고 있다.

경북지방 일대의 '하회별신굿탈놀이'는 1980년 중요무형문화재로 지정되어 중부지역의 산대놀이나 해서탈춤과 계통을 달리하는 경북 지역의 자생적 서낭굿탈놀이 형태이다. 하회 인근의 서낭굿 계통 탈놀이에는 병산 탈놀이, 수동 별신굿, 안동의 마령동 별신굿, 영양군의 주곡동 하후굿, 예천의 청단놀음, 경산의 자인 팔광대 등이 있으며, 자인 팔광대를 제외하고 모두 정월대보름의 자족적인 마을굿 탈놀이의 성격을 띠고 있다. 하회탈춤과 하회탈은 우리나라에서 가장 오래된 것일 뿐 아니라 고려시대 탈의 모습을 고스란히 간직하고 있는 것으로, 이미 우리 민속예술과 민족문화의 상징처럼 인식되고 있는 탈이다. 또한 안동 하회마을은 옛 모습 그대로 남아 여전히 탈춤을 연희하고 있다.

함경도지방 일대의 '북청사자놀음'은 1967년에 중요무형문화재로 지정되어 원래 함경남도 북청군의 전 지역에서 세시풍속의 하나로 행해지던 민속극의 하나로 현지에서는 사자놀이로 불렸다. 현재는 북청(北靑)지방에서 사자놀이가 전승되지 않는 것으로 나타나며 한국전쟁 당시 월남한 연희자들에 의해 남한에서 연희가 복원되었다.

북청사자놀음은 연극적인 요소가 풍부할 뿐만 아니라, 나례(儺禮: 정월에 한 해 액운을 막기 위함) 중 하나인 매귀(埋鬼)행사와 유사한 모습도 보인다. 사자놀이패는 정월 4일부터 14일까지 마을의 집 곳곳을 방문하면서 지신밟기와 유사한 의식을 거행했다. 북청사자놀음은 정월 보름에 연희 되는 대부분의 민속놀이와 마찬가지로 벽사진경(辟邪進慶: 사귀를 쫓고 경사로운 일을 맞이함)을 목적으로 연희되었다. 동물의 왕인 사자가 등장하는 것만으로도 벽사적인 양상을 보여주지만, 사자가 방울소리를 울리면서 집 곳곳을 방문해 집안 구석구석의 잡귀를 쫓는 모습은 나례(고려 때 중국에서 전해온 것)의 매귀라고 하는 행사와 일치한다.

탈은 그것이 가진 기능상의 특성을 통해 보면 해당 사회 구성원들이 꿈꾸고 있는 일탈을 상징하거나 해당 집단 안에서 개인과 각 객체 간의 부조리와 갈등을 해소하고 욕구를 분출하는 통로와 도구로 작용하였으며 막강한 권위와 권력의 표정으로 집단과 개인의 욕망을 대변하기도 한다. 이러한 특징 때문에 탈은 해당 사회와 문화의 정수로서 그 사회의 개성을 담고 있다고 할 것이다. 물론 탈은 각

사회 집단마다 역할과 쓰임새가 다르고, 따라서 가치도 모두 다르다고 할 수 있다. 한 나라에는 경외와 두려움에 대상인가 하면 다른 지역에서는 풍자와 해학을 위한 소도구이기도 하며 탈에 담긴 의미와 기원은 판이한 조형상에 특징으로 드러난다. 따라서 각 나라의 탈이 주는 문화 정서적 충격은 이국적이고 창의적인 상상력을 끌어내 준다고 할 수 있다.

구분	한국 유산
한국의 세계유산 세계문화유산 및 자연유산의 보호에 관한 협약(1972)	석굴암 · 불국사(1995), 해인사 장경판전(1995), 종묘(1995), 창덕궁(1997), 화성(1997), 경주역사유적지구(2000), 고창 · 화순 · 강화 고인돌 유적(2000), 제주화산섬과 용암동굴(2007), 조선왕릉(2009), 한국의 역사마을: 하회와 양동(2010), 남한산성(2014), 백제역사유적지구(2015), 산사, 한국의 산지승원(2018), 한국의 서원(2019), 한국의 갯벌(2021)
한국의 세계기록유산 디지털 형태를 포함한 기록유산의 보존과 접근에 관한 권고(2015) 세계기록유산 일반지침(1995)	훈민정음(1997), 조선왕조실록(1997), 직지심체요절(2001), 승정원일기(2001), 조선왕조의궤(2007), 해인사 대장경판 및 제경판(2007), 동의보감(2009), 일성록(2011), 5 · 18민주화운동 기록물(2011), 난중일기(2013), 새마을운동 기록물(2013), KBS 특별생방송 '이산가족을 찾습니다' 기록물(2015), 한국의 유교책판(2015), 조선왕실 어보와 어책(2017), 국채보상운동기록물(2017), 조선통신사기록물(2017), 4 · 19혁명 기록물(2023), 동학농민혁명 기록물(2023)
한국의 무형문화유산 무형문화유산 보호협약(2003)	종묘제례 및 제례악(2001), 판소리(2003), 강릉 단오제(2005), 강강술래(2009), 남사당놀이(2009), 영산재(2009), 제주칠머리당영등굿(2009), 처용무(2009), 가곡(2010), 대목장(2010), 매사냥(2010), 한산모시짜기(2011), 줄타기(2011), 택견(2011), 아리랑(2012), 김장 문화(2013), 농악(2014), 줄다리기(2015), 제주해녀문화(2016), 씨름(남북공동, 2018), 연등회(2020), 한국의 탈춤(2022, 한국이 등재 신청한 '한국의 탈춤'은 모두 18개 종목으로, 양주별산대놀이, 통영오광대, 고성오광대, 강릉단오제 중 '관노가면극', 북청사자놀음, 봉산탈춤, 동래야류, 강령탈춤, 수영야류, 송파산대놀이, 은율탈춤, 하회별신굿탈놀이, 가산오광대 등 국가무형문화재 13종목, 퇴계원산대놀이, 예천청단놀음, 진주오광대, 김해오광대, 속초사자놀이 등 시도지정문화재(5종목)

□ 탈의 이해

1. 강릉 탈의 종류에는 무엇이 있는지 설명하시오.

2. 은율 탈의 종류에는 무엇이 있는지 설명하시오.

3. 봉산 탈의 종류에는 무엇이 있는지 설명하시오.

4. 양주별산대놀이 탈의 종류에는 무엇이 있는지 설명하시오.

5. 송파산대놀이 탈의 종류에는 무엇이 있는지 설명하시오.

6. 동래야유 탈의 종류에는 무엇이 있는지 설명하시오.

7. 수영야유 탈의 종류에는 무엇이 있는지 설명하시오.

CHAPTER 5

희로애락의 여정

1. 표정과 감정으로 바꾼 세상

일상생활 속에서 여러 사람들과의 상호작용에는 의식적이든 무의식적이든 모두가 다양한 감정들을 경험하게 되고 흔히 상황에 따라 그 감정을 관리해야 할 때가 많다. 오늘날 감정이 무엇인지에 대한 답을 찾기 위한 노력은 다양한 분야에서 연구되고 있다. 인간은 살면서 타인과의 관계 또는 상황 속에서 다양한 감정을 표출한다. 기대 이상의 좋은 결과에서는 환희의 복받치는 기쁨을 느끼기도 하지만 가까운 지인의 죽음을 통해서는 슬픔을 느끼는 등 다양한 감정적 변화를 느끼며 살아가고 있다. 감정은 인간이 태어나면서 환경 속에서 형성되는 상황에 따라 몸과 마음이 상태에 반응하는 것이다. 감정은 개인이 통제할 수 없는 생리적 현상이기도 하며, 다양한 상황과 외부에 의해 반응하여 나타나기도 한다.

인간은 내면 감정이 생기는 순간 표현되는 인체의 외적인 동작 형상을 통해 상대방 또는 자신이 느끼는 감정을 인식하

거나 표현할 수 있다. 이러한 동작은 짧은 시간 동안 미세하게 일어나기 때문에 본인 자신도 알지 못한 채 지나치지만, 그 동작 속에는 표현하고자 하는 감정이 함축되어 있음을 알 수 있다. 이처럼 변화하는 감정은 인체의 다양한 동작 형상으로 표현된다. 다시 말해 생활 속에서 무심코 지나치는 인체의 모든 동작은 감정을 표현하는 매개체로 간주하며 인체와 감정이 서로 관계한다는 사실을 일깨워준다고 할 수 있다.

인간의 감정은 인간이 살아가는 데 없어서는 안 되는 중요한 요소로서, 외부의 영향이나 스스로 기억하여 생성하고 발현(發現)된다. 즉 인간이 행동하는 태도나 그 심리적 상태에 대하여 객관적이 아닌 주관적으로 작용하는 것을 말한다. 감정은 크게 주관적인 요소(감정적 경험)와 생리적 요소(감정에 대한 신체 반응), 그리고 표현적 요소(감정에 대한 반응)로 구성하고 있으며, 감정의 표현은 크게는 기본감정의 공통적 요소인 긍정적(외부적, 적극적) 감정과 부정적(내부적, 소극적) 감정으로 분류되며, 작게는 내부적, 소극적 또는 긍정적, 부정적인 반응으로 여러 가지 표현을 한다. 인간은 사회를 이루고 살아가는 존재이기에 감정 발현은 개인적으로나 사회적으로 중요한 역할을 한다. 감정의 적절한 발현은 사회를 조화롭게 만들며, 개인이나 집단의 부적절한 감정 발현은 대인 관계에서 불편함을 제공한다. 사회적으로 커다란 재앙을 막기 위해서는 상대방을 이해하고 타이밍을 잡기 위해서는 미세표정을 잘 들여다봐야 할 것 같다. 어렸을 때 사회화 과정을 학습하지 못했다고 해서 부족한 상태로 위축되어 살아갈 필요는 없다. 아스퍼거 증후군(Asperger's syndrome, 자폐 스펙트럼 장애)처럼 예외적인 것이 아니라면 얼마든지 사회적 능력과 기술은 함양이 가능하기 때문이다. 만약 지금 부족한 사회성과 대인관계가 어려워 고민하고 있다면 상담을 통해 훈련을 받아볼 것을 권유한다.

감정(emotion)이란 단어의 라틴어 뿌리는 e(나오다)＋모베레(movere, to move, 밖을 행해 움직임)이다. 이 두 단어가 합쳐져 역동적으로 '움직이는 이야기'라는 뜻으로 감정은 멈추지 않고 움직이는 에너지라고 할 수 있다. 감정은 우리 눈에 보이지 않기 때문에 "보이는 것이라기보다는 '몸안에서' 느끼는 어떤 것이다. 감정과 같은 의미로 쓰이는 느낌(feeling)이라는 단어는 육체적인 감각(sensation)과 감정(emotion) 둘 다를 가리키는 말이다.

감정은 우리를 둘러싼 세상에 대한 반응이자 생각, 신념, 그리고 우리가 하는 상상에 대한 반응이다. 느낌은 기본적으로 감정의 일부로서 우리가 자각할 수 있게 된 것이다. 느낌은 감정경험과 함께 동반되는 감각 또는 신체 상태를 말한다. 감정이란 대체로 무언가를 하고자 하는 자의적인 의지의 시작이라고 판단된다. 그런데 감정적 측면은 정의하기가 쉽지 않다. 그래서 "모든 사람들은 감정이 무엇인지 안다. 그러나 누군가 그 정의를 물어보는 순간부터는 모른다. 그러므로 아무도 모르는 것이라 말할 수 있다."라고 하였다.

사람들이 감정을 느끼는 것에 대해서 크게 4가지의 주요 관점이 있다. 그것은 진화론적 관점, 생리학적 관점, 인지론적 관점, 문화론적 관점이다. 먼저, 진화론적 관점에서 다윈의 입장을 옹호하는 현대의 진화심리학자들은 감정이 유전적으로 전해지는 것이라고 보았다. 그들은 두려움을 느낌에 따라 위험한 상황을 피하게 하고, 상대에 대한 분노의 감정이 싸움에서 이기도록 이끌게 된다는 것이다. 또한 아기들도 3개월이 되면 기쁨을 느끼고, 4개월에서 6개월 사이에는 분노를 느낄 수 있다는 점에서 진화론적 관점의 논거에 힘을 실어준다고 볼 수 있다. 앞서 살펴본 여러 이론가들의 정의에서도 볼 수 있었듯이, 감정은 신체적 반응과 밀접하게 관련된다. 감정의 생리학적 관점의 주요 이론가인 미국의 심리철학자 윌리엄 제임스(William James)는 신체적 행위가 감정을 일으킨다고 보았다. 예를 들어, 우는 행위를 함으로써 슬퍼지고, 떨리는 행위에 의해 두려움의 감정을 느낀다는 것이다. 그 외에도 생리학적 관점에서, 의도적으로 특정 표정을 흉내 내면 그에 해당하는 감정이 유발된다는 '페이셜 피드백(facial feedback)' 사례도 있다. 세 번째, 인지론적 관점은 철학자들 중 주로 고대 스토아학파 철학자들이 주장한 것으로 에픽테토스처럼 그들은 "일어난 일들이 인간에게 영향을 미치는 것이 아니라, 그 일들에 대해 갖고 있는 생각이 인간에게 영향을 미치는 것이다."라고 했다. 즉 이 관점은 사람들이 생각하기 때문에 감정을 느낀다는 것이다. 예를 들어, 가족이 위험에 처했다고 생각하면 두려움이나 걱정하는 감정이 생기고, 반대로 그들에게 좋은 일이 있다고 생각하면 기쁨의 감정이 생기게 된다. 이 관점은 여러 형태의 심리치료에 적용되어 긍정적 효과가 나타났다고 한다. 마지막으로, 문화론적 관점

은 말 그대로 감정이 문화에 따라 학습된다는 것이다. 이 관점은 특정 사회에서 성장하는 것만으로도 그 사회의 다른 구성원들과 같은 감정을 학습하게 된다는 것이며, 반면 성장한 장소가 다른 사람들은 특정 사건에 대해 다른 감정을 느끼게 된다고 할 수 있다. 이러한 문화론적 관점은 오랫동안 주목받아 왔지만 현대에 다른 세 가지 관점이 발전함에 따라 모든 감정이 문화적이라고 주장하는 접근법에 다소 문제가 제기되고 있다.

감정이란 신체의 생리적, 행동적, 정신적 요소가 동반된 신체 모든 기관의 반응이라고 볼 수 있다. 감정이 발생하고 반응하는 원인은 여러 가지 입장에서 생각해 볼 수 있다. 생리적이고 신체적인 원인으로 감정은 신체에서 그 원인이 수반된다. 가령 갑자기 몸을 의지할 곳이 없어지면 공포심이 일어나고 반대로 몸을 짓눌려 자유를 빼앗기면 노여움이 일며 몸의 일부분을 자극하면 쾌감이 생기고 몸을 세게 치면 고통의 감정이 발생한다. 감정은 분노, 공포, 환희와 같이 정서보다 더 분화된 상태로서, 정서적으로 자극된 상황에 대처하기 위해 신체적 변화와 동기화된 행동을 수반하는 것이라고 하였다. 즉 정서는 외적 자극이나 내적 요인인 욕구, 심상, 사고 등과 관련되어 마음속으로 느껴지는 주관적인 의식 상태이며, 감정은 그 의식이 신체적 변화를 수반하여 객관적으로 관찰되는 정의적 상태라는 것이다. 일반적으로 인간이 적응적 행동을 하는 데는 두려움, 놀람, 비애, 혐오, 예기, 기쁨, 수용의 기본 감정을 경험하게 된다. 또한 동일한 자극이라도 개체에 따라 상이한 감정적 반응을 일으키며 동일한 사람도 시간에 따라 반응이 달라진다. 감정을 읽는 방법도 달랐다. 동양인은 얼굴에서 특히 눈을 보고 감정을 판단하지만, 서양인은 입에 집중했다. 서양인들에게 '분노'와 '혐오'는 눈 모양은 같지만 입을 좀 더 벌리는 쪽이 혐오로 인지됐다. 동양에서는 칠정(七情)이라 하여 희(喜), 노(驚), 애(哀), 락(樂), 애(愛), 오(惡), 욕(欲)으로 구분하는데 가장 기본적인 정서를 희, 노, 애, 락이라고 한다. 저마다 일정한 범위의 심리적 특성과 외적 표현을 보면 희(喜)는 모든 일을 쉽게 처리할 수 있다는 느낌 또는 적극적인 힘의 감정이 수반되는 것으로 감사와 안도의 언어로 나타날 수 있다. 노(怒)의 감정표현은 불쾌한 언행으로부터 일어나며, 그 모욕에 대해 보복을 하고자 하는 내재된 충동을 가지고 있으며 격정과 같은 격렬한 형태로 나타나게 된다. 애(愛)의 경우 정신적 고통이 지속된 것으로 육체적, 지적, 감정적으로 완전히 무력한 느낌을 가질 경우이다. 슬픔은 복구 불가능이란 상실로부터 일어나며, 느린 동작으로 무력감이 표현된다. 락(樂)은 마음을 흐뭇하고 온화하게 하는 정신으로 개방적이며, 자유로운 동작으로 나타난다. 감정의 표출은 심상의 적극적 · 외향적 실천이라고 할 수 있다. 이와 같이 표현 및 행위를 통해 감정이 표출되는 것은, 어떠한 감정이 한 인간의 세계를 감싸는 껍질을 뚫고서 외부세계로 돌출되는 것을 말하는 데 중요한 토대가 된다.

인간 정신은 이성과 감정이라는 상반된 두 개의 측면을 갖는다. 정신은 논리적이고 개념적인 사고와 판단을 하는 합리적 이성과 이성적으로 파악 불가능한 비논리적, 비개념적인 다시 말해 직관적이고 비합리적인 감정으로 이루어져 있다. 이성이 인식한 것만이 객관적으로 타당한 것이 아니라 감정의 눈과 논리로 파악한 것 역시 객관적으로도 타당하다고 볼 수 있는데 추하고 아름다운 것에 대한 감정적 느낌도 객관적 타당성을 갖기 때문이다. 사람은 태어나면서부터 타인과 소통하기를 원한다. 타인의 감정에 반응하고 소통하는 과정은 우리를 가족 및 사회와 연결시켜주며, 사회적 의사소통에 꼭 필요한 부분이다. 본질적으로 공감이란 타인의 정서 상태를 경험하는 것이라 할 수 있다. 타인의 고통이나 어려움에 대한 공감적 반응은 사람들이 서로 관계를 맺는 과정에 중요한 역할을 하며 이타적 혹은 친사회적 행동의 주요 동기로 작용하기도 한다. 상대가 자신을 느끼고 있다는 것을 느낄 때 새로운 안정 애착이 발달하며 이는 서로를 더욱 단단해지도록 돕는다. 자신의 경계를 보호하면서 상대와 연결을 강화하는 기술을 습득하는 법을 배우면 그 결과로 상호적 조절, 즉 서로 분리되어 있으면서도 상호 의존하는 것이 가능해진다. 이러한 공감이 없으면 자신의 마음을 상대방에게 전달할 수 없으며 어떠한 타인의 생각과 행동도 이해하기 힘들다.

우리가 일상적으로 보는 색채는 어떤 물체와 함께 있음으로 해서 기인하는 여러 가지 심리적인 느낌이나 판단, 연상 등이 함께 따라 붙게 된다. 누구나 색채가 사람의 감정을 자극한다는 것은 일상생활에서 경험한 바 있다. 무언의 언어라고 불리는 색은 시각을 통하여 지각되고 감각을 통하여 하나의 감정을 일으키는 심리현상이라고 볼 수 있다. 색채심리학을 연구한 파버 비렌(Faber Birren, 1900~1988)은 색채가 상품 판매, 작업능률, 사고 발생, 질병치료, 성격형성 및 음식 맛 등을 좌우한다고 하였다. 즉 "모든 색채는 그 색상마다 인간에게 각각 다른 느낌을 주는데, 실제로 상품 판매를 좌우한다"고 주장하기도 했다. 색채가 갖는 연상과 상징적 의미는 심리적 작용으로 감정을 일으키는 기능을 하게 된다. 일상적으로 보고 느끼는 색채는 그저 색채로서만 존재하는 것이 아니고 그 여러 가지 색 속에 인간이 색을 느끼는 과정을 모두 포함하고 있다. 색채를 지각하는 과정으로부터 색채에 대하여 가지는 인상을 말한다. 이것이 색채에 대한 인간의 감각적인 감정반응이다. 색채의 감정반응은 상당히 중요한데, 그 이유는 문자 이상으로 직접적으로 인간감정에 영향을 미치기 때문이다. 그 때문에 그 효과 또한 대단히 빠른 것이 사실이다. 또한 색채에 대한 인간의 감각적인 감정반응은 인종이나 시대를 초월하는 전달수단이 되기도 한다. 동양인들은 서양에 비해 노란색을 더 부정적으로 인식하고 있으며, 유럽 내에서는 네덜란드인이 독일인보다 주황색을 더 선호하고, 영국인은 그들의 고유색으로 빨간색을 선호한다. 이탈리아와 스웨덴 사람들도 빨강을 선호하는 데 비해 스위스와 미국 사람들은 초록색을 더 선호한다. 일반적으로 미국 사람들은 파랑을 진지한 색으로, 빨강과 노랑은 가볍고 유치한 색으로 인식하고 있으며, 초록색을 가장 진지하게 느낀다. 프랑스와 스웨덴 사람들은 녹색을 차가운 색으로 생각하지만 네덜란드와 이탈리아, 북미 사람들은 녹색을 따뜻한 색으로 인식한다.

미학에서 시작된 감정이입은 자신의 감정을 사물에 투사하는 의미에 가깝다.

즉 감정이입의 개념은 자연계나 다른 사람들에게 자기가 가지고 있는 감정을 저도 모르게 이입하고 자연계와 다른 사람들이 마치 그 감정을 가지고 있다는 듯이 느끼는 것에서 예술 작품이나 자연물 등에 국한하지 않고 타인에 자신의 감정이나 정신을 이입시켜 자신과 그 대상물과의 융화를 꾀하는 정신 작용이었다. 심리학에서는 공감의 의미로 미학적 감정이입의 의미를 확장해서 사용했다. 마치 자신이 어떤 사람의 처지에 놓인 것처럼 풍부한 상상력을 동원하여 그 사람의 행동이나 느낌을 경험하는 것이다. 일반적으로 심리학적 의미의 감정이입은 인지적, 정의적, 대화적인 세 요소를 포함하고 있다. 인지적 요소는 개인이 타인의 정의적 상태를 분별하고 그의 관점을 이해하는 것을 가리키며, 정의적 요소는 타인의 감정상태를 경험할 수 있는 능력을 의미한다. 그리고 감정을 교환하는 개인 간 상호작용과 같은 대화적 요소도 그 의미에 포함되어 있다. 감정 표현은 가치론적 관점에서 볼 때 다음과 같이 서술할 수 있다. 첫째, 생명적이고 인격적인 어떤 존재에 감정 내용을 전달하려는 실천적 목적을 지닌다. 그 목적은 의도적으로 품을 수 있고 단지 무의식적인 것으로 머물 수도 있다. 둘째, 감정표현은 표현과 움직임이라는 구체적 형태를 가지고 외부세계에 드러난 감정에 대한 가치느낌을 표현하는 대상에 변화를 일으킨다. 셋째, 감정 표출이 대상이 된 인간은 타인으로부터 오는 감정표출에 직면하여 자신의 가치를 재의식하게 된다. 감정의 표출은 가치관에 따라서 그에 맞게 외부세계 대상들의 가치느낌과 가치의 높낮이를 전달한다. 넷째, 개인과 환경의 상호반응은 인지적 요소 즉 경험, 학습, 지각에 의해 다시 지각되고 평가되어 반성이라는 정서적 반응을 야기한다. 따라서 감정에 대한 반성은 동시에 주체 자신에 대한 반성이 된다. 즉 감정과 주체란 말은 하나의 동일한 본지로 환원된다. 따라서 감정을 제대로 파악할 수 있는 장소란 바로 자기경험의 장이 된다. 독일 철학자 이마누엘 칸트(Immanuel Kant, 1724~1804)에 의하면 인간은 자기감정의 전달가능성, 즉 다른 사람과의 사교성 안에 함께하는 존재로 규정된다. 칸트는 이러한 전달 가능성의 근거를 경험적으로나 심리학적으로 “인간의 자연적이며 사교적인 경향”에 의해 쉽게 설명할 수 있다고 본다. 감정은 인식 일반을 가능하게 하는 조건으로서 사교성, 나아가 사회성의 전제가 된다. 감정이나 감각은 보편적으로 전달될 수 있는 만큼만 가치를 지닌다. 자신의 감정을 전달할 수 없다면 감정의 교류는 끊어질 것이며 인간관계에서 원만한 사회성을 이룰 수 없을 것이다. 자신의 감정을 잘 전달하고 타인의 감정을 올바르게 수용해야 한다. 나아가 감정을 통해 타인을 파악하고 자신의 가치를 재인식하여 반성하고 파악할 수 있도록 해야 한다.

인간의 감정에 대하여 찰스 다윈(Charles Robert Darwin, 1809~1882)은 『인간과 동물의 감정 표현에 대하여』에서 감정과 감정 표현방식은 진화에 의하여 형성된 생물학적 특징이며, 하등동물과 인간의 생존을 위한 적응과정이라고 주장하였다. 인간은 감정을 뇌의 행동 동기이자 명령체계로 사용하고 있는데 이는 더 잘 살아남기 위해 뇌가 진화한 결과물이라는 것이다. 따라서 동물이나 사람은 외부의 위협이 있으면 생존을 위해 화나 두려움을 느끼게 되고, 털이나 모발이 서고, 자세가 바뀌고, 폐활량이 커지는 등의 변화를 보인다는 것이다. 이러한 진화론적 입장의 학자들은 감정을 나타내는 얼굴표정은 어느 문화에서나 유사하다고 할 수 있다. 사람이 느낄 수 있는 감정의 종류는 무한대에 가까울 정도로 다양하다. 이차적 감정은 일차적 감정의 자율 신경적인 발흥과 사회구성과정을 연결함으로써 생물학적 그리고 사회학적 요소들을 모두 포함한다. 감정의 표현들은 때때로 사회의 상호작용 속에서 감추어질 수 있다는 점을 통해서 얼굴표정에서 나타날 수 있는 감정에만 관심을 국한하지 않고, 실제로 죄책감, 수치심, 자부심 등과 같이 얼굴표정에는 나타나지 않지만 사회화되고 문화적으로도 특정화된 감정에 관심을 둬야 한다.

일러스트를 보면 모두 14가지 감정상태에서 몸의 활성도를 보여주고 있다. 오감을 통해서 외부의 상황을 내부의 상황으로 어떻게 받아들이는가에 따라 감정은 다양하게 변화한다. 또한 감정은 추상적이지만 의미가 있고 가변적이기 때문에 여러 가지 표현으로 나타낼 수 있다. 감정이 개인마다 다르고 다양하게 나타나는 이유는 주제의 성향과 상상력 즉 내적인 측면이 다르기 때문이다. 이는 외적으로 유사한 상황에서 각각 다르게 판단하고 반응하게 한다. 감정은 다른 사람들과의 관계에서 상호작용하면서 표출되며 주체가 처하게 되는 구체적 상황에 영향을 받는다. 검은색이 중간이고 활성이 커질수록 빨간색에서 노란색으로 바뀐다. 반면 활성이 떨어질수록 청색을 거쳐 하늘색이 된다. 예를 들어 화가 났을 때를 보면 얼굴과 상반신, 양팔이 활성화돼 있다. 특히 얼굴과 심장, 양손이 노랗다. 화가 나면 열을 받아 심장이 쿵쾅거리고 얼굴이 뻘겋게 되고 주먹을 쥔 팔을 휘젓는 장면이 떠오르는 데이터다. 반면 슬플 때는 무덤덤할 때에 비해 가슴은 약간 활성화되지만 팔과 다리는 오히려 활성이 떨어져 있다. 슬픔으로 가슴이 아리고 팔다리에 힘이 빠져 축 처진 모습이 연상되는 데이터다.

비언어적 채널인 얼굴표정은 상대로 하여금 간접적인 감정을 유발하게 하는데, 이러한 현상을 감정전이라고 부른다. 입은 행복감을 전달할 때 매우 중요하다. 입 꼬리가 어떻게 움직이는지에 따라서, 그리고 입 주위 근육이 어떻게 작동하는지에 따라 진짜 미소와 가짜 미소가 구분된다. 19세기 프랑스 신경학자인 기욤 뒤센(Guillaume Duchenne)은 얼굴표정을 만드는 40여 개의 근육은 19가지의 서로 다른 미소를 만든다고 했다. 놀라운 것은 19가지 중 단 한 가지의 미소만이 거짓 없는 유쾌한 미소라는 것이다. 진정한 기쁨을 느껴서 웃으면 양쪽 입 꼬리가 올라가고 눈 주변 근육이 수축한다는 사실을 밝혀냈다. 그의 이름을 딴 진짜 미소인 '뒤센 미소(Duchenne Smile)'는 정말 기쁠 때 나오는 것으로 눈 가장자리 근육인 안륜근(眼輪筋: 눈꺼풀 속에 있는 고리 모양의 힘살)을 사용하는 웃음이라고 한다. 좌우 입 꼬리가 비대칭적으로 움직이면 가짜 미소다. 입 모양 변화는 분노와 분노의 강도도 결정한다. 혐오와 멸시는 입을 꽉 다무는 근육 움직임으로 표출된다. 인간은 감성을 표현하는 데 있어서 안면신경의 지배를 받는 안면근을 사용한다. 인간의 얼굴은 기본적으로 뼈, 근육, 피부조직으로 구성되어 있으며 복합적인 상호작용에 의해 다양한 변형에서 오는 변화들을 표정(Faicial Expression)이라고 한다. 근육은 근육 양단에 결합 조직성인 건(Tendon)이 있어 이를 통해 뼈 또는 다른 근육의 근막(Fascia), 근육(Musucle), 피부(Skin) 등에 연결된다. 안면근은 얼굴 피부와 피부 아래의 섬유조직을 이동시켜 얼굴에 특정 표정을 생성하기 때문에 표정근이라고도 한다. 이 근육들은 가로무늬근으로써 표정 변화마다 수축과 이완운동을 통해 다양한 표정 표현들이 가능하다. 표정근의 복합적인 합성은 하나의 표정만을 만들어내는 것이 아니며, 작은 변화들이 표정에 미세한 차이를 만들어낸다. 표정 생성과 밀접한 관계를 가진 표정근은 눈과 눈썹, 입 주위 표정근으로 이들 조합으로 대부분의 표정들이 만들어진다. 먼저 눈과 관련된 안륜근은 윗 눈꺼풀과 아랫 눈꺼풀로 구분되며 윗 눈꺼풀거근(상안검거근)은 화남, 놀람, 공포 등의 표정을 만들며 안륜근의 하부는 웃는 표정에 관여하고 안륜근의 상부는 고통 표정에서 활성화된다. 눈썹을 움직이는 눈썹 주름근은 고민, 슬픔, 분노의 감성에 관여하고 입과 관련된 근육은 웃음을 지을 때 활성화되는 큰광대근과 혐오적인 표정을 지을 때 활성화되는 윗입술 올림근(위턱뼈에서 일어나 윗입술로 닿아, 윗입술을 올리는 얼굴 근육), 윗입술 콧방울 올림근(윗입술과 코에 작용하는 얼굴 근육 가운데 하나. 위턱뼈에서 일어나 콧방울과 윗입술에 닿으며, 이들을 올리는 작용)이 있다. 입꼬리 내림근(아래턱뼈에서 일어나 입꼬리(입의 가장자리)에서 다른 얼굴 근육과 합쳐지는 근육. 입 꼬리를 아래쪽으로 내리는 작용)이나 턱근(mentalis muscle)은 찡그리거나 슬픈 표정과 관련되며 입둘레근(입 주위의 근육)은 분노하는 표정에서 활발하게 활성화된다.

미국의 심리학자 폴 에크만(Paul Ekman)에 따르면 사람의 얼굴에는 약 43~80개의 근육이 있으며 이들 근육이 조합해 낼 수 있는 표정은 1만 개가 넘는다. 그만큼 표정은 다르고 섬세하다.

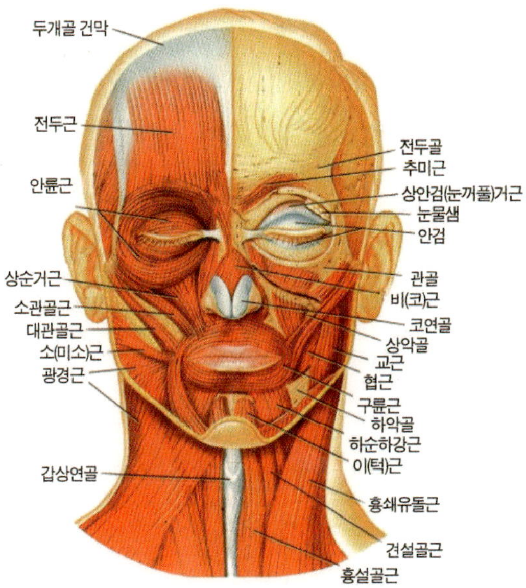

상대방에게 가장 많이 전달하는 메시지는 바로 얼굴표정이다. 표정은 마음속 감정이나 정서의 심리 상태가 얼굴로 드러낸다. 미세한 표정을 통해 상대의 감정을 추측할 수 있다. 같은 슬픔, 웃음이라 해도 천차만별의 다양한 표정이 나오기 때문에 상대의 슬픔 정도와 웃는 정도를 대략 짐작할 수 있다. 이처럼 표정에 비하면 말은 극히 제한적이다. 표정은 여러 가지 감정이 섞여서 나온다. 표정은 마음의 표현이며 표정을 통해 자신의 내면세계를 드러내는 마음의 창이다. 얼굴표정에서 6가지 기본감정을 파악할 수 있다. 즉 기쁨, 슬픔, 분노, 혐오, 두려움, 놀라움으로 정의되고 있다. 이러한 기본적인 소통의 핵심인 얼굴표정을 통한 감정의 의사 표현이 코로나19로 인하여 거의 상실되었다. 종종 어떤 사람과 오해가 생겼더라도 직접 만나서 얘기를 하다 보면 서로의 말과 어투, 행동 그리고 얼굴표정과 교감을 통하여 오해가 쉽게 풀리는 경험을 해본 적이 있을 것이다. 여기에서 상당히 중요한 부분을 차지하는 것이 얼굴표정을 통한 감정의 교감이라는 점을 알 수 있다. 화자는 오랫동안 HCI(Human Computer Interaction) 분야의 연구를 이어오는 동안 인간의 표정을 통한 감정연구에 집중하였다. 그 결과 인간과 로봇의 상호작용(HRI: Human-Robot Interaction), 인간과 컴퓨터(Human Computer Interaction) 또는 사람과 사람(Human to Human Interaction) 간의 소통에 있어서 얼굴표정을 통한 교감이 대단히 중요한 역할을 함을 알 수 있었다. 감정의 표현은 사회 속에서 겪는 상황들에서 느끼는 내적 감정을 표현하는 방식이며 정신적인 것을 매개로 타인에게 전달하는 과정이다. 얼굴표정과 신체동작 및 행위를 통한 감정의 표현은 지향적 의식작용과 내용으로만 머물러 있던 감정이 물질적, 신체적 형태나 동작, 즉 표정이나 동작이 그려내는 지각이 가능한 외형적 영상을 매개로 표출되고 전달되는 것이다. 이렇게 표출된 감정은 객관화되어 타인에 의해 파악이 가능해진다. 첫째, 슬픔은 위쪽 눈꺼풀의 안쪽과 눈썹은 올라가는 반면 눈꺼풀의 바깥쪽은 아래로 처진다. 아래 눈꺼풀은 위로 올라가고 이마에 주름이 지고, 입 꼬리가 아래로 당겨진다. 슬픔이라는 감정은 긍정적인 감정이라고 할 수 없지만 남녀와의 대화에서는 긍정적인 효과로 볼 수도 있다. 그녀의 관심을 끄는 데까지는 아직 시간이 걸리겠지만 적어도 그녀의 감정을 흔들고 동요시키는 데까지는 성공했다고 보아도 될 것이다. 둘째, 놀람은 눈썹이 위로 치솟고, 눈이 커지고, 이마에는 주름이 지고 입술이 벌어진다. 놀람은 긍정과 부정 어느 쪽으로도 해석이 가능한 중립적인 감정이라고 한다. 여자와의 대화에서라면 정도가 심하지 않은 놀람은 나에 대한 호기심을 유발시킬 수 있는 좋은 기회가 되기도 한다. 최면에서는 패턴 인터럽트(Pattern Interrupt, 패턴 깨기)의 기법을 사용하여 순간적으로 상대방을 트랜스 상태에 빠트리기도 한다. 상대에게 악수를 청했다가 상대방이 다가오면 주먹을 쥐는 등의 예상치 못한 방법으로 상대방을 당황하게 만드는 방법이다. 이렇게 가벼운 패턴 깨기의 사용은 분위기를 환기시키거나 상대방의 긴장을 풀어주는 역할을 한다. 이런 패턴 깨기에 동반되는 감정이 바로 가벼운 놀람이다. 셋째, 공포는 눈썹이 위로 치솟으면서 중앙으로 몰려 미간이 좁아진다. 위쪽 눈꺼풀이 올라가고 아래쪽 눈꺼풀은 경직되며 입술은 팽팽하게 긴장되고 입은 전체적으로 아래로 처진다. 대화 중에 여자가 공포에 질린 얼굴을 하고 있다면 당신의 말이나 행동에서 충격을 받았다는 뜻이다. 직전에 무슨 말을 하고 어떻게 행동했는지를 돌아보고 재빠르게 화제를 전환한다. 넷째, 분노는 미간에 주름이 잡히면서 눈썹이 올라간다. 아래 눈꺼풀이 경직되고 위쪽 눈꺼풀은 아래로 내려온다. 뚫어져라 바라보는 시선에 벌렁거리는 콧구멍, 팽팽하게 긴장된 입술, 어쩌면 아랫입술이 돌출했을 수도 있다. 분노가 긍정적인 감정일 수는 없겠지만 차라리 분노라도 일으키는 것이 무관심보다는 낫다. 특히 연인관계에서 권태기에 빠졌거나 프렌드십 존(Friendship Zone)에 빠져 친구 이상의 관계로 발전이 어렵다면 마지막 수단 정도로 감정의 동요를 일으키는 방법을 사용해 볼 수 있겠다. 이와 관련된 감정이 바로 분노이다. 다섯째, 혐오는 이마가 경직되고, 눈썹이 아래로 내려간다. 콧등에 주름이 생기고 아래 눈꺼풀이 긴장으로 팽팽해진다. 입술은 앙다물거나 윗입술의 한쪽이 살짝 올라가면서 벌어지기도 한다. 클럽이나 파티 같은 사교장소에서 다른 남자와 접촉한 후 이런 표정을 짓는 여자를 발견한다면 그때가 기회다. 당장 접근해서 당신은 그녀를 혐오스럽게 하는 그 남자와는 차원이 다른 존재임을 보여줘라. 여섯째, 경멸은 콧등에 주름이 지고 입은 오므린다. 한쪽 눈썹이 올라가고 입 꼬리가 올라가며 입술이 튀어나오고 윗입술 한쪽이 올라가면 비웃음의 느낌이 감돌게 된다. 만약 대화 도중 이런 표정을 읽었다면 상대의 불쾌감이 어느 정도인가에 따라서 뒤로 물러설지, 혹은 연약한 모습을 강조하면서 상대에게 악의가 없음을 보여줄지를 결정해야 한다. 일곱째, 행복은 이마에 긴장이 풀린다. 눈썹 바깥쪽이 아래로 내려가고 눈이 작아진다. 눈가에

웃을 때 생기는 특유의 주름이 생긴다. 바로 이 주름이 거짓웃음과 진짜 웃음을 구별해 내는 지표이다. 볼이 올라가고 코에서 입가로 흐르는 팔자주름이 잡히고 입의 양쪽 끝이 올라가면서 이가 보인다.

2. 공감

인간은 태어나면서부터 타인과의 관계를 통해 삶을 형성하고 유지하며 생을 마감하는 그날까지 타인과의 관계의 울타리를 벗어날 수 없다. 그래서 사람을 가리켜 '인간(人間)'이라 했다. 이는 원래 '사람과 사람 사이'를 뜻하고, 인간은 한자로 人(사람 인), 間(사이 간)을 사용하며 서로 사회를 이루고 생활을 영위하며 살아가는 존재로 설명된다. 한자의 뜻처럼 인간이라는 단어는 관계라는 의미를 이미 내포하고 있다. 인간이라는 한자를 풀이해 보면 '언어를 가지고 사고할 줄 알고 사회를 이루며 사는 지구상의 고등동물(사람)'이라는 뜻이다. 인간이라는 단어 자체가 관계를 맺고 사는 사회적 동물이라는 의미를 내포하고 있는데 여기서 타인과 관계 맺음이란 상대와 자신의 사회적, 심리적 접점을 맺고 더 나아가 서로의 인생에 관여하며 소통한다는 이야기이기도 하다. 본질적으로 인간은 자신을 스스로 지키는 한 방법으로 공동체를 형성하였고, 다른 사람과 관계를 맺고 상호작용하는 사회적 존재로 존재해 왔다.

그러므로 관계란 우리 인간의 실존에 있어서 하나의 엄연한 현실이다. 우리가 의식하든 의식하지 못하든 혹은 원하든 원하지 않든, 좋아하든 싫어하든 간에 우리의 삶은 여러 가지 형태의 끊임없는 대인관계로 이루어지고 있다. 다시 말해 상호 간의 관계성은 인간존재의 본질적인 한 측면인 동시에 하나의 필연적인 사실이다. 그러므로 우리는 다른 이들과의 관계를 떠나서는 잠시도 살 수 없는 것이다. 이처럼 타인과의 관계 속에서 생활하고 관계라는 틀 안에서 존재하며 또 존재할 것이다. 이때 서로가 서로에게 영향을 주고 상호작용을 하며 살아가게 되는데 이러한 상호작용이 인간관계의 기초가 되는 것이다. 누구나 한번쯤 아무도 없는 곳에서 혼자 자유롭게 살아가는 것을 꿈꿔보았을 것이다. 하지만 어떠한 목표를 이루고 삶을 영위하기 위한 과정을 살펴보면 막상 혼자 산다는 것이 불가능하다는 것을 알 수 있을 것이다.

인간관계는 상호의존관계로 인간 사이에서 일어나는 일은 서로 영향을 주고받는 과정에서 일어난다. 이처럼 타인과의 관계는 인간의 삶에 다양한 영향을 미친다. 또한 인간은 인간의 기본적인 욕구 중 다양한 관계 속에서 갈등을 만들기보다는 원활한 관계를 맺고자 한다. 이러한 원활한 관계로 이루어진 사회에서 발생하는 상호작용은 자신을 발전시키는 기반이 되기도 한다.

또한 스마트폰의 보급으로 실제적인 만남보다는 네트워크를 통한 가상의 공간에서 익명의 사람과의 피상적인 만남에 더 익숙해지고 있으며 트위터, 유튜브, 블로그, 페이스북, 인스타그램 등의 다양한 소셜 네트워크 시스템(SNS: Social Network Service)이 보급됨으로써 새로운 소통의 유형이 생겨났다. 과거에는 얼굴을 맞대고 목소리를 들으며, 비언어적 의사소통을 통해 의견을 교환하거나 자신의 생활반경 안에서 인맥을 쌓았다면 현대에는 시공간을 뛰어넘어 온라인상에서 불특정 다수와 새롭게 인맥을 쌓거나 기존의 인맥관계를 강화하는 형식이 새로운 유형으로 나타나고 있다.

인터넷 커뮤니티	소셜 네트워크(SNS)
Top-down	Bottom-up
장소 중심	인간 중심
중개자 통제	사용자 직접 통제
집중화	분권화
관심주제 중심	정황적 연계 중심
사전 설계된 관계	자기 생성적인 관계

현대는 물질만능주의로 자본주의 시장원리에 따른 가격경쟁이 만연하고 이러한 형태로 사회가 움직인다. 자본주의의 등가교환은 사람에게 적용되어 사람이 물건처럼 등급이 매겨져 본인을 최고의 상품으로 만들지 않으면 살아남을 수 없게 되었으며, 사람의 가치에 대한 기준으로 만들어 버렸다. 사람 사이의 만남은 수단으로 변질되어 목적성이 있는 관계가 주가 되는 경우가 많다. 우리가 사는 사회는 소통과 자유 경쟁이라는 바탕 위에 스스로의 자유를 억압하고 있다. 이는 많은 장점이 있지만 동시에 현대인을 위협하는 디지털 네트워크 속 삭막한 현대사회 안에서 그동안 지켜 온 관계가 와해될지 모른다는 끊임없는 불안을 겪고 있

다. 급격한 압축성장으로 철저한 경쟁사회 속에서 남을 이겨야 살아남는 현실은 “사촌이 땅을 사면 배가 아프고, 공부해서 남 주느냐? 다 너 잘되라고 하는 거지!” 등으로 다른 사람을 배려하고 함께 성장하는 교육이 이뤄지지 못하게 만들었다.

현대 인간관의 관점에서 인간이란 시공간적으로 자신을 둘러싸고 있는 세계와 분리된 개체이며 합리적으로 자신의 욕망 충족을 추구하는 욕망의 주체이다. 합리적이고 욕망 충족적인 사회로서의 특징을 가지게 된 우리는 디지털과 인터넷의 발달로 인해 사용자들 간의 커뮤니케이션을 돕는 서비스가 확산되면서 타인과 관계를 맺고 소통하는 것이 이제는 어려운 일이 아니게 되었다. 온라인상의 진화된 커뮤니케이션 방식은 사용자들 간의 공감하는 방법과 수단에 많은 변화를 주었으며, 사회적 활동을 공유하고, 소통하는 유대적 공감이 더욱 활성화되고 있다. 이러한 커뮤니케이션 서비스 중 하나가 최근 많은 사람들이 적극적으로 활용하는 온라인 소셜 네트워크 서비스(SNS: Social Network Service)이다.

동일한 환경에 처해 있어도 이를 의식하는 사람이 있는 반면 이를 크게 의식하지 않는 사람도 있다. 또한 만약 동일한 감정을 감지했더라도 이를 표출하는 방식은 누구나 다를 수 있다. 이전에는 없었던 새로운 세계를 창조한 인간은 물리적으로든 정신적으로든 각박한 현실 사회 속에서 타성의 흐름에 우리의 삶을 내맡긴 채 진정한 자유로부터 점차 멀어지는 듯이 보인다. 현대사회에는 인간소외현상이 나타났고 현대인들은 군중 속에서 고독감을 느끼면서 살아가고 있다. 진심을 담지 않은 관계 속에서 소통의 단절은 어쩌면 당연한 일이다. 이익과 필요성이 사라지면 쉽게 끊기는 관계에서 소통은 애초부터 부재했다. 또한 클릭과 동시에 움직이는 세상의 속도에 길들여지니 서로를 알아가는 느림의 미학도 견뎌내지 못하는 것이 현실이다.

공감(共感, Empathy)은 19세기 말 독일어의 ‘ein(안에)’과 ‘fühlen(느낀다)’이 결합되어 ‘안에 들어가서 느낀다’는 의미를 함축하고 있는 Einfühlung(감정이입)이라는 용어로 독일의 미학자 로베르트 피셔(Robert Vischer, 1872)가 처음 사용하면서 등장했다. 이후 Vernon Lee(1913)에 의해 영어의 ‘Sympathy(동정)’로 번역되었던 것이 ‘Empathy(공감)’로 재번역되면서 지금의 ‘Empathy(공감)’라는 용어가 사용되기 시작했으며, 다른 사람의 입장이 되어 상대방의 기분, 감정과 생각을 충실하게 경험하고 수용하여 적절하게 표현하는 능력으로 비록 자신이 경험하지 않았더라도 다른 사람의 감정을 거의 같은 내용과 수준으로 이해하고 느끼며 표현하는 것이다.

공감(共感, Empathy)은 '사람과 사람 사이에서 발생하는 생리적, 심리적 상호작용'이라고 했다. 의미를 넓게 해석하면 '집단구성원 사이에서 빠르게 공유된 정서적 경험과 그에 따라 적절하다고 예측되는 대응양식'이라고 할 수 있다. 이러한 정의에는 사회적인 관념으로부터의 통찰로 시작하여 구체적인 개개인 자신의 감정상태를 인지하고 이해하고 타인의 감정상태를 인지하고 이해하는 능력, 그리고 다른 사람에게 같거나 유사한 정서적인 경험을 하게 하는 것에 이르기까지 다양한 공감은 '자기'와 '타인'의 둘 이상의 사이에서 발생하는 깊은 이해(理解)와 소통(疏通)을 가능하게 하는 소중한 역할을 한다. 이는 서로의 감정이 감응(感應)하여 공명(共鳴)하게 만들고 '우리'라는 공감대를 바탕으로 서로를 이해하고 존중하여 서로 긍정적인 성과를 달성할 수 있게 하는 힘이 깃들어 있다고 생각한다. 공감은 인간관계 속에서 태어나 더불어 살아가는 사회생활을 하면서 인생을 즐기고 삶의 목표를 원활하게 달성하게 해주는 윤활유 역할을 한다. 이 성과를 달성하기 위해서 서로 사랑하고, 협력하고, 양보하고, 친절하고, 이해하고, 존중하고, 배려하는 관계가 유지되어 공감관계가 형성될 때 인생의 목표를 달성할 수 있으므로 이는 매우 중요하고 아무리 강조해도 부족함이 없다.

우리나라에서 공감이라고 번안하여 사용하는 용어의 원어를 살펴보면 영어로는 sympathy(동정)와 empathy(공감), 그리고 독일어로는 mitgefühl(동정)이라는 단어를 찾아볼 수 있다. sympathy와 mitgefühl이라는 단어가 동정이라고 번역되는 경우가 종종 있으며, empathy라는 단어는 감정이입이라는 말로 표현되기도 한다. 특히 empathy라는 말은 20세기 초 심리학자인 티치너(E. Titchner)에 의하여 의도적으로 만들어진 용어이다. 티치너는 '들어가서 느끼다'라는 의미의 독일어인 Einfühlung(아인퓔룽, 공감)이라는 단어를 empatheia라는 희랍어의 형태로 변형하게 되는데 이때 empatheia는 en과 pathos 즉, 안과 열정을 의미하는 두 개의 희랍어가 결합되어 탄생하게 되었다. 이것은 결국 empathy라는 영어로 사용된다. 독일어에서 시작해 영어 단어로 이어진 이 단어의 원래 뜻은 "안으로 들어가서 느낀다", 즉 남의 마음속으로 들어가서 느낀다는 것이고, '공감'은 '함께 느낌'이다. 공감(empathy)은 그리스어의 empathia에서 유래한 개념으로 안을 뜻하는 'en(~안의)'과 고통 또는 열정을 뜻하는 'pathos(느낌)'의 합성어이다(Webster's New Collegiate Dictionary). 즉, 안에 들어가서 고통을 느낀다는 의미로써 타인의 입장에서 생각하고 타인과 같은 정서를 경험하는 것을 의미한다. 호프만(E. Hoffman)은 공감을 타인이 무엇을 느끼고 있는지 인식하고 타인의 관점에서 상상해 보면서 타인이 경험하는 정서를 대리적으로 지각하는 것으로 정의하였다. 공감을 다른 사람의 입장이 되어서 그 사람의 기분, 감정과 생각을 충실하게 경험하고 수용하여 적절하게 표현하는 능력으로 정의하였다. 대표적인 사례가 소를 불쌍히 여겨 구해준 「곡속장」의 측은지심 이야기이며 그 주인공이 바로 제선왕이다. 측은지심, 혹은 불인지심은 특정대상을 바라보고 느끼는 내 마음의 상태다. 즉, 고통이라는 소의 정서상태에 '공감'할 때 생기는 내 마음의 연민이며 이런 정감의 확충이 필요하다고 맹자는 말한다. 이에 반해, 여민동락의 심적 상태는 나의 정서적 상태를 타자에게 투영해 보는 것이다. 즉, 측은지심(惻隱之心)은 타인의 감정이 중심이 되고 내가 거기에 공감(sympathy)하는 것이며 여민동락(與民同樂)은 나의 정서상태를 타자에게 투영하는 것(empathy)이어서 심리학적으로 엄밀하게 따지면 다를 수 있다.

이는 사회적 관계 속에서 친사회적 행동이나 도덕성, 양심의 발달을 촉진할 뿐 아니라 공격적이고 반사회적인 행동을 억제하는 요소가 되고, 인간관계를 심화시키는 가장 중요한 요소로 여겨지고 있다. 상대방의 관점을 정확하게 이해하고 정서적으로 적절하게 반응하는 것은 사회적 상호작용을 원활하게 하며 의사소통의 효과를 높인다. 즉 타인의 감정을 이해하여 정서적으로 반응하는 것은 사람들과의 관계에서 서로 간의 이해를 증진시키게 되는 의사소통의 기본적인 요소라고 할 수 있다. 또한 사회적 관계에서 갈등상황이 발생했을 때 평화적으

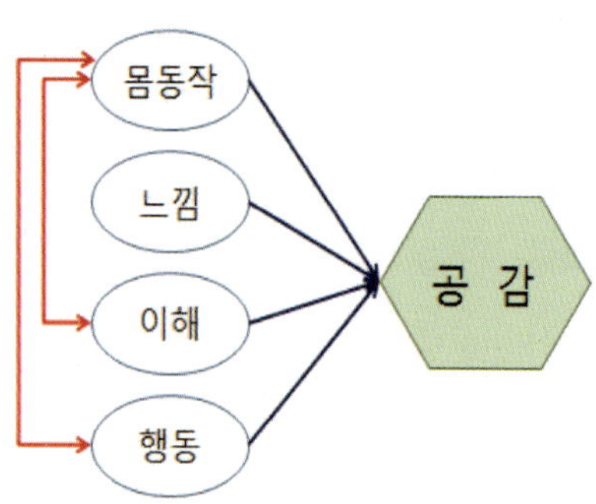

로 해결하려면 다른 사람에 대해 관심을 가지고 배려해 주는 것은 필수적이다.

가정에서는 가족과의 관계가 있고 학교에서는 친구나 교사와의 관계가 있다. 직장에서는 동료나 상사와의 관계가 있고 그 외의 다른 상황에서도 모두 관계를 맺고 살아간다. 학교라는 공간 안에서 대부분의 시간을 친구들과 지내며 살아가는 아동들에게는 친구들과 올바른 대인관계를 맺는 것이 중요하다. 아동들은 대인관계를 통하여 친구들에게 인기를 얻을 수도 있고 배척당할 수도 있다. 또한 평범하게 살아갈 수도 있고 무시당할 수도 있으며 인기와 배척을 한꺼번에 얻는 양면적인 모습을 보일 수도 있다. 이러한 대인관계에서 중요한 의미로 다가오는 것이 '공감'이다. 물질만능주의 사상이 팽배해지면서 사람들은 공감하는 기능을 잃어가고 있다. 타인의 입장을 이해하고 양보하려는 마음을 가지기보다는 자신의 것만 중요시하고 내것만 챙기려는 이기주의 사상이 이 사회를 장악하고 있는 것이 현실이다.

이런 공감은 조직구성원의 사회적 소속감을 증대시키고 혼란을 감소시키며, 긴장을 완화시켜 주고 갈등을 차단해 주며 구성원과의 원활하고 생산적인 소통을 가능하게 하고, 심사숙고하여 사려 깊고, 협조적이며, 도움을 주는 사람으로 만든다. 조직에서 공감이 증대되면 종사원 사이에 대인관계를 긍정적으로 평가할 가능성이 높아서 종사원 관계에서 만족감이 향상된다. 따라서 공감의 기술은 가정생활, 비즈니스 업무, 모든 의사결정과 문제 해결에 유익함을 제공해 준다. IMF(1997), 금융위기(2008), 코로나19 팬데믹(Pandemic: 세계적 대유행, 2020)이라는 시대적 아픔을 지나면서 사회적 분기는 웰빙(wellbeing)이었으나 어느 때부터 힐링(healing)이 자리를 대신하며 온갖 매체에서 힐링을 말하지 않는 곳이 없다. 모 방송국에서는 '힐링캠프'라는 프로그램까지 등장하기에 이르렀다. 힐링이란 말 그대로 치유이며 그것은 심리적 치유에 방점이 있다고 보는 것이다. 그러므로 더 나아가서 심신치유라는 말로 대신할 수 있는 것이고 현대인들이 정신적으로 얼마나 괴로운 스트레스 상황에 놓여 있는지를 알 수 있는 키워드가 바로 힐링이다. 현대인에게 요즘 주목받고 있는 것은 '정신건강'일 것이다, 구체적으로 입증되고 있는 것은 바이오피드백이나 이완요법과 같은 행동의학적 목적이 아닌 여러 형태의 종교적, 정신적 배경에서 발전해 왔지만, 지금은 종교적 또는 문화적 배경이나 영향과는 달리 일반 건강의료의 한 방법으로써 널리 사용되고 있다.

우리가 직면하는 문제나 고통 그 자체는 바뀌지 않고 그대로 있다 하더라도 이를 보는 시각이나 다루는 방법에 있어서 현격한 변화가 일어나게 된다. 이런 변화는 자신의 문제나 고통이 통제 불능 또는 고립무원(孤立無援: 남과 사귀지 않거나 남의 도움을 받을 데가 전혀 없음)이라는 절망적 관점으로부터 자신의 문제나 고통을 있는 그대로 수용하고, 이를 통제 가능한 방향으로 바꾸어 놓을 수 있다는 낙천적 견해로 바뀌게 된다. 이처럼 문제나 고통에 대한 근본적인 태도 변화와 심리적 지각 변화가 일어나면 신체적 증후가 감소되거나 신체적 조건이 동시에 개선된다. 이처럼 문제에 대한 관점이 바뀌게 되면서 마음이나 신체에 일대 변화가 일어나는 것이 바로 치유인 것이다.

마음챙김(mindfulness)의 어원은 팔리(Pali)어 'sati'이며, sati의 의미는 기억하기(remembering), 주의(attention), 알아차림(awareness) 등을 포함한다. 여기에서 더 나아가 sati를 "바로 '잊지 않고 기억한다'는 행위와 대상을 '알아채서 주목한다'는 인식"이 함축되어 있다고 하였다. 이러한 sati를 영어권에서는 'noting, observance, comprehension, mindfulness' 등으로 사용되고 우리말 번역으로 '깨어 있음, 알아차림, 주의집중, 마음집중' 등으로 번역되다가 최근 들어 '마음챙김'이라는 용어로 정착되고 있다. 한자 번역어로는 '念(염)', '守意(수의)' 등이 있고, 우리말로는 알아차림, 마음챙김, 마음지킴, 마음집중 등으로 번역되며, 경우에 따라서는 주의집중, 알아차림을 각각 구분해서 사용할 때도 있고 마음집중 속에 포함해서 사용할 수도 있다.

마음챙김은 몸, 느낌, 마음, 법[신(身), 수(受), 심(心), 법(法)의 사념처(四念處: cattaro satipatthana)]을 대상으로 사띠(sati)를 확립하는 수행법이다. 마음챙김의 근원인 불교수행 전통의 명상법이다. 불교수행 전통에서의 명상법은 크게 사마타(samatha) 수행인 집중명상(concentration meditation)과 위빠사나(vipassanā) 수행인 통찰명상(insight meditation)으로 구분된다. 집중명상이란 어떤 하나의 특정 대상에 의식을 집중하는 '옴', '훔', '옴마니반메훔' 등 특정 낱말구나 구(句)와 같은 만트라(mantra)

를 반복하여 읊조리거나 한곳을 바라보며 시각적 대상에 의식을 집중해 나가는 수행으로 사마타(samatha)수행 또는 지법(止法)이라 부른다. 집중명상은 마음이 한 곳에 모아져 행복감 · 평정심과 같은 상태로부터 '완전한 몰입'의 상태까지를 말한다. 집중명상 '사마타(samatha, 止)'는 팔리어의 'sam(to be quiet, 고요해지다)'에서 왔으며 그 의미는 'calm(고요, 평온), serenity(평온, 맑음), tranquility(고요, 평정)' 등이다. 고요한 마음상태를 위해 수행자는 집중의 노력으로 얻은 상태에서 모든 해로운 것들이 '사라지고', '그친다'는 의미로 그것은 한자, '止'로 옮겨졌다. 위빠사나는 몸(身), 감각(受), 마음(心), 법(法)을 관찰하여 무상, 고, 무아라는 보편적 특징을 통찰하는 지혜를 얻는 수행방법이다. 이 사마타와 위빠사나는 상호 보완적이어서 고요와 선정(禪定)을 통해 현상에 대한 바른 통찰이 이루어지도록 한다. 또한 마음의 본성을 본다는 선법으로 묵묵히 앉아 생각을 끊고 참선하는 것이 묵조선(默照禪), 염불 암송의 염불선(念佛禪)이다. 요약하면, 불교명상에는 크게 사마타와 위빠사나 명상이 있고, 사마타는 마음을 집중하여 몰입하는 것을 말하며 위빠사나는 사마타로 얻은 고요의 상태에서 모두 있는 그대로를 꿰뚫어 앎을 통하여 지혜를 얻는 것을 말한다. 이 두 명상은 서로 밀접하게 연결되어 있으며, 집중명상은 어느 대상에 주의집중할 때 어떤 연상이나 판단 없이 대상에만 집중하는데, 만일 거기에서 주의를 벗어나면 다시 그 대상으로 주의를 돌리는 것을 반복하는 것이다.

통찰명상은 새로운 관찰 기반을 체득하여 의식의 흐름 속에서도 여러 가지 일이 어떻게 나타나는지 인식하기 시작하면서, 명상자는 마침내 완전히 새로운 지점, 즉 이 세계의 현상, 체험, 자기라고 하는 것이 어떻게 만들어지고 있는지에 대한 통찰을 얻는 단계를 이루며, 여기서부터 새로운 명상단계, 즉 통찰명상이 시작된다. 또한 수행자가 경험하는 세계를 있는 그대로 관찰하기 위해 의식을 열어가는 것으로 순간순간 맞닥뜨리는 사건의 모습을 개입 없이 가만히 지켜보도록 강조하는 방법이다. 이 명상법은 상좌부(Theravada)에 기인한 것으로 미얀마 등지의 남방불교에서 강조하는 수행법으로 위빠사나(vipassana) 명상 또는 관법(觀法)이라고도 한다. 위빠사나는 지금 이 순간의 신체, 느낌, 마음, 심신의 현상(法)과 같은 4가지에 대해 판단하지 않고 의식의 흐름으로 인내심을 가지고, 지나치게 애쓰지 않고 살펴보면 깨달음에 이른다는 것이다. 사념처의 염처란 팔리어의 'sati-patthana를 번역한 말인데 'sati'란 'mindfulness'이며, 'patthana'는 확립, 수립의 뜻이다. 이 염처(念處)명상법을 서양에서는 'Mindfulness Meditation'이라 부르고, 우리말로는 '마음챙김명상'이라 부른다. 일반적으로 불교에서는 이를 '관법'이라 부르며, 통찰명상에 포함시킨다. 즉, 자신의 몸과 마음속에서 일어나고 사라지는 현상 관찰을 통하여 실상을 깨닫는 지혜의 수행법이라는 의미가 들어 있다. 불교의 위빠사나 명상과, 위빠사나 명상법에 근거를 둔 현대 서양의 명상 연구는 이 점을 바탕으로 하여 비약적 발전을 이루고 있다.

1990년대 이후부터 인지행동치료는 마음챙김(mindfulness)에 큰 관심을 두어 왔고, 지금은 인지행동치료의 제3동향으로 자리를 굳혔다. 이처럼 서양의 심리학자들이 마음챙김에 관심을 갖게 된 것은 인지행동치료의 한계점을 보완하기 위해서였다. 즉, 서양의 심리치료 이론은 '심리적 부적응이나 장애를 지닌 사람들은 왜곡된 인지를 지니고 있으며 올바르고 합리적인 인지로 대체함으로써 치료할 수 있다'는 가정 아래 사실적인 사고와 적응적인 행동으로 대체하려는 치료적인 태도를 지닌다. 그러나 인간의 심리적 경험과 내용은 무한하게 다양하며 그 적응성의 여부는 상황과 관점에 따라 현저하게 달라질 수 있다. 그렇기 때문에 개인의 경험을 어떤 처치나 조작에 의해 변화시키려는 통제적인 치료에 한계를 느껴 대안적인 치료적 방법이 필요하게 된 것이다. 마음챙김의 접근은 생각이나 감정과 같은 사적 경험의 내용을 바꾸기보다 개인의 경험을 탈중심화시켜 문제적인 생각이나 감정을 수용하는 데 초점을 두는 것이다. '마음챙김(mindfulness)'이란 새로운 범주 만들기, 새로운 정보에 대한 개방적 태도, 상황을 다양한 관점으로 바라보기라는 세 가지 특성으로 정리될 수 있는 심리학 개념이다. 즉, 대상이나 현상을 기존의 관점이나 관습에 얽매이는 대신 자기 자신만의 관점에서 다양하게 바라보고 인식하며, 대상을 새로운 관점에서 재해석하고 재범주화할 수 있는 정신적 상태를 의미한다. 한편 이에 반대되는 개념은 '마음놓음(mindlessness)'으로, 마음현상을 관습이나 정해진 '틀'에 맞추어 한 가지 고정된 관점으로만 바라보는 것을 의미한다. Langer에 따르면 마음챙김은 개방적이고 유연한 생각을 촉진시켜 학습능력이나 직무 수행

능력을 향상시킬 수 있는 반면, 마음놓음은 이와 같은 생각을 저해함으로써 학습이나 직무 수행의 효율성을 떨어뜨리는 요인으로 작용한다. '마음챙김' 이론에서는 제공된 정보가 동일하다 하더라도, 이를 마음챙김으로 받아들이는가 아니면 마음놓음으로 받아들이는가에 따라 그 효용성이나 효과는 상이해진다고 한다. 즉, 동일한 정보라 하더라도 이를 마음챙김, 즉 다양한 관점에서 정보가 가진 새로운 속성과 다각적인 측면을 검토해 가면서 받아들일 때와 마음놓음, 즉 정해진 틀이나 관습에서 벗어나지 못한 채 무비판적으로 받아들일 때 정보가 가진 의미와 효용성은 달라지는 것이다. 구체적으로 살펴보면, 마음챙김은 정보를 다각적으로 검토하고 사고하며 변용할 수 있는 능력의 토대가 되는 반면, 마음놓음은 이를 저해하는 요인으로 작용한다. 마음챙김은 비교적 간단한 방법으로 활성화할 수 있으며, 이를 통해 학습능력이나 직무능력, 창의성의 향상은 물론 편견이나 고정관념의 감소와 같은 태도의 변화를 이끌어낼 수 있는 효과를 가진다. 예를 들어 남북 전쟁의 원인에 대해 단순히 '남북 전쟁의 원인은 다양하다'라는 식의 설명이 아닌 '남북 전쟁의 원인은 관점에 따라 다양하다'라는 식으로 다양한 관점의 존재를 전제해서 설명하는 정도로도 마음챙김을 유도하고 활성화할 수 있다. 이는 어떠한 주제나 현상에 대한 다양한 관점의 이해를 촉진함으로써 해당 주제나 현상의 맥락을 고려한 비판적 사고력, 현상이 갖는 의미에 대한 한층 심층적인 이해, 현실과의 비교 및 적용능력, 의사결정 능력 형성에 한층 더 기여할 수 있다. 종합하면 마음챙김이란 어떠한 대상이나 현상을 '틀에 박히지 않은' 다양한 관점에서 접근하고 이해하는 정신적 상태를 의미한다. 마음챙김은 다각적인 관점에서 생각할 수 있는 질문 제시, 조건부적이거나 다양한 관점의 존재를 전제하는 서술어 사용 등의 간단한 방법을 통해서 유도 및 활성화될 수 있다는 점에서 교육, 업무수행 등 현실에 실제로 적용되고 기여할 수 있는 가능성 또한 높다고 할 수 있다. 이러한 마음챙김의 활성화는 주제에 대한 집중력 및 다양한 관점에 입각한 생각 활동을 촉진시킴으로써 학습능력 및 과업 수행능력을 증진시킴은 물론, 포용력이나 관용, 다양성 존중과 같은 가치 및 태도를 함양하는 데도 효과적인 방법으로 활용할 수 있으리라 기대한다.

3. 인간관계의 재구성

'우리는 어떤 사람이 되어야 하는가?' 현대사회에 있어서 분업화, 전문화, 기계화 등의 여파로 인한 전통적인 인간관계의 변화와 기능이 점차로 약화되고 부분적으로 상실됨에 따라 인간상호 간의 결속감과 소속감을 약화시키는 경향이 있을 뿐만 아니라 급변하는 정보화 사회에서 복잡한 사회문제, 인간관계에의 갈등, 그리고 업무 등에 대한 과중한 스트레스 등에 대처하지 않으면 모든 영역에서 인간관계 문제를 야기한다. 기술의 진보와 혁신을 통한 사회·경제적 변화는 예측하기 어려울 정도로 급속히 진행되고 있고, 이는 우리 삶의 변화에 많은 영향을 미치고 있다. 지난 250년 동안 일어난 세 번의 산업혁명은 인간이 가치 만드는 방식을 바꾸었으며 세상도 바꾸었다. 각각의 산업혁명을 거치면서 기술과 정치 시스템, 사회제도는 모두 진화했다. 빠르게 변화되고 있는 21세기를 또 다른 말로 '4차 산업혁명시대'라고 할 수 있다.

2016년 1월 다보스포럼에서 4차 산업혁명의 시작을 선언했던 클라우스 슈밥은 국회의 한 세미나에서 "4차 산업혁명의 특징은 우리의 삶과 정체성을 바꾸고 집단을 바꾸는 혁명적인 변화"라고 하면서, 과학기술은 "10년 이내에 인간의 뇌를 이식할 수 있는 수준"까지 발전할 것인데, "이러한 수준의 변화는 산업의 모든 영역뿐만 아니라 전통적인 산업에도 영향을 미칠 것이다."고 했다.

제4차 산업혁명시대의 특징인 "초연결성", "초지능성인공지능(Artificial Intelligence)", "초현실[혼합현실(MR: Mixed Reality)]"은 증강현실(AR: Augmented Reality) 기술과 가상현실(VR: Virtual Reality) 기술을 결합하여 정보의 효용성과 사용성을 극대화한 차세대 정보처리 기술, "초인간 바이오테크놀로지(BT: Bio Technology)" 등을 대표적으로 꼽을 수 있다. 사람과 사물, 사물과 사물이 인터넷(IoT: Internet of Things)에 연결(초연결성)되고, 막대한 데이터를 분석하여 일정한 패턴 파악(초지능성)하며, 이를 토대로 인간의 행동을 예측(예측 가능성)하는 것이다. 이와 같은 일련의 단계를 통해 새로운 가치를 창출해 내는 것이 바로 4차 산업혁명의 특징이다.

21세기를 커뮤니케이션의 시대라 부를 만큼 전 세계가 커뮤니케이션에 대해 지대한 관심을 가지고 활발하게 교류하고 있다. 모든 사무 처리가 컴퓨터를 통해 이루어지며, 대인관계 역시 다양한 통신기기 매체로 이루어지는 게 21세기의 특징이다. 또한 21세기는 인터넷 시대라고 부르는 게 과언이 아닐 정도로 무엇이든 빠르게 바뀌고 있다. 영어에서 '커뮤니케이션(communication)'이라는 단어는 '공유하다' 혹은 '나누어 가지다'라는 뜻을 가진 라틴어 '커뮤니케어(communicare)'에서 비롯되었다. 즉 커뮤니케이션은 언어와 비언어를 사용하여 둘 이상의 생물체끼리 의견, 지식, 감정 등을 서로 공유하는 포괄적 의사전달의 모든 행동들을 말한다.

커뮤니케이션은 인간의 가장 기본적이고 보편적인 활동 중 하나이다. 이 단어는 쉽게 서로 이야기를 나누는 것이라고도 할 수 있겠지만 누구와 무엇을 어떻게 커뮤니케이션하는가에 따라 그 의미는 매우 복잡해진다. 작게는 일상적인 대화를 나누는 개인적인 것에서부터 그룹 토의, 미디어를 통한 매스커뮤니케이션, 국가 간, 문화 간 커뮤니케이션, 언어가 아닌 기호나 상징, 얼굴 표정이나 몸동작, 옷차림을 통한 비언어적 커뮤니케이션에 이르기까지 커뮤니케이션의 영역은 매우 광범위하기 때문에 인간 대부분의 활동들이 커뮤니케이션과 연관되어 있다고 해도 과언이 아니다.

의사소통(communication)이란 용어는 라틴어의 communis에서 유래된 것으로 communis는 공유 또는 공통의 뜻을 지니고 있다. 언어 · 몸짓이나 화상(畵像) 등의 물질적 기호를 매개수단으로 하는 정신적 · 심리적인 전달 교류로 어원은 라틴어의 '나누다'를 의미하는 'communicare'에서 유래되었다. 공동(common)과 공유(sharing)라는 뜻을 가진 의사소통(communication)은 함께 느낌을 나누고, 함께 의견을 교환하는 것으로 서로를 이해하고 나아가 사회를 공동사회로 만드는 상호관계적인 의미를 포함하는 중요한 정신적 개념이라고 할 수 있다.

의사소통은 발신자로부터 수신자에게 이르는 일방적인 메시지 전달과정으로 이해되었다. 서로 다른 특징을 지닌 타인들과 의사소통을 하기 위해서는 상대방의 생각과 감정을 올바르게 인지하고 이에 맞는 메시지를 구성하여 전달하는 것이 중요한데 이를 가능케 하는 것이 의사소통 능력이다. 또한 상대의 질문에 대해 적정하게 표현하거나, 다른 사람과 의견이 일치하지 않을 경우 자신의 관점을 명료하게 기술하는 능력이기도 하다.

커뮤니케이션은 공통 또는 공유의 의미를 지니고 있으며 우리말로는 '의사소통'으로 번역된다. 의사소통은 둘 이상의 사람들이 가지고 있는 생각, 감정, 사실을 교환하여 서로 이해하고 공유하며 어떤 의미를 창출해 가는 과정이다. 즉, 타인과의 올바른 의사소통을 위해서는 상대방의 감정과 생각을 정확하게 인식하고 이에 맞는 메시지를 전달하는 것이 중요하다. 여러 가지 정의를 통합하면 '의미 있는 정보를 전달하는 과정'이며 '언어적, 비언어적으로 상호작용하는 것을 의미한다. 미국의 행동심리학자인 앨버트 메라비언(Albert Mehrabian)이 1971년에 출간한 저서 『침묵의 메시지(Silent Massage)』에서 메라비언의 법칙(The Law of Mehrabian)을 통해 '7-38-55법칙'을 제시했다. 사람들은 얼굴을 맞대고 소통할 때 세 가지 소통요소, 즉 말의 내용, 억양, 몸짓을 사용하는데 말의 내용은 7%, 억양은 38%, 몸짓은 가장 큰 비중인 55%를 차지한다고 한다.

디지털 비평가인 마셜 맥루언(Herbert Marshall McLuhan, 1911~1980년)은 인간만큼 소통하는 도구를 많이 지닌 동물도 없다면서 『미디어의 이해』에서 "미디어는 메시지(the media is the message)"라고 했다. "지구촌(global village)"이라는 명제를 통해 이야기하고 싶었던 것도 감각의 확장을 통한 '소통'이었을 것이다. 소통은 의식과 무의식 속에 존재하는 세계를 교감하게 한다. 기억, 생각, 느낌 그리고 감각마저도 공유하게 한다. 세계는 '지구촌'화되었다고 선언한다.

교통, 통신 수단의 발달로 근대 이전까지 가졌던 공간과 시간에 대한 이해가 달라졌다. 교통, 통신의 발달은 절대적인 거리와 시간을 무의미하게 만들었다. 인간은 새로운 매체들을 통해 의사소통한다. 우편의 발달은 그리스 신화의 메신저 대신 편지라는 형식을 가져왔고 통신의 발달은 종이와 우표가 필요 없는 문자메시지의 형식을 가져왔다.

매체가 달라지면서 인간존재의 내용도 달라졌다. 의사전달의 결과를 오랫동안 기다리는 것이 미덕이던 인간은 30초 안에 자신의 의견에 대한 답장을 받지 못하면 안절부절못한다. 어떤 내용을 담느냐는 중요하지 않다. 현대인은 그저 즉각적인 반응을 보고 싶어 한다.

인간은 사회적 동물이다. 사회와 격리, 유리한 채 자기 홀로 삶을 영위하면서 자아를 완성해 가는 존재가 아니다. 이웃과 소통, 교류, 연합하지 않으면 심신이 건강한 생명체로 결코 성장할 수 없다. 다른 사람들과 모여서 함께 생활하고 이를 통해 자아를 개발하고 성숙하며 완성해 가는 인격체이다. 자기 존재의 의미를 발견하고 이를 실현하기 위해서는 반드시 타자를 필요로 하는 관계적 존재인 것이다. 인간이 다른 사람과 교류하는 관계적 존재라면, 그 관계를 온전히 형성하기 위해서는 의사소통능력이 절대적으로 필요하다.

자기 생각을 적절하게 표현, 전달하고 또한 타자가 전달하는 의미를 정확하게 이해하는 능력이 있을 때 상호 교류는 증진할 수 있다. 만약 상호 소통하는 기술이 부족하거나 부재할 경우, 타자와의 관계는 경화하여 결국 관계가 단절될 것이다. 다시 말해 이웃과 대화하고 소통할 때 '설득력'을 지녀야 한다. 자기표현과 전달을 많이 할지라도 그것이 상대방의 공감과 이해를 얻을 수 없다면, 상호 소통은 발생하기 어렵다. 따라서 자기표현과 전달에 있어 설득력은 그 핵심요소이며 이것이 있을 때 인간관계는 나날이 발전할 수 있다.

21세기는 커뮤니케이션의 시대라고 한다. '소통'이라는 최고의 가치를 가지는 프레젠테이션은 매체 혹은 일상에서 업무 용도를 포함하여 빈번하게 행해지고 있다. 그리고 이 시대를 살아가는 사람들에게 있어서 프레젠테이션의 가치는 더욱 높아지고 있다. 실제로 프레젠테이션 발표는 다양한 분야에서 활용되고 있다. 대표적인 프리젠터라고 하면 애플 창업자 스티브 잡스(Steve Jobs, 1955~2011)가 위대한 마케팅의 예로 나이키를 소개하면서 했던 말이다. 그는 "나이키는 신발을 파는 회사이지만 그들의 광고에서는 상품에 대한 이야기를 일체 하지 않는다"고 밝혔다.

그는 프레젠테이션 곳곳에서 제품의 혁신적 특성 및 장점들에 신뢰성을 담아 전달하였고 그러한 좋은 제품 대비 효율적 가격을 제시함으로써 결국 청중에게는 사고 싶은 제품으로 각인할 수 있었다. 이렇게 '누구나 사고 싶은 물건'으로 만들고자 하는 것이 그의 프레젠테이션 목적이며 목적달성을 위한 그의 프레젠테이션에는 훌륭한 발표력뿐만 아니라 프레젠테이션의 기획과 전략이 기반하고 있는 것이다. 프레젠테이션 계획 시 프레젠테이션은 단시간이라는 장점을 가지며 짧은 시간에 효과적으로 내용을 전달하기 위해서는 목적(purpose), 청중(people), 장소(place)를 사전에 충분히 분석함으로써 청중들에게 자신의 뜻을 분명하게 전달할 수 있어야 한다.

프레젠테이션 구성요소는 크게 네 가지로 나눌 수 있다. 내용구성, 시청각자료, 음성언어, 비언어적 요소언어이다.

첫째, 내용구성은 내용 구성은 성공적인 프레젠테이션의 첫걸음이다. 내용을 효과적으로 구성하기 위해서는 전체적인 내용에 대한 개요를 파악하는 것이 필요하다. 내용 개요에는 전체내용, 즉 서론, 본론, 결론에서 다루게 될 주요 요점들이 포함돼야 한다. 서론 도입부의 60초에서 90초는 프레젠테이션에서 가장 중요한 부분이다. 이유는 이 시간을 통하여 청중이 발표자에 대한 첫인상을 결정하기 때문이다. 따라서 서론 도입부에서는 청중의 관심과 흥미를 유발하여 다음 내용을 기대하도록 세심한 주의를 기울여야 한다. 이를 위하여 주제와 관련한 유머나 일화, 인상적인 질문 등으로 시작하는 것이 효과적이며 서론 분량은 보통 전체의 10% 정도를 할애한다. 본론은 발표자가 전달하고자 하는 요점을 제시하고 증명, 통계, 예시, 인용과 같은 관련 자료를 제시함으로써 요점의 근거를 제공해야 한다. 일반적으로 본론의 요점은 세 가지로 정리, 요약하여 전달하는 것이 효과적이다. 본론은 발표내용 가운데 가장 핵심적인 부분이지만 청중이 지루하지 않도록 내용을 적절하게 구성하여 적용하는 것이 필요하다. 결론은 청중의 관심이 정점에 도달하는 부분으로 내용비중은 서론 정도이다. 결론에서는 핵심내용을 반복 진술하거나 요약 정리하여 전달효과를 극대화할 수 있다. 일반적으로 청중과 상호작용인 질의 응답시간을 통해 내용을 보완하는 역할을 한다. 결론이 명확하지 않거나 정해진 시간을 초과하지 않도록 깔끔하게 마무리하는 것이 요구된다.

둘째, 시청각자료는 발표자가 전달하려는 내용을 보다 효과적으로 전달하기 위한 보조적인 도구이다. 메시지 전달효과를 높이기 위하여 데이터를 그래프로 만들거나 개념적인 그림과 삽화를 넣으며 소리와 음악, 동영상을 첨가한다. 시청각자료는 제각각 구별되는 독특한 의미와 인상을 담고 있다. 따라서 시청각자료는 청중에게 선명한 인상을 주도록 구성해야 한다. 인간이 외부 정보를 인지하고 학습할 때 오감을 이용하는 정도에는 많은 차이가 있다. 외부정보의 83%는 시각, 11%는 청각, 나머지 6%는 후각, 미각, 촉각을 통해서 인지한다고 한다. 만약, 시청각자료를 통한 전달이 실패한다면, 그 발표는 94%를 실패한 것으로 보아야 한다. 역으로 시청각자료 준비와 전달을 성공적으로 시행했다면 그 발표는 94%를 성공한 것으로 볼 수 있다. 성공적인 발표를 위해 시청각자료를 제작할 때는 발표의 목적과 청중의 필요에 적합한 자료를 준비, 청중의 관심을 지속적으로 끌 수 있는 자료로 간결해야 하며, 단번에 너무 많은 정보를 전달하려 하지 말고 핵심적인 메시지만 담아야 하고 자료가 일관적이어야 한다. 디자인, 도형, 컬러, 폰트 등의 느낌이 제각각이어서 혼란스럽지 않아야 하고 효과적인 색채와 디자인으로 자료를 준비해야 한다. 또한, 시청각자료 제작에는 다양한 종류의 소프트웨어와 하드웨어를 사용한다. 가장 일반적인 제작기법은 파워포인트이다. 시청각자료 제작에는 특별한 원칙(Rule)이 없으므로 발표목적에 맞는 방법을 선택하면 된다. 최근에는 비주얼 효과를 높이기 위해 포토샵에서 디자인한 내용을 디텍터로 구현하기도 하고 3D 모션그래픽 등과 같은 첨단기법을 동원하기도 한다. 그러나 시청각자료가 아무리 중요할지라도 이것이 발표의 주체가 될 수는 없다. 발표의 주체가 될 수 있는 것은 오직 프리젠터이다. 시청각자료를 통하여 메시지 전달효과를 높이는 것은 바람직하나 프리젠터의 주체적 역할을 축소하거나 포기한다면 그 발표는 결코 성공적일 수 없다. 시청각자료는 부교재이거나 보조 자료임을 명심하고 발표자가 프레젠테이션을 주도적으로 진행해야 한다.

셋째, 음성(목소리)은 전달자의 머릿속에 들어 있는 정보를 다른 사람에게 전달하는 표현도구이다. 이 음성언어는 전달자의 자신감을 무의식적으로 드러낸다. 크고 활기찬 목소리는 분위기를 압도하고 청중의 신뢰를 얻는 데 충분한 조건이 된다. 목소리는 프리젠터의 이미지를 결정하는 데 매우 중요한 요소이다. 뿐만 아니라 프레젠테이션의 성패를 좌우할 수도 있는 막강한 힘을 지니고 있는 프레젠테이션 도구이다. 좋은 음성언어의 조건은 음량이 풍부해야 하고 발표공간에 있는 모든 청중들이 전달자의 목소리를 자연스럽게 들을 수 있을 정도로 소리가 커야 한다. 풍부한 음량은 다양한 음성의 형태를 자유자재로 구사할 수 있어 발표의 효과를 증진할 수 있다. 그러나 음량이 작거나 힘이 없으면 자신감이 결여된 것으로 오해받기 쉽고 청중의 관심과 이목을 집중시키기가 어렵다. 음량이 풍부한 소리를 내기 위해서는 복식호흡을 통하여 발성하는 연습을 꾸준히 해야 한다. 음성은 발음이 분명해야 한다. 발음이 정확하지 않은 사람들은 대부분 문장의 한 구절 끝부분을 힘없이 말하는 경향이 있다. 이런 사람들은 평소 문장의 끝부분을 분명하게 발음하는 습관을 들이는 것이 필요하다. 메시지 내용을 잘 준비했더라도 그 내용을 전달하는 발표자의 발음이 부정확하여 청중들이 듣기에 불편하다면 그 발표는 결코 성공적일 수 없다. 음성은 다양한 형태가 있어야 한다. 사람의 감각은 동일한 자극이 일정시간 지속하면 무감각해지고 주의가 흐트러진다. 사람의 주의를 지속적으로 끌기 위해서는 반드시 자극의 변화를 주어야 한다. 청중의 마음을 지속적으로 모으기 위해서는 음의 변화를 다양하게 주어야 한다. 고저, 장단, 강약, 완급과 같은 다양한 음의 변화가 있을 때 청중의 관심을 계속 끌어당길 수 있다. 청중이 듣기에 편안하고 즐거운 음성을 내기 위해서는 꾸준하게 음성훈련을 해야 한다. 후천적인 노력을 통하여 음성의 양과 질을 향상시킬 수 있는 다양한 방법이 있다. 특히 음성개발에 있어서 복식호흡은 그 기초이다. 우리는 하루에 1만 번 이상 호흡한다. 호흡으로 들이마신 산소는 몸속 장기의 작용을 돕고, 폐에서 산소와 교환된 이산화탄소는 내쉬는 호흡을 통해 몸 밖으로 빠져나간다. 횡격막을 위아래로 크게 확장하고 수축시켜 산소를 충분히 들이마시고 이산화탄소 배출을 원활하게 도움으로써 폐활량을 높이고 심폐기능을 향상시키는 복식호흡을 한다. 흉식 호흡을 통해 좋은 음성을 개발하려는 것은 사상누각(砂上樓閣)과 다르지 않다. 아랫배 깊숙이 들이마시는 호흡을 통하여 활기차고 선명한 음성을 개발해야 한다.

넷째, 비언어적 요소언어는 인간이 커뮤니케이션 상황에서 제스처, 신체의 움직임, 얼굴표정, 눈의 움직임과 자세, 헤어스타일, 복장, 몸짓 등으로 의사소통하는 것이다. 즉 언어 이외에 다른 방법으로 이루어지는 커뮤니케이션을 말한다. 외형은 발화 이전의 상황에서 화자의 이미지를 결정하는 중요한 단서가 된다. 즉, 개인은 옷차림이나 인물 등 표면에 드러난 전체적인 단서를 통해 상대방에 대한 인상을 갖게 된다. 지각된 옷차림, 외모, 외형으로 그 대상 전체를 평가하려는 지각경향을 무시할 수는 없다. 비언어적 커뮤니케이션은 글로 써지고 입으로 말하는 언어처럼 드러나는 요소 이상의 모든 자극과 반응을 통한 감정 소통의 상태라고 할 수 있다. 비언어적 커뮤니케이션은 언어 메시지를 보완하고 또 하나의 의미전달 채널이 될 수 있을 뿐만 아니라 이에 대한 효과를 높임으로써 대중을 설득하는 더 큰 성과를 파생시킬 수 있다. 비언어적 요소언어의 설득은 청가 화자의 비언어적인 신호에 의하여 수집된 정보에 중점을 두는 경향이 있어, 특히 중요하기 때문이다. 비언어 행위는 언어 메시지를 강조 또는 증폭시킬 수도 있고 완화시킬 수도 있기에 결국 우리는 사회적 상황에서 대화 상대의 조절기술에 근거하여 사람을 판단하는 상태에 노출된다. 그러므로 비언어적 커뮤니케이션의 전략을 효과적으로 구사하는 프리젠터는 프레젠테이션의 전달력을 감각적으로 높이는 동시에, 청중의 동의를 이끌어내고 설득시킬 수가 있다.

인간관계에 대해 많은 논의가 있지만 정작 인간관계를 정의하기는 쉽지 않다. 사람들은 스트레스·우울 등 신체 건강에 심각한 문제가 발생하면 병원까지 가게 되는 경우가 많지만 인간관계에서 문제가 발생하면 자신의 잘못과 부주의를 모두 나 아닌 남의 탓으로 돌리는 전형적인 물 타기 식의 거짓말과 행동을 연출하는 경험을 하면서 살아가고 있다.

사람은 사회적 동물이기에 사는 동안 갈등 속에서 자아를 발견하고 타인을 보면서 자아를 되돌아보게 된다. 심리학자 조셉 루프트(Joseph Luft, 1916~2014)와 해리 잉햄(Harry Ingham, 1914~1995)은 자신의 이름을 따서 '조하리의 창(窓)(Johari's Windows)'을 발표했다. 이를 통해 자신을 주의깊게 살펴보고, 자신의 생각과 주변 사람들의 생각을 연관시켜 보면서 그것이 자신의 모습을 잘 반영해 주는지 상상해 보아라. 공개된 영역은 자신이나 다른 사람에게 알려진 행동과 동기를 나타낸다. "공개된 영역 II"라고 명명되는 맹목적 영역은 자신은 인식하지 못하는 것들을 다른 사람들이 어느 정도 볼 수 있는 자신의 내면을 나타낸다.

도표에서 '비밀영역'이라고 명명되는 숨겨진 영역은 숨겨진 사항이나 민감한 감정을 나타내는 부분들과 같이 자신은 인식하지만 다른 사람에게 드러내지 않은 부분이다. 알려지지 않은 영역인 마지막 영역은 아주 깊숙이 묻혀 있어 일상적인 상호관계에서 사람들에게 보이지는 않지만, 마음속에 존재하기 때문에, 결과적으로, 훨씬 더 미묘한 방법으로 자신의 행동이나 일의 동기에 영향을 미치는 자신의 성격을 나타내는 부분이다. '인간은 하나의 자아가 아닌 네 개의 자아를 동시에 가지고 살아간다.'라고 하는 관계 도표가 있다. 인간의 의식세계를 사각형으로 그려놓고 그것을 세로와 가로로 나누어 4등분하면 창문처럼 보인다.

세로축은 '타인 인식'이며, 가로축은 '자기 인식'을 보여주는데, 첫 번째 창은 너도 알고 나도 아는 '열린 창(open area, 공개된 자아)'이다. 개방영역은 자기에 대해서 자신도 잘 알고 있고 다른 사람도 잘 알고 있는 부분으로 이 부분에서는 방어적 태도를 취할 필요가 없으므로 다른 사람과 갈등을 일으킬 소지가 없다.

두 번째 창은 너는 아는데 나만 모르는 '보이지 않는 창(blind area, 맹목 자아)'이고, 무지영역은 자기에 대해서 다른 사람은 잘 알고 있지만 본인은 모르는 부분이다. 이로 인해 나의 감정을 자극할 것을 염려하여 상대방이 나에게 그 부분에 대하여 말하기를 꺼리기 때문에 의사소통이 원활하지 못하여 갈등이 발생할 가능성이 잠재되어 있는 영역이다.

세 번째 창은 너는 모르고 나만 아는 '숨겨진 창(hidden area, 숨겨진 자아)'이다. 비밀영역은 무지영역과 달리 자기에 대해서 다른 사람은 모르고 자신만 아는 은밀한 부분으로, 자신의 숨겨진 부분이 다른 사람에게 노출될 때 다른 사람들이 어떻게 반응할지 두려워 자신의 감정과 태도를 숨기는 경우가 많아 무지영역과 마찬가지로 갈등의 소지가 잠재되어 있는 영역이다. 네 번째 창은 너도 모르고 나도 모르는 '미지의 창(unknown area)'이다. 미지영역은 자신에 대해서 자신도 모르고 다른 사람도 모르는 부분이다. 이러한 상태에서는 오해가 발생하기 쉽고 감정이 격해지거나 갈등이 야기되기 쉽다.

출처: 이데일리, 2022.01.26.

- I Know / You Know
  (열린 창, 자신도 다른 사람도 아는 자아)
- I Know / You don't Know
  (자신만 아는 자아, 숨겨진 창)
- I don't Know / You Know
  (다른 사람만 아는 자아, 보이지 않는 창)
- I don't Know / You don't Know
  (아무도 모르는 자아, 미지의 창)

1. 자신을 표현할 수 있는 형용사를 먼저 떠올려보자. 외향적인, 확신에 찬, 수줍은, 행복한, 감정적인, 의존적인, 이기적인, 세심한, 우울한, 성실한 등

2. 성품을 묘사하기 위해 사용되는 형용사 카드(조하리의 창에서 제시한 57개의 형용사 카드 참조) 중에서 10~15개를 선택한다. 그런 다음, 자신을 비교적 잘 알고 있는 가족이나 친구, 또는 동료에게도 같은 숫자만큼 형용사 카드를 선택하도록 한다.

3. 자신과 타인이 선택한 형용사 단어를 분류해서, 서로 겹치는 단어는 '열린 영역'에 놓는다. 타인은 선택했는데 자신은 선택하지 않은 단어는 '맹목 영역'에, 자신은 선택했는데 타인은 선택하지 않은 단어는 '숨겨진 영역'에, 두 사람 모두 선택하지 않은 단어는 '미지 영역'에 놓는다.

4. 영역별로 놓인 카드를 보면서, 왜 그런 카드를 선택했는지 상대방과의 대화를 통해 자신의 모습을 분석해 본다. 남편과 아내, 엄마와 딸, 연인 또는 친구끼리 서로를 구체적으로 알아가며 장점을 찾아주는 유익한 시간을 보낼 수 있을 것이다.

□ 감정의 이해

1. 얼굴표정은 보디랭귀지(body language)라고도 불리는 일종의 몸짓 언어다. 인간이 위험한 상황에서 눈을 감거나 몸을 움츠리는 반사행동을 비롯해 다양한 몸짓 언어를 구사하는 이유에 대해 설명하시오.

표정-소통신호에 관한 가설

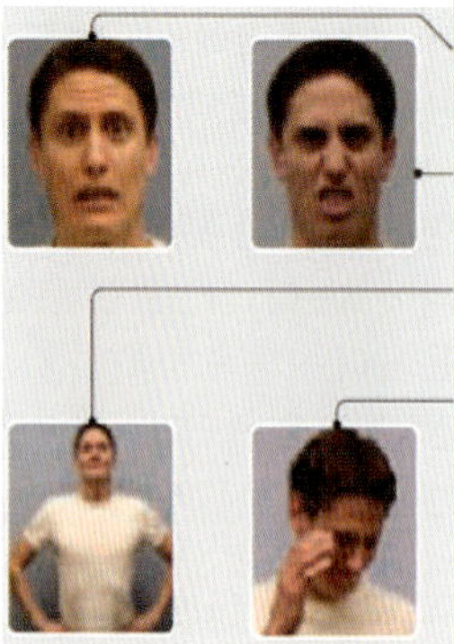

출처: 동아닷컴, 2011.12.30.

표정	신체적인 기능에 대한 가설	의사소통 기능에 대한 가설
두려움(공포)	눈을 크게 떠 시야 확보 눈동자를 빠르게 움직여 상황 파악	위협적인 상황에 대한 경보, 잠재적인 공격자를 달램
역겨움	콧구멍 등을 조여 나쁜 물질이 몸속에 들어가는 걸 막음	불쾌한 생각과 행동, 혐오적인 음식에 대한 경고
자랑스러움	가슴을 펴 폐활량과 공격성을 강화하는 호르몬 증가, 경쟁자를 상대할 준비가 됨	사회적인 위치가 높음을 나타냄
부끄러움	잠재된 위험에 반응해 몸을 전체적으로 감추려 듦	사회적인 위치가 낮음을 나타냄
행복함	추가 연구 필요	위험이 적은 상태를 알림
슬픔	추가 연구 필요	상대에게서 동정을 이끌어 냄
화남	추가 연구 필요	긴급한 위험 경보, 우월함의 표시

2. 웃음과 인사경영의 성공사례를 조사하시오.

국가	인사법
미국	악수를 한다.
하와이	"알로하 알로하" 하며 서로 끌어안고 양쪽 볼을 대며 인사한다.
알래스카	"브텐니 음음" 하며 두 주먹을 코에 붙여 서로 끝을 비빈다.
중국	"씨씨 니하우마" 하며 자기의 두 팔을 들어서 팔목을 잡고 허리를 굽혀 정중히 인사한다.
일본	"하지메마시테" 하며 허리를 여러 번 굽혀서 인사한다.
인도	"오! 살로모어" 하며 양손을 입에다 붙였다 떼면서 나아가 "오! 살로모어" 하면서 서로 끌어안는다.
프랑스	서로 볼을 댄다.
아랍	서로 껴안고 뺨을 댄다.
네팔	"나마스테(3회)' 하며 양손을 머리에 얹고 허리를 90도 굽혀 인사한다.

3. 음악과 감정과의 연관성은 고대 그리스까지 거슬러 올라가지만, 16세기 르네상스 시대 이후 비로소 집중적으로 인식되기 시작하였다. 르네상스 시기는 고대 그리스의 사상이 전반적으로 유행하던 때로, 음악 역시 그리스 사상을 계승하였다. 제시된 시대별 장르곡, 아베마리아, 푸가 사단조 BWV576, 사계, 할렐루야, 놀람 교향곡, 세레나데 13번 K.525, 운명 교향곡, 마왕, 즉흥 환상곡, 봄의 제전, 청소년을 위한 관현악 입문에 대해 분석하시오.

4. 필적감정은 필세, 필압, 배자형태, 필순, 자획 구성으로 동일인 작성 여부를 판단한다. 지문이 다르듯이 그들의 필적 또한 모두가 다르다. 그러나 선천적으로 타고난 지문과는 달리 필적은 후천적으로 학습에 의하여 체득되는 것이기 때문에 개개인의 필적이 독특한 개인적 특징을 띠기는 하지만 그러한 특징이 지문처럼 죽을 때까지 변하지 않는 것은 아니다. 한글 필적 분석에 대해 설명하시오.

- 문제지의 해당란에 성명과 수험 번호를 정확히 쓰시오.
- 답안지의 필적 확인란에 다음의 문구를 정자로 기재하시오.

나의 꿈은 맑은 바람이 되어서

- 답안지의 해당란에 성명과 수험 번호를 쓰고, 또 수험 번호, 문형(홀수/짝수), 답을 정확히 표시하시오.
- 문항에 따라 배점이 다릅니다. 3점 문항에는 점수가 표시되어 있습니다. 점수 표시가 없는 문항은 모두 2점입니다.

CHAPTER 6

지속가능한 리더십

1. 역사의 교훈으로부터 배우는 군주 리더십

어느 시대에도 위기는 이어져 왔지만, 누구와 함께 어떤 가치를 갖고 어느 방향으로 어떤 목표를 세우느냐에 따라 위기요인을 혁신의 기회(전화위복, 轉禍爲福)로 삼아 중·장기적으로는 새로운 패러다임의 변화에 대응했던 조선 군주들의 리더십에 대해서 살필 필요가 있다. 글로벌 시대의 도래로 사회는 다양화, 다원화되고 있으며 조직 구성원들의 원활한 의사소통과 협력을 통한 조직의 발전을 위하여 리더의 역할이 더욱 중요해지고 있다.

인류 문명의 탄생과 함께한 리더십은 조직 구성원들이 공동의 목표를 달성함으로써 개인적 이상을 추구해 나가는 과정에서 그 존재의 의미를 가지므로 개인 간의 유기적 관계를 유지하고 조직의 목표달성에 공헌하기 위해서는 구성원들이 최대의 창의성을 발휘할 수 있도록 동기를 부여하는 리더의 역할이 필요하다. 따라서 조직에서의 역량은 리더의 역량과 구성원의 역량이 조화를 이룰 때 시너지 효과를 발휘할 수 있으므로 조직의 존재가치는 리더와 구성원(팔로워십) 간의 관계로 발전되어 왔다.

'리더십(Leadership)'이란 주제는 인류문명의 출연과 함께 동·서양 문명의 오랜 관심사였다. 본격적인 철학과 사상이 등장하기 이전의 신화의 시대에서는 위대한 지도자들에 대한 신화와 전설의 형식을 통해 지도자들의 업적을 칭송하고 공동체의 공통된 목적을 달성한 리더십의 주제를 전승해 왔다. 이러한 신화와 전설은 리더십에 대한 최초의 논의라고 할 수 있으며 이들은 공동체를 외부의 위험으로부터 보호하고 불안을 제거해 주는 역할을 함으로써 사회의 통합과 공동체의 번영을 이루는 서사를 통해 리더십의 전형을 구축해 왔다. 그리고 이들의 이야기는 시대를 거쳐 전승되어 인류사회 리더십 연구의 초석을 마련해 주었다.

리더십에서 '리더(Leader)'라는 용어는 AD 1300년경부터 그 기원을 찾을 수 있다. 그러나 오늘날 우리가 사용하는 '리더'라는 용어가 본격적으로 사용되기 시작한 것은 약 200년 전부터이다. 따라서 리더십이란 용어는 매우 다양하고 모호한 개념이다. 그리고 리더십은 연구 분야, 시대적 상황과 문화적 배경에 따라 다르게 정의되기도 한다. 리더십의 정의가 이렇게 불분명한 것은 리더십의 속성이 리더와 구성원 그리고 조직의 다양한 상황을 모두 포함하는 복잡한 현실에서 유래되었기 때문이다. 리더십의 역사적 연구들은 주로 '제왕학', '군주론'으로써 정치사상에 기반을 두고 도덕과 가치 및 윤리적 당위에 바탕을 두고 평가되었다. 오늘날 통용되는 리더십은 2차 세계대전 이후 산업현장을 중심으로 공동체와 이를 구성하는 공동의 의식과 신념의 형성에 많은 영향을 미치고 있다. 현대 조직과 리더에 대한 윤리적·사회적 요구가 커지고 있는 상황에서 리더십에 대한 사회적 요구는 자본주의의 구조적 문제와 이에 따른 전반적인 행동 변화에 관한 것으로 사회 전반에 형성되어 있다. 하지만 현대적 개념의 리더십은 리더십을 연구한 학자의 수만큼이나 다양한 정의가 있다. 현대의 리더십에 대한 주요 학자들의 정의를 살펴보면 다음과 같다.

현대는 누구나 조직을 떠나서 살 수 없으며, 급속한 환경의 변화와 혁신으로 특정지어지는 오늘날의 사회에서 조직의 목적을 효율적으로 달성하기 위해서는 조직의 목표설정 및 달성, 조직구성원의 욕구 등을 잘 조정하며 조직을 효율적으로 운영하기 위해서는 조직 내 리더십이 필요하다. 개인과 개인, 조직과 개인, 조직과 조직의 상호작용을 원활히 하기 위해서는 개개인이 리더십을 지니고 있어야 한다. 이러한 조직은 외부적으로는 환경과 접해 있으며, 내부적으로는 조직원인 개인으로 구성되어 있어 이들의 유기적인 관계에서 각 조직의 목표를 달성하고자 한다. 즉, 리더십의 개인행동과 집단행동의 형성은 물론 이들 행동을 조직성과에 연결시키는 매우 중요한 요소가 되고 있다.

성공적인 조직은 그렇지 못한 조직과 비교하여 차이를 보이는 어떤 특성을 나타내는데 그중 대표적인 것이 리더십이다. 피터 드러커(Peter F. Drucker, 1909~2005)는 효과적인 리더는 "사랑받고 칭찬받기 위해 일하는 사람이 아니라, 그는 그를 따르는 사람들이 올바르게 일하도록 도와주는 사람이다. 리더십은 인기를 얻는 것이 아니라 성과를 만들어내고 책임을 지는 것이다"라고 말했다. 이처럼 리더십이 한 조직에서 미치는 영향은 막대하다. 리더십의 사전적 의미는 희구되는 목표를 달성하기 위해 개인 및 집단을 조정하며 동작하게 하는 기술을 의미하며 조직 구성원으로 하여금 바람직한 조직목표에 자발적으로 협조하도록 하는 기술 및 영향력을 말한다.

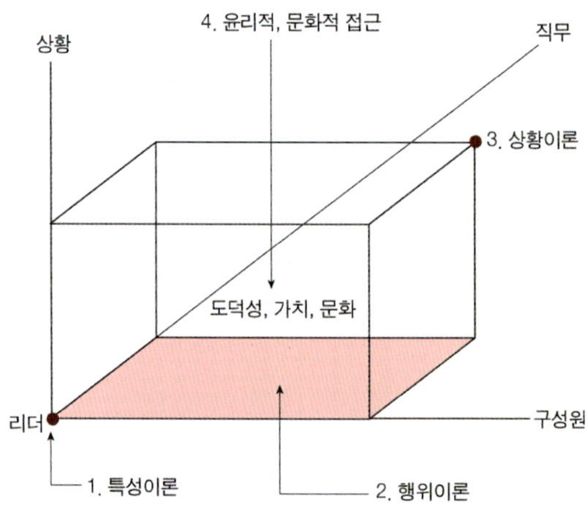

리더십은 조직의 공식적 구조와 설계의 미비점을 보완하고, 변화하는 환경에 조직이 효율적으로 적응하도록 하며, 조직 내부의 조화를 유지시키고, 조직 구성원의 동기를 유발, 재사회화하는 기능 등을 수행한다. 관리자(경영관리)는 현상 유지에 주력하지만 리더는 늘 도전하며, 관리자는 제도와 구조에 주목하고 리더는 사람에게 초점을 맞춘다. 관리자는 '어떻게'와 '언제'를 묻지만 리더는 '무엇'과 '왜'를 물으며, 관리자는 '바르게' 일하고, 리더는 '바른' 일을 하는 데 노력한다. 리더십 스타일은 권위형(독재형) · 민주형 · 자유방임형 등으로 구분되며, 리더십 이론은 자질(특성)론(資質論, traits theory)으로부터 시작하여 행동유형론(行動類型

論, styles of leader behavior), 상황적합론(狀況適合論, situation theory)을 거쳐 카리스마적 리더십, 거래적 리더십, 변혁적 리더십, 문화적 리더십 등으로 발전하여 왔다.

고려에서 신진사대부(新進士大夫: 진취적 성향. 정도전 · 정몽주 등. 성리학)와 신흥 무인세력이 힘을 키울 무렵, 14세기 후반 주원장(朱元璋, 1328~1398. 재위 1368~1398. 명나라의 창업자 홍무제, 洪武帝)은 원을 몰아내고 중국에 새로 들어선 명(1368)을 건국 후 고려에 철령위를 설치하겠다고 통보하였다. 이에 우왕과 최영은 전쟁을 결의하고 요동 정벌을 추진하였다. 그러나 정벌군을 이끈 이성계는 압록강의 위화도(1388)에서 군대를 돌려 개경으로 돌아와 우왕과 최영을 몰아내고 실권을 장악한 뒤 과전법(科田法)을 시행하는 등 토지 개혁을 단행하였다. 신진사대부 중 급진 개혁세력은 고려왕조의 유지와 온건 개혁을 주장하던 정몽주 등을 제거하고 이성계(태조)를 왕으로 추대하여 조선(1392)으로 왕조를 교체하면서 정치세력은 어떻게 변화하여 갔는가. 고려 말에 서로 다른 정치적 경험을 하였던 이들이 새 왕조의 새로운 권력관계에 어떻게 편입되었는지는 흥미로운 주제가 아닐 수 없다. 왕조 교체과정 중에는 그에 대한 찬반을 기준으로 정치세력이 구분되었지만, 왕조 교체 이후에는 정치세력 간에 새로운 정치적 이해관계가 개입될 소지가 있었다. 왕조 교체를 주도한 사람들은 정치적 안정을 위해 기존의 지배세력을 완전히 와해시키지 않았고, 기존 구세력은 사회적 위상을 바탕으로 정치 참여욕구를 가지고 있었다. 그러한 상황에서는 왕조 교체를 경험한 사람들이 어떤 정치적 선택을 내리는지가 매우 중요한데, 출사(出仕)와 절의(節義)라는 기존의 이분법적 잣대에서 벗어나 좀 더 현실적이고 구체적인 양상을 살필 필요가 있다.

조선왕조는 성리학을 국학으로 삼아 그 이념을 국가사회에 실현한 성리학적 명분사회였다. 왕도정치를 지향하여 덕치를 우선시하고 인간의 자율성을 제고하기 위해 교화(敎化)를 통한 통치철학을 내세웠다. 천명을 받은 군주가 백성을 덕(德)으로 교화(敎化)하여 다스려야만 삼대(三代)의 태평시대에 가까워질 수 있다고 믿고, 덕을 기르기 위한 교육(敎育)에 심혈(心血)을 기울이며 제도(制度)를 확립(確立)하기에 이른다. 국왕(國王)은 한 나라의 통치권자(統治權者)로서 흥망성쇠(興亡盛衰)의 국운(國運)과 백성의 삶이 그의 손에 달려 있기에 성인(聖人)의 가르침을 바탕으로 백성(百

姓)을 위하는 이상적인 군주(君主)로서의 자질(資質)이 요구되었다. 이를 위하여 왕위(王位)를 계승할 후계자(後繼者)의 교육(敎育)은 성리학에 맞게 체계적으로 이루어졌으며 국가에서는 왕세자의 교육에 아낌없는 지원(支援)을 했다. 그 내용을 살펴보면 첫째, 목표를 세워라. 학문(인생)의 최종 목표를 확고히 가져라. 그것은 "나도 반드시 성인(聖人)이 되겠다."는 유가(儒家)의 것이기도 하지만, 장차 조선의 국왕이 되기로 정해져 있었기에 성인(聖人)이면서 군주(君主)를 의미하는 성군(聖君)이 되는 것을 목표로 하였다. 둘째, 성실히 실천하라. "뜻을 세우는 것 다음에 아는 것을 분명히 하고 행실, 곧 실천을 독실하게 해야 한다"고 하였다. 뜻을 세웠으면 그것을 이루려는 성실한 실천이 따라야 한다는 것이다. 자기 자신과의 끊임없는 싸움에서 이겨야 함을 뜻하며, 누구나 노력하면 이룰 수가 있고 모든 것은 나 자신에게 달려 있는 것으로 다른 핑계가 있을 수 없는 것이다. 성인(聖人)과 평범한 사람의 차이도 입지를 세우고 얼마나 실천을 하느냐에 달린 것이다. 뜻을 세우는 것(立志)이 중요한 이유는 입지(立志)가 평생토록 실천의 길잡이 노릇을 하기 때문일 것이다. 셋째, 강한 신념을 가져라. 마음과 뜻만은 지혜롭고 어질게 변화할 수 있다는 신념(信念)을 갖는다. 뜻을 마음속에 두고 이것을 견고하게 하고 조금도 물러서지 말라는 뜻으로, 사람의 외형적인 모습은 고칠 수 없다 하더라도 사람의 마음과 뜻은 의지에 의하여 바꿀 수 있음을 말한다. 넷째, 지속적으로 매진하라. 우물쭈물하지 말고 너의 뜻을 이루도록 배움에 성실하게 뜻을 세우는 것이 중요하지만 애써서 나아가려 하지 않고 어떤 효력이 나타나기만을 기다려서는 소용이 없다. 입지를 세웠다고 해서 모든 것이 저절로 이루어지지 않을뿐더러 시간의 흐름에 따라 퇴보(退步)할 수도 있기 때문이다. 목적한 바를 이루기 위해서는 한마디로 말할 수는 없지만 입지를 근본으로 하여 부지런히 공부하고 오히려 내가 따라가지 못할까 두려워하며 물러서지 말고 지속적으로 노력해야 할 것이라고 하였다.

역사는 역사가가 여러 가지 자료를 토대로 과거의 사실을 해석하여 언어로 표현한 서술이라고 할 수 있다. 죽은 과거의 기록이 아니라, 미래로 이어지는 맥락으로 현대의 문명이 과거의 여러 문명과 같은 길을 걸으라는 것이 틀림없다는 것을 예언할 수 있는 것은 아니다. 그러나 확실하게 말할 수 있는 것은 만일 현재의 사태와 흡사한 과거의 사태를 입체적 · 동적으로 이해하고 있으면 현재의 문제를 해결할 수 있는 창조적 대안을 제시할 수 있다. 즉, 인간의 과거에 관한 지식을 가르치고 이를 기초로 역사적 사고력과 통찰력을 신장시키며, 바람직한 역사적 가치관과 태도를 함양하기 위해서 조선시대가 차지하는 비중이 매우 크다는 것을 알 수 있다.

조선의 왕은 지존이면서 사대부적 교양을 함께 지녀야 했다. 왕은 무(武)가 아닌 문(文)으로 나라를 다스린다. 성리학을 통치이념으로 채택한 조선은 문치(文治) 혹은 예치(禮治)를 지향한 국가였다. 이러한 점에서 조선의 왕은 문(文)을 아는 문인(文人)이었고 또 그렇게 되어야 했다. 조선의 왕은 스스로의 힘으로 왕위에 오른 사람도 있고 강한 신하에 의하여 하루아침에 옥좌에 앉게 된 사람도 있지만, 대부분의 왕은 사대부적 교양을 지닌 문인의 한 사람이었다. 조선의 왕은 삼부를 총괄하는 최상의 권력을 지니고 있었다. 왕의 임기는 일단 왕위에 오르면 특별한 결함이 없는 한 평생토록 지속하는 종신직이었다. 그렇기 때문에 왕을 규제하여 훌륭한 인물이 되게 하기 위한 두 가지 방법을 실시하였다. 하나는 기록이었고 다른 하나는 교육이었다. 먼저 기록이란 왕의 모든 말과 행동을 철저하게 기록해 둠으로써 후대에 엄정한 평가를 받게 하는 것이다. 다음으로 교육이란 왕이 신하를 스승으로 삼아 평생토록 교육을 받아야 하고 교육이 이뤄지는 자리에서는 현실 정치의 문제점까지 지적함으로써 왕을 규제하였다. 조선의 국왕이라면 누구나 신하가 올리는 문서를 읽고 처리할 능력을 지니고 있어야 했다. 또한 국왕이 새 정책을 시행하려면 유학 경전을 널리 인용하면서 자신의 정치 이념을 정리해서 밝혀야 했고, 중국과 조선의 역사적 사례를 거론하면서 자신의 정책을 밀고 나갈 수 있는 학문적 기반을 갖추고 있어야 했다. 조선의 왕은 국가에서 일어나는 모든 일에 책임을 져야 했고, 정치와 사법, 행정상의 국무(國務)에 최종 판단과 결정을 내려야 했다. 왕의 권한과 업무 범위가 이같이 넓고 중요했기에 복잡한 업무를 수행할 지적 능력과 육체적 강인함이 동시에 요구되었다. 그 제도적 보완의 대표적인 예가 경연이다. 이 제도는 왕이 경전과 사서(史書)에 관한 소양을 익히며 유교적 교양으로 왕의 덕성을 키우고자 하는 의도로 운영했는데, 왕의 자의적인 왕권 행사를 통제하기 위한 수단이기도 했지만 다른 한편으로는 그 지적 능력을 키우기 위해 마련된 교육의 장이기도 했다.

리더의 능력에 따라 구성원이 아주 안정되고 평화로운 삶을 영위할 수도 있고 아니면 날마다 죽을 고비를 넘겨야 하는 힘들고 괴로운 생활을 이어나가는 상황을 맞이할 수도 있다. 또한 다른 부족과의 싸움에서 이겨 조직의 규모를 확대할 수도 있지만 부족에 대한 통솔력에 문제가 있을 경우 조직의 일부 구성원이 사망하거나 전멸하여 소리 없이 사라지기도 한다. 점차 사회가 안정되어 국가가 생기고 왕족이 등장함으로써 백성을 지배하게 되었다. 현대에 와서는 리더를 국민이 선택할 수 있는 선거제도가 있어 구성원에게 가장 큰 도움을 주는 자를 선택할 기회가 주어지지만 선사시대에는 오직 물리적 힘이 있는 자만이 우위를 점할 수 있었다. 리더의 표현방법에 대해서는 그 인간의 인격이나 능력을 중시하는 위인이론(偉人理論, Great man theory) 또는 그 시대의 특징적인 사회·경제적인 상황에 주목한 시대정신설 등이 주창되었지만 어느 것도 단독적 개념으로는 완전할 수 없고 여러 학설의 종합적인 접근으로 제대로 표현할 수 있다. 상황적합이론에 따르면, 상황이 아주 좋거나 나쁠 때는 과업지향 리더가 효과적인 반면, 보통 상황에서는 관계성지향 리더가 효과적이다. 과업지향적 리더는 지시를 통해 목표를 설정하고 그에 따른 성원들의 역할을 확정하여 집단성원들의 공동목표 달성을 위해 매진하도록 하는 리더이고, 관계성지향적 리더는 집단성원들을 지원하여 성원들 자신에 대한 만족뿐만 아니라 동료들과 일하는 상황에 대해서도 만족을 느끼게 하는 리더이다. 리더십은 '무리를 다스리거나 이끌어 가는 지도자로서의 능력'이라고 국어사전에 정의되어 있으며 '지도력'으로 번역되어 사용되기도 한다. 계층을 강조하여 권력에 기반하는 수직적 리더십보다는 구성원과의 관계에 기인하는 수평적 리더십과 다원적 소통이 필요한 시대라고 할 수 있다. 따라서 리더(leader)는 혼자 존재할 수 없다. 따르는 사람(follower)이 아무도 없다면 리더가 될 수 없기 때문이다. 따라서 리더는 항상 '따르는 사람들'의 존재를 전제해야 한다. 그렇게 해야만 리더와 구성원 간의 조화를 통해 조직의 발전을 꾀할 수 있기 때문이다.

한국은 윤리적 당위(當爲)와 실제(實際) 틀에 근접한 국면이 있으며, 군주형(君主型),

장수형(將帥型), 애국지사형(愛國志士型)의 대표적인 모델로 모든 국민으로부터 존경과 칭송을 가장 많이 받고 있는 리더들이다. 리더는 태어나는 것이 아니라 만들어진다고 하는데, 역사상 훌륭한 정치가나 경영인은 선천적으로 태어나기보다는 시대적 상황과 성장과정을 통해 학습되고 치열한 경쟁을 거치면서 만들어진다는 사실을 알 수 있다. 조선의 임금을 일컬어 태조, 정종, 세종 등으로 부르는데, 이런 명칭을 묘호(廟號: 임금이 죽은 뒤에 그 공덕을 기리어 붙인 이름)라고 부른다. 조선 군주들의 묘호는 모두 조(祖)와 종(宗)으로 끝나는데, 중국에서 들어온 호칭이다. 왕위에서 쫓겨난 연산군과 광해군은 왕자 신분으로 떨어진 탓에 종이나 조를 받지 못하고 군으로 불리었다. 여기에 함께 쓰인 시호는 왕이나 신하가 죽은 왕 또는 신하에게 올리는 이름이고, 존호는 신하들이 왕의 업적을 기리기 위해 올리는 이름이다. 왕위는 원래 왕의 큰아들(장자)이 계승하도록 되어 있다. 조선왕조의 왕위는 장자가 이어받는데, 조선왕은 27명으로, 그중에서 장자였던 왕은 문종, 단종, 연산군, 인종, 현종, 숙종, 순종 7명뿐이다. 맏아들이 제대로 왕이 된 경우는 단지 6명뿐이고, 순종을 포함해 다른 왕들은 모두 비정상적으로 왕위에 올랐다. 나머지 21명의 왕들은 9가지로 나눠볼 수 있다. 첫째, 반정(反正) 또는 반란(叛亂)에 의한 즉위이다. 반란을 통해 즉위한 왕은 태종과 세조이고 반정을 통해 즉위한 왕은 중종과 인조이다. 둘째, 반란 주동자가 찬탈의 오명을 쓰기 싫어 잠시 다른 이에게 왕위를 맡기는 경우다. 제1차 왕자의 난(태종)으로 일시적으로 정종에게 왕위를 맡겼던 것이다. 셋째, 왕비에서 태어난 맏아들인 적장자(세자)가 갑자기 죽는 바람에 적자 중에 둘째 아들인 차자가 왕위에 오른 경우이다. 예종과 효종이다. 넷째, 적장자인 세자를 쫓아내고 왕비의 아들인 다른 적자를 세운 경우이다. 세종이다. 다섯째, 전왕이 살아 있는 가운데 공식적으로 왕위를 받은 경우로 정종, 태종, 세종, 세조, 예종이 이에 속한다. 여섯째, 적자가 없어 후궁의 아들인 서자가 왕위를 이은 경우로 광해군과 순조이다. 일곱째, 아들을 얻지 못해 왕족 중에 1명을 양자로 들이거나 동생에게 왕위를 잇게 한 선조, 영조, 철종, 고종의 경우이다. 여덟째, 세자가 일찍 죽는 바람에 세손이 왕위를 이은 정조, 헌종의 경우이다. 마지막으로 왕이 타의에 의해 밀려나고 세자가 왕위에 오른 경우로 조선의 마지막 왕 순종이 이에 해당한다.

조선시대	조선군주의 윤리적 리더
조선 건국 왕자의 난 관학파	세종
임진왜란 전후 사화, 붕당 사림파	선조와 이순신
조선 후기 탕평정치 세도정치	정조

⇨

내용
- 한국의 리더십은 윤리적 실제의 문화적 가치 조화 - 관계에서는 유교적 가부장제에 바탕을 둔 권위 주의와 인정주의의 양면성 - 과정에서는 리더 중심의 일방성과 통제성, 설 득과 배려의 자율성의 양면성 - 기술에서 능력과 기술, 인간적 품성의 양면성 - 공동체의식과 개인적으로는 '흥'과 몰입의 상태가 최상의 수준으로 발휘되는 '신바람' 인식

세상이 어렵고 힘들수록 사람들은 새로운 비전 제시, 카리스마 또는 개별적 배려, 동기유발과 같은 참신한 리더를 원한다. 오늘날 우리 사회는 뛰어난 리더의 부재로 인하여 위기에 처했다고 해도 과언이 아니다. 우리는 역사 속에서 그 해답을 찾을 수 있다.

이를 좀 더 살펴보면, 첫째, 세종대왕(1418~1450)은 왕으로서 정치가로서 세종의 위대함을 부인하는 한국인은 아무도 없을 것이다. 조선 왕조는 물론 오늘날 한국의 국가적 기틀을 마련한 위대한 성군(聖君)으로서 전형적인 한국형 리더로 평가받고 있다. 그는 집현전 학자(황희, 허조, 맹사성)의 양성에서 보듯이 뛰어난 인재를 모아서 그들의 능력을 끌어내고 단순히 왕권으로는 움직일 수 없는 사람의 마음을 필요에 따라 적절하게 움직임으로써 우리의 문자인 훈민정음의 창제로 문자생활과 민족문화가 발전할 수 있는 기반의 확립, 기존의 전통문화를 계승하면서 서역과 중국의 과학기술을 수용하여 해시계 · 자격루 · 측우기 등의 각종 과학기구를 장영실, 이천, 이순지 등 능력 있는 기술자들을 발탁해서 발명하였다. 또한 백성들을 위한 『농사직설』, 전국 각지에서 생산되는 약재의 약명과 산지, 성질 등을 정리하고 치료법을 밝혀 향약의학의 전통을 확립한 『향약집성방』을 간행했고, 무기제조(신기전) 기술 발전 등을 통해 민족문화를 꽃피운 왕으로 볼 수 있다. 하지만 세종은 가족사의 불운과 각종 질환에 시달리면서도 자신에게 맡겨진 역사적 책무를 다했다. 세종의 모습이 우리에게 더욱 감동적으로 다가오는 것은 보통 사람들과 같은 고민과 걱정을 했던 그의 인간적인 모습 때문일 것이다. 세종의 리더십은 합리와 설득과 동의의 리더십 과정을 통해 변화와 창조를 이끈 리더십으로서 이를 도식하면 아래와 같다.

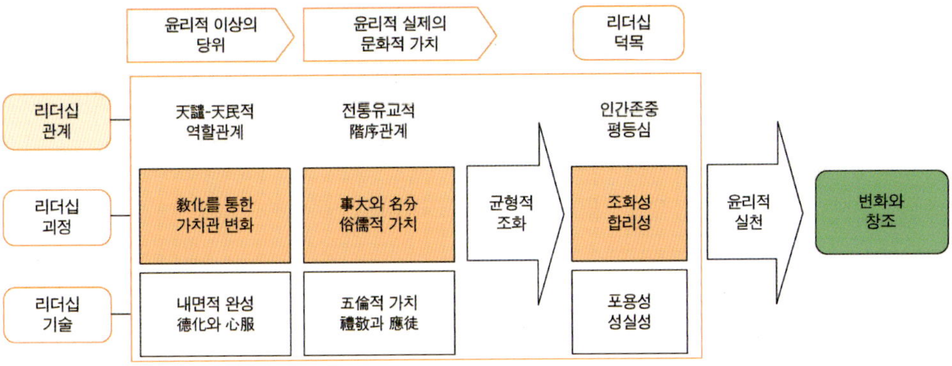

이를 관계측면에서 살펴보면 평등적(공동체) 인간관에 기초하여 백성을 '하늘이 내린 사람(천견, 天譴)'으로, 군주는 하늘이 내려보낸 사람으로 하나의 천손(天孫)이라는 대등적 관계(수평적인 협력)로 보아 전통 유교적 계서(階序)관계를 극복할 수 있었다. 과정측면에서는 일방적인 명령과 복종이 아닌 토론과 협의의 합리적 과정과 절차에 의거 수평적 커뮤니케이션을 수행하였다. 기술측면에서는 내면적 완성을 통해 자신이 왕이라는 자만심에 빠지지 않고 항상 신하들에게 최상의 태도를 보여주며 사람들과의 관계에서 흐트러짐이 없었다. 리더와 구성원의 관계를 상하관계가 아니라 천민과 천견의 대등한 역할과 협력 관계로 인식하고 신분을 뛰어넘어 국정의 대소사를 신료들과 격의 없이 논의하고 신분과 파벌 · 지역에 관계없이 인재를 두루 등용하는 인간존중과 평등심의 리더십을 발휘하였다.

둘째, 비운의 왕, 선조(宣祖, 1552~1608) 하면 꼬리표처럼 따라다니는 것이 1592년의 임진왜란과 의주로의 파천, 즉 피난 행위이다. 전시에 왕이 도성과 백성을 버리고 피난길에 나섰다는 것은 엄청난 치욕이었다. 조선의 제14대 왕 선조는 제11대 중종의 손자로 중종의 후궁 창빈 안씨의 소생(蘇生)인 덕흥대원군과 하동부대부인

정씨 사이에 태어난 3남 하성군이다. 후계자 없이 세상을 떠난 제13대 명종 다음으로 왕위에 오르니 선조는 조선 최초의 방계 출신 임금이다. 선조는 서자라는 콤플렉스를 끝내 이겨내지 못하는데 리더로서 많은 선택의 순간을 맞이하게 되지만 본인만을 생각했으며 문제를 피하기만 하고 외면하면서 잘못된 결정만을 하게 된 것이 끝내 이겨내지 못한 이유가 되었다고 생각한다. 리더도 사람이기에 부정적인 감정과 콤플렉스(complex)가 생길 수 있지만 이를 극복하기 위해서는 정면으로 부딪치며 노력해 보려는 본인의 절대적인 의지가 필요하며 마음이 편안해질 때 다른 사람을 포용하는 리더가 될 수 있을 것 같다. 우리 모두에게 있을 콤플렉스를 떨쳐내기 위해 용기를 내어보는 것도 리더로 발전하는 데 좋은 방법이 될 것이라 생각한다.

선조는 개인적인 능력이 뛰어났다. 학문을 좋아하고 명필이었으며 어려서부터 영특하여 명종의 총애를 받아 왕이 되었지만 약 41년의 긴 재위기간에도 불구하고 무능한 왕으로 평가받고 있다. 왕으로서 업적을 많이 이루어야만 좋은 왕이 되는 것은 아니겠지만 41년이라는 긴 시간에 비하면 선조에게 아쉬운 것이 많다. 모든 일이 최선을 다한다고 결과가 항상 따라주는 것은 아니지만 자신의 도전과 최선을 다한 기억은 또 다른 도전의 원동력이 될 수 있으므로 노력하는 자세가 중요할 것이다. 임진왜란을 예측하고 대비할 기회가 있었으나 외면하였고 전쟁 중에는 도성과 백성을 버렸으며 전쟁 후에는 나라를 지킨 선무공신(宣武功臣, 이순신, 권율 등 18명)을 홀대하고 선조를 따라 피난 갔던 호성공신(扈聖功臣, 이항복 등 86명)만을 챙겼으며, 명나라만을 높게 평가하는 등 전란 뒤 난국을 수습하지 못해 무능하다는 냉정한 평가를 받는 것은 당연하다.

임진왜란이란 1592년부터 1598년까지 2차에 걸쳐 왜국이 조선을 침범한 사건을 말하며, 1차를 임진왜란, 2차를 정유재란이라 한다. 하지만 포괄적 의미에서 1 · 2차를 합쳐 통상 임진왜란이라고 한다. 임진왜란은 글자 그대로 임진년에 왜가 난을 일으킨 사건이다. 그런데 '왜'라는 비하 명칭에서 알 수 있듯이, 이 속에는 주관적인 감정이 내포되어 있다고 할 수 있다. 즉 객관적으로 상대방을 파악하지 않고 무시하거나 경멸한다. 여기에는 국가와 국가 간의 대등한 전쟁이란 시각은 존재하지 않고, 임진왜란을 삼포왜란처럼 왜구의 분탕(焚蕩)질 차원에서 파악하고 있다는 점이다. 그러나 임진왜란은 당시 조선과 일본이 국력을 걸고 싸웠던 국가 간의 전쟁이라는 점에서 기본적으로 성격을 달리하고 있다.

임진왜란은 조선사회에 엄청난 고통을 가져다주었지만 반면에 수많은 영웅들을 배출하여 민간에 자긍심을 심어주기도 했다. 특히 이순신, 권율 등의 용장들과 곽재우, 휴정 등 수많은 의병장들의 활약은 전쟁으로 인해 도탄에 빠져 있던 조선 백성들에게 유일한 희망을 안겨주었다. 이들 중 끝까지 민간의 영웅으로 남았던 대표적인 인물로 이순신에 대해 간략하게 언급하고자 한다.

난세(亂世)에 핀 꽃 이순신은 이정의 네 아들 중 셋째이며 서울 건천동(중구 인현동)에서 태어났다. 그의 가계는 고려 때 중랑장(中郎將, 정5품)을 지낸 이돈수로부터 내려오는 문반 가문으로 이순신은 그의 12대손이 된다. 그의 할아버지 이백록은 조광조 등의 소장파 사림과 뜻을 같이하다가 기묘사화 때 참화를 당한 인물이었다. 그 후 아버지 이정도 관직에 뜻을 두지 않았던 만큼 이순신이 태어날 즈음 가세는 많이 기울어 있었다.

충무공 이순신(李舜臣, 1545~1598)이 보여준 리더로서의 덕목 중에는 세계화 시대의 리더들이 반드시 갖추어야 할 것들이 많다. 이순신의 생애는 위기와 실패의 순간이 왔을 때에도 그 것을 이겨내고 큰 목표를 향해 다시 시작하는 용기와 지혜를 가르쳐준다. 이순신이 보여준 희생정신과 솔선수범은 지금 시대에도 꼭 필요한 리더의 덕목이다. 당시 이순신이 보여준 청렴결백과 공정성은 정부, 기업, 학교 등 모든 조직에서 윤리성과 투명성이 더욱 강화되고 있는 시점에서, 세계화 시대의 리더들에게 필요한 덕목이라 할 수 있다. 또한 이순신의 세심한 부하사랑과 그가 남긴 여러 편의 시에도 잘 드러나 있는 풍부한 감성과 인간성은 감성적 리더십이 강조되는 시대에 리더들이 갖추어야 할 자질들이다. 이와 더불어 거북선 및 화포 개발을 주도한 이순신의 확고한 혁신의지와 지칠 줄 모르는 추진력을 배울 수 있다. 이러한 충무공 이순신의 리더십은 전장상황이라는 특수상황하에서 원칙과 인간미의 겸비를 통해 전승을 이끌어낸 리더십 기술로서 이를 아래 도식과 같이 요약할 수 있다.

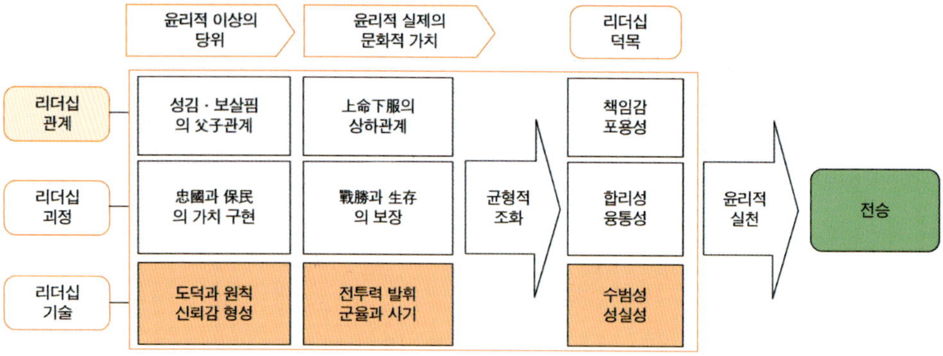

이순신 리더십의 윤리적 이상의 당위는 한국전통의 유교적 가치관(수기치인, 修己治人)에 바탕을 두고 있다. 이순신은 유교에서 강조한 수기치인을 일상생활을 통해 실천하고 이것이 리더십 기술에 그대로 발휘되었다. 이순신 리더십의 특징을 리더십 관계, 과정, 기술 면에서 살펴보면 다음과 같다.

리더십 관계적 측면에서는 장수와 부하 간의 관계를 부모와 자식 간의 관계로 인식하며 섬김과 보살핌을 기본으로 하고 있다. 국가와 임금과 관련된 상황에 있어서는 국가와 임금에 대한 충성을 우선하여 개인보다는 나라와 백성을 더 배려하였고 희생적으로 섬기는 책임감을 견지하였다. 그는 상황의 긴박성이나 내용의 중요도에 따라 원칙과 책임감을 가지고 평시에는 포용성(包容性)을 발휘하는 등 상명하복(上命下服)의 상하관계를 뛰어넘어 상황과 임무에 맞게 리더십 관계를 다양하게 운용하였다. 즉 리더십 관계를 부자유친(父子有親)의 오륜(五倫: 부자유친, 군신유의, 부부유별, 장유유서, 붕우유신)적 관계에 기초를 두었다.

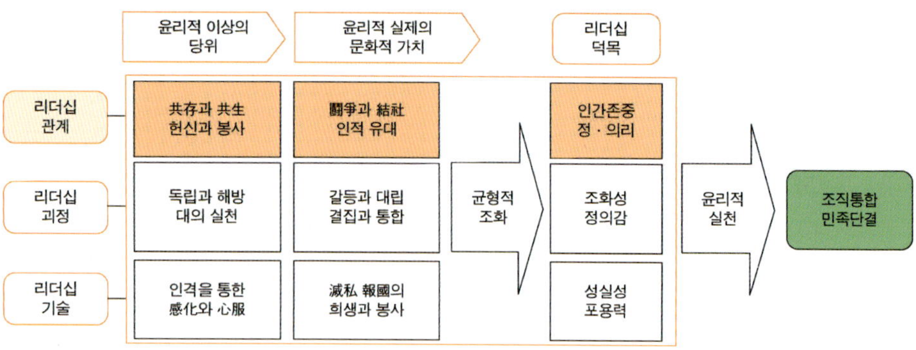

리더십 과정적 측면에서는 충국(忠國)과 보민(保民)의 공동가치에 바탕을 두고 일정한 힘의 수단과 원칙들을 공정하게 행사한 리더십을 수행하였다. 특히 상사(上司)의 비윤리적 행위에 대해서는 마음속으로 단호한 비판적 생각을 견지하면서 이를 타산지석(他山之石)으로 삼아 자신의 행동을 경책(警策)하고 부하에 대해서는 윤리적 당위에 따라 이를 다스리는 원칙중심의 리더십을 적용하고 있다. 이순신은 부하(部下)의 의견을 수렴하고 자신의 의견을 밝혀서 계획의 적실성을 당당하게 밝혔으며 자신을 따르면 언제나 안선하다는 믿음을 갖도록 하였다. 또한 이순신은 비판세력의 비방과 비판에 대해 비방이 아니라 상당히 개방적인 자세를 견지하였다.

리더십 기술적 측면에서는 원칙과 인간미를 겸비한 리더십을 수행하였다. 겸손과 헌신과 겸양의 미덕을 가졌고 매사에 항상 솔선수범하며 성실하였다. 이순신은 능력과 원칙, 도덕성의 덕을 갖춘 카리스마적 리더십을 갖추었다. 이것은 그의 인간적인 매력으로 부하와 백성들의 신뢰를 형성하고 전투력을 발휘하는 동인(動因)이 되었다. 상황에 따른 독단적 명령은 그의 예리한 판단력과 카리스마로 이어져 해전을 승리로 이끌었다. 이순신은 한번의 파직(罷職)과 두 번에 걸친 백의종군에도 불구하고 오직 애국과 전승을 신념으로 이를 받아들였으며 화실에 맞고도 수군들의 사기를 고려하여 이를 알리지 않고 전투를 지휘한 일련의 리더십은 높은 도덕성과 사명감으로 충전된 내면적 덕을 통해 가능한 것이었다.

셋째로 살펴보면, 생명에 심각한 위협을 느끼며 왕위에 간신히 올랐던 정조(1752~1800)는 지혜의 리더십과 개혁정신의 실체로서 세종과 함께 조선시대를 대표하는 개혁군주로 기억되고 있다. 그러나 정조에게는 지울 수 없는 상처도 있었다. 아버지의 비극적인 죽음의 상처를 안고 1776년 왕위에 오른 정조가 가장 역점을 두었던 것은 '앞에서 끌어주는' 설득 스타일의 리더로서 정치력을 발휘해 갈등을 다독였고, 불거지는 문제엔 희생을 최소화시키며 통합을 이뤄냈다. 정조의 치세(1776-1800)는 조선사회가 기존의 질서를 재확립하고 변화하는 사회적 요구에 대응해야 하는 이중의 과제가 부여된 시기이다. 이러한 시대적 과제를 효과적으로 해결하기 위하여 새로운 통치철학과 새로운 인물 육성, 그리고 이에 부응하는 개혁추진 기구가 필요하였다. 또한 18세기 후반 정조는 시 · 벽파(時辟派)의 대립관계로 좁혀지는 한편, 극히 한정적이기는 하지만 실학적인 정치세력이 어느 정도 왕권에 접근함에 따라 근대지향적인 실학사상이 정치현실에 적용될 수 있는 여건이 마련된 시기이기도 하다. 그리하여 정조는 외척과 환관(宦官) 세력을 제거하고, 영조 때 탕평파를 비판하였던 기존의 노론벽파 정권에서 소외되었던 인물로 정조의 개혁정치를 뒷받침해 줄 수 있는 남인을 비롯한 친군왕(장용영)세력이 필요했으며, 새로운 정치의 구심체로써 규장각을 설립하였다. 교육은 '국가의 백년지대계'라고 하였다. 백년지대계(百年之大計)라는 말은 인재양성이 국가와 사회발전의 근본 초석이고 그 영향이 심원(深遠)하기 때문에 백년 앞을 내다보는 큰 계획이라는 뜻으로 사용하는 말이다. 이는 교육을 잘하면 국가의 미래가 바로 설 것이라는 의미와 국가의 미래를 내다보며 교육을 해야 한다는 것을 모두 함축하고 있는 말이다. 교육이 잘 이루어지면 좋은 미래사회가 구현될 것이며, 미래사회를 예측하여 그에 적합한 교육을 해야 한다는 의미이기도 하다. 우수한 인적자원(초계문신제, 젊고 재능 있는 관료들을 선발하여 규장각에서 학문을 연구하게 한 제도이다. 정조는 이를 통해 자신의 세력기반을 강화)을 개발하는 것은 국가의 경쟁력을 확보하고 성공적인 미래를 결정하는 데 중요한 요소이다. 지식기반의 시대로 접어들면서, 국가의 전통적 경쟁요소인 경제, 기술과 특허 등은 전 세계가 선진화되면서 평준화되고 있다. 이러한 현상으로 국가의 진정한 경쟁우위의 원천은 우수한 역량을 가지고 동기 부여된 인적자원을 개발하는 것이라는 인식이 높아지고 있다. 무엇보다도, 국가의 경쟁력을 높이기 위한 인적자원 개발은 공공조직에서 선행되어야 한다. 그 이유는 공공조직의 구성원을 어떻게 활용하느냐가 국가의 생존과 번영에 많은 영향을 끼치기 때문이다. 조직의 최고계층인 고급관리자는 조직에서 달성하고자 하는 사업 전반에 대한 통찰력으로 구성원들에게 강력하고 분명한 비전을 제시하고, 합리적인 의사결정으로 사업을 총괄하는 역할을 수행한다. 두 번째 계층인 중간관리자는 구성원들이 조직의 목표를 효율적 · 효과적으로 추구할 수 있도록 체계적으로 계획을 수립하고, 헌신적 · 열정적으로 추구할 수 있도록 환경을 조성함으로써 구성원들을 지원하고 자극하여 높은 성과 기준을 갖게 한다. 세 번째 계층인 실무책임자는 조직의 목표달성에 기여하기 위하여 솔선수범하며, 하급자들이 다른 사람들과 효과적으로 협력할 수 있도록 조정과 통합을 통해 효과적으로 조직을 관리하여 성과를 창출하는 데 직접적으로 기여하는 역할을 한다. 마지막으로 네 번째 계층인 실무담당자는 자신의 재능, 지식, 기술, 좋은 업무습관 등을 통해 조직의 생산에 기여하는 역할을 한다.

리더십의 관계적 측면에서는 인간주의를 지향하고 있다. 정조는 항상 열린 마음으로 부하와 동료들과 공존공생하며 대의와 헌신, 인간존중, 정과 의리로써 투쟁과 결사의 인적 유대를 형성하고 유지하였다. 정조는 당파나 신분에 구애 없이 젊고 참신한 능력이 있는 인재들을 속속들이 규장각으로 모았다. 정약용(1765~1836)을 비롯하여 박제가, 유득공, 이덕무 등 당대를 대표하는 학자들이 함께 규장각에 나와 연구하면서 개혁정치의 파트너가 되었다. 규장각은 점차 조선 후기의 문화중흥을 이끄는 두뇌집단의 산실(産室)이 되어갔다. 『일성록』에는 신하들이 상소문(上疏文)을 비롯하여 왕의 동정과 윤음(綸音: 임금의 말씀), 암행어사의 지방 실정 보고서, 가뭄·홍수 구호대책, 죄수 심리, 정부에서 편찬한 서적, 왕의 행차 시 처리(1,300여 건 이상) 등의 민원을 듣고 그 해결책을 신하들에게 지시함으로써 백성들의 의견을 최대한 반영하려 한 것이 위민정치를 실천한 정조의 모습이다.

리더십 과정의 측면은 당평이라는 대의를 지향하고 조화와 합리성으로 이를 강력히 실천하였다. 부하들의 의견을 종합 평가하는 것이 가장 합리적인 방책이라 인식하고 모든 부하들의 의견을 수렴하여 가장 합리적인 방법을 선택하여 결정하고, 인간에 대한 본질적인 권리를 존중하고 신분 고하를 막론하고 모든 사람들을 평등하게 대하였다.

리더십 기술의 측면에서는 인격을 통한 감화력에 바탕을 두고 있다. 성실성과 포용력, 정의감, 합리성으로 이념과 신념에 따른 다양한 가치관을 결집 및 통합시켰으며, 리더십 기술에서는 내적 수양을 통해 마음 좋은 사람이 되어 성실하고 겸손하며, 포용력으로 정치 분야에서도 뛰어난 역량을 발휘했지만, 경제 분야에서도 탁월한 업적을 남겼다. 그중에서 대표적인 것이 1791년에 단행한 신해통공(辛亥通共)이다. 1791년이 신해년이기 때문에 '신해', 함께할 것을 통했다고 해서 '통공'이라 불리는 신해통공의 핵심은 소상인이 상업권을 확보하게 한 것이다. 영세 상인이 상업할 수 있는 권리를 국가가 보장해 조선 후기 상업 융성에 비약적인 발전을 이룬 조처였다. 정조의 강력한 의지와 이를 적극 실천한 채제공의 노력으로 단행된 신해통공. 금난전권이 폐지됨으로써 조선 초기 이래 400년 가까이 기득권을 가지면서 막대한 혜택을 입었던 권세가와 시전상인은 큰 타격을 받았다. 반면 조선 후기 상업 발달의 기운과 함께 새롭게 성장하고 있던 다수의 소생산자나 영세 상인에게는 빛과 같은 조처였다. 특히 노론의 권세 가문이 시전을 장악해 정경유착을 꾀한 고리의 차단은 소상인과 도시 빈민 보호를 가능하게 했다. 오늘날의 관점에서 보면 정조는 정치 개혁뿐 아니라 경제민주화를 동시에 달성한 것이다. 시대의 변화상을 파악하고 경제 분야에서 확실한 개혁정책을 추진해 백성에게 더 많은 일자리를 창출한 정조의 리더십은 오늘날에도 시사하는 바가 크다.

□ 조선 군주의 이해

1. 조선경국전, 경제육전, 속육전, 정전, 경국대전, 속대전, 대전통편, 대전회통, 육전조례에 대해서 설명하시오.

2. 임진왜란, 정유재란, 정묘호란, 병자호란에 대해서 설명하시오,

2. 우화의 철학

현대사회는 과학기술의 발달로 급속도로 변화하고 있으며, 사람에 따라 각양각색의 직업과 생활방식을 가지고 살아간다. 수많은 가치들 속에서 갈등하며 살아가는 현대인들에게 가치의 판단능력을 길러주는 것은 매우 중요하다. "겉모습만 사람이면 다인가, 사람이 사람다워야 사람이지"라는 말이 있다. 이는 단순히 외적인 요건을 충족시킴으로써 인간다움이 완성되는 것이 아님을 뜻한다. 현대사회에서는 이러한 말의 사용이 더욱 잦아지고 있다. 과학기술의 발전은 현대인에게 물질적 풍요를 안겨준 대신 조직화된 체계 속에서 현대인을 구속하고 반복적인 삶을 살아가게 하였다.

결국 주체가 아닌 부속품으로 전락해 버린 인간은 대중을 구성하는 한 요인에 불과한 존재로 전락해 버림으로써 많은 문제점을 안게 되었다. 인간성의 상실, 도덕의 타락, 각종 범죄 증가, 비인간화 현상, 인간소외 현상 등이 그것이다. 이미 전통적인 가치는 오래되고 진부한 것으로 치부되고 인간다움이 무엇인지에 대한 기준도 정신적인 것에서 물질적인 것으로 대체되고 있다. 또한 물질만능주의의 팽배로 인간보다는 돈이 더 중요시되고 심지어 교육에서조차도 인성교육보다는 성적을 우선시하며 지식 주입에 급급해 하는 실정이다. 이는 훌륭한 인성과 배려의 덕목을 갖춘 인재를 키우지 못하는 사회적 분위기와 오로지 자기의 욕구와 욕심을 채우기 위해 타인의 피해는 아랑곳하지 않는 비도덕적인 사람들의 증가와 분명한 연관성이 있다고 볼 수 있다. 인간과 사회의 도덕적 모순에 대해선 이미 오래전부터 논의되어 왔다. 오늘날에는 과거 사회의 국가와 민족을 중심으로 일어난 힘의 갈등은 많이 사라졌지만, 새로운 도덕적 갈등과 모순이 시민사회 속에서 개인 대 개인, 개인 대 공동체, 공동체와 공동체, 공동체와 정부 등 다양한 모습으로 나타나고 있다. 특히 산업사회에서 지식기반사회, 정보화 사회로 넘어오면서 시민사회는 극심한 양극화와 도덕적 해이(moral hazard)에 빠져 사회 전반에 걸친 분쟁과 갈등이 심각한 문제로 일어나고 있다.

오늘날 도덕(moral)과 윤리(ethics)는 비슷한 개념이다. 전자는 관습과 연관되고,

후자는 성품과 연결된다. 사회를 유지하는 것으로 받아들여지는 법칙이나 제도를 받아들여 그에 맞게 행하는 것을 도덕으로, 삶을 살아가는 방식과 관련하여 여러 문제 앞에서 결정하는 방식이나 그 규칙을 윤리라고 생각한다. 이와 다르게 정의하거나, 심지어 두 단어를 반대로 사용하는 분도 있고 그것이 틀렸다고 말하기는 어렵다. 적어도, 윤리는 고대 그리스 이래로 정의된 것인 반면, 도덕은 이전부터 있던 어떤 것이라고 생각하는 데서 출발한다. 영어의 '모럴리티(도덕성, morality)'는 그리스어의 '에토스(윤리, ethos)', 라틴어의 '모레스(mores)'에서 유래한 것이다. 에토스라는 말에는 ① 익숙한 장소, 사는 곳, 고향 등의 뜻이 있고, ② 집단의 관습이나 관행을 의미하며, ③ 그러한 관습이나 관행에 의해 육성된 개인의 도덕의식, 도덕적 심정, 태도, 성격 또는 도덕성 그 자체를 의미한다. 현대에서 도덕이라는 말을 쓸 때는 셋째의 뜻이 널리 통용된다. 현대사회의 과학과 기술의 발달은 개개인의 생활에 다양한 변화를 불러일으키고 있다. 통신기술의 발달은 지역의 한계를 초월하였으며 다양한 정보와 지식의 활용은 현대사회에서 우리들의 삶을 윤택하게 해주었다. 하지만 이러한 변화는 현대사회를 살아가는 인간의 삶에서 많은 도덕적인 문제점을 야기한 역기능도 가지고 있다. 다양한 정보와 지식이 넘치는 사회에서 사람들이 추구하는 가치가 다양화되었으며, 그 많은 가치선택의 기회에서도 사람들은 자기 자신의 이익과 편리함을 위해 가치를 선택하게 되므로 가치 갈등의 양상 역시 이기적이 될 수밖에 없다.

인간이 어떻게 살아가느냐? 하는 물음 가운데 가장 중요한 부분을 차지하는 것은 인간관계의 문제. 다시 말해 타인(他人)을 어떻게 대해 주느냐 하는 물음이라고 할 수 있다. 이렇듯 도덕성에 관한 문제는 인류의 역사를 통해 인간의 삶 가운데 가장 중요한 과제로 간주되고 있으며, 오늘날에도 일상적인 생활이나 상황에서 중요한 위치를 차지하고 있음은 분명한 사실이다. 로렌스 콜버그는 도덕성의 본질과 관련하여 모든 도덕적 판단은 규정성, 보편화 가능성과 같은 형식적 특성을 지니고 있으며, 도덕적 판단 혹은 원리들은 권리나 주장들의 갈등들을 해결하는 중심적 기능을 지니고 있다고 한다.

도덕성 발달 수준	도덕성 발달 단계
인습 이전 수준 (4~10세)	처벌과 복종 지향
	도구적 상대주의지향
인습 수준 (11~13세)	개인 상호 간의 규준적 도덕성
	사회체제 도덕성
인습 이후 수준 (14세 이상)	개인권리와 사회복지 도덕성
	양심의 결정

로렌스 콜버그(Lawrence Kohlberg, 1927~1987)는 스위스의 발달심리학자인 장 피아제(Jean, Piaget, 1896~1980)의 도덕성 발달 단계를 더욱 이론적으로 발전시켜 기존의 인지발달론적 입장의 인지적 요소와 사회적 상호작용을 강조하면서 도덕성 발달을 제시하고 있다. 콜버그의 도덕성 발달론은 몇 가지의 '하인츠 딜레마(Heinz's dilemma, 찬반토론 방식)'를 설명하기 위해 가상적인 딜레마를 제시하고, 각 개인이 자신의 선택에 대한 정당화 과정을 분석하였다. 질적으로 구분되는 도덕 발달 수준을 크게 3가지로, 각 수준을 다시 하위의 두 단계로 구분하였다. 즉 ① 인습이전수준(the pre-conventional level, 4~10세)은 청년기 이전의 아동이 대체로 포함되며, 더이상 성장하지 못하고 발달이 고정된 일부 성인들도 포함되는데 이 단계의 사람들은 선과 악, 옳고 그름에 대하여 벌, 보상 등의 신체적 또는 쾌락적 행동의 결과, 규칙과 표시를 규정해 주는 사람들의 물리적 힘의 관점에서 해석한다. 인습이전수준의 아동에게 규칙은 단지 즐거움을 주는 행동과 괴로움을 주는 행동이 무엇인지를 지적해 주는 역할만 할 뿐이며, 이러한 현상은 지나친 개인주의, 사회나 집단과의 일체감을 별로 느끼지 못하게 하는 '현실적 개인조망'으로 나아가게 한다. 첫 단계는 '처벌과 복종 지향' 단계이다. 단순한 신체적, 물리적 힘이 복종이나 도덕 판단의 기준이 되는데 즉, 옳고 그름의 판단이 신체적 벌을 피하기 위한 것이므로, 이를 '타율적 도덕성'이라고 본다. 두 번째 단계는 '도구적 상대주의 지향' 단계이다, 자신의 욕구를 충족시키는 방법이 옳은 일이라고 생각하며 판단한다. 이 단계의 아동들은 욕구 충족을 위해 타인의 요구를 수용하기도 하며, 이렇게 자신의 욕구와 타인의 요구를 합의하기 시작하면서, 이를 토대로 공정성,

상호성 등의 개념을 갖게 되기도 한다. 하지만 기본적으로 '내것'부터 손에 넣고 싶어 하는 특성이 있다. 이처럼 두 번째 단계의 아동은 자신의 욕구충족을 옳고 그름의 기준으로 판단하므로 '도구적 도덕성'이라고 한다. ② 인습수준(the conventional level, 11~13세)의 아동이 인습이전수준의 아동과 가장 크게 비교되는 점은 자신의 행동이 자신에게 미치는 결과에 상관없이 집단의 기대에 맞게 행동함을 도덕적이라고 판단하는 데 있다. 이 아동들은 집단을 소중히 여기고 이러한 집단에 소속되어 소속감을 갖게 되므로 가족, 공동체, 국가의 질서, 법, 규칙 등 공동체의 이익과 질서를 유지시켜 주는 행동이 도덕적 행동이라고 생각하는 이른바 '법 유지적 관점'을 갖는 경향이 있다. 먼저 3단계의 아동들은 '착한 소년 · 소녀' 지향의 상호관계 동조의 특성을 갖는다. 타인을 기쁘게 하거나 그들에게 칭찬받는 행동이 옳은 행동이라고 판단하게 되고, 이러한 판단 근거가 아동 행동의 동기가 되는 경우도 있다. 즉, 옳고 그름을 판단하는 기준이 자신의 인간관계들의 유지와 기대충족에 근거하므로 이 단계 아동들의 도덕성을 '개인 상호 간의 규준(規準)적 도덕성(interpersonally normative morality)'이라고 한다. 4단계의 아동들은 자신이 속한 사회 자체를 위해 질서를 지키려는 경향이 뚜렷하고 권위에 대해 존경심을 갖고, 이에 대해 자신의 의무를 다하는 것이 옳은 행동이라고 판단한다. 이 단계의 아동들은 '법'에 대해 관심이 많고, 다양한 일을 조목조목 법제화하려는 경향이 있다. 따라서 이 단계의 도덕성을 '사회체제 도덕성(social system morality)'이라고 한다. ③ 인습 이후 수준(the post-conventional level, 14세 이상)의 사람들은 사회와 자아가 위탁해야 할 원칙들과 관련하여 사고한다. 이들은 모든 법에 적용될 수 있는 가장 기초적이고 보편타당한 원리를 탐색해 가는 특징이 있으며, 질서나 법이 갖는 상대성에 대해서도 성찰할 수 있는 단계이다. 또 이러한 사고를 자율적으로 할 수 있다는 것이 중요한 특징이다. 5단계는 공리주의를 지향하고, 인간은 법을 우상화할 필요가 없으며, 언제든지 개인의 권리와 사회 전체의 복지를 달성하는 원칙에 의하여 법이 바뀔 수 있다고 생각한다. 이 단계의 도덕성을 '개인 권리와 사회 복지 도덕성(human right social morality)'이라 한다. 6단계의 도덕성의 특징은 스스로 선택한 윤리원칙에 준해서 양심의 결정에 따라 옳음을 판단하는 것이다.

콜버그는 이 6단계에 속한 사람으로 미국의 인권지도자인 마틴 루터 킹(Martin Luther King, Jr., 1929~1968, I Have a Dream)이나 인도의 정신적 지도자인 마하트마 간디(Mahatma Gandhi, 1869~1948, high thinking, simple living)와 같은 몇몇 인물의 예를 들어 설명하였다. 이러한 6단계의 도덕성은 '보편적, 가역적, 그리고 규범적인 일반 윤리 원칙의 도덕성(morality of universalizable, reversible, and prescriptive general ethical principle)이라 할 수 있다.

판단(judgment)은 어떤 대상의 진위(眞僞) · 선악(善惡) · 미추(美醜) 등에 대한 판가름을 의미한다. 진위를 판가름하는 것은 사실판단이고 선악이나 미추를 판가름하는 것은 가치판단이다. 도덕 판단은 가치판단 유형 중 선악을 판가름하는 것이다. 이러한 도덕 판단의 대상에는 인격, 행위, 사회제도가 포함된다. 따라서 '저 사람은 정직한 사람이다', '저 행위는 비겁한 행위다', '저 사회제도는 공정한 제도다' 등의 판단이 바로 도덕 판단이라 할 수 있다. 그리고 논리적 이유나 근거를 통해 도덕 판단을 도출하거나 정당화하는 과정이 도덕적 추론 과정이다.

인간은 삶 속에서 다양한 윤리적 문제에 직면한다. 지구적 빈곤을 해결하기 위해 해외 원조를 해야 하는가? 왜 거짓말로 사람을 속여서는 안 되는가? 만약 다섯 사람을 살릴 수 있다면 한 명을 희생해도 괜찮은가? 정부가 세금을 걷는 이유는 무엇인가? 이러한 문제에 대해 우리는 판단을 내리고 또 그에 따라 행위하게 된다. 그런데 윤리적 문제에 대한 모든 판단과 행위에는 그것에 대한 이유가 따르기 마련이다. 여기서 우리는 실천적인 추리(practical reasoning)에 참여하게 된다. 즉, 우리는 어떤 판단을 내려야 하는지 또 무엇을 해야 하는지 그리고 어떻게 그것을 해야 하는지에 관한 심사숙고를 거쳐 그것에 대한 이유를 제시한다. 결과적으로 우리는 이러한 이유들을 통해 윤리적 문제에 대한 판단과 행위를 설명하며 또 정당화하기도 한다. 인간은 모여서 살아가는 존재이다. 인간은 태어남과 동시에 타인들을 만나게 되며 타인과의 관계 속에서 의미지어지고 형성되어 간다. 또 그렇게 형성된 주체는 다시 사회 속에서 타인과 영향을 주고받으며 관계를 지속해 간다. 인간존재는 관계로부터 자유로울 수 없다. 따라서 인간의 삶은 관계를 맺기 위한 만남의 연속으로 볼 수 있다. 복잡하고 다변화된 현대사회를 살아가는 우리는 과거보다 더 많은 관계에 몰두한다. 자연과 환경 그리고 사회와의 관계를 처리하고 자기 것으로 만드는 데 현대인은 집중하고 있다. 그러나 많은 관계 속에 얽혀 있으면서도 현대인은 외로움을 호소하면서 타인과 진정한 인간적 관계를 형성하는데 인색하거나 서툴다. 이는 관계를 '자기 것'으로 만드는 데만 집중한 데 따른 결과이다.

소신소비(所信消費)에 대한 소비자 관심이 높아지면서 부정적인 태도를 형성한 남양유업의 사례를 통해 확인할 수 있다. 국내 대표 유업체(乳業體) 남양유업은 지난 2013년 창사 이래 최대 시련을 마주했다. 유통업계에서 관행처럼 이어 온 일명 '제품 밀어내기(대리점 갑질)'와 관련해 대리점의 불만이 생겨났고 그해 5월 한 영업사원의 막말 녹취록이 공개되면서 유례없던 불매운동 직격탄을 맞게 된 것이다. 특히, 최근에는 특정 발효유 제품이 '신종 코로나바이러스 감염증에 억제 효과'가 있다는 허위 광고로 영업정지뿐만 아니라 또다시 소비자들의 외면과 불매운동 등 거센 비판여론이 쏟아졌다. 고급 우유 브랜드로 인식되던 남양유업은 비윤리적인 경영으로 인해 소비자들이 기피하는 브랜드의 대명사로 전락하였다. 소신소비는 지속가능한 발전을 위해 신념(belief)과 가치(value)를 토대로 환경과 사회, 나아가 사람에 대한 측면까지 고려하는 의식적인 소비를 의미한다. 여기서 신념이란 특정 사상에 대해 옳고 그름을 판단하고 수용하는 개인의 주관적인 믿음과 심적 태도로 개인적인 경험과 사회 과정을 통해 획득된다. 이러한 개인의 신념은 특정한 사건과 대상에 대한 태도를 형성하고 이를 토대로 행동이 나타난다. 더하여 가치는 개인의 이상적인 행동기준으로 신념과 함께 일상의 모든 면에서 판단과 행동에 영향을 미친다. 이러한 이유로 우리 사회에 가치의 다양성과 복잡성에 따른 가치 선택의 갈등, 수단과 방법은 어떻든 간에 목적만 달성하면 된다는 사고방식, 표준화에 따른 형식적 가치 중시 등의 문제점이 등장했다.

우화(寓話)의 아버지라고도 할 만한 이솝(Aesop)이 실존 인물인지 의문을 제기하는 학자들도 많지만 그는 실제로 존재한 인물로서 어려서부터 불우한 삶을 경험하는 가운데 노예로 팔려가기도 하였으며 이후 자유의 몸이 되었을 때 자신의 경험담을 소재로 인간의 삶을 우회적이면서도 익살스럽게 풍자하는 내용을 담아 사람들에게 들려준 것을 시초로 우화가 탄생되었다고 보는 견해가 지배적이다. 한편 이솝우화의 전체 내용이 반드시 이솝으로부터 창작된 것이 아니라는 주장도 있어 왔는데 혹자들은 고대 그리스의 구전동화에 이솝이 자신의 경험담을 혼합하여 더욱더 익살스럽고 풍자가 넘치는 즐거운 이야기로 발전시켜 나갔을 것임을 예측하기도 한다.

우화는 동물이나 식물 또는 무생물 등을 통해 인간의 성격을 풍자적으로 나타내어 유익한 교훈을 주는 짤막한 이야기이다. 우화가 의도하는 바는 이야기를 빌려 인간의 약점을 풍자하고 비판하는 데 있다. 우화는 관념적이고, 난해한 철학적 문구와 달리 아동들과 친숙한 동식물을 통해 교화하고 계몽하는 수단으로 즐겨 쓰인다. 우화의 주제는 일상생활의 상식적인 도덕적 교훈이다. 쉽고 재미있는 이야기를 통해 직접 경험하지 못한 다양한 체험을 하고, 다른 사람의 느낌, 행동을 생각해 보게 한다. 상상의 날개를 펴게 하고, 도덕적이며 윤리적인 내용을 배우도록 하여 도덕발달의 동기를 제공한다. 이솝우화에는 현실에서 흔히 발견할 수 있는 인간의 모습들을 가진 동물들이나 인간들이 등장한다. 우화의 등장인물들은 인간의 여러 성격들인 경솔함, 욕심, 잔인성, 허영, 명예심, 오만 등의 성격을 상징하고 있다. 이솝우화에서는 어떠한 이상적인 인물도 그려져 있지 않다. 이솝우화는 선에 대한 어떠한 보상이나, 약자를 위한 비현실적인 기적이나 도움은 기대할 수 없으며 각자의 힘으로 각자의 상황에 맞게 대처하여야 한다. 도움은 기대할 수 없으며 각자의 힘으로 각자의 상황에 맞게 대처해야 한다고 말해준다. 세상을 있는 그대로 직시할 것과 자신 외에 의지할 만한 것은 없다고 가르침으로써, 세상과 세상에서 살아남는 방법에 대한 매우 실용적이고 현실적인 교훈들을 가르치고 있다.

이솝우화를 비롯해 프랑스의 시인이며 우화 작가인 장 드 라 퐁텐(Jean de La Fontaine, 1621~1695)의 우화나 우리나라의 옛이야기, 전래동화 등은 단순하고 짧은 이야기 속에 다양한 재미와 교훈, 인생의 진리가 담겨 있기 때문에 오랫동안 사람들의 사랑을 받아왔다. 이솝우화는 특히 소박하고 단순하지만 누구나 마땅히 지켜야 할 도덕과 윤리를 가르치는 내용으로 인해 우화를 통해 습득한 지식은 단순한 지식을 넘어 삶에 유용하게 작용하는 지혜로 자라나도록 함으로써 그 영향력이 지속적이고 인간의 도덕성 함양과 교양을 길러주기 위한 선행요건으로 반드시 교육에 포함되어야 한다고 강조한 바 있다. 그러므로 이솝우화는 모든 인간이 지니고 있는 강인함과 나약함을 반영하기 때문에 특히 어린 아동의 동기를 유발시키기에 충분하며 인간 성격의 좋은 표본으로 작용한다고 할 수 있는 것처럼 우화는 어른들에게도 많은 교훈을 줄 수 있는 것이다. 이처럼 우화는 소박하지만 깊이가 있는, 보편적이지만 한번쯤 되새겨 생각해 볼 만한 이야기를 담고 있는 문학작품이라 할 수 있을 것이다.

이런 관점에서 이솝우화가 추구하는 중요한 가치관이자 전인교육의 차원에서 정직, 성실, 근면 등과 같은 진 · 선 · 미의 세계에 집중해 볼 필요가 있다. 이솝우화의 교육적 가치를 중심으로 일곱 가지로 요약해서 제시하면 다음과 같다. 첫째, 이솝우화는 인간이 지닌 강인함과 나약함을 이야기 구조 안에 다각도로 보여주어 사람이 지녀야 할 도리로써 도덕을 가르치는 좋은 방법 중 하나이다. 둘째, 어린 아이들로 하여금 인간이 지닌 오만과 탐욕, 그리고 경솔을 주위에서 쉽게 발견할 수 있는 사물과 사건으로 풍자함으로써 누구나 납득할 수 있는 교훈을 얻게 하고 도덕적인 소망을 지니게 한다. 셋째, 이솝우화는 친숙한 동물들을 등장시키되 의인화된 표현을 통해 어린 아동에게 이야기의 친숙함을 선사할 뿐만 아니라 어린 아동이 발견할 수 있는 주변의 생물과 무생물들에게 흥미를 갖고 관심을 표현하도록 하여 집중력뿐 아니라 관찰력을 기르는 데 도움을 준다. 넷째, 이솝우화는 간략하면서 명확하며 반복과 운율이 내용에 따라 내재되어 있어서 어린 아동의 이해와 표현에 적합하다. 즉, 대화체로 구성된 친숙한 이야기가 담긴 내용들이 대부분이므로 어린 아동들에게 우화를 들려준 후 다양한 교육활동이 연계되어 제공된다면, 사회적 관계 개선 및 사회성 발달을 위한 효과적인 상호작용의 근간으로 작용할 수 있다. 다섯째, 이솝우화는 인간이 쌓아야 할 덕목으로서 삶을 편안하게 하며, 덕목의 실천자들에게 유익하게 작용한다. 감사, 절제, 근면, 체면, 충직함 같은 것들이 그 대부분을 이룬다. 여섯째, 이솝우화는 아주 짧은 분량과 구조로 되어 있지만 연령이 어린 유아나 아동들에게도 부담감을 주지 않는 가운데 이솝우화를 읽고 이해하는 과정에서 아동은 감정을 정화하고 안정감을 갖게 되며 친화적인 태도를 함양할 수 있다. 일곱째, 이솝우화는 우화에 나오는 동물들에게 자신의 감정을 이입 및 동일시함으로써 조망수용능력 발달을 촉진하며 이솝우화의 인성 덕목들을 통해 타인과의 관계가 긍정적으로 형성되므로 친사회적 행동발달에 긍정적인 영향을 미친다.

고전소설(古典小說) 가운데 인물 간에 발생하는 갈등과 그 해결이 주된 구조를 이루는 일련의 작품들이 있어 주목을 요한다. 송사소설(訟事小說, 재판소설)은 송사사건의 발생과 경과, 해결과정 및 판결 등을 중심으로 이야기가 전개되는 고전소설이다. 송사소설에서 개인이나 집단의 이해관계에 따라 벌어지는 분쟁은 현재의 그것과 결코 크게 다르지 않았고, 작품 속 인물의 갈등 해결방식 또한 흥미로웠다. 당대에 특정 장르의 소설이 하나의 작품군(作品群)을 이루며 유행한다는 것은 그만큼 그 소설들이 사람들의 관심사를 잘 반영하여, 작품에 대한 사람들의 흥미를 이끌어내었다는 것을 의미한다. 고전소설 또한 사회 현실에 바탕을 둔 창작물이기에 작가 혹은 당대 사람들의 세계관과 고민을 담고 있다고 볼 수 있다. 이러한 관점에서 본다면 송사소설은 당시 현실에서 공정하게 진행되지 못한 송사의 모습을 다루며, 소설에서라도 그러한 송사의 과정과 결과에 대한 비판·풍자를 하고자 한 것으로 볼 수 있다. 즉 송사과정에서 일어났던 비리와 문제점을 짚으면서, 한편으로는 부정행위로 승소한 자들이 벌을 받는 모습을 통해 통쾌함을 느낄 수 있도록 하는 매개체의 역할을 한 것이다. 따라서 송사소설은 재판과정을 다루며 인물 간의 갈등을 주 제재로 한다는 점에서 현대의 학습자들에게도 비슷한 재미와 쾌감을 줄 수 있을 것이다. 문학교육이 지식의 차원에 머무르는 것이 아니라 삶과 밀착된 것임을 알 수 있게 하는 것이다. 송사소설의 유형은 동물을 주인공으로 하는 소설의 형태로 『까치전』, 『녹처사연회』, 『서동지전』, 『서대주전』, 『서옥기』, 『와사옥안』, 『작오상송』, 『황새결송』 등 8편의 우화형과, 사건의 배경이 가족 간의 갈등으로 이루어진 『장화홍련전』, 『유연전』, 『김씨열행록』, 『진대방전』 등의 가정형, 남녀 간의 애정으로 인해 발생하는 소설로 『이운선전』, 『옥낭자전』, 『은애전』, 『화산중봉기』 등의 애정형, 현실의 모습을 문학적인 장치를 이용해 만든

『정효자정』 등의 사회형으로 구성되어 있다. 송사소설의 구조적 특징으로는 사건이 수수께끼의 구조를 이루고 있다는 점과, 송사의 결말부분에서 작품의 주제가 명확히 드러난다는 점을 들 수 있다. 송사소설에서는 판관의 심문이나 검시를 통해 사건이 왜, 누구에 의해서 발생하였는지, 어떻게 진행되었는지 등이 밝혀지는데, 이러한 일련의 과정은 수수께끼의 기본 원리와 흡사하다. 즉 송사소설의 사건 발생은 수수께끼에서 과제가 제시되는 것으로, 사건 해결은 과제 해결로 볼 수 있는 것이다. 송사소설의 내용적 특징으로는 다른 고전소설에 비해 사실성, 현실성이 두드러진다는 점을 들 수 있는데, 이는 소재의 선택과 작품의 구성, 작가의 현실 지향의식을 반영한 것이라 할 수 있다. 송사소설의 주된 제재인 송사는 현실적 다툼이나 이해관계의 대립에서 비롯되는 경우가 대부분이다. 즉 송사소설은 당대 사람들이 흔히 겪는 현실의 주요 관심사를 소설의 제재로 삼았기에 사실적인 요소가 강하게 나타날 수밖에 없는 것이다. 그리고 작품에서 다루어지는 사건의 시작과 해결이 송사의 원인과 결과로 이어지기 때문에 논리적이고 필연적인 사건 전개를 통해 사실성을 확보하였다고 볼 수 있다.

『까치전』은 작자와 창작 연대 미상의 고전소설로, 까치의 죽음으로 인한 송사문제를 다룬 작품이다. 작품의 정확한 창작시기는 알 수 없으나, 18세기 영 · 정조시대에 창작된 것으로 알려진 『장끼전』과 합본된 상태로 발견되었기에 비슷한 시기에 지어진 것으로 짐작된다. 『까치전』은 잔치를 배경으로 재산에 대한 다툼이 살인으로까지 번지는 심각한 양상을 보이고 있다. 살인이라는 중범죄를 지었음에도 뇌물과 증인들의 이해관계에 따른 위증, 판관의 무능 등에 의해 공정한 판결이 저해되고 오판이 내려지는 송사현장을 보여줌으로써 풍자와 비판의식을 느낄 수 있는 작품이다. 당대 현실에 대한 풍자와 비판의식을 느낄 수 있는 작품으로, 전체 줄거리를 간략히 소개하면 다음과 같다.

"까치가 나무 위에 화려한 집을 짓고 이를 축하하는 연회(낙성연)를 열어 모든 날짐승(鳥類)들을 초대하였는데, 미처 비둘기만 연회에 초청하지 못했다(사건의 동기). 비둘기는 자신이 까치의 낙성연(落成宴)에 초대받지 못한 데 불만을 품고 까치를 찾아가 싸우다가 까치를 나무에서 떨어뜨린다(사건의 발생). 남편을 잃은 암까치는 군수에게 고발하지만(제소), 비둘기에게 뇌물을 받은 두꺼비의 거짓 증언에 의해 비둘기는 석방된다(사건 해결과정). 한편 새로 온 암행어사가 재수사를 벌이며(사건의 해결과정), 결국 거짓 증언한 두꺼비는 귀양을 가게 되고 비둘기는 사형을 받는다. 그 뒤 암까치는 까치의 묘에 들러 통곡하고 잠깐 잠이 들었는데, 꿈에서 남편의 혼령과 만나 동침하여 많은 자손을 보고 행복하게 산다."

<table>
<tr><th colspan="3">사건의 진행 단계</th><th>줄거리 이해</th></tr>
<tr><td rowspan="4">주요 인물</td><td colspan="2">까치 부부</td><td>지배층과 유력자의 횡포에 시달리며 살아갈 수밖에 없는 조선 민중</td></tr>
<tr><td colspan="2">보라매(군수)</td><td>군수, 짐승들의 엉터리 증언만 믿고 까치의 죽음을 단순 사고사로 판결하는 무능한 관리</td></tr>
<tr><td colspan="2">비둘기</td><td>당대 향촌 사회의 신흥 졸부이면서 수령이나 관아 주변의 인물들과 결탁하여 서민층을 수탈하던 인물</td></tr>
<tr><td colspan="2">두꺼비</td><td>실세에 빌붙어 이익을 챙기는 인물</td></tr>
<tr><td rowspan="2">사건 제시 단계</td><td colspan="2">동기</td><td>소외당한 비둘기의 보복심리와 재물에 대한 욕심</td></tr>
<tr><td colspan="2">발생</td><td>비둘기가 까치를 살해함</td></tr>
<tr><td rowspan="5">사건 해결 단계</td><td colspan="2">제소</td><td>암까치가 군수에게 고변함</td></tr>
<tr><td rowspan="2">재판 1</td><td>송사의 과정</td><td>뇌물을 받은 두꺼비의 위증, 비둘기의 거짓 증언</td></tr>
<tr><td>송사의 결과</td><td>군수의 오판으로 인한 비둘기의 방면</td></tr>
<tr><td rowspan="2">재판 2</td><td>송사의 과정</td><td>두꺼비와 비둘기에 대한 재수사와 암까치의 심문</td></tr>
<tr><td>송사의 결과</td><td>비둘기와 위증자의 처벌</td></tr>
</table>

사건은 까치가 낙성연을 열며 비금들 중 비둘기만 초청하지 않은 것에서 시작된다. 비둘기는 잔치에 초대받지 못하기도 하였지만, 무엇보다 까치의 화려한 집이 부러워 이를 빼앗을 목적으로 까치의 잔치에 찾아간다. 이후 송사의 직접적 원인이 되는 사건이 발생하는데, 둘이 서로 다투다 비둘기가 나무에서 까치를 떨어뜨려 죽인 것이다. 이에 암까치는 군수에게 사건을 고변하고, 재판이 진행된다. 하지만 당시 낙성연에 함께 있던 증인들 중 아무도 증언을 하려고 하지 않아 해결

에 어려움을 겪는다. 그 사이 비둘기는 섬동지(蟾同知)와 아전들에게 뇌물을 주고 거짓 증언을 하여 풀려나면서, 암까치와 비둘기의 첫 번째 송사는 비둘기의 승리로 마무리된다. 그러나 새로 온 암행어사가 암까치의 억울한 사연을 접하며 상황은 다시 역전된다. 암행어사가 다시 한 번 재판을 진행하여 사건의 진상을 밝히기 때문이다. 결국 죄를 지은 비둘기는 물론이고 뇌물을 받은 관리 · 증인 모두 사실을 고하고, 암행어사에 의해 벌을 받는다. 그 후 암까치는 원한을 풀고 죽을 때까지 부귀영화를 누린다. 한편 『까치전』은 동일한 사건을 두고 두 번의 송사과정을 거치며 전개되는 작품으로 '중복형'구조를 지닌다고 할 수 있다. 암까치에 의해 제소된 까치 살해 사건이 두 명의 판결자에 의해 반복되고 있는 것이다. 『까치전』의 구조는 다음과 같이 요약 · 정리할 수 있다. '사건의 동기 단계'에서는 주인공인 까치와 비둘기가 등장하고, 인물의 성격을 유추할 수 있는 행동이나 대사가 제시된다. 『까치전』에서는 까치의 인물됨보다는 비둘기의 성격에 대해 자세히 언급하고 있는데, 주로 비둘기가 얼마나 사납고 악한지 자세히 설명한다. '사건의 발생 단계'로 넘어가면 송사가 시작되는 결정적인 사건이 일어난다. 까치와 말다툼을 하던 비둘기가 나무에서 까치를 밀어 떨어지게 한 것이다. 이에 암까치가 비둘기에게 남편의 죽음에 대한 책임을 묻기 위해 '송사를 제기'한다. 그런데 『까치전』의 제소 대목은 뒤이어 살펴볼 『서동지전』이나 『황새결송』의 모습과는 조금 다르다. 『서동지전』에서 서대쥐는 실제로 피해를 입은 것은 아니지만, 송사를 제기할 때는 마치 피해자인 듯 제소를 하고 『황새결송』에서도 부자가 자신의 친척의 횡포를 참다못해 제소를 하게 된다. 즉 피해자와 제소자가 동일인물인 것이다. 하지만 이 작품은 피해자와 제소자가 일치하지 않는다. 직접적인 피해를 입은 인물은 까치이지만, 송사를 제기하는 인물은 까치의 아내이기 때문이다. 그럼에도 어떤 면에서는 피해자와 동일시할 수 있는 남편을 잃은 암까치를 제소자로 내세웠기에, 피해자와 제소자가 다른 것이 작품에 큰 영향을 미치지는 않는다. 한편 『까치전』에서는 '송사의 과정' 및 '송사의 결과' 단계가 두 번 반복해서 일어난다. '송사의 과정' 단계에서는 검시와 증인 심문 등 수사과정의 절차를 지키며 증거를 확보하려는 판결자의 노력을 볼 수 있다. 문제는 증인들의 거짓 증언과 발뺌, 관리들의 뇌물 수수 등이다. 이는 평소 포악하기로 소문난 비둘기의 압력과 뇌물에 의한 것으로, 『서동지전』과 『황새결송』에서도 공통적으로 나타나는 송사 비리의 모습이라 할 수 있다. 특히 『까치전』에서는 송사비리가 일어나는 양상과 증인들이 증언하기까지의 고민과 심문과정 등이 비교적 상세히 제시되어 있다. 두 번에 걸쳐 벌어지는 암까치와 비둘기의 재판은 『까치전』의 핵심 내용이라 할 수 있다. 첫 번째 재판은 암까치가 비둘기에게 까치의 죽음에 대한 책임을 묻고자 한 것이라면, 두 번째 재판은 공정하지 못했던 첫 번째 재판을 재수사한 것이다. 즉 두 번째 재판은 재수사를 통해 이전 재판의 문제를 지적하고, 암까치의 억울함을 해소하는 과정이 담겨 있는 것이다. 실제로 첫 번째 재판에서는 비둘기가 까치를 죽인 현장에서 잡혔고, 잔치에 초대된 수많은 비금들이 증인으로 있었음에도 무죄로 방면되었다. 이는 당시 사회에서도 관리들의 뇌물 수수와 무능, 증인 매수 등으로 재판이 공정하게 진행되지 못하였음을 지적한 것이라 할 수 있다. 또한 두 번째 재판이 암까치의 승리로 끝난 것은 당시 서사문학의 행복한 결말이라는 관습과 연결지어 볼 수 있다. 대부분의 고전소설은 선한 인물의 승리로 작품을 끝맺으며 권선징악의 주제를 드러내고자 하는데, 『까치전』의 결말도 이와 같은 것이다. 이에 더해 암까치가 암행어사에 의해 진행된 두 번째 재판을 통해 억울함을 풀었다는 것에서, 현실의 모순을 해결해 줄 이상적인 인물의 출현에 대한 바람을 담고 있었음을 짐작할 수 있다. 이렇듯 판관을 달리하면서 그 판결의 결과가 뒤바뀌는 중복형 구조는 작품의 극적 긴장감을 더욱 배가시켜 독자들의 흥미를 높인다.

3. 풍수와 사자성어 이야기

우리 조상들은 자연환경 속에서 인간과 자연의 조화를 이루려고 노력했으며 자연을 통해 인간생활을 편리하게 이용하는 삶의 지혜를 축적해 왔다. 바람과 물의 기운을 느끼면서 풍수를 조화롭게 활용하는 자(者)는 대자연의 혜택을 남보다 크게 누릴 수 있다는 것을 우리 조상들이 생활 속에서 직접 체득한 지혜였던 것이다.

풍수에서는 땅을 단순히 흙의 퇴적으로 보거나 경제적인 효용가치로 보는 것이 아니라 거대한 생명체로 본다. 그리고 이 땅에 생명을 부여하는 것을 기[氣: 고자(古字)]는 사람이 숨 쉬는 모양이나 더운 밥[米]에서 김이 모락모락 올라가는 모양에서 본떴다고 한다. 기(氣)를 사전에서는 만물 또는 우주를 구성하는 기본 요소로 물질의 근원 및 본질이라 설명한다. 기는 형세 · 기운 · 조짐, 그리고 양생(養生)과 관련하여 신체상의 생명력 · 힘 · 정기 및 생체 에너지 등의 뜻]라고 한다. 기는 모든 생명체의 활력의 원천이 되는 생명 에너지이다. 동양인들은 기(氣)가 사람의 몸속에 흐르는 것과 마찬가지로 땅에도 기가 흐른다고 생각하였다. 풍수는 땅의 기를 살펴 땅의 성격을 밝혀내고, 땅과 사람이 어떻게 올바른 관계를 유지할 수 있는가를 살피는 것으로 오랜 세월을 거치는 동안 땅에 대한 경험적인 지혜와 전통이 축적되어 체계를 이룬 것이다.

인간은 태어나 생을 마감하는 날까지 많은 것을 추구하며 끝없는 욕망 속에 목표를 성취하고 때론 실패와 좌절을 경험하며 살아간다. 인류는 좀 더 발전된 삶을 갈망하였기에 주어진 환경을 극복하며 쾌적한 삶을 영위하기 위해 많은 노력을 하고 있다. 인간이 지구상에 나타난 이래 생존하는 동안 시대에 따라 처한 환경이 다르고 민족도 다르지만 나름대로의 문화와 특성을 가지고 있다. 세부적 모습이 다를 뿐 나름대로의 가치와 질적 수준을 발전시켜 왔으며 쾌적한 삶을 영위하면서 무한한 노력을 아끼지 않고 있다. 어느 시대와 민족을 막론하고 인간에게 가장 기본적인 환경은 주거공간이다. 출생하면서부터 주어지는 가문과 가족관계, 개개인의 특성이 선천적 영향이라 한다면 이후에 살아가면서 주어지고 선택하는 일련의 모든 것들은 후천적 영향으로 발전된다. 후천적 영향은 선택의 여지가 없는 선천적 환경에 비해 인간의 노력과 다분한 연관성을 가지고 있으며 한 인간이 형성, 발전되어 감에 있어 심리적 · 행동적으로 많은 변화를 일으키게 한다. 여러 가지 자극에 의해 형성 · 발전되는 현상을 풍수사상에서는 동기감응이라고 한다. 동기감응은 인간에게만 국한적으로 일어나는 현상이 아니며 자연 또한 처해진 환경의 기운에 따라 그 모양새를 나타내고 변화되는데, 물상(物像) 간에 조응(照應)하는 현상이 그 한 예이며, 생물학적으로는 진화라고 설명한다. 인간에게 있어 자연이 또 하나의 후천적 환경이라면 자연에게 있어 인간도 하나의 후천적 환경이 된다. 자연의 후천적 영향이란 자연 스스로의 이치에 의해 주어지는 순리의 변화운동이 아니라 인위적으로 가해지는 역리적 변화환경을 의미한다.

풍수는 역(易)사상과 음양오행을 기초로 오랜 세월 동안의 경험 속에서 인간에 영향을 미치는 자연의 일정한 법칙 속에서 그 이치를 찾아 정리한 경험과학이라고 할 수 있다. 그러한 원리는 역에서 시작된 태극과 음양오행, 사상 팔괘가 적용되며, 그중 산은 움직이지 않고(止) 정지해 있으므로 음(陰: 땅, 달, 밤, 여, 물질, 과학, 들어감, 비활동적, 어둡다, 차다)으로, 물은 흐르는 것(動)으로 움직이므로 양(陽: 하늘, 해, 낮, 남, 정신, 도덕, 튀어나옴, 활동적, 밝음, 덥다)으로 하여 음양조화의 원리를 파악하는 것이다. 조화(Harmony), 균형(Balance), 변화(Change)를 추구한다. 조화 · 균형 · 변화가 적절하게 이루어졌을 때는 길(吉), 그렇지 않을 때는 흉(凶)이 된다. 인간이 살기 좋은 길지를 찾는 경험이 지혜가 되어 천지인의 조화를 이루는 명당을 찾는데 풍수가 활용되었다고 하였다. 이러한 터는 음양(陰陽)의 기운이 만나 조화를 이루고 균형과 생동감(生動感) 있는 변화가 있는 곳이었다. 현대적인 의미를 갖는 풍수가 되기 위해서는 조화롭고, 균형 잡히고, 변화가 있는 양생(養生) 명당을 만들어야 한다는 양생 풍수 이론을 제시하였다. 많은 시간을 건물 내부에서 생활하는 현대 도시인들은 건물에서 발생하는 기운에 영향을 받는다. 특히 회사의 최고경영자가 근무하는 사무실을 좋은 자리에 두기 위해 출입문의 위치와 사장실의 위치가 조화를 이루도록 방위적 배치를 해야 한다고 하였다.

첫째, 풍수라는 말에서 풍(風)은 기와 정을 뜻한다. 수는 피를 뜻한다. 그러므로 혈을 다루는 학문이라 하겠다. 따라서 풍수란 천지의 기와 정, 그리고 혈을 다루는 학문이라 볼 수 있다. 다른 한편 풍은 건조, 수는 습기로 온도와 습도를 의미한다. 그러나 여기서 온도와 습도는 일반적 의미의 그것이 아니라 지구상의 수많은 환경요소들을 대칭하는 넓은 뜻을 담고 있다. 따라서 풍수란 곧 환경을 다루는 학문이라 할 수 있다. 동양에서는 온도를 양이라 하고 습도를 음이라 하므로 풍수라고 하면 곧 음양의 학문으로 통하게 되었다. 이로 미루어 보아 음과 양이 풍수학의 요체가 된다. 둘째, 감여라는 용어는 '큰 가마'라는 뜻이다. 이는 모든 환경요소들을 큰 가마 속에 집어넣고 분석하여 사람들의 삶에 영향을 미치도록 조치한다는 의미를 담고 있다. 셋째, 지학이라는 말은 '지리학'의 준말로 산과 물(환경요소라는 뜻)의 품세와 동정(변화의 과정)을 연구하여 생활에 영향을 주는 좋은 것과 나쁜 것을 판별하는 학문이라는 뜻이다.

풍수의 본질은 생기와 감응으로 음택(묫자리)에서는 산자와 죽은 자가 상호 영향을 미치고 있다고 본다. 이를 풍수지리에서는 동기감응(同氣感應)으로 설명하고 있다. 음택 풍수지리의 본질은 땅속에 생기가 모이는 곳에 조상의 묘를 쓰면 조상이 좋은 기를 받게 되고, 지기를 후손에게 전달하여 자손이 번영과 행복을 누린다는 것이다. 동기감응의 원리는 땅속에 묻힌 조상의 뼈에서 나온 기가 자손에게 어떻게 전달되느냐가 문제이다. 사람이 죽게 되면 혼백이 분리되어 혼(魂)은 양기(陽氣)의 근원인 하늘로 올라가 소멸되며 육신을 관장해 오던 백(魄)은 음기(陰氣)의 근원지인 땅속으로 돌아간다. 땅속에 지기가 왕성한 길지에 들어가 땅의 길기(吉氣)와 골해[體魄]가 감응하면 조상과 동일한 유전인자를 가진 후손에게 동기감응하여 복[氣]이 사람에게 미친다. 다만 혼이 소멸됨에 따라 이성을 잃었기 때문에 넋은 혈지의 길흉에 따라 그대로 자손들에게 감응을 나타낼 뿐이다. 동기감응을 좀 더 세부적으로 분석한다면, '천지기와 인간 망자 간의 순화적 생기동조체계는 동기감응(同氣感應)으로, 인간망자와 자손 간의 유전적 생기동조체계는 동기감응(同期感應)으로 분류할 수 있다. 전자는 천기(天氣)와 지기(地氣)와 인기(人氣)의 상호 연관작용으로 천지기는 풍수지 생명 에너지장에 의한 점차적 순화과정을 통해 인간생명에너지를 공급받는 체계이고, 후자는 순화된 인간망자의 유전상속체에 의한 에너지체 동기동조(同期同調)과정을 통해 인간 생명에너지를 공급받는 체계이다.

풍수지리(배산임수, 정저후고, 전착후관, 형기론, 형국론, 이기론)는 땅의 변화현상과 지리적 환경요인을 학문적으로 고찰하여 인간 삶의 터전인 지리와 공간적 상호관계에 관하여 연구하는 자연지리학의 한 분야로 인식할 수 있다. 자연과 공간, 지리에 대한 풍수의 인식체계는 생태적이고 선(善)환경 친화적이기 때문에 이를 잘 활용하여 효율성을 극대화하면 궁극에는 삶의 질적인 개선에도 기여한다. 일반적으로 '풍수'란 풍수지리를 줄인 말로, 바람, 물, 땅이 서로 어울려 돌아가는 이치를 연구하는 학문이다. 바람, 물, 땅은 지구를 성립하고 있는 중요한 요소이며 이는 인간이 생활하는 데 필수요건인 자연환경적 기본요소이다. 즉, 풍수지리는 산세, 지세, 수세 등을 판단하여 인간생활에 편리하게 이용함으로써 이용자의 건강과 행복을 추구하고자 하는 학문이다. 자연계의 현상과 형상을 이해하고, 동양학의 주역과 음양오행의 바탕 위에서 발전된 풍수지리는 오랜 세월을 거치는 동안의 경험을 바탕으로 산과 물, 방위 등 자연계의 현상이 일정한 법칙하에 인간생활과 밀접한 관련이 있다는 것을 터득하고, 그 이치를 정립하고자 한 것이다. 풍수가 자연현상을 바탕으로 함은 풍수와 풍수지리의 용어가 바람, 물, 땅 그리고 이치인 것에서 잘 나타난다. 바람과 물과 땅은 인간의 생존을 위한 기본적인 요소로 이들의 미묘한 차이에 의해서도 인간이 영향받고 있음을 오랜 체험을 통해 알게 되면서 풍수사상 및 풍수지리의 성격을 구체화하게 되었다. 풍수의 개념에서 인간의 생활은 문명이 발달된 현대나 오래전의 원시시대에서도 삶의 근원적인 바탕은 자연이다. 현재 우리가 살고 있는 마을이나 도시를 잘 살펴보면 그 나름대로의 보국형성(保局刑成: 마을이나 도시를 둘러싸고 있는 산과 그 사이로 흐르는 하천)이 잘 되어 있다는 것을 알 수 있다. 곧 건물을 세울 수 있는 입지조건이 좋다는 것이므로 이런 곳의 부지를 선택할 경우, 평지(平地)에서는 가능한 한 도로가 앞쪽으로 난 남향의 주거입지를 선택하는 것이 바람직하다. 그리고 약간의 경사진 곳(非山非野)은 높은 쪽을 뒤로 하고 낮은 쪽을 향해 있는 곳을 선택하는 것이 좋다.

풍수(風水)와 지리(地理) 두 가지는 땅을 이해하는 데 있어서 모두 중요한 부면(部面)들이다. 그러나 지리는 눈에 보이고 만질 수 있는 감각적 실체를 그 대상으로 삼기 때문에 학문적 연구의 소재로 추구할 수 있는 것이지만, 풍수는 그것이 전혀 실체를 감지할 수 없고 일반인의 경우 오감(五感)으로는 느낄 수 없는 초감각적 대상이기 때문에 무시될 수밖에 없는 특

■풍수의 공간과 좌향 표시

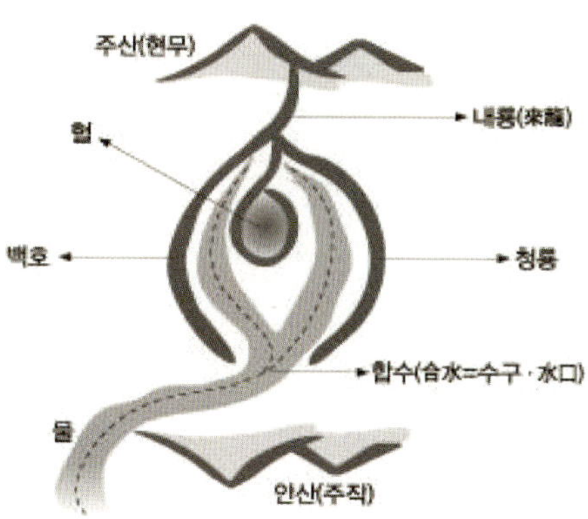

성을 지닌다. 풍수지리(風水地理)는 기본적으로 기(氣)로 이루어져 살아 있는 땅에 인간이 어떻게 잘 조화해서 살 것인가 하는 문제의식에서 시작된다. 달리 좋고 나쁜 땅이 있는 것이 아니라, 땅은 그저 만물의 하나로 그의 기를 가지고 존재하며, 만물의 하나인 인간 역시 이 땅과 조화를 이루며 살아야 한다고 풍수지리는 말한다.

그러므로 인간이 조화를 이루며 살기 어려운 땅은 좋지 않은 땅으로 생각된다. 인간이 땅의 기를 느껴 자신과 잘 맞는 장소를 선택하는 것이 풍수지리이다. 그러므로 있는 그대로의 자연을 이해하고, 자연에 순응하고자 하는 풍수지리야말로 자연환경을 보존하면서 국토 이용의 합리성과 효율성을 극대화하고 자연과 조화된 균형 있는 개발로 인간의 안전과 편리를 도모하는 학문이며, 오랜 세월 자연과 더불어 살아오면서 자연이치를 정리했으니 자연과학이라고 할 수 있다.

산업화 이전 인간의 삶은 자연환경의 영향을 많이 받았기 때문에 자연에 의존하는 성격이 강했다. 기후 및 지형 등 극심한 자연조건으로부터 살아남기 위해서는 자연환경을 조절하고 순응해야만 했다. 이처럼 자연의 조건과 현상을 효과적으로 이용할 수 있는 논리를 궁리하면서 풍수지리가 발전하게 되었다. 한마디로 풍수지리는 지역의 기후와 풍토에 적합한 삶터를 가꾸는 것이므로 자연환경에 순응하는 입지선택과 공간구성을 중요하게 여겼다.

자연은 인간이 없어도 존재할 수 있지만 인간은 자연 없이는 존재할 수 없다. 그럼에도 불구하고 인간은 경제발전과 산업화를 경쟁적으로 추진하며 자연환경을 심각하게 훼손시켜 왔다. 무분별한 산림파괴와 온실가스 배출은 지구온난화를 야기했고, 이로 인한 기후변화는 폭염 · 한파 · 폭우 · 폭설 · 가뭄 · 산불 등의 대규모 피해를 속출시키고 있다. 인간의 편익을 위한 개발이 인간의 생존을 위협하는 단계에 이른 것이다.

이에 대비하여 자연을 보존하면서 경제도 발전하자는 것이 '저탄소 녹색성장'의 개념이다. 풍수지리는 자연적 조건을 용 · 혈 · 사 · 수 · 향 · 비보 여섯 가지로 구분하여 이를 지리오결(地理五訣)이라 하였다. 용(龍)은 산 능선을 말하며 산맥의 흐름이 마치 용이 변화하는 모습과 같다 하여 붙여진 이름이다. 용맥이 연결된 터가 살기 좋은 곳이라 할 수 있다. 혈(穴)은 용을 따라 전달된 생기가 모인 땅을 말한다. 이곳에 집을 짓고 사람이 거주한다. 사(砂)는 혈에 모인 생기가 바람에 흩어지지 않도록 주변을 감싸주고 있는 산을 말한다. 현무 · 주작 · 청룡 · 백호 · 조산 등이 이에 해당된다. 수(水)는 물을 말하며 용과 혈의 생기를 보호하고 인도하며 멈추게 하는 성질이 있다. 물이 풍부하고 유속이 느려야 살기에 유리한 곳이다. 향(向)은 혈의 앞을 말하며 햇볕을 받아들이고 경관을 나타내는 공간이다.

좋은 터는 양지바르고 경관이 수려하고 아늑한 곳이다. 비보(裨補)는 세상에 완벽한 땅은 존재하지 않으므로 용혈사수향 중에서 부족한 것은 보충하고 지나친 것은 덜어내는 인위적 조치를 말한다. 사람과 자연이 조화롭게 공존할 수 있는 논리를 띠고 있다. 이들 여섯 가지 요소는 인간이 살아가는 생활공간뿐만 아니라 생태계를 유지하는 데 필요한 것들이라 할 수 있다.

풍수지리의 원리를 적용한 주택에 대한 주거입지론(住居立地論)을 양택론(陽宅論)이라고 한다. 즉, 양택론이란 주택을 건축함에 있어서 지세· 수세· 주변 환경에 따라 터를 잡아 좌(坐)와 향(向)을 정하여 가장 안정적이고 풍수의 해를 입지 않고 밝고 쾌적한 기운에 집 내부의 순환까지 생각하여 집을 세우는 것을 말한다. 양택풍수(陽宅風水) 또는 양기풍수(陽氣風水)는 분묘의 음택풍수(陰宅風水) 또는 음기풍수(陰氣風水)에 대한 말이다.

통상 집이 많이 모여 있는 마을이나 도읍지 또는 군 · 현 등을 지칭하는 집단양기의 개념으로 양기(陽氣)라는 말을 사용하고, 개인의 주택을 다루는 개인양기의 개념으로 양택(陽宅)이라는 말을 사용한다. 이러한 양택론과 관련하여 개인이 거주하는 양택에 관한 이론은 상택정규론(相宅定規論)으로 정리된다. 상택정규론(相宅定規論)이란 집을 세우고자 할 때 어디에 어느 좌 · 향의 집을 지어야 길하고 흉한지를 상으로 본다는 것으로 그것은 좋은 기운이 일어나 운명이 개척되는 주택인 길택을 올바르게 정하는 것으로 문 · 주 · 조(門·主·灶)의 올바른 위치를 정하는 일정한 규칙을 말한다.

<table>
<tr><td rowspan="9">풍수지리이론

음양론(陰陽論)과 오행설(五行說)을 기반으로 땅에 관한 이치</td><td rowspan="3">기(氣) 감응적 인식체계
(氣感應的 認識體系)

기는 천지 만물의 존재와 움직임의 근원적 법칙이고 그것을 존재하게 하는 에너지의 원천이다. 자연 변화의 신호인 천둥 · 바람 · 눈 · 비 등은 이 기의 변화 때문이라 여겼고, 천지에 가득한 기를 흡수하자는 게 이 논리의 뼈대이다.</td><td>동기(생기, 친자)감응론(同氣感應論)
감응(感應)이란 사람은 천지와 더불어 하나이며 같은 기를 누린다는 의미를 담고 있다. 풍수에서는 음양오행의 기를 본질로 하여 이 기의 상태 즉 후박소장(厚搏消長)에 따라 자연은 물론 사람도 생성 변화한다고 본다. 이를 부모와 자손의 관계로 말하자면 부모는 뿌리와 같고 자손은 나무의 가지와 같다. 나무는 뿌리가 깊고 단단하면 가지가 번성함과 같이 조상의 장기(葬器)의 길흉이 후손에게 하복으로 이어진다는 것이다.</td></tr>
<tr><td>소주길흉론(所主吉凶論)
땅을 쓸 사람의 사주팔자도 참고한다.</td></tr>
<tr><td>형국론(形局論)
혈(터)을 둘러싸고 있는 산세의 지형을 가지고 길흉화복을 예단하는 것으로 일종의 거시 풍수학(Macro Feng shui)라고 볼 수 있으며 물형은 크게 인물, 동물, 식물, 문자 등으로 형태를 분류한다.</td></tr>
<tr><td rowspan="6">경험과학적 인식체계
(經驗科學的 認識體系)</td><td>간룡법(看龍法)
용이란 山의 흐름, 즉 산줄기를 뜻하며 더 자세하게는 우주 생기가 힘차게 약동하며 산맥(山脈)을 타고 흐르는 것을 말한다.</td></tr>
<tr><td>장풍법(藏風法)
사란 혈을 둘러싸고 있는 주변의 모든 산세나 물길 등을 통칭하여 부르는 용어이며, 혈 · 명당의 기를 보호하는 역할을 한다.</td></tr>
<tr><td>득수법(得水法)
물은 용맥(龍脈)을 따라온 氣를 멈추게 하고 음인 용과 서로 만나 음양교합(陰陽交合)을 이루어서 혈[明堂]을 만든다.</td></tr>
<tr><td>정혈법(定穴法)
혈은 생기가 뭉치는 곳으로 혈장(穴場), 당판(堂板) 등의 이름으로도 지칭되고 있으며 유골이 묻히는 무덤자리를 의미한다.</td></tr>
<tr><td>좌향론(坐向論)
좌향[취길피흉, 取吉避凶]이라는 개념은 음택에서는 시신을 안장하는 경우 머리 부분을 좌(坐)로, 다리부분을 향(向)이라 부른다. 양택의 경우 좌는 집의 안채가 자리 잡은 방향을 말하고, 향은 마당이 있는 쪽을 말한다.</td></tr>
<tr><td>비보론(裨補論)
비보는 자연의 지리적 여건에 인위적 · 인문적인 사상을 보태어 보완하고 주거 환경을 조정 · 개선함으로써 이상향을 지표공간에 구성함을 목적으로 한다.</td></tr>
<tr><td>전통풍수</td><td>동양의 전통적 경험과학</td><td>역리적 음양오행설, 지리적 환경론</td></tr>
<tr><td>현대풍수</td><td>전통풍수에 기초</td><td>지구과학, 지리학, 생물학, 가상학, 건축학 등</td></tr>
</table>

인간은 의사소통하는 가운데 의미가 투명한 말만을 사용하지는 않는다. 오히려 의미가 불투명한 관용표현이 어떠한 상황에는 더 적절한 표현이 되어 의사소통에 큰 영향을 미친다. 관용표현은 문화와 사회, 역사 등의 배경을 통해 탄생하였기에 같은 문화권(文化圈)에서 주로 잘 통하지만, 이마저도 고차원적(高次元的)인 언어능력(言語能力)이 없다면 활용하기 어려워진다. 따라서 관용표현을 잘 알고 활용할 수 있도록 적절한 교육방안이 필요하다. 특히 속담(俗談)은 관용표현(慣用表現: 습관적으로 오래도록 쓰인 것으로 선혀 다른 단어들이 만나 특수한 의미를 가지는 한덩어리로 사용되는 말이며, 관용어는 단어의 수준으로, 관용구는 단어와 단어가 만나 구를 이루는 단위)으로서의 특성을 잘 갖추고 있으며, 이에 더하여 교훈적이고 풍자적(諷刺的)인 성격으로 의사소통을 더욱 풍성하게 한다. 속담은 우리 민족의 역사와 문화, 사회상을 배경으로 하고 있어 그것을 알지 못하면 정확한 의미를 파악하기가 어렵다. 따라서 속담을 학습하는 것은 우리나라의 역사와 사회, 문화를 알게 하며, 국어를 넘어 역사공부까지 할 수 있게 한다. 이것은 국어 과목의 특징 중 하나인 언어 학습을 넘어 전반적(全般的)인 지식까지 충족할 수 있는 장점을 살리는 것이다. 또한 속담은 조상의 지혜를 담고 있어 그 지혜와 연륜을 배울 수 있다. 사자성어(四字成語)도 속담과 마찬가지로 관용표현으로서의 특성을 갖고 있다. 중국의 고사(故事)와 연결되는 사자성어는 중국 고전(古典)에서 엿볼 수 있는 지혜를 담고 있으며, 속담과 마찬가지로 중국의 역사와 사회적 배경을 알 수 있게 한다. 또한 사자성어를 학습하는 것은 한자(漢字)까지 익히는 일석이조(一石二鳥)의 효과를 거둘 수 있다.

사자성어는 '네(四) 개의 자(字)로 구성되어 있는 어휘 단위, 성어(成語)'라고 할 수 있다. 성어는 사자성어(四字成語), 고사성어(故事成語), 한자성어(漢字成語) 등으로 불린다. 이러한 사자성어는 보기에는 간단하나 그 뜻이 완벽하며 생동감을 가지고 있다. 이외에도 사자성어는 사람들의 사회 경험, 일상생활의 지혜, 풍속, 문화 등의 다양한 내용을 내포하고 있다. 정신문화시대가 도래하면서 선인들의 교훈을 담은 사자성어는 우리의 삶에도 많은 영향을 주었다. 그중에서도 인간관계에 관한 사자성어는 우리 인생에서 지표가 되기도 한다. 사자성어를 숙어로 정의하는 방식은 이들이 두 개 이상의 단어로 이루어졌다고 보기 어렵다는 점에서도 한계적이다. 한문에서는 낱낱의 자가 통사부에서 독립적인 기능을 수행하는 단어의 지위를 가질 수 있지만 현대 한국어에서 이들은 대부분 어근에 불과하기 때문이다. 또한 숙어가 두 개 이상의 단어로 이루어졌다고 하는 것인 형식적인 측면에서 구(phrase) 이상의 단위를 대상으로 한다는 것을 의미한다. 따라서 복합어(compound word)의 일종으로 볼 수 있는 사자성어는 숙어의 범위에 포함될 수 없다. 일상대화를 할 때 중국인이 사자성어를 많이 쓰는 것처럼 한국인도 사자성어를 많이 쓰고 있다.

사자성어의 정형성은 의미 정형과 구조 정형으로 나뉜다. 사자성어와 일반 구의 차이는 현성성과 정형성의 차이에 있다. 일반 구는 대화 중에서 때에 따라 조합하여 만든 것이다. 성분의 조합은 어법 규율의 제약을 받는다. 사자성어의 관용성이란 긴 시간 문어체 혹은 구어체 범위 안에서 사람들에게 널리 사용되고 있음을 가리킨다. 관용성을 유지하는 데는 몇 가지 조건이 있다. 첫째, 표현하는 내용이 다른 단어나 다른 사자성어로 대신할 수 없는 것 둘째, 관용성을 제외한 다른 특성이 있는 것 셋째, 언어 실천 검증을 거친 것. 따라서 사자성어의 관용성은 사자성어의 다른 특성과 밀접하게 연결되고 서로 영향을 끼친다. 사자성어의 역사성이란 모든 사자성어가 예전 것이든 새것이든 반드시 시간의 검증을 받아야 한다는 것이다. 사자성어의 또 다른 특징은 내용과 형식에서 표현되는 민족성과 풍부해야 하는 음악성이다.

사자성어는 현재 뉴스, 신문, 방송 등에서 여전히 많이 사용하고 있다. 한국인이라도 일상생활에 필수적인 사자성어를 알지 못하면 신문, 뉴스, 방송 등에 대한 심도 있는 내용의 이해가 어려울 정도로, 언어생활에서 중요한 부분이다. 사자성어는 긴 문장이 압축되어 심오한 도리나 원리를 함축적으로 설명하기도 하는 교훈적 의미가 강하고 문화 색채가 농후한 어휘이다. 사자성어는 각각의 의미가 있는 네 개의 한자가 합쳐져 더 깊은 뜻을 나타내기 때문에 단음절(單音節), 2음절 어휘보다 의미가 더 강하며, 대부분 2+2 리듬으로 구성되어있다. 성어에 대한 다양한 정의는 다음과 같다.

중국의 사자성어는 교훈적 의미가 강하다. 많은 사자성어에는 생동적인 이야기가 담겨 있어 깊이 생각하고 음미하며 좋은 교훈을 얻을 수 있으며 마음에 오래

남는다는 장점이 있다. 길게 늘어뜨린 말보다는 '촌철살인(寸鐵殺人)'의 한마디가 인상에 더욱 남는다. 즉, 사자성어는 문장과 발언의 필수 요소라고 해도 과언이 아니다. 사자성어의 대부분은 고대 신화나 전설, 우화소설, 속담, 역사 일화 및 시문 글귀들이 발전하여 생겨난 것이며, 깊은 문화적 의미와 중국 전통의 미덕사상이 함축되어 있다. 사자성어의 특징은 정형성, 관용성, 역사성과 민족성 등 네 가지로 구분한다. 이는 사자성어를 나누는 원칙에 따라 다른 유형의 고정문구 비교에서 얻은 결과이나. 사자성어의 고정문구는 다른 유형에는 없거나 있다고 해도 불완전한 특성이 있다. 이러한 특성은 사자성어의 형식과 내용에서 귀납되었다. 이 네 가지 특성 중 사자성어의 정형성과 관용성이 유달리 두드러진다. 정형성은 사자성어 고정문구의 중요한 특징 중 하나이다. 더 엄격히 말하면 정형성이 없으면 사자성어도 없다. 사자성어에는 비교적 큰 안정성이 있다. 이러한 안정성도 정형성을 통해 나타난다. 사자성어의 정형성은 역사로 형성되었다. 이는 개인이 마음대로 바꿀 수 없으며 이 언어를 사용하는 사회구성원이 모두 지켜야 할 고정 격식이다.

'각주구검(刻舟求劍)'이라는 사자성어의 형성 배경은 『여씨춘추(呂氏春秋)』의 「찰금편(察今篇)」에 수록되어 있는데, 이를 통해 '각주구검'이라는 사자성어가 옛사람이 만들어 사용해 온 표현이라는 점을 확인할 수 있다. 그러나 이와 같은 출전에 대한 정보가 '각주구검'을 이해하는 것에 특별한 시사점을 주는 것은 아니다. 전국(戰國)시대 초(楚)나라의 한 사나이가 배를 타고 양자강을 건너가게 되었는데, 그는 자신의 칼을 그만 강물에 빠뜨리고 말았다. 그는 황급히 다른 칼을 꺼내어 그 배의 옆부분에 칼 빠뜨린 곳이라는 자국을 새기면서 '거각기주(遽刻其舟)' 즉 여기는 내 칼이 빠진 곳이라고 말했다. 배가 목적지에 이르자, 그는 자신이 새겨 놓았던 곳을 따라 물속으로 뛰어들어 그 칼을 찾으려 했다(求劍). 그러나 자신이 탔던 배는 칼을 빠뜨린 곳을 지나 계속 이동하여 왔으므로, 그가 칼을 찾는다는 것은 사실상 불가능하였다. 刻舟求劍(각주구검)이란 뱃전에 새겨놓은 표시만을 믿고 물에 빠뜨린 칼을 찾으려 함을 뜻한다. 시세(時勢)나 세상 형편에 어둡거나 고지식함을 비유한 말이다. 법 조항이나 문구(文句)에 얽매여 현실을 고려하지 못한 경우에도 刻舟求劍(각주구검)이라는 말은 들어맞는다. '각주구검'이 '융통성 없이 현실에 맞지 않는 낡은 생각을 고집하는 어리석음을 이르는 말'이라는 관용적 의미를 가지게 된 이유를 이해하기 위해서는 형성의 배경이 되는 상기의 고사를 알 필요가 있다. 하지만 형성의 배경이 된 고사에 관한 정보는 '각주구검'이라는 단어의 어휘내항(lexical entry)에 명세된 것으로 보기 어렵고 '각주구검'과 관련된 백과사전적 지식(encyclopaedic knowledge)으로서 구분하여 이해하는 것이 옳을 듯하다. '각주구검'의 유래가 된 고사를 모른다고 할지라도 이 단어를 사용하는 데는 아무런 문제가 없기 때문이다.

한국에서 만들어진 사자성어는 『삼국사기』, 『삼국유사』 등과 같이 고려시대에 저술된 역사서나 『춘향전』, 『구운몽』과 같은 고전소설, 『순오지』와 같은 속담집 등에서 많이 나타난다. 이러한 책으로부터 생성되어 쓰이는 것들은 '賊反荷杖(적반하장)', '草綠同色(초록동색)', '烏飛梨落(오비이락)', '弘益人間(홍익인간)', '咸興差使(함흥차사)' 등이 있다. 한국의 사자성어를 성격상으로 분류하면, 한국 고유한자로부터 비롯된 것, 불교 용어에서 나온 것, 한국문헌이나 전고(典故)에서 나온 것, 그리고 한국의 속담을 한자로 다시 만든 것 등으로 나눌 수 있다.

함흥차사(咸興差使)라는 사자성어의 형성 배경이 되는 내용은 조선 건국 초기에 있었던 이야기다. 조선 태종 이방원이 자신의 아버지이자 조선의 태조인 이성계를 함흥에서 모셔오려 차사를 함흥으로 보낸다. 이렇게 성석린과 무학대사를 차사로 보내지만 태조는 오랫동안 돌아오지 않았다. 흔히 알기로 태종 이방원이 왕자의 난을 일으켜 왕이 되자 이에 노한 태조 이성계는 이를 용서하지 않고 함흥으로 떠났으며 태종 이방원이 보낸 차사를 모두 죽여 돌아오지 않거나 소식이 없다는 뜻으로 알고 있다. 하지만 이는 근거 없는 만들어낸 이야기일 뿐이다. 심부름꾼이 돌아오지 않고 어떠한 연락도 없는 상황을 비유하는 것으로 아무런 소식이 없음을 의미한다.

이러한 고사성어를 안다는 것은 높고 깊은 정보에 보다 쉽고 편하게 접근할 수 있는 위치에 있다는 것이다. 역사 공부를 하기 위해 딱딱하고 지루한 역사서를 들고 앉아 씨름하지 않아도 되고, 철학과 과학, 인간 본성(本性)과 자연의 섭리에 접근하고자 하는 사람에게 그 길을 환하게 밝혀주는 가로등의 역할을 하는 것이다. 사회가 변화함에 따라 언어도 시대에 따라 새로이 변화하기 마련이다. 새롭게 만들어진 성어의 수는 전체 성어 수에 있어서 그다지 많지는 않지만, 시대적인 요구에 맞추어 새롭게 창조된 성어들도 많다. 어떠한 언어든 반드시 사회의 필요라는 기초 위에 만들어지게 마련인데 새롭게 만들어지는 성어 역시 그러하다. 12간지 동물은 인간의 일상생활과 긴밀한 관계를 맺고 있다. 12간지 동물은 가축과 비가축 두 가지로 나누어볼 수 있다.

인간에 의하여 순화되고 개량되어 사람과 함께 공동생활하는 동물을 가축이라 하며, 이에 속하는 12간지 동물은 소, 말, 양, 닭, 개, 돼지 등 여섯 가지로 12가지 동물 중 절반을 차지한다. 고대 중국부터 현재까지 사용되는 10干12支의 모습을 궁구하다 보면, 태양과 지구의 상호작용의 모습을 받아들인 것으로 보인다. 10간은 하늘 기운(天氣)의 모습, 12지는 하늘의 기운 변화가 땅 위의 모든 생명에 영향을 미쳐 변화되는 모습(地氣)을 함축적 · 상징적으로 표시한 문자이다.

천지인(天地人) 삼재(三才)가 하나로 통일된 천인합일, 천인감응 사상의 모습이기도 하다. 한대(漢代)에 10간과 12지의 자의(字義) 설명에 계절과 월령을 나타내는 의미를 부여하며, 본격적으로 10간과 12지에 음양오행 사상을 결합하기 시작하였다. 음양과 오행의 원리는 지구상에 반영된 천체운동의 모습과 계절의 변화가 생명에 미치는 영향을 원리적으로 설명하고자 하는 설이었다.

음양론은 자연계에 스며 있는 상대적인 인자들을 대비시켜 논한 설이고, 오행론은 사계절의 주기적 변화를 바탕으로 이론화시킨 것으로 보인다. 천문관측이 비약적으로 발전한 진 · 한대(秦·漢代)의 간지(干支)에 대한 이론이나 설명을 보면, 춘 · 하 · 추 · 동의 계절변화 진행에 만물이 생장소장(生長消長) 반복 순환하는 과정으로서, 12월령에 배속한 계절과 각 계절별로 만물이 생장수장(生長收藏)되는 모습을 형상화해서 음양과 오행으로 풀어냈다.

이렇게 형성된 간지에 배속한 음양오행론은 이후 형이상학적으로 풍부하게 해석되고, 중국과 한국, 일본까지 확산되어 명리학, 풍수지리, 의학, 정치, 문화 등 동양인의 실생활에 깊이 반영되어 오늘에 이르고 있다.

이는 동물에도 대입시켜 지지인 자(子), 축(丑), 인(寅), 묘(卯), 진(辰), 사(巳), 오(午),

미(未), 신(申), 유(酉), 술(戌), 해(亥)에서 申・子・辰・寅・午・戌은 양(陽)이고, 巳・酉・丑・亥・卯・未는 음(陰)이고, 또한 寅・卯는 木이라 하고, 巳・午는 火라 하고, 申・酉는 金이라 하고, 亥・子는 水라 하고, 辰戌丑未는 土라 한다. 동물에서 子는 쥐, 丑은 소, 寅은 호랑이, 卯는 토끼, 辰은 용, 巳는 뱀, 午는 말, 未는 양, 申은 원숭이, 酉는 닭, 戌은 개, 亥는 돼지로 칭하고 있다. 십간(十干: 甲・乙・丙・丁・戊・己・庚・辛・壬・癸)과 십이지를 결합하여 60개의 간지를 얻었으며, 이를 六十甲子라 하였다.

12간지	사자성어
쥐	孤雛腐鼠, 羅雀掘鼠, 猫鼠同處, 鼠肝蟲臂, 鼠竊狗偸, 城狐社鼠, 首鼠兩端, 蟲臂鼠肝 등
소	鷄口牛後, 九牛一毛, 歸馬放牛, 老牛舐犢, 對牛彈琴, 童牛角馬, 馬牛襟裾, 目無全牛, 木牛流馬, 吳牛喘月, 牛角掛書, 牛鬼蛇神, 牛首馬肉, 牛鼎烹鷄, 一牛鳴地, 土牛木馬, 汗牛充棟, 蹊田奪牛, 呼牛呼馬 등
호랑이	騎虎難下, 騎虎之勢, 三人成虎, 餓虎之蹊, 兩虎相鬪, 養虎遺患, 燕頷虎頭,龍蟠虎踞, 爲虎傅翼, 爲虎作倀, 縱虎歸山, 暴虎馮河, 狐假虎威, 虎踞龍盤, 虎口餘生, 虎狼之國, 虎尾春氷, 虎視眈眈, 畵虎類狗 등
토끼	龜毛兎角, 守株待兎, 烏飛兎走, 脫兎之勢, 兎角龜毛, 兎起鳧擧, 兎死狗烹,兎死狐悲, 狡兔三窟, 狐死兎泣 등
용	車水馬龍, 屠龍之技, 攀龍附鳳, 白龍魚服, 伏龍鳳雛, 魚質龍文, 龍頭蛇尾, 龍門點額, 雲蒸龍變, 麟鳳龜龍, 一龍一猪, 痛飮黃龍, 畵龍點睛 등
뱀	斗折蛇行, 杯中蛇影, 封豕長蛇, 飛鳥驚蛇, 蛇心佛口, 春蚓秋蛇, 打草驚蛇,涸澤之蛇, 畵蛇添足 등
말	車在馬前, 犬馬之勞, 輕裘肥馬, 南船北馬, 駑馬十駕, 馬上得之, 馬首是瞻, 馬耳東風, 秣馬利兵, 盲人瞎馬, 百馬伐驥, 駙馬都尉, 非驢非馬, 駟不及舌, 塞翁之馬, 素車白馬, 心猿意馬, 厲兵秣馬, 戎馬生郊, 以毛相馬, 指鹿爲馬, 寸馬豆人, 千軍萬馬, 秋高馬肥, 汗馬之勞, 害郡之馬 등
양	多岐亡羊, 亡羊之歎, 使羊將狼, 羊頭狗肉, 臧谷亡羊, 羝羊觸藩 등
원숭이	沐猴而冠, 猿臂之勢 등
닭	見卵求鷄, 鷄犬相聞, 鷄皮鶴髮, 陶犬瓦鷄, 木鷄養到, 牝鷄之晨, 如嚼鷄肋, 鶴立鷄群 등
개	桀犬吠堯, 犬牙相制, 狗猛酒酸, 狗尾續貂, 白雲蒼狗, 喪家之狗, 蠅營狗苟, 蜀犬吠日, 跖狗吠堯 등
돼지	豕交獸畜, 信及豚魚 등

육십갑자는 해마다 1개씩 배당하여 천체의 작용에 의하여 지구 자전축의 방향이 조금씩 변하는 세차(歲次)운동을 하고, 달에 배당하여 月이라 하며 날에 배당하여 日이라 하였다. 옛날부터 61살이 되면 회갑잔치를 하였다고 한다. 또한 60갑자를 다르게 설명하면 천간은 지구의 자전과 공전에 의해 생기는 것으로 하늘이 가득차서, 만물이 나고 자라는 힘의 근원인 기운을 받아 오행(五行: 목, 화, 토, 금, 수)이 생성되어 음양오행을 순환시킨 것을 십간이라 하고, 땅의 기운이라는 지지는 지구가 23.5도 기울어짐에 의해서 생기는 것으로 천기로 생성된 오행과 육기는 함께 지내야 하므로 육기(六氣)의 음양을 충하여 주기적으로 회전하는 것을 십이지라 하였다고 알기 쉽게 풀이하여 설명하였다. 이를 근거로 십간과 십이지를 수학적 원리로 풀이하고 이를 결합하여 육십갑자를 만들었던 것이다.

□ 풍수의 이해

1. 아래 제시된 그림을 토대로 자신이 살고 있는 주거지에 대해서 설명하시오.

2. 풍수지리를 고려한 커피전문점의 입지와 공간구성에 대해서 설명하시오.
   - 거시적 평가 항목: 대지의 지형과 지세, 인접건물 유·무, 고저, 수세와 출입문, 주변 상권 등
   - 미시적 평가 항목: 대지와 건물의 공간, 건물의 좌(坐)와 출입문 방위, 출입문과 주방 방 위, 매장의 평면 형태 등

3. 양택의 입지론에 근거하여 주거입지 선정과 주택리모델링에 대해서 설명하시오.
   - 배산임수: 산을 뒤로 하고 하천을 향하라는 뜻으로 이렇게 함으로써 산에서 땔감을 얻고 하천의 물로 농사를 지으며 풍수의 최대목표인 장풍득수를 하여 추위를 막고 공기의 순환을 원활하게 함으로써 생기를 돋우며 건강과 장수를 얻게 된다. 배산임수의 배치는 대지가 약간이라도 높은 곳에 건물을 짓고 낮은 곳에 마당을 두어 내려다보이게 하는 배치이다.
   - 전고후고: 내당의 주 건물을 높게 안치하고 마당(정원)과 부속건물 도로는 내당의 주 건물보다 낮아야 하는 것을 의미한다. 이는 거실에서 바라보는 방향이 낮은 쪽으로 되어야만 전망이 시원하게 펼쳐져서 심리적인 자신감[前進性]과 안정감[位階性]을 갖게 된다. 즉 조망권이 확보되고 개방감을 갖게 된다.
   - 전착후관: 사람이 출입하는 입구는 좁고 내부는 너그럽고 안정감 있게 배치하는 것을 의미한다. 이는 외부의 탁한 공기가 내부의 순한 공기와 갑자기 섞이는 것을 방지하고 안정감이 들도록 하는 역할을 한다. 외부의 소음(탁기)과 적으로부터 자기를 보호하기 위하여 도로와 평행배치보다는 수직배치가 바람직하다.

4. 앞날의 길흉에 대한 예언(도참사상, 圖讖思想)으로 서경 천도, 정감록(鄭鑑錄)의 허와 실에 대해서 설명하시오.

PART

III

심리학으로 본 에티켓

Learning Through Storytelling Service Etiquette

CHAPTER 7

개성 넘친 프리젠터

1. 또 다른 이미지, 브랜딩의 힘

이미지는 우리 일상생활의 도처에 번져 있고 그것을 떠난 삶은 상상도 할 수 없다. 체험하고 사고하기 이전에 이미 파고드는 이미지는 과연 어떤 모습으로 다가오며, 우리에게 어떤 영향을 미치는지를 파악하는 것은 지금 우리가 살아가는 무대에 대하여, 우리의 모습에 대하여, 또 우리의 나아갈 길을 위하여 매우 중요한 문제라고 생각한다.

하루가 다르게 변화하는 세상 속에서 끊임없이 생각하고, 자신이 누구인지 그 답을 찾으려 노력하는 것이 인간이다. 우리는 나 자신에 대해 얼마나 알고 있는가? 어쩌면 자신보다 주변사람들이 자신에 대해 더 많은 것을 알고 있지는 않은가? 우리는 무엇보다 자신이 누구인지 스스로에 대해 깊은 성찰과 이해를 하는 것이 필요하다.

현대인들의 삶은 자의든 타의든 넘쳐나는 이미지에 구속되어 있다. 이는 비록 현대뿐만 아니라 역사가 시작된 이후 줄곧 마찬가지일 것이다. 다른 게 있다면 과학적으로 발달된 가상 이미지가 엄청나게 늘어났다고 할 수 있다. 우리가 일상생활을 할 때 눈이라는 감각기관을 통해 보이는 것이 이미지이다. 우리는 이미지를 보고 각자 어떠한 지각을 하고 기억하게 된다. 다만 개인의 경험과 환경에 따라 관점의 차이가 생길 것이다. 예술작품을 생산하고 감상하는 행위 역시 지극히 감각적인 과정이다. 신체의 감각기관인 눈을 거쳐 머릿속으로 지각되는 것이다. 그런 의미에서 모든 미술은 시각적(optical)이다. 이 시각적인 현상을 예술로써 끌어들인 사조가 바로 옵아트이다. 이미지와 그 이미지를 보는 시각은 미술에 있어 본질적으로 중요한 문제이다. 저자는 옵아트의 대표적 표현기법인 '착시효과'를 이용하여 공용화된 이미지 또는 텍스트와 결합하는 방식의 작업을 진행하였다.

'시지각(視知覺)에 의한 환영'을 일반적으로 '착시'라고 한다. 사람들이 눈을 통해 보는 물질세계와 지각에 의한 인식 사이에는 다를 게 없다고 생각하여 보이는 것만을 생각하게 된다. 또한 시각은 인간의 감각 중 가장 완전한 감각기관으로서

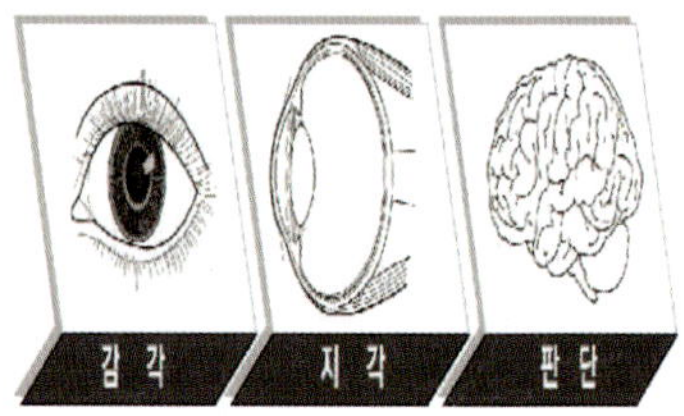

경험이나 지식은 대부분 시각과 다른 감각 기관의 도움으로 형성되며 이렇게 시지각(눈으로 받아들인 시각정보를 뇌가 종합해 해석하는 능력)을 통해 얻어지게 된다. 즉 착시란 시각에 관해 생기는 착각으로, 크기나 형태, 길이나 거리, 색채나 움직임 등과 같은 둘 이상의 시각적 자극, 시각 대상의 속성에 대한 바르지 못한 지각이라 정의할 수 있으며 사고의 한계점이라고 할 수 있다. 이렇듯 우리의 시각은 지각의 속성과 외부환경에 의해 많은 오류를 가지게 되는데, 이것을 일반적으로 착시라 부른다. 또한 착시현상은 감각기관을 통해 얻어지는 외부세계에 대한 부정확한 인지현상을 일상생활에서 누구나 경험할 수 있는 시지각 과정이라고 해석할 수 있으며, 형태 지각의 과정들을 이해하는 데 중요한 요소를 전달해 주므로 일상생활에 중요하다고 할 수 있다. 착시란 시각(視覺)에 관해서 생기는 착각, 착시는 외계 사물의 크기 · 형태 · 빛깔 등의 객관적인 성질과 눈으로 본 성질 사이에 차이가 있는 경우의 시각을 가리키는데 이와 같은 차이는 항상 존재하므로 보통은 양자의 차이가 특히 큰 경우를 말한다. 착시에는 기하학적 착시, 원근(遠近)의 착시 외에 가현운동(假現運動), 밝기나 빛깔의 대비 등이 있다. 또한 착시를 크게

나누어보면 움직이지 않은 정적 착시와 움직이는 것처럼 보이는 자동운동 착시의 두 가지 유형이 있음을 알 수 있었고, 정적 착시는 기하학적 착시, 크기와 공간에 의한 형의 착시, 형태에 의한 깊이와 거리의 착시, 중첩에 의한 투명과 겹침, 색의 혼색 사용에 의한 혼색과 대비, 빛의 음영의 착시 등이 있으며, 자동운동적 착시에는 운동의 착시가 있다.

착시(錯視)란 시각에 관해 생기는 착각(錯覺)으로, 크기나 형태, 길이나 거리, 색채나 움직임 등과 같은 둘 이상의 시각적 속성에 대한 바르지 못한 지각이라고 정의할 수 있다. 또한 착시는 경험한 대상이 실제 존재하는 것과 달리 인식되는 것으로 잘못된 경험이라는 뜻을 가지고 있으나 이것은 경험하는 세계와 실제 세계를 분리한 후 실제 세계와 비교해서 잘못된 것이라고 단정 짓는 것으로, 물리적인 측정과 일치하지 않는 시지각을 말한다. 현실에 존재하는 대상의 지각을 통한 기억은 보이는 그대로인 2차원적 요소로 구성된 것이 아니고 색상의 차이나 명도의 차이 등에 의해 주위와 구별되는 3차원적 물체의 이미지가 기억되는 것이다. 이처럼 시지각을 통한 착시 표현도 현실세계가 아닌 3차원 이상의 세계에서 심리적인 이미지로써 이용된다. 이러한 표현은 시각적으로 심리적 반응을 일으키며, 의도적으로 계획된 착시 표현이 심상에 대한 창조적인 자기표현의 방법으로 어느 정도의 강한 설득력을 가지고 있다. 이렇게 착시는 시각을 통한 심리적 반응을 지각하는 것이고, 지각의 형태적인 진행은 개인의 특성 보다는 일반적으로 잠재의식 속에서 이루어진다. 그러나 잠재의식적인 사고는 부적절한 또는 틀린 패턴을 이룰 수도 있으며, 특성과 구조를 추구하는 쪽으로 과도하게 편중되기 쉽고 형식 논리적 능력이 한정되어 있기에 상징적 조작이나 일련의 단계를 거치는 신중한 추리를 못할 수도 있다. 그러므로 착시는 잠재의식 속의 심리적 반응에 의한 시지각의 오류인 것이다. 이렇게 착시현상은 지극히 정상적인 상태의 시각을 가진 대부분의 사람에게 필연적으로 나타나는 현상으로, 눈속임 그림[트롱프뢰유(trompe-l'oeil): 극명한 묘사력에

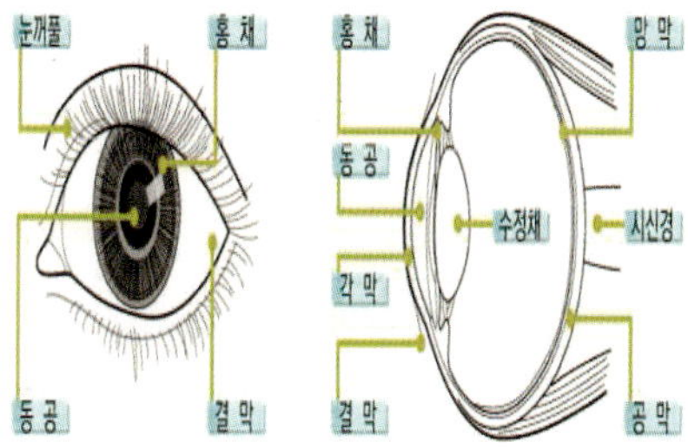

의해 일어나는 실제의 것으로의 착각이나 외부로부터의 자극 없이도 일어나는 환각(幻覺, hallucination)이나 망상(妄想, delusion)과는 다르게 외부의 자극이 실제로 존재하며 객관적 성질과는 현저하게 다르고 정도의 차이는 있어도 대부분의 정상적인 시지각을 지닌 사람들에게는 공통적으로 존재하는 것이다. 착시는 경험한 대상이 주변 현상과의 비교나 과거의 지각경험 때문에 실제로 존재하는 것과는 다르게 일반적으로 인식되는 지각현상이므로 누구에게나 흥미를 일으키기에 적합하다.

게슈탈트(Gestalt)는 20세기 초 독일에서 발전된 형태심리학의 게슈탈트 심리학(Gestalt Psychology)에서 나온 용어이다. 게슈탈트는 '형태' 또는 '전체의 모양'을 뜻한다. 1921년경 독일의 막스 베르트하이머(Max Wertheimer) 박사에 의해 주창된 게슈탈트 심리학은 인간이 시각요소들을 전체로 지각하기 위해 어떻게 조직하고 그루핑(집단분류)하는지에 대한 명확하고 믿을 만한 근거를 제시하였다. 그림 전체를 볼 때와 전체를 이루는 부분들을 따로 분리해서 볼 때가 다르다는 것이다. 즉 잘 조작된 전체를 보려 한다는 것을 강조한다. 단순히 부분의 고립된 파편이 아니라, 좀 더 구조화되고 응집된 것으로, 게슈탈트 심리학자들의 모토는 "전체는 부분들의 단순한 합으로 환원되지 않는다"는 것이다. 시각에 의해 지각되는 대상의 형태는 일정하게 고정되는 것이 아니라, 보는 이의 심리상태, 주위의 환경이나 여건, 흥미나 관심의 정도, 과거의 경험누적 등, 혼합된 적극적 활동에 따라 변화의 폭이 크게 생성됨을 알 수 있다. 또한 이 이론에서 인간은 정보의 한 조각이나 부분에 의미를 두어 일정한 패턴으로 체계화하려는데, 이는 자극이 조직된 형태적 용어로 지각된다는 것이다. 게슈탈트 심리학자들은 형태와 배경 간의 관계와, 대상을 패턴 또는 '좋은 형태'로 파악할 수 있도록 도와주는 여러 사항들에 대해 특히 관심을 갖고 많은 원리를 제시하였다. 게슈탈트 이론 중 주요 원리인 근접성, 유사성, 연속성, 폐쇄성, 프레그넌스(pragnance)원리, 전경과 배경의 형태에 관한 원리까지 시각요소의 개념화에 있어서 매우 중요한 것들을 간추려 제시한다. 그 밖에도 크기의 항상, 형의 항상, 밝음의 항상 같은 종류들이 있다.

착시 유형		의미
게슈탈트 심리학적 착시	근접성	형태의 통일성을 이루는 방법으로 두 가지 이상으로 된 유사한 시각 대상들이 서로 가까이 있을수록 하나의 상 또는 큰 단위의 형태로 함께 집단화
	유사성	일정한 거리에 위치한 대상들에 대하여 시각적으로 유사한 요소를 찾아내어 서로 묶거나 덩어리 지으려는 특성이다. 형태나 규모, 색상, 방향성 등의 비슷한 요소를 찾아내어 그것들을 집단화시키려는 성향
	연속성	사람의 초점이 끝나는 지점에서 다음 시작 요소로 시선이 자연스럽게 진행되는 현상을 말하며 방향성이 자연스럽게 연결되어 진행될수록 더 자연스럽게 연결되며 각각의 대상을 이어진 하나의 덩어리로 지각
	폐쇄성	연속성의 법칙과 연관된 법칙으로 불완전한 형태를 폐쇄된 완전한 형태로 보려는 경향을 말한다. 의미 없는 선들의 연속일지라도 일정한 방향으로 연결되는 공통성을 지각한다면 조직화시켜 재정립
	프레그넌스 (새로운 단순성, Pragnance)	어떠한 형체를 가능한 가장 명확하고 간단하며 좋은 형태로 보려는 경향
평면적 착시	기하학적 착시	대비에 의해 선의 길이, 원의 크기, 선의 형태 등이 왜곡되거나 확대, 축소되어 보이는 착시현상이다. 수직, 수평에 의한 방향성에 의해 일어나는 착시로 공간의 거리 분할에 의해 일어나는 착시이기도 하다. 기하학적 착시는 두 개 이상의 형이 서로 대조되거나 겹쳐 영향을 미쳐서 일어나는 착시이므로 선이나 도형의 반복에 의해 왜곡되어 지각됨
	다의도형 착시	보는 시점의 초점이나 그림을 바라보는 거리에 의해 둘 이상의 이미지를 지각할 수 있는 애매모호한 도형을 말한다. 다의도형의 종류에는 바탕 전도형, 의미 반전도형, 깊이 반전도형이 있고 이러한 착시도형에서 조금 더 빨리 지각되는 이미지는 면적이나 밝기 같은 도형의 성질에 의존하는 경우가 많다. 그러나 이것은 보는 사람의 경험이나 심리적 상태에 따라 다르게 지각됨
	패러독스 착시	현실에서 재현 불가능한 입체도형을 말하며 모순도형이라고도 한다. 불가능한 도형들은 도형의 특정 부분을 초점을 두고 바라볼 때는 실현 가능한 보통의 입체도형 같아 보이지만 전체적으로 연결해서 보았을 때는 구조에 모순이 있으며 실현 불가능
	색상학적 착시	색의 농담, 채도, 명도의 차이로 표현하는 색채 원근법을 이용하여 공기나 광선의 작용으로 가까이 보이는 것과 멀리 보이는 것의 색의 차이가 느껴지게 표현하여 거리와 깊이감을 보이는 현상
	원근법 착시	인간의 눈이 공간을 3차원적으로 지각하는 것에 가장 기본적인 원리로 2차원 평면 위에 묘사하는 회화기법으로는 투시도법이라고 한다. 원근법의 어원인 라틴어의 아르스 페르스펙티바(Ars Perspectiva)는 페르스피케레(Perspicere: '투과하여 보다'는 뜻)에서 유래하며, 수학적 이론에 해당하는 원근법은 15세기 초 피렌체에서 발명된 것으로 관찰자의 눈에서 멀어질수록 평행선은 모아지는 것처럼 보이며 대상물은 더 작게 보인다는 사실

이미지는 라틴어의 '이마고(Imago)'에서 유래된 언어로 다른 것을 본뜬다는 의미를 가진 '이미타리(Imitari)'에서 파생되었다. "이미지는 개인이 어떤 대상에 대해 가지는 주관적인 심상(心象)"이라고 할 수 있다. 즉, 어떤 대상의 실체를 의미하기보다는 마음속에 그려지는 대표적인 상을 이미지라 정의한다. 이처럼 어떤 대상을 회상할 때 떠오르는 감정이나 단어의 결합체인 이미지는 인간관계에 있어서 많은 영향을 미친다. 이미지를 내적, 외적, 사회적인 이미지로 분류하였다.

이미지는 기호와 상징으로 나눌 수 있다. 기호는 명확하며 약속된 코드에 의해 소통이 가능하다. 하나의 기표가 하나의 기의에 대응하면서 본래 의미만을 지칭한다. 세상의 이치를 설명하고 소통을 원활히 하기 위해서 표현이 있다고 본다. 반면에 상징은 다의적이고 모호하며 약속된 코드와 관습으로부터 벗어나 있다. 한 인간의 세계에 대한 주관적 이해의 표현으로, 의미가 본의 밖으로 확장될 때 상징적 의미에까지 닿을 수 있다. 이러한 내용은 이미지의 어원에서도 잘 나타난다. 우선, 아이콘(Eikon)에서 왔다는 견해가 있다. 이 용어는 '닮음(resemblance)'을 의미하는데, 이런 맥락에서라면 이미지는 실재(reality)를 닮은꼴로 재생해 내는 것을 의미한다. 에이돌론(Eidolon)이 이미지의 어원으로 꼽히기도 하는데, 모양이나 형태를 의미하는 에이도스(Eidos)로부터 파생된 것으로, '본다'는 의미의 바이드(weid)에 그 기원을 두고 있다. 또한, 판타스마(Phantasma)가 이미지의 어원으로 제시되기도 한다. '빛나게 해서 보이게 한다'는 파이노(phaino)라는 동사에서 기원한 것으로, 환영이나 꿈, 유령 등의 의미로 쓰인다. 어원적으로 이렇게 다양한 의미망을 지니고 있는 이미지는 때로는 본질이나 실재를 모방한 가시적 대상이라는 의미로, 때로는 가시적 대상에 대한 지각이나 기억을 지시하는 의미로 쓰이기도 한다. 내적 이미지는 자아개념, 인지적 요소, 정서적 요소, 성격 및 성향 등의 요소들이 형성하며, 외적 이미지는 신체적, 표현적, 행동적, 청각적인 요소들로 이루어지며, 사회적 이미지는 사회적 환경, 커뮤니케이션, 매너, 에티켓, 대인관계 수준 요소의 종합적인 구성으로 인해 분류되고 각 요소들을 이미지를 형성하는 요소로 보았다.

<table>
<tr><th colspan="3">이미지 구성요소</th><th>의미</th><th>이미지 향상 가이드라인</th></tr>
<tr><td>주체적 관점</td><td>내적 이미지 (본질, 좋은 생각)</td><td>자아 개념, 인지적 요소, 정서적 요소, 성격 및 성향</td><td>인간의 심리적, 정신적, 정서적 특성 등이 고유하고 독특하게 형성해 내는 근간이며 본질로서 심성, 생각, 습관, 욕구, 감정 등의 유기적인 결합체</td><td rowspan="3">자신의 이미지를 좋게 부각시키려면 시간(Time), 장소(Place), 상황(Occasion)에 따라 부합하는 연출할 수 있는 노력이 필요
– 자신감을 가진다.
– 남과 비교하지 않는다.
– 모든 일에 머리를 써서 생각한다.
– 완벽주의자가 되지 않는다.
– 행복해지겠다고 결심한다.
– 지나친 죄의식을 피한다.
– 매일 새로운 하루를 생각한다.
– 긍정적이고 낙관적인 사람과 친해진다.
– 불행 또는 허무감을 버린다.</td></tr>
<tr><td rowspan="2">객체적 관점</td><td>외적 이미지 (현상, 첫인상 형성)</td><td>시각적 요소 (신체적, 표현적, 행동적)</td><td>인간의 외부로 나타나는 종합적인 이미지로 외모, 언행, 자세, 표정 등의 꾸밈행동을 통해 외부로 표현되는 종합적인 인상 현상(現象)</td></tr>
<tr><td>사회적 이미지 (관계, 호감도)</td><td>커뮤니케이션, 대인 관계, 매너, 에티켓</td><td>인간관계에서 상대적 교류로 나타나고 형성되는 것</td></tr>
</table>

현대사회에 브랜딩이라는 개념이 많은 관심을 받고 있다. 브랜딩이라는 개념이 처음 사용되었을 때, 기업에서는 이를 마케팅 수단의 하나로 여겨, 소비자와 가치를 공유하고 기업 자체의 이미지를 긍정적으로 만드는 방법으로 사용했다. 단순히 제품이나 서비스를 구입하는 것을 넘어서는 높은 수준의 소비 활동이 이루어지고 있고, 감성을 소비하는 소비문화의 변화로 인해 기업들은 매출 상승과 동시에 브랜드의 가치를 높이는 데 브랜딩 활동이 필요하기 때문이다. 시간이 흐르면서 브랜딩이라는 개념에 익숙해진 대중들은 개인이 자신을 홍보하는 수단으로 사용하는 '퍼스널 브랜딩'이라는 용어를 사용하기까지 이르렀다. 이렇듯 브랜딩은 제품과 서비스를 판매하는 기업뿐만 아니라 개인, 더 크게는 지역과 나라에서도 사용하는 전략으로 자리 잡았다. 브랜딩 개념이 널리 알려짐에 따라 건축공간에서도 다양한 방식으로 브랜딩의 모습이 나타났다. 국내외 기업들의 건축 공간디자인은 브랜드의 아이덴티티를 홍보하고 브랜드를 감성적으로 체험하게 하는 등의 다목적 공간으로 변화하고 있다. 대표적인 사례로 복합문화공간과 플래그십스토어가 있다. 그 구체적인 예로 현대카드의 라이브러리시리즈를 들 수 있다. 현대

카드는 브랜딩의 선두주자라고 불릴 만큼 많은 브랜딩을 펼쳐 왔는데, 그중 라이브러리는 신용카드라는 현대카드의 주요 상품과는 관계없는 문화 프로그램을 담은 공간으로서 기업의 복합문화공간에 속한다. 의류 기업에서 주로 사용하는 플래그십스토어는 브랜드의 대표 제품과 특유의 디스플레이를 극대화한 매장으로, 매출보다는 브랜드 아이덴티티를 홍보하는 것을 주목적으로 한다. 이처럼 다양한 방식으로 구현된 기업의 건축공간은 최근까지 계속 생겨나고 있으며 브랜드의 아이덴티티를 표현하는 공간으로서 브랜딩의 개념으로 논의할 수 있다. 브랜드라는 개념을 먼저 살펴보자.

브랜드는 어떤 경제적인 생산자를 구별하는 지각된 이미지와 경험의 집합이며 보다 좁게는 어떤 상품이나 회사를 나타내는 상표, 표지이다. 브랜드는 특히 기업의 무형자산으로 소비자와 시장에서 그 기업의 가치를 나타낸다. 마케팅, 광고, 홍보, 제품디자인 등에 직접 사용되며, 문화나 경제에 있어 현대의 산업소비사회를 나타내는 중요한 요소이기도 하다.

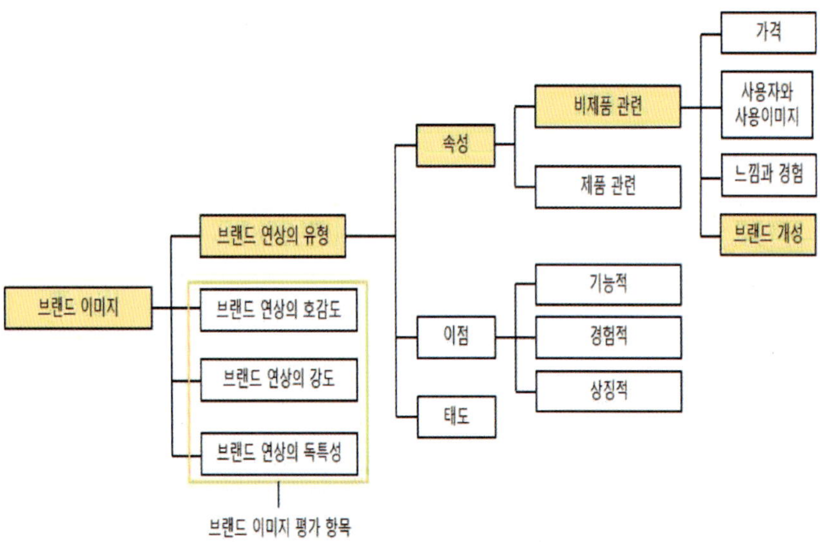

오늘날 브랜드는 차별화 전략의 일환으로 사용되고 있다. 브랜드의 기본요소는 출처 표시, 기업표시, 상품과 기업의 식별, 품질보증, 광고, 선전, 신분, 소유 등이다. 브랜드는 문자나 도형, 기호 등으로 구성되어 있으며, 사용구조에 따라 개별

브랜드, 그룹 브랜드, 코퍼리트(corporate) 브랜드 등으로 분류할 수 있다. 브랜드(Brand)라는 용어는 'burn'을 의미하는 고대 노르웨이 단어인 'brandr'에서 파생되었다. 영어로 Brand라는 단어가 처음 등장한 시기는 기원전 2000년 무렵 이집트인들이 가축에 낙인을 찍어 자신의 소유임을 증명한 데서 비롯된 것으로 추측되고 있으며, 상업적 측면에서 처음 활용된 것은 기원전 700년 무렵 그리스 상인들이 항아리에 자신의 브랜드를 부착해서 사용한 것부터다. 그리스 · 로마시대에는 문맹률이 매우 높았기 때문에 상점 주인들이 상점 이름 대신 팔고 있던 물건을 나타낼 수 있는 그림이나 표시를 상점 앞에 걸어놓았는데 이것이 바로 브랜드의 유래라는 의견이 있다. 중세기에 접어들면서 기술자들이나 공예품 작가들이 자기 작품에 특별한 표시를 하기 시작했는데 이러한 특별한 표시를 통해서 자기 작품을 타인의 작품과 차별화시켰고 이는 자기 작품을 보증해 주는 도구로 점점 일반화되기 시작했다. 브랜드란 타인과 구별해 주는 수단이며 예술가들이 작품이 완성되면 작품 한쪽에 본인의 도장을 찍거나 서명을 한 경우도 브랜드라고 할 수 있다.

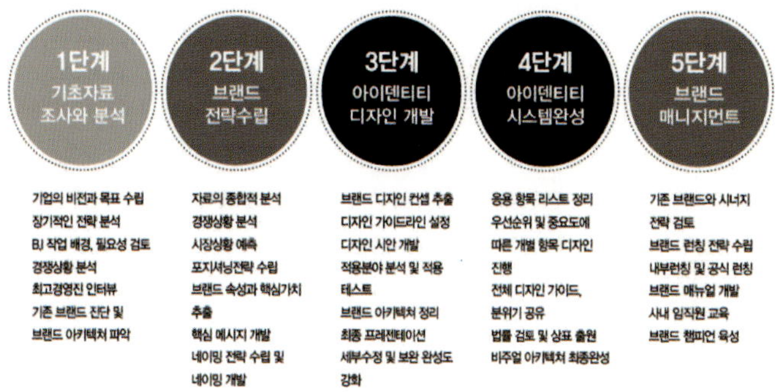

브랜드 아이덴티티(BI)는 브랜드의 정체성을 나타내는 것으로 브랜드 자체를 의미한다고 할 수 있다. 때문에 브랜드의 구성요소는 굉장히 광범위하고 다양하다. 브랜드 분야의 세계적 석학 데이비드 아커(David Aaker)는 브랜드 아이덴티티의 구성요소를 시간을 초월하는 브랜드의 핵심가치인 핵심영역과 구체성과 완전성을 부여하는 확장영역으로 나누었다. 이는 브랜드 아이덴티티의 구성요소는 확장되므로 무한하다는 것을 의미한다. 때문에 브랜드 아이덴티티에 관한 대표적 이론들을 고찰함으로써 브랜드 아이덴티티를 구성하는 요인들이 무엇인지 전반적으로 살펴보면 다음과 같다. "럭셔리 브랜드 매니지먼트 분야의 세계적인 석학 장 노엘 캐퍼러(Jean-Noel Kapferer) 교수는 브랜드 아이덴티티의 핵심이 브랜드의 개성, 장기적 목표와 비전, 일관성, 가치, 진실, 인지적 표식 등 여섯 가지에 있다고 간주하고, '브랜드 아이덴티티 프리즘(Brand Identity Prism)'이라는 모델을 통해 아이덴티티의 구성요인을 물리적 특성, 개성, 관계, 문화, 사용자 이미지, 자아 이미지 등 여섯 가지로 세분화"하였다. 회사 이름을 변경하는 것은 생각보다 많은 시간과 에너지가 필요한 일이다. 단순히 이름만 바꾸는 것이 아니라 기업의 포부, 방향성의 변화이기 때문이다. 직원뿐만 아니라 소비자 · 클라이언트(외부요인)에게 이 같은 변화를 정당화시킬 수 있는 매우 강력한 이유가 필요하다. 린 업쇼(Lynn B. Upshaw)는 "소비자들이 제품이나 서비스만으로 판단하지 않고 브랜드나 기업이 어떻게 행동했는가를 따지기 시작했다"면서 브랜드 아이덴티티를 브랜드의 포지셔닝과 개성이 융합된 제품이라고 보았다. 브랜드 포지셔닝과 개성은 사용자와 잠재 사용자가 브랜드의 매력과 필요성을 판단할 때 결정적 요인으로 작용하기 때문에 가장 중요한 개념으로 보았다. 또한 브랜드 아이덴티티는 제품 · 서비스성과, 브랜드 네임, 로고 · 그래픽 시스템, 판매전략, 프로모션 · 머천다이징 등에 의해 구축된다고 한다.

2. 성공의 첫걸음, 이미지메이킹

인간은 사회적 동물이다. 그래서 혼자가 아닌 사회를 이루며 살아가고 있다. 자의든 타의든 우리는 상대방이 보는 이미지를 통해 평가되고, 타인의 이미지를 통해 그 사람을 판단하게 된다. 이미지는 그 사람에 대한 여러 정보를 전달함으로써 타인에 대한 평가기준이 된다. 이미지 형성에 절대적 영향을 미치는 것이 첫인상이다. 이미지메이킹이란, 한 개인이 자신의 바람직한 상을 정해놓고 그 목표에 도달하기 위하여 자신의 능력을 최대한 발휘하여 나가는 의도적인 변화과정으로서 자신의 본질과 개성, 독특한 진가, 최고의 가치를 오해 없이 연출하는 종합적인 자기관리 기술이다. 나 자신의 효과적인 이미지메이킹 연출은 보다 성공적인 사회생활과 좋은 대인관계를 위해서 반드시 필요하다. 현대사회는 전문화, 정보화,

다양화 시대로 생활양식과 가치들이 빠르게 변화하고 있으며, 물질만능주의가 막연하고 적자생존의 법칙이 냉혹하게 적용되고 있다. 이러한 현대사회에서 건강하고 행복한 삶을 영위하기 위해서는 무엇보다도 자기 이미지를 관리하고 표현할 수 있는 능력에 대한 자신감이 필요하다.

우리는 누군가를 만날 때 단 몇 초 만에 상대방을 평가하고 또 평가받기도 한다. 또 한 번 보는 것만으로도 많은 것을 판단할 수 있다고 믿는다. 누군가를 처음 만났을 때 상대방에 대한 첫인상과 같은 느낌이 각인되는 시간은 매우 짧다. 미국 다트머스대의 심리 과학자인 폴 왈렌(Paul J. Whalen) 교수의 연구에 따르면 뇌의 편도체가 시각적으로 첫인상을 형성하는 데 걸리는 시간은 0.017초라는 짧은 순간으로 상대방에 대한 호감과 신뢰여부를 판단한다고 한다. 즉, 처음 입력된 정보가 이후에 습득하는 정보보다 더 강한 영향력을 발휘하는 초두효과(Primacy Effect)와 맥락효과 때문에 첫인상은 많은 사람들에게 중요한 요소이다. 첫인상이 중요한 것은 첫인상이 한 사람의 이미지를 결정짓는 첫 단계이기 때문이다. 어떠한 이미지로 사람들에게 어필하느냐에 따라 사회적 성공이나 기업적 성공에 큰 영향을 미치는 것이 현실이다. 이미지메이킹이란 개인이 추구하고자 하는 목표에 도달하기 위해 자신의 이미지를 통합적으로 관리하는 것이고, 개인의 참자아 인식과 이미지메이킹 효능감 제고로 대인관계 능력을 향상시키고 자기성취를 위해 노력하는 것을 말한다.

이미지메이킹(Image Making)이란 국립국어원의 ‘신어’ 자료집에 수록된 단어로 “자신의 이미지를 상대방 또는 일반인에게 각인시키는 일”, “다른 사람이 어떤 대상을 보거나 생각할 때 갖게 되는 인상을 의도적으로 만들어내는 일”이라 정의했다(국립국어원). 이와 같이 ‘이미지메이킹(Image Making)’은 ‘이미지를 만든다’의 의미로 개개인이 가지고 있는 내적 요소와 신체이미지의 외적 요소가 통합적으로 이루어져 신체이미지인 외적 요소를 미적으로 추구하는 행위라고 할 수 있다. 이미지는 객관적이거나 명쾌한 답을 낼 수 있는 정석적인 흐름이 없으며, 받아들이는 입장에 따라 왜곡될 수도 있는 지극히 주관적인 것이기 때문에 이미지메이킹을 통해 타인에게 보여지는 자신의 이미지를 자신이 원하는 방향으로 이끌기 위한 작업이다. 현대사회는 자기 이미지를 올바르게 관리하고 표현할 수 있는 능력이 필요하다. 이미지 메이킹이란 개인이 추구하고자 하는 목표에 도달하기 위해 자신의 이미지를 통합적으로 관리하는 것이다. 이미지메이킹의 개념은 세 가지 차원에서 언급될 수 있는데 그 첫 번째는 참자아와 왜곡된 자아의 인식 차이를 축소하거나 제거하는 것이다. 인간의 참자아는 나름대로의 개성과 가치를 가지고 있기 때문에 우월하거나 열등하다고 평가할 수 없다. 두 번째 개념은 주관적 자아와 객관적 자아의 인식 차이를 축소하거나 제거하는 것이다. 인간은 자신의 참자아를 제대로 파악하지 못했거나 타인의 오해와 편견에서 비롯되는 현상으로 인해 '자신이 생각하는 나'와 '타인이 바라보는 나 자신'의 차이를 인식하지 못하는 경우가 많다. 이러한 인식의 오류는 서로의 인식 차이가 깊어지는 결과를 초래한다. 세 번째 개념은 현실적 자아 상태를 이상적 자아 상태로 끌어 올리는 것이다. 무한 경쟁사회에서의 생존과 자기성취를 위해서는 자신의 특성과 진가를 신분과 역할에 최적화된 가치로 브랜드화해야 한다. 따라서 이미지메이킹은 개인이 추구하는 목표를 이루기 위해 자신의 이미지를 통합적으로 관리하는 행위로서 자신의 잠재된 자질들을 아름답게 조화시켜, 연출하는 것이라 할 수 있다.

이미지메이킹(Image Making)이란 긍정적 이미지를 만드는 행위를 말한다. 대인관계 형성에 있어서 자신의 이미지를 타인에게 긍정적으로 각인시키고자 하는 욕구가 있는데 그 욕구는 자신의 이미지를 긍정적으로 보여줌으로써 스스로의 자긍심은 물론 유리한 상황을 만들고자 하는 필요가 내포되어 있다. 또한 정신적 노력을 통하여 결과에 대한 긍정적 가치 창출을 기대하는 것이다. 이미지메이킹은 개인이 추구하는 목표를 이루기 위해 자기 이미지를 통합적으로 관리하는 행위이자 자기 향상을 위한 개인의 노력을 총칭하는 것이다. 자기 스스로 생각하는 주관적인 부분과 타인이 바라보는 객관적인 부분으로 자신의 최적화된 이미지를 구축하여 객관적인 평가와 신뢰도를 높이는 의도적인 변화과정 그리고 자신이 표현하고자 하는 감각을 어떠한 상황이나 목표에 맞추어 이미지화하여 실현시키는 기술이라고 할 수 있다. 현대사회에서 이미지메이킹에 대한 관심이 증가하면서 이미지의 중요성이 대두되고 있다. 자신감 있고 능력 있는 모습을 만드는 것은 현대인들의 지속적인 관심분야이다.

미국의 사회심리학자 고든 앨포트(G.W. Allport)는 "어떤 사람이 전혀 모르는 상대를 만나 그의 첫인상을 머릿속에 남기는 데는 불과 30초밖에 걸리지 않는다. 이 짧은 시간 동안에 상대의 성별, 나이, 체격 등 겉으로 드러나는 것들뿐만 아니라 성격, 신뢰감, 성실성 등 내면적인 것들도 어느 정도 파악된다."고 했다. 이것은 이미지의 중요성을 말하고 있다. 이미지 형성 요소(Image building factor)는 겉으로 나타나는 개인의 외모, 표정, 태도, 행동, 말씨 등이 그 사람의 심성, 생각, 습관, 욕구, 감정에 귀인(attribution)하여 표출된다. 첫째, 사람의 외모(appearance)는 그 사람의 심성과 생각이 작용(作用)하고, 감정과 습관이 영향(影響)을 주며, 자세와 행동이 수반(隨伴)되고, 표정과 말이 관여(關與)하거나 간섭(干涉)하게 된다. 저변에는 그 사람의 욕구가 잠재되어 있는데, 이러한 종합적 요인에 의해 형성되어 외부로 표출된다. 그 사람의 옷차림이나 선택한 색채, 메이크업의 형태나 헤어스타일, 피부 관리, 심지어 성형수술에 이르기까지 그 사람의 심성이나 생각에 의해서 결정되고 연출된다. 따라서 외모는 내부에 깔려 있는 조건들에 의하여 현재의 모습으로 표출된다. 둘째, 표정(expression)은 그 사람의 심성과 감정에 의해서 작용하고, 생각과 욕구가 영향을 주며, 언행(言行)이 수반되고, 외모와 자세가 관여하거나 간섭한다. 저변에는 그 사람의 습관이 잠재되어 있고, 이러한 종합적 요인에 의해 형성되어 외부로 표출된다. 표정은 그 사람의 마음의 창구라는 표현처럼, 그 사람의 기본적인 심성과 상황에 따라 달라지는 감정에 의해서 밖으로 연출된다. 셋째, 자세(attitude)는 그 사람의 감정과 욕구에 의해서 작용하고, 심성과 습관이 영향을 주며, 외모와 말이 수반되고, 표정과 행동이 관여하거나 간섭한다. 저변에는 그 사람의 생각이 잠재되어 있는데, 이러한 종합적 요인에 의해 형성되어 외부로 표출된다. 현재의 감정상태가 어떠냐에 따라 자세가

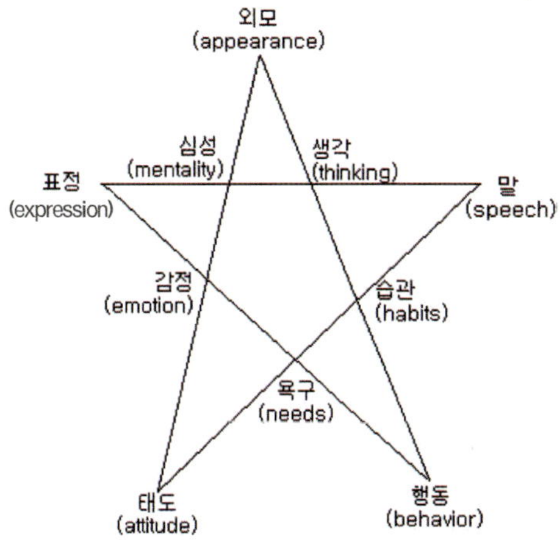

달라지고 욕구성향에 따라 태도가 다르게 나타나기 때문이다. 넷째, 행동(behavior)은 그 사람의 욕구와 습관에 의해서 작용하고, 감정과 생각이 영향을 주며, 표정과 외모가 수반되고, 말과 자세가 관여하거나 간섭한다. 저변에는 그 사람의 심성이 잠재되어 있는데, 이러한 종합적 요인에 의해 형성되어 외부로 표출된다. 평상시에 그 사람이 무엇을 추구하고 있느냐와 오랫동안 길들여진 습관에 의해서 그 사람의 행동이 나타나기 때문이다. 다섯째, 말(speech)은 그 사람의 생각과 습관에 의해 작용하고, 심성과 욕구가 영향을 주며, 표정과 자세가 수반되고, 외모와 행동이 관여하거나 간섭한다. 저변에는 그 사람의 감정이 잠재되어 있는데, 이러한 종합적인 요인에 의해 형성되어 외부로 표출된다. 그 사람의 독특한 생각이 습관을 만들어 가고 습관은 사고(思考)에 상호 보완작용을 하여 말로 표현된다. 자신의 이미지가 타인에 의해 일방적으로 형성되어서는 안 된다. 자신의 이미지는 자신이 원하는 방향으로 만들어가야 한다. 이미지메이킹은 현대의 중요한 요소이다. 이것은 자신의 이미지를 만드는 적극적이고 지속적인 활동이다. 따라서 개성 있고 가치 있는 이미지는 곧 최고의 경쟁력이며 능력을 요구하는데 지식(knowledge), 기술(skill), 태도(attitude)가 필수적이다. 가장 우선되어야 하는 분야는 대인관계능력과 전문적 이미지의 신뢰성 능력이다. 바로 이러한 능력 향상은 이미지메이킹을 통해 가능하다. 이미지메이킹은 개인으로 하여금 자신에 대한 자신감을 갖게 하고, 자신을 가치 있는 유기체로 인식하게 하며 그 특성상 교육을 통해서 개인의 사고와 행동의 변화를 가능하게 한다. 그 결과 자신은 이미지메이킹 효과성과 효능감을 극대화할 수 있게 된다.

이미지메이킹의 세 가지 요소는 다음과 같다. 첫째, 본질적 이미지인 내적 이미지이다. 개인의 내면 깊은 곳에 형성되어 있는 의식과 정서를 포함한 것을 의미한다. 인간의 내적 이미지는 외적 이미지로 나타나게 되고 이것은 곧 사회적 이미지로 나타난다. 본질이 없는 현상은 있을 수 없다. 이 시대는 상대방을 평가하는 기준으로 외모를 중시하지만 그 외모를 가꾸어내는 것은 내면적인 가치이다. 외모는 내면에서 조종되기 때문이다. 따라서 내면의 생각과 마음가짐이 무엇보다 중요하다. 이는 좋은 생각하기(적극적이고 긍정적인 생각), 밝은 마음 품기(감정, 기분,

욕구), 자기 성향관리(성격, 습관), 열등감을 극복하고 해소하기, 불안감을 제거하기, 자신감을 향상시키기, 비전 설정하기 등으로 가능해진다. 둘째, 외적 이미지이다. 내면의 본질이 종합적으로 외부로 표출되어 나타나는 현상적인 이미지를 의미한다. 자신의 본질과 진가를 외부로 오해 없이 표현하려면 적절한 현상경영이 요구된다. 외적 이미지는 자신의 직업과 역할에 따라 각각 다르게 표현되어야 한다. 그러기 위해서는 우선 만나게 될 대상이 결정되어야 하고 자신의 총체적 외모에 대한 객관적 전략이 필요하다. 얼굴형에 맞는 헤어스타일링, 피부 고유색에 맞는 퍼스널 컬러 찾기(메이크업, 의상 색상), 체형을 보완하는 패션스타일링하기 등이다. 셋째, 사회적 이미지이다. 개인이 대인관계에서 상대적 교류로 나타나고 형성되는 관계적인 이미지를 의미한다. 개인이미지의 관점으로 볼 때, 대인관계란 여러 사람들 간에 오가는 정서적 · 물리적 교류를 의미한다. 이러한 의미에서 대인관계는 교류경영이라고 할 수 있다.

3. 똑똑한 커뮤니케이터

현대는 프레젠테이션(presentation)을 통한 자기표현의 시대이다. 이런 수식어가 자연스러울 만큼 '침묵의 가치'보다 '웅변의 가치'가 더 높게 평가받는다. 최근 서점의 마케팅이나 광고 관련 분야 서가에는 다른 사람을 설득하는 방법, 프레젠테이션을 잘 하는 방법 등 타인에게 생각 말하기에 관한 구체적인 방법론을 제시하며 기술을 알려주는 책들이 많은 공간을 차지하고 있다. 몇 년 전까지만 해도 몇몇 대기업 면접에만 등장했던 프레젠테이션 면접이 이제 많은 기업들에서 필수 면접전형으로 채택할 만큼 프레젠테이션에 대한 중요성은 매우 높아졌다.

프레젠테이션이란 한정된 시간 내에 필요한 정보를 효과적으로 전달하여 그 결과에 의해 판단과 의사결정을 하게 하는 커뮤니케이션 방법이다. 정해진 시간 내에 많은 정보를 전달하거나 최대한 설득해야 하므로 구조가 논리 정연하고 복잡한 내용을 간단명료하게 설명하여 고객의 호감을 이끌어내야 한다. 프레젠테이션을 통해 발표자는 고객의 주의를 끌 수 있을 뿐 아니라 이해를 최대화시켜 이해도와 만족도를 극대화할 수 있기 때문에 프레젠테이션의 중요성이 점차 커지고 있다. 시각 언어적 요소에 따른 프레젠테이션을 제작하게 된 배경은 미디어 기술이 발달하게 됨에 따라 정보의 전달 및 설득을 요구하는 사회가 프레젠테이션 환경에도 커다란 영향을 미치기 때문이다. 정보의 효율적인 전달과 설득을 위한 프레젠테이션은 단순한 영역에서 디자인이 점점 변화되고 내용표현에서 차별화에 대한 요구가 증대되고 있다. 현대사회에서 기업 프레젠테이션은 고객과의 커뮤니케이션에서 핵심적 도구이며, 기업의 수주를 위해 사용되는 사업 수완이라고 할 만큼 비중이 높아지고 있다.

프레젠테이션이란 무엇인가? "자신의 의견이나 아이디어, 경험, 노하우 등 모든 제반 정보를 상대에게 전달하거나 설득하는 모든 행위"라고 한다. 좀 더 쉽게 이해하기 위하여 프레젠테이션이란 단어를 영어사전에서 찾아보면 "발표, 소개, 표현, 증정, 기증"의 뜻이 있다. 프레젠테이션의 사전적 정의는 '발표, 제시' 등을 뜻하는 커뮤니케이션의 형태로 수용자에게 정보를 전달하거나, 수용자를 설득하거나, 재미를 주는 등 전달자가 어떤 특정한 목적을 가지고 행하는 커뮤니케이션 과정이다. 한정된 시간 내에 필요한 정보를 효과적으로 전달하여 실무자 혹은 결정권자에게 판단과 의사결정을 이끌어내는 설득 커뮤니케이션이다. 오늘날의 프레젠테이션은 멀티미디어 기술의 결합으로 각계각층에서 다양한 예술적 형태로 부각되고 있으며 모든 비즈니스에서 가장 중요한 일이 되었다. 프레젠테이션은 '다른 사람에게 무엇인가를 보여주는 것'이다. 여기서 무엇인가는 제품, 정보, 제안, 동기부여, 협상, 엔터테인먼트(축하나 여흥) 등을 가리키며 보여준다는 것은 전달, 설명, 설득, 제안, 자극, 격려, 강의, 연설 등을 의미한다. 즉 '무엇인가?'가 바로 프레젠테이션의 목적이 되고 목적에 따라 보여주는 방법이 달라진다. 다시 말해 프레젠테이션의 목적이란 '프레젠테이션을 통해 청중에게 무엇을 전달하고 싶은가, 어떤 행동이 유발되기를 바라는가?'이다. 가장 먼저 프레젠테이션을 하는 목적이 무엇인지를 생각하고 효과적인 프레젠테이션 방향이 어떠한 것인지를 살펴보아야 한다. 대부분의 비즈니스 프레젠테이션은 고객에게 행동하도록 설득하는 것이기 때문에 프레젠테이션 메시지를 준비할 때는 자신의 프레젠테이션을 들은 후 고객이 어떤 행동을 하길 바라는지 즉 가장 중요한 행동사항에 초점을 맞춘다. 프레젠테이션을 끝내면서 고객에게 요청할 행동사항을 질문의 형태로 기록하면 효과적인데 질문은 구체적이고 직접적이어야 하며 고객의 참여와 약속을 요청하는 것이어야 한다.

미국의 지각심리학자 제임스 깁슨(James Jerome Gibson, 1904~1979)은 지각의 생태학적 관점을 주장했던 선두주자 중 한 사람으로 『지각체계로 본 감각』에서 지각이라는 문제에 관해 근본적으로 새로운 입장을 취하고 있다. 그는 형태심리학자나 교류심리학자들에게 매우 중요했던 지각적 학습이나 선험적 도식의 역할을 전면 부정하지는 못했지만 인간의 지각체계가 우리를 둘러싸고 있는 환경에 이미 존재하는 질서를 토대로 하고 있다고 주장했다. 깁슨에 의하면 일상적인 환경에서 우리의 지각은 실험실에서 이용되는 단순한 자극과 도형에 의해서가 아니라 실제 환경의 장면에서 연구되어야 한다고 주장하고 있다. 왜냐하면 일상적 장면에서의 지각은 독립적인 자극단위들에 의해서가 아니라, 유기체와 환경체계 간의 상호적인 관계를 통해 구성된다고 보기 때문이다. 이와 같은 생태학적 접근의 기본가정과 지각기제는 그림의 이해와 같은 복잡한 지각의 과정에 대한 새로운 접근을 제공해 준다. 시각적 세계(visual world)에 관해 깁슨은 우리 눈에 들어오는 광선은 바닥과 표면의 반사에 의해 이미 구조화된 상태(optic array)라고 주장했다. 깁슨은 세계의 감각자료가 이미 충분한 질서를 보유하고 있어서 지각과정은 그들 자료 위에서만 단독으로 파악 가능하다는 것이다. 깁슨의 생태학적 접근에 의하면 이 주변 환경에 대한 시각적 정보는 전통적 지각이론이 주장하듯이 대상의 시각적 형태와 그 형태를 구성하는 요소에 의하여 매개되는 것이 아니라, '주변광배열(ambient optic array)'에서 보이는 '불변적 속성(invariant feature)'에 의해 전달된다. 이 주변광배열은 주변 환경으로부터 관찰자의 눈에 도달하는 빛의 구조화된 패턴이다. 우리가 어느 한 장면의 대상을 지각할 때 그 대상에서 반사되는 빛은 그 장면의 대상들, 표면들, 결들에 의해 구조화된다. 이 주변광배열이 중요한 이유는 주변광배열이 어떤 시간에 결정하는 구조에 있는 것이 아니라, 관찰자의 운동에 따라(관찰지점이 변화할 때마다) 이런 구조가 변화한다는 것이다. 깁슨에 의하면 이런 변화들이 지각을 결정해 준다고 한다. 앞에서 언급한 생태학적 관점이란 감각은 본질적으로 이미 질서화되어 있다는 것이다. 깁슨은 환경이 조명되는 어느 한 지점으로 수렴되는 한 다발의 광선은 환경의 여러 표면들과 관계가 있다고 말한다. 그리고 사람이 움직일 때 이러한 구조도 변형된다고 했다. 깁슨은 이러한 구조와 직접적으로 지각되는 구조의 변형에는 정보가 있다고 하였다. 사람은 상세한 형태를 지각하기 위하여 자신의 눈, 머리 그리고 몸을 움직임으로써 환경을 관찰한다. 디자인 프레젠테이션에 있어 이러한 움직임은 사람으로 하여금 특정한 변수에 주의를 기울이도록 한다. 깁슨은 그의 저서, 특히 그의 마지막 저서인 『시지각에 대한 생태학적 접근(The ecological approach to visual perception)』(1979)에서 생태학적 전략과 이에 기초한 지각에 관한 어포던스(Affordance) 요인에 대해 분석하고 새로운 연구프로그램을 제시하고 있다. 그는 어포던스를 "인간을 둘러싸고 있는 환경이 제공하고 자극하는 모든 것"이라고 정의한다. 제시한 어포던스는 행위자와 환경 간의 상호관계에 대해 설명하면서 행위자는 환경을 어떤 매개체나 행위자의 내적 과정을 거치지 않은 채 직접적으로 지각한다는 점에 초점을 맞추고 있다. 깁슨의 지각체계에 의하면 세상은 가로에서 세로 방향까지 다양한 표면들로 구성되어 있다. 수평적인 형태의 구조체는 관찰자와 어느 정도의 거리를 유지할 때 그 성격이 잘 드러난다. 깊이 지각하기 위해 이 근본적인 단서를 인식하는 능력은 환경과의 '교류'를 통해 습득되는 것이 아니라 타고나는 것으로 여겨진다. 디자이너들은 종종 깊이 지각의 착각을 일으키는 기울기를 의도적으로 조작해 왔다. 이것은 착시현상을 유도해 낸다. 착시(錯視, Optical illusion)란 시각에 관해 생기는 착각으로, 크기나 형태, 길이나 거리, 색채나 움직임 등과 같은 둘 이상의 시각적 속성에 대한 바르지 못한 지각이라 정의한다. 착시현상은 시각에서 시신경을 통해 두뇌로 거쳐 가는 자극을 받아들일 때 그 새로운 정보에 의미를 부여하려고 한다. 이처럼 착시현상은 특정한 사람에게만 일어나는 시각현상이 아닌 일반적인 시각을 지닌 사람들에게 보편적으로 나타나는 공간의 지각현상이다. 이러한 움직임의 시차에 의한 면의 드러남에 관한 심리학적 분석은 지각이론에 있어

깁슨이 이룬 중요한 업적 중 하나이다. 그는 망막에 투영되는 독특한 결 변화도에 근거해서 정면의 표면, 세로의 표면, 모서리, 가장자리 등에 대한 지각에 관해 설명했다. 정면의 표면이란 균등한 경사로 투영되는 것이고 세로의 표면은 관찰자로부터 멀리 떨어진 거리를 줄이는 경사의 투영이며 모서리와 가장자리는 하나의 경사에서 다른 경사로 급작스럽게 전이되는 투영조건으로 이해된다. 표면의 배열에 관한 이해로부터 깁슨은 거리에 따른 깊이감에 대한 이해를 만들었다.

프레젠테이션 계획 시 프레젠테이션의 목적(purpose), 사람(people), 장소(place)를 사전에 충분히 분석함으로써 청중들에게 자신의 뜻을 분명하게 전달할 수 있어야 한다. 프레젠테이션에서 발표제한시간은 철저히 지켜야 할 청중과의 약속이다. 이를 초과하면 청중의 집중도는 떨어진다. 더구나 경진대회는 제한시간 초과의 경우 감점 또는 결격 처리를 할 정도로 엄격한 기준을 설정하고 있다. 더 많은 내용을 빠짐없이 프레젠테이션을 통해 발표하고 싶겠지만 더 중요한 것은 어떻게 효과적으로 전달할 수 있을지에 대한 전략을 수립하는 것이다. 즉, 발표분량의 설정과 효과적인 전달 등 프레젠테이션 기획과 구성요소 수립전략이 필수적으로 요구된다.

구분	구성 항목	주요 내용
발표주제 및 목적	명확성	심사위원은 채점을 위하여 앉아 있다. 따라서 심사요건에 맞는 구성이 원칙이다. 또한 단시간에 심사위원에게 어필해야 하므로 시간에 맞는 구성을 해야 하며, 각 PPT(프레젠테이션) 한 장에 철저한 내레이션(Narration)을 준비해서 연습해야 한다. 또한 단시간의 빠른 이해를 위한 올바른 시청각(視聽覺)화된 자료를 준비해야 하며 사업계획서의 경우 현장(필드)에 최대한 근접할 수 있는 객관적 자료로 설득
프레임	레이아웃	타이포그래피, 사진 및 일러스트, 도형, 여백, 색상 등의 구성요소를 제한된 공간 안에 효과적으로 배열하는 것으로 각각의 내용들 간에 시각적인 주목성, 가독성 등 기능적 조화를 배열, 배치하는 것이다. 시각전달을 목적으로 조형미를 고려하면서 콘텐츠(contents)를 효과적으로 구성, 배열하는 것을 나타낸다. 구성요소들이 조화롭게 배열되었을 때 내용이 보기 쉽고 전달을 정확하게 할 수 있으며 전체 디자인 콘셉트에 맞게 전달할 수 있기 때문에 효과적인 커뮤니케이션이 될 수 있다. 레이아웃은 주목성, 가독성, 조형성, 안정감 등 시각적인 효과를 충분히 고려

구분	구성 항목	주요 내용
	색상	색에 대하여 올바르게 이해하고 적절하게 사용했는가에 따라 프레젠테이션 슬라이드 디자인 품질이 좌우된다. 프레젠테이션 슬라이드에서 전체적인 통일감을 유지하기 위해서는 메인 색과 보조 색을 정의하는 등 색채에 대한 계획이 선행되어야 하며 색상 선택의 핵심은 수용자를 중심으로 계획되어야 한다. 발표 내용, 회사 CI와 BI, 수용자의 나이, 교육수준, 성별, 직업 등의 특성을 고려하여 적절하게 색을 배색해야 한다. 각 색상 선택에 따라 특징을 살펴보면 녹색은 자연색으로 활동적 이미지 강조
	이미지	프레젠테이션의 표지, 목차, 간지에서 사업의 내용이나 고객사의 특성에 맞게 사용해야 하며 내용이나 슬라이드 내부에는 키워드에 맞게 내용의 이해를 돕거나 배경으로 간단하게 사용해야 하는 등 글의 단락이나 전체를 대변하는 이미지 사용법이고 키워드에 맞춰 사용하는 방법은 주로 내용 슬라이드 속에 간단하게 들어가 내용의 이해도를 높여주는 기능을 하는 사용방법
	다이어그램	다이어그램은 대상을 단순화하여 수용자가 내용을 보다 쉽게 긍정적으로 받아들일 수 있도록 표현해야 하며 정보전달이나 이해를 쉽게 하는 데도 도움이 됨. 수용자에게 보다 효과적으로 전달하기 위한 다이어그램의 유형으로는 그래프, 다이어그램 종류별 디자인 〈원그래프〉, 〈막대그래프〉, 〈꺾은선 그래프〉, 〈점그래프〉, 〈이미지/픽토그램〉, 〈3차원 그래프〉 등이 있음
사업계획 및 시청각자료	문제점 도출 및 해결 방향 설정	개인의 이득만이 아니라 사회적 · 국가적 차원, 즉 넓은 범위에서 이익이 있도록 해결해야 할 문제점을 도출하고 이를 해결할 방향 설정
	사업의 우수성, 차별성, 기대효과	사업아이템이 얼마나 탁월하며 동종 및 타 사업과 비교하여 차별화 전략이 있는지, 그리고 목표 이외에 기대할 수 있는 기대(파급)효과에는 무엇이 있는지 제시
	창업(사업)자의 역량	어떤 사업인가도 중요하지만 누가 하는가도 중요한 항목. 만일 기술력이 비슷하다면 사업 마인드와 철학을 어필하는 것도 하나의 방법
	사업화(수익) 방안 및 지속 가능성	사업 분석, 마케팅을 포함 사업의 비즈니스 모델을 구체적으로 그릴 수 있어야 하며 현실적으로 사업화 즉 수익을 창출할 수 있도록 최대한 객관적 근거로 표현하도록 하며 만일 정부/기관의 지원을 받는다면 단기간뿐만 아니라 장기적 수익구조를 입증
발표력	시간설계	주어진 시간보다 다소 짧게 끝낼 수 있도록 준비. 1장의 슬라이드는 평균 30초로 계산(최소 10초~최대 100초), 완벽한 스크립트를 적어 연습, 즉흥적 애드리브(ad-lib) 금지
	명확하게 강조	많은 내용이 있을 때 반드시 심사관이 확인할 수 있는 부분을 확대 혹은 강조
	언어 · 비언어 전달	• 언어: 발음, 속도, 호흡(쉼), 리듬/억양/강약, 말투 등 • 비언어: 시선, 손짓, 제스처, 표정, 동선(動線) 등 • 자세: 복장, 불필요한 행동 점검 등
	질의응답	슬라이드 번호가 기입된 전체 슬라이드 요약본 준비, 예상 질문과 답변 파악 및 보조 슬라이드 준비, 질문의 핵심 파악 및 가능하면 발표자가 직접 답변

온라인상에서 유튜브, 1인 미디어, SNS, 인플루언서의 모습만 봐도 그들의 영향력은 모두 자신만의 독특한 콘텐츠와 개성을 강조하여 자신만의 이미지브랜드를 관리하는 능력에서 비롯됐다는 것을 알 수 있다. 이처럼 현 사회는 이미지 시대라 해도 과언이 아니다. 이에 첫 이미지에 매우 중요한 요소 중 하나인 스피치의 차별화 전략은 매우 효과적이며 중요한 부분으로 부각되고 있다. 미국의 사회학자인 피터 드러커는 "인간에게 가장 중요한 능력은 자기표현이며 현대의 경영이나 관리는 커뮤니케이션에 의해 좌우된다"라고 말했다. 이는 스피치가 개인에게만 필요한 능력이 아닌 사회 전체에 미치는 영향력을 언급한 것이다. 그리고 이것으로 자신을 잘 표현한다면 상대에게 좋은 이미지를 보여줌으로써 능력 있는 사람으로 평가받는 데 도움을 줄 수 있다. 이와 같은 경험과 능력은 현대인들의 사회적 지위에 대한 욕구를 채우기 위한 수단으로 활용될 수 있다. 스피치는 듣는 상대를 설득하고 감정을 자극하기 위한 말하기로 화자와 청자 사이에서 이루어지는 커뮤니케이션이라 할 수 있다. 그리고 사회 속에서 사람과 사람을 연결하는 기본 요소이자 핵심 요건이기 때문에 매우 중요하다. 또한, 스피치는 단순한 내용 전달에 그치는 것이 아니라 상대를 이해시키고자 하는 점도 중요하다. 화자가 전달하고자 하는 것이 단순한 정보일지라도 청자는 화자가 의도하는 내용을 이해하는 것에 대한 일련의 과정이라 할 수 있다. 스피치의 개념은 관점에 따라 다르게 이해될 수 있고 학자들 사이에서도 다양한 의견들이 존재한다. 개인적으로 나누는 사적인 대화나 자신과의 대화를 말하는가 하면, 대중 앞에서 공적인 발언을 하는 경우로 한정하기도 한다. 과거의 시각에서는 스피치를 청중 앞에서 큰 소리로 하는 웅변, 강연, 연설 등을 뜻했다. 또한, 대중 스피치라는 관점으로 정의해 본다면 다수의 청자에게 한 사람의 화자가 자기 생각을 전달하는 행위로, 듣는 이들을 설득하고 감정을 자극함으로써 청자의 신념이나 가치관을 새롭게 하거나 변화시키기 위한 공적 말하기를 의미한다. 그리고 스피치를 음성 중심의 언어로 이해하고 표현활동으로 보느냐, 아니면 화자와 청자 그리고 상황을 고려한 복합적 문제해결과정으로 보느냐에 따라 스피치의 개념은 달라질 것이며 보편적으로 수사학적 관점과 정보처리의 관점, 상호 교환 관점으로도 구분할 수 있다. 또한, 스피치는 크게 두 가지로 나눌 수 있는데 하나는 언어적 능력(verbal)과 다른 하나는 비언어적 능력(nonverbal)이다. 이러한 스피치의 특징은 상호관계와 주변 환경을 기반으로 다양한 분야에 적용되어 언어적 능력과 비언어적 능력이 동시에 교류되었음을 알 수 있다. 하지만 그 언어적 능력보다 그 외의 다른 능력들이 사람과 사람 간의 소통에 있어서 더욱 결정적인 역할을 하기도 한다. 스피치를 배운다는 것은 자신의 내면을 보여주는 작업이다. 그래서 자신 안에 있는 모든 것들을 어떻게 밖으로 잘 꺼내어 보여줄 것인가 하는 것이 스피치 교육의 목적이라고 할 수 있다. 스피치의 교육 경험과 능력에 따라 상대의 인격과 품격, 그리고 이미지가 다르게 보일 수 있는 것이다. 스피치는 단순하게 음성적 언어로 상대에게 표현하고 전달하는 것이 아니라 모든 상황에 효과적으로 대처할 수 있는 통상적이면서도 종합적인 능력이라고 말할 수 있다. 또한, 스피치의 언어적(verbal) 능력과 비언어적(nonverbal) 능력을 통해 타인과 커뮤니케이션 활동을 원활하게 하고 관계를 효율적으로 이끌어나가는 능력을 스피치의 능력이라 한다. 현대사회는 그 어느 때보다도 소통을 필요로 하는 시대로 다른 이들에게 자신의 생각이 중요하다고 설득할 수 있는 능력은 경쟁 우위를 점하는 중요한 능력이라 할 수 있다. 그리고 음성적 언어를 활용해 타인과의 관계를 형성해 나갈 수 있고 여러 상황 속에서 이루어지는 소통을 효과적으로 대처할 수 있는 종합적인 능력이기도 하다. 단순히 음성언어를 통해 표현하는 능력이 아닌 자기 생각을 메시지로 생산하고 이것을 수용하는 내용 전달이라는 행위와 이를 통해 인간관계를 형성하여 사회적 상호작용을 동시에 이룰 수 있다. 즉, 스피치 능력은 스스로를 드러내고 타인과 소통할 수 있는 중요한 수단이고, 우리가 살아가는 모든 순간을 관통하는 삶의 도구이자 관계의 통로이다. 또한, 원만한 사회생활을 원한다면 절실히 요구되는 부분이기도 하다.

현대사회는 흔히 모든 것을 디지털로 수용하고 표현할 수 있는 시대라고 일컬어진다. 하지만 우리는 이런 현대사회에서도 잊어서는 안 되는 것이 있다. 그것은 바로 '감성'이다. 빠르게 변화하는 현대사회에서는 시대의 변화에 따른 기계적인 조작, 즉 기술적인 측면과 지식적인 측면을 '교육'에서 강조하였다. 하지만 이러한 사회일수록 '감성'교육이 어떻게 이루어지고 있는지 생각해 보아야 한다. '감성'은 외부의 자극에 대한 반응으로 개인의 느낌에서 출발하여 다른 사람과의 관계에서도 중요한 역할을 한다. 우리는 디지털화되는 현대사회에서 다른 사람과 '감성'교류를 할 수 있어야 하며 그러한 감성은 인지능력으로서 지속적으로 발달되어야 한다. '자신과 타인의 느낌과 정서에 주의를 기울일 줄 알고, 서로 다른 정서의 차이를 구별할 수 있으며, 이러한 정서에 관한 정보를 자신의 생각과 행동을 올바른 방향으로 이끄는 데 활용할 수 있는 능력'이라고 보았다.

문학은 삶을 성찰할 수 있도록 도와 자신의 삶을 깊이 있게 이해하도록 한다. 문학은 자신의 내적 갈등을 진단하고 그 해결방안을 찾을 수 있도록 돕는다는 것이다. 그리하여 사회적 관계에서 발생하는 문제들을 보다 원만하게 잘 해결하여 일상생활에 잘 적응하도록 돕는다. 문학작품의 감상은 자신의 의식과 무의식을 드러내어 이를 직면하고 성찰하는 과정이기 때문이다. 이러한 과정에서 인간은 자신의 삶을 새롭게 구성해 나간다. 이런 과정은 진정한 자기와 만나는 과정이라 할 수 있다. 따라서 문학은 자신의 삶의 의미와 존재에 대해 탐색하게 함으로써 자기를 찾고 깨달음을 얻는 실마리를 제공해 준다.

이러한 문학의 좋은 점에도 불구하고 우리 고시조는 외면받고 멀어져 가는 현실을 보며 고전 문학이 주는 진정한 가치를 알아볼 수 있는 방법에는 무엇이 있을까 생각하던 중에 〈丹心歌〉와 〈何如歌〉의 진정한 가치를 알아보고자 한다. 왕조 교체기에 명운을 건 역사적 두 인물의 대결이라는 극적인 배경이 있기에 이 작품들은 시조를 잘 모르는 이들에게도 쉽게 흥미롭고 감동적으로 다가간다. 한역된 채로나마 작품을 소개하고 그 배경설화를 기록한 것은 심광세(沈光世, 1577~1624)의 해동악부(海東樂府, 1617)에까지 올라가지만, 이 또한 정몽주 사후 이백 년도 이미 더 지난 시점이다. 더구나 문제가 되는 것은 그 200년 사이에 정몽주에 대한 많은 담론이 있었으나 그중 어떠한 공적, 사적 담론에도 〈단심가〉, 〈하여가〉 설화는 보이지 않고, 전혀 다른 내용으로 정몽주의 죽음이 기록되어 있다는 점이다. 시조사 일반의 맥락에 비추어보아도 믿을 만한 문헌을 통해 검증되는 시조작가들은 16세기나 되어야 나타나기 시작하므로 〈단심가〉와 〈하여가〉의 형성시기로 믿어지는 고려 말은 너무 이르다고 여겨진다. 더구나 근래 들어 15세기 후반 무렵 시조가 발생한 과정이 당대 음악문화 속에서 재구성되고 있기에 〈단심가〉와 〈하여가〉 또한 기존의 막연한 믿음에서 벗어나 그 형성과정에 대해 보다 구체적으로 접근해 볼 필요가 있다고 하겠다.

□ 고시조(古時調) 읽고 자기주장 쓰기

☞ 아래 글을 읽고 자신의 생각 또는 주장을 논리적 근거를 제시하여 설명하시오.

제목(   )

此身死了死了一百番更死了 (차신사료사료일백번갱사료) 白骨爲塵土魂魄有無也 (백골위진토혼백유무야) 鄕主一片丹心寧有改理歟 (향주일편단심녕유개리여) 이 몸이 죽고 죽어 일백 번 고쳐죽어 / 백골이 진토되어 넋이라도 있고 없고 / 임 향한 일편단심이야 가실 줄이 있으랴	此亦何如彼亦何如 (차역하여피역하여) 城隍堂後垣頹落亦何如 (성황당후원퇴락역하여) 我輩若此爲不死亦何如 (아배약차위불사역하여) 이런들 어떠하며 저런들 어떠하리/ 만수산 드렁 칡이 얽혀진들 어떠하리 / 우리도 이같이 하여 백년까지 누리리라
단심가(丹心歌)	**하여가(何如歌)**

단심가와 하여가 속에 담은 의미가 무엇인지 설명하시오.	
서로 다른 길을 걷게 된 신념에 대해서 설명하시오.	
당신이라면 어떤 인재를 선발하고 키울 것인가?	

CHAPTER 8

생활 속 위기 탈출

1. 조용히 다가온 위기

아무리 좋은 조직이라도 위기를 맞는다. 사회가 다양화되고 복잡해짐에 따라 기업은 더욱더 다양하고 심각한 위기상황에 처하게 되었다. 위기는 언제, 어디서, 어떠한 방식으로 발생할지 아무도 예측할 수 없고, 우리는 매일 크고 작은 위기를 접하거나, 그 발생 가능성 속에서 위기의 변수가 상상할 수 없을 정도로 다양하게 존재한다. 위기 범주의 확장으로 위협의 불확실성이 증대하여 위기의 상시화 시대를 살아가고 있다.

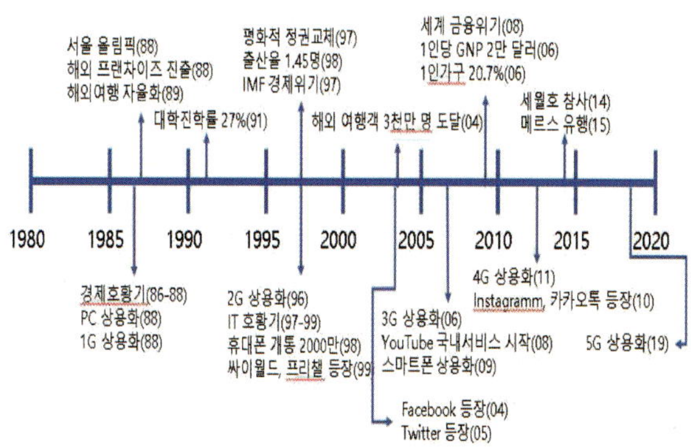

위기에 대한 일반적인 정의는 더 좋게 되거나 더 나쁘게 되는 갈림길을 말하며 어떤 개인이나 조직이 극심한 변화를 겪으면서 위험한 상태에 처해 있을 때를 위기라고 정의하고 있다. 따라서 위기는

어떤 중대한 사안에 대해 최종적인 결정을 내려야 할 상태를 표현하며, 이 의미에는 위태롭다는 말(danger)과 기회라는 말(chance)이 합쳐져 있음을 알 수 있다. 같은 맥락에서, 위기(危機)를 "중요한 변화가 절박하게 요구되는 불완전한 상태이거나 하나의 사건 또는 행동과정이 계속 진행되어야 하는지 아니면 수정 또는 종결되어야 하는지의 여부가 결정되는 순간으로서의 전환점"으로 정의하였다. 또한 위기는 심각한 결과를 초래하게 될지도 모르는 치명적인 위험 또는 문제에 당면한 시기를 말하며, 위기라는 용어는 비상사태(emergency), 재난(disaster), 위험(hazard), 위난(danger), 위협(threat), 참사(catastrophe), 우발사건(contingency), 갈등(conflict) 등의 유사 개념을 지닌다.

한자어 위기(危機)라는 말이 위험(危險)과 기회(機會)의 첫 글자를 합성한 것처럼 두 가지를 하나의 개념으로 사용한 것인데 '위기=기회' 등식처럼 설명하는 사람도 있다. 미국 제35대 대통령 존 F. 케네디(John F. Kennedy, 1917~1963) 대통령도 위기를 인용할 때 "한자어로 위기는 두 글자로 되어 있는데 하나는 위험이요 하나는 기회를 의미한다(When written in Chinese, the word 'crisis' is composed of two characters. One represents danger and the other represents opportunity)"라고 말했다. 성공한 위기관리 사례로 손꼽히는 '쿠바 10월 위기'는 1962년 10월 15일 미국의 U-2 정찰기가 쿠바섬에서 소련 중거리 미사일을 발견함으로써 미국이 소련 및 쿠바와 3차 대전 직전까지 가는 심각한 위기상황에 직면했던 사건을 말한다.

이 사건은 이후 리더십 이론과 외교 정책론의 이론적 발전에 많은 영감을 준 풍부한 의사결정 과정의 사례를 제시해 주고 있다.

조직이 위기상황에 처했을 때 조직의 명성을 방어하기 위해 사용하는 커뮤니케이션으로 조직에 관한 좋은 명성을 유지하고 긍정적인 이미지를 만드는 것을 목표로 삼는다. 위기커뮤니케이션을 위기가 발생하고 난 다음에 취해지는 커뮤니케이션 활동으로 많이 분류하는데, 위기커뮤니케이션은 사전(before), 진행(during), 사후(after) 단계에 모두 관련되어 있다. 예기치 못한 상황에서 잘못된 커뮤니케이션을 하지 않기 위해 사전에 단계별 전략활동을 함으로써 조직의 이미지 회복을 목표로 한다.

우리가 흔히 거론하는 대표적인 위기관리 사례로는 타이레놀 독극물 주입 사건, 유니언 카바이드사 인도 보팔공장의 화학가스 유출사고, 엑슨사의 유조선인 발데스호가 암초에 부딪혀 좌초되면서 기름을 유출(25만 배럴)한 사고 등이 있다. 여기서 1982년에 일어난 타이레놀 사건을 위기관리 효시라고 일컫는다. 그 이전에도 위기관리는 있었지만 조직차원에서 전략적으로 위기를 관리하기 시작한 것은 이 무렵부터라고 추정된다. 후자의 두 사건은 대표적인 위기관리 실패 사례로 일컬어지기도 한다. 세 가지 사건 모두 사회적으로 엄청난 충격을 가져왔고 조직의 생존에 엄청난 타격을 주었지만 결과는 사뭇 대조적이라고 할 수 있다. 여기에서 조직이 위기를 어떻게 대응하느냐에 따라서 다른 결과를 가져올 수 있다는 것을 간접적으로 추정할 수 있다. 조직의 위기는 불가피한 측면이 있는 반면, 관리의 측면이 있으며, 어떻게 관리하느냐에 따라 오히려 기회요인이 될 수 있다.

위기가 발생했을 때 조직이 취하는 입장은 크게 세 가지로 구분될 수 있다. 첫째, 위기가 발생한 조직이 자신들의 위기상황에 대한 사실을 부인, 함구, 회피하는 입장이다. 이러한 태도는 사실이 밝혀질 경우 기업 이미지에 큰 타격을 주고 회복이 어려울 가능성이 크다. 둘째, 조직이 위기상황에서 불리한 사실들은 숨기고 오히려 언론이나 공중에게 부정확한 정보들을 제공하는 것이다. 마지막으로 개방적이고 솔직한 위기커뮤니케이션 전략으로, 조직이 자신들의 당면한 문제를 매체를 통해 공표하며 적극적이고 협조적인 태도를 보이는 입장이다. 이 전략은 단기적으로는 조직에 충격을 줄 수 있으나 장기적인 관점에서는 공중의 의구심을 최소화할 수 있으며 궁극적으로 위기극복에도 도움을 줄 수 있다. 위기는 어떻게 관리하느냐에 따라 그 결과가 크게 달라진다. 즉 위기에 대한 예방과 사후관리에 성공하면 그 피해와 사회적 충격을 충분히 줄일 수 있다. 위기관리활동을 통해 위기신호를 미리 발견함으로써 위기에 대한 대비와 예방을 할 수 있으며, 충분한 위기관리활동에도 불구하고 부득이 위기가 발생하면 위기상황을 적절하게 통제하고 억제하여 손실을 제한하고 사회적 피해를 최소화할 수 있다. 이렇듯 위기는 피할 수는 없지만 관리할 수는 있다.

위기(crisis)관리는 위험(risk)관리와 구별할 필요가 있다. 위험관리는 조직의 목표를 달성하기 위해서 불확실성을 이용하는 행위다. 경영의 속성상 최대의 이익을 달성하기 위해 위험요인을 어느 정도까지 감수할 것인가를 결정하는 것은 위험관리이지만 위기관리라고 보기는 어렵다. 하지만 위기관리는 불확실성을 통제하고 줄여서 공중과의 우호적인 관계를 지속하고자 하는 조직행위다. 따라서 위기관리는 공중과의 관계를 우선적으로 고려할 필요가 있으며 조직의 목표달성에 부합하더라도 공중과의 관계에 악영향을 미친다고 판단되는 행위는 자제되어야 한다. 따라서 위기관리는 조직의 목표달성을 위한 활용대상으로 보는 위험관리와는 차원이 다르며, 좀 더 장기적인 공중관계에 기반을 둔 위험 및 위기와 관련된 광범위한 조직행위라 할 수 있다. 그것을 몇 가지로 요약했다. 첫째, 위기는 각 조직이나 기능에 따라서 일어날 가능성과 충격이 다를 수밖에 없다. 또한 위기는 관련된 조직에 따라 다르게 해석될 수 있다. 예를 들어 위기에 취약한 조직과 위기에 잘 준비된 조직은 같은 위기라도 받아들이는 것이 다르다. 둘째, 위기의 해결과 관련하여 단기적인 측면과 장기적인 측면을 함께 고려하는 것이 필요하다. 많은 위기 사례들을 살펴보면 단기적인 해결에 급급하다가 장기적인 조직의 평판회복에 실패한 경우를 볼 수 있다. 또한 너무 장기적인 목표에만 신경 쓴 나머지 단기적인 해결책을 내놓는 데 소홀해서도 문제가 발생할 수 있다. 셋째, 위기는 어떻게 관리하느냐에 따라서 손실과 함께 이익을 가져올 수도 있다. 위기로 인해서 개혁의 주도자가 탄생할 수도 있으며, 또한 잠재된 문제를 직시하게 되므로 변화를 긍정적으로 받아들이게 되고 새로운 전략과 경쟁력을 갖출 수 있게 된다. 만약 위기로 인해 조직이 큰 타격을 입기 전에 이러한 변화를 도모할 수 있다면 위기는 분명 기회요인이 된다. 넷째, 위기관리는 정립된 체계가 없다. 위기는 조직에 따라 다르게 해석되므로 조직의 특성과 사회 환경에 맞는 전략을 조직 나름대로 수립하는 것이 무엇보다도 필요하다. 많은 위기관리사례 연구를 통해서 나타난 것은 결국 위기관리를 이해하는 조직은 위기에서 기회요인을 찾아 충격을 최소화하고 발전의 계기로 삼을 수 있지만, 이해가 부족한 조직은 위기를 단기적인 차원 혹은 손실의 차원에서 다룸으로써 더 큰 재앙을 불러올 수 있다는 것이다.

쿰스는 위기 유형을 발생위치와 통제성에 기초하여 네 가지로 분류했다. ① 과실(Faux Pas)은 외부에서 발생한 비의도적인 행위이다. 작은 과실이 의도적이 아니었다는 것을 강조하기 위한 적절한 행동을 취해야 한다. 그러나 조직 외부단체들은 위기에 대한 조직의 이러한 대응행위를 부적절한 것으로 받아들이면서 위기를 새롭게 규정하고 조직에 대한 항의나 보이콧을 하게 된다. 이에 대해 이해관계자들은 조직의 대응활동을 받아들일지 말지를 결정한다. 과실에서 중요한 점은 조직의 사회적 책임감이다. 예를 들어 과실은 외부단체들이 담배회사에 담배 옥외광고의 적합성에 대해 의문을 제기했을 때 발생할 수 있다. 물론 과실의 비의도적, 그리고 외부적이라는 특성 때문에 조직의 책임은 가장 작다고 볼 수 있다. 그러나 조직은 의심스러운 외부단체의 행동들을 초기에 변화시킬 수 있다는 점에서 조직의 통제권하에 있다고 볼 수 있다. 그러므로 발생한 위기에 대해 조직이 책임질 가능성은 존재한다. ② 테러리즘(Terrorism)은 외부에서 행위자에 의해 발생한 의도적인 행위이다. 이러한 의도적인 행위들은 직접적으로 조직에 피해를 주거나 간접적으로 조직에 피해를 주는 경우로 나누어진다. 직접적으로 조직에 피해를 주는 경우는 사원이나 소비자에게 상처를 입히는 행위 등을 말하고, 간접적으로는 조직에 피해를 주는 경우는 판매가 감소하거나 생산을 방해하는 행위 등을 말한다. 테러는 누군가 조직에 피해를 주고 싶어 한다면 그렇게 할 것이라고 판단하여 이해관계자들은 테러를 운명으로 간주하기도 하고, 테러는 조직이 통제할 수 없는 위기로 인식되고 있기 때문에 범죄나 사고에 비해 조직에 미치는 피해는 상대적으로 적은 편이다. 또한 이해관계자들은 조직이 이러한 위기상황을 예방하기 위한 적절한 조치를 취해야 하지만, 조직이 아무리 테러에 대한 사전 주의를 기울인다 하더라도 이를 완전하게 막을 수는 없다고 생각한다. 제품에 손상을 입히는 행위, 작업장에서의 폭력행위, 공장설비 파괴행위, 인질로 붙잡히는 것 등이 테러행위에 해당된다. ③ 사고(Accidents)는 조직이 정상적으로 운영되는 동안 내부에서 발생한 비의도적인 행위이다. 제품결함, 화재, 직원산재, 시스템장애, 자연재해 등이 해당된다. 사고가 의도적으로 일어나지는 않지만, 어느 정도는 예방될 수 있는 부분이 있다고 공중들은 간주하기 때문에 그 기업이나 조직에 미치는 피해 역시 크다고 볼 수 있다. 또한 이해관계자들은 산업사고를 예방 가능한 것으로 판단하기 때문에 사고는 우연이라기보다는 무책임한 기업행동으로 연관되기도 한다. 사고의 발생이 일반적으로 비의도적이고 무작위적이라는 속성상, 범죄보다는 조직의 책임성이 최소화된다. 그리고 사고는 천재(Acts of nature)와 인재(Human induced errors)로 구분되기도 한다. 천재는 허리케인, 지진, 가뭄과 같은 것이고 인재는 작업장 사고, 제품결함, 산업재해와 같은 것이다. 천재의 경우 조직의 책임이 최소화되더라도 조직이 천재에 대비해야 한다는 책임을 배제할 수 없기 때문에 최소한의 조직의 책임에 공중이 집중할 수도 있다. 그러므로 공중들은 천재와 인재 모두 사고로 인식한다. ④ 범죄(Transgressions)는 내부에서 발생한 의도적인 행위이다. 범죄는 조직에 의해서 공중이 위험에 노출되도록 취해진 활동이다. 법을 위반하거나 소비자에 대한 보상을 제대로 해주지 않거나 고의로 결함이나 위험한 제품을 판매하는 행위들은 모두 범죄행위의 예들이다. 범죄는 조직 구성원들이 잘못하는 것을 알면서도 범죄를 저지름, 이해 관계자들을 위험에 빠뜨리는 위기를 포함하기 때문에 그 피해는 매우 크다. 따라서 이해관계자들은 조직이 이러한 범죄행위들을 막는 데 책임이 있다고 생각한다. 즉 범죄는 위기의 발생위치가 내부에서 귀인하며 통제가 가능한 점에서 조직의 책임성이 높다고 할 수 있다.

쿰스는 조직이 위기상황에서 위험을 보는 수준이 사람마다 다를 때 실수가 발생할 수 있다고 한다. 정량적으로 같은 위험을 '위험하다' 또는 '위험하지 않다'라고 보는 수준이 제각각 다를 때에는 이것을 위험에 관한 지식의 차이로 볼 수 있으며, 정량적으로 같은 위험을 한 사람은 객관적으로, 다른 한 사람은 주관적으로 받아들인다면 위험에 대한 평가에는 커다란 차이가 발생하게 된다. 즉, 사람의 지식과 인식의 차이가 위험의 크기를 결정지을 수도 있다. 자신들의 책임 정도에 따라 위기의 종류와 특성을 유형화하고 그에 적합한 위기커뮤니케이션을 실시해야 한다는 상황위기 커뮤니케이션 이론(Situational Crisis Communication Theory, 이하 SCCT)에서 조직은 자연재해, 제품훼손, 위반, 사고 등 위기 유형에 따라 부인, 침묵, 정당화, 사과 같은 12개의 전략을 사용할 수 있다고 설명했다. 즉 ① 변명(excuse): 위기의 발생과 조직이 연루되었다는 점은 인정하나, 조직의 책임을 최소화하기 위해 노력, 의도부인(deny intent): 조직은 위기를 의도하지 않았다. ② 자유의지 부인(deny volition): 조직은 위기를 통제할 수 없었다. ③ 정당화(justification): 위기 책임을 인정하나, 위기로 인한 부정적 결과를 축소 ④ 최소화(minimizing): 위기로 인한 공중의 피해가 거의 없음 ⑤ 비교(comparison): 다른 유사한 위기에 비해 피해가 적음 ⑥ 대의명분(big picture): 발생한 위기는 더 바람직한 목적을 달성하려는 과정에 지불해야 하는 가치가 있는 것이었음을 강조 ⑦ 고통(suffering): 조직도 위기로 인해 피해를 입었음을 언급 ⑧ 강화(bolstering): 공중에게 조직이 과거에 했던 좋은 일을 상기시킴 ⑨ 칭찬(praising others): 조직을 인정할 수 있도록 공중을 칭찬 ⑩ 보상(compensation): 피해 입은 공중에 보상을 제공 ⑪ 행동시정(corrective action): 위기상황을 복구하고 재발 방지를 약속 ⑫ 사과(apology): 위기에 대한 책임을 인정하고 용서를 구함이다.

티모시 쿰스(W. Timothy Cooms)의 위기대응전략은 위기상황 시 조직이 자신의 명성을 관리하기 위해 위기에 적절히 대응하여 부정적인 결과를 예방하거나 최소화함으로써 위기의 피해로부터 조직 및 이해관계자 등을 보호하는 것을 목표로 하여 위기관리를 다음과 같이 4단계로 구분하였고, 학습을 제4단계에서 설명하고 있다. 1단계는 예방단계로 위기관리단계 중에서 철저한 준비와 노력을 통해 피해를 예방하고 최소화시키는 역할이 수행되는 가장 중요한 단계로써, 과거의 경험과 각종 위기사례에서 도출되었던 정보 분석을 바탕으로 발생 가능한 유발요인을 사전에 제거하거나 감소시킴으로써 위기 발생 자체를 억제하거나 방지하기 위한 일련의 활동이 전개되는 단계이다. 2단계는 대비단계로 예상되는 각종 위기상황을 가정하여 수행해야 할 제반 조치사항을 사전에 계획 및 준비하고, 교육과 훈련을 실시함으로써 위기관리 대응능력을 제고시켜 위기상황에 즉각 대응할 수 있도록 대비태세를 강화시켜 나가는 활동이 전개되는 단계로, 위기가 발생했을 때를 가정한다는 점이 예방단계의 활동과 차이가 있다. 3단계는 대응단계로 위기 발생 시 국가의 가용한 모든 자원과 역량을 효율적으로 활용하여 신속하게 대처함으로써 피해를 최소화하고 확산을 방지하며 추가로 2차적인 위기 발생의 가능성을 감소시키는 실제적인 활동이 전개되는 단계이다. 4단계는 복구단계로 국가위기로 인해 발생한 피해를 발생 이전의 상태로 원상 회복시키기 위한 제반활동과 상황평가를 통해 발생한 위기의 문제점과 취약요인을 분석하여 제도를 개선하고 운영체계를 발전시켜 동일한 유형의 위기가 발생되지 않도록 방지하며, 위기관리능력을 제고시키기 위한 보완적 활동이 전개되는 단계이다.

기업은 위기상황에 처하면 위기에 대한 대응을 하게 된다. 뿐만 아니라 공중도 위기의 주체에 대해 부정적인 견해를 가지게 되고 위기에 대한 자세한 설명을 듣길 원한다. 따라서 즉각적인 사과나 설명이 제시되지 않을 때, 명성에 치명적인 손상을 받게 된다고 지적하기도 한다. 이러한 조직에 미치는 영향을 최소화하기 위해 다양한 형태의 대응 커뮤니케이션 전략을 사용하는데, 그 목적은 명성의 손실을 줄이고 명성을 회복시키는 데 있다. 위기가 발생했을 때, 기업 혹은 조직은 세 가지의 입장을 취한다. 첫째, 철벽을 쌓는 입장이다. 기업들은 자신들이 위기에 처했다는 것을 부인·회피하며, 위기에 대한 개입도 저지한다. 그러나 이러한 행동은 위기상황이 밝혀졌을 때 기업 이미지에 큰 타격을 입힐 수 있으며 이미지 회복이 어려울 수 있다. 둘째, 기업은 위기상황에서 불리하다고 판단되는 사실들을 숨기고, 오히려 언론이나 공중에게 부정확한 사실들을 제공한다. 그러나 후에 사실이 밝혀지면 기업의 이미지와 신뢰도가 무너질 수 있으며, 부도덕한 기업으로 인식될 가능성이 높다. 마지막으로, 개방적이고 솔직한 입장이다. 기업은 현재 처한 위기를 언론을 통해 발표하고 적극적이고 협조적인 태도를 보인다. 이 전략은 단기적으로 볼 때 기업에 타격이 있을 수 있지만, 장기적인 관점에서는 오히려 공중의 의구심을 최소화함으로써 위기를 극복할 수 있다. 위의 세 가지 위기관리를 종합하여 유추해 볼 때, 발생한 위기를 어떻게 인식하고 반응하는지에 따라 위기관리의 성공과 실패로 나뉠 수 있음을 알 수 있다.

한화그룹 김승연 회장 폭행 사건의 예를 다시 들어보자. 김승연 회장의 폭행 사건은 희귀성, 사회적인 충격 등 드라마틱한 요소를 모두 갖추고 온 국민의 지대한 관심을 받을 이야기로 연결되었다. 위기 이야기가 다시 일상의 이야기와 연결될 수 있도록 위기에 대한 기민한 반응을 형성하는 것이 필요하다. 위기 이야기는 일상의 이야기가 단절되는 순간이다. 위기관리는 이러한 단절된 이야기를 연결하여 미래의 이야기로 이끌어주는 역할을 해야 한다. 평소의 조직-공정관계가 중요하고 필연적으로 위기 이야기와 연결되는 이유가 여기에 있다. 만약 위기에서 공중이 미래의 청사진을 발견한다면 오늘의 잘못은 경감될 수도 있다. 두 번째는 위기에 대한 진술이 아무리 상황에 따라 변화하더라도 어떤 원칙을 견지할 필요가 있다.

원칙을 견지한다는 것은 이야기의 구성요소에서 주제에 해당되는 것인데, 조직의 커뮤니케이션이 어떤 주제를 통해서 일관성 있게 이루어지지 않으면 이야기의 진실성과 개연성은 멀어질 수밖에 없다. 김승연 회장 폭행 사건에서도 어떤 지속적인 주제의식 없이 상황에 따라 진술했기 때문에 국민의 입장에서 믿기 어려운 이야기가 되고 말았다. 만약 '사과와 함께 부정(父情)에 호소'라는 주제의식을 가지고 처음부터 일관된 진술을 했다면 훨씬 빠르게 이미지를 회복할 수 있었을 것이다. 한화그룹 법무팀의 조언은 이야기 형성을 통한 일관된 대응이 아니라, 법리적인 상황 대처에 모아져 있었다고 보아야 한다. 대부분의 법무팀이 행하는 위기관리는 수사학적인 측면에서 보면 성공하기 힘들다. 위기관리를 위한 커뮤니케이션 전문가가 요구되는 이유가 여기에 있다. 세 번째는 위기 이야기에 학습의 과정이 포함되는 것이 유리하다. 위기가 일어나고 나서 그러한 위기가 재발되지 않을 것이라는 의식을 심어주지 못하면 위기의 진실성에 엄청난 타격을 준다. 앞서 얘기했듯이 타이레놀 독극물 테러로 인해서 사람들이 사망하는 사건이 발생하고 나서, 포장 침해 방지 용기와 함께 사건 재발 방지를 위한 조직의 수정행위를 보여주었기 때문에 타이레놀은 공중의 신뢰를 다시 얻을 수 있었다. 평소 공중관계와 함께, 위기 이야기의 구성이 학습과정과 수정행위를 담고 있을 때 진실성을 획득하기가 훨씬 쉬워진다. 마지막으로 다양한 공중과의 상호 호혜라는 원칙에 부합하면서 위기상황을 장악할 수 있는 위기 이야기를 개발하는 것이 필요하다. 이 조건은 위기 이야기에서 공중관계가 얼마나 중요한 것인가를 설명한다. 평소의 공중관계도 위기 이야기의 수용에 영향을 미치지만 위기상황에서 조직의 이야기는 위기관리를 악화시킬 뿐이다. 모든 위기관리는 우호적인 조직-공중 관계라는 큰 테두리 안에서 이해되어야 한다. 위기관리의 수사학적인 접근도 이런 면에서 기능주의적인 위기관리와 접목되는 점이다.

□ 위기를 기회로 바꾼 문제해결

1. 아래 글을 읽고 '닭이 먼저냐, 달걀이 먼저냐'에 대해서 설명하시오.

Spooked by a huge spike in egg prices, some consumers are taking steps to secure their own future supply. Demand for chicks that will grow into egg-laying chickens — which jumped at the onset of the pandemic in 2020 — is rapid again as the 2023 selling season starts, leaving hatcheries scrambling to keep up. Hatcheries around the country are reporting demand is surprisingly robust this year. Many attribute the spike to high grocery prices, and particularly to rapid inflation for eggs, which in December cost 60% more than a year earlier. The shift is part of a broader phenomenon: A small but rapidly growing slice of the U.S. population has become interested in growing and raising food at home, a trend that was nascent before the pandemic and that has been invigorated by the shortages it spurred

출처: Jeanna Smialek and Ana Swanson c.2023 The New York Times Company

2. 아래 글을 읽고 넘쳐나는 쓰레기 어떻게 하면 좋을지에 대해서 설명하시오.

서울시가 2026년 건립 예정인 새 자원회수시설(생활폐기물 소각장)에 대한 보상책으로 1000억 원 규모의 주민 편익시설 조성을 제시했다. 소각시설을 모두 지하화하고 지상에는 복합문화타운을 지어 주민이 즐겨 찾는 랜드마크로 기능하게 한다는 게 서울시 구상이다. 서울시는 17일 시청에서 기자설명회를 열어 현재 서울시내 4곳(양천·노원·강남·마포)에서 운영 중인 자원회수시설의 다섯 번째 시설 후보지를 다음달(9월) 발표하겠다고 밝혔다. 2026년부터 소각하지 않은 생활폐기물을 수도권매립지에 직접 매립하는 것이 금지되기 때문에 서울시는 새 자원회수시설을 지어 소각처리 용량을 늘려야 하는 처지다. 현재 서울에서는 하루 약 3200t 분량의 생활폐기물이 쏟아지지만, 4개 자원회수시설의 처리 용량이 2200t밖에 되지 않아 매일 1000t의 생활폐기물이 수도권매립지로 향하고 있다. 문제는 자원회수시설이 '기피 시설'로 인식돼 후보지로 거론되는 지역 주민들의 반발이 거세다는 점이다. 서울시가 새 시설을 편익시설이 집약된 랜드마크로 조성하겠다는 방안을 내놓은 것도 이런 상황을 우려해서다. 서울시의 구상은 소각시설을 모두 지하로 집어넣고 지상에는 국제 현상 설계 공모를 거쳐 복합문화타운을 만드는 것이다. 시설물이 들어설 지역 주민들에게는 1000억 원 규모의 도서관·실내체육시설 등 편익시설 투자와 연간 100억 원 규모의 '주민지원 기금' 조성도 약속했다. 자원회수시설을 건립하기 위해선 사업비의 20%를 주민 편익시설에 사용하도록 규정한 '폐기물처리시설 설치촉진 및 주변지역지원 등에 관한 법률 시행령'에 따른 조처다.

출처: "천억 준대도 싫다"는 서울 쓰레기소각장, 이번엔 어느 구에? 한겨레, 2022.08.18.

2. 응급처치의 이해

우리가 아플 때 스스로 또는 가족의 도움으로 병원에 갈 수 있다면 그나마 다행이다. 가족이 손을 쓸 수도 없는 위급한 경우 우리는 구급차를 부른다. 그래서 사이렌을 울리며 구급차가 지나가면 도로에서는 모세의 기적처럼 구급차를 위한 길이 만들어진다. 구급차는 교통사고나 화재, 또는 위급한 환자를 빨리 병원으로 옮길 때 쓰는 자동차로 앰뷸런스라 불린다.

국내의 구급차 운영도 국군의 창설과 더불어 군에서 시작되어 민간에 확산된 점은 세계의 구급차 발달과정과 비슷하다. 1980년에는 보건사회부의 원조로 '야간 구급환자신고센터'를 설치, 구급차를 대기시켜 시민에게 봉사하였다. 그러나 이러한 구급센터의 운영만으로는 위급한 환자의 이송이 미흡하여 서울시에서는 1982년 3월 1일부터 시내 각 소방서에 구급차를 배치하였다. 시행 초기에는 주로 환자를 병원으로 이송하는 단순 업무가 대부분이었다. 하지만 1990년대 들어 성수대교 붕괴(1994), 대구 가스폭발(1995), 삼풍백화점 붕괴(1995) 등 국민을 충격에 빠뜨린 대형 재난사고가 연이어 발생했고 이를 계기로 구급은 소방의 주요 업무로 자리매김하고 있다.

유럽에서 'Ambulance'는 '야전병원 · 병원선 · 부상병수송기'라는 뜻을 가진 말이지만, 군대에서는 긴급을 요하는 환자의 임시 야전구호, 민간에서는 병원으로 치료를 받으러 가기까지의 응급구호에 '봉사하는 기구'라고 정의되어 있다. 구급차의 기원은 어원에서도 알 수 있듯이 전쟁터에서 부상당한 병사를 이송하기 위해 처음 사용되었다. 16세기 후반 앙리 2세 때 군인들과 전선에 나가 부상병을 돌보는 '이동야전병원'이 창설되었다. 1597년 아미엥 포위 공격 때도 같은 유형의 병원이 쉴러에 의해 창설되었다. 정식기구로 체계가 잡힌 야전병원은 루이 16세 때 미셸 르 텔리가 주도해 재정립되었다. '병사들의 구세주'라는 별명을 가진 프랑스 나폴레옹이 가장 신뢰했던 군의관이자 당대 최고의 의술을 자랑했던 도미니크 장 라레(Dominique-Jean Larrey, 1766~1842, 구급대의 아버지)는 러시아 원정기간 중에 다친 사람을 전투가 끝날 때까지 기다리지 않고 전상자들에게 바로 응급처치를 시작한 최초의 의사였다. 도미니크 장 라레는 이런 문제를 체계적으로 해결한 최초의 임상의사다. 프랑스의 군의관인 라레는 '나폴레옹 전쟁'의 주요 전투에서 야전병원을 책임졌다. 당시 대부분의 군대가 전투가 끝날 때까지 부상자를 전장에 방치한 것과 달리 라레는 최초로 '앰뷸런스'란 개념을 도입해 전투가 격렬하게 진행되는 중에도 마차로 부상자를 재빨리 옮겨 치료했다. 그러면서 부상의 정도에 따라 우선순위를 정하는 방법도 마련했다. 전장의 혼란한 상황을 감안하여 색깔이 있는 카드를 이용해서 이미 사망했거나 치료해도 회복할 가능성이 극히 희박한 부상자는 검정, 중상을 입어 신속하게 수술하지 않으면 생존할 수 없는 부상자는 빨강, 두어 시간 뒤에 치료해도 생존할 수 있는 부상자는 노랑, 가장 가벼운 부상을 입은 사람은 녹색으로 분류해 이송하고 치료했다. 구급차는 병원 도착 전의 응급의료체계로서 매우 중요한 중간과정이다.

구분	요금의 종류 - 응급의료법 시행규칙 제11조 - 이송거리는 환자가 구급차에 실제로 탑승한 거리	응급의료법 제44조제1항제1호부터 제4호까지에 따른 의료기관, 응급환자이송법 등	응급의료법 제44조제1항제5호에 따른 비영리법인
일반 구급차	기본요금 (이송거리 10km 이내)	30,000원	20,000원
	추가요금 (이송거리 10km 초과)	1,000원/1km	800원/1km
	부가요금 (의사, 간호사 또는 응급구조사 탑승 비용)	15,000원	10,000원
특수 구급차	기본요금 (이송거리 10km 이내)	75,000원	50,000원
	추가요금 (이송거리 10km 초과)	1,300원/1km	1,000원/1km
공통	할증요금 (00:00~04:00)	기본 및 추가요금에 각각 20% 가산	
구급차의 표시	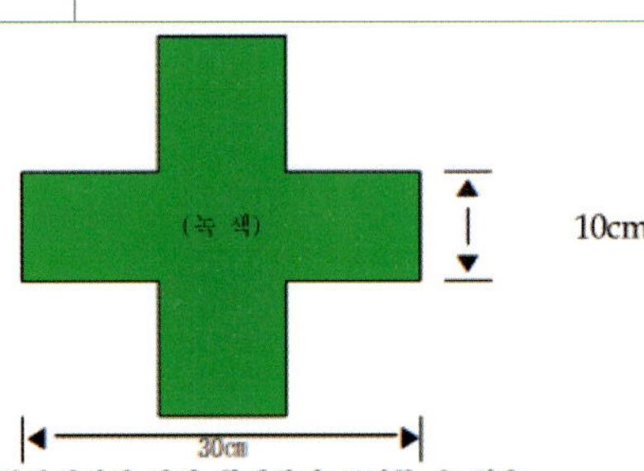 (정방형으로 부착위치에 따라 확대하여 표시할 수 있음)		

오늘날 인구의 고령화와 심혈관계 질환의 급격한 증가로 인하여 병원 도착 전 심정지가 발생하는 환자의 수가 증가하는 추세다. 심정지 발생 후 4~6분이 경과하면 치명적인 뇌손상이 일어나므로 환자 발생 현장에서 목격자에 의한 조기 심폐소생술의 시행여부가 심정지 환자의 생명을 좌우하는 경우가 많다. 일반인에 의한 신속한 심폐소생술이 소생에 미치는 효과가 큼에도 불구하고 선진국의 경우에도 일부만 병원 도착 전 일반인 심폐소생술을 제공받고 있으며, 스웨덴에서는 일반인의 60%가 심정지를 목격했지만 30%만이 심폐소생술을 시행하였다. 이처럼 목격자의 심폐소생술은 잘 이루어지지 않고 있다.

심폐소생술(Cardiopulmonary Resuscitation: CPR)이란 심정지 환자를 소생시키기 위한 치료기술이다. 심정지란 심장이 혈액순환기능을 하지 못하고 심장의 박동이 중단된 상태를 의미한다. 심폐소생술은 크게 기본소생술(Basic Life Support: BLS)과 전문소생술(Advanced Life Suport: ALS)로 나눌 수 있다. 이 중 기본소생술은 심정지의 발생을 인지하여 주위의 도움을 요청하고, 흉부압박과 인공호흡을 시행하여 인위적으로 신체조직으로의 산소공급을 유지시키는 방법으로서, 과거에는 구조자가 의료기구를 사용하지 않고 시행하는 흉부압박, 인공호흡 등의 처치를 의미하였으나 1997년 세계소생술위원회(International Liaison Committee on Resuscitation: ILCOR)에서는 기본소생술에 자동제세동기(Automated External Defibrillator: AED)의 개념을 도입하여 제세동(Defibrillation)의 중요성을 강조하고 있다. 기본소생술은 유일하게 비의료인도 시행할 수 있는 단계이다.

심폐소생술 지식에는 심폐소생술의 정의, 의식 확인, 기도유지방법, 호흡확인, 인공호흡방법, 흉부압박, 제세동기 사용방법, 제세동기 작동순서가 포함되어 있다. 2015년 10월 심폐소생술 국제연락위원회에서 새로운 심폐소생술과 응급심혈관치료 가이드라인을 발표함에 따라 우리나라는 2015년 심폐소생술 가이드라인을 개정하였으며 고품질 심폐소생술(적절한 압박 깊이와 속도, 충분한 이완, 가슴압박 중단의 최소화)을 권장한다. 즉 가슴압박 깊이는 영아 4cm, 소아 4~5cm, 성인 약 5cm(최대 6cm를 넘지 말 것), 속도는 성인과 소아에서 분당 100~120회로 권장된다. 가슴압박의 위치, 가슴압박과 인공호흡의 비율, 가슴압박 후 충분한 이완, 가슴압박 중단의 최소화에 대한 권고는 2011년 가이드라인의 권고와 같다. 심폐소생술 지식의 구체적인 내용은 의식이 없는 환자를 발견하면 환자 주변의 안전을 확인한 다음, 의식상태를 확인하기 위해 환자의 반응을 관찰한다. 환자가 반응이 없으면 호흡상태와 맥박을 확인하여 심정지 또는 호흡정지가 확인되면 즉시 기본소생술을 시작한다. 기본소생술은 인공순환(C: Circulation), 기도 개방(A: Airway), 인공호흡(B: Breathing), 자동제세동기(D: Defibrillation)로 구성되어 있다. 심정지 환자를 목격하거나 발견하였을 경우 특별한 이유가 없는 한 심폐소생술이 시작되어야 한다. 그러나 환자의 사망이 명백하거나 구조자가 위험에 처한 경우, 심폐소생술에 의한 소생가능성이 명백히 없는 경우에는 심폐소생술을 시작하지 않을 수 있다. 심폐소생술이 시작된 후에는 의사가 환자의 사망을 선언하기 전까지 심폐소생술을 계속한다.

응급처치(First Aid)는 과학기술의 발전에 따라 생산, 생활환경 속에서 발생되는 위중 급성 질병, 돌발 부상에 대하여 응급처치 지식을 보급하여 선진적인 기본 응급 개념과 능력을 갖추어 최초 반응자가 되었을 때 현장에서 즉시 효과적인 응급조치를 취함으로써 생명을 살리고 장애를 줄이는 목적으로 안전 생산과 건강한 삶을 위하여 필요한 보장을 제공하는 것이다. 응급처치는 다친 사람이나 급성 질환자에게 사고현장에서 즉시 취하는 조치로서 최초 목격시점부터 119 신고와 이후 구조대원이나 전문 의료인에게 부상자나 환자를 인계하기 전까지의 모든 임시적 행위를 포함한다고 할 수 있다.

응급의료체계에 연락하여 전문적인 심폐소생술이 시행될 때까지 현장에서 시행되는 초기 응급처치는 환자의 예후에 매우 중요한 역할을 하며 대개 비의료인에 의해 이루어진다. 최초 반응자(first responder)는 직업상 이러한 응급환자를 자주 접하거나 응급환자 발생 시 가장 먼저 도움을 요청받을 가능성이 높은 경찰관, 소방관, 안전요원, 경비원 등이 이에 해당된다. 선진국에서는 최초 반응자를 위한 교육체계가 잘 마련되어 있으나 국내의 「응급의료에 관한 법률」에는 최초 반응자에 대한 개념을 정의하고 있지 않다. 그러나 2002년 개정된 「응급의료에 관한 법률 시행령」 제8조에서 최초 반응자의 역할을 할 수 있는 몇 가지 직업군에 대해 보건복지부 장관 또는 시·도지사가 구조 및 응급처치에 관한 교육을 실시할 수 있도록 규정하고 있어 최초 반응자의 중요성에 대한 인식이 확대되고 있음을 알 수 있다. 또한 소방방재청의 2008년 구조구급활동 실적통계에서 응급환자를 최초로 목격한 일반인에 의한 응급처치가 미흡하여(심정지의 경우 3% 이내) 병원 전 단계 응급환자의 소생률이 낮으므로 응급처치에 대한 국민의식 및 교육 참여에의 적극성을 제고하고 구급전문가가 참여하는 구급활성화 프로그램 개발이 필요하다고 하였다. 우리가 흔히 말하는 '착한 사마리아인 법(good Samaritan law, 「응급의료에 관한 법률」)'은 성경에서 유래된 이야기로 강도를 만나 거의 죽게 된 유대인을 유대인 제사장이 못 본 채 지나가고 레위(Levites) 사람도 못 본 채 지나갔지만 유대인과 적대관계에 있던 사마리아인이 그를 발견하여 구해준 사례를 들어 진정한 이웃의 의미는 어려움에 빠진 자를 구한 사람임을 뜻하는 것이다. 이에 선한 사마리아인 법은 타인이 위험에 처한 것을 알거나 본 경우, 자신이 크게 위험하지 않을 때 타인의 위험을 제거해 줄 의무가 있다는 것을 의미하는 법이다. 응급구조사가 도착하기 전까지 환자를 방치할 수 없기 때문에 일반인 혹은 최초 목격자에 의하여 기본적인 응급처치가 시행되어야 한다. 구급차량이 현장에 도착하면 응급구조사가 응급처치를 시행하여 환자상태를 안정시키는 단계이다. 신고는 전화로 이루어지며 각 나라마다 지정된 번호를 사용하고 있다(미국 911, 일본 119, 영국 999, 러시아 03, 이탈리아 114, 그리스 100, 아르헨티나 101 등). 우리나라는 소방서(구급대: 119)에서 담당하고 있으며 응급처치와 이송을 위한 출동은 119구급대가 전담하고 있으나, 드물게는 먼저 출동한 경찰이 119구급대에 환자를 인계하는 경우도 있다.

> **「착한 사마리아인의 법」이 적용되는 구조 활동 범위**
>
> □ 의식 여부
> - ▶ 의식이 있는 환자의 경우에는 동의를 구한다.
> - ▶ 의식이 없는 환자의 경우에는 우선 기도, 호흡, 순환의 상태를 확인하여 생명에 위험이 있다면 즉시 응급처치를 실시한다.
>
> □ 전문 의료기관에 지원을 요청한다.
>
> □ 전문 구조대가 도착할 때까지 계속 환자의 생명유지를 위하여 조치를 취한다.
>
> □ 환자의 생명이 위험한 경우에만 환자를 이송한다.

심실세동이 발생한 후 제세동이 1분 지연될 때마다 제세동 성공 가능성이 7~10%씩 감소한다. 병원 밖 환경에서 신속한 제세동을 위해 일반인 제세동 프로그램이 확산되고 활성화되어야 한다. 공공장소에 자동제세동기를 설치하고 심장정지가 발생했을 때 일반인이 자동제세동기를 사용하는 일반인 제세동 프로그램은 병원 밖 심장정지 생존율을 높이는 데 기여하고 있다. 우리나라는 법률을 제정하여 다중이용시설을 포함한 공공장소 또는 거주지에 자동제세동기 설치를 의무화하고 있지만, 일반인에 의한 자동제세동기 사용 빈도는 높지 않다. 따라서 일반인 제세동 프로그램을 위해서는 자동제세동기 설치뿐 아니라 자동제세동기 사용을 활성화할 수 있는 방안을 모색해야 한다. 병원 내에서도 신속한 제세동을 위하여 필요한 장소에 자동제세동기를 설치하고 직원을 교육하여 심장정지가 발생했을 때 즉시 자동제세동기를 사용할 수 있어야 한다.

「응급의료에 관한 법률」은 제14조(구조 및 응급처치에 관한 교육) ① 보건복지부장관 또는 시 · 도지사는 응급의료종사자가 아닌 사람 중에서 다음 각 호의 어느 하나에 해당하는 사람에게 구조 및 응급처치에 관한 교육을 받도록 명할 수 있다. 이 경우 교육을 받도록 명받은 사람은 정당한 사유가 없으면 이에 따라야 한다. 구급차 등의 운전자, 「여객자동차 운수사업법」 제3조제1항에 따른 여객자동차운송사업용 자동차의 운전자, 「학교보건법」 제15조에 따른 보건교사, 도로교통안전업무에 종사하는 사람으로서 「도로교통법」 제5조에 규정된 경찰공무원 등, 「산업안전보건법」 제32조제1항 각 호 외의 부분 본문에 따른 안전보건교육의 대상자, 「체육시설의 설치 · 이용에 관한 법률」 제5조 및 제10조에 따른 체육시설에서 의료 · 구호 또는 안전에 관한 업무에 종사하는 사람, 「유선 및 도선 사업법」 제22조에 따른 인명구조요원, 「관광진흥법」 제3조제1항제2호부터 제6호까지의 규정에 따른 관광사업에 종사하는 사람 중 의료 · 구호 또는 안전에 관한 업무에 종사하는 사람, 「항공안전법」 제2조제14호 및 제17호에 따른 항공종사자 또는 객실승무원 중 의료 · 구호 또는 안전에 관한 업무에 종사하는 사람, 「철도안전법」 제2조제10호가목부터 라목까지의 규정에 따른 철도종사자 중 의료 · 구호 또는 안전에 관한 업무에 종사하는 사람, 「선원법」 제2조제1호에 따른 선원 중 의료 · 구호 또는 안전에 관한 업무에 종사하는 사람, 「화재의 예방 및 안전관리에 관한 법률」 제24조에 따른 소방안전관리자 중 대통령령으로 정하는 사람, 「국민체육진흥법」 제2조제6호에 따른 체육지도자, 「유아교육법」 제22조제2항에 따른 교사, 「영유아보육법」 제21조제2항에 따른 보육교사와 같이 해당하는 종사자는 매년 정기적으로 구조 및 응급처치에 관한 교육을 실습교육 포함 총 4시간 이상을 받아야 한다. 하지만 응급처치 시 꼭 알고 있어야 할 법적 문제가 존재한다. 응급처치를 하기 전에 반드시 부상자로부터 사전에 동의를 받아야 한다. 허락이나 동의 없이 신체를 접촉하면 위법으로 간주되고, 어떤 면에서는 폭행으로도 간주하여 법적 소송에 휘말릴 수 있기 때문이다. 따라서 부상자의 사전 동의 없는 응급처치행위는 위법이 되기 때문에 사전에 동의를 얻어야 한다.

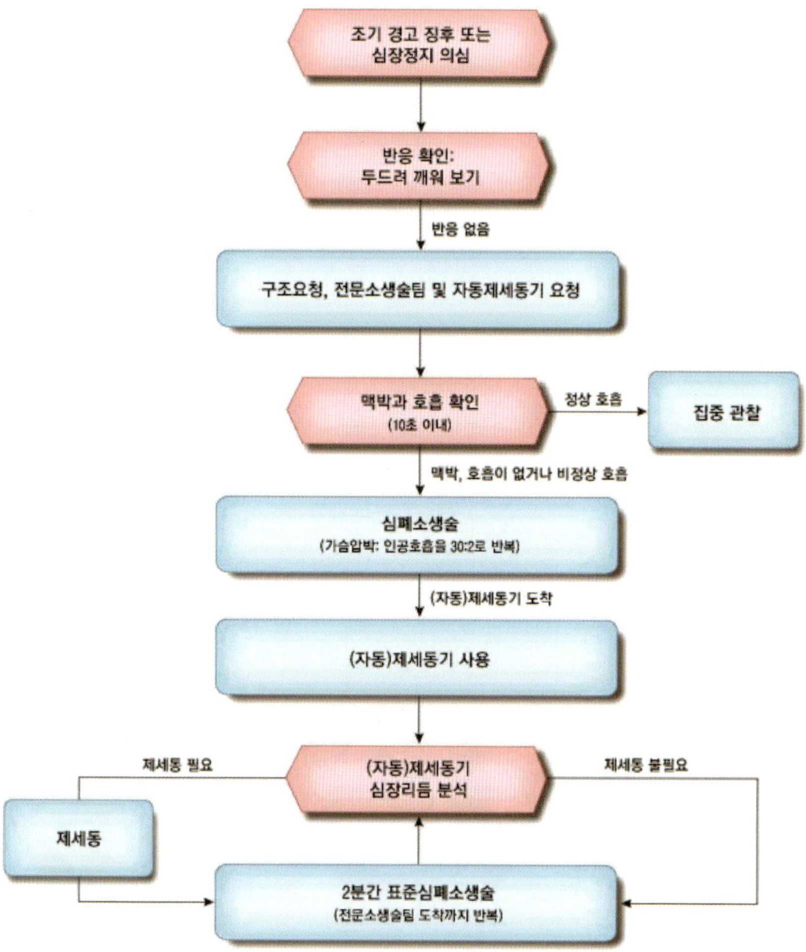

전원 켜기(작동)	두 개의 패드 부착	심장리듬 분석	심장충격(제세동) 시행	즉시 심폐소생술 다시 시행
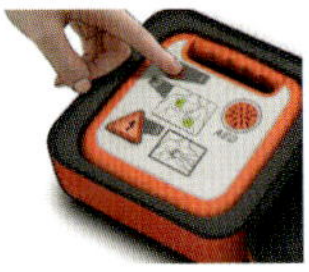	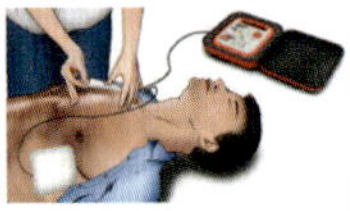	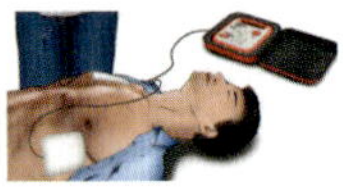	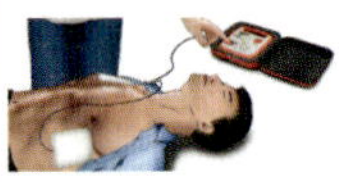	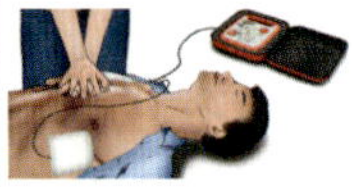

전원 켜기	심장충격기(자동제세동기)는 반응과 정상적인 호흡이 없는 심정지 환자에게만 사용해야 하며, 심폐소생술 시행 중에 심장충격기(자동제세동기)가 도착하면 지체 없이 적용해야 한다. 먼저 심장충격기(자동제세동기)를 심폐소생술에 방해가 되지 않는 위치에 놓은 뒤에 전원 버튼을 누른다.
두 개의 패드 부착	패드 1: 오른쪽 빗장뼈 아래, 패드 2: 왼쪽 젖꼭지 아래의 중간겨드랑선 패드 부착부위에 이물질이 있다면 제거하며, 패드와 심장충격기(자동제세동기) 본체가 분리되어 있는 경우에는 연결한다.
심장리듬 분석	"분석 중…"이라는 음성 지시가 나오면, 심폐소생술을 멈추고 환자에게서 손을 뗀다. 심장충격(제세동)이 필요한 경우라면 "심장충격(제세동)이 필요합니다"라는 음성 지시와 함께 심장충격기(자동제세동기) 스스로 설정된 에너지로 충전을 시작한다. 심장충격기(자동제세동기)의 충전은 수 초 이상 소요되므로 가능한 가슴압박을 시행한다. 심장충격(제세동)이 필요 없는 경우에는 "환자의 상태를 확인하고, 심폐소생술을 계속 하십시오"라는 음성 지시가 나오며, 이 경우에는 즉시 심폐소생술을 시작한다.
심장충격(제세동) 시행	심장충격(제세동)이 필요한 경우에만 심장충격(제세동) 버튼이 깜박이기 시작한다. 깜박이는 버튼을 눌러 심장충격(제세동)을 시행한다. 심장충격(제세동) 버튼을 누르기 전에는 반드시 다른 사람이 환자에게서 떨어져 있는지 확인해야 한다.
즉시 심폐소생술 다시 시행	심장충격(제세동)을 실시한 뒤에는 즉시 가슴압박과 인공호흡을 30:2로 다시 시작한다. 심장충격기(자동제세동기)는 2분마다 심장리듬을 반복해서 분석하며, 이러한 심장충격기(자동제세동기)의 사용 및 심폐소생술의 시행은 119구급대가 현장에 도착할 때까지 지속되어야 한다.

심폐소생술 시행 순서	환자 반응 호흡 확인	119신고 (심장충격기 요청 확인)	가슴압박 30회 시행	기도개방	인공호흡 2회 시행	가슴압박과 인공호흡 반복	회복

국민행동 지침	깨우기 (흔들어 깨워보기)	알리기 (반응이 없으면 119로 신고)	누르고 (가슴 한가운데를 강하고 바르게 누르기)	자동제세동기 사용

출처: 질병관리청

□ 협동심으로 배운 생명의 존엄성

1. 딸꾹질 응급처지 모둠별 UCC를 만들어보시오.
   딸꾹질은 호흡조절 역할을 하는 횡격막의 경련성 수축에 의해 생긴다. 딸 꾹질을 할 때는 경련상태에 있는 기관 속으로 공기가 급히 끌려 들어감으로써 이상한 소 리를 내게 된다. 음식물과 술이 원인이 될 수도 있고 또는 신경성에 의한 경우도 있다.
   – 계획서 작성: 제목(주제), 목적, 예상분량, 역할분담에 대해 설명하시오.

2. 열(熱)에 의한 손상 시 응급처치에 대해 설명하시오.
   화상(火傷)이란 뜨거운 물, 증기, 뜨거운 쇠, 불 또는 전기, 화학약품 등에 의해서 피부가 손상된 상태를 말한다. ① 1도 화상은 야외에서 강한 태양 광선을 쪼이거나 가스 폭발 또는 뜨거운 액체에 순간적으로 접촉하였을 때 발생한다. 통증과 함께 피부가 빨갛게 되는 발적 현상이 나타난다. 이때 물집은 생기지 않는다. 수일이 경과하면서 흔적 없이 회복된다. ② 2도 화상은 주로 열탕 화상이나 가벼운 화염 화상에 의하여 나타난다. 대부분 수포(물집)가 형성되고, 피하조직 부종을 동반하며 심한 통증이 느껴진다. 감염되지 않는다면 2주에서 4주 정도 후 옅은 반흔(상처나 부스럼이 나은 뒤에 남은 자국)을 남기면서 치유된다. 다만 감염이 발생한 경우에는 반흔이 남을 수 있다. ③ 3도 화상은 피부 표피, 진피층(척추동물의 표피 아래에 있는 섬유성 결합조직이 있는 층)은 물론 피하조직까지 손상을 받은 경우이다. 피부는 건조해지고 피부색은 밀랍 같은 흰색 혹은 타버린 갈색이나 검은색으로 변하게 된다. 피부감각을 상실하여 핀으로 찔러도 통증을 느끼지 못한다. 환부는 주위 조직보다 가라앉은 것처럼 보인다. ④ 4도 화상은 피부의 전층과 함께 피하의 근육, 힘줄, 신경 또는 골조직까지 손상받은 경우를 말한다.

3. 삼각건 사용법에 대해 설명하시오.
   1) 머리에 대한 삼각건 사용법
   2) 이마 및 머리 부근에 대한 삼각건 사용법
   3) 팔걸이 사용법

4. 구조운반은 손상부위, 이용재료 및 장비, 구조자 인원수 등에 따라 선택하고 결정하는데, 환자의 손상을 최소화하기 위한 모든 방법을 잘 결정해야만 보다 효과적이다. 아래 제시된 내용 위주로 실습해 보시오.
   1) 1인 운반: 뒤에서 끌어당겨 옮기는 방법, 모포나 시트를 이용하여 옮기는 방법, 보행보조로 운반하기, 업기 방법, 목으로 끌기, 안기방법, 허리를 감싸 업고 옮기는 방법
   2) 2인 운반: 2인 보행보조, 두 손으로 자리 만들어 운반하기, 가마 태우기, 상체 및 하체를 들어서 운반하기, 하지 및 체간부(體幹部: 흉부와 복부 등 인체의 주요 내장기관이 있는 부분)를 들어서 운반하기
   3) 3인 또는 4인 구조운반

5. 지진 발생 시 상황별 행동요령과 장소별 행동요령에 대해 설명하시오.

안전은 건강하고 행복한 삶을 영위하기 위한 수단이며, 오늘날 우리 사회가 추구하는 '삶의 질'을 향상시키기 위한 기본적인 요소이다. 경제발달과 생활수준의 향상 및 건축기술의 발달은 인간의 삶에 편리함과 풍요로움을 안겨주었지만 더불어, 화재가 발생하였을 경우 화재가혹도가 증가하고, 과거에 볼 수 없었던 다양한 원인에 의한 화재의 발생률도 증가하고 있다. 또한 인간 자체가 갖고 있는 불완전한 특성과 새로운 과학기술의 발달에 의해 예측할 수 없는 새로운 위험요소들이 지속적으로 증가하고 있어, 인간의 삶에 있어 안전은 끊임없이 위협받고 있다. 그러나 대부분의 사람들은 그러한 위험에 직면하기 전에는 위험에 대해 무관심하며, 사회 전반에 팽배한 안전에 대한 태만은 C랜드 화재, 대구지하철 화재, 세월호 참사, 최근의 이태원 참사와 같은 비극적인 사건을 반복적으로 일어나게 하고 있으며, 우리 주변에 위험도는 매우 심각한 수위에까지 이르렀다고 볼 수 있다.

안전의식이 높아짐에도 불구하고 국민의 생명과 안전을 위협하는 재난은 지속적으로 늘어나는 추세이다. 1971년 12월 크리스마스의 악몽이 된 서울 중구 충무로에 있는 대연각(大然閣) 호텔은 건국 이후 최악의 화재로 오전 9시 50분쯤 호텔 2층 커피숍에서 프로판가스 폭발로 시작됐다. 불은 합성섬유 카펫과 목조 인테리어를 태우며 순식간에 3 · 4층으로 번졌고, 공조닥트(공기나 유체가 흐르는 통로 및 구조물)는 꼭대기인 21층 스카이라운지까지 불을 옮겼다. 저층부와 고층부로 삽시간에 불이 번진 탓에 건물 중간층에 있던 사람들의 인명 피해가 컸다. 10시간이나 계속된 불은 163명의 목숨을 삼키고서야 잦아들었다. 옥상으로 통하는 계단 문이 잠겨 있어 옥상 출입구 부근에서 23명의 질식 사망자가 발견됐고, 창밖으로 투신하다 사망한 38명을 포함해 모두 163명이 숨졌다. 2003년 2월 대구 지하철 화재(사망 192명), 2008년 1월 경기 이천 냉동물류센터 지하창고 폭발 화재(사망 40명), 2014년 5월 장성 요양병원 화재(사망 21명), 2017년 12월 제천 스포츠센터 화재(사망 29명), 2018년 1월 경남 밀양 세종병원 화재(사망 46명), 2018년 8월 인천 세일전자 화재(사망 9명) 등이 대표적인 사례이다.

제천 스포츠센터 화재는 스프링클러가 설치되어 있었으나 화재 당시, 1층 알람 밸브가 닫혀 있었기 때문에 스프링클러가 정상 작동하지 않았다. 소방시설관리업체 및 관계인이 알람밸브 개방 시도를 하였으나 누수 발생, 경보설비 작동 등의 문제가 발생하여 소방시설 정비를 미루다가 화재가 발생하였고 스프링클러 미작동으로 많은 인명 · 재산피해가 발생하였다. 또한, 19명의 사망자가 발생하였던 2층에서는 주 계단 외에 비상구를 통한 비상계단이 있어 탈출이 가능했지만, 비상구 입구는 목욕용품 보관장소로 사용되고 있었고 이를 인지하지 못했던 여탕 이용객들은 탈출하지 못하고 사망하였다.

밀양 세종병원 화재는 1층 응급실 옆 탈의실에서 처음으로 화재가 발생하였는데 응급실 천장에서 불길이 처음 시작된 것으로 보인다. 국과수에서도 석고보드 천장 위 전기배선의 합선으로 화재 원인을 추정하고 있다. 앞쪽 병원과 뒤편 요양병원에 있던 환자 등 대부분 거동이 불편한 환자(고령 환자)들이었다. 소방서에서 연소 확대 방지는 하였으나 환자들이 탈출하지 못하여 사망자가 많이 발생한 것으로 추정된다. 이들 대부분은 화염보다 연기와 유독가스에 의해 피해를 입은 것으로 확인되었다. 병상을 증가하여 수용인원이 늘어남에 따라 의료진 수도 늘어나야 하지만 병원 측은 적정 인원을 갖추지 못하였고 불법 증축으로 대피로(스프링클러)를 확보하지 못해 피해를 키웠다.

이천 물류창고 신축공사장 화재는 오전 8시에 시작된 지하 2층 저온창고 산소용접 작업으로 추정됐다. 용접 중 튄 불꽃이 천장과 벽체 마감재 안에 있던 우레탄 폼에 옮겨붙으면서 빠르게 번진 것으로 보인다. 화재와 폭발 위험이 있는 우레탄 폼 발포작업과 용접작업이 동시에 이루어지는 등 안전관리수칙이 지켜지지 않은 점도 있었다. 유도등, 간이 피난 유도선 등 임시 소방시설이 설치되어 있지 않고 화재경보장치가 없어 화재가 처음 발생한 지하 2층 외에 다른 층에서 작업 중인 노동자는 화재를 빨리 인지하지 못했다. 용접작업 시 갖춰야 하는 방화포와 불꽃, 불티비산방지 조치도 없었으며 2인 1조로 해야 하는 화기작업 필수조건을 위반한 사실도 드러났다.

화재는 건축물이나 가연물질의 연소에 의해 소실되는 것으로 정의하지만 그 사

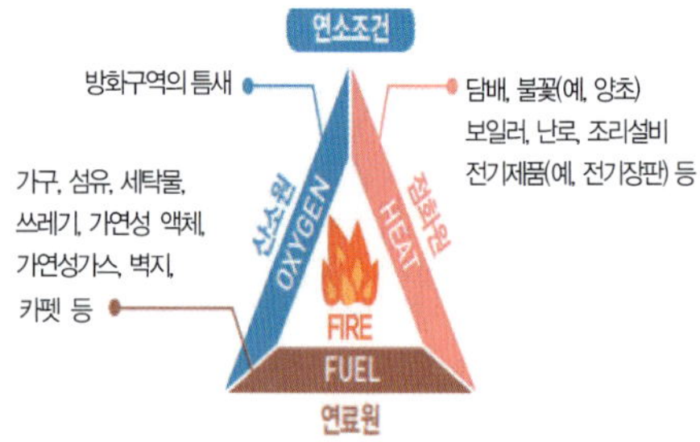

용 목적이나 해석 등에 따라 다양한 견해가 있다. 소방학 입장에서 정의를 내린다면 "사람의 의도에 반하여 출화 또는 방화에 의하여 발생하고 확대하는 형상"이라고 정의할 수 있다. 또, 화재란 불이 그 사용 목적을 벗어나 다른 것으로 연소하여 예기치 않은 경제상 손해가 발생하는 현상이라고 한다. 또 다른 견해에 따르면 화재란 자연 또는 사람의 원인에 의하여 불이 물체를 연소시키고, 인명과 재산에 손해가 발생하는 현상이라는 견해도 있다. 이와 같은 화재를 진압하기 위해서 소방력은 그 화재의 규모와 동등 또는 그 이상의 효력이 있는 것을 사용해야 한다. 소방력이라 함은 인원, 정밀한 기계 · 기구, 풍부한 수리를 말하며, 소방력의 우월 또는 열세는 화재 진압에 절대적인 영향을 미치게 된다. 이 중 어느 하나가 화재 규모에 비해 열세라면 그 화재 진압은 실패할 것이다. 화재는 대상물의 분류에 따라 건축물화재, 차량화재, 선박화재, 항공기화재, 산림화재, 위험물화재 등으로 구분할 수 있으며, 소실의 정도에 따라 전소화재, 반소화재, 부분화재, 극소화재로 분류할 수 있다. 또한, 원인별로 화재를 구분하면 실화, 방화, 자연발화, 천재발화, 기타화재 등으로 나눌 수 있고 소화성능의 특성에 따라 ① 일반화재(A급 화재)는 일반적으로 다량의 수용액 또는 물로 화재 진화 시 냉각효과가 가장 크며, 목재, 종이, 섬유, 플라스틱 등으로 만들어진 가재도구, 각종 생활용품 등이 타는 화재를 말한다. 또한 연소 후 재를 남기는 특징이 있는 화재를 일반(A급)화재라 한다. 주변에 가장 많이 존재하는 가연물인 관계로 흔히 볼 수 있는 화재 중의 하나이다. 화재의 발생 원인은 화기 취급 부주의, 열원 또는 화기를 사용 또는 취급하는 곳에서의 취급 부주의, 아이들의 불장난, 불티의 취급 부주의, 발화원인 라이터, 성냥, 양초의 취급 부주의, 고온의 열원 또는 화기를 사용하는 작업장 또는 공장 등에서의 취급 부주의, 방화 등 여러 가지 원인으로 구분된다. 일반(A급)화재의 예방대책으로는 열원 또는 화기를 사용 또는 취급할 때는 가연성 물질과 이격하고, 가연성 물질은 분리 보관해야 한다. ② 유류화재(B급 화재)는 연소 후 재가 남지 않는 화재로 황색화재라고 말하며, 유류 및 가스에 의한 화재를 말한다. 유류(B급)화재는 액체 가연물인 유류 및 가스의 취급 부주의로 발생하고 일반(A급)화재보다 위험이 크고 연소성이 좋기 때문에 일반화재에 비해 위험하다. 화재 발생 원인은 유류에서 발생된 유증기가 산소와 만나 혼합되어 연소범위에 있는 상태에서 점화원인 화기 또는 열원과 접촉되었을 때 발생한다. 유류를 취급하는 기계 · 기구 등에 주유하던 중 조작 미숙으로 인해 흘러나온 유류, 난방용 기계 · 기구에서 흘러나온 유류에 점화원인 열원이나 화기가 접촉되었을 때, 난방기구 등의 기계 · 기구를 장시간 과열시켜 놓고 자리를 비우거나 관리 소홀로 인하여 난방기구 부근의 가연성 물질에 인화하였을 때, 유류 및 가스를 사용하는 기계 · 기구의 전도, 가연성 물질의 낙하 등에 의한 발화로 구분된다. 또한 유류 화재의 예방으로는 유류를 취급하는 기계 · 기구 주변에 가연성 물질을 비치하면 안 되며, 열원이 발생하는 기계 · 기구의 경우 가연물을 1m 이상 이격시켜야 한다. 유류 등 인화성이 높은 유류 및 가스는 용도에 맞게 사용해야 하며, 유류 및 가스에서 발생할 수 있는 유증기의 양을 억제시킬 수 있도록, 환기시설 설치 또는 통풍을 실시해야 한다.

③ 전기화재(C급 화재)는 전기에 의해 발생되는 화재로서 청색화재라고 한다. 전기화재의 발생 원인은 전기기계 · 기구의 합선에 의한 화재가 가장 많으며, 그 다음으로 누전, 과전류, 절연불량, 전기 스파크 등으로 나타나고 있다. 그 외에 지락, 전기 과열, 낙뢰(落雷), 스파크(Spark) 등이 있다. 주요 발화원은 전기배선불량, 전기기계 · 기구의 과열, 전기장판, 전기기구의 불량, 다리미, 난로 등의 이동식 전열기

와 전기로, 건조기 등 고정식 전열기가 있다. 전기(C급)화재의 예방대책으로는 전열기계 · 기구의 전선은 열에 견디는 내열 절연전선을 사용하고, 콘센트와 플러그는 견고하게 제조되어 있는 것을 사용하며, 서로 접촉되는 부분의 연결이 잘되어 있는 것을 선택 사용해야 한다. 한 개의 콘센트에 여러 가지 플러그를 연결 사용하는 문어발식 전기연결을 하거나 전기용량이 과다한 전기기계 · 기구를 사용하지 않도록 한다. 플러그를 제거할 경우 전선을 잡아당기지 말고 플러그 몸체를 잡고 제거해야 한다. ④ 금속화재(D급 화재)는 일반 화재보다 진화에 시간이 더 오래 걸리고 현장 대응에 어려움이 많다. 물을 뿌리는 경우 화재가 오히려 확대되거나 폭발의 위험이 더 커진다. 물은 불을 증폭시키는 가연성 금속과 상호작용해 열을 증가시키고 용해된 금속을 더 확산시킨다. 소방청 국가화재정보시스템(2021)에 따르면 최근 5년간 금속화재는 153건이고 18억 1천5백만 원의 재산 피해가 발생했으며, 지역별로 경기가 45건, 경북 · 경남이 각 20건, 강원이 11건 등의 순으로 나타났다. 발생 장소는 건축 구조물이 85건, 쓰레기 화재 등 기타가 52건, 자동차와 철도 11건, 선박과 항공기가 3건 등의 순이다. 금속화재의 예방책은 칼륨(K), 나트륨(Na), 알루미늄(Al) 자연발화성 금속은 저장용기에 넣어 밀봉해서 공기, 물과의 접촉을 피해야 한다. 또한 고온체(高溫體: 용접작업 시 발생하는 1,600~3,000℃ 정도)와의 접근을 피해야 하며, 금수성 물질(제3류 위험물, 자연발화성 물질, 리튬 등) 및 금속 분말 등은 물, 습기 등과 접촉되지 않도록 관리하는 것이 중요하다.

건축 시공현장에서는 건축법상 화재 피난시설(Fire Management System)의 의무화로 어쩔 수 없이 설치하는 것이 아니라 피난자(避難者) 기준에서 편리성 · 안전을 고려해야 한다. 또한 건설회사들은 설치도 간단하면서 디자인의 우수성, 경제성이 모두 발현(發顯)되는 피난시설들이 설치될 수 있도록 제도가 개선되어야 한다. 또한, 고층 주거건축물에 설치되는 피난시설들은 사생활보호 및 재난의 체계적인 관리를 위하여 정부에서 운영하는 재난 포털 앱과 양방향 네트워크로 화재 및 재난을 감지할 수 있어야 한다. 피난시설들은 재실자가 한꺼번에 대피하면서 병목현상으로 인한 인명피해가 생길 수 있어 일정 규모 미만(5층 미만으로서 연면적 3,000㎡ 미만)의 건축물에만 적용했었고, 일제경보방식보다는 우선경보방식으로 5층 이상으로서 연면적 3,000㎡을 초과하는 건축물에 적용했다. 재실자(在室者)의 골든타임 확보뿐 아니라 소방관 안전 피난시설을 작동하는 상황들을 외부에서 실시간 확인할 수 있는 시스템이 마련되도록 해야 한다. 무엇보다 중요한 건 화재 예방을 위한 작업자, 안전관리자 등 관계자의 자발적인 관심과 철저한 안전수칙 준수다. 화재 예방을 위한 적극적인 관심과 노력은 인명 · 재산피해를 최소화해 안전한 내일을 시작할 수 있는 밑거름이 될 것이다.

□ 전기자동차 화재진압 디자인

1. 화재진압이란 화재현장에서 화재에 의한 피해를 최소화하고 화재를 억제 또는 소화하는 화재현장 활동을 말하여, 'fire suppression'이라고도 한다. 즉 'Fire control(소화)'이 물 등을 뿌려 연소 확대를 저지하는 상태를 의미하는 것임에 비해 'Fire suppression(화재진압)'은 직접적으로 화재 그 자체를 소화하는 것을 의미한다. 자동차 화재는 크게 전기계통의 과부하 및 합선, 엔진 및 배기 장치의 과열, 연료 및 오일 누유로 인한 인화 등의 자동차 요인과 방화, 자동차 관리 부주의 등의 외적 요인에 의한 화재로 구분된다. 특히 전기자동차 보급이 늘어남에 따라 화재 위험성은 무시할 수 없게 되었고, 무엇보다 전기자동차의 배터리 화재는 발열되기 시작하면 쉽게 진압되지 않는 특성이 있다. 그러므로 전기자동차가 운행 도중 충돌로 인한 폭발의 위험성과 차량 화재로 인한 배터리 열 폭주 현상이 발생하였다면 더욱 위험하다. 아래 그림을 살펴보고 전기자동차 화재 진압장비에 대해 설명하시오.

출처: https://v.daum.net/v/20220501120022488

3. 생활 안전의 이해

가로경관(街路景觀)은 도시를 구성하는 기본 요소이자, 우리가 선택할 수 없는 필수 요소이다. 도시가 형성되기 시작한 순간부터 가로경관은 문화의 정도를 알 수 있는 척도라 할 수 있다. 도시환경에 대한 질적·양적 수준을 높이기 위해 지역 특성에 맞는 도시경관계획에 관심이 모아지기 시작했고 개성 형성을 위해 여러 요소들을 조합해 새로운 가로경관을 구성하는 표현이 자유로워지고 있다. 보도블록 디자인은 1960년대를 시작으로 네모난 모양의 사각블록에서 시대 환경에 맞추어 변화해 왔다. 보도블록(步道 block) 디자인은 경관이미지를 형성하는 데 있어 가장 큰 영향을 미치기 때문에 거리 공간 이미지에 맞게 조화를 잘 이루도록 하는 것이 중요하다. 기존 보도블록으로 주로 쓰는 인조화강블록(20cm×20cm×6cm)이나 인터로킹블록(20cm×10cm×6cm)이 아닌 대형블록(50cm×50cm×12cm)을 사용해 걸을 때 편안함을 느끼도록 했다. 인지심리학 중에 게슈탈트 이론이라고 있다. 게슈탈트 이론은 원래 심리학의 프랑크푸르트 학파에서 발전된 이론이지만, 그래픽디자인 계열에서도 기술적으로 많이 쓰이고 있으며, 게슈탈트 이론(Gestalt theory)은 시각을 통해 물체를 인식할 때 배경에서 형태를 식별한다. 예를 들면 인쇄물의 경우 검은색으로 표현된 단어들은 형태(Figure)로 인식하고 흰색 종이는 배경(ground) 관계를 인용하지 않더라도 상호 단절 없이 형태와 색채를 만족하는 조화를 이룸으로써 보도 포장이 작품의 일부가 되게 하는 것이다.

보도는 보행환경의 기초로 보도가 어떻게 조성되고, 유지 관리되는지를 살펴보면 그 도시의 보행환경 수준을 한눈에 알아볼 수 있다. 안전하고 편리한 보행환경을 갖추어 걷고 싶은 도시를 이루는 것도 평탄하고 쾌적한 보도를 디자인하는 일에서 시작된다. 보도는 기능적인 공간뿐만 아니라 이용자로 하여금 보행형태를 유도하고 방향성을 제시하기도 하며, 주변 환경의 특성을 의식적 또는 무의식적으로 전달하기도 한다. 보도블록 디자인의 일반원칙은 지역, 장소의 성격에 적합한 보도블록 디자인으로 공간 및 동선(動線)의 성격에 따라 마감재료 및 색채, 형태를 달리하고, 전 구역을 마감할 경우에는 단조로움을 피하기 위해 서로 다른 종류의 마감을 조합하여 재료나 색채에 변화를 갖도록 하며, 마지막으로 특별한 지역의 통로, 중요한 결절점(結節點), 교차로 부근, 조형물이 있는 광장 등에는 보도블록 형태의 변화, 보도블록 재료, 보도블록 색채, 도시의 로고나 특별한 문양의 새김 등으로 인지도를 높이고 장소성을 부여할 수 있도록 하고 있다. 또한 안정성 및 쾌적성, 내구성을 중심으로 재료 선정 기준을 제시하고 있다.

도로포장은 도로의 얼굴로서 자동차와 사람이 안전하고 쾌적하게 주행 또는 보행할 수 있어야 하고 초기 공사비와 유지관리비 측면에서 경제적이어야 하며 환경 친화적이어야 한다. 도로건설비에서 포장공사비가 차지하는 비중은 약 20% 정도이며, 유지관리비 또한 포장의 부분보수 및 덧씌우기 작업 비용이 큰 비중을 차지하고 있다. 현대의 도로는 대부분 콘크리트나 아스팔트로 표면을 처리하는 것이 보통이다. 포장 재료로 콘크리트가 많은 장점이 있음에도 불구하고 국내에서는 대부분의 경우에 아스팔트 포장을 선호하여 콘크리트 포장은 상대적으로 적은 비율을 차지하고 있다. 그러나 유럽의 경우에는 콘크리트 블록을 이용한 블록 포장이 최근 들어 많이 사용되고 있으며 블록의 사용이 점차 증가하고 있다. 블록 포장은 인접구조물과의 색상 조화를 통하여 심미적인 아름다움을 창조할 수 있으며 부분파손 시 교체가 쉽다는 장점이 있으며 과속방지턱 설치 없이 차량속도를 제한하여 단지 내 거주자에게 안전한 도로를 제공할 수 있다.

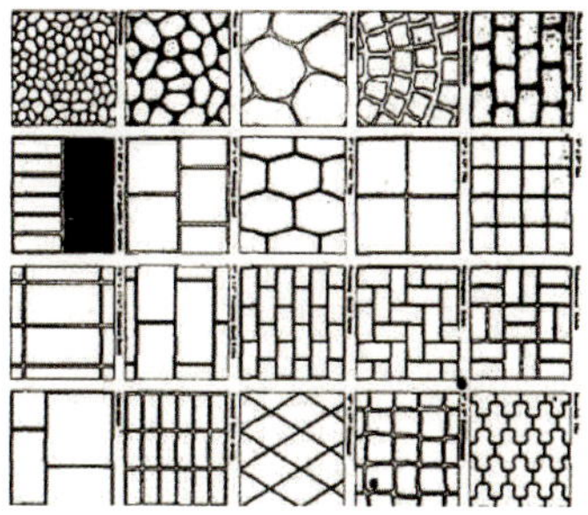

보도포장 디자인은 인간의 신체와 가장 가깝게, 또 필수적으로 접촉하는 중요한 환경디자인 요소다. 선진 유럽의 경우 유럽 전통의 소포석(小鋪石) 포장은 유럽의 오랜 전통을 대변하는 환경디자인이다. 현재까지 새롭게 포장되는 가로일 경우에도 그 전통을 고수하는 상징적 존재로 인식되고 있다. 이는 시멘트 콘크리트 기초 위에 모르타르(Mortar: 벽돌 · 돌 · 타일과 콘크리트 블록재 등을 결합시키는 건축자재)를 깔고 입방체의 소포석을 포설하는 것으로 이때 소포석은 6~10cm 정도 크기의 불규칙 돌(석괴, 石塊)이 사용된다.

사람과 조화를 이루고 역사와 조화를 이루고 도시와 조화를 이루는 길을 디자인하자. 여유와 베풂의 철학을 담은 길, 사람이 걸어가는 아름다운 길, 그런 길을 디자인하는 것은 도시인의 삶을 디자인하는 것에 다름 아니다. 지역마다 특화거리, 테마거리, 상징거리, 커뮤니티 공간 등을 중심으로 한 '매력적인 길 만들기', '걷고 싶은 길' 등 길 만들기가 활발한 가운데, 이처럼 경관요소로서 영향력이 큰 부분에 각 지역의 역사 · 문화 · 산업 등과 고유성을 고려한 재료, 색채, 패턴 디자인의 연구는 국가 브랜드 경쟁력 향상에 필요한 과제이다.

도로와 보행공간은 공공디자인의 측면에서도 가장 중요하게 공공성을 논할 수 있는 공간이다. 모든 시민은 방해받지 않고 편안하게 거리를 걸을 권리가 있다. 따라서 길을 설계할 때는 장애인, 비장애인, 어린이, 노약자 등 모든 사람에게 동등한 편익을 제공한다는 것이 전제돼야 한다. 이것이 바로 '배려'다. 배려란 사람에 대한 배려인 동시에 주변 환경에 대한 배려다. 길의 성격에 맞는 행위가 유발되고 휴식과 사색이 제공되는 길, 기능성과 심미성을 갖춘 아름다운 길, 인간을 위한 철학이 담긴 감동적인 길이 더 많이 만들어져야 한다.

유니버설 디자인은 인간의 평등과 존엄성을 구현할 수 있는 21세기의 창조적 패러다임이며, 디자인이란 인간의 삶을 보다 편리하고 풍요롭게 하기 위한 일이라는 점을 감안할 때 유니버설 디자인은 '인간을 위한다'는 뜻을 새로이 되살린 디자인 개념이라 할 수 있다. 1985년 미국 노스캐롤라이나 주립대학교의 장애인 건축가 로널드 메이스(Ronald L. Mace)는 '유니버설 디자인(Universal Design)'이라는 개념을 최초로 제시하였다. 그는 유니버설 디자인은 "제품과 환경의 디자인은 모든 사람에게 서비스를 제공하도록 해야 하며, 부가적이거나 특별한 디자인 수단이 필요없다"고 정의하였다. 유니버설 디자인의 이념은 1950년대 '무장애 디자인(Barrier Free Design)'과 1970년대 '접근 가능한 디자인(Accessible Design)'에서 발전해 왔다. 미국은 제2차 세계대전(1935~1945)과 1950년대 초반 소아마비 대유행을 겪으면서 전쟁의 파괴와 질병의 대유행으로 인해 퇴역 군인과 심신 장애인이 많이 나타났다. 1950년대에는 유럽, 미국, 일본 등 선진국에서 인구구조가 고령화되는 사회현상이 나타나고, 미래 인구 고령화가 뒤따르는 문제에 직면하고 있다. 그러나 당시 일반인을 위한 생활환경은 고령자와 심신장애인의 삶에 큰 장애와 불편을 초래하

물리적 배리어	제품, 건물, 도시환경 등
제도적 배리어	사회가 장애인에게 주는 차별
의식의 배리어	인간의 마음
문화 · 정보의 배리어	정보제공 수단

였다. 이로 인해 미국 정부는 고령자와 심신 장애인이 시설환경에서 불편하다는 점을 중시하기 시작하였다. 이들이 생활환경의 각종 장애를 제거할 수 있도록 '무장애 디자인(Barrier Free Design)'의 개념이 생겨났다. 이때 '무장애 디자인'은 신체에 심각한 장애가 있는 사람에게 주로 집중된다. 특히 행동기능이 손상된 사람과 신체장애 및 정상적인 활동 능력이 약해진 사람들의 이용 욕구를 충분히 고려한 디자인임을 강조했다. 1970년대 미국 정부는 기존의 심신 장애인에 대한 특수화, 격리화의 처리를 일반적이고 고정적인 사회서비스 내용으로 전환하였다. 이에 따라 '무장애 디자인(Barrier Free Design)'의 개념이 '접근 가능한 디자인(Accessible Design)'으로 점차 전환되고 있다. 접근 가능한 디자인(Accessible Design)이라는 용어는 '미국 장애인 법안(ADA: Americans with Disabilities Act)'의 접근 가능한 설계 표준에서 나왔다. 이 법안은 '소유, 임대 또는 운영의 사적 실체(實體)는 어떠한 공공 숙박업소의 상품, 서비스, 시설, 특권, 혹은 숙박 방면에서 장애인에 대해 어떠한 차별을 해서는 안 된다'고 주장하였다.

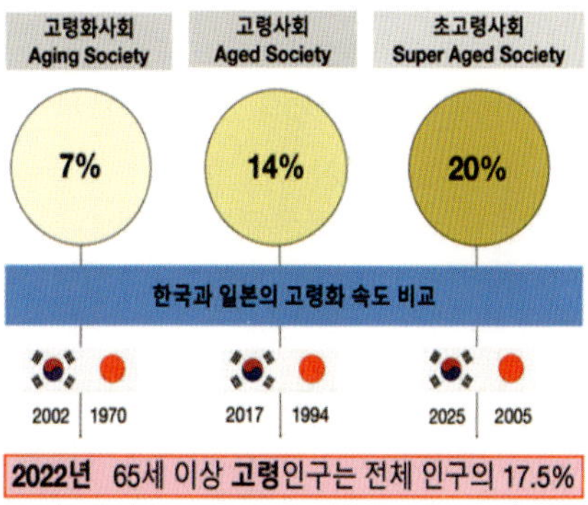

고령자의 안전하고 편리한 생활환경을 구축하기 위한 인지건강 디자인은 배리어 프리 디자인(Barrier Free Design)과 유니버설 디자인(Universal Design)과는 디자인의 핵심 배려대상과 목표 측면에서 차이가 있다. ① 배리어 프리 디자인(Barrier Free Design): 장애, 다양한 신체적 불편이 있는 사람이 쉽고 안전하게 사용할 수 있도록 장애물이 없는 물리적 환경의 구축 ② 유니버설 디자인(Universal Design): 다양한 사람들이 나이, 장애, 언어 등과 무관하게, 안전하게 생활할 수 있도록 설계하는 디자인으로 '모든 사람을 위한 보편적인 디자인' ③ 인지건강 디자인(Cognitive Health Design): 고령자가 편리하고 안전하게 생활할 수 있도록 인지능력을 강화하는 디자인이다.

□ 겨울철 노인 낙상사고 예방대책

1. 이연쏠라스톤이 개발한 태양광 경계석과 보도블록에는 태양광 패널과 발광다이오드(LED) 하이브리드 시스템이 장착돼 전기가 필요 없는 게 특징이다. 낮에는 태양광 패널에서 생산한 전기를 리튬 배터리에 충전했다가 해가 지면 자동으로 조도(照度)를 감지한 뒤 LED 기판을 통해 빛으로 내보내는 방식이다. 충전 효율도 높아 최대 60시간까지 사용할 수 있다. 이 때문에 누전 및 화재 위험은 물론 전기요금 부담도 덜 수 있다. 가사 내용을 읽고 노인들의 낙상사고 예방방법과 지역성을 홍보하기 위한 보도블록을 디자인하시오.

출처: https://www.hankookilbo.com/News/Read/A2022071814120004186?did=DA

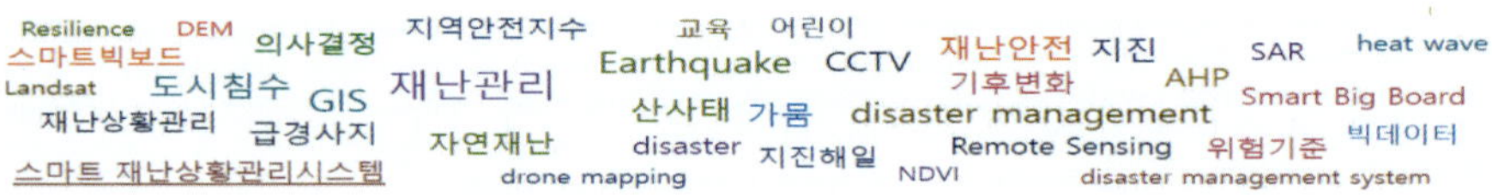

출처: https://www.ndmi.go.kr/home/sub.do?menukey=6041

재난(災難, disaster)이라는 용어는 원래 별의 불길한 모습을 상징하는 라틴어에서 유래한 것으로 '하늘로부터 비롯된 인간의 통제 불가능한 해로운 영향'으로 풀이한다. 재난(disaster)의 어원을 분석하면, dis는 어원상 분리, 파괴, 불일치의 뜻이며, aster는 라틴어로 astrum 또는 star를 의미한다. 과거의 재난(Disaster)은 홍수, 지진과 같은 대규모의 천재인 자연 재해를 지칭하는 것이었으나, 현대사회에 들어와서는 대규모의 인위적 사고의 결과가 자연재해를 능가함에 따라 'Disaster'는 자연 재해와 인위재난을 포괄하는 개념으로 사용되고 있다. 재난(Disaster)은 일반적으로 중앙과 지방정부의 일상적인 절차나 지원을 통하여 관리될 수 없는 심각한 대규모의 사망자, 부상자, 재산손실을 발생시키는 것으로 보통 예측가능성이 없이 갑작스럽게 발생하는 것이 특징이다. '재난'이라 함은 원인이나 규모와 상관없이 자연재해가 아닌 인간의 행위가 원인이 되어 발생된 사고로 생활환경이 불리한 방향으로 급작스럽게 변화하거나 막대한 인명과 재산 피해로 기존의 질서와 기능이 상실되고, 사회적 파급효과가 큰 현상으로 이해할 수 있다. 다만, 범죄 · 소요 · 테러 · 전쟁 등의 목적으로 발생되는 피해는 제외한다. 「재난 및 안전관리기본법」 제3조(정의)제1항에서 사용하는 재난의 정의는 다음과 같다. "국민의 생명·신체 및 재산과 국가에 피해를 주거나 줄 수 있는 것으로서 다음 각목의 것을 말한다. 태풍 · 홍수 · 호우(豪雨) · 폭풍 · 해일(海溢) · 폭설 · 가뭄 · 지진 · 황사(黃砂) · 적조 그 밖에 이에 준하는 자연현상으로 인하여 발생하는 재해화재 · 붕괴 · 폭발 · 교통사고 · 화생방사고 · 환경오염사고 그 밖에 이와 유사한 사고로 대통령령이 정하는 규모 이상의 피해. 에너지 · 통신 · 교통 · 금융 · 의료 · 수도 등 국가기반체계의 마비와 전염병 확산 등으로 인한 피해"

국내 자연 재난방송 분석하기

구분	MBC 뉴스데스크	KBS1 뉴스9	SBS 8뉴스	JTBC 뉴스룸
지진				
태풍				
호우				
홍수				
한파				
폭설				
폭염				

CHAPTER 9

멋진 인생의 조건, 패션

1. 패션 이야기

인간은 누구나 아름다워지고 싶은 본능적 욕구를 가지고 있으며, 이러한 욕구는 의복을 통해 표출되기도 한다. 또한 의복은 착용자의 직업심리상태를 표현하기도 하며, 의복의 많은 변화요인 가운데 색채, 질감, 디자인은 기호성과 관련이 있다. 특히 의복의 색채는 강력하고, 아름답고, 미묘한 시각적 디자인 요소로 작용하여 의복 선호에 중요한 영향을 미친다. 의복의 기원은 확실하지 않으나 의복과 유사한 가장 최초의 신체덮개는 보온 목적으로 사용한 양털조각의 형태이며, 약 5만 년 전 구석기시대에 북부러시아에서 착용된 것으로 알려졌다. 또한 인류가 최초로 입었을 것으로 추측되는 짐승가죽으로 만든 초기의복은 단지 신체를 덮는(draping) 형태였으나, 1~4만 년 전 사이인 구석기 후기에 이르러서야 봉제(縫製)의복으로 변형되었으리라 추정된다. 그러나 최초의 테일러드 형태가 나타난 것은 BC 14000~8000년경에 곰 가죽을 잘라 힘줄로 얽어매어 입었던 것이 오늘날 몸에 꼭 맞는 맞춤 제작형태를 이르는 영어 단어로 테일러드 형태의 초기라 할 수 있다. 또한 약 1만 년 전 구석기시대에 직조된 의복을 착용했다는 사실은 스위스의 리넨

직물이 마섬유로 직조되었음을 보여주는 직접적인 증거가 되었다. 이집트인은 약 BC 2000년경에, 이후 중국인은 약 BC 1000년 후에 제작된 직물을 착용하였다는 증거가 제시되고 있다. 이와 같은 의복착용 동기를 문화인류학자와 고고학자 등은 기후적응설, 신체장식설(身體裝飾說), 심리적 보호설, 호부설(護符說), 수치설, 방호설(정숙설, 비정숙설), 표식설(장식설) 등으로 설명하고 있다.

패션은 인간의 감각과 감성에 의한 부분이기에 다양한 이미지로 전개된다. 선과 형태, 색상, 소재 등 복합적인 형태가 패션스타일이며 패션스타일에는 의상, 액세서리, 메이크업, 헤어스타일, 바디쉐이퍼(Body Shaper) 등 여러 요소가 합쳐진 것이다. 패션이미지는 그 사회적 요소나 역사에 따라 다양하게 변화하고 있는데 이를 패션트렌드라 한다. 패션트렌드는 사회와 역사의 변화를 담은 것이라 할 수 있으며 이는 거대한 사이클 속에서 변화한다. 이러한 패션의 이미지를 전달하는 역할과 기준을 제시하는 역할을 모델이 해오고 있으며 패션모델의 미적특성은 현대의 패션산업에 있어 상징적 형태이자 도구이며 창조적 자원이다.

1990년대 말 메이저리그 야구팀인 '오클랜드 어슬래틱스'는 만년 최하위에 돈이 없어 그나마 실력 있는 선수들은 다른 구단에 빼앗겼던 중소구단에 불과하였다. 빈 단장은 야구선수가 아닌 예일대 출신의 경제학자를 선택한다. 피터(조나 힐 역)는 세이버메트릭스(sabermetrics, 야구를 통계학적 · 수학적으로 분석하는 방법론)를 이용한다. 빈 단장은 직관과 경륜이 아닌 '데이터'를 통해 팀을 재창조했고, 그의 선택은 적중했다. 오클랜드는 그해 20연승의 대기록을 달성한다. 아메리칸리그 역사상 최다연승이다. 좀 억지스러운 구성이 아닌가 했더니, 실제로 그랬다. 전설의 20연승은 9회 말 끝내기 홈런으로 완성됐다. 〈머니볼〉은 '싱크로율' 100%에 가까운 실화로 보면 된다.

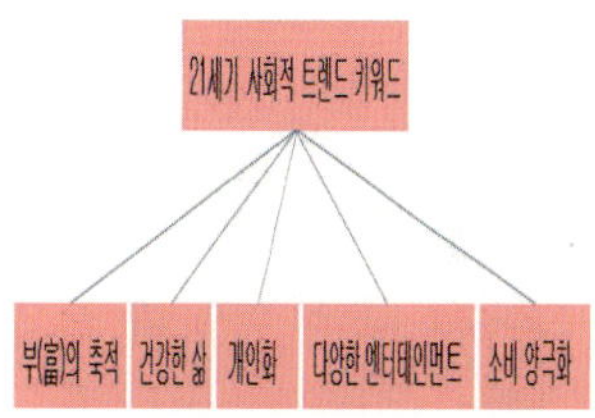

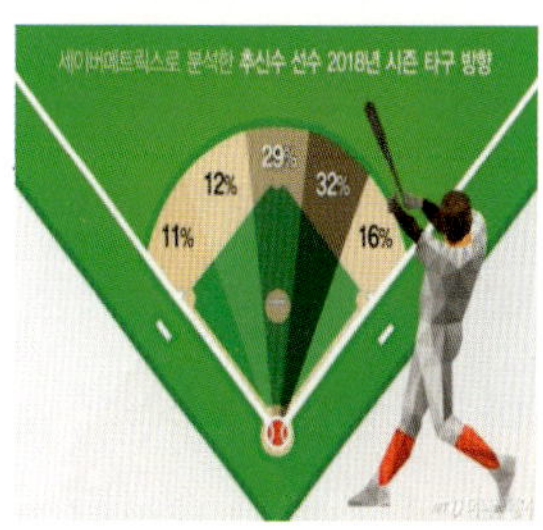

트렌드 분석이란 사회 · 문화의 변화, 인간의 행태변화 등을 시대적으로 분석하는 것을 말한다. 이러한 관점에서 디자인 트렌드 분석은 사회 · 문화적인 트렌드와

상응하거나 대표될 수 있는 디자인을 분석하는 것을 의미한다. 총체적인 라이프스타일을 강조하는 인류학자들의 인구통계학적 관점이나 경제적 측면 중심으로 시장과 소비자를 이해하던 마케터들의 경제학적 관점은 사용자 내면의 감성까지도 중요한 관찰대상으로 삼는 디자이너의 관점과는 다른 점이 많다. 특히 디자인적 관점에서 인간의 행태를 이해하기 위해서는 사용자의 직접적인 경험으로 이루어지는 삶을 정확히 인식하는 것이 절대적으로 필요하다. 디자인은 사용자에게 보다 양질의 새로운 삶의 경험을 제공하기 위한 수단이기 때문이다.

미국 경영학자인 피터 드러커(Peter Ferdinand Drucker, 1909~2005)가 그의 저서『넥스트 소사이어티(Next Society)』에서 주장하였듯이, 서비스와 제품 개발자나 그것의 경영을 하는 사람들에게 트렌드를 예측하고 그들의 서비스나 제품이 그와 부합하는지 검증해서 이에 맞추어 개발하는 것이 중요하다. 이는 트렌드가 그들에게 지속 가능하며 예측 가능한 방향을 제시해 줄 뿐만 아니라, 이를 통한 시장의 선점은 물론 예측하지 못한 또는 불가피하게 벌어지는 상황에서, 그들의 목표에 차질이 적도록 도와주기 때문이다. 이러한 일반적인 이유가 아니더라도, 특히 기업의 입장에서 직접 관찰과 예측을 통해 트렌드를 정리하고 준비하는 것은 중요하다. 이것은 소비자가 직접 말하지 않는 소비자의 무의식 속 니즈(needs)를 파악해야 하는데, 가장 전통적인 트렌드 리서치 방법인 '자기보고(self-report)'라고 불리는 소비자 조사방법의 경우, 소비자가 성심성의껏 응한다 하더라도, 그들의 무의식에서 나온 다양한 요인들로 인해 응답이 왜곡되었을 가능성이 크기 때문이다. 미국 하버드 대학(Harvard University)의 마케팅 교수이자 '마음 · 뇌 · 행동연구소' 소장인 제럴드 잘트먼(Jerald Zaltman)이 그의 저서『How Customers Think(부제: 소비자의 숨은 심리를 읽어라)』에서 주장한 바에 따르면, "소비자들의 욕구는 단지 5%만이 외부적으로 표현되고, 나머지 95%는 무의식적인 것에서 이뤄진다."라고 말했다. 잘트먼 교수는 95%의 무의식으로 이뤄지는 '마음 시장'을 공략하지 못하면 기업 마케팅은 성공하기 어렵다고 한다.

오늘날 주로 통용되는 트렌드의 일반적인 의미는 다음과 같다. ① (어떠한 경향을) 추적(追跡)해 가다. ② (어떠한 방향으로) 진로(進路)를 잡다. ③ (나아갈 방향을) 가리키다. ④ (사태 등이 발생한 방향으로) 향(向)하다. ⑤ (사태(事態) 등의) 움직임, 대세, 경향, 추세 등을 말한다. 트렌드와 연결되어 패션 트렌드(fashion trend)라는 합성어로 사용되는 '패션'이라는 단어는 라틴어의 '팩티오(factio)'에 그 어원을 두고 있으며 '만드는 것', '행위, 행동' 등을 뜻한다. 중세 영어로는 '팩시움(facioum)'이었으며 현대에 와서 '패션'이 되었다. 이와 같은 의미의 프랑스어로는 모드(mode), 이탈리아어로는 모도(modo)가 있으며 국제화 시대인 오늘날 패션과 함께 자주 사용되기도 한다. 패션은 일정한 사회에서 일정한 기간 동안 다수의 사람들에 의해서 특정 스타일이 수용됨으로써 형성되는 것이며, 대중들의 필요와 욕구, 새로움에 대한 기대, 사회 · 문화적 현상을 반영하여 끊임없이 변화, 발전 혹은 쇠퇴하는 특징을 지닌다. 즉, 앞서 말한 트렌드의 의미 속에는 '다가올, 앞선' 등과 같은 선행(先行)한다는 뜻이 내포되어 있는 반면, 패션의 의미 속에는 인간의 의 · 식 · 주에 관련된 모든 분야에 걸친 현상들이 용해되어 나타나는 행동의 의미가 내포되어 어떤 특정한 기간과 공간 내에서 많은 사람들이 받아들이거나 따르는 행동양식으로 모든 사회현상을 설명할 수 있는 광의의 의미를 지닌다고 하겠다. 또한, 트렌드와 같은 의미로 혼돈되어 일반적으로 널리 쓰이는 '유행'은 트렌드와는 다른 개념으로 보통 단기적인 유행을 뜻하는 '패드(fad)'에 가까운 의미이다. 유행의 여러 현상을 살펴보면 한 시즌 정도 잠깐 유행하는 것을 패드라고 한다. 패드는 사용기간이 짧다는 것과 사회 안의 일부 하위문화집단 내에서만 확산되는 특징을 갖는다. 패드는 사회에 소개된 후 채택인구의 급격한 증가로 빠르게 확산되면서 유행을 이루며, 급격하게 쇠퇴하여 폐용된다. 따라서 그 존재로서의 가치를 유지하는 수명주기가 짧다. 즉, 패드란 시작은 화려하지만 곧 스러져 버리는 것으로서, 장차 확대되어 나갈 것으로 전혀 생각할 수 없는 일시적인 풍조, 아주 단기적인 유행, 또는 아무런 정치적 · 경제적 · 사회적 · 문화적 · 사회심리적 중요성을 갖지 못하는 사건이라고 말할 수 있다. 이것은 빠르게 유행되지는 않고 강도는 약하지만 오랫동안 꾸준히 지속되는 스테이플(staple)과 대조되는 개념이다. 반면에 1년 정도 지속되는 그리 강도가 높지 않은 유행을 버스트(bust)라고 하고, 1~2년 정도 유행이 지속되는 것을 붐(boom)이라고 한다. 이에 비해서 패션은 전반적인 경향으로 비교적 강도 높게 3~5년간 지속되는 유행을 말한다. 유행과 비교하여 보았을 때 트렌드는 일시적인 유행이나 해프닝으로 끝나지 않고 새로운 상식의 세계로 확대·정착되어 가는 일련의 경향 또는 사조(思潮)라고 정의할 수 있다. 즉, 트렌드는 비록 처음에는 여기저기 흩어져 있는 단순하고 개별적인 기호정보로 여겨지지만 시간이 경과함에 따라 마침내 하나의 상식으로 인정되는 단계에 다다른다. 트렌드는 유행과 달리 수명주기가 매우 길다. 메가트렌드는 평균 10년 이상 지속되며 디자인 트렌드는 평균 3~5년 정도 지속된다.

특정 트렌드를 보여주는 '○○족(族)'이라는 조어가 유행이다. '족'이라는 접미어를 붙이는 조어법은 1947년 일본 근대문학의 대문호 다자이 오사무(太宰治, 1909~1948) 작가의 『사양(斜陽)』이라는 소설이 인기를 끌면서 '사양족'이란 말이 크게 유행, 그 때부터 연유했다는 설이 유력하다. 그 후 일정한 집단을 지칭하는 족을 붙이는 조어가 우후죽순으로 등장했다. 히피·여피족을 비롯, 미시·좀비·보보스[Bobos: 부르주아(Bourgeois)와 보헤미안(Bohemian)의 합성어로 부르주아의 물질적 풍요와 보헤미안의 정신적 풍요를 함께 누리는 신 상류계층을 의미]·딩키·펌킨·매스티지·디카·엄지족 등 시대에 따라 변화무쌍하다. 한 세대를 풍미한 용어들은 그 단어로 사회 전반적인 문화와 패션 모든 것을 담아낸다.

패션에 대한 의미는 해석하는 관점이나 학문분야에 따라 다양하게 정의 내려진다. 이러한 다양한 정의들은 대체로 패션을 어떻게 보느냐에 따라 크게 세 가지로 나눌 수 있다. 첫 번째로 패션을 특정한 스타일의 제품 또는 상품으로 보는 관점을 들 수 있다. 이때 패션은 '어떤 기간 동안 사회로부터 채택된 드레스, 에티켓, 가구 등의 양식' 혹은 '그 시대에 많은 사람들에게 받아들여지는 지배적인 스타일' 등으로 설명될 수 있다. 패션을 바라보는 두 번째 시각은 패션을 집합 행동으로 나타나는 전파과정이나 사회현상으로 보는 경우이다. 이러한 시각으로 패션을 바라보면 패션은 '상업적으로 소개된 이후 소비자에 의해 채택된 새로운 스타일이나 제품에 의한 사회적 전파과정' 또는 '사회적 계층에 따른 개인적 차별화의 욕구와 사회적 공통화의 욕구에 의해 발생하고 시대에 따라 변화하는 사회현상'을 의미한다. 세 번째 입장은 패션을 상징으로 보는 관점이다. 이 경우에 패션은 '특정한 스타일이 대중에게 받아들여져 유행된다면 이것은 그 스타일이 사회 환경에 적합하기 때문이므로 유행하는 스타일은 사회를 상징적으로 표현한다'는 어구로 표현될 수 있는데, 이때 스타일은 패션을 나타낸다.

얼마 전 통계청이 블루슈머(블루오션+컨슈머) 지리정보시스템을 서비스한다고 발표, 주목을 끌었다. 개성 있는 스타일을 살리자니 품위가 떨어져 보이고 품위 있게 입어보자니 틀에 박힌 스타일이 되고 만다. 1950~1960년대에 벌어진 프랑스의 영화 운동 '누벨바그(New Wave, 새로운 물결)'를 대표하는 거장으로 꼽히는 프랑스 영화감독 장 뤽 고다르(Jean Luc Godard, 1930~2022)의 영화 '네 멋대로 해라(Breathless, 브레슬리스)'의 진 세버그(Jean Seberg)를 연상케 하는 심플한 티셔츠와 정장 핏의 플레어 팬츠를 매치한 채 구두 대신 운동화를 신는 사람들이 거리를 메우기 시작했다. 트렌드는 '보보스(Bobos)'의 여파 중 하나. 보보스는 부유층임에도 방랑과 자유를 원하는 보헤미안적 감각의 대도시 사람들을 일컫는다. 때문에 60년대 히피와 80년대 여피의 성향을 모두 지닌 그들의 패션 가치관은 조금 독특하다. 기존의 여피족처럼 과시적 이미지가 짙은 명품 브랜드 로고를 앞세우기보다는 품위를 잃지 않되 자신의 개성을 표출하는 '로고는 가린' 히피 스타일을 추구한다. 이들은 고급스러움과 개성, 실용성과 아름다움이라는 두 마리 토끼를 노리는 욕심쟁이들이다. 물론 로고를 가린 자유로운 스타일을 '지향'했을 뿐, 로고를 완전히 '지양'한 것은 아니기에 그들의 소비 성향이 완벽하다고는 볼 수 없다.

구분	사회적 배경	패션 특징
레트로	현재의 삶에 대한 불안정성과 불확실성으로 과거에 대한 동경	1940(검소)년대의 밀리터리룩, 1950(여성성의 부활)년대의 뉴 룩 등장, 1980(다양성)년대의 히피스타일이 보보스 패션으로 발전
에스닉	급진적인 발달로 자연에 대한 동경과 동양에 대한 문화적 관심	천연소재를 주로 사용한 자연지향적인 룩과 민속풍의 이국적인 스타일의 민속의상으로 스타일 확대
로맨틱	반복되는 일상에서 벗어나고 싶어 하는 현대인의 욕구와 미래에 대한 불안감	더욱 화려해지고, 기존의 패션 경향과 믹스된 새로운 로맨틱 스타일 제시
모던	기성세대의 형식과 문화를 거부하고 정체성을 강화한 고유한 형태로 문화 창조	펑크(반항적이고 파괴적이며 공격적인 옷차림)가 가지고 있던 의미는 제거되고 새로운 아이디어의 소재로서 현대적이고 세련된 스타일로 재탄생

의복은 인간의 생활자재로 등장하여 인간과 공존하면서 오랜 역사를 거쳐 오늘에 이르렀다. 인간이 언제, 그리고 왜 옷을 입기 시작했는가? 의복은 유기물질로서 모두 자연 소멸되어 남아 있지 않아 선사시대의 사람들이 무엇을 입었는지에 대해서 추측만 할 수 있다. 따라서 석기, 항아리, 동굴벽화 등에 그려진 생활상을 보고 추측하고 있으며 복식의 기원에 관한 설명은 아직도 분명하지 않다. 한편 우리의 생활에 가장 오래되었으면서도 항상 새로운 것을 지향하는 패션은 유행을 창조하는 사람이나 유행상품을 생산하고 판매하는 사람뿐만 아니라 유행의상을 멋있게 입으려는 사람들에게 늘 관심의 대상이 되고 있다. 현대인은 옷을 입는 것이 아니라 패션을 입는다고 할 수 있을 정도로 자의든 타이든 간에 패션의 영향을 받으며 패션시대에 살고 있다.

의복은 자기표현의 수단이며 사회적 상호관계에서 의복을 통해 상대방을 평가하게 된다. 사회활동이 많은 남성들에게도 의복은 외적으로 자신을 표현할 수 있는 기본적인 단서를 제공한다. 인간이 환경 속에서 주어지는 자극을 받아들여 조직화하고 해석하는 과정을 지각이라고 할 수 있으며, 짧은 시간에 지각이 이루어질 때 처음 본 사람의 나이, 직업, 계층, 성격, 깔끔함, 성실성이 어느 정도 평가될 수 있다. 의복이미지는 의복이 전달해 주는 전체적인 느낌으로, 의복의 선, 형태, 소재, 색채 등의 디자인 요소에 따라 달리 표현되며 사회의 문화적 규범이나 개인의 특성에 따라 의복인지도와 선호하는 의복특성은 다양하게 나타날 수 있다. 또한 의복이미지를 표현해 줄 수 있는 디자인 요소는 시각적 이미지 창출의 실제적인 면으로 각 요소 나름대로의 특성과 시각적 효과를 가지며 의복이미지에 중요한 매개체로 작용하여 전체적인 이미지에 영향을 준다.

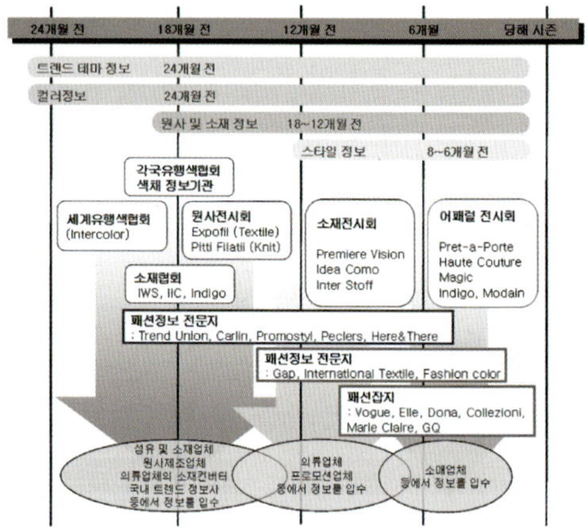

'당신이 입고 있는 패션이 곧 자신이다'라는 말처럼 자신을 표현하는 방법으로

'패션'을 선택하는 남자들이 늘고 있다. 옷차림은 자기 자신에게도 심리적인 만족감을 주는 동시에 남들과 차별화된 나의 이미지를 부각시킬 때도 효과적이다. 요즘 주위를 둘러보면 근사하고 세련되게 입지 않은 남자들이 없을 정도로 모두들 옷차림이 훌륭하다. 하지만 '오십보백보'를 연상하게 하는 비슷한 옷차림은 재미가 없다. 유행을 따르는 것도 중요하지만 먼저 자신만의 스타일을 찾는 게 '멋진 남자'가 되기 위한 첫 관문이다.

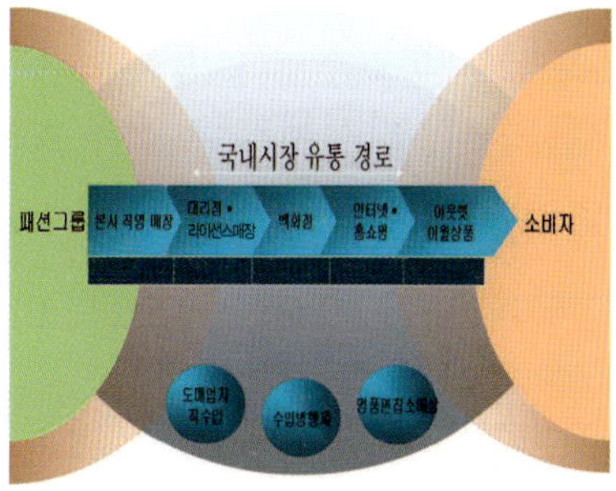

남자들의 외모가 경쟁력이 되면서, 외모 꾸미기와 패션에 대한 관심도 높아졌다. 이러한 남자들의 욕구를 채우기 위해 다양한 스타일이 공존한다. 남자도 가꾸어야 성공한다는 사회적 흐름은 꽃미남을 화두로 등장시키게 되었다. 세련된 꽃미남이 되기 위해 자신을 꾸미고 옷을 잘 입으려는 남성이 늘게 되면서, 그동안 관심을 끌지 못했던 남성패션에 활기를 불어넣어 불황 속에서도 남성복이 잘 팔리는 추세이다.

패션 비즈니스의 가장 중요한 구성요인은 상품력과 유통력이며 그중에서 상품력은 브랜드마다 소비자의 욕구 분석에 따른 상품기획을 함으로써 유사한 성격으로 발전해 가고 있기에 차별성이 점점 없어지고 있으나 유통시스템에 의한 마케팅력의 중요성은 커지고 있다. 유통경로에서의 중요성은 소비자가 원하는 재화와 서비스를 소비자에게 편리한 장소에서, 그들이 원하는 적절한 물량과 품질, 가격으로 공급해 줌으로써 소비자 수요를 만족시켜 주는 데 있으며, 기업에는 제품의 판매를 통하여 최대의 이윤을 취득하게 하는 것이다. 이 과정에서 경로구성원들이 구사하는 촉진활동을 통해 소비자의 수요를 자극한다. 이때 하나의 제품이 제조업체로부터 소비자에게로 흐르는 과정에서 다양한 판매자와 구매자가 중간단계에 위치하고 있으며, 소비자가 제품을 선택하고 구매하기까지는 여러 단계의 소비자 접근방식이 필요하고, 그에 따른 전략적 접근방식이 다르게 나타나지만 결국은 상품의 최상의 판매조건은 '잘 만든 상품(상품력)'과 '잘 팔리게 만드는 기술(마케팅력)'이다. 유통경로가 제공하는 효용은 시간적 효용, 장소적 효용, 환경적 효용, 상품적 효용, 정보적 효용 그리고 편의적 효용으로 구분할 수 있는데, 먼저 시간적 효용은 소비자에게 적절한 시기나 소비자가 원하는 시간에 제품의 구입을 가능하게 한다. 둘째로 장소적 효용은 소비자에게 쇼핑을 위한 적당한 지역이나 소비자가 구매를 원하는 장소에서 제품을 구입할 수 있게 한다. 셋째로 환경적 효용은 소비자에게 심리적 또는 정서적인 면에서 제품을 구매하기 위한 점포의 설비와 여러 가지 장치적인 환경적 상황들을 통하여 만족을 준다. 넷째로 상품적 효용은 소비자가 원하는 상품의 구성과 구색이나 상품이 가진 기능이나 구매 가능한 단위를 제공한다. 다섯째로 정보적 효용은 소비자 측면에서 판매원의 상품에 대한 설명과 상품진열과 관련한 매장배치 그리고 안내기능 등 다양한 광고에 의해 전달된 상품에 관한 지식과 정보를 소비자에게 제공하게 한다. 마지막으로 편의적 효용은 신용판매, 배달 서비스, 반품 및 교환, 주차시설, 각종 편의시설, A/S, 원스톱 쇼핑문화시설 등을 소비자에게 제공한다.

2. 토털 코디네이션 이야기

코디네이션(coordination)이란 두 종류 이상의 소재를 조정과 조합을 통해 조화롭게 꾸미는 것을 말하며, 1960년대 이후 기성복시장이 발달하면서 사용되기 시작했고, 이후 사람들의 구매형태와 생활의식이 보다 나은 방향으로 전환되면서 일반화되었다. 또한 1970년대 중반 이후 유행과 개성이 중요시되면서부터 단품보다는 여러 가지 소재를 조합함으로써 토털 코디네이션(total-coordination)을 추구하게 되었다. 따라서 토털 코디네이션이란 인간의 신체 전반에 걸쳐 행해지는 모든 장식을 포함하는 것으로 의복, 헤어스타일, 메이크업, 피부색과 질감, 액세서리와 소품 등을 적절히 배치하는 것이라고 해석할 수 있다. 즉, 인간의 신체 전반에 걸쳐 행해지는 모든 장식을 포함하는 것으로서 그 전체적 조화가 중요시되며, 하나의 통일된 외적 이미지 형성을 목적으로 행하는 것으로 해석할 수 있다. 이외에도 토털 코디네이션은 밖으로 나타나는 외면적인 것부터 내면적으로는 생활의 질을 향상시킨다는 의미도 있다.

이미지는 그 사람의 외모, 행동, 상황 등 여러 맥락을 통하여 형성되므로 대인지각에 영향을 주는 중요한 변인으로, 사회가 발달하면서 단순한 아름다움만을 추구하던 미에 대한 개념은 더 복잡해지고 그 기준이 다양하게 변화되고 있다. 또한 외모도 능력의 일부라는 사회적 인식이 팽배해지고, 복식문화는 헤어스타일, 액세서리, 메이크업 등과 함께 전체적인 조화가 중시되는 토털 패션화로 나타나고 있다. 토털 패션에 있어서 큰 비중을 차지하는 의복스타일은 착용자의 개성을 표현하고 개인의 매력을 증진시키는 중요한 역할을 한다. 의복에서 표현되는 이미지는 의복이 전달해 주는 전반적인 느낌으로 대인관계에서 상대방을 지각하는 중요한 단서가 되며, 미의식에도 영향을 주어 의복이미지의 기능이 점차 중요시되고 있다.

자신의 이미지는 타고나지 않았더라도 후천적인 노력에 의해서 얼마든지 좋게 만들 수 있으며, 이러한 외적 이미지를 나타내는 데 중요한 요소는 의복, 헤어스타일, 메이크업 및 이에 어울리는 적절한 액세서리(accessory) 등이다. 이 중 특히 의복은 외모와 아울러 착용자를 지각하는 데 중요한 단서가 되며, 착용자에 대한 무언가를 전달해 주는 무언의 언어 또는 무언의 상징이라 부른다. 또한 의복의 이미지는 의복의 형태, 색상, 재질 등에 따라 달리 표현된다. 의복 다음으로 개인의 개성을 잘 살릴 수 있는 표현방법은 헤어스타일이며, 헤어스타일은 경제적으로 저렴하면서도 많은 변화를 줄 수 있는 장점을 가지고 있다. 또한 헤어스타일은 인체의 전체 크기로 볼 때 의복보다 차지하는 비율이 훨씬 낮은 데 비해 그 영향은 의복과 맞먹을 정도이므로 패션에 있어서 그 영향력은 매우 크다고 할 수 있다. 때문에 헤어스타일은 그 활용성과 변화가 의복만큼 자유롭지는 못하지만 신체의 일부분으로서 인상 형성에 영향력이 크며, 착시효과로 얼굴형을 쉽게 교정할 수 있고, 이로 인해 타인에게 주는 개인의 이미지는 의복에 대한 변화에 못지않게 차이와 변화가 크다는 특성을 지니고 있다. 이에 더하여 헤어의 길이와 색상의 변화 또한 새로운 이미지를 형성하는 데 중요하고, 시대와 장소, 가치관과 사상에 따라 변화 양상을 보인다. 특히 헤어의 패턴과 변화의 고정은 성, 직업, 연령, 신념, 인종, 사회경제적인 지위 그리고 정치적 지향과 같은 사회적 구분을 가능케 하고 이를 상징화한다. 이와 같이 헤어는 신체의 일부분으로서 물리적이며, 개인적인 대상인 동시에 자아와 집단 정체감의 표식 그리고 자기표현과 커뮤니케이션의 중요한 형태로서 사회적인 의미를 지니며, 패션의 이미지를 결정하는 강력한 인자이다.

우리의 일상생활이나 직장생활에서 몸치장을 한다는 것은 단순히 멋을 부리는 차원이 아니라 품위를 갖춘다는 말이기도 하다. 눈으로 보이는 특성 중 의복 및 외모에 관련된 고정관념을 근거로 타인에 대해 첫인상을 형성하게 되며, 의복과 외모가 주는 정보는 성별, 연령, 역할과 직위, 착용자의 상황뿐 아니라 개인의 내면적 성격이나 태도, 가치관과 능력까지 판단할 수 있는 근거가 될 수 있다. 성공을 위한 옷차림은 약간의 섬세함을 요구한다. 자신이 바라는 직업이나 지위를 가진 이들이 옷을 어떻게 입는지 관찰하고, 이를 어떻게 따라할 수 있는지를 이해해야 한다.

'경우와 상황에 따라 옷을 제대로 입어야 한다'라고 1970년대 미국 최초로 남자의 드레스 코드를 과학적으로 분석하고 비즈니스맨의 옷차림에 관해 컨설팅한 존 T. 몰로이(John T. Molloy)는 비즈니스맨의 드레스 코드를 최초로 개념화하기 위해 쓴 책 『성공하는 남자의 옷차림(Dress for Success)』이 번역돼 나왔다. 1975년에 출간돼 폭발적 인기를 모았던 이 책은 드레스 코드의 개념화는 물론 상황에 따른 구체적인 지침까지 담고 있다. 이런 결과가 나온 이유는 확률적으로 밝은색 옷을 걸친 사람을 부유하다고 보는 경우가 많기 때문이었다. 밝은색 옷이 더 비싸서였을까? 그런 것은 아니다. 어두운색 옷은 어지간히 때가 타거나 해져도 눈에 잘 띄지 않아 세탁비도 덜 들며 오래 입기에 부담이 없다. 반면 밝은색 옷은 관리가 힘들다. 당연히 옷을 여러 벌 사는 데 부담 없는 부유한 사람이 밝은색 옷을 고르는 데 주저함이 없을 것이다. 결과적으로 밝은색 옷은 비싼 옷이 되는 것이다. 재미있는 것은 이런 색의 경제학이 옷에만 적용되는 것이 아니라는 점이다.

<table>
<tr><th colspan="2">구성요소</th><th>내용</th></tr>
<tr><td colspan="2">골상 · 체형</td><td>성인의 경우 206개의 골격과 600여 개의 근육으로 구성되어 있으며, 이외에도 외피계(外皮系), 순환계, 신경계, 내분비계, 호흡기계, 소화기계, 비뇨기계, 생식기계 등으로 구성되어 있다. 이 중 안면골격으로는 두개골, 전두골, 두정골(頭頂骨), 후두골, 측두골로 이루어져 있으며, 여기에 근육이 어우러져 안면의 형상 즉, 눈, 코, 입, 턱 등을 이루고, 이것은 인종과 연령에 따라 다소의 차이가 나타남</td></tr>
<tr><td colspan="2">색채</td><td>색채의 조화, 특성(색상, 명도, 채도), 심리적 요인(색에 대한 특정 인상) 및 색채(무채색, 유채색)의 보색관계를 이해하는 것은 아름다움과 조화로운 코디네이션을 하는 데 더욱 중요함</td></tr>
<tr><td colspan="2">퍼스널 컬러</td><td>대상인물이 제일 빛나는 색, 발랄하고, 산뜻하며, 젊어 보이는 색, 피부색이 예쁘게 보이는 색을 말한다. 때문에 퍼스널 컬러는 크게 따뜻한 색 계열과 차가운 색 계열의 2가지로 나뉘며, 계절에 따라 봄, 여름, 가을, 겨울의 4계절로 분류됨</td></tr>
<tr><td colspan="2">패션디자인</td><td>의상을 통해 인체를 더욱 아름답게 꾸미기 위해 디자인의 각 요소들을 알맞게 적용하여 체계적으로 사용하는 방법. 조화로운 의상의 구성은 균형(balance), 비례(proportion), 리듬(rhythm), 강조(emphasis) 및 조화(harmony)</td></tr>
<tr><td rowspan="4">4계절</td><td>봄</td><td>• 이미지: 따뜻하고 화사하다. 안색이 환하고 동안이며 귀여운 느낌을 줌
• 피부: 매끄럽고 윤기가 나며 대개 희거나 노랗다.
• 어울리는 색: 노란색이 섞여 있다. 형광색이나 노란 기운이 도는 회백색처럼 명도와 채도가 높아 부드러운 색</td></tr>
<tr><td>여름</td><td>• 이미지: 차갑고도 부드러운, 이지적인 분위기. 아름답고 우아하며 기품이 있다.
• 피부: 복숭아 빛을 살짝 띠며 불투명하다. 흴 수도, 진한 갈색을 띨 수도 있으며 노란 느낌보다는 푸른 느낌이 듦
• 어울리는 색: 대개 분홍색 계통이나 색이 튀지 않는 파스텔 톤이 맞음
• 어울리지 않는 색: 검정이나 흰색</td></tr>
<tr><td>가을</td><td>• 이미지: 따뜻하고 침착한 이미지로 상대에게 편안함
• 어울리는 색: 노란색과 검정이 섞인 듯한 색상
• 어울리지 않는 색: 와인색이나 보라색, 파란색처럼 차가운 색</td></tr>
<tr><td>겨울</td><td>• 피부: 대개 희거나 파란 빛을 띰
• 어울리는 색: 검정과 흰색, 와인색, 군청색, 청록색처럼 차가운 느낌을 주고 선명하게 두드러지는 색
• 어울리지 않는 색: 가을색을 입으면 산뜻한 매력이 사라지고 얼굴이 누렇게 떠 보일 우려가 있음</td></tr>
<tr><td colspan="2">착시현상</td><td>• 바지의 세로줄무늬는 시선을 위아래로 이동시켜 다리가 길어 보이게 함
• 사선은 신체 부위의 넓이를 착각하게 만든다. 간격이 넓으면 넓게, 좁으면 좁게 보임. 어깨에서 허리로 내려오는 V자형 사선은 시선을 허리로 집중시켜 허리가 날씬해 보임
• 하이힐은 시선을 아래로 내려가게 만듦
• 따뜻한 색은 팽창시키고 차가운 색은 축소시키는 원리도 유용함
• 명도가 낮은 검정을 위에, 명도가 높은 흰색을 아래에 입으면 윗부분에 무거운 느낌이 들어 불안하지만, 오히려 활동적으로 보임</td></tr>
</table>

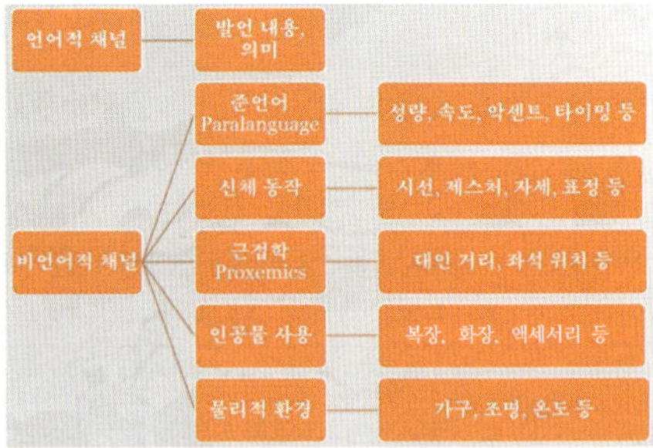

토털 코디네이션은 패션, 메이크업, 헤어스타일, 액세서리의 기본요소로 되어 있으며 표현하고자 하는 이미지에 적합하도록 적절히 배치하고 조절함으로써 비로소 완성된다. 패션은 선, 형, 소재의 질감, 문양 및 색채에 따라 전체 이미지에 큰 영향을 주고, 메이크업은 형태, 색채, 질감을 통합하는 과정을 통해 메이크업의 이미지가 창출되며, 헤어스타일은 선과 면의 요소로 이루어지고 근래에 와서는 메이크업과 함께 토털 코디네이션을 구성하는 요소로써 관심이 높아지고 있다. 액세서리는 인간과 패션의 완전한 조화를 위해 쓰이는 부속품을 말하는데 목걸이, 귀걸이, 팔찌, 반지, 브로치와 같은 장신구를 가리키는 경우가 많으나 실용성을 겸하는 벨트, 장갑, 가방, 스카프 등도 포함된다. 액세서리의 올바른 착용은 옷차림에 생동감을 주며 옷차림을 하나의 이미지로 통일시켜 준다. 액세서리를 활용한 코디네이션은 의상을 더욱 아름답고 조화를 이룰 수 있도록 마무리해 주며 전체적인 스타일링 연출에 중요한 역할을 한다.

패션에서는 성의 이분법적인 남성성과 여성성에 근거한 남자는 남자다워야 하고 여자는 여자다워야 한다는 관념적 디자인에서 나아가 보다 더 창조적인 것, 보다 더 새로운 것, 보다 더 차별적인 것을 요구하는 성의 해체적 현상을 반영한 디자인이 부각되고 있다. 정보 전달의 가속화와 소셜 미디어(social media)의 급격한 성장으로 시각적 이미지와 외모에 대한 관심이 높아졌고 외모도 능력의 일부라는 사회적 인식이 팽배해졌다. 따라서 이전에는 정치인, 기업인, 연예인 등과 같은 공인들과 소수의 여성들에게만 한정되었던 이미지 컨설팅과 같은 이미지 관리 사업이 사회 전체적으로 확산되었다. 성공적인 자기표현은 직업 · 연령 · 상황 등에 따른 사회적 지위와의 조화에서 오는 것으로, 자신의 내부에 잠재한 여러 자질들과 적절하게 조화시켜 외적으로 연출하는 것이다. 한편으로는 남성과 여성이라는 구분이 무의미해지는 사회로의 전환은 개인 기호에 따른 패션의 선택이 이루어질 수 있음을 보여주기도 하며, 자기개념의 표현이 강하게 어필되는 패션이 요구되기도 한다.

자기개념(self-concept)이 내재된 디자인에 대한 개성의 새로운 면을 창조할 수 있는 자기를 표현하려는 시도는 외모에 대한 관심을 불러일으키면서 얼짱, 몸짱 등과 관련된 다양한 외모 신조어를 등장시켰다. 이는 현대패션에 중요한 영향을 끼치고 있으며 남성이 여성보다 반드시 우월한 존재로만 보지 않게 된 사회적 분위기는 성별에 의한 남성다움을 강조하는 고정관념을 탈피시켰고 기호에 따른 주체적 남성외모를 강조하는 지향성을 나타나게 하였다. '예쁜 남자', '꽃미남', '완소남', '초식남', '짐승남' 등이 남성외모와 관련되어 해마다 하나의 트렌드로 유행되고 있다. 현대 남성패션의 경우, 남성과 여성의 이분법적인 성 구분이 모호해지면서 강하고 거친 이미지의 남성보다 여성들에게 긍정적으로 사용되었던 '부드러운', '섬세한', '예쁜' 등의 단어들이 남성들에게 선호되고 있고 그로 인해 남성패션은 남성들도 아름다워지고 싶다는 내적 욕구를 적극적으로 표현하고 있을 뿐만 아니라 부정적으로 사용되었던 '치명적인', '매혹적인', '유혹'이란 단어들을 남성외모와 관련지어 디자인 테마를 도입하고 있다.

의복의 이미지는 개성이나 취향, 옷차림이나 헤어, 액세서리 등의 꾸밈이 외면에 나타나는 것으로 생각하기 쉽다. 그러나 이미지는 행동방식, 태도(Attitude)나 우아함과 같은 훌륭한 내면을 총칭하며 사람을 평가하는 중요한 기준으로 실루엣, 소재의 질감, 문양 및 컬러에 따라서 결정되며 각 요소가 서로 공존, 상호작용을 통해 의복 전체 이미지에 큰 영향을 준다. 첫째, 의복의 특징을 가장 단적으로 나타내는 요소인 실루엣은 인체의 선을 따라 의복이 조화를 잘 이루었는지 알 수 있으며, 인체의 선과 시대에 따른 유행성, 미적인 외형을 표출하는 데 목적이 있다. 실루엣은 인체의 형태 대비 의복 장착을 통해 표현되는 윤곽선의 형태에 따라 실루엣의 유형이 분류된다. 또한 개별적인 의상 아이템 착용을 통해 완성된 형태로 표현되므로 개별적인 의류의 형태를 의미하는 핏(fit)과도 연관된다. 핏의 종류로는 의복이 일직선으로 떨어지는 형태의 스트레이트 핏(straight fit), 의복을 딱 맞는 치수보다 한 치수 이상 크게 입는 형태의 오버 핏(over fit), 헐렁한 형태의 루즈 핏(loose fit), 몸의 라인을 살려주는 슬림 핏(slim fit), 의복을 알맞게 몸에 맞춘 형태의 세미 핏(semi fit), 의복이 몸에 꼭 맞는 형태의 타이트 핏(tight fit)이 있다. 둘째, 컬러는 반드시 재료에 포함되어 시각적으로 보이게 되는 요소이자 심리적, 물리적, 생리적인 면을 갖는 복잡한 요소로서 사람들이 의상을 보았을 때 가장 즉각적으로 반응하는 요소이다. 또한 착용자의 이미지, 개성, 성격, 내적인 심리와 문화적 배경, 계절감까지 표현할 수 있다. 따라서 컬러는 시각을 통해 형성되는 이미지 중 가장 풍부하며 독특한 지각과 연계되어 있다. 또한 쉽게 인식되고 강한 인상을 남기는 요소로 가시적 효과가 매우 크며, 심리적, 생리적 효용, 커뮤니케이션 매체로서 상품이미지를 구성하는 중요한 요소이다.

미국 일간 뉴욕타임스(NYT)는 지난 2년간 미국 전역에서 최근 몇 곳의 식당이 고객의 옷차림을 규정하고, 뉴욕의 고급 프렌치 레스토랑 '세 마리의 말'은 고객에게 방문 전날 휴대전화 문자메시지를 보내 "적절한 만찬 복장을 착용하고 뉴욕 도심 스타일을 즐기기를 기대한다"며 청바지, 반바지, 운동화는 '절대 금지'라고 안내했다. 로스앤젤레스의 '올리베타'는 고객에게 "고급스럽고 우아한 드레스코드를 강력히 시행한다"고 경고성으로 권유했고, 댈러스의 '캣버드'는 "스마트 캐주얼(깔끔한 평상복)이나 그 이상"이라는 모호한 표현을 썼다. 시카고의 '키친+칵테일'은 "최상을 보여주기를 기대한다"며 고객 옷차림에 '높은 수준'을 장려했고, 휴스턴의 '줄리엣'은 "나쁜 냄새를 풍기는 옷을 입으면 출입 불가"라고 안내했다. 각자 표현은 다르지만, 식당들의 생각은 비슷하다. 사회적 거리두기 기간 평범한 옷만 입던 고객들이 다시 멋지게 차려입고 분위기를 내고 싶어 할 것이란 판단이다. 미국프로농구(NBA) 선수 제임스 하든이 2022년 3월에 연 휴스턴의 고급식당 '서틴(Thirteen)'의 매니저 로자 그레이디는 "어딜 가든 사람들은 티셔츠와 트레이닝복 바지를 입고 머리도 다듬지 않았다"며 "우리는 서틴이 사람들이 가장 멋진 모습을 보여주는 장소가 되기를 원했다"고 말했다. 특정 고객이 복장 규정을 준수했는지에 대한 판단은 주관적인 경향이 있다.

패션디자인의 요소로는 선과 형이 있으며, 선은 시선을 움직이게 하며, 면을 분할하고, 형태를 이루며 느낌을 전달하는 일을 한다. 또한 색채와 재질이 있는데, 색채는 의복 선택에 있어서 중요한 역할을 하며, 재질은 옷감의 유연성, 투시의 정도, 표면의 거친 정도 등을 말하며, 섬유의 성질, 실의 구조, 옷감의 조직, 가공방법 등에 의해 결정된다. 재질감의 구성인자는 섬유, 실, 직물구조 및 가공 등이며, 이에 따라 질감은 달라진다. 슈트 차림은 유능하고 예의 바르며 자신감 넘치는 남성이란 이미지를 심어준다. 슈트의 기본 스타일에는 다음과 같은 것이 있으며, 그것의 특성은 다음과 같다. ① 아메리칸 스타일은 미국사람의 실용주의 정신이 담긴 옷이며, 허리선이 없고, 소매가 좁으며, 한 개의 뒤트임, 2~3개의 단추가 달려 있다. 바지에도 중심 주름 외에는 장식이 없다. 직선 재단의 박스 스타일이라 체형의 결점을 감추는 데 효과적이지만 자기만의 독특한 감각을 표현하기엔 다소 힘에 부친다. 요즘은 허리에 3개의 주름을 넣기도 한다. ② 브리티 시스타일은 런던 리젠트가의 최고급 양복점 거리 이름을 따서 새빌로 스타일이라고도 부른다. 어깨엔 1장의 패드만을 넣어 자연스러움을 살리고 허리에는 약간의 주름을 넣은 귀족적이고 중후한 스타일이다. 바지허리에도 주름이 들어가며, 밑단은 접어 꺾은 형태가 일반적이다. 요즘은 3개의 단추와 뒤트임이 있고, 부드러운 어깨 모양을 한 싱글브레스트 슈트(7~3개의 단추가 한 줄로 달린, 앞여밈이 홑자락인 슈트)가 대표적인 품목으로 사랑받고 있다. ③ 유러피언 스타일은 가장 아름답고 시선을 끌며, 유행에 민감한 실루엣이며, 어깨는 각이 지고 가슴에서 엉덩이까지 꼭 맞는 모양이다. 단추 7개로 뒤트임이 없으며, 바지는 브리티시스타일과 마찬가지로 밑단을 접어 꺾은 형태이다. 우아함을 선호하는 이들에게 잘 어울린다. ④ 이탤리언 스타일은 마피아 영화에 자주 등장하는 옷이며, 미국의 넉넉함, 유럽의 곡선미, 영국의 균형미가 잘 조화된 최신 모드이다. 어깨가 조금 더 넓고, 허리의 파짐이 적으면서 아랫단이 부드러운 곡선으로 연결돼 남성답고 세련되었을 뿐만 아니라 매우 편안하다.

삼색 개성	스타일	내용
	올린 머리에서도 꼼꼼함. 더블브레스트	즐겨 입는 재킷의 경우에는 특정 스타일로 변화를 추구하기보다는 버튼의 개수로 트렌디함과 클래식함을 넘나든다. 더블브레스트를 입기도 하고, 조금은 젊은 이미지를 주는 원 버튼 재킷을 입기도 한다. 과감해진 색을 선택해 자신의 존재감을 젊은 층에서도 확대할 작정인 듯하다. 머리 스타일은 그야말로 일관적이며, 과거 코코 샤넬이 승마 팬츠를 입어 화제가 되었던 것처럼, 그리고 그 팬츠가 여성 해방을 위한 일종의 상징이었던 것처럼 바지 차림을 고수
	신체조건	패션에 필요한 기본 조건을 완벽히 갖췄다. 우선 외모에서 가장 우월한 모습이다. 당당한 키와 훌륭한 체격은 옷을 멋지게 만드는 기본이다. 클래식한 재킷과의 궁합, 슈트보다는 타이에 변화를 주는 스타일을 고수했다. 슈트는 짙은 컬러가 주를 이루고, 안에는 청렴해 보이는 화이트컬러 셔츠를 택했다. 차분해 보이는 컬러에서부터 강렬하고 밝은 타이를 번갈아 매치업하며, 때와 장소에 맞는 적절한 타이로 어울림
	2 대 8 가르마로 부드러운 느낌	세미 정장 룩을 편안하게 입고 슈트 안에 타이 매는 것을 꺼리는 듯하다. 지극히 공식적인 자리에서는 타이를 매기는 하지만, 보는 우리가 어색함을 느낄 정도로 이물감이 느껴진다. 그리 크지 않은 키에 패션에 대한 조예가 깊지 않은 연유로 옷을 잘 입는다는 후한 평가를 주기는 힘들다. 그러나 그 어떤 스타일링 제품도 사용하지 않는 복고적인 2 대 8 가르마의 헤어스타일은 부드러운 이미지

출처: https://v.daum.net/v/20120928115916625?f=o

아무리 좋은 옷과 세계적으로 유명한 브랜드가 우리의 눈을 사로잡는다 해도 몸에 맞지 않으면 의미가 없다. 대부분의 사람들은 각자 좋아하는 의복 스타일이 있으며, 좋아하는 의복을 입으면 편안하고 즐거우며, 자신의 내면적인 특성과 일치하지 않는 의복을 입으면 몸에는 잘 맞는다 해도 심리적으로 불안감을 주기 때문에 자주 입지 않게 된다. 즉, 의복은 바로 자기 자신이 지각하는 자기의 표현이라 할 수 있다. 옷은 자기 이미지의 한 표현이며 사람들이 갖는 자기 이미지는 타인이나 다른 사람과 구별하여 자기 자신에 대하여 스스로 갖는 하나의 심상으로 자기 스스로를 머릿속에 떠올릴 때 특정적으로 나타나는 형상과 느낌이다. 사람들이 갖는 실제적 자기 이미지는 이상적 자기 이미지와 남에게 보여지는 다른 자기에 영향을 받는다. 상품을 구매할 때도 광고에 나오는 모델과 같은 자신을 미루어 짐작해 봄으로써 자기 이미지를 형성하고 있다. 자기 이미지 유형에는 첫째, 자기 스스로가 현재 자신에 대하여 실제로 갖고 있는 이미지를 말하며, 이는 자기의 객관적 실체와 다를 수도 있다. 실제적 자기 이미지는 정신적 자기(spiritual self), 신체적 자기(bodily self), 감지된 자기(felt self) 등을 포함한다. 둘째, 자기 스스로 되고자 추구하는 자신의 모습을 말하며, 이는 의복구매와 관련해 보았을 때 실제적 자기 이미지보다 이상적 자기 이미지가 더 큰 영향을 미친다. 셋째, 면경자기(looking-glass self)는 타인에게 보여지는 모습으로서의 자기 또는 타인에게 나타내고자 하는 객관적 입장에서 자기 이해를 말한다. 넷째, 자기 이미지를 마케팅에 응용한 것으로 상품의 옷을 입었을 때 남들에게 어떻게 평가되는가 하는 것이다. 다섯째, 개인의 특정한 상황에서 타인이 자신에 대하여 가져주기를 바라는 자기 이미지이다. 사람들은 다양한 자기 이미지를 동시에 갖고 있으며, 상황에 따라 다른 자기 이미지를 갖고자 한다. 따라서 고정적인 실제적 자기 이미지나 이상적 자기 이미지가 아닌 상황적 자기 이미지가 중요시된다. 어떤 특정한 상황에 놓일 때 그 상황에서 접하는 타인의 자신에 대한 지각과 자신의 자기 이미지 내역을 합쳐서 상황적 자기 이미지를 형성하고 상황적 자기 이미지와 일치하는 의복을 선택한다. 예를 들어 어떤 사람이 요구되는 역할이 다른 상황에 접하게 될 때 각 상황에 맞는 의복을 갖추어 입음으로써 자기 이미지와 일치하는 행복한 상황을 연출하게 된다. 의복으로 인한 이미지는 대인관계에서 얼굴, 체격과 함께 상대방을 지각하는 주요한 단서가 되며, 개인의 사회적 지위, 직업, 역할, 자신감, 개성, 상황, 기타 성격특징과 지각되는 상황을 규정하는 데 도움을 준다. 또한 이미지에 따른 의복스타일들을 유형화하여 형태를 분석하는 것은 스타일을 변수로 할 때 자료를 제시하는 기준이 될 것이다. 이미지란 용어는 스타일, 타입, 양식, 유형, 룩(look) 등으로 혼용되고 있다. 룩이란 모습, 외관이라는 뜻을 가지고 있으며, 룩은 이미지의 일종으로 의복의 전체적인 인상이나 특징에서 ~처럼 보인다, 외관, 모습 등의 의미지만 형상, 소재 등의 의복 실체에 근접한 외관, 외형을 중시한 이미지라고 할 수 있다.

복장 및 외모	주요 항목	체크 내용
패션	슈트(Suit, 남성) 바르게 입기	어깨와 겨드랑이 부분에 주름이 생기지 않고 말끔하게 떨어지는 것
		셔츠와 칼라가 재킷 칼라보다 1~1.5센티미터 정도 보이도록 입어야 한다는 것
		팔을 바르게 내려놓은 상태에서 밑단이 손에 잡히는 정도가 본인에게 맞는 길이
		악수하듯이 손을 내밀었을 때 셔츠의 소매 끝이 1~1.5센티미터 정도 보이는 정도의 것
		재킷 품은 주먹 하나가 들어갈 정도의 여유가 있을 것
		바지 길이는 구두 뒷부분의 절반 내지 2/3 정도를 덮는 정도가 가장 적당한 길이
		조끼는 슈트의 웨이스트 버튼 바로 위까지 오도록 입는 것
		V-Zone은 재킷(또는 조끼), 셔츠 타이가 만나는 부분이며, 얼굴이 작고 왜소한 사람은 브이존이 깊으면 작은 얼굴이 더 강조됨
	슈트(Suit, 여성) 바르게 입기	스커트는 무릎 위로 5센티미터부터 무릎 아래 10센티미터 정도가 가장 적당
		블라우스는 단색의 셔츠 칼라나 리본 칼라 정도가 무난함
		보수적인 자리에는 바지정장보다는 스커트정장을 입는 것이 더 갖추어 입은 느낌
		구두는 정돈되고 청결하게 유지하고, 정장에는 대부분 살색이나 커피색을 신는 것이 깨끗하고 점잖아 보임
		액세서리는 여러 종류를 하기보다는 한두 개로써 그 효과를 극대화하는 것
메이크업	자신의 매력 강조	청결하고 맑은 피부 관리, 파운데이션, 파우더, 눈썹, 아이섀도, 아이 라인, 마스카라, 입술 메이크업, 볼 터치, 향수
헤어스타일	얼굴 유형	– 긴 얼굴은 머리카락을 아래로 살짝 늘어뜨리는 것도 좋고 앞머리를 옆으로 빗고 옆머리에 볼륨을 주면 좋음 – 둥근 얼굴은 머리 앞부분에 볼륨을 주고 옆머리를 귀 뒤로 붙여서 둥근 얼굴을 보완 – 각진 얼굴은 양옆 머리에 살짝 볼륨을 주어서 전체를 둥글게 하거나 약하게 웨이브를 주어서 인상을 부드럽게 하는 것이 좋음 – 역삼형 얼굴은 이마를 드러내거나 윗머리를 풍성하게 강조하면 머리가 강조되어 가분수처럼 보이므로 피하도록 함
액세서리	안경은 테의 소재와 모양	보스턴, 폭스, 스퀘어, 웰링턴, 티어드롭, 로이드
	향수 사용	– 농도와 향기에 따른 향수분류, 시간의 흐름에 따른 향기의 3단계 변화 – 귀 뒤나 팔 안쪽, 손목, 정강이 안쪽, 무릎, 손바닥, 목덜미 등 뿌리기 좋은 부위 – 땀이 많이 나서 향수를 뿌리면 안 됨 – 향수는 오후에 구입하는 것이 좋음 – 퍼퓸, 오드퍼퓸, 오드뜨왈렛, 오드코롱
	소품	– 핸드백은 유행을 타지 않고 전체적인 조화를 이루는 것 – 스카프는 밋밋한 슈트에 포인트로 좋고, 상의의 컬러와 네크라인을 고려해 스카프 매는 방법이 중요함

3. K-패션스타일의 이해

21세기는 현대인의 삶에 대한 질적 수준 향상과 자기표현을 위한 다양화 현상들이 국내외 산업의 다각화 현상으로 이어져 패션분야에 새로운 환경을 형성하는 계기가 되었다. 이러한 추세 속에서 현대인의 개성적인 미를 추구하기 위한 패션스타일링의 중요성이 새롭게 인식될 뿐만 아니라 이미 생활 깊숙이 자리하고 있다. 그 이유는 패션이 자기표현을 위한 중요한 수단이면서 개인 생활을 나타내는 상징이고, 더 나아가 패션이 한 시대의 사회상을 반영하는 문화의 표출이므로 현대인의 사회적 상호관계의 징표가 되기 때문이다. 더욱이 현대인은 자신이 남과 다른 모습으로 표현되길 원하기 때문에 패션을 이용한 이미지 연출을 의도적인 행동목표로 설정하고 있다. 그만큼 자신의 개성추구를 위해 패션관련 상품을 조합하는 패션스타일링의 필요성이 더욱 강조되는 실정이다.

스타일의 근원을 인간의 욕구와 자아실현의 관계로 해석한 미국 애플사의 아이폰은 보편적이고 간결한 스타일로 세계 여러 국가와 문화의 다양한 소비자에게 호평을 받았다. 그리고 20세기 3대 거장 중 한 명인 미국 건축가 프랭크 로이드라이트(Frank Lloyd Wright, 1867~1959)가 디자인한 독특한 형태의 뉴욕 구겐하임미술관은 새로운 영감을 충전하기 위한 예술인의 성지가 되었다. 또한, 베르너 팬톤(Verner Panton, 1926~1998)이 디자인한 매끈하고 육감적인 팬톤 의자는 1960년대에 디자인되었지만 21세기 하이테크 스타일의 건축가인 자하 하디드(Zaha Hadid, 1950~2016)가 자신의 건축 철학을 가장 잘 설명할 수 있는 것이라고 강조하였다. 그리고 프라다(PRADA)의 도쿄 아오야마 지구에 들어선 매장은 뉴욕 매장에 이어 새로운 플래그 숍의 스타일이 되었다. 이들은 모두 경제적인 성공을 이루었으며 그 근원은 공통적으로 흥미롭고 매혹적이며 형태적인 아름다움을 특징으로 하고 있다. 아름다움은 눈과 마음을 움직이는 중요한 원인으로 사람들은 아름답다고 느끼는 것에 현혹되는 성향이 있다. 역사적으로 본래 인간은 남녀노소를 불문하고 건강하고 아름답게 꾸미고 싶은 심리적 욕구를 가지고 있다. 이와 같이 자신의 외모를 가꾸는 행위는 근원적 미의 표현이자 자연스러운 현상이라 여겨진다. 스타일은 집단의 공통된 특성으로서 시각적 상징성이 의미와 융합된 것이다.

스타일은 사람이나 조직의 특징을 뜻한다. 라틴어로 글씨 쓰는 펜인 스타일러스(stylus)에서 나온 단어로 원래 뜻은 글씨체였다. 사람마다 글씨체가 모두 다르다는 데서 점차 그 사람의 특징을 드러내는 의상 · 말투 · 행동양식 등으로 의미가 넓어졌다.

영어문화권에서 본 스타일의 정의와 개념은 예술적인 표현이나 형성하는 데 특유한 방식이 작품에 나타나 작품의 형식적인 통일로 특징짓는 것을 말하기도 하고, 개개인을 표현하는 특별한 무엇이나 특정한 모임, 장소 또는 기간, 일하는 방법 등을 나타내기도 한다. 과거 고대 사람이 초를 칠한 널빤지에 글자를 쓸 때 사용한 뾰족한 붓 · 철필(鐵筆: 라틴어의 stilus, 그리스어의 stylos)에서 유래하였는데 이것이 '서체(書體)', 나아가서는 '문체(文體)'의 뜻이 되었다. 라틴어의 스틸루스(stilus)에서 유래한 이 개념은 원래 문체를 의미했으나, 18세기 독일의 고대 미술가 요한 빙켈만(Johann Joachim Winckelmann, 1717~1768)에 의해 미술적 표현방식을 가리키는 것으로 전환되었다.

한자문화권에서 스타일의 의미인 양식(樣式)은 ① 일정한 모양이나 형식 ② 오랜 시간이 지나면서 자연히 정하여진 방식 ③ 시대나 부류에 따라 각기 독특하게 지니는 문학, 예술 따위의 형식으로 해석된다. 또한 스타일이란 예술적 표현방식을 일반적으로 개별 인간과 사회 혹은 민족의 행동과 생활방식 및 형성방식에 사용할 수 있다고 보았다. 일반적으로는 문체, 양식, 형태, 종류, 유행, 품위, 예풍 등의 의미를 가진다. 한자문화권에서 스타일을 뜻하는 양식의 개념은 19세기 괴테의 예술론과 19세기 후반 오스트리아의 미학자 알로이스 리글(Alois Riegl), 독일의 미술사학자 빌헬름 보링거(Wilhelm Worringer, 1881~1965)에 의해 미술사학의 기초를 마련하는 데 방법론을 전개하기 위한 유력한 개념으로 사용되었다. 유형으로 분화되는 예술적 표현은 미술에서 미술가(건축가, 화가, 조각가, 공예가 등)의 각 표현방식에 의한 개인 양식(樣式), 특정 시대를 총괄한 표현방식을 기초로 한다. 이에는 시대 양식, 같은 민족이 공유하는 표현방식에 의한 민족양식과 한정된 지역에서 볼 수 있는 지방양식, 시대, 민족, 지역 등 다른 사람과 다른 표현방식을 가질 때 보이는 유파(流派)양식 등이 있다.

아이콘				메이크업 분석	패션의류스타일	이미지 스타일

패션스타일링이란 한 가지 요소에 의해 결정된다기보다는 연출하려는 이미지에 적합하도록 여러 가지 요소를 적절히 믹스 앤 매치하여 극대화시킨 것을 의미한다. 즉, 매일매일 눈에 띄는 옷을 막연히 선택하여 입는 것보다 상황이나 개성 등을 고려하여 어떠한 기준에 맞춰 의복과 액세서리 등을 조화롭게 스타일링함으로써 이미지를 부각시킬 수 있을 것이다. 패션스타일링을 위한 기본 요소들을 구체적으로 살펴보면 다음과 같다. ① 형태 스타일링의 경우 선으로 둘러싸인 면적은 평면적 형태이다. 형태는 공간에 의해 형성되며, 인체라는 3차원적 공간인 폼은 의상의 구조적인 측면에 의한 윤곽선과 조형적 입체구조가 형성된다. 의복의 형태는 기능적인 측면과 장식적인 측면이 구조적으로 조화로운 공간구성에 의해 동시에 고려되어야 한다. 실루엣이란 옷을 착용하였을 때의 형태나 전체적 스타일을 나타내는 외곽선을 말한다. 기본 실루엣으로는 A라인, H라인, Y라인, X라인이 있으며, 특히 웨이스트라인, 헴 라인의 상하 이동, 어깨 폭의 확대와 축소, 절개선과 다트의 형태와 길이, 방향 등이 실루엣을 결정하는 요소이다. 또한 전체의 형태인 실루엣은 의복이 직선적인가, 곡선적인가, 움직임의 요소가 있는가, 단순한가, 복잡한가 등의 요소들이 변화를 초래하는 요인이 된다. ② 소재 스타일링에서 소재란 사전적 의미로 "어떤 것을 만드는 데 바탕이 되는 재료'를 말하며, 패션

용어로는 '옷'이 될 만한 재료를 총칭하는 말"이다. 이는 직물뿐만 아니라 펠트, 부직 포를 포함한 모든 의복 재료를 지칭한다. 같은 디자인이라도 소재의 종류나 직조 방식, 텍스처(재질감), 촉감, 문양 등에 따라 이미지가 다르게 전달된다. 일반적으로 소재 특유의 질감과 촉감, 무게감, 형태감 등은 계절이나 착용자의 체형, 장착의 전체적인 이미지에 따라 선택되고 있으며, 이질적인 소재들을 함께 매치하여 스타일을 완성하기도 한다. 인체 고정을 위해 딱딱하고 뻣뻣한 소재로 만든 코르셋부터 하늘거리는 얇은 시폰의 부드러운 러플 드레스까지 질감에 따라 연출되는 이미지가 다양하다는 점에서 각각의 소재가 지닌 질감이 스타일링의 중요한 요소라 할 수 있다. 문양은 모티브와 패턴으로 분류하고 있으며, 모티브는 문양을 이루는 기본 단위이고, 패턴은 모티브가 모여서 이루는 문양의 전반적인 형태를 의미한다. 모티브는 크기, 형태, 색채, 배열 등과 상관없이 자유롭게 표현되므로 디자이너의 감각적 능력에 따라 풍부한 이미지를 전달할 수 있게 한다. 또 이 문양들은 의복에 있어서 크기, 배열, 형태 등의 여러 가지 조합으로 시각적인 효과를 주어 다양한 이미지를 나타낸다. 문양은 프린트뿐만 아니라 직조상 만들어지는 패턴, 자수, 패치워크, 장식으로 형성된 문양 등으로 구분된다. ③ 색채 스타일링에서 색채에는 사람의 감정을 움직이는 강한 힘이 있으므로, 색채 선택 시 색채감각은 물론 색채감정도 고려해야 한다. 그 이유는 모든 물체는 특유의 색을 가지고 있어 각각의 색마다 각기 다른 감정을 내포하고 있기 때문이다. 즉, 색의 감정효과는 의식 또는 무의식적, 선명한 것 또는 애매한 것까지 다양하므로, 여러 가지 감정효과가 복합되어 색이나 배색에 대한 이미지를 형성하게 된다. 그러므로 패션에서 색채 감정효과로 이미지의 특징을 스타일링한다는 것은 매우 의미가 있다고 볼 수 있다. 원 컬러 조합(One color coordination)은 하나의 색상으로 전체를 통일시키는 것으로, 블랙이나 화이트를 선택하여 다양한 스타일링을 제안하는 경우가 많다. 다색상 배합방법은 여러 가지 색상을 사용하여 스타일링하는 것으로 각각 다른 색상의 여러 아이템을 사용함으로써 이미지의 화려함과 활동감을 연출할 수 있다. 악센트 색상배합은 '강조하다' 혹은 '돋보이게 하다', '두드러지게 하다' 등의 의미가 내포되어 있다. 단조로운 배색에 초점을 맞추어 대조적인 색을 소량 추가

하는 것은 전체의 상태를 돋보이게 할 수 있는 사용 기법이다. ④ 메이크업 · 헤어스타일링의 경우 특정 이미지 표현을 위한 패션스타일링의 주요 수단에는 옷차림과 메이크업, 헤어스타일 등이 있다. 메이크업은 얼굴형과 피부손질이 우선시되어야 하며 피부 톤, 눈썹, 입술 등을 어떻게 표현하느냐에 따라 스타일링이 달라질 수 있다. 특히 메이크업 컬러는 유행색이나 트렌드의 영향을 많이 받으므로 트렌드 분석 후 개인의 이미지에 적합한 것을 선택해야 한다. 이는 여성 이미지의 80%가 헤어스타일에 따라 달라질 수 있으므로 얼굴형, 헤어스타일, 트렌드 등을 고려하여 얼굴을 돋보이게 하는 스타일을 선택해야 한다. 얼굴은 신체에서 가장 시선을 받는 곳으로, 단순히 옷차림을 마무리한다는 차원이 아니라 특정 패션 이미지를 표현하는 필수 요소이다. 그 이유는 헤어 및 메이크업이 외형적 이미지 표현뿐만 아니라 자의식을 표현하고 미학적 접근을 실현하는 또 하나의 패션스타일링 분야로, 최근 메이크업과 의상, 액세서리, 헤어스타일 등의 조화가 이루어져야만 완벽한 스타일링이라 할 수 있다. ⑤ 모델의 경우 스타일링모델은 현대 소비사회에서 상징적으로 각광받는 존재이다. 모델이란 '유행하는 새 옷을 입어 그 멋을 보여주는 사람'이라는 단순한 사전적 의미에서 패션, 상품, 기업의 이미지 등을 효과적으로 홍보하고 그 의미를 전달, 창조하는 역할까지 담당하고 있다. 모델은 의복과의 만남을 통해 하나의 이미지를 창출하며, 그 창출된 이미지가 바로 패션스타일링으로 완성된다. 같은 디자인이라도 어떤 모델이 착용하느냐에 따라 그 이미지가 달라질 수 있는데, 이는 모델의 얼굴, 체형, 이미지가 다르기 때문이다.

21세기 현대는 사회환경이 새로운 지식기반 사회의 도래로 변화되면서 기술 · 정보 · 인력이 가장 중요한 요인으로 새롭게 조성되었고, 인간의 창의력은 가치창출의 원천이며 국가 경쟁력의 원동력이 되었다. 또한 정보 · 통신의 발달과 다양한 미디어의 보급으로 인해 서로 간의 시각적 커뮤니케이션도 매우 빠르고 다양해졌다. 이처럼 시각적 커뮤니케이션이 보편화되어 감에 따라 이미지의 중요성이 더욱 커지고 그로 인해 목표 성취가 달라지는 것이 현실화되었다. 특히 기업의 경우 기업 구성원의 각 이미지는 기업의 이미지가 되며 기업의 생산성과도 밀접하게 관련된다. 이렇듯 인적 자원이 가장 중요한 요소가 됨에 따라 채용과정이 과거 능력이나 실력을 평가하기보다는 긍정적인 이미지와 인성을 지닌 창의성 높은 인적 자원을 선별하는 제도로 변화되고 있다. 따라서 취업 면접의 중요성이 더욱 커지고 있다. 면접은 짧은 시간 동안 자신을 인사담당자에게 가장 확실하고 특징적으로 전달할 수 있는 기회가 되며, 초두효과(Primacy Effect)의 영향으로 첫인상과 첫 이미지에 의해 크게 좌우된다. 처음 이미지가 긍정적으로 연출되면 전반적인 인상 형성 및 이미지에 더욱 강력한 영향을 미치게 되므로 첫 이미지에 따른 자기표현의 차별화 전략인 효과적인 이미지메이킹은 매우 중요한 부분으로 부각되고 있다.

오늘날 우리는 취업경쟁률이 평균 수백 대 일이 넘는 취업전쟁 속에서 살고 있다. 더구나 평생직장의 개념이 사라지면서 직장인들은 입사를 해서 사회생활을 하고 있어도 절대 안심할 수 없게 되었다. 끊임없이 자기관리를 해야만 직장생활에서도 살아남게 된 것이다. 특히 직장을 얻기 위해 수많은 취업준비생들은 자신의 능력을 업그레이드하기 위해 여러 자격증을 취득하려는 데 여념이 없지만 최종 관문인 면접을 통과하지 못하면 힘써 얻어낸 자격증들은 무색해지고 만다. 면접관에게 호감을 주는 이미지 구축이야말로 유망한 자격증 취득 못지않게 커다란 효과를 발휘한다. 면접은 숨은 나를 찾는 장으로서 일반적으로 취업의 최종합격에서 80%를 차지하며, 나머지 20%는 학력이 차지한다고 한다. 한 사람의 개성과 창의력이 점점 중시되는 사회에서 사실상 학력은 비슷하며 회사별로 면접을 보는 기준 역시 마찬가지다. 인터넷이 도입되기 이전에는 패션 이미지메이킹이나 코디네이션에 관한 전문적인 정보의 습득은 관련 서적만을 통한 제한적인 방법이었다. 일부 연예인이나 부유층만이 전문 코디네이터로부터 코디네이션 조언을 받을 수 있었으나, 인터넷의 급성장으로 인해 모든 사람들에게 코디네이션에 대한 지식 전달이 가능해졌다. 더 나아가 인터넷상에서 소비자가 선택한 패션 아이템을 가상으로 착의해 보고 구입할 수 있는 가상 착의 시스템 도입 등 패션 분야에 있어서도 다양한 웹 서비스가 활발히 진행되고 있다. 하지만 현존하는 대부분의 웹 사이트들이 단편적인 서술형의 코디네이션 정보, 가상 모델의 생성과 착의에만 중심을 두고 있어 T.P.O(Time, Place, Occasion: 시간, 장소, 상황)나 콘셉트, 이미지에 따른 총괄적인 토털 코디네이션 정보를 습득하여 상황에 알맞게 직접 연출하기에는 아직 부족한 상황이다.

□ 생각해 보기

☞ 윗글을 읽고 아래 제시된 용모와 복장을 기초로 고객만족에 대한 의견을 설명하시오.

구분	남자	여자
연예인 사진		
얼굴		
의상		
손		
액세서리		
구두		
헤어 (두발)		
양발 (스타킹)		
체형		
메이크업		

자신의 이미지에 대한 선입관을 가질 경우 그 기준에 가장 근접하게 다가가기 위해 외모를 변화시키고, 외모에 대한 매력을 위해 의복과 더불어 액세서리, 화장, 머리스타일 등에 의해 외모를 변화시키고 수정함으로써 개인의 이미지를 표현하고 변화시킨다. 또한 외모를 가꾸기 위한 개인의 의지는 옷이나 헤어스타일, 화장품에 신경을 쓰는 것에서부터 체중조절, 성형수술 등을 가능하게 하는 충분한 동기가 된다. 외모는 대인지각에 중요한 영향을 미치는 요소이며, 일반적으로 외모가 아름다울 경우 다른 특성까지도 좋게 지각된다. 뿐만 아니라 외모는 자기개념을 명확히 하는 결정적인 요인으로 자신의 성, 연령과 관련된 사회적 역할을 타인

에게 투사함으로써 정체감 형성에 기여한다. 대부분의 사람들은 이상적인 외모 이미지를 기준으로 자신을 평가하려는 경향이 있으며, 외적인 아름다움이나 매력적인 외모는 후광효과와 발산효과를 지녀 대인관계에 영향을 미친다. 우리의 일상생활은 다른 사람들과 연관되어 있기 때문에 우리의 외모행동은 전혀 생각 없이 이루어지는 것이 아니다. 매일 아침 의복을 선택하고 화장하는 행동을 포함한 외모관리는 다른 사람들의 지각에 많은 영향을 미치고, 자신에 대한 시각적 이미지뿐 아니라 상황에 맞추어 외모 상징의 의미를 전달함으로써 자신을 이해시키는 수단이라고 할 수 있다. 어떤 문화에서든 우선시되는 이상적인 외모는 사람들이 자신의 외모를 비교하기 위해서 사용하는 미적 기준에 의해 내면화되며, 사회적 비교에 의해 자신의 외모평가가 이루어진다. 사람들은 이상적인 모습과 비슷해지기 위하여 의복, 화장과 같은 외모행동을 하게 되고, 이런 행동의 결과는 다시 사회 비교과정을 통해 평가되는 것처럼 서로 상관관계를 가지고 있다. 그러므로 선택한 의복이나 화장 등은 외모를 결정짓는 요소로서 실제 외모향상의 수단이 되어 기대하는 외모를 창조하기 위한 노력의 표시라고 할 것이다. 특히 의복, 화장 등과 같은 행동은 의도적인 행동이며 개인의 외모를 만들기 위한 과정으로서 신체의 변형이나 부가물이라고 할 수 있다. 직장인들에 대한 외모관리를 살펴보면, 면접 시 옷차림이 면접자의 인식에 영향을 준다고 하면서 약간 남성적인 라인으로 옷을 입으면 여성적이거나 극도의 남성적인 옷차림보다 좀 더 전문적인 직장인 같은 인상을 줄 수 있다고 하였다. 그러나 예술감각을 요구하는 일자리의 면접에 보수적인 재킷이 덜 적합한 옷차림인 것과 마찬가지로 인상 형성은 상황에 따라 다르게 나타난다. 의복이란 상대방에게 의복 착용자의 이미지를 전달하는 메시지 수단이라 주장하였고, 대부분의 사람들은 잘 아는 사람보다 새로운 사람을 만날 때 몸치장에 더 신경을 쓴다고 하였다. 이와 같이 면접이나 남녀 간 만남과 같은 상황에서 외모나 옷차림을 더욱 중시한다는 연구결과는 사회생활을 시작하려는 사람들의 패션상품 구매

의도의 동기를 설명한다고 볼 수 있다. 특히 직장인에게 있어 외모는 매력적인 자기표현의 차원을 넘어 성공적인 사회생활을 위한 척도로 사용된다.

윤태호 원작의 웹툰 〈미생〉은 '다음' 포털 사이트에 2012년 1월 17일부터 2013년 8월 13일까지 총 149화가 연재되었고, 2012년 대한민국 콘텐츠 대상 만화 부문에서 대통령상을 받았다. 이후 TV 드라마 〈미생〉이 케이블 채널 tvN에서 8주년 특별기획 20부작으로 제작되어 2014년 10월 17일부터 2014년 12월 20일까지 매주 금 · 토요일 PM 8시 30분에 방영되었다.

DISC 행동유형은 기질적으로 타고난 내적 표출의 성격과 달리 행동유형은 상황과 환경에 따라 다르게, 그러나 반복적으로 표출되어 헤어스타일에도 발현됨으로써, 드라마 속 인물이 환경과 상황 변화에 따라 다른 헤어스타일의 연출이 반영되었다. 헤어스타일 완성에 있어서 나무가 아닌 숲을 봐야 하며 전체적인 하모니를 이루는 것이 중요하다는 사실을 알 수 있었다. 그러므로 고객과 서비스제공자를 DISC 행동유형별로 분류 · 매칭하여, 고객 만족 서비스 제공을 위한 고객 상담화법을 TV 드라마 〈미생〉에 나타난 남성 캐릭터의 특성과 헤어스타일 연출을 살펴보고 DISC 분석의 행동유형에 따른 헤어스타일을 비교분석할 수 있다.

DISC 행동 유형 (드리마 미생 위주)	
주도형 (Dominance)	오상식
사교형 (Influence)	한석율
안정형 (Steadiness)	장그래
신중형 (Conscientiousness)	장백기

고객 상담화법				
서비스 제공자 \ 고객	주도형(D)	사교형(I)	안정형(S)	신중형(C)
주도형(D)	레이어드 화법	공감과 경청	칭찬의 표현	완곡한 표현
사교형(I)	청유형	123 화법	질문 화법	신뢰 화법
안정형(S)	YB 화법	맞장구 화법	개방적 화법	편안한 화법
신중형(C)	쿠션 화법	감성적 화법	친절한 표현	차분한 논리

PART

IV

문화예술 속 서비스 에티켓

Learning Through Storytelling Service Etiquette

CHAPTER 10

폼나게 살게 하는 레저 · 스포츠

1. 스포츠로 본 심리학

전통적으로 철학이나 신학에서 다뤄졌던 인간 정신에 관한 논의는 19세기에 들어오면서 본격적으로 생물학의 영역에서 다루어지기 시작했다. 그리고 20세기 이후 인간의 심리와 행동 그리고 의식과 같은 인간의 본질(본성)에 관한 이야기들이 신경학이나 정신의학은 물론 신경윤리학, 범죄행동학, 진화심리학, 인지철학이나 인지공학, 행동경제학 등의 다양한 분야를 아우르는 뇌과학 및 신경과학 분야에서 중심적 연구 주제로 부상했다. 난해하고 고루하게만 인식되던 인간 정신에 관한 주제들이 '나는 누구인가'라는 자아의 문제나 '인간의 본성은 이기적인가'와 같은 전통적인 물음에서 '내 마음은 왜 이러며, 저 사람은 왜 저렇게 행동하는지' 혹은 '내 탓인지, 뇌 탓인지'와 같이 인간의 복잡하고 미묘한 심리와 행동에 관한 다양한 물음으로 각색되어 다루어지고 있다.

심리학의 정의는 시대에 따라 계속 변해 왔지만, 현재는 심리를 강조하는 정의와 인간과 인간사 전체를 강조하는 정의로 구분되고 있다. 심리학이라는 단어의 기원은 초기 심리학자들이 신학의 영향을 받아 생긴 것으로, 그리스어로 영혼이라는 뜻을 가진 사이키(psyche, 혼)와 어떤 주제를 연구한다는 의미의 로고스(Logos)가 합쳐져, 초기에는 심리학을 '영혼에 대한 탐구'라고 불렀다. 심리학은 곧 인간학이며, 인간의 심리와 행동을 연구하는 학문이다. 이처럼 심리학은 우리 모두가 알고 싶어 하는 내면에 대한 답을 해석하는 분야라고 할 수 있다. 인간의 마음(mind)과 심리(psycho)를 보다 학문적이고 체계적으로 연구해 마음, 심리, 정신의 구조를 알고, 더 나아가 인간의 마음, 심리, 정신이 어떻게 작용하고 기능하는지 알아보는 마음의 이치를 따지는 학문이자 가장 대표적으로 심리와 어우러져 구성되는 존재인 행동을 다루는 학문이다.

한국의 경우 1982년을 기점으로 출범한 프로스포츠인 야구, 축구, 농구 등에서 경기장 폭력의 발생이 날로 증가하고 있다. 최근 축구경기장에서 표출되는 폭력적 집합행동의 양상은 내외적 요인으로 인하여 근원적으로 해결하지 못하는 실정이다. 경기장 관중폭력으로써의 집합행동은 자생적으로 관중이 형성되어 특정한 사건에 의해 우발적으로 일어나기 쉽다. 그러나 이는 어떤 사회적 여건 또는 상황이 전제되지 않은 상태에서 시간과 장소에 관계없이 발생하기보다는 집합행동을 유발하는 발생여건에 기인하는 특징이 있다.

2002년 한일월드컵대회는 한국의 역동적 이미지를 세계에 홍보한 대회였다. 월드컵의 경제적 이해득실을 논하지 않더라도 경기력, 시설, 응원문화 등은 세계적 수준으로 도약될 수 있는 가능성이 확인되었다. 축구환경의 인프라 구축, 한국 대표팀의 4강 진출, 그리고 '붉은 악마'의 열풍이 이를 증명한다. 특히 응원문화 패러다임의 변화가 시작되었다는 점에 주목할 필요가 있다. 세계 주요 언론들은 변화의 주체자인 W세대(World Cup generation)와 붉은 악마 관련소식을 대서특필하기에 바빴다. 대다수 축구경기의 집단응원이 폭력으로 변질된 모습을 지켜보던 전 세계 축구팬들과 언론은 한국축구 응원문화의 폭발성에 내재된 질서에 주목했었다.

스포츠 집합행동의 행위주체는 집합행동의 기본 집단인 군중, 대중, 공중을 논의함으로써 쉽게 접근할 수 있다. 지금까지 스포츠 집합행동의 행위주체는 '스포츠 관중'이라는 '군중'에 관심이 집중되어 왔다. 일반적으로 스포츠 관중은 규칙적이고 계획된 집합체이며, 행동을 어느 정도 예측할 수 있는 가시적 집단이다. 또한 군중유형 가운데 스포츠 관중은 일상적이고 틀에 박힌 군중으로 분류되고 있다. 그러나 스포츠가 대중문화의 일상으로 정착되고 고민거리를 해소하는 환경을 제공하면서 스포츠 집합행동의 행위주체는 군중을 포함한 대중과 공중으로 확대되는 실정이다. 즉 스포츠 집합행동의 행위주체는 전통적인 군중에서부터 대중, 공중에 이르기까지 가시적 집단과 비가시적 집단에 의해 다양한 형태로 표출되고 있다. 군중행동은 첫째, 군중들의 주의를 집중시키고 관심을 유인할 수 있는 자극적인 사건이 발생함으로써 흥분된 상태로 몰입하게 된다. 둘째, 사건에 의해 자극되고 흥분된 개인들은 이리 저리 배회하면서 개인들과의 의사소통을 통하여 감정적인 흥분을 더욱 고조시킨다. 또한 감정의 순환적 반응(circular reaction)을 통해 군중들은 감정과 분위기에 휩싸임으로써 집합적 흥분상태(collective excitement)에 들어가게 된다. 셋째, 행동적 군중이 형성됨으로써 사람들의 감정과 충동을 집중시키는 공동 관심의 대상을 부각시킨다. 일반적으로 공동의 대상은 그들을 흥분시킨 사건 자체이거나, 웅성거림의 과정을 통해 형성된 어떤 이미지이다. 그와 같은 공동의 대상을 중심으로 집합적 흥분이 더욱 광범하게 확산되는 사회적 전염(social contagion)이 일어난다. 마지막으로 군중들은 확산된 전염으로 인하여 자발적인 행동(spontaneous action)에 참여하게 된다. 군중이 고정된 대상 또는 이미지를 향해 공통된 충동을 갖게 되고 그와 같은 충동이 상호작용을 통해 강화되면 군중은 공격적인 군중행동에 들어갈 단계에 이르게 된다.

현대 뇌과학 및 인지과학 분야가 많은 시간과 노력을 투여하여 인간의 심리와 행동, 그리고 본성에 관해 탐색해 온 이유는 우리 자신이 어떤 존재인지, 이른바 '의식(consciousness)'에 관한 합리적인 설명을 제공하기 위해서이다. 의식은 고대부터 동물과 인간을 구별 짓는 인간만이 지닌 고유한 정신 능력으로서 인간의 본질(본성)로 간주돼 왔다. 그렇다면 인간의 본질을 구성해 온 의식이란 무엇인가? 서양의 지적 전통에서 의식에 관한 주제는 고대 그리스로 거슬러 올라갈 만큼 오래전부터 다루어져 왔으며 의식이 아닌 이성적 영혼(rational soul)으로 불려왔다. 아리스토텔레스가 이성적 영혼을 인간만이 지닌 영혼으로 규정한 이래로 이성적 영혼, 즉 의식은 인간의 추상적이고 고차원적인 정신 능력의 바탕이 되는 지능(이성)을 의미했다. 이성적 영혼은 13세기에 활동했던 토마스 아퀴나스와 같은 교부 철학자들에 의해 불멸의 영혼으로 승격되면서 의식의 원천으로 간주됐다. 이성적 영혼이 인간의 본질(의식)을 구성한다는 생각은 17세기 기계론적 자연관이 지배하는 근대 과학사상이 출현한 이후에도 계속 이어졌다. 또한 19세기 자연신학이 과학을 지배하던 시기에도 이성적 영혼은 창조주가 오로지 인간에게만 부여한 능력으로 간주되어 동물의 지능을 부정하는 논거로 사용되기도 했다. 요컨대 고대로부터 19세기 신학적 세계관이 지배할 때까지 의식의 정신적 실체는 주로 지능을 의미했으며 지능이 인간과 동물을 구별 짓는 인간의 본질로 간주돼 왔다.

대부분의 사람은 자신이 가지고 있는 내면의 모습을 숨기며 살아간다. 인간의 몸은 자아의 실체이며 인간은 누구나 자신의 마음 상태를 외부 세계에 표출해 보이고 싶어 하는 욕구를 가지고 있다. 또한, 이러한 욕구를 심리 행동을 통해 표출하고 있다. 인간의 감정적 심리를 알기 위해서는 얼굴의 표정 변화와 아울러 행동에 주목해야 한다. 흔히 보디랭귀지로 불리는 비언어 커뮤니케이션은 표정, 제스처, 신체 접촉, 움직임, 자세, 신체 장식, 심지어 목소리 등을 통해 이루어지는 정보전달 방식이다. 인간의 꾸미지 않은 감정과 생각, 그리고 의도를 표출하는 비언어 커뮤니케이션은 행동하는 사람의 심리 상태를 잘 보여준다. 다시 말해 무의식중에 나타나는 심리 행동인 몸의 언어를 통해 서로의 감정을 이해할 수 있다.

'믿음이 부족하기 때문에 도전하길 두려워하는바, 나는 스스로를 믿는다(It's lack of faith that makes people afraid of meeting challenges, and I believe in myself)' 복싱선수 무하마드 알리는 스포츠 경쟁에서 선수에게 필요한 스포츠 자신감에 대한 중요성을 인식하고 언급했다. 여기서 믿음은 주어진 과제해결을 통한 목표성취의 확신을 의미하고, 이러한 성취과정에서 발현되는 자신의 판단과 능력에 대한 믿음은 개인이 의도한 결과를 얻는 데 필요한 행동을 성공적으로 수행하는 데 필수적이다. 운동선수에게 최고의 경기력을 발휘하는 것은 매우 중요하고 어려운 일이다. 최고의 경기력은 부상 없이 최고의 컨디션 상태에서 경기에 임할 때 기대할 수 있다. 하지만 선수는 훈련을 통해 완벽하게 준비하더라도 다양한 요인에 의해 제 기량을 발휘하지 못한다. 주로 극도의 긴장, 예측을 벗어난 상황 등의 요인으로 경기현장에서 제 기량을 발휘하지 못하는 상황이 많이 발생한다. 선수의 경기력에 대한 불안이나 스트레스, 컨디션 난조, 지도자와의 갈등 등의 개인 내외적 요인과 날씨, 경기환경, 심판 판정 등의 환경적 요인 등이 영향을 미쳐 최상 수행을 방해하거나 수행을 저하시킨다. 경기현장에서 체력이나 우수한 신체적 기술을 가진 선수가 실제 경기에서 심리적 문제를 극복하지 못해 패배하는 경우, 또는 자신보다 더 실력이 좋은 상대를 만나더라도 심리적 기술을 발휘하여 그 경기를 승리로 이끄는 경우를 볼 수 있는데, 이처럼 심리적 요인은 스포츠 경기에서 선수의 경기수행에 주요한 영향을 미친다고 볼 수 있다. 경기에서 발생하는 다양한 심리적 방해요인을 이겨내기 위한 대처능력은 경기의 성과를 좌우하는 중요한 요인이 되고 있다.

여기서 자기암시의 중요한 특성들이 강조된다. 첫째, 자기암시는 큰 소리로 혹은 조용히 표현될 수 있다. 둘째, 혼잣말은 다른 사람이 아닌 자신에게 행하는 표현(말)들로 구성된다. 이러한 후자의 양상은 부연(확충)할 가치가 있다. 사적인 언어(혹은 외형적 자기암시)는 사회적 언어와 반대된다고 주장한다. 왜냐하면 사적인 언어는 보통 "자기-조절을 위해 (다른 사람이 아닌) 자아에게 전달되는 것으로 정의되기 때문이다. 이처럼 사적인 언어 그리고 자기암시에 대한 어떤 연구는 말하는 사람의 사회적 의지 대 사적인 의지에 관한 근본적인 판단을 필요로 한다. 그러나 사회적 의지 대 사적인 의지의 구별이 항상 명백한 것은 아니다.

'I can do it' 이는 유명 스포츠회사의 표어로 많은 사람들이 자신의 목표를 위한 시작단계에서 자신에게 할 수 있다는 주문을 걸어 자신감을 심어주기 위해 빈번하게 사용되는 문구이다. 자신감(self-confidence)은 전반적인 수행에 대한 자신감을 의미하며, 구체적인 측면에서 능력수준을 의미하지는 않는다. 하지만 자기효능감(self-efficacy)은 전체적인 것에 대한 수행과정에서의 자신감이라기보다는 특정한 상황에서 구체적인 것을 수행할 수 있다는 믿음으로써 정의된다. 따라서 큰 의미에서 보면 자기효능감(self-efficacy)은 자신감의 범주에 포함된다고 할 수 있다. 스포츠에서 선수의 자신감은 자신의 능력에 대한 믿음이다. 운동선수와 지도자를 포함한 스포츠 관련자들은 선수들의 성공적인 수행을 위한 중요한 정신적 기술 중 하나로 자신감을 꼽는다. “자신을 믿어라! 자신의 능력을 신뢰하라! 겸손하지만 합리적인 자신감 없이는 성공할 수도 행복할 수도 없다.”라는 글은 ‘만인의 성직자’로 불려왔으며, 동기부여에 관한 세계적인 연설가였던 노먼 빈센트 필(Norman Vincent Peale) 박사의 대표적 저서 『긍정적 사고의 힘(The Power of Positive Thinking)』에 실린 내용이다. 여기서 자신감은 어떤 결과를 성취하기 위해 요구되는 여러 가지 행위를 성공적으로 수행할 수 있다는 확신으로서, 성공과 관련된 인간행동을 결정짓는 매우 중요한 심리적 요인의 하나로 평가되고 있다. 이러한 자신감은 개인에게 주어진 상황과 여건에 따라 여러 가지 의미로 해석될 수 있다. 예를 들어, 발표라는 과제에 있어서 자신감은 많은 학생들과 선생 앞에서 자신이 준비한 내용을 자신감 넘치는 태도로 전달할 수 있다고 믿는 확신을 의미할 수 있으며, 최종면접을 준비하는 취업준비생에게 자신감은 어떠한 질문에도 본인의 의견을 자신 있게 답변할 수 있다고 믿는 확신을 의미할 수 있다. 마찬가지로 운동선수들에게 자신감은 자신이 보유하고 있는 운동 기술을 경기에서 성공적으로 수행할 수 있다고 믿는 확신을 의미할 수 있다. 특히 스포츠 상황에서 선수들이 인지하는 자신감의 중요성은 인간이 1마일(1.6km)을 4분 안에 뛰는 것을 생리학적으로 불가능하다고 여겼던 1950년대의 육상경기 현장에서 나타난 배니스터 효과(Bannister effect)로 설명할 수 있다. 배니스터 효과는 1954년 5월 영국 옥스퍼드에서 열린 경기에서 전설적인 육상선수인 로저 배니스터(Roger Bannister, 영국 옥스퍼드 의대생)가 마의 벽으로 불렸던 4분의 기록을 깬 후, 한 달 만에 10명, 일 년 후에 37명, 2년 만에 300명이 넘는 선수가 4분의 기록을 깬 현상을 설명하는 것으로, 이러한 결과는 4분의 벽이 인간의 한계(의식의 프레임)가 아니라고 판단한 선수들의 자신감이 경기 결과에 영향을 미친 대표적인 예라고 할 수 있다. 모든 것을 부정적으로 생각하는 것은 정박효과

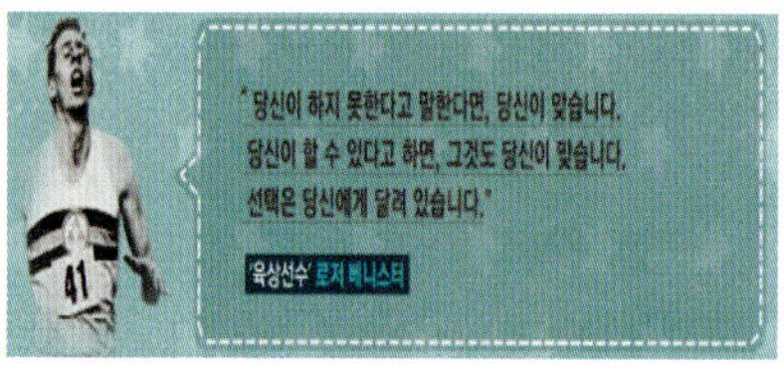

(anchoring effect)나 과거의 패턴에 얽매이는 병(pre forma disease) 때문이라고 한다. 우리 뇌는 익숙한 것에 안주하는 정보처리 경향을 갖고 있다. 불가능하다고 생각하면 될 일도 되지 않는다. 희망을 가져야 한다. 쥐를 대상으로 실험한 사례가 있다. 쥐 한 마리를 큰 물통에 넣고 빛을 차단했을 때 쥐는 헤엄치는 것을 3분 만에 포기해 버렸다. 그러나 물통에 한 줄기 빛을 비춰주었더니 36시간 이상을 버텨냈다. 바로 희망이 있었기 때문이다. 희망은 불가능도 가능하게 만들어준다.

인간의 생각과 행동들은 성장하며 겪게 되는 가족과 학교, 이웃, 그리고 지역사회와 같은 다양한 문화(Culture) 속에서 학습되는 것으로서, 시간이 지남에 따라 점차 개인의 의식 속에 고착화되어 타인과 구분되는 고유한 특성으로 자리 잡게 된다. 즉, 문화는 서양 또는 동양과 같이 동일한 집단 내에서 공유되거나 학습되는 것으로 한 문화권에서 학습된 개인의 생각과 행동들은 성인이 되어 새로운 문화에 지속적으로 노출되어도 쉽게 변화하지 않고 지속적으로 타 문화권과는 다른 특성을 유지하는 것이 일반적이다.

여러 스포츠종목 가운데 2016년 리우 올림픽에서 펜싱 남자 에페 개인전 금메달을 딴 박상영 선수가 보여준 결승전 시합 상황에서의 뛰어난 심리기술은 전 세계인을 감동시켰다. 경기 규칙상 15점이면 금메달을 놓칠 수 있는 10:14의 상황에서 그는 개인의 심리기술요인인 "할 수 있다, 할 수 있다"라며 침착함을 보였다. 그 결과 기적과 같은 대역전극으로 금메달의 주인공이 되었다. 이러한 결과는 "할 수 있다"는 혼잣말을 활용하여 자신의 경기력에 대한 스포츠 자신감을 회복하려 노력한 성과로 볼 수 있다. 스포츠현장에서 가장 자신감이 있을 때는 나의 실력이 가장 뛰어난 상태에 있을 때이다. 성공경험이 반복되어 자신감이 강화되면 이후에 가끔씩 일어나는 실패에 큰 영향을 받지 않는다. 자신감이 높은 사람들은 성공했을 때 그 원인을 자신의 기술 향상이라고 생각하여 더욱 꾸준히 연습에 임할 수 있는 높은 자신감을 유지하게 된다. 한편 실패했을 때는 그 원인을 상황적 요인과, 불충분한 노력 그리고 잘못된 전략으로 생각하는데 이때 실패 극복을 위해 다시 노력할 수 있게 자신감을 높여준다는 것이다. 그러므로 강한 자신감을 가지기 위해 연습에서 성공경험을 많이 가지는 것이 중요하다.

스포츠 경기에서 선수들의 운동 수행능력을 향상시키고 개인의 최대 기량을 발휘하기 위해서는 선수 개인의 심리, 생리적 상태를 잘 이해하는 것이 중요하다. 특히 펜싱경기는 짧은 시간 내에 공격과 방어가 치열하게 수행되므로 짧은 찰나의 실수도 허용할 수 없으며 그만큼 고도의 집중력을 발휘할 수 있도록 평소 자기관리의 중요성이 강조되는 종목이다. 선수들은 최상의 컨디션일 때 최고의 경기력을 발휘할 수 있다. 따라서 선수들은 긍정적 사고, 주의 집중, 적절한 긴장감 유지, 코치와의 소통, 루틴 등을 통해 최상의 컨디션을 유지한다.

엘리트 선수들은 누구나 자신의 종목에서 최고의 기량으로 최고의 선수가 되기를 바란다. 무엇보다도 자신이 참가하는 스포츠 종목에서 우승이나 입상과 같은 최고의 목표를 성취하기 위해 끊임없이 훈련하고 이를 위해 끊임없는 노력을 한다. 이러한 과정에서 선수들에게 필요한 세 가지 요인은 기초체력, 기술훈련과 더불어 정신력이다. 특히 정신력과 같은 심리기술 요인은 유사한 경기력을 가지고 있는 선수들에게 있어 다른 두 요인보다 중요한 역할을 하며 이러한 정신력이 뒷받침될 때 최상의 운동수행을 보인다. 다시 말하면 우수한 경기력을 갖춘 선수들은 목표설정에 따른 성공에 대한 효과적인 훈련과 계획된 대회준비전략을 가지고 있다. 또한, 우수한 경기력을 갖춘 엘리트 선수의 경우 합숙훈련, 전지훈련, 대회출전 등 집단생활에서 직 · 간접적으로 관여되는 심리적 요인들을 활용할 수 있는 능력이 필요하다. 이러한 요인으로 경험이 부족한 선수보다 경험이 많은 선수들 혹은 우수한 선수들은 자기 스스로가 적절한 관리를 해야 한다.

자기관리는 인간을 이해하는 관점에 기초해 인간의 행동방식에 대한 통제를 두 가지로 구분하는데, 첫 번째는 통제되는 인간(controlled person), 두 번째는 통제하는 인간(controlling person)이다. 먼저 통제되는 인간은 개인이 환경에 의해 행동에 영향을 받고 다양한 내 · 외적 단서나 결과에 반응한다. 하지만 통제하는 인간은 개인들이 어떠한 목적을 달성하기 위하여 내 · 외적 요인이나 결과들을 조정하고 통제하려고 한다. 하지만 인간의 두 가지 유형은 각각 분리되어 있는 것이 아니라 인간의 내면에 내재화되어 있다고 주장한다. 하지만 인간 개인들이 지향하는 목표는 주변 환경에 의해서 통제되는 인간보다 주변 환경을 인간의지에 따라 조절하고 통제하며 그에 따라 주체적 인간으로 성장하는 데 초점을 둔다. 따라서 자기관리는 환경을 통제하고 행동수정 원리나 심리학적 개념에 기초하여 주변 환경을 조절하고 통제하는 과정을 새롭게 학습하는 일련의 과정이라고 할 수 있다. 자기관리를 보는 몇몇 철학적 관점이 있다. 첫째, 자기관리는 변화의 기초와 주체적으로 행위자인 개인이 스스로 활동에 참여하는 것이 매우 중요하다. 둘째, 자기관리의 측면에서 대부분의 문제행동은 자기반응 혹은 생각, 사고, 상상, 그리고 계획과 같은 인지적 요인들과 관련되어 있다는 것이다. 셋째, 자기관리의 철학적 개념에서 개인들은 자신의 행동을 변화시키기 위해 타인의 도움을 요청하지만 실제로 지금까지 자신들에게 익숙한 행동방식을 고수하려는 경향이 있기 때문에 변화는 매우 어렵고 힘든 과정이다. 따라서 개인들은 자신의 변화에 대한 필요성을 인식하고 동기수준을 높여야 한다고 주장한다. 이와 같은 개인의 동기는 자기관리의 행위를 하는 데 있어 첫 번째 단계이며 가장 중요한 목표로 사용된다. 넷째, 자기관리의 목표는 특정한 상황과 부딪혔을 때 문제 상황을 스스로 판단하고 효과적으로 대처하는 전략과 같은 일반적인 기술들을 배울 수 있도록 하는 데 초점을 둔다.

선수들은 시합에서 최고의 경기력과 목표한 바를 이루기 위해 많은 노력을 쏟는다. 반복적인 훈련과 충분한 연습량에도 불구하고 시합 출전을 앞둔 선수들의 대부분은 심리적 부담을 느낀다. 잘해야 한다고 생각할수록 부담과 긴장은 증가한다. 선수의 경기력은 대부분 훈련을 통해 습득한 기술과 체력, 경기수준, 자신감 등에 의해 결정된다. 하지만 선수 간에 기술수준이 비슷할 경우에는 심리적 요인을 잘 조절하는 선수가 승리할 확률이 높다. 스포츠 수행에 있어 심리적 부담과 불안, 긴장을 조절하지 못하면 경기력은 저하되기 때문에 선수들은 경쟁불안과 부정적 심리상태를 최소화하기 위해 심리조절방법을 습득하는 것이 필요하다.

자기암시란 자신감을 개발하거나 목표한 바를 이루기 위한 자기조절(self-regulation)의 형태로, 어떠한 말의 내용을 자신 스스로에게 되새기는 행위이다. 같은 의미의 용어로는 자화, 혼잣말, 자기대화, 자기 독백, 자기언어화(self-verbalization)가 있다. 자기암시는 긍정적인 자기암시와 부정적인 자기암시로 나뉜다. 긍정적인 자기암시는 자기 스스로에게 긍정적이고 도움이 되는 말을 되새기는 것을 의미한다. 즉,

자신감이나 용기를 북돋아주거나, 집중력, 동기부여, 경기력 등을 높이는 데 사용하는 말을 의미한다. 부정적 자기암시는 자신을 무시하거나 비하하는 부정적인 말을 되새기는 것을 의미한다. 부정적인 자기암시는 스스로의 자신감과 자존감을 떨어트리고 불안하게 만들어 자기 능력에 대한 불신을 불러일으킨다. 긍정적인 자기암시의 사용보다 부정적인 자기암시를 더 많이 사용하면 그 결과 실패를 일으키는 원인이 될 수 있다. 긍정적인 자기암시는 '난 할 수 있어.' '이 정도는 별거 아니야.' '내가 제일 강하다.'라는 말처럼 자신이 실행하고 있는 일에 대한 의식을 높이고 긍정하는 내용을 말한다. 이와 반대로 부정적인 자기암시의 예는 '나는 못 할 거야.' '나는 부족해.' '왜 이것밖에 못할까?' 등과 같은 경우다. 자기암시를 사용하는 목적은 자기진술(대처진술, 언어적 자기진술)을 사용해서 자신감을 개발하여 목표한 바를 이루는 데 도움이 되도록 하는 것이다. 예를 들어, 어떤 실패를 하였을 때 '나는 역시 못해'란 생각보다, '괜찮아. 다음에 더 도전해 보자.'라고 자신에게 말하여 부정적 사고가 떠오르는 경우 자기암시를 통해 강화된 비합리적 사고와 신념을 바꾸는 것이 핵심이다.

인간의 행동은 비교적 오랜 시간에 걸쳐 반복적으로 학습된 것이기 때문에 일정한 경향성을 가지고 반복적으로 나타난다. 이렇게 반복적으로 나타나는 인간의 행동을 행동유형이라고 부른다. 행동유형은 특정 상황하에서 비교적 일관되고 반복적으로 나타나는 개인의 독특한 반응양식으로 많은 행동과학자들은 인간의 행동에는 다음과 같은 행동 특성이 드러난다고 하였다. 첫째, 주어진 과제해결에 자신을 가지며 과제를 해결했을 때 또 다른 과제를 찾아 해결하려고 노력한다. 둘째, 정력적이며 적절한 모험성이 있는 행동을 즐긴다. 셋째, 자기에게 맡겨진 일을 열심히 하고 보다 나은 지위에 오르려고 노력한다. 넷째, 맡겨진 과업해결에 끝까지 노력하는 근성이 있다. 다섯째, 자기가 행한 결과를 빨리 알려고 노력하며 잘못되었을 경우 남에게 책임을 전가하지 않는다. 여섯째, 시간관념이 뚜렷하고 규칙적이고 계획적인 생활을 하려고 노력한다. 일곱째, 자기보다 나은 동료를 선택하고 동료와의 경쟁에서 이기려고 노력한다. 여덟째, 윗사람의 신임을 받으려고 하며 동료의 리더가 되려고 한다. 아홉째, 독창적인 사고와 혁신적인 활동을 찾아 즐긴다고 하였다.

경쟁이란 개인적, 사회적, 국가적 차원에서 피할 수 없는 현상으로 현대사회생활의 특징이라고 할 수 있으며, 스포츠 상황은 더욱 철저한 경쟁상황이므로 불안을 통제하고 긴장을 이완시키며, 슬기롭게 생각하는 것 등은 신체적으로 동등한 수준에 있는 상대 선수를 능가하게 하는 여유를 갖게 되는 것이다. 선수들은 연습이나 경기 중에 경쟁 불안으로부터 오는 곤란이나 장애로 인하여 심리적 부담을 자주 느끼며 이를 극복하지 못하면 심한 갈등을 느껴 경기장에서 초조해지고, 자신의 기량을 제대로 발휘하지 못하게 된다. 모든 스포츠의 특성은 경쟁을 통하여 승리와 패배가 결정된다. 많은 운동선수들과 코치들은 이러한 경쟁상황에서 승리의 결과를 얻기 위해 끊임없는 노력을 하지만 실제 시합상황 속에서는 수많은 요인들로 인해 평소 자신의 실력을 충분히 발휘하지 못하는 경우가 흔히 나타난다. 특히 골프는 자연이라는 환경적 조건 안에서 이루어지기 때문에 심리적인 요인이 매우 중요하게 작용되는 스포츠이다.

불안이란 자기보존을 위한 생리학적 반응이나 억압된 내적 욕구들이 의식세계로 표출될 경우에 나타나는 심리적 반응이다. 이러한 불안증상은 외부에서 오는 위협을 피할 수 없거나, 외적 위협이 직접적으로는 존재하지 않지만 공포가 만성화되었을 때, 또는 신경시스템 자체 내의 어떤 혼란으로부터 공포가 발생하였을 때 나타나는 초조함이나 걱정, 또는 우려 등의 부정적인 심리적 동요라고 볼 수 있다.

불안(Anxiety)은 모든 사람이 경험하는 자연스러운 감정이며, 삶의 한 부분이다. 불안이란 단어의 어원은 라틴어인 앙구스티아(Angustia)에서 유래된 것으로 '짧은 숨결'이라는 의미라고 한다. 우리가 위기 상태 즉 심한 스트레스에 노출되었을 때 신체는 위험으로부터 우리를 보호하기 위해 신체적, 감정적, 인지적으로 즉각적인 조치를 취한다. 따라서 불안은 생명이나 안전을 위협받을 때 이에 대처하기 위한 정상적인 감정이다. 불안은 그 강도에 따라 단순히 떨림 정도인 염려일 수도 있고 극단적으로 강렬한 공황(panic)일 수도 있다. 또는 전체나 사물들을 그대로 받아들일 수 없고 환경에 적절히 대응해 나가지 못하는 데서 비롯되는 도움이 없음(Helplessness)을 일컫는 말이다. 경쟁상태 불안을 쉽게 표현하자면 경기상황에서 선수가 느끼는 불안을 일컫는다. 그리고 스포츠 현장에서 선수들이 느끼는 불안은 경기력에 나쁜 영향을 미친다는 사실을 수없이 목격했고 들어왔다. 따라서 일반적으로 운동경기 상황에서 선수가 느끼는 경쟁상태 불안은 대체로 과도한 정도이기 때문에 운동수행에 악영향을 미치는 것이 보편적인 형상이라고 할 수 있다.

이러한 여러 가지 방법들의 기본논리는 불안해졌을 때 부수적으로 따르는 각종 반응(행동적, 생리적, 생화학적, 심리적)은 불안의 상관물로서 불안의 정도를 대변해준다. 이는 ① 지각된 능력은 수행자가 운동 학습이나 경기 상황에 임하기 전 그 학습 내용이나 경기상황을 인지하게 한다. ② 성공에 대한 기대는 높은 경쟁 특성불안을 지닌 수행자가 성공에 대해 더 낮은 기대를 갖고 있다고 보고하였다. 이러한 결과들은 성공에 대한 낮은 기대가 경쟁을 위협적인 것으로 지각하여 정서적, 부정적 상태에 이르기 때문이다. ③ 최근의 연구에 의하면 부정적 평가에 대한 예상은 높은 경쟁 특성불안을 지닌 수행자가 사실상 낮은 경쟁 특성불안을 지닌 수행자보다 자신의 수행이 서투른 경우에 부정적 평가를 초래할 것이라는 예상을 더욱 크게 갖고 있다고 지적하고 있다. ④ 부정적 감정에 대한 예상은 경기 수행 결과 대부분의 성공은 긍정적인 정서 반응을, 실패는 부정적 정서 반응을 나타낸다. 부정적 정서는 싫어하거나 피하고 싶거나 해롭다고 판단되는 자극과 마주하였을 때 나타나는 생리적인 반응이나 행동 경향성을 줄 수 있다. 이를 좀 더 자세히 살펴보면, 첫째는 선수 자신이 선천적으로 소지한 특성으로서 경향, 즉 특성불안이며, 둘째는 상황으로부터 기인되는 상태 불안으로 구분한다. 특성불안은 어떤 사람의 성격의 한 측면에서 개인적 특성 및 기질로 설명할 수 있다. 즉, 객관적으로 위협적이지 않은 상황에서도 그것을 위협적으로 지각하여, 객관적 위협의 정도와 관계없이 상태불안 반응을 나타내는 행동 경향으로 정의된다. 특성불안은 사람들의 상태불안 강도 및 빈도와 관계가 있다. 특성불안이 높은 사람은 위협이 있을 때 더 많은 상황을 불안하게 의식하게 되고 이와 같은 상황은 심리적 반응 강도를 더 높게 할 것이다. 상태불안은 일시적인 상황적 측면이 강한 개념이다. 상황에 따라 다양하게 변화하는 정서상태로서 자율신경계의 활성화와 관련된 주관적이고 의식적으로 지각된 공포, 우려 및 긴장감을 지닌 일시적이고 지속적으로 변화하는 정서상태로 정의된다.

□ 숨은 뜻 찾아보기

1. 월요병은 주말에 쉬고 월요일에 다시 출근·등교하는 직장인들과 학생들에게 익숙한 단어다. 피곤함·무기력함·우울함·어지럼증·두통 등 다양한 증상을 유발하지만 의학적으로는 정식 질환이 아닌 일종의 부정적 심리상태로 분류된다. 월요병 해소를 위해서 음원사이트는 음악을 추천하는데 그 속에 숨겨진 마케팅에 대해서 설명하시오.

2. 스포츠는 규칙성, 경쟁적, 불확실성, 신체적 탁월성, 제도화된 활동, 흥미와 활력, 비생산적으로 고유한 몇 가지 특성을 지니고 있다. 제시된 특성에 대해서 설명하시오.

2. 스포츠 축제

스포츠 축제란 스포츠 요소가 포함된 각종 경기나 행사를 뜻한다. 스포츠 축제에는 올림픽이나 월드컵 대회와 같이 전 세계인이 관심을 기울이는 국제적인 규모의 것에서부터 소규모 지역 사회 집단에서 이루어지는 행사에 이르기까지 매우 다양한 양상을 띤다. 스포츠가 인류의 기원과 함께 시작됐듯이 스포츠 축제는 인간이 국가를 이루고 살기 시작한 고대부터 존재해 왔다. 그러나 서로 선의의 경쟁을 펼치며 참가자 모두가 함께 즐기는 현대의 스포츠 축제에 비해 고대 스포츠 축제의 모습은 다른 점이 많다. 고대 스포츠 축제는 하늘에 제사를 지내는 종교적인 색채가 강했으며, 전투적인 기능들을 겨루고 끌어올리기 위한 성격이 강했다. 이러한 고대 스포츠 축제는 오랜 시간의 변화 과정을 통해 현대에 이른 것이다.

어린 시절 가장 인상적인 퍼레이드는 1988년도 올림픽 개회식에 각국을 대표하는 선수들이 등장하는 모습으로, 선두에 국가명의 피켓을 든 사람이 있고 이어서 국기를 든 기수단 그리고 선수들이 사열하듯이 개막경기장을 한 바퀴씩 도는 모습이었다. 그리고 올림픽이 끝난 뒤 금메달을 딴 선수들이 각자의 고향에서 경찰 오토바이를 선두로 오픈형 지프차를 타고 시내를 행렬하던 퍼레이드도 기억이 난다. 그 후로 지역의 축제나 행사에 '농자천하지대본(農者天下之大本)'이라 적힌 농기와 깃발을 든 농악 길놀이를 볼 수 있었고 특별한 날에는 군악대의 마칭밴드나 군 의장대의 사열 시범을 거리에서 구경할 수 있었다. 가장 화려한 퍼레이드는 테마파크에서 익숙한 캐릭터와 외국인 무용수가 플로팅 카를 타고 춤을 추는 신기한 행렬이었다.

지구촌 80억 인구가 밤낮없이 스포츠에 빠져 사는 요즘, 스포츠를 통한 세계인의 이목 집중, 지역 홍보가 현 시대의 추세가 아닐까 생각한다. 흔히 세계 3대 스포츠 빅 이벤트라고 하는 올림픽, 월드컵, 유럽축구연맹(UEFA) 챔피언스 리그 등의 스포츠 축제에 대한 세계인들의 관심은 가히 폭발적이라 할 수 있으며, 그 파급 효과는 상상을 초월한다. 우리나라는 1988년도 서울 올림픽을 개최하여 금 12, 은 10, 동 11개로 역대 최고 성적인 4위를 하였으며, 2002년에는 월드컵을 일본과 공동 유치하여 4위를 달성하는 등 국민에게 자긍심을 심어주었으며, 세계인들의 뇌리에 'KOREA'라는 국가 이름을 각인시켰다.

서양의 경우 퍼레이드는 어떻게 경험할 수 있을까? 유럽의 경우 나라마다 차이가 있지만 대체로 기독교 문화를 배경으로 하는 카니발에서 볼 수 있으며 그것은 광장과 광장으로 이어진 거리에서 행렬을 한다. 우스꽝스러운 분장이나 복장, 가면을 쓰고 퍼레이드에 참여하는 것을 쉽게 경험할 수 있다. 유럽의 대표적인 카니발에는 이탈리아의 베니스카니발, 프랑스의 니스카니발, 독일의 라인카니발 등이 있다. 미국의 경우 대규모의 추수감사절 퍼레이드(Thanksgiving Day Parade)와 소소한 핼러윈데이는 삼하인(Samhain) 축제에서 유래하였고, 핼러윈은 매년 10월 31일 그리스도교 축일인 만성절(모든 성인 대축일, All Saint's Day, All Soul's Day) 전날 미국 전역에서 다양한 복장을 갖춰 입고 벌이는 축제다. 이후 8세기 유럽에서 가톨릭교회가 11월 1일을 '모든 성인 대축일'로 지정하자 그 전날인 10월 31일에 삼하인 축제를 이어갔고 '신성한(hallow) 전날 밤(eve)'이라는 의미로 이후 핼러윈으로 불리게 됐다. 중세 유럽에서 켈트와 가톨릭 신앙이 혼합된 형태로 발전한 축제는 이후 아일랜드 등 유럽의 이민자들이 미국으로 이주하면서 원주민 문화와 다시 융합돼 오늘날의 형태로 자리 잡았다. 핼러윈의 특징은 사탕과 의상이다. 유령이나 괴물 등으로 분장한 아이들이 집마다 초인종을 누르고 다니며 "간식을 주지 않으면 장난칠거야(trick or treat)"라고 외치는 모습은 미국 영화나 드라마 등을 통해 한국에도 알려진 풍경이다. 어린이뿐만 아니라 어른들도 드라큘라나 프랑켄슈타인, 미라 등 대중문화를 통해 잘 알려진 괴물 의상을 차려입고 모여서 파티를 한다. 미국에서는 핼러윈 당일 아이들이 분장을 하고 이웃집을 돌며 과자를 안 주면 장난칠 것이라는 의미에서 "trick or treat(트릭 오어 트릿)"을 외쳐 사탕과 초콜릿을 받아낸다. 호박에 구멍을 뚫은 '잭 오 랜턴(Jack O'Lantern)' 호박등도 핼러윈에 어김없이 등장하는데, 이 호박등은 귀신을 쫓아내는 데 사용됐다는 설도 있다.

중미 카니발은 카리브해를 시작으로 콜롬비아와 브라질 등에서 그 색채를 강렬하게 보여주고 있으며 이러한 대형 퍼레이드는 주요한 관광산업을 이끄는 자원이 되었다. 한국에서 퍼레이드에 참가하는 경험은 어떻게 나타날까? 사실 퍼레이드는 우연히 길을 나섰다가 행렬에 참가하는 것은 아니다. 퍼레이드의 어원에서 볼 수 있듯이 사전에 행렬에 참가할 '준비'를 하고 나가는 것이 퍼레이드라고 할 수 있다.

서양 문화에서 퍼레이드는 종교에 기반을 두고 있으며 그중 개신교는 성탄절과 추수감사절에 행해져 대형 플로팅 카가 일반적인 퍼레이드 문화로 정착했고, 유럽의 기독교에서는 종교적 활동 전 해방감을 위해 만들어진 카니발을 통한 가면과 분장 퍼레이드가 발달되어 있다. 대표적인 서양의 퍼레이드는 프랑스 '니스카니발(Carnival of Nice)', 이탈리아 '베니스카니발(Carnival of Venice)'과 네덜란드의 대형 꽃마차 퍼레이드인 블루먼코르소 준데르트(Bloemencorso Zundert) 등이 있다. 영국 런던에서 열리는 '노팅힐카니발(Notting Hill Carnival)'은 사순절의 의미와 더불어 카리브 흑인 이민자의 자유와 해방 그리고 향수(鄉愁)를 달래기 위해 만들어졌다. 중남미의 카니발은 노예해방과 자유를 위해 추는 춤에서 시작되어 수천 명이 춤을 추는 브라질 '리우카니발', 수만 명이 죽음을 표현하는 멕시코 '죽은 자의 날'축제 그리고 살사퍼레이드로 불리는 콜롬비아 '페리아 데 칼리(Feria de Cali)' 축제가 대표적이다. 아시아에서는 전통적인 복장으로 혼연일체를 보여주는 퍼레이드가 많은데 일본의 마츠리(祭り)에서 이러한 특징의 퍼레이드를 볼 수 있으며 특히 2차 세계대전 후 시코쿠(四国)섬의 코치시(高知Kōchi, 市)에서 시작된 '요사코이 마츠리(よさこい祭り, 소란축제)'가 현재는 전국 200여 개의 도시에서 신(新) 퍼레이드 형태로 펼쳐지고 있다. 동남아시아

의 경우 태국의 송크란(Songkran, 물의 축제) 축제를 비롯하여 각국에서 종교를 중심으로 오래된 퍼레이드 형식의 길놀이가 전통으로 이어져 왔으며, 16세기 가톨릭을 맞이한 필리핀에서는 필리핀 세부(Cebu)를 시작으로 아기 예수를 맞이하는 다양한 퍼레이드가 각 섬에서 펼쳐지고 있다. 아기 예수(산토니뇨 Santo Niño)를 맞이하는 서양의 종교적인 문화를 배경으로 하지만 대형 집체무(集體舞) 형식으로 공동체를 중요하게 생각하는 문화는 매우 아시아적이라고 볼 수 있다.

어떠한 퍼레이드라도 참가자 단체의 특성, 인적 특성에 따라 표현방법은 다양하게 나타난다. 하지만 퍼레이드를 기획하고 모집하는 단계에서 표현수단과 방법은 제한적일 수 있다. 예를 들어 차량을 사용할 수 없는 좁은 길의 경우 플로팅 카나, 카 퍼레이드의 연행이 불가능하다. 반대로 퍼레이드 연행방식에 따라 참가가 불가능하거나 진행이 어려운 경우가 있다. 예를 들어 행렬식 퍼레이드 유형에서 멈춰서서 퍼포먼스를 진행한다거나, 특정 구간에서 퍼포먼스를 진행해야 하는 퍼레이드 유형에서 퍼포먼스가 준비되지 않은 참가자는 진행에 어려움이 있을 것이다. 따라서 참가자 입장에서 중요하게 적용되는 퍼레이드의 '표현방법'에 따른 분류와 퍼레이드 축제를 기획하는 단계에서 설정이 필요한 '연행구조'에 대한 유형을 다음과 같이 분류했다. ① 가장행렬(분장, 마스크)형 퍼레이드는 동서양을 막론하고 가장 오래되고 가장 많이 사용하는 퍼레이드의 표현방법으로 가장행렬의 시작은 피지배층이 지배층을 흉내 내기 위한 표현으로 마스크나 의상을 활용했다. 대표적인 흉내의 대상은 왕국의 왕으로, 우스꽝스러운 바보 왕의 모습이나 바보 주교의 모습으로 풍자와 해학을 통해 표현했다. 가장 많은 의상과 마스크가 사용되는 축제는 이탈리아 베네치아 카니발의 가장행렬이다. 13세기(1204년) 베네치아의 총독 엔리코 단돌로(Enrico Dandolo, 1107~1205)가 제4차 십자군 원정에서 무슬림 여인들을 데리고 귀환했는데, 이 여인들이 머리와 얼굴을 가린 베일에서 착안해 가면이 유행하기 시작했다고 한다. 마스크의 모습은 고정된 캐릭터로 굳어져 연극에도

사용되고 있다. 국내의 경우에도 길놀이 중 탈을 쓴 탈춤이 많은데 양반 모습의 탈, 떠돌이 스님 모습의 중탈을 사용하는 안동 하회탈춤이 대표적이다. 현시대의 가장행렬은 멕시코 '죽은 자의 날 퍼레이드'나 '핼러윈 퍼레이드'에서처럼 특수 분장을 하거나 애니메이션과 영화 속 캐릭터를 그대로 따라 하는 코스프레 퍼레이드를 볼 수 있다. ② 그룹댄스형 퍼레이드는 2000년도 이후 가장 많이 사용되는 퍼레이드 아이템으로 그룹 댄스를 들 수 있다. 거의 모든 댄스 장르를 퍼레이드 방법으로 표현할 수 있다고 볼 수 있다. 가장 대표적인 댄스 퍼레이드는 브라질 리우 카니발의 삼바 댄스이다. 수천 명이 동시에 삼바춤을 추면서 퍼레이드를 진행하고 객석에서 관객들도 같이 삼바춤을 춘다. 일본의 요사코이 마츠리는 일본 전통 민요를 변환한 음악에 맞추어 나루코와 부채를 사용해 춤을 추며 전진하는 퍼레이드이다. 응원에서 볼 수 있는 치어리더의 그룹 댄스 또한 많이 사용되는 퍼레이드 아이템으로 스턴트 치어리딩과 서커스 치어리딩을 활용해서 더 많은 볼거리를 만들고 있다. 치어리딩을 활용한 퍼레이드는 미국에서 시작되었는데 미국 대부분의 축제 속 퍼레이드에서 사용되고 있고 최근 한국을 비롯한 싱가포르와 대만의 퍼레이드에서도 많이 사용되고 있다. ③ 마칭밴드형 퍼레이드의 경우 군사 퍼레이드의 선두에는 항상 의장대와 군악대가 있다. 군사 퍼레이드에서 군악대의 가장 큰 역할은 음악을 통해 주의 집중과 행진의 리듬을 책임진다는 것이다. 그래서 많은 퍼레이드에 마칭밴드가 등장하고 있다. 군악 페스티벌의 경우 관악기 마칭밴드가 주로 참여하고 있다. 대표적인 군악 퍼레이드는 진해 군항제와 진해 세계군악의장 페스티벌이다. 원주의 국제따뚜 페스티벌이 2000년대에 있었으나 2010년을 끝으로 원주 다이내믹댄싱카니발로 변경되었다. 세계적인 카니발 퍼레이드의 시작은 대부분 마칭밴드에서 시작하였으며, 긴 퍼레이드 사이에서도 행진하는 밴드를 만날 수 있다. 뉴욕 메이시스 추수감사절 퍼레이드에서는 전국 대학 밴드의 퍼레이드를 볼 수도 있다.

□ 문제해결과 디자인 사고

'에드워드 드 보노' 박사가 창안한 여섯 색깔 사고의 모자(Six Thinking Hats)는 사고 양상을 분류해서 의도적으로 한 번에 한 가지만을 사고하게 하는 개념이다. 사고의 모자는 상충하는 이해관계 속에서 논쟁을 피하게 해주고, 부정적인 견해를 통제해 주며, 특정한 사고 방향에만 집착하는 것을 막아주는 이점이 있다. 회의 과정에서 사고 모자를 사용하는 순서는 회의 주제에 따라 다를 수 있으며, 일반적으로 다음과 같은 순서로 이루어진다.

① 하얀 모자: 우리가 알고 있는 것이 무엇인가?

② 초록 모자: 대안, 제안 및 아이디어 탐색

③ 노란 모자: 아이디어의 실행성, 이점 및 가치 탐색

④ 검은 모자: 어려움, 위험, 문제와 주의점 탐색

⑤ 빨간 모자: 아이디어에 대한 직관과 감정, 느낌

⑥ 파란 모자: 결론

출처: 전북도민일보(http://www.domin.co.kr)

PMI(Plus minus interest)기법은 에드워드 드 보노(1933~2021)가 제안한 방법으로 어떤 아이디어나 제안을 다룰 때, 열린 마음의 태도로 다루게 하기 위하여 의도적으로 사용하는 방법이다. 이 기법은 아이디어를 결정하는 수렴적 사고에 속한다. 즉, PMI기법은 제안된 아이디어의 장점(Plus), 단점(Minus), 그리고 흥미로운 점(Interesting)을 따져본 후 그 아이디어를 평가하는 아주 간단하면서도 매우 효과적인 기법이다(P = Plus: 제시된 아이디어의 좋은 점(당신이 좋아하는 이유), M = Minus: 제시된 아이디어의 나쁜 점(당신이 싫어하는 이유), I = Interesting: 제시된 아이디어와 관련하여 흥미롭게 생각되는 점)

위 내용을 살펴보고 전통과 과학을 결합하여 퍼레이드를 만들고 설명하시오.

3. 아는 만큼 즐거운 문화시설

현대인에게 문화생활은 삶의 질을 향상시키는 중요한 역할을 한다. 문화생활을 즐기기 위해 사람들은 다양한 관심사를 가지고 문화시설을 찾는다. 다중이 모인 공공장소에서는 무엇보다 '남을 배려하는 문화'와 '타인의 기본권을 존중하는 자세'가 필요하다. 1980년대 이전까지만 해도 일부 계층들만 누릴 수 있는 특권으로 인식되었던 여가활동은 1990년대 이후 사회 전반적으로 경제적 여유가 생기기 시작하면서 물리적 여유에서 정신적 여유, 즉 여가 생활에 대한 인식이 일반대중에게 확대되기 시작했으며, 2000년대에 들어서면서 주 5일 근무제의 도입과 확대로 여가생활의 증대가 가속화되었다. 이러한 사회적 가속에 따른 여가활용의 중요성은 점점 증대하고 있으며, 이는 삶의 질 향상이라는 보편화된 의식으로 전환되어 시민의식 깊숙이 자리하는 가치가 되고 있다. 공공장소는 사전적인 의미로 '사람들이 공동으로 속하거나 이용하는 장소'를 뜻한다. 세계적으로 많은 역사에서 증명되듯 이러한 공공장소를 보는 관점의 변화는 장소성의 의미와 일맥상통한다고 볼 수 있다. 하지만 이렇게 공공질서를 지키고 최소한의 기본예의를 갖추는 것이 하루아침에 되는 것은 아니다. 어렸을 때부터 부모님을 보며 자연스럽게 배워야 하는 것이다.

문화시설이라 하면 문화라는 지극히 관념적이고, 추상적이며 총체적인 형상이 정신적 생활능력으로 구체화되고 다시 행위 패턴화되어 이것이 발현되는 곳, 즉 모든 문화활동이 담길 수 있는 장소라 할 수 있다. 이러한 개념에 따른 문화시설이란 "문화가 표현되는 시각적 형태"라 할 수 있다. 즉 "문화"라는 기능 또는 행위 패턴의 표현에 쓰이는 일종의 조형물 및 조형물을 둘러싸고 있는 일종의 영역을 의미한다. 또한, 문화가 인간의 본성과 관련된 광의의 개념이라고 볼 때, 문화시설이라 함은 인간의 본성을 담을 수 있는 구체화된 어떠한 '장소'의 형태로 나타나는 것이라 할 수 있다. 여기서 말하는 '장소'란 물론 개인적인 공간이 아니라 근본적으로 문화와 대중이 만나는 공공의 공간을 의미한다. 특히 각 지역의 문화시설은 지역이라는 지리적으로 구분된 범위의 개념으로 지역민들의 문화행위가 발생하는 곳이며 문화활동의 중추적 역할을 하는 곳이라 할 수 있다. 그리고 '지역'이라는 말은 서울에 대한 종속적 개념이 아니라, 단순히 지리적이고 공간적인 구분의 뜻으로서 지역이라는 말이 사용되어야 한다.

미국의 도시사회학자 레이 올든버그(Ray Oldenburg)는 1989년 그의 저서 『제3의 장소(The Great Good Place)』에서 가정, 학교나 직장에 이어 동네 사람들이 자연스럽게 만나 교류하는 데 필요한 '제3의 장소(The Great Good Place)'를 '제1의 장소'와 '제2의 장소'인 집 · 회사와 구별되는 장소로 정의하며, 비공식적 모임 생활, 즉 우연한 만남을 통한 지역 공동체 교류의 장을 통해서 우리의 일상을 더욱 풍요롭게 한다고 한다. 하지만 그는 현대사회와 우리의 일상에서 이러한 '제3의 장소'가 점차 사라지며, 지역사회의 급격한 쇠퇴가 일어나고 있다고 주장한다. '공동체'라는 개념이 가치가 있다는 것을 알아차린 대기업이 공동체라는 상품을 만들고 있다. 공동체라는 상품은 공동체 의식을 경험하기는 갈수록 힘들어지고 동시에 어딘가 소속되고 싶은 갈망 사이를 파고들어 탄생한다. 사람이 어디에 소속된다는 것에 관해 에밀 뒤르켐은 "사람들이 다른 사람들과 무언가를 직접 같이하며 느끼는 극도의 흥분상태를 집단열광(collective effervescence)"이라고 하였다. 뒤르켐은 이러한 성스러운 느낌을 통해 인간은 인생에 의미를 부여하고 긍정적인 감정을 키우며 사회적 유대감을 강화하고 고독감을 낮추는 데 기여한다는 사실을 발견했다. 신자유주의 자본주의는 사람들 사이의 관계를 거래로 변질시키고 시민을 소비자로 만들었으며 소득과 부의 격차를 심화시킴으로써 결과적으로 공동체를 주변부로 밀어내 버렸다. 레이 올든버그는 커피하우스, 비어 가든, 펍, 카페, 비스트로, 동네 술집, 이발소, 미용실 등 일상에서 익숙하게 마주하는 공간들을 제1의 장소인 가정, 제2의 장소인 일터 혹은 학교와 다르게 제3의 장소라고 하였는데, 이는 마치 집에 온 것 같은 편안한 분위기의 공간들로 우리들 삶에서 이런 곳들이 빠르게 사라지고 있다.

관람문화는 그 나라의 문화수준을 가늠하는 척도 중 하나이다. 우리나라의 관람문화가 예전에 비해서는 나아졌다고 하지만 아직도 선진국과 비교해서는 많이 뒤떨어진 것이 사실이다. 미국을 비롯한 선진국들에서는 6~8세 때부터 전시장에서의 예절과 에티켓을 가르치는 프로그램을 운영하는 반면, 우리나라에서는 어렸을 적부터 관람 예절문화에 대한 교육이 거의 전무하다시피 하기 때문이다. 박물관, 미술관 등에 가면 전시장을 뛰어다니거나 시끄럽게 떠들면서 관람해 주위 관람객의 관람까지 방해하는 일이 비일비재하며 몰래 사진을 찍거나 유물을 만지고 훼손하는 경우도 빈번하다. 박물관은 우리 문화에 대한 소중한 역사를 볼 수 있는 곳이며, 내가 예절을 지키지 않을 경우 다른 사람의 관람까지 방해할 수 있다는 인식이 부족하기 때문이다. 관객은 공연의 중요한 요소 중 하나이다. 관객이 없으면 공연도 없는 것이다. 공연장에서 관객의 의의는 단순히 보는 사람의 의미만 있지는 않다. 공연장에서 관객은 소비자의 개념으로 볼 수 있다. 공연장이라는 시장은 사람들이 공연이라는 상품에 대한 광고를 보고 티켓을 구매하거나 초대받아서 오게 된다. 그러므로 관객은 소비자이다.

공연장의 분류			
	운영목표		상업극장(민간극장) 공공극장
	제작방식		프로듀싱 시어터(producing theatre) 논프로듀싱 시어터(non-producing theatre)
	물리적 특성	규모	대극장, 중극장, 소극장
		공연장르	다목적극장, 전용극장
		구조	프로시니엄 극장, 아레나 스테이지
		위치	실내극장, 양외극장
	공연성격		순수예술극장, 대중예술극장

공연장은 흔히 공연하는 장소를 의미한다. 네이버 국어사전에 공연장은 극장, 음악당 따위의 공연을 하는 장소라고 기재되어 있다. 공연장은 극장의 의미와 똑같이 사용되는데 극장은 원래 연극하는 장소만을 지칭하다가 모든 무대예술을 하는 장소로 극장의 개념이 확대되었다. 극장의 개념은 20세기에 영화가 등장하면서 변화되었다. 서양에서는 극장과 영화관이 뚜렷하게 구별되었지만 우리나라는 1970년도부터 구별되었다. 그래서 사람들은 극장을 영화관으로 인식하고 공연장을 무대예술하는 장소로 인식한다. 관객은 공연이나 운동 경기를 보는 사람의 의미를 지니고 있다.

박물관이 처음부터 교육의 장이었던 것은 아니다. 고대 뮤즈를 위한 신전에 바칠 수집품을 보관하는 장소로 시작된 박물관은 이후 개인의 만족을 위한 공간으로, 전쟁에서 승리한 뒤 전리품으로 가져온 진귀한 물건들을 전시하는 곳으로 역할이 변화하였다. 르네상스 이후에는 왕족과 귀족들이 흥미로운 물건들을 모두 수집하여 보관하는 캐비닛(Cabinet)에 지나지 않았다. 18세기 이전까지 귀족과 특권계층의 전유물에 불과했던 박물관은 1793년 대중을 위한 박물관인 루브르박물관이 개관한 이후에야 점차 교육의 장소로 변화하였다

박물관은 궁극적으로는 현재와 과거의 문화유산과 자연유산을 미래에 전승하고, 사회와 문화의 발전에 기여하기 위해 설립된 비영리기관이며, 이에 박물관은 인류에 의해 생산된 유형의 문화유산과 자연유산을 수집 및 연구하고, 이를 일반 대중에게 제공하기 위해 전시 교육의 기능을 수행하는 기관이라 정의 내리고 있다. 전통적으로 박물관은 수집물로서의 가치가 있는 전시물을 전시함으로써 대중에게 고급문화를 전달하는 것을 목적으로 해왔다. 즉, 소수의 사람들이 개인 또는 국가의 소장품들이 모여서 하나의 집적물로 진열된 것을 즐기는 공간에서 그러한 즐거움을 보다 많은 대중들과 함께 나누고자 하는 내적 욕구와 사회의 외적인 요구가 점차 증가하면서 박물관의 성격은 변하게 된다. 초기 박물관의 기능이 경직되고 고급문화의 학습체험이 아닌 사회 전반의 가치와 분위기가 변하면서 점차 열린 공간으로 변화했으며 현대로 올수록 박물관은 대중을 위한 공공적인 부분이 강해지고 있다. 이러한 사회적인 박물관의 기능이 현대에 적극적으로 들어옴으로써 교육적 부분이 강조되면서 관람객을 바라보는 시선이 달라지고 있으며 그에 따라 관람객은 중요해졌다. 이제 박물관은 더이상 전시만을 하는 공간이 아닌, 전시물의 숨겨진 메시지와 전시 기획 의도를 적극적으로 제공하여 관람객의 요구에 부응해야 하며, 이러한 현대의 전시는 물품지향적에서 개념지향적 전시로 수집보다는 메시지와 정보 전달에 중점을 두게 된다.

예술과 학문의 여신들인 뮤즈(muse, 고대 그리스, 로마에서 예술과 학문을 관장하는 9명의 여신을 가리킨다. 제우스와 기억의 여신 므네모시네(Mnemosyne) 사이에서 태어났다. 이들은 서사시, 역사, 피리 불기, 춤, 노래, 비극, 희극, 흉내, 천문 분야를 관장)에게 바치는 신전을 의미하는 장소에서, 학문적 토론을 위한 장소, 그리고 과학적 연구를 위한 장소로 기능하였던 미술관(museum)은 15세기에 세속의 역사가 시작되면서 중산 상인계층들이 다양한 대상물들을 일정 공간 안에 모아 자신들의 위상을 나타내 보이고자 하는 현시의 장소에서 그 의미가 변화되어 왔다.

므네모시네는 하늘과 우주 지배자의 신 우라노스(Uranus)와 땅의 여신 가이아

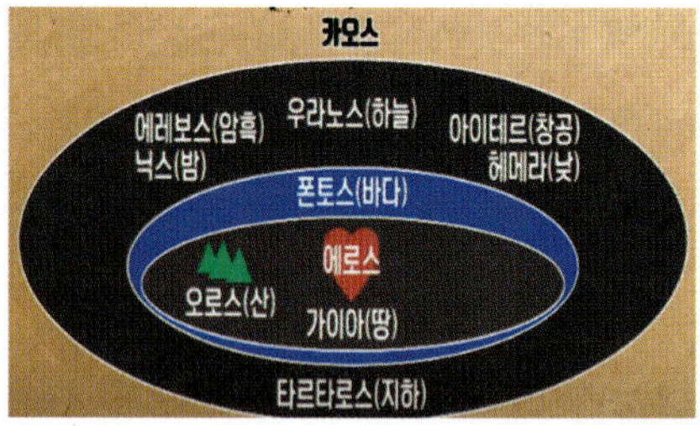

(Gaia, 질료) 사이에서 태어났다. 우라노스는 가이아의 아들인 동시에 남편이다. 기원전 8세기경 그리스 시인 헤시오도스(Hesiodos, BC 740~BC 670)가 저술한 신들의 계보에 관한 책 『테오고니아(Theogonia, 神統記)』에 따르면 가이아로부터 우라노스와 폰토스(Pontus)가 나왔고, 다시 땅의 여신인 가이아는 하늘의 남신인 우라노스와의 사이에서 12의 티탄(Titans)인 남성 여섯(오케아노스, 코이오스, 히페리온, 크리오스, 이아페토스, 크로노스)과 여성 여섯(테이아, 레아, 므네모시네, 포이베, 테티스, 테미스)을 낳았다. 성별에서 질서와 조화가 이루어진 모습이다. 키클로페스(Cyclopes)의 삼형제로는 '브론테스(Brontes), 스테로페스(Steropes), 아르게스(Arges)'가 있으며, 각기 천둥과 번개, 벼락의 신이다. 또한 헤카톤케이르(Hekatoncheir)의 삼형제로는 코토스, 브리아레오스(아이가이온), 기에스(귀게스)를 낳았다. 므네모시네는 조카인 제우스와의 사이에서 아홉의 뮤즈(혹은 무사이, Muses)들을 낳았다. 그 시대에는 아직 문자가 없었기에 세상에서 일어나는 일들을 기록으로 남길 방도가 달리 없었다. 따라서 선사시대 이래의 구전문학처럼 모든 것이 오직 기억에 의해서만 남겨지고 전해졌다. 이들은 어머니 므네모시네로부터 이어받은 완벽한 기억력 덕분에 음악을 필두로 신들과 인간세상의 각종 예술을 관장했으며, 천지에서 벌어지는 온갖 일들을 후대에 전할 수 있었다.

박물관은 본래 소장유물을 수집 및 보존하고, 이를 중심으로 효율적으로 전시하여 관객들에게 교육하는 기능을 지니고 있다. 현대의 박물관은 여러 방법으로 대중에게 다가가기를 시도하고 있다. 이는 자료를 수집하고 조사 연구하여 전시함으로써 교육적인 효과만을 거두는 곳이 아니라, 재미있고 유익한 여가선용을 위한 문화공간으로서의 박물관을 지향하는 것으로 그러한 기능은 앞으로 더욱 강조될 것이다. 전시실에서 조용히 명품을 감상하는 것만이 아니라 이웃한 휴게실에서 필요한 학습자료를 정리하면서 먹고 마시며 매점에서는 쇼핑을 하고 데이트도 할 수 있다. 그러므로 앞으로의 박물관은 외국의 예를 거론하지 않더라도 재미

있게 관람하면서 즐기는 과정에서 일상생활에서 벗어나 재충전할 수 있는 곳이 되도록 해야 한다.

박물관은 뮤즈(Muse)라는 단어로 시작된다. 흔히 예술가들에게 영감을 주는 대상을 일컬어 뮤즈라고 하는데, 뮤즈는 제우스와 기억의 신 므네모시네 사이에서 생긴 아홉 뮤즈가 각자 시와 음악, 희극 등을 담당하였으며 이 뮤즈들에게 바쳐진 신전을 무세이온(Museion)이라고 하였다. 무세이온에는 보통 신에게 바칠 물건들이 들어갔는데, 아테네를 비롯한 여러 나라에서 온 보물들로 가득 차 있었다고 한다. 각지에서 온 진귀한 보물들이 모셔진 이곳을 차용하여 기원전 3세 이집트 알렉산드리아에서 프톨레스마이오스 왕에 의해 건립된 것이 알렉산더 박물관이다. 이 박물관은 학자를 위한 도서관, 연구기관, 그리고 명상적인 은신처 역할을 하였다. 전시의 기원은 르네상스시대 예술과 과학의 진귀한 유물들을 수집하여 진열하는 공간에서 나타난다. 르네상스 귀족이나 상인계층이 미술품과 골동품을 수집하여 진열하였고, 박물관과 같은 어원을 갖는 뮤지엄(Musuem)은 수집된 골동품의 컬렉션(Collection)을 의미하였다. 박물관은 근대적 학문을 바탕으로 컬렉션의 체계화와 전문화가 이루어졌지만 학술적 · 교육적 가치를 갖기 어려웠다. 근대에 들어오면서 박물관이 학술자료를 제공하고, 컬렉션을 조직하면서 박물관과 근대 학문이 상호발전을 이루게 되었다. 근대에 와서 특권 계층의 제한된 공개가 아닌 모든 시민에게 개방되었다는 것에 의의가 있으며, 영국 옥스퍼드대 소재 아쉬몰리안 박물관(Ashmolean Museum)이 공공박물관의 효시라 할 수 있다.

대영박물관	루브르박물관	바티칸박물관

출처: https://jsksoft.tistory.com/14125, https://joyance.tistory.com/268, https://brunch.co.kr/@ragony/190

□ 내 마음은 누구와 닮았을까?

호머에 의하면 신(神)들은 북부 그리스에 있는 해발 약 1만 피트의 올림포스산 정상의 아크로폴리스에서 산다고 생각하였다. 그리스인들은 올림포스의 여러 신들 가운데 제우스(Zeus)를 중심으로 헤라(Hera), 아폴론(Apollon), 아프로디테(Aphrodite), 아테나(Athena), 헤르메스(Hermes), 아르테미스(Artemis), 헤파이스토스(Hephaistos), 데메테르(Demeter), 포세이돈(Poseidon), 디오니소스(Dionysos), 아레스(Ares) 등 올림포스 12주신은 정치적 이상을 보여주면서 시대, 장소와 기록에 따라 신 이름에 차이가 있다.

신	신들과 관계(계보)	상징성	카오스부터 코스모스까지 즐기는 신들의 이야기 만들기
제우스	크로노스와 레아의 자식	하늘, 권력	
헤라	크로노스와 레아의 자식, 제우스 아내	결혼, 권력	
아폴론	제우스 자식	태양, 궁술	
아프로디테	제우스 자식	사랑, 미	
아테나	제우스 아내	지혜, 전쟁	
헤르메스	제우스 자식	전령, 여행	
아르테미스	제우스 자식	달, 사냥	
헤파이스토스	헤라 자식	대장장이, 기술	
데메테르	크로노스와 레아의 자식	대지, 곡물	
포세이돈	크로노스와 레아의 자식	바다, 말	
디오니소스 (영웅)	제우스와 세멜레 (여사제)의 자식	포도주, 농업	
아레스	헤라 자식	전쟁	

출처: https://www.segye.com/newsView/20161118002255?OutUrl=daum

구분	순서	내용
공연 예절	관람 전	관람할 작품 정보 사전 체크, 공연 시간 확인, 관람 연령 확인, 옷차림 예절 체크 등
	관람 중	상호 존중을 위한 예술의 전당 공연장 이용수칙 – 산업안전보건법 제41조 '고객의 폭언 등으로 인한 건강장해 예방조치 등' – 업무방해: 형법 314조에 의해 5년 이하의 징역 또는 1천 500만 원 이하의 벌금 – 강제추행: 형법 298조에 의해 10년 이하의 징역 또는 1천 500만 원 이하의 벌금) – 폭행(폭언): 형법 260조에 의해 2년 이하의 징역 혹은 500만 원 이하의 벌금 – 협박: 형법 283조 1항에 의해 3년 이하의 징역 혹은 500만 원 이하의 벌금 예매 시 지정된 좌석에 착석, 공연장 이용 시간 준수, 공연 시작 30분 전 도착, 10분 전 입장해 주세요. 늦게 오실 경우 정숙한 공연 관람을 위해 입장이 제한될 수 있으며, 공연이 시작된 이후 퇴장 시 재입장이 불가, 바른 자세로 관람, 공연 중 휴대전화 사용은 타인에게 방해될 수 있으며, 공연장 내에서 음식물 섭취는 금지, 공연 관람 중 옆 사람과 큰 소리로 떠들거나 서로 다른 자리에 들어가 대화하지 않기, 공연 관람 중 과한 움직임이나 소리 나는 행동을 자제, 사전 협의되지 않은 사진 촬영 및 녹음, 녹화는 불가 등
전시 예절	관림 전	전시 관람 사전 체크
	관람 중	반입이 금지되는 물건 체크(음식물, 꽃다발, 장우산 등은 가지고 들어가실 수 없으며, 반려동물 동반입장도 제한, 큰 가방이나 배낭 등은 물품보관함(무료)에 맡기고 입장), 관람 에티켓(작품보호를 위하여 전시작품은 만지지 마시고 눈과 귀로만 감상, 다른 관람객들에게 불쾌감을 주지 않도록 핸드폰은 진동 모드로 설정해 주시고, 통화는 전시장 밖에서 사용, 전시장 안에서 뛰거나 구두 굽 소리가 나지 않게 유의해 주시고, 특히 어린이들이 큰 소리로 떠들거나 뛰지 않도록 보호자의 각별한 주의가 필요)
스포츠 관람 예절	입장 및 퇴장 시	경기 시간을 사전에 확인하고, 입장 및 퇴장 시간을 준수, 안전관리요원의 안내에 따라 이동, 입장 및 퇴장 시 뛰거나 앞사람을 밀지 않음, 경기 시작 전 안내하는 응급 상황 시 대처방법을 주의 깊게 청취, 응급 상황 시 안전관리 요원의 지시준수 등
	본 경기 관람 시	휴대전화는 진동으로 두거나 전원을 꺼 놓음, 폭죽(폭음탄) 등 위험물을 사용하거나 지니지 않음, 진행요원의 안내에 따라 협조하며 진행, 주변 사람들이 관람하는 데 방해되는 행동을 하지 않음 등
	경기예절	스포츠 경기 종목이 규정하고 있는 경기규칙을 준수하며, 관습과 예절 등을 숙지하고 경기에서 실천하는 행동양식이다. 경기 전에 상대편과 서로 인사하며 건투를 빌고, 경기 후에 악수하며 수고를 인정하는 것은 경기 예절의 출발점
	응원 예절	자신이 좋아하는 팀이나 운동선수를 위하여 응원할 때 지켜야 할 태도와 행동양식
	복장 예절	각 스포츠 종목에서 요구하는 복장 및 장비 규정을 따르는 행동양식
	심판 예절	심판이 공정하고, 신속 · 정확한 판정을 내려 선수들이 최상의 경기력을 발휘하고 심판 판정에 의구심 없이 경기를 진행할 수 있도록 하는 행동양식

목욕은 인류의 역사와 함께해 왔다고 해도 과언이 아닐 정도로 오래됐고 친숙하다. 인더스 문명이 남긴 최대의 도시 유적 모헨조다로에는 거대한 대중목욕탕이 있었다. 아마 성스러운 의식을 치르기 전에 목욕재계하는 성소였을 것으로 추정된다. 국내의 경우 『삼국유사』에 신라의 재상이 동래온천에서 입욕했다는 기록이 남아 있고, 고려시대와 조선시대에도 목욕과 관련된 이야기들이 제법 많이 전해지고 있다. 근현대에 들어 1920년대에 평양과 서울에 공중목욕탕이 각각 들어섰지만, '어떻게 다른 사람에게 맨몸을 보여줄 수 있나'라는 거부반응이 커서 목욕문화가 정착되기까지는 상당한 시일이 걸렸다. 이후 세월이 흐르면서 찜질방이나 사우나 등 목욕풍습이 여러 형태로 변화되고 발전하면서 한국식 목욕문화가 자리를 잡기에 이르렀다.

목욕은 일반적으로 몸을 깨끗이 씻으려고 하지만 치료를 위해서나 휴식과 즐거움을 위해서 또는 종교적인 의미에서 하기도 한다. 청결을 위한 목욕으로 가장 흔한 방법은 물과 비누로 몸을 씻는 것이다. 또한 사우나처럼 뜨거운 증기로 목욕을 하기도 한다. 목욕은 질병을 치료하는 데도 효과가 크다.

목욕(沐浴)은 머리감을 목(沐)자와 물로 몸을 씻을 욕(浴)자로 이루어져 있어 머리를 감고 물로 몸을 씻는 행위를 말한다. 또한 목(沐)자에는 다스린다는 의미도 있으므로 목욕은 마음을 다스리는 효과도 있는 생활행위이다. 따라서 목욕은 신체의 청결을 목적으로 하는 생활행위이고 목욕을 함으로써 신체의 보온과 피로회복 등 보건위생적 측면의 효과가 있으며 기분전환, 휴식 등의 심리적인 효과가 있는 생활행위이다. 목욕을 하는 입욕방식은 각 국가의 고유한 생활문화를 나타내는 행위로서 국가별로 고유의 입욕행위를 한다. 예를 들어 서구인은 욕조 속에서 몸을 씻고 샤워를 하나 우리는 욕실에서 씻고 욕조 속에 몸을 담근다. 이와 같이 입욕행태가 다른 이유는 목욕의 역사와 문화적 배경이 다르기 때문이다. 목욕을 하기 위해서는 생리위생공간으로서의 목욕공간이 필요한데 목욕공간은 다른 생활활동을 함께하기 힘든 독자적인 기능을 가지고 있는 공간이다. 따라서 목욕공간은 무엇보다도 그 나라의 입욕행위에 맞도록 공간계획이 이루어져야 하며, 독립된 공간으로 확보되어야 한다.

한국인의 목욕방식은 비누칠하기 → 헹구기 → 욕조에 몸 담그기 → 때 밀기 → 비누칠하기 → 헹구기와 같은 복잡한 과정을 거치며, 거품이 있는 욕조 안에서 모든 목욕행위를 마치고 나와서 그대로 몸을 닦는 서양식 목욕행위와는 많은 차이가 있다. 우리에게 있어 욕조는 단순히 몸을 데우거나 때를 불리기 위해서 가끔씩 사용될 뿐이며 목욕과정의 대부분이 욕조 밖에서 이루어진다.

'온욕'이란 따뜻한 물에 몸을 담그는 목욕법을 말한다. 가정에서 욕조에 따뜻한 물을 받아서 할 수도 있지만 대표적인 온욕은 온천욕이라고 할 수 있다. 육체노동이나 운동 등으로 근육이 뭉치거나 통증이 있는 경우라면 42℃ 정도의 열탕이 좋은데, 42℃ 정도의 뜨거운 물은 피로를 덜어주고 뭉친 근육을 풀어주어 통증을 완화시키기 때문이다. 스트레스가 많이 쌓였거나 정신적으로 피로한 사람, 노약자는 36℃ 전후의 온탕이 좋다.

"냉욕"이란 15℃ 정도의 물에 몸을 담그는 목욕법인데 냉욕만을 단독으로 시행하기보다는 온욕과 냉욕을 번갈아 시행하는 냉온욕의 한 과정으로써 시행된다. '냉온욕'은 목욕을 할 때 냉탕과 온탕에 교대로 입욕하는 인체단련 목욕법을 말한다. 42℃ 정도의 온탕과 15℃ 정도의 냉탕을 준비한 후 냉탕에 1분, 온탕에 1분씩 몸을 담근다. 냉온욕 횟수는 보통 '7온8냉'으로 냉탕에 8회, 온탕에 7회 몸을 담그는 방식으로 한다. 냉탕으로 시작해서 냉탕으로 끝내되 처음부터 냉탕에서 시작하는 것이 힘들다면 훈련이 될 때까지는 온탕에서 시작해도 된다. 탕 속에서는 가슴을 펴고 자세를 바르게 하는 것이 좋으며 온탕에서는 조용이 앉아 있고 냉탕에서는 자기 몸의 굳어 있는 부분이나 아픈 부위를 주물러 준다. 냉온욕을 하면 피부에 저항력을 부여해서 감기와 같은 각종 질병을 예방해 주고 신체 기능이 개선된다. 말초혈관을 자극해 주므로 혈액 순환을 좋게 해서 노폐물 배설을 촉진시키고 피로 회복에 좋다.

'전신욕'은 물이 가슴 부위까지 차오르도록 몸을 담근 채로 입욕하는 방법을 말한다. 욕조에 물을 채우고 몸을 깨끗이 씻은 후 욕조에 들어가 목만 내놓고 전신을 담근다. 물의 온도에 따라 효과가 달라지는데 42℃ 이상의 물은 기분을 상쾌하게 하고, 38℃ 정도의 미지근한 물은 심신의 피로를 풀어준다. 목욕시간은 15분에서 20분 정도가 적당하다.

'반신욕'은 하반신만 물속에 담그는 목욕법이다. 배꼽 부위까지만 물속에 담그고 가슴 부위는 담그지 않아서 심장과 폐에 부담을 주지 않는다. 욕조에 38℃ 정도의 물을 받은 후 몸을 깨끗이 씻고 욕조에 들어가 배꼽 부위까지만 몸을 담그고 30분에서 40분 정도 입욕하면 된다. 심폐 부위에 부담을 주지 않으므로 오랜 시간 입욕해도 숨이 차거나 맥박이 빨라지지 않는다. 반신욕을 하면 하체 부위의 기혈 순환이 활발해져서 상체 부위까지 이어진다. 입욕 후 20분 정도 지나면 혈액이 전신을 한 번 돌게 되고 노폐물이 땀으로 빠져 나가게 된다. 따라서 반신욕은 냉증, 하체 비만, 여성의 생리 불순, 갱년기 장애, 관절염, 피부병 등의 질병을 개선시키는 데 탁월한 효과가 있다.

'족욕'은 발 부위만을 뜨거운 물에 담그는 목욕법이다. 42℃ 정도의 뜨거운 물을 통에 붓고 겨울 점퍼 등의 두꺼운 옷을 입고서 발목 부위까지 물에 담근다. 물이 식으면 계속 뜨거운 물을 더해주고 이마에 땀이 맺히면 따뜻한 생강차나 꿀차를 마신다. 30분에서 40분 정도의 시간이 지난 후 미지근한 물로 샤워하면 된다. 족욕은 수족 냉증이나 하체 비만에 효과가 있고 긴장 완화, 피로 회복에도 좋다. 여성의 생리 기간이나 욕조가 없는 경우처럼 입욕이 힘든 경우 실시하기에 편리하다. 기록에 따르면 숙종은 반신욕뿐만 아니라 족욕도 했는데, 다리 저리는 증세가 있었으므로 족욕으로 다리 부분의 기혈 순환을 강화시켜 병세를 고치고자 했다.

'수욕'이란 신체 부위 중에서 손만을 뜨거운 물에 담그는 방법이다. 세면대에 42℃ 정도의 뜨거운 물을 받아 양손의 손목보다 약간 올라갈 정도의 깊이로 손을 담근 채 몸을 이완시키고 있으면 된다. 수욕은 어깨나 목이 결릴 때, 손이 저리고 마비감이 들 때 실시하면 좋고 스트레스를 해소하는 데도 효과가 좋다.

'좌욕'은 엉덩이 부분만을 물속에 담그는 목욕법이다. 깨끗이 씻은 대야에 30℃ 정도의 따뜻한 물을 담고 15분 정도 앉아 있으면 된다. 좌욕은 치질, 생리통, 생리 불순, 성기능 장애, 가려움증, 복부 비만, 변비 등에 효과가 있다.

구분	내가 먼저 실천하기	법적 근거
반려견	반려견 놀이터 이용 수칙 1. 반려견과 함께 13세 이상 보호자 한 명 이상 동반해야 입장 가능 2. 배변 봉투, 목줄 필수 지참(놀이터 입장과 퇴장 시 반드시 목줄 착용) 3. 사나운 개[맹견, 예를 들어 핏불테리어(pitbull terrier) 등의 투견, 사냥견], 질병이 있는 반려견, 동물등록이 되어 있지 않은 반려견, 발작이 있거나 특이체질인 반려견은 입장 불가 4. 반려견끼리 마찰(싸움)이 없도록 주의(사고에 대비해 입장 전 반려견 놀이터 이용자 확인서 서명 후 입장 가능) 5. 음식물 반입 및 흡연 금지 6. 다른 반려견과 보호자에게 위협이 될 수 있는 행위 및 고성방가 금지	동물보호법에 따라 2개월령 이상의 반려견은 모두 동물등록을 하고 외출 시에는 목줄과 인식표를 반드시 착용
공원	1. 나무를 꺾거나 훼손하는 행위(과태료 10만 원) 2. 심한 악취나 소음으로 다른 사람에게 혐오감을 주는 것(7만 원), 3. 비둘기 같은 동물을 잡아가는 행위(10만 원) 4. 지정된 장소가 아닌 곳에서 야영이나 취사(10만 원) 5. 허락 없이 과일을 따거나 꽃을 꺾어 가는 행위(5만 원) 6. 공원 내 불법 주차(5만 원) 같은 경우에도 과태료 부과	
공중목욕탕	1. 먼저 몸을 깨끗이 씻고 머리(머리끈)를 감은 후 탕에 조용히 들어가기 2. 탕 안에서 때를 불릴 때, 때를 밀지 않기 3. 다른 사람에게 물이 튀지 않도록 주의 4. 탈의실로 갈 때는 물기를 닦기 5. 옷장에서 옷을 꺼내서 입을 때 옷을 털어 먼지를 내지 않기 6. 앉아서 씻기	
	목욕 시에 치유효과를 배가시키는 약욕법이 있는데 “약욕”이란 목적하는 바에 따르는 약재나 약재 달인 물을 목욕물에 넣고서 약물이 우러나오도록 해 질병의 치유작용이 배가되도록 하는 목욕법이다. 어떤 약재를 넣고 반신욕을 하면 효과가 증강되는지 구체적으로 설명하시오.	
화장실	1. 줄을 서서 차례를 기다린다. 2. 화장실 문을 열기 전에 노크를 해야 한다. 3. 화장실 안에 사람이 있을 때는 안에서도 가볍게 노크를 한다. 4. 침을 아무 곳에나 뱉지 않는다. 5. 화장실 바닥이나 벽에 낙서를 하지 않는다. 6. 용변이 끝나면 물을 내려서 오물을 흘려보낸다. 7. 손을 깨끗이 씻는다. 8. 수세식 화장실은 전용 화장지만 사용해야 한다.	

'풍욕'은 알몸 상태에서 두꺼운 담요를 덮었다 벗었다 하는 방법이다. 풍욕은 아침에 일어나자마자 하는 것이 좋고 처음 20초 동안 알몸으로 있다가 담요나 두터운 외투 등으로 몸을 덮어 1분 동안 체온을 높인다. 이번에는 30초 동안 알몸으로 있은 후 1분 동안 몸을 덮는다. 이렇게 알몸으로 있는 시간을 10초씩 늘려나가 120초가 될 때까지 하면 한 차례의 풍욕이 끝나게 된다.

풍욕은 옥외에서 하는 것이 가장 좋지만 현실적으로 힘듦으로 방안에서 하는데 창문을 활짝 열어 놓아 바람이 잘 통하게 해야 한다. 풍욕은 피부 호흡을 원활하게 해주어서 노폐물을 발산시키고 산소를 받아들이게 해주어서 피부가 단련되게 하므로 감기 등의 질병 예방에 도움이 되며, 피부의 가려움증이나 각종 난치병에 자연 건강 복원법으로 활용되고 있다.

'한증욕'은 물속에 몸을 담그는 입욕법이 아니라 밀폐된 공간 내 공기의 온도를 뜨겁게 해서 이로 인해 땀이 나게 하는 방법을 말한다. 한증욕은 대략 100℃ 정도로 높은 온도의 사우나, 황토나 맥반석 등을 750℃ 이상의 열로 달구어서 내부 온도를 40~50℃로 만든 찜질방, 소나무 장작을 70~110℃로 가열시켜 발생되는 원적외선으로 땀이 나게 하는 한증막 등으로 구분할 수 있다. 최근 우리나라는 동네 어귀마다 찜질방과 사우나가 있을 정도로 한증욕 방법이 대중화되어 있는데 우리 조상들도 우리나라 고유의 방법으로 재래식 한증막을 지어서 한증욕을 즐겼다.

자전거 이용 활성화를 위해서 자전거 선진국에서 강조하는 핵심은 4E로 나타낼 수 있다. 이 네 가지는 바람직한 자전거 정책의 원칙이다. Engineering(설계), Enforcement(법규), Encouragement(홍보), Education(교육)을 말하는데 이 중에서 가장 중요한 것이 교육이다. 자전거 안전교육의 필요성은 매년 증가하는 자전거 교통 사고율을 보면 알 수 있다. 현재 서울시 초등학교에서는 자전거 안전하게 타기에 대한 교육을 의무화하고 있다. 자전거 환경조성으로 도로, 법률, 거치대, 보관대로 기본적 시설 확충은 늘어나고 있지만 이에 비해 편의공간이 턱없이 부족하며 구체적 계획을 세우지 못하고 있다. 이러한 문제점을 해결하기 위해 이용자들의 요구에 맞는 불편사항을 개선하고 자전거 이용 저변 확대를 위하여 도로 정보와 도로 교통수칙, 편의시설(샤워, 탈의실) 등 자전거 편의이용 공간 조성이 요구된다.

[자전거 관련 교통 표지판에 대해서 설명하시오.]	[주행 전] • 스트레칭으로 몸을 풀어준다 • 손잡이, 페달, 브레이크 등을 점검한다. • 안전 장비(안전모, 보호 장갑, 보호대 등)를 착용한다. • 슬리퍼나 샌들보다 자신의 발에 꼭 맞는 운동화를 신는다. • 긴 치마나 헐렁한 바지는 피하고, 눈에 잘 띄는 옷을 입는다.
[자전거 수신호에 대해서 설명하시오.]	[주행 중] • 교통법규를 준수한다. • 자전거 도로가 있으면 반드시 자전거 도로를 이용하고, 없으면 보도에 가까운 차선을 이용한다. • 건널목에서는 내려서 끌고 건넌다. • 자동차나 보행자의 통행을 방해하지 않는다. • 안전거리와 안전 속도를 유지하며 탄다. • 브레이크는 앞의 상황을 주시하면서 천천히 잡는다. • 자전거 전용도로, 공원, 놀이터 등 안전한 장소에서 탄다. • 사고가 발생하면 주변 사람들의 도움을 받아 목격자를 확보하고 가해자(또는 피해자)의 연락처를 받는다.
[자전거의 교차로 좌회전 방식에 대해서 설명하시오.]	[평상시] • 핸들이 앞바퀴와 수직이 되는지 확인한다. • 타이어를 눌러 공기압을 확인한다. • 브레이크를 잡을 때 바퀴가 잘 멈추는지 확인한다. • 페달을 반대로 돌려 체인이 제대로 걸려 있는지 확인한다. • 느슨해진 부분의 나사를 조인다.
[야간 자전거 타기 주의사항에 대해서 설명하시오.]	[비나 눈이 올 때] • 우산은 시야를 가리므로 가능한 비옷을 입고 자전거를 탄다. • 평상시보다 속도를 줄인다. • 길이 미끄러워 브레이크를 잡을 때 정지거리가 길어지므로 앞의 상황을 미리 확인한 후 천천히 브레이크를 잡는다.

CHAPTER 11

모르면 손해가 되는 일상

1. 관점에 따라 다르게 보이는 직장생활

인간은 태어나면서부터 가족의 일원으로 구성되어 좁은 범위에서 조직원의 경험을 하게 되고, 성장하면서 또래집단에서의 조직원, 학교 학생으로서의 조직원, 사회에서는 직장 내 조직원에 속하는 것 등이 당연하게 된다. 따라서 인간은 어떤 형태로든지 일평생 하루도 조직으로부터 벗어나는 생활을 할 수 없으며, 인간과 조직은 불가분의 관계를 이루게 되는 것이다. 오늘날의 조직은 변화의 물결 속에 있으며, 특히 후기 산업사회를 살고 있는 직장인은 새로운 환경자극에 적응하고 반응하기 위해 다양한 형태의 노력을 경주하고 있다.

사람은 누구나 행복을 추구할 권리가 있다. 우리나라 「헌법」 제10조에는 "모든 국민은 행복을 추구할 권리를 가지고 있고, 국가가 개인의 기본적 인권을 보장할 의무를 진다"는 것을 명시하고 있다. 여기서 행복은 주관적이어서 국가가 개인의 행복을 위한 노력을 돕겠다는 것으로서 '행복추구권'이 되는 것이다. 최근 직장인의 삶과 우리 사회 전반에서 일과 삶의 균형 즉 즐거운 직장, 자유로운 근무환경, 그리고 정시 퇴근을 통해 개인 시간 확보를 주제로 하는 워라밸(work-life balance)이 등장하고 소소하지만 확실한 행복(소확행, 小確幸)에 대한 관심과 가치를 중요하게 생각하게 되었다. 정부와 기업도 이에 발맞춰 주 52시간 근무제를 도입하는 등 제도적 노력을 하고 있고, 직장의 구성원들이 여유 있는 삶을 원함에도 불구하고 '워라밸' 트렌드와는 반대로 일과 일상의 저울이 지나치게 '일' 쪽으로만 기울어 '번아웃증후군(Burnout syndrome)'을 호소하는 직장인들이 오히려 늘어나는 추세다.

우리 사회는 급격한 산업화 과정에서 빚어진 여러 부작용과 역기능으로 개인 이기주의, 집단 이기주의, 금전만능 풍조 그리고 불신 풍조 등 나쁜 사회적 현상이 만연하고 있으며 인간성과 공동체 의식, 상호 존중과 배려, 협력의 마음은 점점 약해지고 있다. 디지털 혁신을 통한 글로벌 경제 환경이 구현된 기업환경은 불확실성이 증대되었으며, 기업 간 경쟁은 더욱 격렬해지고 있다. 급격한 기술발달은 기계에 의한 인간의 대체에 대한 우려를 야기한다. 인공지능 관련 직무불안정성은 미래에 자신이 해고될 수 있다는 사실뿐 아니라, 장기적으로 해당 직군이 아예 사라질 수도 있다는 우려를 반영하고 있다. 기업은 예측하기 어려운 대내외 환경 변화에서 위기를 기회로 먼저 득하기 위해 더 빨리 변화하고 행동하는 조직을 구축해야만 성공할 수 있게 되었다. 이에 따라 현대 산업구조에서 조직구성원들은 시간이 흐름에 따라 더 많은 역량을 요구받으며 매일 반복되는 업무, 분초를 다투어야 하는 업무적 상황, 구성원들 간의 갈등, 조직과 개인의 비전 불일치 등에서 오는 심리적 압박감, 불안, 긴장 등의 지속적 스트레스는 날로 증가하고 있다. 새로운 디지털 기술과 문명의 효율성을 높이면서도 소외 혹은 격차 등 부정적 영향을 최소화할 수 있어야 한다. 디지털 포용이라는 거대 담론은 차치하더라도 디지털 격차가 사회적 소외를 넘어 사회적 격차로 비화되지 않도록 해야 한다. 그래야 완전한 디지털 대전환이 가능하다. 그렇지 않으면 반쪽짜리 디지털 대전환이 될 수 있다. 우리의 인생도 직업의 세계도 끊임없이 변화해 왔고 변화하고 있다. 직업 세계는 이러한 세상의 변화를 반영하는 거울이다. 지금 세상은 인공지능 디지털 기술의 혁신적 발전과 생태 환경의 도전으로 대전환의 시기에 놓여 있다. 이러한 직업 세계의 변화는 1차 농업혁명에서 2차 산업혁명으로, 이어서 3차 정보통신 혁명에서 나아가 인공지능과 로봇, 가상과 증강현실 기술의 혁신적 발전에 기초한

4차 산업혁명의 발전상을 수학 공식처럼 그대로 반영하여 단계적으로 전개하는 것이 아니다.

직장인들은 누구나 스트레스를 경험하게 되는데 큰 부분을 차지하는 직무스트레스는 외부환경에 반응하는 한 개인의 심리적, 생리적 증상으로 근로자가 직무를 수행할 때, 직무환경이 요구하는 개인의 동기나 능력이 부합하지 않아서 생기는 불균형의 상태를 의미한다.

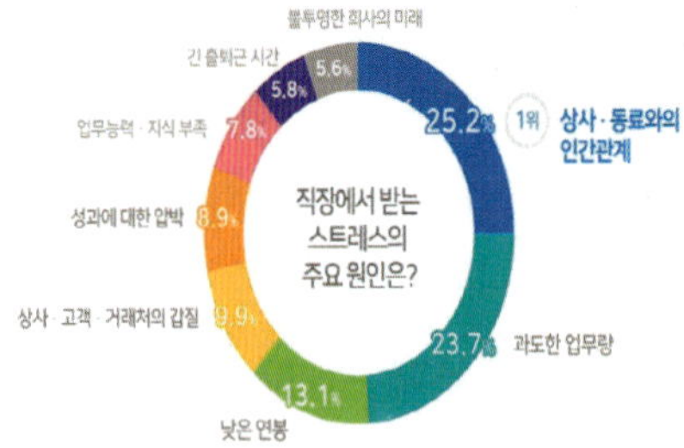

일자리 제공 전문기업 벼룩시장구인구직(2020)에 따르면 직장생활하면서 받는 스트레스의 주요 원인으로는 '상사 · 동료와의 인간관계'가 25.2%로 가장 높았다. 이어 '과도한 업무량(23.7%)', '낮은 연봉(13.1%)', '상사 · 고객 · 거래처의 갑질(9.9%)', '성과에 대한 압박(8.9%)', '업무능력 · 지식 부족(7.8%)', '긴 출퇴근 시간(5.8%)', '불투명한 회사의 미래(5.6%)'를 스트레스의 원인이라고 하였다. 조직의 실질적 핵심이자 원동력으로 볼 수 있는 조직구성원의 혁신적인 직무 수행에 대한 관심은 혁신행동에 대한 중요성으로 인식되고 있으며, 조직의 혁신적인 성과는 조직구성원의 행동 변화인 혁신행동으로 나타난다. 혁신행동이란 조직구성원 개인의 행동변화로 정의하며, 혁신적 직무행동과 비례한다고 할 수 있다. 조직은 급변하는 내외부의 환경에 대응하는 방법으로 조직구성원의 혁신행동을 효과적으로 이끌어내기 위해 노력하고 있다.

스트레스라는 소리 없는 살인자라 표현하는 용어는 물리학적으로 물체 내부에서 생기는 압박상태를 말하며 생리학적으로는 생체조직에 부정적 영향을 미칠 수 있는 실제적으로 명백한 위험을 지속시키는 원인을 의미한다. 그리하여 스트레스에 대한 관심과 인식이 점점 높아지고 있으며, 스트레스란 용어도 일상생활에서 매우 널리 쓰이고 있다. 일상생활에서 흔히 사용하는 스트레스(stress)라는 말의 어원은 라틴어의 '스티릭투스(strictus)' 또는 '스트링제레(stringere)'라는 말에서 유래되었다. 여기서 'strictus'라는 말은 팽팽하다(tighten), 좁은(narrow) 등의 뜻을 가졌으며, 'stringere'라는 말은 팽팽하다(tighten) 등의 의미를 가지고 있다. 스트레스란 용어는 일찍이 14세기에도 사용되었는데, 그때는 고뇌, 억압, 긴장, 피로, 곤란 혹은 고통을 의미하는 용어로 쓰였다. 그 후 17세기에 와서 역경이란 심리학적 뜻으로 쓰이기 시작하였으며, 스트레스가 오늘날처럼 의학용어로 사용된 것은 캐나다 몬트리올 대학의 내분비학자 한스 휴고 브루노 셀리에(Hans Hugo Bruno Selye) 박사에 의해서였고 스트레스가 신체의 어떤 구조적·화학적 구성요소의 독특한 변화로 인해 과학적으로 분석할 수 있고, 객관적으로 평가할 수 있다는 것을 인식하게 되어 체계적으로 쓰이기 시작했다.

스트레스는 지극히 주관적인 느낌으로서 스트레스를 받고 느끼는 사람에 따라 상당히 다른 의미를 갖게 되며, 보편화되고 표준화된 측정 기준이 있어 해석되는 것이 아닌, 개인 자신의 입장에서 해석하게 된다. 또한 사람은 누구나 다른 특성을 갖고 있어서 스트레스에 반응하고 지각하는 것이 제각각 다르며, 그렇기 때문에 그 개념도 다양하게 정립되고 있는 것이다. 이를 좀 더 구체적으로 살펴보면 다음과 같다.

첫째, 자극으로서의 스트레스는 스트레스를 외부환경자극으로 보는 개념이다. 다수의 사람들에게 격변을 일으키거나 영향을 주는 중대한 변화로 어느 누구도 통제할 수 없는 천재지변, 전쟁 등과 같은 사건을 말하는 것으로 외부의 힘에 의한 것이다. 또한 일부 사람들에게 영향을 주는 변화로 사랑하는 사람과의 이별, 생명을 위협하거나 무력하게 만드는 질병, 직장에서의 해고, 아이의 출산 등 해롭게 하거나 위험을 줄 수 있는 부정적인 경험이 포함되며, 일상생활의 문제들로써 경험하게 되는 사건들을 포함하게 된다. 스트레스는 자극이 영향을 주는 개인의 활동이나 특성과는 관계없이 발생하며, 객관적으로 상세히 기록될 수 있는 외적인 환경조건부터 내적인 생리적 현상까지의 다양한 자극이 포함된다고 하였다.

둘째, 반응으로서의 스트레스는 어떤 자극에 대한 유기체의 생리적·심리적 반응에 초점을 두고 환경의 스트레스 저변에 대한 인체의 반응을 고려하여 평가해야 한다는 입장이다. 따라서 어떤 반응 증후군이 나타난다는 것은 동시에 스트레스가 발생한다는 것을 의미한다. 반응으로서의 스트레스의 개념은 생물학적·생리학적 · 감정적 또는 행동적 항상성 기능의 붕괴나 변경으로 정의된다.

셋째, 상호작용으로서의 스트레스는 인지행동적 접근을 취하는데 개인의 내적 · 외적 요구가 자신의 적응 차원보다 지나치게 높다고 판단할 경우 스트레스를 느끼게 된다. 상호역동으로서의 스트레스는 개인과 환경 사이의 상호작용의 결과로 환경 자극요소와 그 반응을 직선적으로 매개할 뿐만 아니라 개인의 지각, 인지 및 스트레스에 대한 대처능력 등이 환경의 주요한 부분이 되어 역동적으로 상호작용한다. 즉, 스트레스는 물리적 대상, 인간, 인간의 정신력, 신체 기관에 영향을 미치는 외부의 힘에 맞서 그 힘에 의한 변형에 저항하여 원래의 모습 상태로 돌아가, 통합을 유지하려는 본질이나 물체를 의미한다. 이후, 20세기에서 스트레스란 용어는 오늘날과 같은 의미의 의학 분야 용어로 도입되어 정신적 질환 또는 질병 원인 등의 의미로 사용하고 있다. 인간은 살아가면서 외적 요구 혹은 내적 요구가 개인의 적응차원을 넘어설 때, 스트레스를 경험하게 된다. 따라서 때로는 적절한 스트레스가 우리의 생활에 활력을 불어넣어 자신감을 심어주고 일의 생산성과 창의력을 높여줄 수 있다는 점에서 스트레스에는 긍정적 효과도 있다. 이처럼 건강을 위협하지 않고 이런 긍정적 효과를 극대화시킬 수 있는 스트레스를 최적 스트레스(eustress)라고 부른다. 복잡하고 경쟁적인 현대사회에서 하루도 스트레스 없이 지낸다는 것은 상상하기 어렵다. 따라서 스트레스를 피한다는 것은 사실상 불가능하기 때문에 오히려 이에 대해 효과적으로 직면해서 스트레스의 부정적 효과를 극소화시키는 것이 더욱 중요하다.

겉으로 평온해 보이는 사람도 속으로 스트레스를 받는 경우가 많다. 스트레스의 시대에 사는 현대인은 항상 불안, 걱정, 근심이 끊이지 않는다. 직장, 학교, 집에서도 각종 스트레스를 받으며 살아갈 수밖에 없는 시대인 셈이다. 그런데 스트레스에 대처하는 자세는 사람마다 각기 다르다. 스트레스에 잘 대응하는 사람일수록 삶의 질이 높을 가능성이 있다. 관점을 바꾸면 스트레스는 일종의 정신적 에너지이다. 자신이 중요하게 생각하는 일이 위태로운 상황에 이르렀을 때 활성화되는 에너지라는 점에 주목하자. 이는 성공하고 말겠다는 '자극제'가 되기도 하고, 위기에 직면하지 않도록 만드는 '보호책'이 되기도 한다. 스트레스의 본래 목적은 이처럼 긍정적인 방향으로 바꾸는 데 있다. 스트레스에 대처하는 똑똑한 마인드 세팅 4가지 방법을 소개한다.

첫째, 긍정적인 관점으로 돌리기: 긴장되고 걱정되는 마음을 긍정적인 방향으로 전환하면, 자신이 해야 할 일을 좀 더 잘 수행하게 된다.

둘째, 불안과 걱정을 인정하고 수용하기: 불안, 걱정, 스트레스가 있다는 사실을 부정하기보단 자신의 솔직한 기분 상태를 인정하는 태도가 필요하다.

셋째, 운동을 하거나 활동량 늘리기: 운동은 뇌의 신경세포를 깨워 좀 더 현명한 생각을 할 수 있게 만든다. 운동이나 몸의 활동을 통해 뇌의 기능이 향상되면, 압박감이 줄어들고 좀 더 자신감 있게 긍정적인 사고를 할 수 있게 된다. 자꾸 혼자 있고 싶어지는 우울감을 극복하고 야외 활동량을 늘리는 마인드를 갖는다.

넷째, 신뢰하는 사람에게 솔직하게 털어놓기: 불안하고 두려운 상황에 직면하면 본능적으로 누군가에게 도움을 청하고 싶은 욕구가 일어난다. 자신이 평소 신뢰하는 친구, 동료, 가족 혹은 전문상담사나 의사에게 솔직한 자신의 심정을 털어놓으면 생각보다 마음의 짐이 크게 줄어들 수 있다. 신뢰하는 사람에게서 받는 조언은 자신감을 상승시키고 뜻밖의 좋은 해결책을 얻을 수도 있다.

스트레스는 개인의 안전이 위협당하여 겪게 되는 긴장감을 의미한다. 또한, 개인의 욕구충족 효율성을 떨어트리며 근심, 걱정, 불안 등을 느끼게 하여 개인을 압박하기도 한다. 이러한 스트레스는 일상적인 상황에서 누구나 경험하게 되는 보편적인 생활 사건이다. 인간은 수많은 스트레스 사건에 노출되며 전 생애에 걸쳐 스트레스를 경험하게 된다. 따라서 스트레스 관리가 적절히 이루어지지 않는다면 정신적 · 신체적 · 정서적인 문제를 이야기할 수 있으며, 이는 심리적 갈등과 불안감, 혼란의 원인이 되는 정서와 정신건강에 부정적인 영향을 미치게 된다. 스트레스 대처 행동은 모든 상황에 일괄적으로 작용하는 것이 아니며 개인이 스트레스를 자극하는 정보를 주관적으로 해석하여 일어나는 개인적 평가로 적합성의 여부가 결정된다. 스트레스를 받으면 유기체는 이 상황을 해결하여 항상성을 유지하려 스트레스 원인과 환경을 변화시키려 노력하거나, 부정적인 상황이나 사건 등을 참고 견디며 순응하기도 한다. 또한, 스트레스 상황을 효율적으로 처리하고

자 긍정적인 자아상과 자기효능감을 유지하려고 하며, 정서적 평형상태를 추구하고 긍정적 인간관계를 위하여 노력하기도 한다. 이렇듯 개인은 스트레스에 대처하기 위해 각각 다른 스트레스 대처방식을 사용한다. 스트레스 대처란 스트레스 상황을 바꾸기보다는 스트레스 상황 또는 사건 등이 바뀌지 않더라도 이에 대한 시각과 대응하는 태도 등을 수정함으로써, 더욱 건강하게 적응해서 살아갈 수 있는 대응방법이다. 즉, 스트레스 상황에 놓여 있을 때 이에 맞는 적절한 대처법을 사용하는 것은 적응하며 살아가기 위해 매우 중요하다.

사람들은 대부분 다양한 역할을 수행하면서 생활하고 있다. 이러한 역할 수행 과정에서 개인들은 여러 유형의 갈등과 불안 그리고 스트레스에 시달리고 있다. 이러한 역경과 스트레스를 극복하는 개인이 지닌 심리적 자산이 회복탄력성이다. 직장인들에게 회복탄력성은 직무소진을 줄이고 고객지향성에 긍정적 영향을 미치는 중요한 심리적 변수이다. 최근 몇 년 동안 자연재해, 불가피한 피해, 재앙, 질병 등 위기상황들이 빈번하게 나타나고 있다. 그중에서도 현재 세계적으로 쟁점이 된 2020년 1월 20일 코로나19가 국내에서 첫 발생한 지 3년의 시간을 넘어 여전히 많은 주목을 받고 있다. 이로 인해 생활 패턴, 직장, 인간관계, 소비행태, 여가활동 등, 여러 영역에서 커다란 변화가 일어나고 있다. 조직 · 회사의 근무 패턴은 정상적으로 매일 출퇴근하는 방식에서 온라인 또는 재택근무로 바뀌었으며 몇몇 회사는 유연 근무제를 실시하기도 하는 형편이다. 이에 따른 소속 직장인들은 보다 높은 만족도를 드러냈으며, 회사에 대한 애사심도 증가하였다. 하지만 유사한 위험상황에서 조직의 낮은 위험인식은 직장인들의 불안감을 높이며 신뢰도 및 충성도를 감소시킬 수 있는 중요한 요인이다.

□ 스트레스 마음치유

1. 호흡법에 대해 설명하시오.

2. 스트레칭에 대해 설명하시오.

3. 명상에 대해 설명하시오.

출처: https://www.sisunnews.co.kr/news/articleView.html?idxno=179308

4. 음식과 음악에 대해 설명하시오.

5. 향기(아로마) 테라피에 대해 설명하시오.

회복탄력성은 크고 작은 실패, 시련과 역경에서 오히려 도약할 수 있는 발판으로 삼아 발전시키는 마음의 근력이라 하였다. 회복탄력성(Resilience)이란 사물 혹은 신체가 지닌 유연성으로 외력을 받아 변형된 상태에서도 충분히 원래상태로 되돌아오는 회복능력을 지칭한다. 물리학에서 회복탄력성은 외적인 힘으로 인해 물질 스스로 다시 복원하여 회복하는 힘을 의미하였다. 이처럼 자연과학에서 처음 탐구되기 시작한 회복탄력성의 개념은 심리학을 비롯한 사회과학에서 인간의 회복능력을 설명하기 위해 도입되었다. 예를 들어, 2001년 9월 11일 미국 뉴욕의 세계무역센터(쌍둥이 빌딩) 테러 사건으로 미국 항공업계는 이용객의 감소로 매일 수백만 달러의 손실을 경험하였고, 이에 따라 주요 항공 회사들은 평균 16%의 감원을 진행하였다고 한다. 그러나 모든 회사가 같은 방식으로 대응한 것은 아니었는데, 일부 회사는 위기로부터 잘 회복하였고, 일부는 파산에 직면하였는데, 이러한 차이를 설명하는 요인이 조직의 회복탄력성이다. 케임브리지 사전에 의하면 리질리언스라는 단어는 '무엇인가 좋지 않은 일이 발생한 후 다시 행복해지거나 성공할 수 있는 능력' 혹은 '굽혀지거나 늘려졌을 때 다시 신속하게 원상태로 돌아올 수 있는 능력' 등으로 정의되어 있다. 어원적으로는 '다시'를 뜻하는 접두사(re)가 '튀어오르다'의 어근(sil)과 합쳐진 라틴어(Resiliens)에서 나온 것이라고 한다. 그런데 여기서 어디로 튈지 모르는 스프링을 한 번 생각해 보자. 손으로 눌렀다가 다시 놓으면 그 스프링이 튈 방향을 예측하기 어렵다. 또한 매번 다른 방향으로 튀어 오르는 것이 스프링의 자연적인 반응이다. 물론 이것은 물리학적으로 가해지는 힘의 상태와 다른 요소들을 정확히 측정해 보면 다 이유가 있겠지만 말이다. 즉 리질리언스(resilience)는 단순히 어려운 일을 당한 후에 원래의 상태로 회복되는 정도의 탄력성을 이야기하는 것이 아니다. 원래 상태 이상으로 도약한 후 새로운 안정적인 상태로 회귀하는 것이란 의미가 더 적절하다. 물론 이러한 원래 상태 이상으로의 회복을 위한 리질리언스를 확보하기 위해서는 많은 어려움이 있을 것이다. 게리 해멀 교수는 다음 4가지의 어려움을 설명했다. 첫째, 조직이

타성에 젖지 않아야 한다. 과거나 현재의 성공에 머물지 않고 새로운 변화를 주도하기 위한 에너지를 가지고 있어야 한다. 둘째, 조직은 항상 기존의 전략 또는 쇠퇴해 가는 전략에 대해서 새로운 옵션을 준비하거나 가지고 있어야 한다. 셋째, 어느 조직이나 제한된 자원을 가지고 있기 마련인데 이러한 자원이 조직 내의 정치적 역량에 의해 임의적으로 할당되어서는 안 된다. 마지막으로, 대부분의 조직들이 최적화된 사업 모델에 집중하고 있지만 그것은 특정 환경과 조건 하에서만 의미가 있을 뿐 빠르게 변화하는 경쟁환경에서는 미래에 대한 성공을 보증해 줄 수 없다.

발명왕 에디슨은 "실패를 두려워하는 자는 아무것도 할 수 없다. 이는 실패한 것이 아니라 성공할 수 없는 몇 백가지 방법을 발견했을 뿐이다. 이렇게 하면 안 된다는 것을 깨달은 것일 뿐이다. 그런고로 그것은 발명이지 결코 실패가 아니었다. 실패는 반드시 성공을 지향하는 과정일 뿐이다"라고 했다. 경영학자들이 말하는 성공은 딱 두 마디로 요약된다. 성공이란 얼마나 행복한가이다. 행복지수가 문제이다. 남들이 성공했다고 평하든 말든 그것은 중요한 것이 아니다. 내가 행복해야 한다. 그것이 성공이다. 행복은 만족스럽고 즐겁고 보람 있어야 한다. 경영의 귀재라는 미국의 잭 웰치 GE 회장은 현대 리더십의 4가지 요체로 4E를 들었다. 이는 Energy(열정), Energize(격려), Edge(결단력), Execution(실행력)을 말한다. 리더는 무슨 일이던 몰두하는 열정을 갖춰야 하나 다른 구성원에게 활력을 불러일으킬 수 있는 분위기를 만들어야 한다. 또 조직 내의 의사 결정과정에서 예스와 노를 분명히 할 수 있는 능력을 보여줘야 한다. 일단 결정한 내용은 실제 행동으로 옮길 수 있는 강력한 추진력을 발휘해야 한다는 것이다. 성공한 지도자들은 소명의식, 사명감이 투철했다. 역사가 부르는 사람은 자기가 누구인지 어떤 목적과 사명을 지닌 존재인지 곧 자신의 정체성을 잘 알고 시대정신으로 사는 참 지성인들이다. 성공한 지도자들은 역사의식, 시대정신이 투철해야 한다.

신입사원부터 임원까지 기업 강의에서 나오는 공통 고민거리 1위가 '함께 일하기 힘든 사람' 때문에 회사 생활이 피곤하다는 거다. 걸핏하면 욱하고 수시로 감정을 자극하며 무시하는 동료, 교묘하게 자기 업무를 떠넘기는 팀원, 은근히 기분

나쁘게 말하는 사람이 우리 팀에도 있을 수 있다. 이런 동료 때문에 회사를 그만두고 싶지만 그럴 수 없다면, 메모지를 꺼내서 받는 월급의 70%를 계산해 보아라. '월급의 70%=같이 일하기 싫은 동료와 함께 일하는 대가'로 생각하면 참을 만하지 않은가? 나는 월급의 70%를 계산해서 가고 싶은 곳, 사고 싶은 것을 적은 리스트를 책상에 붙여놨다. 생각만으로 입가에 절로 미소가 번진다. 그때 같이 일하기 싫은 '동료'를 떠올린다. 월급은 '그 사람과 협력해서 일하는 대가로 회사가 나에게 주는 돈이니 오늘도 잘 지내보자!'라고 결심하는 거다. 그럼 스트레스도 줄고 감정에 대처하기도 쉬워진다. 이번에는 피할 수 없는 동료와 잘 지내기 위해 '스트레스 및 자신의 정서를 다스리는 노하우'를 살펴보자.

행복한 삶은 자신을 이해하는 데서 시작되며 자신을 안다는 것은 좋아하는 일은 무엇이고, 잘할 수 있는 일은 무엇인지 아는 것에서 시작한다. '나는 누구인가'를 떠올릴 때, 나는 어떤 특성을 가지고 있는지를 파악할 필요가 있다. 성숙한 사람은 자신을 정확하게 이해하는 사람이다. 자기를 이해한다는 것은 자기의 몸과 마음에 관한 여러 가지 상태, 대인관계의 질과 양, 가치관과 그와 관련한 자기 행동 등에 관해 현실적으로 이해한다는 의미이다.

인간은 생존을 위해 수많은 고난과 역경을 겪는다. 역경에 직면하면 이를 극복하지 못하고 포기하는 사람이 있는 반면에 이를 이겨내고 오히려 역경 이전의 상황보다 더 높이 뛰어오르는 사람도 많다. 포기하는 사람과 극복하는 사람, 이들의 차이점은 마인드세트의 영향을 받는다. 마인드세트(mindset)는 자신의 능력이나 지능에 대한 신념이며, 환경 및 상황에 따라 대응 방향을 결정하는 마음가짐의 상태이고, 주어진 과업에 반응하여 활성화되는 인지과정이다. 사람들은 자기 속성인 성격과 지능이 얼마나 바뀔 수 있는지에 대한 입장도 서로 다르다. 어떤 사람은 이러한 특성이 절대적이며 고정되어 있다고 믿는 반면에, 다른 사람은 이러한 특성이 학습과 노력으로 변화한다고 믿었다. 미국 스탠퍼드 대학의 심리학과 교수인 캐롤 수잔 드웩(Carol S. Dweck, 1946~2022)이 『MINDSET: The New Psychology of Success』라는 책을 출간하며 본격적인 연구가 시작되었다. 인간의 자질은 타고난 것이라는 믿음이 바로 고정 마인드세트이다. 지능, 개성, 도덕성이 정해져 있다면 이왕이면 충분히 보유하고 있는 것처럼 보여야 한다. 그래서 고정 마인드세트는 똑똑해 보이려는 욕망으로 이끈다. 실패는 가치가 없으므로 도전상황을 피하려 하고, 부정적인 피드백을 무시하거나, 다른 사람들의 성공에 위협을 느낀다. 이에 비해 성장 마인드세트는 당신이 현재 가진 자질이 단지 성장을 위한 출발점일 뿐이며, 노력이나 전략, 또는 도움을 통해 얼마든지 길러질 수 있다고 믿는다. 그래서 성장 마인드세트는 배우려는 욕망으로 이끈다. 도전상황을 받아들이고, 실패와 비평으로부터 배우며, 다른 사람들의 성공으로부터 영감을 얻는다.

□ 슬기로운 직장생활 열쇠

1. 아래 제시된 내용을 읽고 직장 내 꼰대(권위적인 사고를 가진 기성세대를 속되게 이르는 말)한테 제대로 대처하는 방법에 대해 설명하시오.

최근 영국의 공영방송 BBC는 '오늘의 단어'로 '꼰대(Kkondae)'를 선정한 바 있다. BBC2 페이스북 페이지에는 "이런 사람을 알고 있나요?"라는 내용과 함께 '꼰대'를 소개하는 글이 올라왔다. 해당 글에 따르면 '꼰대'는 "자신이 항상 옳다고 믿는 나이 많은 사람(다른 사람은 늘 잘못됐다고 여김)"이라고 설명되어 있다. 이외에도 영국 경제지 이코노미스트도 "한국어로 '거들먹거리는 노인'이라는 뜻"이라는 제목의 기사를 실어 '꼰대'라는 단어를 소개하기도 했다. 꼰대라고 하면 선비 노릇하며 회사나 사회에서 시대를 따라가지 못하고 자신의 주장만 옳다 하고 시대의 변화상을 자신에게 적용시키지 못하는 사람들을 지칭한다. 꼰대는 나이와 성향이 합해서 나타난 단어이다. 최근 들어온 신입 직원들은 A씨와 달랐다. 9시에 정확히 맞춰 회사에 도착해 9시가 한참 지나서야 업무를 시작했다. 몇 번 지켜보던 A씨는 신입 직원들에게 "9시 전에 도착해서 9시에 업무를 시작할 수 있도록 해라"고 조언했다. 그러나 신입 직원들은 "퇴근 시간이 6시면, 6시 전에 퇴근 준비를 하느냐, 6시가 지나고 나서 하지 않느냐"고 반문했다.

2. 아래 제시된 내용을 읽고 직장내괴롭힘(근로기준법 개정으로 직장내괴롭힘의 개념을 법률로 명시 및 금지하고, 괴롭힘 발생 시 조치 의무 등을 규정함으로써 근로자의 인권과 노동권을 보호)에 제대로 대처하는 방법으로 상호존중 문화 · 직장내괴롭힘 금지 홍보 포스터와 슬로건을 만들어보시오.

승객휴식시점 승무원이 자리에서 담요를 덮고 있다면

대한항공 · j*****

06.29 16K 286

무슨 생각이 드시나요. 불이 다 꺼진 손님들 자는 시간
승무원 자리에 앉아 무릎에 담요 덮고 있는 모습을
발견하게 된다면?

이때 손님의 입장에서 무슨 생각이 드시나요
자유로운 의견 솔직한 의견 부탁 드립니다!

질문을 하게 된 계기

주니어 승무원이 승객들 휴게시점에 스탠바이 중
스탠바이(승객 휴식시점에 승무원 자리에서 손님을 마주보고 앉아 멍때리기, 콜받기, 화장실 지킴이 등 주로 막내들이 함)
기내가 추워 무릎에 담요를 덮음. 지나가던 사무장이
그 광경을 보고 애를 쥐잡듯이 잡고 승무원 간 이간질해서 왕따 만듦. 결국 견디지 못한 주니어가 직장 내 괴롭힘으로 신고하는 사건이 발발

회사 내에서는 이 사건이 큰 이슈가 되었고
내부에선 시니어와 주니어로 나뉘어 블라에서 싸움이 남

출처: https://thepublic.kr/news/view/1065596955881202. 더퍼블릭. 2023.07.14.

2. 관계 속의 인간

우리는 언제 어디서나 인터넷을 이용할 수 있게 되었다. 이처럼 이메일은 컴퓨터 통신망을 이용하여 컴퓨터 사용자 간에 편지나 여러 정보를 주고받는 개인 통신 방법의 하나이다. 현대사회의 비즈니스 커뮤니케이션 환경은 정보통신기술(Information and Communication Technologies: ICTs)의 급속한 발달로 빠르게 변화되었다. 정보통신기술의 발달로 탄생한 스마트폰 및 태블릿 PC 등의 보급은 다양한 정보와 의견이 빠르게 전달되게 하였고, 네트워크 기술의 발전은 시간과 장소에 관계없이 업무를 처리할 수 있게 하였다. 전화, 인스턴트 메신저와 같이 다른 사람들과 최소 두 개 이상의 동시적인 대화가 겹쳐지는 '멀티커뮤니케이션이라는 용어도 등장하였다. 이러한 현상을 바탕으로 조직 내 커뮤니케이션의 빈도는 증가하였고, 필연적으로 많은 정보를 낳게 하였다. 이 같은 현상이 우리 삶에 긍정적으로 작용한다는 사실을 부정할 수는 없다. 하지만 편리성과 접근성을 바탕으로 탄생한 수많은 정보는 정보 과부하를 야기하고 그에 따른 부작용을 낳는다.

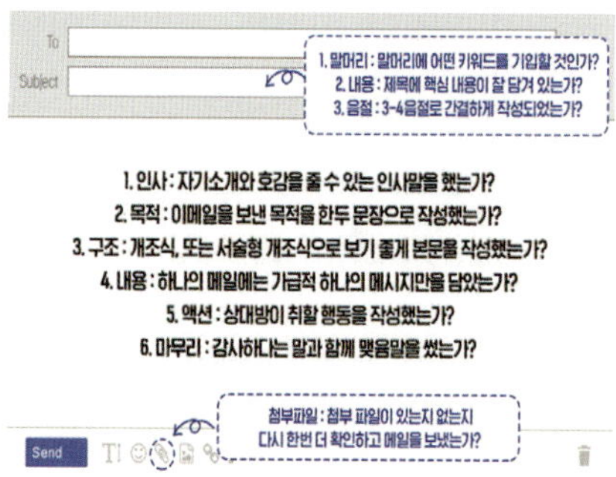

이는 이메일의 구조나 내용과 관련된 다양한 특성을 의미한다. 좀 더 구체적으로 살펴보면 다음과 같다. 첫째, 이메일의 단락, 논리, 문장, 단어 등과 같은 이메일이 가지는 자체적인 특성을 의미한다. 예를 들어, 수신/발신 이메일의 목적이 명확하게 쓰여 있는지, 문장이 모호하거나 어렵게 쓰여 있는지, 단어가 어려운지, 단락/단어/문장이 명확한지와 같은 이메일의 구조적인 특성을 의미한다. 둘째, 이메일 내용의 업무 관련성을 포함한다. 이메일 사용자가 수신한 이메일의 내용이 본인의 업무나 역할과 직접적인 관련이 있는지를 의미한다. 예를 들어, 그룹의 일원으로서 받은 전체 이메일, 본인의 업무와 관계 없어 다른 이에게 전달해야 하는 이메일, 본인의 역할로 인해 참조로 받은 이메일 등을 의미한다. 셋째, 이메일의 처리 복잡성을 뜻한다. 다시 말해, 수신한 이메일의 처리를 위해 거쳐야 하는 다양한 과정을 의미한다. 예를 들어, 조사를 통해 많은 시간을 소요해야 응답할 수 있는 이메일, 결정을 내려야 하는 이메일, 회의를 필요로 하는 이메일, 상대방을 설득해야 하는 이메일을 의미한다.

대부분의 직장인들에게 이메일 작성은 피할 수 없는 숙명이다. 최근 비즈니스 인사이더에 따르면 작가 샌드라 램이 크고 작은 기업의 최고경영자들과 한 인터뷰 내용을 토대로 쓴 저서 『직장에서 성공하기 위한 글쓰기(Writing Well for Business Success)』에서 '나쁜 이메일'의 유형을 살펴보면 첫째, 이메일 내용만큼이나 이메일 제목에 많은 공을 들여야 한다는 것이다. 최고경영진을 포함해 다들 요즘엔 엄청나게 많은 이메일을 받기 때문에, 제목이 허술한 이메일들은 어필할 수 없다는 것이다. 특히 자신의 이메일이 왜 중요한지를 제목에 담지 못한다면, 아예 읽히지 않을 수도 있다는 것을 유념해야 한다고 저자는 강조한다. 둘째, 회사에 이메일 발송 등에 관한 세부지침이나 권고사항이 있는 경우가 있다. 이를 꼭 지켜서 이메일이 회사의 지침에 어긋나지 않도록 해야 한다. 셋째, 상황에 따라서 이메일로 발신한 정보들이 법에 저촉될 수도 있지만 항상 법무팀에 모든 이메일을 검토받을 수 없으므로 이메일 작성 시 각별한 주의가 필요하다. 따라서 확실하지 않은 사항에 대해선 이메일 대신 직접 만나 대화를 나누거나 전화 통화를 이용하는 것이 나을 수도 있다는 조언이다. 넷째, 이메일을 쓰다 보면 내용이 한도 끝도 없이 길어질 때가 있다. 중구난방 여러 생각이 섞인 이메일은 상대방이 이해하기 힘들다. '전송하기'를 누르기 전 자신이 작성한 이메일을 최소 한 번이라도 읽고, 받는 이의 입장에서 필요하지 않은 정보는 없애는 게 좋다. 평소 이메일의 내용을 한 문장으로 요약하는 훈련을 하면 핵심만 짚어 이해하기 쉬운 이메일을 쓸 수 있다. 즉 문장을 길게 만드는 오류를 피하라는 것인데 문장을 나누지 않고 너무 길게 쓰면 이메일로 전달하려던 정보의 무게가 흩어지게 된다. 결국, 읽는 이가 본래 문장의 중요점을 놓치게 될 수 있다. 만일 하고 싶은 얘기가 여러 개라면, 짧은 문장 여러

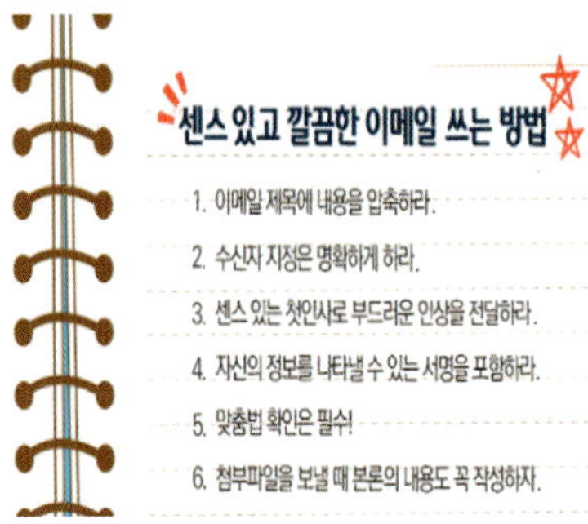

개로 나누어 쓰는 것이 좋다. 우리가 받는 많은 양의 이메일에 문법 오류가 있는 경우가 적지 않다. 그렇기에 문법 오류를 대수롭지 않게 여기기도 한다. 하지만 상사, 임원, 그리고 고객이 중심이 되는 직장생활에서 이메일의 중요성은 나날이 높아지고 있다. 이메일 내의 별것 아닌 것처럼 보이는 것들이 발송자에 대한 인상을 좌우할 수도 있다는 것이다. 그렇기에 이메일 발송 전에는 항상 본문에 문법 실수가 없는지 꼼꼼히 확인할 필요가 있다. 다섯째, 이메일은 항상 예의 바른 인사말로 시작되어야 좋다고 한다. 예의는 물론 읽는 이에 맞게 올바른 존칭, 직함 등을 맞춰 써야 한다. 예의 바르고 기분 좋은 인사말을 이메일에 써서 적어도 상대방에게 기본적인 예의가 없다고 꼬투리 잡히는 일이 없도록 해야 한다. 아무런 인사말도 쓰지 않는 것은 절대 금물이다.

비즈니스 이메일은 전통적인 비즈니스 서신보다 덜 형식적인데, 영어 비즈니스 이메일의 서식은 크게 도입(opening), 본문(body), 맺음(closing)의 세 가지로 구성된다. 비즈니스 이메일의 구성은 작성자가 속한 문화에 따라 차이가 나기도 하는데, 비즈니스 서신 작성자의 의무가 수사적 상황을 분석하여 수신자의 관점에 맞는 형식과 언어의 선택, 작성하는 의도에 맞는 내용이 반드시 반영되었는지 확인하는 것이 중요하다고 주장하였다. 각 국가마다 조금씩 다른 형식이 존재하나 통상 인사말+수신자의 이름(성) 뒤에 콜론(:)을 붙이며 요청 내용을 간략히 작성한 후, 맺음말, 작성자의 이름, 작성자의 성명, 회사명, 연락번호와 이메일, 주소를 기재한다. 한국어 비즈니스 이메일 서식은 주로 네 부분으로 구성되는데 도입에서 상대에 대한 호칭과 인사말이 들어가고, 발신자가 누구인지 자신의 이름을 소개한 후 소속을 밝히는 형식이다. 영어가 상호 의사소통의 수단으로 사용되는 상황에서 비즈니스 이메일 작성자는 특정 비즈니스 목적을 달성하기 위하여 적절한 어휘를 선택하고 이를 책략적으로 사용할 수 있어야 한다. 비즈니스 이메일에서는 주로 상투적 표현(clichés)이 자주 사용되는데 이는 수신자에 대한 체면손상(face threatening act)의 위험을 줄이고 상대적으로 빠르게 돌아가는 비즈니스 환경에서 시간의 효율성을 증대시킬 수 있다. 또, 기업에서는 내부적 이메일이 상당량을 차지하는데 내부용 이메일은 간단명료하며 직접적인 화법으로 작성하며 외부용 이메일에 비하여 덜 형식적이다.

인사말(salutation)의 경우 네 가지 형식으로 나누었다. 격식을 갖춘 이메일에서는 Dear Mr. Harris(Dear+Mr/Ms+성)의 표현을 사용하고 친분이 있는 거래처에는 Hi John, Hi+이름을 사용하라고 하였다. 친분이 두터운 사람에게는 격식을 갖추지 않아도 되므로 Hey John, Hey+이름의 형식을 사용할 수 있다고 하였다. 또한, 아주 막역한 사람에게는 John처럼 이름만 사용하는 인사말의 형식을 사용할 수 있다고 하였다. 격식적인 이메일의 맺음말로는 Yours truly, Very truly yours, Respectfully를 예로 들었다. 준격식적 이메일에는 Sincerely, Sincerely yours, Warmest regards를 사용하라고 하였다. 비격식적인 이메일에서는 Regards, Best regards, Thanks가 사용 가능하다. 예시로 Dear Sir: 수신인이 남성일 경우, Dear Madam: 수신인이 여성일 경우, Gentlemen: 수신인이 남성이고 불특정할 경우, Ladies: 수신인이 여성이고 불특정할 경우, Ladies and gentlemen: 수신인이 불특정할 경우, Dear Mr. Jones: 특정 수신인이 남성일 경우, Dear Ms. Jones: 특정 수신인이 여성일 경우, Dear Sales Director: 직책은 알지만 성명이 불분명할 경우, To whom it may concern: 불특정 다수에게 통지하는 경우에 사용한다.

맺음말은 Best wishes, Regards, Best regards, Good wishes가 비격식적인 이메일에서 사용된다. 맺음말 뒤에는 성을 제외한 발신자의 이름이 따라왔다. 간혹, Yours sincerely가Best wishes와 함께 오거나 발신자의 이름과 함께 준격식적(semi-formal)인 이메일에서 사용되기도 한다고 하였다. 매우 드물게 Yours sincerely+이름+성의 맺음말 형식도 사용되며 사전 맺음말(pre-closing formula)도 이름과 함께 사용된다고 하였다. 예시로는 Very truly yours: 가장 격식을 차릴 경우, Respectfully: 상당히 격식을 차릴 경우, Sincerely yours: 비교적 격식을 차릴 경우, Cordially: 조금 격식을 차릴 경우, Sincerely: 일반적인 경우 등으로 격식 정도에 따라 분류한다.

□ 영어로 보내는 이메일 사례

Subject: Company introduction – Flexy Mobile
 Dear Mr. Philips, ~께, 만일 담당자의 이름을 모르면 Dear Sir or Madam.
I am very pleased to introduce you to Flexy Mobile Inc., a six year-old multi-national company in the business of manufacturing handsets and mobile devices. We have sixty two prime offices all over the globe and in various locations in the United Kingdom.
Our business primarily involves bulk operations and we specialize in providing for the needs of various well known corporations. Our prime objective is to develop unique, customized features for mobile technology. Attached herewith is a copy of our company profile and achievements to date.
I would like to make a personal arrangement to meet in person to discuss the merits of our company. To this end, I would be very grateful if you could please propose a suitable time for me to visit your office.
I very much look forward to receiving your reply.
Sincerely, Sincerely yours, 친애하는, 결구(closing)에 일반적으로 쓰이는 표현
[Name]
[Signature]

3. 호칭과 인사말로 좋아지는 기분

인간은 자기중심적이다. 내 입장만 생각하며 상대방이 왜 저런지 깊게 생각하지 않는다. 그러다 보면 오해를 사고 서로가 반목하는 경우가 종종 발생한다. 특히 위에서 말했듯, 같은 회사 공동체 구성원으로 묶이지만, 사회적으로 개인적으로 다 다른 수준과 성향을 가진 사람들이 모인 직장생활에서 인간관계와 소통은 그만큼 쉽지 않은 것이 사실이다. 미국 역사에서 현대적 의미의 광고기법을 선거에 효과적으로 활용한 정치인은 드와이트 아이젠하워다. 아이젠하워 캠프는 1952년 대선에서 슬로건과 캐치프레이즈를 광고카피처럼 꾸몄다. 대중의 눈과 귀에 쏙쏙 들어가도록 하기 위해서다. 만화주인공처럼 익살스럽게 그린 인물 캐릭터도 사용했다. 군인 출신이라는 딱딱함을 없애고 국민에게 친근한 이미지로 다가가려

는 의도였다. 아이젠하워는 정치에 공식 입문하기 전인 1951년 이미 슬로건을 통해 이미지 메이킹이 이뤄지고 있었다. 다름 아닌 아이젠하워의 애칭 '아이크(Ike)'를 이용한 "아이 라이크 아이크(I like Ike.)"다. 'I like Ike'라는 단 세 단어의 정치 슬로건이 농부의 아들 아이젠하워를 미국 최초의 공화당 대통령(제34대 미국 대통령, 1953~1961)으로 만들었다. 이 짧지만 강렬한 언어는 아이젠하워를 8년 동안이나 대통령의 권좌에 머무를 수 있게 했을 뿐만 아니라, 50여 년이 지난 지금까지도 미국 국민들이 가장 좋아하는 대통령으로 Ike를 꼽을 수 있게 하는 힘이 되었다. 또한 히틀러가 독일 국민 전체를 통일적으로 사고하고 행동하도록 압도하고, 국가사회주의 이데올로기에 열광하게 만들 수 있었던 것도 바로 특유의 나치 언어 때문이었다. "복수는 우리의 미덕이고, 증오는 우리의 의무이다"라는 선동적인 나치 언어는 마침내 세계를 제2차 세계대전의 소용돌이 속으로 몰아넣는 무서운 힘을 발휘하였다. 또 하나, 소아시아를 단숨에 평정한 율리우스 카이사르(Gaius Julius Caesar, BC 100~44)가 로마 원로원에 보낸 "왔노라! 보았노라! 이겼노라!"라는 단 세 마디의 야심찬 전언은 로마 공화국 건국 이래 최고의 권력 집단으로 군림해 온 로마 원로원으로 하여금 그에게 1인 지배의 자리를 내주게 하였다. 전 미국 상원의원이었던 밥 돌(Bob Dole)이 쓴 『대통령의 위트(Great Presidential Wit)』란 책에는 역대 미국 대통령들의 위트 역량에 대한 흥미로운 분석을 볼 수 있다. ① 가장 위대하고 가장 재밌었던 우리의 대통령(에이브러햄 링컨) ② 배우로서 결코 타이밍이 어긋나는 법이 없는 사람(로널드 레이건) ③ 그의 위트가 자신은 물론 미국이 공황과 세계대전을 견뎌내는 데 도움을 준 사람(프랭클린 D. 루스벨트) ④ 삶을 최대한 누렸고 가장 많이 웃었던 자(시어도어 루스벨트) ⑤ 과묵했던 사나이. 그러나 한 번 말했다 하면 청중을 웃겼던 사람(캘빈 쿨리지) ⑥ 기자회견을 하면 그 자체가 가장 위트가 넘치는 TV 쇼였던 사람(존 케네디) ⑦ 있는 그대로를 솔직 담백하게 이야기하는 진솔한 사람(해리 트루먼) ⑧ 텍사스 허풍의 대가. 그의 농담이야말로 언제나 웃음거리였던 자(린든

존슨) ⑨ 퀘이커 교도였으나 속으로는 희극배우의 심장이 박동쳤던 자(허버트 후버) ⑩ 지성인도 재미있을 수 있다는 모범 사례자(우드로 윌슨) ⑪ 동시대 최고의 연설가. 그렇다고 유머리스트로도 역시 나쁘지 않았던 자(제임스 가필드) ⑫ 결코 자기 자신을 심각하게 여길 수 없었던 대통령. 왜냐면 미국에서 가장 위트가 넘쳤던 영부인이 곁에 있는 축복을 누렸던 자(조지 부시) ⑬ 외양과 즐거운 성격에서 산타 클로스를 꼭 닮은 사람(윌리엄 하워드 태프트) ⑭ 때때로 까다롭고 매우 무례했던 18세기형 돈 리클스(존 애덤스) ⑮ 평화에서 1등, 전쟁에서도 1등. 그렇지만 유머에서는 중간수준이었던 사람(조지 워싱턴)이라고 하였다.

기분(Mood)의 사전적 의미는 대상 · 환경 따위에 따라 마음에 절로 생기며 한동안 지속되는, 유쾌함이나 불쾌함 따위의 감정 혹은 The state of one's feelings or mind at a particular time이고, 학문적 의미로는 긍정적인 정서와 부정적인 정서 모두가 포함된 일시적이면서 요동치는 정서적 상태이다. 사람들은 일상생활 속에서 기분이라는 심리적 변화를 경험한다. 기분은 그 자체만으로 우리의 행위에 영향을 준다는 사실을 스스로 알아차리지 못한 상태에서 타인에게 영향을 주게 된다고 하였다. 다시 말해 우리가 생활 속에서 경험하고 느끼는 기분은 일반적인 생각과 행위에 많은 영향을 줄 수 있다. 이렇게 행동과 사고에 영향을 미칠 수 있는 기분 중에 긍정적 기분은 사람이 열정을 느끼며 활동적이고 깨어 있는 범위를 반영하며, 부정적 기분에는 분노나 경멸, 혐오, 공포 등의 주관적인 고통과 불쾌한 일의 다양한 범주가 포함된다. 또한 기분을 좋지도 나쁘지도 않은 수준으로 유지시키는 것을 중성적 기분이라 하고, 긍정적 기분은 중성적 기분보다 업무 수행에서 쉽게 직관적 판단을 하게 하고, 부정적 기분은 중성적 기분보다 업무 수행에서 체계적 사고를 하게 한다.

인간이 언어를 이용하여 자신의 생각과 감정 등을 나타내고 다른 사람들과 인간관계를 맺으며 살아간다고 할 때, 상대방을 부르기 위해 사용하는 호칭어는 중요한 언어 요소가 된다. 또한 다양한 언어가 사용되는 사회에서 한 언어의 호칭어 체계는 그 사회의 구조적 특성을 반영하고 있다. 사회구조나 관습의 차이에 따라 호칭어를 다르게 선택하고 사용하기 때문이다. 언어마다 가지고 있는 문화의 차이가 외국어를 배울 때 걸림돌이 될 때가 있다. 자국의 문화와 상이한 문화적 배경에 대한 이해 없이 목표어의 문법서만 통달하는 피상적인 학습은 난관에 부딪치게 한다. 간혹 우리가 찾는 학습 단어의 사전적 의미만으로는 그 의미를 제대로 파악하기 어려운 경우가 있다. 예를 들어 '국수 먹다'라는 말의 사전적 의미는 '국수로 요리된 음식을 먹다'라는 뜻이다. 하지만 '국수 먹다'가 '결혼하다'의 의미로 관용적으로 쓰일 때는 한국인이 아니고서는 별도의 설명 없이 이해하기 힘들다. 이와 비슷한 관점에서 한국사회에서 쓰이는 호칭어 가운데 '언니, 이모, 아저씨, 할머니' 등과 같은 호칭어도 한국문화와 밀접한 관계를 가지고 있다. 문화적인 옷을 입은 호칭어는 두 대화자의 관계, 격식성의 여부, 친밀도 등에 따라 결정되는데 이것은 호칭어가 사회언어학적인 성격을 지니고 있어서이다. 전통적으로 한국인은 삼강오륜의 윤리관에 뿌리 내린 수직적 인간관계를 유지하며 서열을 중시한다. 또한 상대방의 사회적 직위나 연령, 성별, 친밀감 등을 고려해서 호칭어를 사용한다. 호칭어를 이용해 의도적으로 청자와 가까워지려고 할 뿐만 아니라 청자와의 관계에 심리적 거리를 두기도 한다. 이처럼 호칭어는 담화 전략의 수단으로 사용되기도 하는데 이러한 전략적 수단까지 제대로 읽어내야 진정한 의사소통을 한다고 할 수 있다.

힘(power)은 그 자체로는 좋은 것도, 나쁜 것도 아니다. 힘의 가치는 사회적, 관계적 맥락 안에서 정의되고, 사용된다. 힘은 종종 '권력'과 동의어로 사용되며, 사회 속에서 '정치적 힘' 혹은 '경제력'을 나타낼 때 사용되기도 한다. 또한 힘은 '폭력성'과 '파괴성'을 드러내는 말이기도 하다. 힘은 또한 중립적으로 '물리적인 힘' 자체를 의미하기도 하고, '저력'이나 '활력' 등과 같은 의미로 사용되기도 한다. 표준국어대사전에는 힘에 대한 정의만 해도 13개가 해당되는데, 이를 크게 네 가지로 범주화해 보면 다음과 같다. 첫째로는 물리적이거나 신체적인 힘, 둘째로는 심리적인 힘이나 능력, 셋째로는 개인이나 단체를 통제하고 강제하는 권력, 마지막으로 초월적인 힘이 그것이다. 인사는 사람들 간의 소통에서 많은 부분을 차지한다.

사람 사이 의사소통의 첫발은 누군가를 불러야 한다는 것이다. 이것을 호칭 내지 지칭이라고 한다. 적절한 호칭 및 지칭의 사용은 의사소통을 성공적으로 이끌

수 있지만, 첫 호칭부터 기분이 상한다면 그 이후 성공적인 의사소통은 장담할 수 없을 것이다. 여러 사람이 모인 직장에서 조직의 목표 달성과 재미있는 직장분위기 조성을 위해, 서로 존중하고 화합을 다지는 호칭의 사용은 필수적이다. 가정에서나 일반 사회에서는 상대하는 사람이 제한되어 있기 때문에 호칭에 큰 문제가 없으나, 몇 십 명 정도의 규모를 뛰어넘어 천 명이 넘는 대규모 기관에서는 서로의 얼굴이나 직위를 모르기 때문에 호칭과 지칭에서 혼란이 오기 쉽다. 물론 현재 한국사회에서 사용 중인 직장인 호칭에 관하여는 전통적인 예법(성균관 전례연구원)과 국립국어연구원 화법표준화자문위원회에서 정한(교양 있는 사람들이 두루 쓰는 현대 서울말로 정함) 것이 있다. 그러나 이는 언어 예절일 뿐 법같이 강제성이 없어서 구속력이 약하다. 개인 간 직장 내 원활한 커뮤니케이션을 위해 중요한 위치를 차지하고 있는 호칭 및 지칭에 관하여 평소 우리들은 어떤 의식을 가지고 있는지, 인식하고 있다면 어느 정도인지에 관해 한 · 일 양국의 직장인을 대상으로 성별 · 연령별 · 학력별 의식조사를 통하여 그 상태를 파악하고자 한다. 우리말 호칭의 특징과 그 형태를 보면 우리나라는 다른 나라에 비해 호칭이 상대나 대상에 따라 세분화되어 있기 때문에 복잡한 것 같지만 매우 합리적이며 예의를 존중하는 민족으로서 긍지를 지닐 만하다. 우리나라의 호칭에는 순수한 우리말 호칭과 한문식 호칭이 있다. 그리고 호칭의 종류는 다음의 경우에 따라 형태가 달라질 수 있다. ① 내가 직접 상대를 부를 때 ② 상대와 직접 대화하면서 상대를 지칭할 때 ③ 살아 있는 대상을 말할 때 ④ 글로 쓸 때 ⑤ 상대의 아랫사람에게 대상을 말할 때 ⑥ 상대가 나에게 자기를 말할 때 ⑦ 남이 나의 대상을 나에게 말할 때로 구분하고 있다.

호칭어 품사적 유형		
명사형	이름	고은찬, 박명수, 솔비, 연아, 엔젤…
	직함	부장님, 사장님, ○○○ 기자, ○선생님
	친족어	엄마, 오빠, ○서방, ○○형, ○○엄마…
	일반명사	어르신, 사모님, 선배(님), 총각, 환자분, 친구…
대명사형		당신, 자네, 너, 여러분, 자기(야), 이놈(아), 이 자식(아)…
감탄사형		야, 여보(세요), 저기요, 이봐(요), 얘(야/들아), 아가(야)…

가정에서의 호칭

아버지, 아빠, 어머니, 엄마, ○○[이름], 아범, ○○[손주] 아범, 아비, ○○[손주] 아비, 어멈, ○○[외손주] 어멈, 어미, ○○[외손주] 어미, 아버님, 어머님, 어멈, ○○[손주] 어멈, 어미, ○○[손주] 어미, 아가, 새아가, 장인어른, 장모님, ○ 서방, ○○[외손주] 아범, ○○[외손주] 아비, 여보게, 여보, ○○ 씨, ○○[자녀] 아버지, ○○[자녀] 아빠, 영감, ○○[손주, 외손주] 할아버지, 여보, ○○ 씨, ○○[자녀] 엄마, 임자, ○○[손주, 외손주] 할머니, 형, 형님, 형수님, 아주머님, 아주머니, ○○[이름], 아우, 동생, 제수씨, 계수씨, 누나, 누님, 매형, 자형, 매부, ○○[이름], 동생, ○서방, 오빠, 오라버니, 오라버님, 새언니, 언니, ○○[이름], 동생, 서방, 제부, 아주버님, 도련님[미혼], 서방님[기혼], 동서, 아가씨, 처남, 처남의 댁, 처남댁, 외숙모님, 큰아버지, 백부, 큰어머니, 백모, 작은아버지, 아저씨, 삼촌, 숙부, 작은어머니, 숙모, 고모, 대고모, 왕고모, 고모부, 아저씨, 고숙, 이모, 이모부, 이숙, 외삼촌, 외숙모 등

사회에서의 호칭	
상사	선생님, ○선생님, ○○○선생님, ○선배님, ○○○선배님, ○여사님, ○○○여사님, 부장님, ○부장님, ○○○부장님 등
직급이 같은 동료	선배, ○선배, ○○○선배님, ○○○씨, ○○씨, 형, ○형, ○○형, ○○○○형, 언니, ○○언니 등
아래 직원	과장님, ○과장님, ○과장, 총무과장, ○군, ○○군, ○○○군, ○씨, ○○씨, ○○○씨, ○양, ○○양, ○○○양 등
직원과 손님 사이	아저씨, 젊은이, 총각, 아주머니, 아가씨, ○○씨, ○○○씨, 선생님, ○선생님, ○○○선생님, ○선생, 여기요, 여보세요, 손님, ○○○님, ○○○손님 등
해양경찰 예절규칙 [시행 2013.7.5.] [해양경찰청훈령 제981호, 2013.7.5., 일부개정]	제10조(칭호) ① 상급자에 대하여는 성명과 직위(또는 직급) 다음에 "님"의 경칭을 붙인다. ② 하급자나 동급자에 대하여는 성명과 직위(또는 직급)로 호칭한다. ③ 상급자에 대하여 자기를 호칭할 경우에는 "저" 또는 성명과 직위(또는 직급)를 사용하며, 하급자나 동급자에 대하여는 "나" 또는 성명과 직위(또는 직급)를 사용한다. ④ 제2항 내지 제3항의 규정의 경우 성과 이름을 함께 사용하기 곤란할 때에는 이름은 생략할 수 있으며, 지휘감독의 직위에 있을 때는 성명을 모두 생략할 수 있다.

장례문화의 유래를 언제부터라고 말하기는 어려울 것이나, 장례가 죽음이 있는 곳이라면 어느 지역에서나 일반적으로 행해졌던 의식이었음을 볼 때 인류의 탄생과 시대적 기원이 비슷함을 추측할 수 있다. 고대 이집트의 장례문화는 지금까지 남아 있는 문헌과 유물로 인해 비교적 자세한 내용을 파악할 수 있다. 고대 이집트인들은 인간이 모두 여섯 개의 독특한 개체 즉 육체, 바(ba), 카(ka), 이름, 그림자, 아크(akh) 등으로 구성되었다고 믿었으며 육체가 죽은 후 내세의 삶을 위해서도 이 여섯 개체들이 모두 온전한 모습으로 보존되어야 한다고 믿었다.

우리 민족의 전통적 통과의례에서 생활에 깊이 영향을 미친 주자(朱子)의 『가례(家禮)』도 여러 경로를 거쳐 완성되었는데, 그 동기는 고대로부터 내려온 의례가 그 시대의 예절로 맞지 않는 점이 많았기 때문이었다. 의례를 숭상하는 사대부를 제외한 일반 사람들이 복잡하고 난해한 예절을 모르기도 하였지만, 예를 알았다고 해도 처지가 어려운 가정에서 번거로워 실행하기도 힘들었으며 아울러 정해진 예에 따라 거행하면 형식에 치우친 점이 지나치게 두드러졌기 때문이다. 주자 스스로도 유년시절 부친상에 이어 중년에 모친상을 당해 거상을 치른 후 합당한 예가 없었던 것을 느끼고, 고금의 예를 참작하고 시의에 적합한 상례를 탐구하여 편찬하였는데, 실제 『가례(家禮)』의 총 7권 중 3권이 상례(喪禮) 3편으로 구성되어 있다. 나아가서는 잡다한 가정의례와 풍속을 하나로 통일시키고 당시 사회를 바르게 예속화시켜 문화적 계몽을 지향한 교육적 측면도 담겨 있었다. 전통사회의 문상은 혈연공동체나 지연공동체의 인적 관계에 의하여 감정적 애도와 육체적 · 물질적 · 시간적 도움을 포괄적으로 베푸는 부락 행사의 성격을 지녔다. 그러나 현대사회에서는 산업화 및 도시화로 인해 지역 간 인구의 이동이 극심해짐에 따라 지역공동체 내의 주민들 사이에서도 익명성이 증가하게 되었다. 이러한 결과 지역 내 초상이 발생해도 지역공동체는 과거와 같은 문상의 기능을 적절하게 수행하지 못하게 되었다. 혈연공동체의

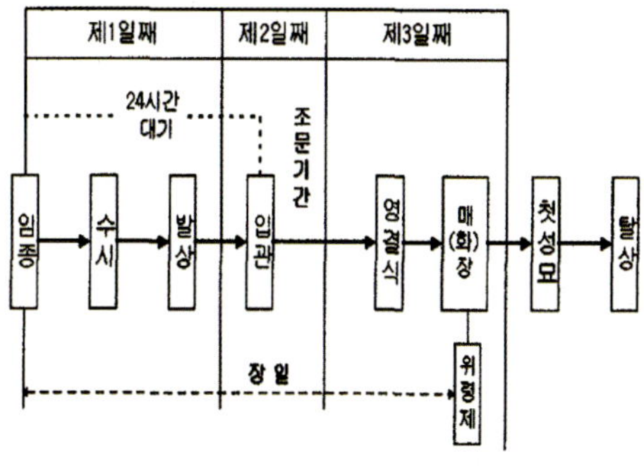

경우에도 유사한 변화가 일어났다. 육체적 · 시간적 도움을 제공하는 인적 관계는 대개 고령의 친척이거나 직장에 다니지 않는 여성들에 의해 대부분 수행되었다. 실제 젊은 남자 친척들은 직장에 얽매여 시간적 · 육체적으로는 상부상조하지 못하고 물질적 품앗이로 그 기능을 대신하고 있다. 사람이 죽으면 초상집에서는 가까운 친지들과 직장 관계자들에게 부음을 알리고, 부음을 들은 사람들은 빈소를 찾아 조문의 예를 갖추는 것이 우리의 전통 상례풍습이다. 조문은 상조(相助)의 개념으로 이웃의 상사에 대해서는 서로 도와야 한다는 정서적 두레문화의 한 표상이다. 고례(古禮)에서는 조문예절 즉 조례에서는 문상과 조상을 엄격히 구분하여 왔다. 빈소의 영좌에서 올리는 애도의 예를 조상(弔喪)이라 하고, 상주와 유족과 교환하는 예를 문상(問喪)이라 하며 또한 고인과의 관계에 따라 문상과 조상을 달리 하였다. 고인과 생전에 면식이 있었거나 아니면 남녀에 따라 별도의 조례형식을 취하였다. 어떠한 경우이든 조문예절의 본질적 의미는 고인에 대한 애도와 상을 입은 가족들의 슬픔을 덜어주는 정서적 교환에 초점이 있다.

"죽음은 육체로부터 영혼의 해방이다"(플라톤), "죽음은 삶과 평등하다"(장자), "죽음은 삶의 완성이다"(니체), "인간은 죽음을 향해 나아가는 존재이다"(하이데거), "인간은 자신이 죽어 가고 있다는 것을 아는 유일한 동물"이라는 프랑스의 계몽사상가 볼테르(1694~1778)의 말처럼 인간만이 죽음을 이해할 수 있는 능력을 갖추고 있다고 할 수 있다. 하지만 인간에게 죽음은 영원히 피하고 싶은 화두이기 때문에 죽음을 기피하는 경향이 있는데 그 이유로 첫째, 인간은 죽음을 직접 경험할 수 없다는 것과 둘째, 현세에 집착하는 삶으로 인해 죽음을 현세적 삶의 종말로 생각하며 셋째, 종교적 · 문화적인 영향에 의해 죽음을 죄악의 결과와 연관시킨다는 것과 넷째, 죽음에 대한 두려움과 공포로 인하여 대부분의 인간이 죽음을 기피한다고 하였다. 모든 인간은 반드시 죽는 존재이기 때문에 죽음은 인간에게 보편적이고 일상적인 것이다. 인간은 죽음이 보편적인 현상이지만 단지 한 개인의 생물학적인 호흡의 중단으로만 취급하지 않았으며 장례의식과 같은 '죽음에 관한 문화'를 형성해 왔다. 세계 여러 나라에 존재하는 죽음에 관한 문화를 볼 때 인간은 죽음을 단지 세상의 끝이 아닌 또 다른 삶을 시작하기 위한 새로운 세계로의 출발점으로 생각해 왔다.

'죽음 의식'인 '장례'도 죽은 자가 거치는 사후세계의 첫 번째 단계이기 때문에 단순한 시신처리라는 의미를 뛰어넘는 매우 중요한 절차로 인식되었다. 장례는 인간이 죽은 이후부터 시신을 매장하거나 화장 또는 다른 방법으로 처리하는 전체적인 의식을 말한다. 일반적으로 장례는 고인의 죽음 이후 시신을 처리하는 행위까지를 말하지만, 포괄적인 의미로 고인의 죽음을 인정하고 애도하는 일련의 과정까지 모두 포함하는 것이라 볼 수 있다. 장례의 목적은 세 가지 측면으로 나타낼 수 있다. 첫째, 고인의 시신을 처리하는 기능 둘째, 고인에 대한 애도와 산 자들을 위로하는 것 셋째, 죽음에 대한 인식을 통해 현재의 삶을 더욱 의미 있게 만드는 것이다. 장례의 표현양식이 각 나라와 민족마다 다르게 나타나고 있지만, 위의 세 가지 목적이 각각의 고유한 장례의식을 통해 공통적으로 수행되고 있는 것이다.

통과의례에서 상례는 한 집안의 위기와 변화를 반영하는 중대한 사건으로서 해당 유족뿐만 아니라 조문하는 모든 사람들에게 직간접적인 영향을 미친다. 즉 고인과 상주와 조문객의 인간적 구성체계를 이루고, 조문의 시간과 공간에 따라 문화적 상장의례의 욕구 및 요청에 맞추어 깊은 예(禮)와 정(情)을 나누는 애도와 위문의 정신을 행하는 것이다. 슬픈 일을 당했을 때 찾아와 위로해 주는 것은 기쁠 때의 경우보다 더욱 고맙고 소중하다. 이 점은 사람으로서의 당연한 도리이며 의리이다. 조문의 조(弔)는 돕는다는 뜻에서, 위문하고 아파한다는 의미였으나, 죽음을 애도하고 위문하는 '슬퍼한다'는 의미로 변화되었다. 조문의 문(問)은 상을 당한 상주를 위문하는 '죽음을 묻는다'는 뜻이 담겨 있다. 그러므로 돌아가신 고인을 애도하거나 추모하는 조상과, 상을 당한 상주를 위로하는 문상의 두 예가 합쳐져, 고인의 명복을 빌고 유가족을 위로하는 것을 조문이라 한다. 그러나 요즈음은 고인과 상주의 구분 없이 연속적 과정으로 예를 진행한다. 조상의 예는 곡(哭)과 배(拜)이며, 문상의 예는 인사말과 함께 밤 보내기, 부조의 형태를 지닌다. 조상은 문상(問喪), 부의(賻儀), 위소(慰疏), 답소(答疏), 울력, 부조(扶助), 만사(輓詞) 등 전체 과정을 일괄하는 전통적 속성을 지닌다. 일반적으로 조상은 조문(弔問)이나 조위(弔慰)로도 불린다. 조(弔)는 원래 돕는다는 뜻이나 남의 죽음을 애도하고 위로나 위문하는 말로 통칭되었다. 그러므로 조상은 상(喪)을 입은 가족들이 성빈(成殯) 혹은 성복

(成服) 후 받게 되는데 이는 죽음을 기정사실로 인식하는 의미를 내포하고 있다.

문상절차는 ① 상주(빈소)에 도착하면 문밖에서 외투나 모자 등을 미리 벗어둔다. ② 상주에게 가볍게 목례를 하고 영정 앞에 무릎을 꿇고 앉는다. ③ 분향 및 헌화 방법은 향나무를 깎은 나무향일 경우는 오른손으로 향을 집어 향로 위에 놓는데 이때 왼손으로 오른손목을 받친다. 선향(線香, 막대 향)일 경우 하나나 둘을 집어 촛불에 불을 붙인 다음 손가락으로 가만히 잡아서 끄든지 왼손으로 가볍게 흔들어 끄는데 이때 절대 입으로 불면 안 된다. 그다음 두 손으로 공손히 향로에 꽂는데 선향은 하나로 충분하나 여러 개일 경우 반드시 꽂아야 한다. 헌화를 할 때는, 오른손으로 꽃줄기 하단을 가볍게 잡고 왼손 바닥으로 오른손을 받쳐 들어 공손히 꽃봉오리가 영정 쪽을 향하게 하여 재단 위에 헌화한 뒤 잠깐 묵념 및 기도를 한다. 종교적 이유나 개인적 신념에 따라 이와 반대로 하는 경우도 있다. ④ 영좌 앞에 일어서서 잠깐 묵념 또는 두 번 절한다. ⑤ 영좌에서 물러나 상주와 맞절을 한다. 종교에 따라 절하지 않는 경우 정중히 고개 숙여 예를 표해도 된다. ⑥ 평소 안면이 있는 경우라면 상주에게 문상 인사말(삼가 고인의 명복을 빕니다, 위로의 말씀을 드립니다, 얼마나 마음이 아프십니까)을 건네는데 이때는 낮은 목소리로 짧게 위로의 말을 하되 고인과 관련 된 질문을 많이 하는 것은 좋지 않다. ⑦ 문상이 끝나고 물러나올 때에는 두세 걸음 뒤로 물러난 뒤, 몸을 돌려 나오는 것이 예의이다.

문상객의 옷차림은 예전에 우리 조상들의 평상복이 한복이었던 관계로 흰옷을 입고 가는 것이 예의였으나, 현대에는 양복을 입는 관계로 문상객의 복장도 바뀌었다. 기본적으로 화려한 색상의 의복이나 장식은 피하며, 가능한 한 무채색 계통의 단정한 옷차림이 무난하다. 고인 또는 상주와 각별한 문상객일 경우에는 아래와 같은 복장을 갖추는 것이 예의이다. 현대의 장례절차에서는 검정색을 포함한 무채색 계통의 정장 또는 평상복을 입는 것이 무난하다. 정장을 입는 경우 셔츠는 될 수 있는 대로 화려하지 않은 단색 계통으로 하는 것이 좋다. 맨발이 보이지 않도록 스타킹이나 양말을 착용하는 것이 좋다. 그 밖에 과한 색조화장은 피하는 것이 바람직하며 장갑이나 장신구는 가능하면 눈에 띄지 않도록 한다.

절하는 법은 손을 모아 앞으로 잡는 것을 공수(拱手)라 하는데 이는 공손한 자세를 나타내며, 모든 행동의 시작이다. 공손한 자세는 어른에게도 공손한 인상을 가질 수 있도록 해야 하고, 공손한 자세를 취하는 사람에게도 편안한 자세가 되어야 한다. 공수는 두 손을 앞으로 모아서 잡는 것을 말한다. 공수는 남자와 여자의 손위치가 다르다. 공수는 평상시(平常時)와 흉사시(凶事時)가 다르다. 공수는 의식행사에 참석했을 때나 어른을 뵐 때 반드시 한다. 공수는 배례(拜禮 절)의 기본동작(基本動作)이다. 공수 시 남자는 왼손을 위로 하고 여자는 오른손을 위로 하여 두 손을 가지런히 모아서 쪼갠다. 흉사 때는 남녀 모두 평상시와 반대로 한다.

문상할 때에는 고인에게 재배하고 상주에게 절한 후 아무 말도 하지 않고 물러나오는 것이 일반적이며 전통적인 예의이다. 상을 당한 사람을 가장 극진히 위로해야 할 자리이지만 그 어떤 말도 상을 당한 사람에게는 위로가 될 수 없다는 뜻이며 오히려 아무 말도 하지 않는 것이 더 깊은 조의를 표하는 것이다. 마찬가지로 문상을 받은 상주 역시 말하지 않는 것을 모범으로 여기며, 더욱이 상주는 죄인이므로 말을 해서는 안 된다는 것이 전통적인 관습이다. 실제 문상의 말은 문상객과 상주의 나이, 평소의 친소 관계 등, 상황에 따라 적절하게 건네는 것이 합리적이다. 격식이나 형식을 차린 표현보다 따뜻하고 진지한 위로 한마디를 문상 전에 미리 준비하는 것이 좋다. 상주도 '고맙습니다', '뭐라 드릴 말씀이 없습니다.' 등으로 문상에 대한 감사를 표한다.

문상 시 삼갈 일은 유가족을 붙잡고 계속해서 말을 시키는 것으로 이는 실례가 된다. 상주, 상제에게 악수를 청하는 행동은 삼가야 한다. 상주가 어리다 하여 반말이나 예의 없는 행동을 해서는 안 된다.

반가운 친구나 친지를 만나더라도 큰 소리로 이름을 부르지 말아야 한다. 낮은 목소리로 조심스럽게 말하고 문상이 끝난 뒤 밖에서 따로 이야기하도록 한다. 고인의 사망 원인, 경위 등을 유가족에게 상세하게 묻는 것 또한 실례가 된다. 집안 풍습이나 종교가 다른 경우라도 상가의 가풍에 따라 주는 것이 예의다. 망인이 연만(年晩)하여 돌아가셨을 때 호상이라 하여 웃고 떠드는 일이 있으나, 이는 예의가 아니다. 과도한 음주, 도박 등으로 인한 소란한 행위나 고성방가 또한 삼가야 한다.

사례연구: 전화예절 지켜주는 휴대폰 소음기

누구나 한두 번쯤 휴대폰으로 시끄럽게 통화하는 사람 때문에 얼굴을 찡그린 경험이 있을 것이다. 공공장소에서 주변 사람에게 들리지 않도록 조용히 통화하는 것은 기본적인 전화예절이지만 지키지 않는 사람이 아직도 많은 것. 참지 못하고 주의를 주는 사람과 말싸움 끝에 난투가 벌어지는 경우도 있다.

외국의 전화예절은 수준이 높다고 생각할 수 있지만 그렇지도 않은 것 같다. 미국에서는 주위 반경 약 9m 내의 모든 휴대폰 통화를 교란시키는 방해장치의 수요가 늘고 있다고 한다. 방해장치 사용이 적발됐을 경우 천만 원에 가까운 벌금형에 처해지지만 그럼에도 불구하고 사용하는 사람이 늘어나고 있다는 얘기다.

사실 작은 목소리로 통화하면 답답함을 느끼게 된다. 상대방이 귀가 어둡거나 시끄러운 장소에 있다면 큰 목소리를 낼 수밖에 없다. 그래서 충분한 성량으로 말하면서도 주위에 피해가 가지 않도록 통화하기 위한 아이디어 상품도 만들어지고 있다.

지난 8일 열린 대한민국 세계여성발명대회에서 키즈 런 아카데미는 휴대폰용 소음기 시범 모델을 세 종류 선보였다. 소음기 안에 마이크가 들어 있어서 마이크에는 음성이 확실히 전해지지만 밖으로는 새나가지 않도록 한 것이 공통된 특징이다. 상대의 목소리는 이어폰을 통해서 듣기 때문에 전화가 오면 소음기만 꺼내면 된다.

가장 간단한 모델은 목에 거는 파우치 형태다. 특별한 소음 제거기가 붙어 있지 않지만 통화할 때 손으로 입 주위를 막은 것과 같은 효과를 얻을 수 있다. 무당벌레를 연상시키는 액세서리형 소음기는 내부에 차음소재로 만들어진 원형 통로를 몇 겹으로 둘러싸 소리가 빠져나가면서 약해지도록 했다.

마지막 모델은 액세서리형에 사용된 소음기를 소형화해 휴대폰 내부에 장착했다. 따로 소음기가 필요하지 않다는 장점이 있지만 소음기 부분에 입을 대야 하기 때문에 다른 모델과 마찬가지로 이어폰을 귀에 연결해야 한다.

출처: 전자신문, 2008.05.28.

1. 모바일 음악서비스에서 벨소리, 통화연결음, 다운로드에 대해 설명하고, 음량 크기로 인한 찬성 및 반대의견에 대해 토의해 보자.

CHAPTER 12

살아가는 데 힘이 된 영어회화

1. 미신과 영어문화의 이해

미신(迷信, superstition)은 인류사회에 보편적으로 존재하는 속신(俗信) 현상으로, 인간 삶과 생활의 여러 방면에 많은 영향을 주고 있다. 과거에 미신이란 행운이나 불운과 상관관계가 없는 전설에 대한 믿음 또는 마술과 점성술 등 신비한 현상에 대한 넓은 의미로 정의됐다. 마이크로소프트의 엔카르타(Encarta) 백과사전(http://de.encarta.msn.com)에서는 미신이란 '비이성적으로 일부 행위나 의식에 신비한 효과가 있다는 믿음'이라고 정의했다. 미신은 큰 가치가 없어 보이지만 인간사회에서 오랫동안 존재해 왔다. 이와 같은 미신현상들이 이 세상에서 장기간 존재해 온 것은 그 자체가 인간의 어떤 수요를 만족시켜 주는 역할을 하기 때문이다. 스포츠 경기는 선수의 실력도 중요하지만 일부는 운에 따라 결과가 개변될 수도 있다. 스포츠 선수들 중에도 미신적 행위하는 것을 자주 볼 수 있다. 미국의 유명 골프 선수 타이거 우즈는 매번 결승전 때면 붉은색 티셔츠만 입고 경기를 한다. 그는 자신의 자서전에서 이런 행위가 좋은 운을 얻기 위해서 한 것이었음을 인정했다. 축구는 과학이라고 해도 여전히 미신을 믿는 선수들은 많다. 혹독한 훈련을 거치고, 신중하게 짜인 전술이 있는데도 불구하고 많은 선수들이 경기 시작 전 혹은 경기 중간에 일종의 '의식'을 치르곤 한다. 골문을 보지 않고 슛을 찰 정도로 뛰어난 감각을 타고난 스타급 선수들 역시 마찬가지다. 월드컵 출전 선수들과 월드컵에 얽힌 흥미로운 미신들을 살펴보면 포르투갈의 슈퍼스타인 크리스티아누 호날두(Cristiano Ronaldo, Cristiano Ronaldo dos Santos Aveiro) 역시 세계 최고의 실력을 뽐내는 선수이지만 미신을 믿는다. 그는 중요한 시합 전날에는 반드시 머리를 새로 자르고 경기에 임한다. 또한 국가대항전 경기에서는 항상 선수들 가운데 가장 먼저 그라운드에 발을 들여놓으며, 비행기로 이동할 때에는 가장 뒷좌석에 앉는다. 반대로 소속 클럽인 레알 마드리드에서 뛸 때에는 가장 마지막에 경기장에 들어선다. 잉글랜드의 레이튼 베인스는 시합 전에 그라운드 위에서 축구화의 끈을 풀었다가 다시 묶는 습관이 있다. 그가 이렇게 축구화의 끈을 묶는 모습은 이번 월드컵에서도 이미 전 세계로 생중계된 바 있다.

미신은 크고 작게 우리의 삶을 지배하고 있다. 샤머니즘이 판을 치던 과거에만 있었고, 첨단 과학의 시대인 지금은 없다고 말해서는 안 된다. 인공위성을 우주로 쏘아 보내면서도 고사(告祀)를 지내고, 돈만 있으면 행복하게 될 거라고 믿는 것 역시 일종의 미신이기 때문이다. 이처럼 우리는 미신으로부터 자유롭기 어렵다. 물론 그것으로부터의 해방이 불가능한 것은 아니다. 손자는 자신의 병법에서 "지피지기 백전불태(知彼知己 百戰不殆)"라고 했다. 적을 알고 나를 알아야만 위태롭지 않을 수 있다. 즉, 수동적으로 막연하게 끌려가는 삶을 벗어나기 위하여, 그렇게 자신도 모르는 사이에 억압받고 있는 삶을 극복하기 위하여 우선 적을 알아야 한다. 우리를 억압하는 미신을 말이다. 자신도 모르게 따르고 있던 미신의 정체와 그 원리를 알게 될 때, 우리는 더이상 이유도 모르며 맹목적으로 무언가를 숭상하지 않을 것이다. 그렇게 자유로운 삶을 누리고, 그 삶의 주인이 될 수 있다.

American Heritage Dictionary에는 "현대사회에서 일반적으로 간주되는 이성적인 사실, 또는 자연의 순리와 조화되지 않는 신념", "어떤 사물, 행동 또는 상황이 사건의 과정과 논리적으로 관련이 없지만 이러한 비이성적인 믿음이 결과에 영향을 미친다고 믿는 것", "자연의 법칙에 대한 무지나 마술, 우연에 대한 믿음에 의해 비이성적으로 유지되는 믿음, 행동, 의식", "무지함 또는 불합리함에서 비롯되어 두렵거나 비참한 마음의 상태" 등으로 정의되어 있다.

재채기하는 사람에게 신의 은총을 빌어준 것은 옛날에 재채기를 하면 영혼이 몸 밖으로 빠져나갈 수 있다고 믿었기 때문이다. 이런 일이 벌어지지 않도록 사람들은 재채기하는 사람을 보호해 주기 위해 신의 은총을 빌어주었다. 또 다른 표현은 유럽에 페스트(역병)가 만연하여 엄청난 인구가 사망했고 사람들은 이 역병의 초기 증상 중 하나가 재채기라고 생각했다. 따라서 누군가 재채기를 하면 그가 역병에 걸린 것으로 간주하고 그 병을 물리칠 수 있는 것은 신의 축복밖에 없다고 생각하여 Bless You!, 게준트하이트(Gesundheit)! 고대 그리스인은 서로에게 "오래 사시길"이라 했고, 고대 로마인은 "주피터가 당신을 보호하시길"이라고 했으며, 아랍국가에선 "알 함둘릴라(Al hamdulilla)", 즉 "신께 찬미를", 러시아에선 아이들에게 "부지즈도로브(Bud'zdorov)", "건강해라"라는 전통적인 화답을 건넨 후에, "로스티 볼쇼이(Rosti bolshoi)", 즉 "크게 자라거라", 중국에서는 아이가 재채기를 하면 "바이 슈이(Bai sui)"라고 하는데 이 말은 "백 살까지 살기를", 이탈리아어로는 행복하라는 의미의 "펠리시타(Felicita)"이며 프랑스어는 "소원 성취하시길!(A vos souhaits!)" 또는 "신의 가호가 있기를!(Que Dieu vous benisse!)"이라 했다. 재채기를 한 사람에게 프랑스인들은 이렇게 인사말을 전한다. "아 테 스웨(A tes souhaits)!" 혹은 "아 보 스웨(A vos souhaits)!" 이 말을 직역하면 "당신에게 행운이!"라는 뜻이다. "아 테 스웨(A tes souhaits)!"라는 말의 유래는 흑사병이 전 유럽을 강타했던 무렵으로 거슬러 올라간다. 흑사병의 증상이 재채기로 나타났는데, 당시 사람들은 정확한 병의 원인을 알지 못해 재채기만으로도 공포에 떨었다. 예방법이나 치료제가 없었기 때문에 재채기는 곧 죽음을 예고하는 신호로 여겨졌다. 그래서 교황은 재채기하는 사람 옆에 있던 사람에게 신의 은총(God's blessing)을 기원해 주도록 지시했고 그것이 지금의 그 유명한 "갓 블레스 유(God bless you)!"가 되었다고 한다. 한편으로 옛날 사람들은 재채기를 할 때 코를 통해 영혼이 빠져나간다고 믿어서 심한 재채기를 할 때 영혼이 빠져나가지 않도록 신의 은총을 비는 것이라는 설도 있다. "아 보 스웨(A vos souhaits)!"는 상대방에게 예의를 갖추거나 존칭을 사용해야 하는 경우에 사용하고, “아 테 스웨(A tes souhaits)!”는 가족, 친구 등 친한 사이에서 격식을 갖출 필요가 없을 때 사용한다. 여러 번 재채기를 하는 경우에는 재채기를 하는 사람이 민망하지 않도록 두 번째에는 ‘너의 사랑을 위해!’라는 뜻의 “아 테 아무르(A tes amours)!”, 세 번째 재채기에는 ‘소원이 이루어지기를!’이라는 뜻의 “퓨르 퀼 세 레리종(Pour qu'ils se réalisent)!” 또는 ‘너의 사랑이 항상 머물러 있기를’이라는 뜻의 “퀴 엘르 뒤르 튜주르(Qu'elles durent toujours)!”라고 말하는 사람도 있다. 만약 재채기를 했을 때 상대가 위와 같이 말한다면 가볍게 고맙다는 인사말을 건네면 된다.

믿기 싫지만 따라야만 하는 미신

주의, 조심, 숫자, 색깔, 방향, 행과 징크스, 몸짓언어에서 긍정적 미신과 부정적 미신에 대해서 설명하시오.

운명은 ‘운명을 믿는 사람’에게 힘을 발휘한다.
출처: http://pixabay.com

우리는 외로움을 감당하기 힘들 때 신비한 힘을 바란다.
출처: 영화, 〈청담보살〉(2009)

인간은 살면서 마주치는 사고나 불행을 막고, 행복을 누리기 위해 많은 선택을 하게 된다. 불확실한 미래를 알고자 하는 인간의 바람은 역사 속에서 점술(占術)문화를 발달시켜 왔다. 동양의 명리학과 주역점, 서양의 점성학과 타로점이 그 대표적인 형태로 현재까지 이어져 내려온다. 새해가 되면 많은 사람들이 자신의 한 해 운을 궁금해 하며 상담소를 방문한다. 과거에는 부모님 세대에서 점(占)을 보거나 사주감정을 듣고 자녀들에게 조언해 주는 형태를 이루었다면, 최근에는 젊은 세대들이 자신의 미래에 대하여 더욱 적극적인 자세로 임하는 것을 반영하듯 10대, 20대, 30대 내담자들이 증가하고 있다.

타로는 서양에서 출발하여 서양에서 전파되고 서양 사람들로부터 사용되어 왔다고 일반적으로 인식하기 쉬우나 일부 학자들에 의해 중국이나 인도에서 출발하였다는 기원설이 제기되고 있다. 이러한 제기는 동양과 서양문화의 뿌리는 둘이 아닌 하나로 모두 자연을 경외하는 사상에서 출발하였다는 문화원형론에서 이해할 수 있다. 그러나 이들은 원론적인 주장보다 더 구체적인 역사적 사실에 근거한 주장을 하고 있다. 이들은 중국의 종이 발명과 타로가 종이카드로 시작되었음에 주목하고 있다. 그리고 타로카드에 나타나는 점성술이 인도 점성술에서 연유하였다고 보았다. 이러한 타로의 구조는 모든 만물을 구성하는 요인으로 불(火), 물(水), 공기(風), 땅(地)의 4가지 원소를 제시하고 이들 4가지를 중심으로 카드가 구성돼 있음을 알 수 있다.

타로의 기원은 지역을 기준으로 하였을 경우 이집트 기원설과 유대 지역의 카발라 기원설, 중국 기원설을 들 수 있다. 그 외에 인도 기원설을 들기도 한다. 먼저 이집트 기원설은 많은 사람들이 이집트의 신비로운 문화를 믿으며 이를 바탕으로 이집트와 관련된 타로카드들을 제작하게 되면서 출발한 것으로 보인다. 첫 번째는 이집트 신화에서 대지의 여신 '하토르(Hathor)'가 타로(Tarot)의 어원이라는 설이다. 고대 이집트의 벽화와 파피루스 문서에 등장하는 의인화된 동물들의 역할이나 상징, 내세와 관련된 윤회사상이 타로의 속성과 많이 닮아 있다고 주장한다. 또한 14세기 이집트에서 유럽으로 흘러들어온 집시(맘루크인)들이 가지고 있던 물건들(칼, 컵, 술통, 별모양 동전)이 타로의 4원소와 일치하고 그들이 가지고 놀던 게임 카드를 타로의 원조로 보기도 한다. 이 밖에도 프랑스의 타로 오컬리스트인 앙투안 쿠르드 제블랭(Antoine court de Geblin)이 『고대세계』란 잡지에서 타로(Tarot)는 이집트어 tar(왕족)+ro(길)의 합성어로서 '지혜로운 왕도' 혹은 '왕족의 길'을 의미한다고 주장하였다. 하지만 나폴레옹의 이집트 원정대에 의해 나일강 하구에서 발견된 로제타석의 비문을 장 프랑수아 샹폴리옹(Jean Francois Champollion)이 해석해 내면서 그의 주장은 거짓으로 판명난다. 두 번째는 인도 기원설로 오늘날 장기와 체스의 원조 격인 인도의 전통게임 '차투랑가(Chaturanga; 군대라는 뜻)'가 타로의 원조라는 설이다. 이 게임은 타로의 마이너 코트 카드(시종, 기사, 여왕, 왕)처럼 인도의 카스트 제도를 반영한 계급(관료, 성직자, 상인, 평민)이 존재한다. "그리고 힌두교의 남신 시바(Shiva)와 여신 샤크티(Shakti)의 몸이 반씩 합쳐진 아르다나리슈바라(Ardhanarisvara)가 4개의 팔에 각각 컵, 검, 링 그리고 제왕의 상징인 홀을 쥐고 있는데 여기에서 타로의 4원소가 유래했다"는 주장도 있다. 한편 『흑설공주 이야기(Feminist Fairy Tales)』로 잘 알려진 페미니스트 여성작가 바바라 워커(Barbara G. Walker)는 『타로의 비밀(The Secrets of Tarot)』에서 0을 제외한 메이저 카드 21장은 불교에서 21가지 모습을 가진 브라스파티(Brahaspati) 또는 브라마나스파티(Brahmanaspati)라는 어머니신과 관련이 있다고 주장하였는데 이 여신은 타라(Tara) 즉 '강을 건너다'라는 의미를 내포하고 있다.

세 번째는 중국 기원설로 9세기 초반 당나라에서 시(詩)나 문학작품을 종이 패에 기록하여 놀이에 이용한 것이 타로의 기원이라는 설이다. 타로는 종이에 손으로 그림을 그리거나 인쇄를 통해서 그림을 남기는 것이 당연하므로 서양보다 6백 년이나 앞서 종이를 발명한 중국을 통해 카드놀이의 기원을 찾는 것은 당연한 논리적 추론이 된다. 타로의 기원을 중국에서 찾는다는 것은 그 놀이 형태나 점술의 사상적 기원을 의미하는 것은 아니며 종이를 사용해 카드라는 놀이 형식을 쓴다는 것 자체로 카드의 기원으로 여긴다. 대표적인 프랑스 트럼프에서 궁정카드인 잭(Jack), 퀸(Queen), 킹(King)의 얼굴이 비슷비슷한 것은 중국의 왕이 신하들의 얼굴을 카드 형식의 종이에 그려 넣어서 하사하였던 것으로 그려진 얼굴들이 비슷비슷하였고 그 전통이 유럽으로 넘어와 궁정카드의 모습으로 남게 되었다는 것이다. 이 또한 종이로 만들어진 카드를 앞서 사용해 오던 중국의 문화를 유럽이 받아들이면서 생긴 까닭이다. 네 번째는 유대교 기원설로 기원전 5~4세기 초에 완성된 토라(Torah, 구약성서)가 타로의 어원이라는 설이다. 18세기 초 콩트 드 멜레(Comte de Mellet)가 잡지 『고대세계』를 통해 타로와 히브리어의 대응관계를 주장하였고, 19세기에는 엘리파스 레비(Eliphas Levi)가 유대교 카발라와 타로의 상징체계의 관계를 좀 더 심층적으로 밝혀냈다. 엘리파스 레비는 알퐁스 루이 콩스탕(Alponse Louis Constant)의 히브리어 가명이다.

타로카드와 대응하는 10행성과 12별자리를 나타내었고, 별자리의 시기를 표시하였다. 타로카드의 메이저카드에 있는 0부터 21의 숫자는 단순히 순서를 열거하기 위해 붙여진 것만은 아니다. 순서를 정하면서도 그 숫자의 의미가 앞에서 본 4대 원소 및 그 4속성들과 관계된다. 그리고 78장의 숫자 자체도 다음과 같은 중요한 의미를 갖고 있다. 일 년은 12개월이며, 이것을 모두 합하면 78(1+2+3+4+5+6+7+8+9+10+11+12=78)이 된다. 이 78이란 수를 각각 더하면 〈7+8=15〉 …… 6은 〈3+3=6〉의 연산으로 생각할 수 있다. 이 6은 수비학(수의 의미와 숫자의 힘)에서 두 개의 삼각형을 위아래로 포개어놓은 다비드의 별 또는 솔로몬의 옥쇄를 뜻하는 것이 되고, 이것은 소우주인 인간과 대우주의 융합, 화합을 의미하는 상징이 된다. 이렇듯 78장도 1년을 설명하는 12개월의 숫자의 합이며, 숫자 6은 다비드의 별을 상징하듯이 수비학의 이론들은 타로카드에 전반적인 영향을 미치고 있다. 이처럼 숫자들의 의미는 단순히 부여된 것이 아니라, 카발라의 영향으로 확립된 것이다. 0에서 22까지의 숫자를 각각 살펴보면, 1에서 10은 인간이 태어나고 자라면서 접촉하는 현실세계를 뜻하고, 11에서 21은 인간의 자기완성, 정신세계, 해탈, 구원의 세계로의 이행과정을 보여준다.

번호	카드명	행성/별자리	시기
0	바보(The Fool)	천왕성(Uranus)	
1	마법사(The Magician)	수성(Mercury)	
2	여사제(The High priestess)	달(Moon)	
3	여황제(The Empress)	금성(Venus)	
4	황제(The Emperor)	양자리(Aries)	3.21~4.20
5	교황(The Hierophant)	황소자리(Taurus)	4.21~5.20
6	연인(The Lovers)	쌍둥이자리(Gemini)	5.21~6.21
7	전차(The Chariot)	게자리(Cancer)	6.22~7.22
8	힘(Strength)	사자자리(Leo)	7.23~8.22
9	은둔자(The Hermit)	처녀자리(Virgo)	8.22~9.22
10	운명의 수레바퀴(Wheel of Fortune)	목성(Jupiter)	
11	정의(Justice)	천칭자리(Libra)	9.23~10.22
12	매달린 남자(The Hanged Man)	해왕성(Neptune)	

13	죽음(Death)	전갈자리(Scorpio)	10.23~11.21
14	절제(Temperance)	사수자리(Sagittarius)	11.22~12.20
15	악마(Devil)	염소자리(Capricorn)	12.21~1.20
16	탑(The Tower)	화성(Mars)	
17	별(The Star)	물병자리(Aquarius)	1.21~2.18
18	달(The Moon)	물고기자리(Pisces)	2.19~3.20
19	태양(The Sun)	태양(Sun)	
20	심판(The Judgement)	명왕성(Pluto)	
21	세계(The World)	토성(Saturn)	

2. 쓰기와 읽기로 알아가는 영어

우리는 어려서부터 평생 영어를 배우지만 누가 "영어 좀 하시나요?" 하고 물으면 선뜻 "물론이지요"라고 대답하는 사람은 소수에 불과하다. 영어는 많이 공부한 것 같은데 막상 외국인을 만나 이야기를 나누려고 하면 입이 떨어지지 않는 이유는 무엇일까? 영어는 세계 여러 나라 사람들이 사용하는 언어로 말레이시아, 영국, 인도 등 출신이나 지역에 따라 다른 억양이나 어투가 존재한다. 영어를 포함한 모든 언어는 자연스럽게 습득되는 언어 입력 시간과 양이 절대적으로 필요하다. 그런데 그것을 강압적으로 하면 효과가 없고 쉽고 재미있게 해야 오래 충분히 할 수 있는데 그것이 바로 책 읽기이다. 책 읽기로 아이들의 뇌에 문자와 그에 맞는 소리로 가득 채워주어라. '언어 노출 총량'이 채워지면 그때 비로소 어른들이 바라는 글을 이해하여 적절하게 활용할 수 있게 하는 활동들이 가능해진다. 어른이 되려면 성장기가 있어야 하는 것처럼 언어의 발달도 자연스러운 언어 습득 과정이 필요한 것이다. 그것이 강제적이냐 아니면 스스로 즐겁게 하느냐의 효과는 두말할 필요가 없다.

파닉스(phonics)는 읽기 능력뿐만 아니라 쓰기 능력에도 큰 영향을 미친다. 그것은 읽기와 쓰기는 서로 밀접하게 연관되어 있으며 서로 보충하는 관계에 있는 언어영역이기 때문이다. 파닉스(읽기)는 읽기 위해 발음을 조합하는 것인 데 반해 철자법(쓰기)은 단어의 발음을 하나하나 조각내어 쓰는 것이다. 따라서 철자법(쓰기)과 파닉스(읽기)는 안과 밖을 뒤집는 것과 같은 관계이다. 따라서 파닉스는 철자법의 패턴을 익히는 데도 꼭 필요하다.

발음(pronunciation, 發音)이란 혀, 이, 입술 등을 이용하여 말을 이루는 소리를 내는 일, 또는 그 소리를 뜻한다. 이는 자신의 생각을 말로 표현할 때 가장 기본요소인데 화자가 발음을 정확하고 분명하게 하지 않으면 청자가 오해하거나 잘 못 알아듣을 수 있다. 예를 들어, 발음이 비슷하다고 여겨서 "That's all right"을 "That's a light"로 알아듣거나 발음하면 전혀 다른 뜻으로 전달된다. 따라서 영어권국가에서 태어나지 않은 이상 발음을 모르고 듣고 말하기란 계란으로 바위치기와 같은 일일 것이다. 파닉스는 낱개의 음소(phoneme)를 갖고 있으며 각 음소가 합쳐질 때에도 발음이 달라지기 때문에 음운규칙을 알아야 듣고 말할 수 있다. 영어발음은 나누어 인식할 수 있는 분절음적인(segmental) 것과 나누어 인식할 수 없는 초분절음적인(suprasegmental) 것으로 나뉘고 분절음에는 자음과 모음이 있다. 자음을 24개로 정하고 있고 모음은 학자마다 견해차이가 있지만 10개 정도의 단순모음과 10개 정도의 복합모음으로 구분된다. 강세와 억양은 초분절음에 해당된다. 자음이란 공기의 방해를 받으며 내는 말소리로 어떻게 어느 위치에서 방해받느냐에 따라 조음기관과 조음위치가 달라진다. 조음기관으로 양순음(p, b, m ,w), 순치음(f v), 치간음(θ, ð), 치경음(t, d, s, z, n, l, r), 경구개치경음(ʃ, ʒ, ʧ, ʤ), 경구개음(j), 연구개음(k, g, ŋ), 성문음(h)이 있다. 양순음은 두 입술, 순치음은 윗니와 아랫입술, 치간음은 혀끝과 위 · 아랫니, 치경음은 혓날과 치경, 경구개 치경음은 혓날과 치경의 뒤쪽, 경구개음은 전설과 경구개, 연구개음은 후설과 연구개, 성문음은 성문에서 조음되는 소리이다. 조음위치에 따라 파열음(p, b, t, d, k, g), 마찰음(f v, θ, s, z, ʃ, ʒ, h), 파찰음(ʧ, ʤ), 비음(m, n, ŋ), 설측음(l), 접근음(j, w, r)이 있다. 파열음은 공기를 차단하여 붙였다가 내는 소리이고 마찰음은 두 조음기관의 틈 사이로 공기를 마찰시켜 내는 소리이며 파찰음은 차단된 공기를 열어주어 좁은 틈 사이로 마찰되어 나는 소리이다. 비음은 비강에서, 설측음은 혓날로 구강의 윗부분에서, 접근음은 조음기관의 이동으로 생겨나는 소리이다. 또한 성대의 진동유무에 따라 유성음과 무성

음로 나뉜다. 기관과 조음방법에 의해 구분되지 않고 혀의 높이와 위치, 입술의 모양, 조음기관의 긴장도에 따라 달라진다. 이러한 기준에 의거하여 고모음(iː, ɪ, uː, ʊ), 중모음(e, ·ɛ, ə, ʌ, o), 저모음(æ, ɔː, ɐ)과 전설모음(iː, ɪ, e, ɛ), 중설모음(ə, ʌ), 후설모음(uː, ʊ, o, ɔ, ɐ, aː), 그리고 원순모음(uː, o, ɔ, ɐ), 평순모음(iː, ɪ, e, ɛ, æ, a, ə, ʌ), 긴장모음(iː, uː, e, o, ɔ), 이완모음(ɪ, ʊ, ɛ, ʌ, æ, aː)이 있다. 이러한 단순모음 외에 여러 개의 모음이 합쳐져 하나의 소리를 만드는 이중모음(aɪ, ɔɪ, eɪ, aʊ, oʊ, ju)과 삼중모음(eɪə, aɪə, ɔɪə, aʊə) 등이 있다. 영어의 모음도표와 자음도표는 다음과 같다.

모음	[a]	[e]	[i]	[o]	[u]	[ə]	[ʌ]	[ɔ]	[ɛ]	[æ]
소리	아	에	이	오	우	어	어	오	에	애
기호	ㅏ	ㅔ	ㅣ	ㅗ	ㅜ	ㅓ	ㅓ	ㅗ	ㅔ	ㅐ

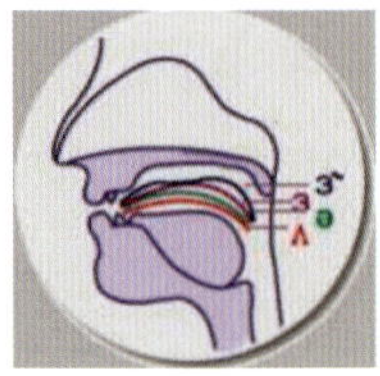

유성자음	[b]	[d]	[j]	[l]	[m]	[n]	[r]	[v]	[z]	[ʤ]	[ʒ]	[tz]	[ð]	[h]	[g]	[ŋ]
소리	브	드	이	러	므	느	르	브	즈	쥐	지	쯔	뜨	흐	그	응
기호	ㅂ	ㄷ	ㅣ	ㄹ	ㅁ	ㄴ	ㄹ	ㅂ	ㅈ	주	ㅈ	ㅉ	ㄸ	ㅎ	ㄱ	ㅇ

무성자음	[f]	[k]	[p]	[s]	[t]	[ʃ]	[ʧ]	[θ]	[t]	[ŋ]
소리	프	크	퍼	스	트	쉬	취	쓰	츠	응
기호	ㅍ	ㅋ	ㅍ	ㅅ	ㅌ	수	추	ㅆ	ㅊ	ㅇ

알파벳	Pp	Bb	Tt	Dd	Cc		Gg		Mm	Nn	Ss	Ll	Rr
발음기호	[p]	[b]	[t]	[d]	[s]	[k]	[g]	[ʤ]	[m]	[n]	[s]	[l]	[r]
소리	프	브	트	드	스	크	그	즈	므	느	스	르	르
예시단어	pig	bag	ten	dog	ice	cat	goat	giant	milk	neck	sun	lion	rose

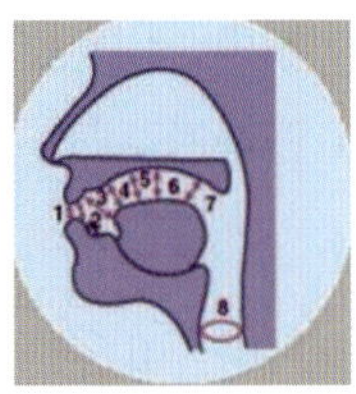

알파벳	F f	V v	H h	W w	K k	Z z	J j	Q q	X x		Y y		
발음 기호	[f]	[v]	[h]	[w]	[k]	[z]	[ʤ]	[q]	[x]	[z]	[j]	[i]	[ai]
소리	프	브	흐	우, ㅇ	크	즈	쥐	크	~스	즈	이, ㅇ	이	아이
예시 단어	face	vase	hand	window	kite	zoo	jam	queen	box	xylop–hone	yellow	lily	cry

알파벳	sh	ch	th		ck	nk	ng	ph	wh	wr	kn	mb	gh
발음 기호	[ʃ]	[ʧ]	[θ]	[ð]	[k]	[k]	[ŋ]	[f]	[(h)w]	[r]	[n]	[m]	[ ]
소리	쉬	취	쓰	뜨	크	크	응	프	흐	르	느	므	..
예시 단어	dish	watch	three	mother	duck	bank	king	photo	white	write	knee	comb	night

알파벳	A a			E e	I i		O o			U u		ee	ea
발음 기호	[æ]	[ei]	[ɔː]	[e]	[i]	[ai]	[a]	[ou]	[ʌ]	[ʌ]	[uː]	[iː]	[iː]
소리	애	에이	오~	에	이	아이	아	오우	어	어	우~	이~	이~
예시 단어	map	care	ball	bed	pig	ice	box	rose	gloves	bus	flute	bee	sea

알파벳	oo		aw	ou	oa	ir	ur	or	ar	er	ow
발음 기호	[uː]	[u]	[ɔː]	[au]	[ou]	[əː r]	[əː r]	[ɔː r]	[aː r]	[ər]	[ow]
소리	우~	우	오~	아우	오우	어~ㄹ	어~ㄹ	오~ㄹ	아~ㄹ	얼	오우
예시 단어	moon	book	straw	house	coat	bird	nurse	horse	star	finger	snow

알파벳	br	dr	tr	bl	gl	fl	sp	st	sk
발음 기호									
소리	브르	드르	트르	블르	글르	플르	스프	스트	스크
예시 단어	bread	drum	train	blue	glass	flag	spoon	stamp	skates

오늘날 컴퓨터와 스마트폰 등의 디지털기기는 현대인들의 필수품으로, 글을 쓸 때 많은 도움을 준다. 글쓴이가 쓰고자 하는 내용을 짧은 시간 내에 많은 글을 쓸 수 있도록 도와주며, 정보교환이 빠르고 편리해졌다. 디지털기기의 사용은 학교 교육에서도 활발히 이루어지는데 과거에 흔히 볼 수 있었던 판서보다는 PPT와 인터넷의 전자매체를 통한 교육이 이루어지고, 내용설명과 간단하게 요약된 인쇄물이 활용되고 있다. 이로 인해 노트를 사용하여 필기하기보다는 수업내용이 정리된 유인물을 가지고 다니게 되었으며, 흔하게 볼 수 있었던 일기 역시 일기장에 손으로 쓰기보다는 디지털기기를 이용하여 쓰는 것으로 변화되고 있다. 그렇다 보니 학교교육은 말하기, 듣기, 쓰기, 읽기 교육에서 자연스럽게 쓰기 교육이 줄어들고 있다. 이러한 현상이 발생하면서 현재 초등학생들의 필기도구 사용이 감소되었으며, 그로 인해 손으로 글을 쓰는 것보다는 디지털기기 사용에 익숙해져 필기도구 잡는 방법의 잘못된 습관을 가지고 필체가 악필인 초등학생의 비중이 늘어났다.

디지털기기의 역기능현상은 최근까지 급격히 증가하고 있는 자살사건이나 학교폭력의 경우 폭력과 인지능력, 감정조절능력이 감소함에 따라 발생하는 현상으로 단순한 집단폭력과 따돌림의 문제가 아닌 디지털기기의 중독으로 인한 사회적 현상이라고 할 수 있다. 이러한 중독현상을 자제시켜 줌으로써 감정조절능력을 향상시켜 줄 수 있는 것이 바로 글씨쓰기이다. '코메디닷컴' 뉴스에서 필기도구를 쥐고 글씨를 쓰면 손의 미세한 근육의 움직임으로 기억력과 주의집중력 향상에 도움을 준다는 연구결과를 볼 수 있다. 하지만 디지털기기의 발달로 글씨쓰기의 기초를 잃은 고학년들은 컴퓨터나 휴대폰보다 글씨쓰기에 흥미가 없다. 자신의 필체가 악필이면 더욱 보여주기를 꺼려할 뿐만 아니라 자세로 인한 손의 통증으로 글씨쓰기 활동을 거부하고 있다. 학생들이 글씨쓰기의 바른 자세를 익히고 글씨쓰기의 필요성과 흥미를 가질 수 있도록 도와줄 수 있는 수업으로 진행해야 할 것이다.

쓰기는 문자 기호를 사용하여 글자를 만들거나 글자 간의 규칙적이고 다양한 결합을 통해 의미가 생성되는 행위이다. 또한 쓰기는 문자를 매개체로 하여 글을 쓰는 사람과 글을 읽는 사람 간의 의사소통을 가능하게 하는 도구라 할 수 있다. 쓰기에서는 눈짓, 몸짓, 억양, 어조, 표정 등을 사용하는 말하기와 달리 눈에 보이지 않는 독자를 대상으로 하기에 전달하고자 하는 내용을 오직 문자를 통해 소통해야 하므로 글의 내용을 체계적으로 조리 있게 써야 의사소통이 가능하다. 그리고 쓰기는 독자와 직접 대면하지 않고 문자를 통해 의사소통하므로 눈에 보이는 세계를 우선시하는 어린이와 같은 독자에게는 글을 쓰기 어렵게 만든다. 쓰기의 또 다른 특징은 글을 쓰는 데 시간이 오래 걸려 의사소통하는 데 소요되는 시간이 오래 걸린다는 점이다. 글을 쓰는 사람은 있어 문자 언어를 익히고 또 그 문자와 소리와의 관계를 익혀 글로 표현하는 것이라 시간이 오래 걸린다. 마지막으로 쓰기는 글씨, 철자, 문법, 구두점 등의 형태에 중요성을 강조하고 있다. 따라서 쓰기가 말하기보다 어렵고 배우고 익히는 데 시간이 걸리는 것이다.

쓰기 지도 단계를 3단계로 구분하여 제시하면 다음과 같다. 1단계는 제시(presentation) 단계로 알파벳의 인쇄체 및 필기체의 대소문자를 구분하여 베껴 쓰는 것으로 대소문자의 짝을 찾아서 써보는 등의 활동이 있다. 2단계인 연습(practice)단계에서는 소리, 단어, 문장, 대화를 듣고 받아 쓸 수 있거나 해당하는 소리나 단어가 빠진 예시문을 찾아서 완성하는 등의 활동이 있다. 또는 자신의 생각을 제한된 범위에서 간단하게 표현하거나 그림을 보고 간단한 이야기를 만든다. 마지막으로 3단계 적용(application)에서는 자신의 생각을 어법과 문장 부호에 맞게 자유롭게 표현하는 단계이다.

□ 필기체로 만든 나만의 서명(署名)

출처: https://illustmei.tistory.com/82

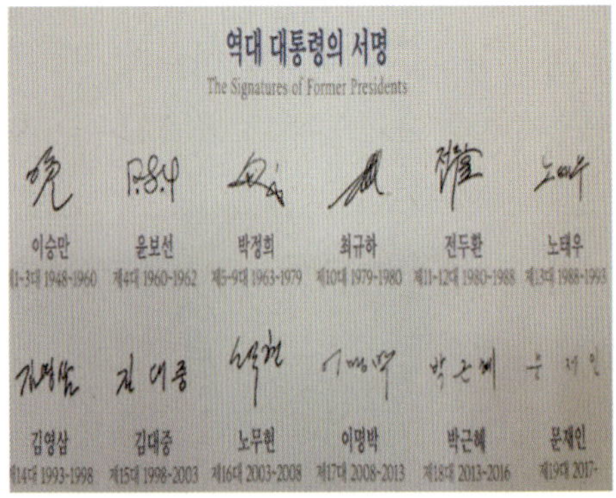

출처: https://www.clien.net/service/board/park/14390304

출처: http://blog.naver.com/pumplj1?Redirect=Log&logNo=220014432497

최근 우리나라 영어교육은 의사소통 중심의 유창성을 강조하고 문법적인 정확성을 상대적으로 소홀히 하게 되었다. 그러나 이러한 영어교육 방향은 문법교육에 대한 잘못된 인식을 심어 주었다. 의사소통 중심의 교육과정의 도입으로 영어교육의 잘못이 문법학습에 있다고 인식하여 문법학습 자체를 경시하게 된 것이다. 하지만 문법학습 자체가 문제가 아니라 문법학습이 단순 암기 및 문형 연습, 문법-번역식 교수법에 의존해 번역과 해석 위주로 이루어졌다는 것이 문제가 되는 것이다. 지금까지 한국의 문법교육은 살아 있는 문법이 아닌 죽은 문법을 가르쳐 왔다. 문법이 의사소통능력에 전혀 도움을 주지 않고 영어라는 영역에서 벗어나 따로 한 부분이 되어왔다. 그러나 과거의 잘못된 문법교육을 이유로 문법의 필요성 자체를 부정하는 것은 잘못된 생각이다. 특히 우리나라의 경우, 과거에 지나치게 문법을 강조하면서 문법 자체를 학습목표로 삼았던 영어교육에 대한 부작용으로 외국어 교육에서 문법이 차지하는 역할에 대한 올바른 인식조차 정립되지 않은 채 교사나 학습자 대부분이 문법 자체를 기피하고자 하는 추세는 심각한 문제점이다.

언어능력이란 언어가 사용되는 상황에 적합한 발화를 생성하고 이해할 수 있는 능력이라고 정의하면서 다음 4가지의 하부 구성요소가 의사소통능력을 구성하고 있다고 보았다. ① 문법 능력(grammatical competence): 어휘항목의 지식, 형태소, 통사, 문장의 의미 및 음운 등의 규칙에 관한 지식을 의미하는 것으로 이러한 것들은 문법규칙을 설명하기 위한 것이 아니라 이런 규칙에 맞게 단어나 문장으로 구성하는 방법을 이해하고 사용할 수 있는 능력을 의미한다. ② 담화능력(discourse competence): 독립된 개별적인 문장이 아니라 일련의 문장들을 연결한 담화 속에서 전체적인 의미를 형성해 내는 능력을 뜻한다. 때로는 문장 사이의 관계가 명확하지 않은 경우가 많은데 이때는 세상에 관해 알고 있는 여러 지식을 사용함으로써 문맥에 따라 그 언어표현 속에 내재되어 있는 의미를 추론할 수 있는 능력까지 포함한다. 즉, 여러 문장이 연결된 가운데 전체적인 의미를 파악하는 것과 함께 일정한 상황에 맞는 말이나 글을 구성할 수 있는 능력을 지칭한다. ③ 사회언어학적 능력(socio-linguistic competence): 서로 다른 사회 언어적 상황에서 적절한 언어 사용을 위한 사회-언어적 규칙에 관한 지식을 뜻 한다. 모국인은 이 규칙을 잘 알고 상대에 따라 적절한 표현을 사용한다. 이는 언제 침묵을 지켜야 하는지, 언제 존댓말을 사용해야 하는지, 언제 주저하는 태도로 말을 해야 하는지 등의 특정한 상황에서 무슨 말을 어떻게 말해야 하는가를 아는 능력이다. ④ 전략적 능력(strategic competence): 언어수행의 변수 혹은 불충분한 언어능력 때문에 의사소통의 좌절을 보완하기 위해 취해지는 언어적, 비언어적 소통전략에 관한 지식으로 의사소통을 가름하는 중요한 요소가 된다. 예를 들어 단어가 생각나지 않을 경우 어떻게 의사소통을 지속할 것인지, 상대방의 말을 이해하지 못했을 경우 어떻게 할 것인지 등의 여러 경우에서 말을 바꾸어서 한다든지, 돌려서 한다든지, 또는 반복하고 주저하고 회피하는 전략을 사용하는 예를 생각해 볼 수 있다.

의사소통능력 신장을 위해 문법은 필요한 항목임을 밝히고 의사소통능력 신장을 위한 그림 자료를 통한 영어 듣기와 말하기 능력 신장에서 그림을 활용한 방법은 학습자들의 긴장도를 낮추고 많은 학습자들의 흥미를 유발하여 듣기, 말하기 능력의 향상에 매우 긍정적이라는 결과를 가져왔다고 한다. 그림은 학습자의 동기를 유발시킬 수 있다. 초보자는 외국어 수업에 대한 호기심을 가짐과 동시에 낯선 언어에 대한 두려움을 가지게 되므로 실제 수업에서 학습 능률만큼 중요한 것은 즐겁고 편안한 분위기이다. 이때 적절히 활용된 그림은 학습자의 기분을 이완시키고 대화 상황에 대한 학습자만의 상상력을 가지게 한다. 그림은 학습자의 지적, 정서적 측면을 만족시키는 것이다. 그림은 언어구조, 문법, 학습과정을 가시화한다. 그림은 언어구조나 문법 규칙을 시각적으로 제시하는 데 이용된다. 동일한 내용을 언어적으로 표현할 때보다 시각적으로 표현할 때 강한 인상을 남기기 때문이다. 선형적으로 나타나는 언어 텍스트에 비해 시각적으로 나타나는 그림은 하나의 체계로서 눈에 들어오기 때문에 뇌에 오랫동안 기억될 가능성이 크다. 여기서 그림의 기능을 다음과 같이 요약하고 있다. ① 그림은 누구나 볼 수 있으며 이에는 특별한 교육이 필요 없다. 그림을 보고 인지하는 것은 언어를 듣고 이해하는 과정보다 즉각적이고 직접적이어서 대단히 빠르다. 이런 점에서 시각성의 원칙은 현대 교육학에서 중요한 역할을 하였다. ② 사람은 받아들인 정보를 무의식적으로 기억 속에 저장하기에 그림은 학습 심리적 측면에서 학습과 기억에 긍정적인 영향을 미친다. ③ 그림은 그림을 보는 사람에게 즉각 다가가므로 그림을 본 사람은 그림에 대해 자연스럽게 반응하고 다양한 연상을 한다. ④ 우리의 뇌는 그림 정보를 빨리 읽는다. 한눈에 그림의 내용을 파악하고, 흥미로우면 좀 더 자세히 이해하려고 다시 본다. ⑤ 그림은 텍스트에 의해 불러일으켜진 머릿속의 표상이나 상상보다는 훨씬 더 정확한 상을 제공한다. 이외에도 그림은 선행 조직자의 기능, 어휘를 도입하는 데 의미전달자의 역할, 이야기를 묘사하거나 꾸며주는 역할, 듣기 연습에서 미리 부담을 덜어주어 이해를 도와주는 역할, 감정 및 정서적으로 동기유발을 시켜주는 기능 등으로 다양하다고 한다.

3. 듣기와 말하기로 배우는 영어

우리 삶의 여러 부분에서 이야기를 듣고 말하는 활동은 의사소통의 대부분을 차지한다고 말할 수 있을 정도로 빈번하게 일어나고 있다. 어른이고 아이이고 할 것 없이 대부분의 사람들은 이야기를 전하는 활동을 통해 다른 사람과 교감하고 어우러져 살아간다. 자신의 일상경험 이야기하기, 가족에 대하여 이야기하기, 특별한 사건에 대하여 이야기하기, 감명 깊게 읽은 책이나 본 드라마에 대하여 이야기하기 등 '이야기'는 우리 삶의 모습을 보여주며 다른 이들과 소통하는 통로가 되기도 한다. 특히 어린이에게 있어서 이야기는 '삶' 자체라고 해도 과언이 아니다. 어린이는 끊임없이 누군가에게 자신의 이야기를 하기 원하며, 다른 어떤 말보다도 이야기에 귀를 더 잘 기울인다. 이야기하기는 어린이가 말을 배운 후 제일 먼저 그리고 가장 즐겨하는 일이며 의사소통의 대부분을 차지하는 것이다.

말하기는 의사소통의 중요한 수단이다. 사람들은 말을 통해서 자신의 의견이나 생각 감정을 주고받고 지식을 습득하고 사고를 발달시킨다. 말하기는 다른 언어 기능을 발달시키는 데 있어 가장 기초적인 기능이라는 점에서도 중요한 의미를 갖지만 말을 통해 자신과 타인을 이해하고 대인관계를 발달시켜 원만한 사회생활을 영위하게끔 한다는 점에서 그 중요성이 더욱 크다.

말하기(Speaking)는 외국어 학습목표의 네 가지 기능 중 하나로 말하기란 일반적으로 듣기를 포함하는 통합적 기능이다. 즉 상대방의 말을 알아듣지 못하면 그에 대응하는 말을 즉각적으로 할 수가 없다. 그러므로 말하기 능력은 말하는 사람의 듣기 능력도 포함된다는 것을 의미한다. 언어의 4기능 중에서 듣기와 읽기는 이해기능(comprehensive skills)이며, 말하기와 쓰기는 표현기능(productive skills)이다.

말하기를 위해서는 즉 원활한 의사소통을 위해서는 전달하려는 내용의 의미와, 그 의미를 담아주는 형식, 그리고 상황에 맞게 언어를 운용하는 기능의 3가지 요소가 모두 필요하다. 이 요소들이 적절하게 상호작용을 이루어 말하기, 듣기, 읽기, 쓰기의 4기능으로 나타난다. 그중 말하기 능력은 정의적인 면에서나 인지적인 면에서 가장 복잡한 기능이라고 할 수 있다. 말하기 기능이란 구두 의사소통(oral communication)을 위해서 말하는 사람이 자기의 의도와 전언을 발화(oral production) 하면 듣는 사람이 그 말을 듣고 부호를 풀이하여 의미를 해석하는 과정을 말한다. 말하기를 위해선 영어의 소리와 구조, 어휘를 알아야 하고 대화를 시작하거나, 응답하거나 혼자 이야기할 때 말하고자 하는 것을 생각해야 한다. 그리고 영어가 우리말과 다르기 때문에 적절한 소리를 만들어내기 위해서 혀의 위치와 입술모양을 달리해 적절한 발음을 해야 하고 자기의 생각을 표현하기 위해 문법, 어휘, 문화적 특성을 의식적으로 알아야 하며, 상황과 말을 듣는 사람에 따라 말씨(register)를 달리해야 한다. 말하기 능력이라고 하는 것은 사회적 관계 속에서 상호작용을 유지하고 대화자 사이에 의미를 주고받으며, 화제를 도입하고 주제를 바꾸어 어떻게 다른 사람들을 대화활동에 끌어들이고 어떻게 대화를 끝맺는가와 관련된 일정한 규칙 등과 같은 단순한 언어기능을 발휘하는 능력 이상인 복잡한 활동을 포함하는 개념이다.

그림책의 종류를 글 없는 그림책, 예측 가능한 이야기 그림책, 초기 학습용 그림책, 전래동화와 패러디, 판타지 그림책, 사실적 그림책, 다문화 그림책, 전기 문학과 그림책, 정보가 있는 그림책으로 분류하였는데, 이를 더욱 자세히 알아보고자 한다. 글 없는 그림책은 책에 글자가 아예 없거나 매우 최소한인 그림책이다. 글 없는 그림책에서 학습자는 교사와 함께 삽화를 보며 어휘나 내용을 미리 예상해 본 뒤, 이야기를 스스로 만들어보면서 발화능력을 신장하게 된다. 예측 가능한 이야기 그림책은 단순 반복, 대화, 누적식 등의 패턴이 있고 삽화가 적절하며 구문이 반복되어 예측을 할 수 있는 그림책이다. 이는 초기 학습자에게 재미와 반복을 제공하여 문자언어 발달에 유용한 학습자료가 될 수 있다. 초기 학습용 그림책은 알파벳, 숫자 등 쉬운 개념을 다루는 그림책이다. 학습자의 인지 수준을 고려한 그림책이 선정된다면, 학습자는 언어와 내용을 동시에 습득할 수 있다. 전래동화는 구전문학으로, 구어체가 많이 사용되기 때문에 일반적으로 스토리텔링이 활용된다. 때때로 전래동화에는 원전을 패러디한 창작 이야기가 있기 때문에 언어, 사고를 신장시킬 수 있다. 판타지 그림책은 마법, 시간 여행, 동물의 의인화 등 현실에서 불가능한 것들을 다루면서 아동의 호기심, 소망을 자극한다. 그렇기 때문에 아동문학에서는 판타지 그림책이 차지하는 비중이 매우 크다. 사실적 그림책은 실제 혹은 실제 같은 인물이나 상황이 그려진 그림책이다. 동화는 모국어를 습득하는 데 있어서도 오래전부터 활용되어 온 언어학습 재료이다. 동화를 많이 접한 학습자일수록 언어를 표현하는 능력, 즉 말하는 능력이 뛰어나다고 할 수 있다. 동화 속의 풍부한 언어재료를 통해 영어를 학습한다면 학습자들은 자신의 의사를 자유롭게 표현하는 방법을 익힐 수 있다. 영어동화를 활용한 수업의 장점으로 첫째, 영어동화는 언어적 자료를 제공하고 어휘의 용법과 문체를 통하여 언어적 지식을 확장하여 언어기능을 향상시켜 주며 둘째, 영어동화는 목표 문화와 자기 문화에 대한 인식을 넓혀준다. 셋째, 문학작품을 통하여 매우 중요한 자아의식과 통찰력을 얻을 수 있으므로 영어 학습자 즉, 아동들의 창조력을 개발시킬 수 있다고 하였다. 영어동화 학습유형에는 여러 가지가 있지만 크게 낭독, 동화 구연, 합창독으로 나눌 수 있다. ① 낭독(Readingaloud)은 영어동화책 활용 유형에 있어서 교사가 중심이 되어 학습자에게 소리내어 글을 읽어주는 것으로 학습자들의 참여를 유도하는 학습형태이며 읽기 학습에 익숙하지 않은 학습자들에게 독서의 욕구를 자극하고 혼자 책읽기를 장려하여 학습에 동참하게 할 수 있는 좋은 활동이다. ② 동화 구연(Storytelling)은 낭독과는 다르게 교사가 이야기의 내용을 기억하여 학습자들에게 생동감 있게 이야기를 들려주는 것을 말한다. 동화 구연을 영어학습에 접목시키는 횟수가 증가하면서 지금은 동화 구연이라는 용어와 함께 스토리텔링으로 잘 알려져 있다. 동화 구연을 하는 교사는 학습자들에게 적절한 시각적 자료와 몸짓의 사용, 목소리 변조 등의 기술을 활용하여 이야기 내용을 실감나게 전달하는 것이 중요하다. 그리고 학습자들의 흥미를 유발시켜 능동적인 참여를 유도할 수 있어 긍정적인 효과를 기대할 수 있다. ③ 합창하기(Choral rehearsal)인 합창독은 영어동화책에서 반복되는 문장이나 후렴구를 교사와 학습자가 함께 읽는 것을 말한다. 이 방법은 학습자들에게 간단하게 짝 활동이나 분단학습으로 연결시켜 게임으로도 적용시킬 수 있으며 즐거움과 함께 자연스럽게 학습자들의 참여를 유도할 수 있는 장점이 있다.

현대사회는 정보화 사회이다. 사회 구성원은 수많은 정보들을 접하며 자신이 필요로 하는 정보를 찾아내고, 찾아낸 정보를 자신에게 의미 있는 정보로 처리해 나갈 수 있는 능력을 필요로 한다. 언어 학습의 경우, 정보 처리 과정은 매우 중요한 학습 내용으로 수용될 수 있는데, 정보의 처리는 의미 구성과정이다. 읽기는 글 속의 수많은 정보 중에서 중요도를 판정하고 최상위 정보를 파악해 내며 심화된 의미까지 짐작하여 수용하는 정보 처리 과정이다. 따라서 오늘날과 같은 정보화 사회에서는 학습자 스스로가 새로운 정보를 선택하고 저장하여 정보의 의미를 재구성하도록 도와주는 학습 방법을 터득하는 데 초점을 두어야 할 것이다. 그리고 이를 위한 실제적인 읽기 전략으로서의 독해 전략은 가장 보편적이면서도 활용 가능성이 높은 전략이다.

글을 이해한다는 것은 글 속의 중심 되는 내용과 글쓴이가 전달하고자 하는 메시지를 찾아내는 작업이라고 할 수 있다. 글이 주는 사실을 이해하고 그 속에서 글쓴이의 생각을 읽어내는 것은 독자가 적극적인 해석의 의지를 갖고 자신의 생각을 결합시키는 과정이다. 글의 내용을 파악하고 글쓴이의 의도를 파악하는 과정은 독자의 해석이 더해지는 과정이라 볼 수 있다. 글쓴이가 말하고자 하는 바를 바르게 이해하는 것은 독해 과정의 가장 핵심이 된다. 또한 이후 독해과정으로 '글의 적절성 평가하기, 비판적으로 이해하기'와 연계한 활동의 중요한 기반이다.

독해 전략은 새로운 정보들로부터 중심생각(main idea)을 구성하고, 기존 정보 또는 지식과 효율적으로 관련짓게 함으로써 기억과 파지, 인출과 회상이 용이하도록 촉진작용을 한다. 특히, 읽기 학습 지도에서 중심생각을 구성하는 것은 매우 강조되어 왔는데, 이것은 독해에서 중심생각 찾기가 이해로 직결되기 때문이다. 책을 많이 읽는다고 해서 필요한 지식과 정보를 정확히 이해할 수 있는 것은 아니다. 책을 읽는다는 것은 단순히 글자를 해독하는 것이 아니라 글쓴이가 가진 생각이나 의도를 정확하게 이해하고 분석, 파악하는 사고 과정이라고 할 수 있다. 글은 글쓴이의 생각을 구조화해 놓은 구체적 산물이므로 글쓴이의 생각을 이해하기 위해서는 그 글을 쓴 사람의 생각을 재구조화하는 노력이 필요하며, 이러한 노력은 독해 활동을 통해 이루어진다. 독해 전략은 학습 전략의 하위 전략이지만 학습 전략에서 차지하는 비중이 크며 일단 학습되고 난 후에는 그 기능이 지속적이고 자기 주도적이고 능동적으로 다른 학습에도 전이되어 적용시킬 수 있다. 그래서 학교 교육 현장에서도 글을 읽고 중요한 내용을 간추리기(요약하기), 중심내용 찾기, 주제 찾기 등을 교육한다. 이것은 읽기에서 중심내용 찾기가 곧 이해로 직결되기 때문이다.

글을 읽고 글쓴이가 말하고자 하는 중요한 내용을 찾을 수 있다면 글을 정확하게 이해하고 활용할 수 있다는 것을 알 수 있다. 독해란 글을 읽고 글의 내용을 파악하는 과정이라 할 수 있다. 따라서 독해는 넓은 의미에서 읽기(reading)와 관련이 있다. 독해란 독자가 인쇄된 또는 쓰여진 언어기호(글)를 통해 저자가 전달하고자 하는 메시지를 정확하게 해독(decoding)하는 능동적인 활동이라고 하겠으나 독해에 대한 개념 정의는 학자들에 따라 다르다. 따라서 독해의 본질을 단정적으로 설명하기는 어렵다. 일반적으로 독해라는 말 속에는 첫째, 문자 기호를 음성적으로 읽고 해독한다는 뜻도 있고, 둘째, 문자 속에 담겨 있는 의미를 찾아내어 재구성한다는 뜻도 있으며, 셋째, 독자 자신의 경험과 글 내용의 결합을 통해 지식의 폭을 넓히고 정서적 반응을 일으킨다는 넓은 뜻으로서의 의미도 포함하고 있다고 한다.

<table>
<tr><td rowspan="4">호텔 객실 내 필수 영어</td><td>말뭉치 학습</td><td>Good morning.
Are there any room available for tonight?
Do you accept credit card?
Can I check (out) in now?
Could You move my luggage(baggage) to my room?
How do I use air conditioner?
Can I get a wake-up call tomorrow?
I will want(need) to wake up at 5:30.
I'm in room two-zero-zero-one and the room next door is too noisy.
Can I get a wake-up call tomorrow?
I' m checking in tomorrow, but Could I check in early by any chance?
I would like(want) to reserve(book, make, get) a room(reservation), please.
Do you a room(any rooms) available for tonight(this evening)?
Are there any(more) rooms(vacancies) left(available, remaining) for tonight?
How long will it take a long time?
I ordered(requested, wanted, needed, asked for, phoned, called) some extra(more) bath towels more than half an hour ago.
Could you tell me the way to this hotel?
When can I get back the laundry if I send it out now?</td></tr>
<tr><td>어휘 정리</td><td>1. afternoon, evening, night, tomorrow, this week(end), next week(end), bye, noon, midnight, a.m, p.m
2. single, double, triple, suite
3. 숫자, 요일, 월
4. Of course, Sure, Surely, Certainly, It's all good, It's alright, Alright, It's okay, It's fine. Fine, Uh-huh, Never mind
5. 전치사: Up, down, on, off, from, to, of, in, into, out, for, at, with, by, away, over, about, after, apart, across, against 등</td></tr>
<tr><td>기초 영어</td><td>1. 8품사: 명사, 대명사, 동사, 형용사, 부사, 전치사, 접속사, 감탄사
2. 문장의 요소: 주어, 동사, 목적어, 보어
3. 문장의 형식: 1형식(주어+완전자동사), 2형식(주어+불완전자동사+보어), 3형식(주어+타동사+목적어), 4형식(주어+타동사+간접목적어+직접목적어), 5형식(주어+타동사+목적어)</td></tr>
<tr><td>추가 학습</td><td>예약취소 및 변경, 대중교통 승하차 방법, 객실요금 할인받기, 객실 내 시설물 이용방법 등</td></tr>
</table>

<table>
<tr><td rowspan="4">호텔 레스토랑 필수 영어</td><td>말뭉치 학습</td><td>I'd like a table for two(lunch, on Monday next week, at 7 tonight).
I'd like to speak to Mr. Statler, please.
I want to book a table for this evening at 6:00.
I want beer.
I'll like get a spaghetti and she will get a chicken salad.
I'll have the rice, please.
When does the restaurant close?
When will I get my food?
When is the next flight?
Could you give him a message when he arrives?
Could you tell me where the bathroom is?
Could you tell me how to get to the station?
Could you speak more slowly?
Can you take out the onions?
Can you bring me a fork?
Can I get this to go?
Can I pay at the table?
Can I get a discount?
Can I book a flight to Las Vegas for tomorrow?
Do you have a smoking section?
Do you have any recommendations for Korean restaurants?
Is there any good restaurants near your hotel?
May I Have the check, please.
How much is the total?
Where is the lost and found?</td></tr>
<tr><td>어휘 정리</td><td>1. at: 구체적으로 장소나 시점, 대상을 찍어 표시
2. to: 어떤 지점을 향해 가는 것
3. with: 하나와 다른 것이 합쳐져서 함께하는 것
4. without: ~없이, ~을 가지지 않고, ~하지 않은 채
5. of: 소속, 기원, 출처의 핵심</td></tr>
<tr><td>기초 영어</td><td>1. 약어: 앞부분만 쓰기, 자음만 쓰기, 중간 빼고 쓰기, 발음이 비슷한 것으로 대체하기, 자주 쓰는 단어 약어 쓰기
2. 끊어 듣기와 읽기
3. 문장 끝 억양에 따라 달라지는 의미</td></tr>
<tr><td>추가 학습</td><td>메뉴 읽기, 화폐(환율) 읽기, 팁 제공 여부, 유실물(분실물) 찾기 등</td></tr>
</table>

<table>
<tr><td rowspan="4">일상생활 필수 영어</td><td>말뭉치 학습</td><td>What is the admission fee?
What time does the tour start?
What time is the next show?
What is the line for?
When does the show start?
Can I get front row seats?
Can you pick me up at the hotel?
Can I cancel the tour?
Can I make a reservation here?
Can you hold my spot?
Can you take a picture of us?
Do you have tourist brochures?
Do you know where the station is?
Where is the gift shop?
Where can I use Wi-Fi?
How do I get to the mall?
How much is a one-way ticket?</td></tr>
<tr><td>어휘 정리</td><td>1. 수단(by): 교통, 통신, 결제수단
2. 범위(beyond): ~를 벗어난, ~할 수 없는
3. 기간(for, during), 위치(near, around), 방향(front, toward), 시점(since, from, until, before) 등
4. have, get, give, keep, hold, bring, see, tell, speak, talk, say
5. 접두사, 접미사, 어근
6. 글의 기본적 구성: 일반진술(서론), 구체적 진술(본론), 일반진술(결론)</td></tr>
<tr><td>기초 영어</td><td>1. 연음 시 하나로 들리는 소리: keep up, get over, could you...
2. 연음 시 탈락되는 소리: last station, last night, first step...
3. 비슷하게 들리는 소리
4. 비슷하게 들리는 자음과 모음: l & r, b $ v, f & p, 장단...
5. 축약</td></tr>
<tr><td>추가 학습</td><td>1. 짧은 영어로 말하기
2. 명쾌한 동사 사용하기
3. 복잡한 문장은 피하기
4. 능동태로 말하기
5. 가능한 동사는 긍정적 활용하기</td></tr>
</table>

문장 순서의 이해					
블랙박스 문법	누가/주어	하다(이다)/서술어	누구, 무엇/목적어/보어	언제	어디
	명사, 대명사, 관사	동사, 시제 진행형(완료형), 조동사, 가정법 수동태	명사, 부정사, 동명사, 현재분사, 과거분사, 관계대명사, 비교	부사, 전치사, 관계부사	
bellman/ bellhop/ bellboy: 짐(luggage)을 옮기는 것을 도와주는 사람					
Do	you	have	a bellman	here	
두유해브어 벨맨 히얼? 짐 옮기는 걸 도와주는 사람이 있나요?					

모로코 출신인 엘리드리시는 19세에 영어도 거의 못하는 상태로 미국에 와, 한 가톨릭단체의 도움으로 1966년 4월 월도프 아스토리아에 일자리를 얻었다. 그리고 2017년 1월 31일, 이 호텔이 6년간의 대대적인 수리에 들어가기까지 51년간 사환으로 일했다. 그는 린든 B 존슨부터 버락 오바마까지 모두 9명의 미국 대통령을 로비에서 맞았다. 또 알 파치노가 주연한 영화 '여인의 향기(Scent of A Woman · 1992)', 로버트 드니로가 주연한 '애널라이즈 디스(Analyze This · 1999)'에 등장한 월도프 아스토리아 호텔에서도 호텔 사환으로 출연했다. 사전 연습은 필요 없었다. 그는 2015년 미잡지 '트래블러(Traveler)' 인터뷰에서 "처음 일했을 때만 해도, 사람들이 우리를 '보이'라고 불렀지만, 이젠 그렇게 안 부른다"며 "나 역시 손님의 이름을 알아도 늘 '마담(Madame)' '서(Sir)'라고만 불렀다"고 했다. "이름을 알고 있으면, 동반한 배우자가 '언제 여기를 와 봤지?"라고 의심할까봐였다"고 말했다. 엘리드리시는 생전에 "전직 대통령이든, 생애 처음 이곳을 찾은 커플이든 모든 이에게 흠잡을 데 없는 동일한 수준의 서비스를 제공하는 것이 내 의무"라고 말했다.

I'd like to make a reservation. 방을 예약하고 싶습니다.
I'd like to reserve a room from March 1st to 3rd. 3월 1일부터 3월 3일까지로 하고 싶습니다.

I'd like to change my reservation. 예약을 바꾸고 싶어요.
I'd like to change my reservation from may 1st to 3rd. 5월 1일부터 5월 3일로 예약을 변경하고 싶습니다.

I'd like to change my room. 방을 변경하고 싶습니다.
I'd like to change my room to double bed room. 더블침대 방으로 바꾸고 싶습니다.

What time can I have breakfast? 조식은 몇 시부터 먹을 수 있나요?
My room needs to be cleaned, please. 객실을 청소해 주세요.
Do you provide laundry service? 세탁 서비스를 해주시나요?

What is the check-out time? 체크아웃 시간은 언제인가요?
Which is the check-out time? 체크아웃 시간은 언제인가요?

Can I ask for a late check out? 체크아웃 시간을 늦출 수 있나요?
What time do you want? 몇 시에 하시길 원하시나요?
I'd like to check out 3P.M. 오후 3시에 하길 원합니다.

능동태			수동태		
왕초보	drew	the picture.	This picture	was drawn	by 왕초보.
He	loves	her.	She	is loved	by him.
주어	서술어	목적어	주어	be+과거분사	by+행위자

영어	발음	영어	발음
Would you~	우 쥬~	Should I get~	슈드 아이 겟~
How many are~	하우 매니 아~	What time would you like~	왓 타임 우 쥬 라이크~
Can you recommend~	캔 유 레코멘드~	Where is the closest~	웨어 이즈 더 클로우시스트~
Did you have a~	디드 유 해 버~	Can I check in~	캔 아이 췌크인~
When does~	웬 더즈~	Do you have~	두 유 해브~

알기 쉽게 배우는 영문법	
a/an+명사, 명사의 단수/복수, 셀 수 없는 명사, 관사(a/an/the)	주어+be 동사(주어가 3인칭 단수와 복수) 일반 동사, 조동사, be 동사의 과거, 일반동사 과거(규칙동사, 불규칙동사)
소유격('s, of, my, your, his ...)	형용사, 부사(형용사+(i)ly)
동사+ing(현재진행, 과거진행)	시간, 장소, 위치, 방향, 이동의 전치사 at, on, in, over, up, into ...
의문을 나타내는 표현 Who, What, When, Where, Why, Whose, Which ...	
수량형용사 (a) few/(a) little, many/much/a lot of, some/any	
비교 as tall as, taller than, the tallest in/of	
명령, 권유, 감탄, 간접의문	to 부정사(명사 역할, 부사 역할, 형용사 역할
지각동사: 지각동사+목적어(A)+동사원형(B), 사역동사: 사역동사+목적어(A)+동사원형(B)	
동명사(동사원형 + ing): 주어 역할, 보어 역할	현재분사(능동), 과거분사(수동)
분사구문(분사구문은 현재분사나 과거분사를 이용하여 주어나 접속사를 생략하는 구문)	
현재완료(계속, 경험, 결과, 완료)	과거완료(과거 이전에 일어난 사실)
관계대명사(who, which, that, whom)	관계부사(where, when, why, how)
가정 If ...	수동태: 주어(A)+be동사+과거분사(B)+by 목적격(C)

전치사 구분	단어
시간	at, on, in, for, during, until, by, from, since, before, after
장소	at, on, in, above, below, over, under, between, among
방향	to, toward, across, through, along, around into, out of
형용사 · 분사와 함께 쓰이는 전치사	full of, built of, made of, upset about, good at
동사와 함께 쓰이는 전치사	belong to, look for, die of

□ 품격을 높이는 건배사 영어로 만들기

스토리 건배사와 건배 방법에 대해서 토론하기

건배의 이해	건배(乾杯)는 '잔(杯)을 깨끗이 비운다(乾)'는 뜻. 서로 잔을 들어 축하하거나 건강과 행운을 빈다. 건배 구호는 나라마다 다르다. 영미권에선 보통 '치어스'(cheers), '토스트'(toast)라고 외친다. '토스트'라는 말은 축배에 토스트 빵을 넣어 먹었던 데서 비롯됐다. 일본에서는 '간빠이'(乾杯), 중국에서는 '간베이'(干杯)라고 한다. 서양에서 건배는 의심(疑心) 문화의 산물이었다. 같은 병에 담긴 술을 나눠 마심으로써 독주(毒酒)가 아님을 확인하고자 했기 때문이다. 단숨에 원샷으로 들이켜는 건 상대방을 거리낌없이 받아들인다는 믿음의 제스처였다. 하지만 오늘날에는 기원(祈願)의 의미가 더 크다. 건배할 때 바늘에 실 가듯 따라붙는 것이 건배사다. 술자리가 점점 무르익으면 으레 "건배사나 해보지." 하는 말이 나온다. 건배사는 가장 짧고 강력한 스피치다. 너무 길면 듣기 곤혹스럽고, 판에 박힌 레퍼토리는 식상하고 싱겁다. 지나치게 농(弄)을 섞으면 어색하고 민망하다. **불쾌한 건배사** ● 성기발기 (성)공 (기)원, (발)전 (기)원 ● 거시기 (거)절하지 말고 (시)키는 대로 (기)쁘게 먹자 ● 남존여비 (남)자가 (존)재하는 이유는 (여)자의 (비)위를 맞추기 위해 ● 오바마 (오)빠만 (바)라보지 말고 (마)음대로 해봐 **유쾌한 건배사** ● 올해는 스튜핏! 올~해(미래)는 그레잇 개그맨 김생민씨의 유행어로 올해보다 다가올 새해가 더 좋을 것이란 뜻 ● 박보검 (박)수를 (보)냅니다, 올 한 해 (검)나 수고한 당신께 ● 119 (1)가지 술로, (1)차만 하고, (9)시 전에 갑시다 ● 모바일 (모)든 것이 (바)라는 대로 (일)어나라 
건배사 공식행사	모두 잔을 채우기, 짧게 감사인사, 모임 취지 관련 멘트, 건배구호 선창, 박수 등
건배사 만들기	To your good health, Cheers! 여러분의 건강을 위해 건배! I wish you long life, health, and prosperity. 장수와 건강과 발전을 빕니다.

□ 품격을 높이는 도시 슬로건 영어로 만들기

슬로건에 대해서 토론하기

도시브랜드는 해당 도시만이 가지고 있는 자연환경, 역사적 특성, 문화적 매력, 행정서비스 등을 다른 도시와 뚜렷하게 차별화하기 위해 사용하는 도시명, 슬로건 심벌 마크, 다른 특징적인 요소 등의 결합체이다. 도시브랜드 슬로건은 도시이미지의 주체이자 아이덴티티(identity) 요소이다. 도시브랜드 슬로건은 각 도시의 기관, 지역, 사업, 이벤트 등의 이미지를 하나의 요소로 집약하여 도시의 미래 비전과 발전 등을 상징화한다. 가장 대표적인 도시 브랜드 슬로건의 사례로는 미국 뉴욕의 "I LOVE NY"이 있다. 1970년대 뉴욕시는 범죄의 증가, 경제 불황에 따른 관광객 급감으로 경제적 위기상황에 직면했다. 이에 The New York Commerce Commission은 도시의 이미지를 바꾸기 위해 외부의 전문기관과 아웃소싱 계약을 체결하고 도시 이미지 개선을 위한 프로모션을 진행하게 되었고 "I LOVE NY"라는 역사적인 슬로건을 개발하였다. 이를 광고에 적극 활용한 결과는 매우 성공적이었으며, 현재까지도 세계 도처에 사용되는 대표적인 브랜드 슬로건이라 할 수 있다. 세계적인 도시 미국 뉴욕의 슬로건 'I ♥NY'을 46년 만에 리브랜딩한 'WE♥NYC' 로고에 대한 비판이 이어지고 있다. 최근 뉴욕시는 지난 1977년 그래픽 디자이너 밀튼 글레이저가 디자인한 뒤 40년 넘게 뉴욕의 상징이자 슬로건으로 역할을 해오던 'I♥NY'을 'WE♥NYC'로 새롭게 디자인해 선보였다. 뉴욕시는 이번 리브랜딩을 통해 'I(나)'를 'WE(우리)'로 변경함으로써 시민 참여의 의미를 담았고, 'NY(뉴욕)'을 'NYC(뉴욕시)'로 바꿔 뉴욕시에서 진행되는 참여형 캠페인에 초점을 맞췄다. 이번 캠페인에서는 뉴욕 주민을 대상으로 공원 돌보기에 참여하기, 뉴욕시 5개 자치구에 걸친 지역사회 청소하기, 거리 음악 공연자에게 공개적으로 투표하기, 뉴욕시 레스토랑 및 케이터링 업체의 최고 메뉴 선택하기 등 참여 프로그램들이 진행된다.

도시 슬로건 만들기	

PART

V

사회적 이슈로 본 서비스 에티켓

Learning Through Storytelling Service Etiquette

CHAPTER 13

손에 잡히는 문해력

1. 디지털과 고전의 대탐험

오늘날 우리를 둘러싼 가장 큰 환경은 미디어 환경이다. 지난 2016년 6월 다보스포럼에서 '4차 산업혁명'이라는 단어가 처음으로 언급됐다. 이후, 한국 사회에서는 2017년 대통령 직속으로 4차 산업혁명위원회를 구성하여 4차 산업혁명의 기반을 닦고자 했다. 4차 산업혁명의 정의 자체는 사람들마다 조금씩 달리 해석할 수 있지만, IT기술을 기반으로 하여 다양한 분야의 산업이 융합된 새로운 형태의 산업이라는 정의 안에서 대부분의 내용을 포괄할 수 있을 것이다. 4차 산업혁명이라는 단어가 언급된 이후 6년이 넘는 시간이 흘렀고, 해당 산업은 일상생활 곳곳에 스며들었다. 특히, 지난 2020년 초부터 시작된 코로나19(코로나바이러스감염증, Covid-19) 팬데믹(Pandemic) 현상은 비대면을 기반으로 하는 각종 산업을 촉진시켰고, 그에 따라 4차 산업은 더욱 탄력을 받아 지금도 계속해서 성장하는 중이다. 전 세계적으로 새로운 먹거리로 다가온 4차 산업혁명에 대한 장밋빛 미래는 어렵지 않게 접할 수 있다. 검색창에 4차 산업혁명이라는 단어를 입력하면, 장밋빛 미래가 펼쳐질 것 같은 착각이 들 정도로 대체로 긍정적인 내용이 많이 나온다. 관련 이미지 역시 파스텔 톤의 밝은 색감이 사용된 것들이 주로 보여, 눈부신 성장에 가려진 '성장통'은 외면되고 있는 것처럼 보인다. 물론, 성장통이 반드시 있기를 바라는 고약한 심보로 4차 산업혁명의 어두운 이면이 꼭 있었으면 하는 바람은 결코 아니다. 4차 산업혁명의 기반은 정보통신기술이다. 이 시대에 살아남기 위해서는 정보통신기술 활용능력, 즉 리터러시가 필수적이라고 볼 수 있는데, 노년 계층이 패스트푸드점에 있는 무인단말기를 이용하는 것조차 어려워하는 것만 고려해 봐도, 모든 사람들이 시대가 요구하는 적합한 수준의 리터러시를 제대로 함양하고 있다고 보기는 어렵다. 리터러시(literacy)는 문해력 또는 정보를 이해할 수 있는 능력 등으로 간단히 정의할 수 있지만, 보다 심층적으로는 특정 정보를 이해함으로써 이를 처리하고 활용할 수 있는 능력으로 볼 수 있다. 리터러시는 다양한 영역으로 확장되고 구체화되어 영역별 초점에 따라 헬스 리터러시(health literacy), 정보 리터러시(information literacy), AI 리터러시(artificial intelligence literacy), 피지컬 리터러시, 디지털 리터러시, 스마트폰 리터러시, 컴퓨터 리터러시, 텔레비전 리터러시 등의 개념으로 시대와 사회가 새롭게 중요하게 여기는 가치로 여겨지면서 등장한 리터러시라고 할 수 있다.

디지털 리터러시는 컴퓨터, 인터넷, 스마트폰 등 디지털기기에 대한 단순한 기능적 사용능력을 넘어서 태도와 관점이 포함된 개념으로 사용된다. 전통적으로는 정보를 읽고, 쓰고, 활용하는 기능적이며 도구적인 개념으로 쓰였지만, 현재는 비판적 사고를 기반으로 정보를 검색, 활용하고, 창의적으로 콘텐츠를 생산하는 능력으로 바뀌었으며, 디지털기기를 사용하는 기술적 능력에 더해 협력, 성찰, 도덕적 책임, 시민의식까지 포함하는 것으로 확장되고 있다. 디지털 역량(Digital Competence)으로도 이해되는 디지털 리터러시의 개념은 1997년 폴 길스터(Paul Gilster, 1949~)가 『Digital Literacy』를 출판하면서 폭넓게 사용되기 시작하였다. 자신의 책을 통해 처음 언급한 말로, '디지털 문해력'을 말한다. 디지털로 기록되고 저장된 정보를 사용해 세상의 의미를 인코딩하고 디코딩하는 문화적 관습이라고 할 수 있다. 네트워크 사회에서 참여자들이 의미와 아이덴티티(정체성)를 협상하는 스킬, 태도, 기질을 아우르는 의미를 담기도 한다. 기술을 활용한 개인의 문법, 작문, 글쓰기, 이미지, 오디오, 비디오, 팟캐스팅, 리믹싱, 디자인도 디지털 리터러시라고 볼 수 있다. 디지털 리터러시가 인터넷 정보를 이해하는 능력이기 때문에 비판적 사고를 기반으로 정보의 가치와 신뢰 여부를 평가해야 한다고 했다. 인터넷 정보는 항상 유동적이어서 사용자는 사실과 허구를 분별하는 비판적 사고를 해야 한다.

2022년 9월 28일 과학기술정보통신부는 '대한민국 디지털 전략'을 통해 연대를 통한 디지털 가치 확산을 위한 5대 추진전략을 발표했다. 교육, 경제, 사회, 정치, 문화 다섯 가지의 분야에 인공지능(AI)과 소프트웨어(SW) 기술을 적극적으로 활용하여 신속하고 투명하며 효율적인 국가 기반을 마련하겠다는 계획이다. 교육기회 확대, 최첨단 네트워크 구축, 미래형 헬스케어 육성, 스마트 복지, 디지털 권리장전 수립 등의 국가 전략을 보면 다가올 미래에는 사회의 전 분야에서 인공지능이 활용될 것임을 알 수 있다. 이러한 디지털 전환이 디지털 격차로 이어지지 않기 위해서는 전 국민의 인공지능 기술능력이 아닌 소양 습득이 필수적이다. 교육부에서도 위와 같은 점을 염두에 두고 2022년 업무 계획을 발표했다. 미래학교로의 전환을 위해 2021년부터 2025년까지 노후학교 개축 및 리모델링 사업 실시, 인공지능교육법 및 윤리기준 제정, 학습공간에 무선망 구축 등의 추진계획을 통해 학교에서의 다양한 교과 교육이 정보 기술과 연계되어 이루어지는 방향을 염두에 두고 있으며, 특히 대학과의 연계를 통한 교원 양성 및 미래 핵심역량과 관련된 교육과정 및 내용 혁신 등을 통해서는 전문적인 SW · AI교육이 진행될 수 있는 제반을 마련하고 있음을 알 수 있다.

오늘날 급격한 사회 변화 속에서 인간다운 인간으로 성장하고 좋은 삶을 영위할 수 있도록 하는 데 공헌하는 학문으로서 인문학에 대한 관심이 증가하고 있고, 이에 따라 인문학 교육도 강조되고 있다. 이러한 상황에서 학생들의 도덕성 내지 인성 문제는 갈수록 심각해지고 있다. 머릿속으로는 도덕 원리나 규범들을 이해하고 있지만, 그러한 '앎으로서의 도덕성'이 실제 실천으로 이행되지 않는 도덕적 실행격차를 보이고 있으며, 타인에 대한 이해심과 배려심은 부족하고 도덕적 감성과 공감에 여전히 익숙하지 않다. 또한 어른들의 통제와 간섭이 잘 닿지 않는 사각지대나 사이버공간에서는 새로운 종류의 도덕적 문제들이 날로 진화하면서 발생하고 있다. 이러한 점에 있어 위협적이라고까지 표현될 수 있는 오늘의 시대를 사는 현대인들에게 요구되는, 인간다운 인간으로서 갖추어야 하는 능력들은 갈수록 부과되고 있다. 오늘날과 같은 급격한 사회적 변화에 잘 적응해 나갈 수 있는 능력, 무한경쟁시대와 불확실한 시대 속에서 두렵고 불안한 상태에서 벗어나 자기 감정을 조절하고 마음을 평안하게 다스리는 능력, 타인이나 디지털기기에 의존하지 않고 주체적이고 자율적인 사고를 통하여 자기 의사를 결정하는 능력 등이 그것이다. 이러한 점들은 고스란히 교육에 대한 국가 사회적 요구로 이어지고 있다.

인간의 삶 전반에 걸쳐 인간의 존재의의와 가치를 탐구의 대상으로 하고 근원적인 물음을 제기하여 답하고자 하는 인문학(humanities)은, 그 분야와 내용이 방대하기 때문에 인문학의 개념을 모든 면에서 완벽하게 규명한다는 것은 거의 불가능하다. 동서양의 역사적 궤적을 중심으로 인문학이 지닌 원형적인 개념을 규명해 보자. 첫째, 인문학에 대해 동서양의 사상으로 접근하여 인문학의 개념을 밝혀 본다. 특히 동양사상적으로 접근하여 '인문(人文)'이 의미하는 바를 파악해 보고, 유학적 전통에서의 자기 수양과 인간의 품격론을 중심으로 살펴봄으로써 동양에서의 인문학의 개념을 규명한다. 동시에 서양사상적으로 접근하여 고전적 개념으로서 고대 그리스의 파이데이아(Paideia), 로마의 후마니타스(Humanitas, 인간성), 근대적 개념으로서 르네상스시대의 스투디아 후마니타스(Studia Humanitas, 인간적 배움), 신인문주의에서의 교양(빌둥, Bildung, 형성), 사회개혁의 토대로서 교양(culture), 현대에 이르기까지 인문학 개념의 다양한 변용을 고찰하고, 이러한 변용에도 불구하고 변하지 않는 인문학의 본질적인 성격을 드러냄으로써 서양에서의 인문학의 개념을 규명한다. 이러한 논의를 통해 인문학의 고전적 의미를 규명해 볼 것이다.

고전 텍스트는 시간과 공간을 초월하고, 문화와 민족의 한계를 넘어서 모든 인류에게 보편성을 지닌 내용을 담고 있는 글이기 때문에 오랜 세월에 걸쳐 인류가 형성한 삶의 지혜와 통찰인 고전을 통해 학생들은

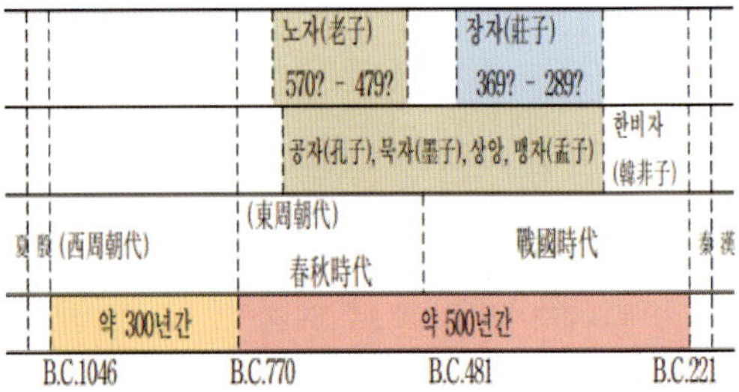

자신이 처한 현실의 문제를 해결하고 보다 나은 미래를 만들어가는 데 중요한 지침뿐만 아니라 구체적인 실천의 방향과 방법도 얻을 수 있다.

"교양이란 '경작된 정신의 수확물'로서 수준 높은 교육을 받은 지도적 시민들이 지녀야 할 지적 · 정서적 · 도덕적 자질, 능력, 덕성을 뜻한다. '교양교육'이란 '인간다운 인간'을 형성한다는 의미로서 스스로가 스스로를 창조하는 정신적 자아의 자기형성이요, 인간의 인간다움 그 자체만을 위한 주체적 자아의 형성이요, 자기형성의 이상을 준거로 하는 지기반성적 태도의 도야이자 아울러 타자 및 세계에 대한 관계의 형성이기도 하다.

교양교육은 또한 보편적 지식과 품성을 바탕으로 특정의 직업과 무관하게 그 자체로 선하고 모범적인 사람됨의 구현을 목적으로 한다. 따라서 교양교육의 핵심은 인간 본성의 내적 능력을 지혜로 키워 올리는 것과 현실을 파악하고 그에 대해 판단하여 그것을 자신의 것으로 소화해 내는 능력의 함양이다." 교양교육의 영어 'liberal education'은 라틴어 '아르테스 리베랄레스(artes liberales)'에서 차용한 것이다.

교양교육을 표현하는 말은 'liberal education' 이외에도 여러 어휘들이 사용되고 있다. 우리말에서도 '교양교육', '자유교육', '인문교육', '인문교양교육', '교양기초교육', '융합교양교육' 등으로 다양하게 사용되고 있다. 교양교육이란 노예나 이민자가 아니라 시민권을 가진 자유인을 위한 교육이라는 의미와 사회적 속박과 제한은 물론 마음이 가지고 있는 편견, 선입견, 무지, 독단, 탐욕 등으로부터 해방되고 자유롭게 하는 교육을 의미한다.

교양교육은 자유교육과 일반교육이라는 두 요소를 포함하는데, 자유교육이란 시민 혹은 시민적 지도자가 갖추어야 할 덕목 품성 및 지적 능력을 강조하는 전통적 교육 모형인 반면 일반교육은 고등교육의 보편화 및 전공의 세분화와 밀접하게 연관된 것으로 대학 교육을 이수한 모든 사람들이 갖추어야 할 기본적 지식 및 세계관과 가치관의 확립을 강조하는 교육모형이다.

고전이란 말은 고대의 경전(經典)이란 뜻으로 고대(古代)의 의식(儀式), 혹은 법식(法式)이라는 의미가 있는 바와 같이 후세의 규범이 될 만한 것이라 하였고, 고전이란 말은 '고(古)'와 '전(典)'의 복합어로서 영원불변의 것이 담겨 있음을 뜻하는 말로 고전의 규범성, 우수성은 그러한 점에 말미암은 것이라고 하였다. 즉, 고전이란 '과거에 쓰인 가치 있는 작품으로, 후세에 규범이 될 정도로 가치를 인정받아서 표준이 된 작품'이라고 할 수 있다.

"서양에서는 고전에 대해 여러 사람이 정의를 내리고 개념을 펼쳤지만 「서구 세계의 명저」 편집자들이 설정한 기준이 가장 보편적이고 구체적이라 할 수 있다. 그 기준을 보면 첫째, 역사적으로 중요할 뿐만 아니라 현재도 연관성이 있어야 하며 둘째, 재독의 가치가 있어야 하며 셋째, 중요 사상에 관한 대화가 일부 있어야 한다고 되어 있다. 이것은 고전이란 어떤 것인가라는 질문에 대한 적절한 답이라고 할 수 있다.

첫 번째 기준으로 제시한 역사적으로도 중요하고 현재도 유관한 것이어야 한다는 것은 오늘날의 문제를 성찰하는 데 단서와 계시를 줄 수 있어야 한다는 뜻이다. 이것이 고전이 구현해야 하는 '과거 속의 현재의 힘'인 것이다.

둘째 재독할 가치가 있어야 한다는 것은 독서의 주체가 독자라는 것이다. 문자로 되어 있는 모든 작품은 독자가 읽기를 끝냈을 때 비로소 완성된다. 아무리 훌륭한 사상과 아름다운 감성이 녹아 있다고 해도 읽히지 않는다면 아무도 그 깊은 뜻을 알 수 없는 것이다. 또한 읽을 당시의 상황에 따라 고전의 의미가 새롭게 정립될 수 있어야 한다. 작품이 가지고 있는 본래의 성격을 동일하게 유지하되 시대에 어울리는 가치를 재정립할 수 있어야 재독, 삼독할 필요를 느끼게 되고 시대를 초월하는 생명력 있는 글이 되는 것이다.

셋째, 중요한 사상들과 유관해야 한다는 것은 사상이나 철학을 담고 있지 않은 단순한 사실이나 증명만을 열거한 글은 학습은 가능하겠지만 사실이나 증명이 달라졌을 때에는 그 가치를 잃어버리기 때문에 글의 수명이 길 수 없다. 글의 수명이 길지 않은 글은 고전이 아니다. 이런 의미로 고전을 오랫동안 모범이 되어 널리 읽혀야 한다는 것으로 정의한 사전에 명시된 것과 같은 의미로 해석할 수 있다."

이를 종합하여 보면 고전이란 인류가 만들어낸 정신적 유산으로, 오랜 세월을 거치면서 인정된 작품이다. 인류의 역사를 만들어 온 가치 있는 텍스트로 인간에 대한 보편적인 진실과 진리를 담고 있기 때문에 시대나 국가를 초월하여 계승되고 지속적으로 교육될 충분한 가치가 있는 것이다.

오늘날 산업의 급격한 발전이 가져다준 물질의 풍요로움은 개인의 윤택한 생활과 사회 전체의 복지를 향상시켜 놓았다. 물질의 풍요로움과 생활이 윤택해짐에도 불구하고 물질을 향한 인간의 마음은 한층 더 물질의 질과 양을 추구하게 되었다. 급기야 물질을 위해서라면 개인주의와 이기주의를 넘어 도덕적 패륜도 서슴지 않는 이른바 물질만능주의를 야기시켜 인간의 본성을 해치기에 이르렀다. 이와 같은 인간성 상실로 인하여 여러 범죄들이 발생되어 심각한 사회문제들이 발생하고 있다. 특히 이러한 물질만능주의는 단지 개인에게만 머무르지 않고 사회 전반으로 확산되어 조직화되고 집단화된 양상으로 나타난다는 데 그 문제가 더욱 심각하다 할 것이다.

인성론은 인간이란 어떠한 존재인가 하는 문제 속에서 인간의 본질을 묻는 철학적인 체계를 세우는 것이다. 인간의 본성이 선한가, 악한가로 집약되면서 중국철학을 제대로 이해하는 데 없어서는 안 될 핵심적인 문제가 되었다. 그러면서 인성론은 신유학에까지 더욱 상승적으로 전승되어 성리학이라 명명될 정도로 중국철학의 축이 되었다. 즉 인성론은 어느 한 분야에 한정된 것이 아니다. 인성론을 다룬다는 것은 인간으로부터 출발하여 인간을 설명하고 윤리학의 문제를 다루는 것으로 수양론·도덕론·정치론 등의 근저를 이룬다.

인성의 문제는 구체적으로 그 시대상황과 관계되는 것이라고 하였다. 또한 국가마다 민족마다 그 시대에 따른 문제가 생기게 마련이다. 그래서 사람들이 문제를 보는 입장이 다를 뿐만 아니라, 그 문제의 해결방법도 다를 수 있다. 문제는 견해(見解)의 차이(差異)를 가지고 주체와 객체가 받아들이는 것이 다른 데서 생기게 되는 것이다. 맹자(孟子)와 순자(荀子)의 인성에 대한 견해가 대표적이라 볼 수 있다. 맹자와 순자가 인간의 본성을 무엇으로 보았든지 간에, 양자 모두 인간의 본성과 선악의 관계를 문제시하고 있다는 것이다. 즉 맹자, 순자 모두가 인간의 본성을 선악과 밀접한 관련이 있는 것으로 보고 있음을 암시하고 있다.

인간은 누구나 자신의 이기심과 같은 인간 심성의 절제대상(자연적 본성)은 절제하고 인의(仁義)와 같은 순수무잡(純粹無雜)한 정감이나 도덕심을 존양하며 살아가야 할 도덕적 존재로서 규정된다. 유가전통에서 공동선보다 사익추구를 그 목적으로 하는 상업이 천대받아 왔던 것도 여기서 그 이유를 찾을 수 있다. 『예기(禮記)』에서는, "부모가 살아계실 때 자식들은 개인 저축이나 개인 가축을 소유해서는 안 된다"고 하여, 가족공동체 안에서는 결코 사익추구가 용납될 수 없음을 밝히고 있다. 공동선의 실현을 위해서는 사익추구를 자제해야 한다는 생각은 자연히 공동선을 위해서는 개인의 권리도 (필요하다면) 양보해야 한다는 주장으로 흐르기 마련이다. 이러한 공동체주의적 윤리관은 왜 유가적 토양에서 '권리'라는 나무가 자라나지 못했는가에 대한 이유를 잘 설명해 준다.

사익보다는 공동선을 우선시하는 유가전통에서는 이익분쟁(conflict of interests)이 생길 때도 분쟁을 '각자의 권리 확인'이라는 냉철한 각도에서 해결하려 하지 않고, 분쟁 당사자 간의 화해나 공동체의 화목을 위한 당사자들의 사익 양보로 해소하려 한다. 맹자가 그리는 이러한 이상적인 촌락 공동체에서는 내 것, 네 것의 구분이 희박해지며, 공동체가 공동으로 추구하고 있는 도덕규범에서 일탈된 행위는 용납받지 못한다.

이러한 공동체적 사회 안에서 자기의 사익만을 추구하려는 사람은 손가락질 받게 되며, 자기 몫보다 남의 것을 먼저 챙겨주고, 자기의 마음보다 남의 마음을 먼저 위해주는 사람이 덕인으로 숭상받게 된다. 따라서 맹자의 도덕규범도 사회적 인간관계에서 찾아볼 수 있다. 곧 부자 · 군신 · 부부 · 장유 · 붕우 사이의 관계에서 각각 친(親) · 의(義) · 별(別) · 서(序) · 신(信)이 있도록 하는 것이 바로 사람이 지켜야 할 다섯 가지 도리(道理)인데, '사람이 편안히 살고 가르침이 없으면 금수와 같아질 수밖에 없으므로, 성인이 이를 걱정하여 이 다섯 가지 사람의 도리를 가르치게 하였다.'

순자(B.C. 313~238)는 선진유학자 가운데 사회성을 가장 강조하였으며 천명사상을 가장 철저하게 벗어난 사람 중에 한 사람이다. 이미 하늘은 하늘이고 사람은 사람이며, 다스려짐과 어지러워짐이 하늘과 관계가 없다. 사람은 마땅히 인도(人道)에 힘을 쏟고 사회를 형성하고 사회생활을 하는 주체가 되었다. 사람은 어떻게 사회생활을 할 수 있는가? 그것은 분별이 있기 때문이다. 그 분별은 어떻게 존재할 수 있는가? 그것은 의로움이 있기 때문이다.

그러므로 의로움으로써 사람들을 분별 지으면 화합하고, 화합하면 하나로 뭉치고, 하나로 뭉치면 힘이 많아지고, 힘이 많으면 강해지고, 강하면 만물을 이겨낼 수 있다. 그러므로 사람들은 집을 짓고 살 수 있다. 그렇기 때문에 사계절의 질서를 따라 만물을 성장케 하여 온 천하를 함께 이롭게 하는 것은, 다름 아니라 바로 분별과 의로움을 지니고 있기 때문이다. 인간만이 이러한 이성 운용능력을 가지고 있으며, 이러한 이성의 운용능력을 발전시킬 수 있게 된다면 도구적 이성을 가치적 이성으로 변화시킬 수 있게 되는 것이다.

그리고 이러한 가치적 이성으로 인간 사회의 도덕규범을 만들어 하늘과 인간 및 인간들 사이의 상호관계를 효과적으로 조절하여 모두가 자신의 본분에 부합할 수 있도록 만드는 것이다. '인간의 본성은 악한데 예의는 어떻게 생겨났고 또 선한 상태는 어떻게 가능한가.' 순자에 의하면 인간의 본성이 욕망이라는 것에 의해 비록 악하다는 판단을 피할 수 없다. 하지만 보편성을 가지는 예라는 교정 기제를 알고 익혀서 꾸준히 노력하여 인간의 욕망도 얼마든지 긍정적인 방향으로 발현될 수 있는 것이다. 본성은 내가 어쩔 수 없는 것이지만 교화될 수는 있다. 노력이라는 것은 나에게 있는 것은 아니지만 할 수 있는 것이다. 습속을 바로잡는 것은 본성을 교화하는 방법이다.

아울러 하나로 하고 둘로 하지 않는 것은 노력을 이루는 것이다. 이것은 욕망을 줄이는 것도 아니고 또 다른 도덕적 본성을 필요로 하는 것이 아니다. 이것은 순수하게 예라는 보편기준에 대한 인식과 익힘을 이끌어내기 위한 '몸에 밴 습속(아비투스(Habitus), 가지다, 보유하다, 간직하다)'으로 가능하다. 그렇기 때문에 인간은 이성의 운용을 통해서 자연환경을 이용하여 생존을 유지보전 할 수 있을 뿐만 아니라 인간들 사이의 상호관계를 안정적으로 조절하여 조화로운 사회를 만들 수 있게 되는 것이다.

『순자(荀子)』, 「성악(性惡)」에서 사람의 성(性)은 본래 악한 것인데, 그 선(善)한 것은 인위(人爲)적으로 바로잡은 것이다. 지금 사람의 본성은 태어나면서부터 이익을 좋아하는 마음이 있는데 이것을 따르기 때문에 다투고 빼앗는 마음이 생겨나, 사양하는 마음이 없어진다. 태어나면서부터 시샘하고 미워하는 마음이 일어나, 충성과 믿음이 없어진다. 태어나면서부터 귀와 눈에 욕망이 있어서 음악이나 여색을 좋아함이 있는데 이것을 따르기 때문에 음탕하고 혼란스러운 것이 일어나고, 예의나 문채(figura)가 없어지게 된다. 이렇게 사람의 본성은 방종하므로 사람의 정에 따르면 반드시 다투고 빼앗는 것들이 나오고 문채를 범하고 이치를 문란하게 하는 데 합쳐져서 사나운 것으로 돌아가는 것이다. 그러므로 반드시 스승을 본받은 교화나 예의로써 인도하는 일이 있은 연후에야 사양하는 마음이 나오고 문리에 합치되며 다스림으로 돌아가는 것이다. 이러한 것으로 관찰해 보건대 그렇다면 사람의 본성은 악한 것이 분명하며 그 선을 행하는 일은 인위적인 교정으로 인한 것이다.

맹자(B.C. 372~289)는 인간의 마음을 도덕 주체로 규정하였으며 도덕 주체란 도덕 행위를 하는 주체를 의미한다. 맹자는 물을 보는 관점을 바꿔 위에서 아래로 떨어지는 성질을 보았다. 즉 인간은 선으로 향해 가는 성향을 가지고 있음을 말하는 것이다. 맹자는 선을 향하는 가치 지향적인 면이 본성에 내재되어 있다고 본다. 하지만 이도 환경에 따라 위로도 올라갈 수 있음을 언급한다. 즉 인간의 마음이 도덕적 본질을 갖춘 도덕 주체이며, 도덕적 행위의 근원이라는 것이다. 그런데 현실에서의 인간은 이러한 인간의 본래 모습과는 다른, 심지어 완전히 상반된 양상을 드러내는 경우가 많다. 인간의 물질축적 욕망이 과도한 경쟁을 초래함으로써 반인륜적인 흉악범죄가 발생하고, 심지어 인류의 생존환경마저 파괴하는 악행을 자행한다. 더 큰 문제는 사회의 발전과 물질의 풍요가 커질수록 자신의 이익과 욕망, 인간성 상실은 더욱 증폭된다는 점이다. 맹자에게 인간 본성은 인의예지이다. 그중에서도 그가 가장 중점을 두어 강조하는 본성은 인의이며 이것을 타고나는 인간은 선하다고 보았다. 그는 인의는 사람이 타고나는 양지 · 양능이라고 하였다. 도덕적 인간 본성(지관에 호소)은 사단(측은지심, 수오지심, 사양지심, 시비지심)과 사덕으로 이루어져 있다. 사단(四端)은 네 가지 단초라는 의미이고 사덕은 인의예지(仁義禮智)를 말한다. 성리학에서 사단은 사덕을 실행하게 되는 단초, 시초, 시작 등의 뜻이 있다. 맹자는 먼저 사람다움을 찾아볼 수 없는 동물과 다름없는 인간의 삶을 개선하기 위해 인간 본성과 본성의 유래, 보존방법 등을 주로 논했다. 동물과는 다르게 살아가는 인간만의 특성 즉 도덕성 측면의 차이를 가지고 이를 설명하였다.

유가(儒家)의 대표자인 공자 · 맹자 · 순자는 사회적 모순과 갈등의 해결에 초점을 맞추어 도덕적 질서의 회복에 주력하였다. 그들은 도덕적 병폐의 원인이 사물에 있지 않고 인간 내면에 있다고 보았으므로 당연히 인성론에 대한 논의를 활발히 전개하였다. 공자의 "본성은 서로 가깝고 습관은 서로 멀다"라는 견해는 '성(性)' 자에 대한 다양한 해석의 여지로 인해 그 후 인성론의 논란거리가 되었다. 특히 한국 사회에서 인간의 본성을 도덕적으로 간주하는 것은 동북아 문화권을 지배한 유교의 영향이라고 사료된다. 유교에 있어서 가장 핵심이 되는 주제는 인성론이다. 맹자와 순자는 공자의 학통을 이어받은 대표적인 유학자이다. 맹자는 성선설로, 순자는 성악설로 인간 본성에 대한 서로 다른 견해를 비교하여 서술하고자 한다.

『맹자(孟子)』, 「공손축(公孫丑)」 上에서 사람들은 누구나 차마 남의 고통을 외면하지 못하는 마음이 있다고 하는 것은 다음과 같은 근거에서이다. 만약 지금 어떤 사람이 문득 한 어린아이가 우물 속에 빠지는 것을 보게 된다면, 누구나 깜짝 놀라며 측은하게 여기는 마음을 가지게 된다. 그렇게 되는 것은 어린 아이의 부모님과 교분을 맺기 위해서가 아니고, 마을 사람과 친구들로부터 어린 아이를 구했다는 칭찬을 듣기 위해서도 아니며, 어린 아이의 울부짖는 소리가 싫어서 그렇게 한 것도 아니다.

이것을 통해서 볼 때 측은하게 여기는 마음이 없다면 사람이 아니고, 부끄러워하는 마음이 없다면 사람이 아니며, 사양하는 마음이 없다면 사람이 아니며, 옳고 그름을 판단하는 마음이 없다면 사람이 아니다. 측은히 여기는 마음은 인(仁)의 단서이고, 부끄러워하는 마음은 의(義)의 단서이며, 사양하는 마음은 예(禮)의 단서이고, 시비를 가리는 마음은 지(智)의 단서이다. 사람이 이 네 가지 단서를 가지고 있는 것은 그가 사지를 갖고 있는 것과 같다.

□ 선과 악을 쉽게 설명하시오.

맹자	人性之善也(인성지선야)는 猶水之就下也(유수지취하야)니 人無有不善(인무유불선)이요 水無有不下(수무유불하)니라 今夫水(금부수)를 搏而躍之(박이약지)면 可使過顙(가사과상)이요 搏而躍之(박이약지)면 可使在山(가사재산)이나 是豈水之性哉(시기수지성재)리오?
루소	사회계약론에 대해서 설명하시오.
순자	生而有好利焉(생이유호리언) 人之性(인지성)은 惡(악)이니 其善者僞也(기선자위야)라 今人之性(금인지성)은 生而有好利焉(생이유호리언)이니 順是(순시)면 故爭奪生(고쟁탈생) 而辭讓亡焉(이사양망언)이요 生而有疾惡焉(생이유질악언)이니 順是(순시)면 故殘賊生而忠信亡焉(고잔적생이충신망언)이요 生而有耳目之欲(생이유이목지욕)하여 有好聲色焉(유호성색언)이니 順是(순시)면 故淫亂生而禮義文理亡焉(고음란생이례의문리망언)이라.
홉스	리바이어던에 대해서 설명하시오.

□ 춘추전국시대 제자백가의 재해석

제자백가	제자백가는 춘추전국시대의 사회혼란 상황에서 등장, '제자'는 각 학파의 대표적인 인물을 뜻하며, '백가'는 '제자'와 같은 사상가들이 형성한 유가, 도가, 법가, 묵가 등의 여러 사상
유가 (인의예지)	
도가 (도와 덕)	
묵가 (겸애)	
법가 (법, 술, 세)	

2. 일상생활에서 만나는 법

사회생활을 원활하게 하고 개인 간 또는 집단 간에 발생하는 분쟁을 해결하기 위해서는 사회규범이 필요하다. 그중에서도 법에 대한 교육은 사회가 발달함에 따라 그 중요성이 더욱 커지고 있다. 법 교육의 필요성을 개인적 · 사회적 · 국가적 측면으로 나누어 생각해 볼 수 있다.

첫째, 개인적 측면에서 법을 올바로 알고 자기의 권리와 의무를 충실히 행사하고 이행해 나갈 수 있는 참다운 민주시민을 양성하기 위해 법 교육은 필요하다. 둘째, 사회적 측면에서 사회가 전문화 · 조직화 · 다양화함에 따라 법률관계도 복잡해지고, 복지국가적 경향에 따라 국가의 기능도 증대되는 추세에 있다. 이와 같은 다양한 사회구조 속에서 합리적인 생활을 영위하기 위해서는 법 교육이 절실하다고 볼 수 있다. 셋째, 국가적 · 정치적 측면에서 법치주의를 근간으로 하는 오늘날의 정치제도하에서는 국민의 준법 여하가 정치의 성공 여부를 결정짓는다 할 것이므로 또한 법 교육이 필요하다.

헌법(憲法)은 시민과 국가의 관계를 규정하거나 형성하는 최고의 규범으로 각국의 명칭을 보면, 독일어로는 페어파숭(Verfassung, 규정), 영어로는 컨스티튜션(constitution), 프랑스어로는 콩스티튀시옹(constitution, 이룸), 중국어 간체로는 宪法(Xiànfǎ)이라 하며 국가의 기본 법칙으로서, 국민의 기본적 인권을 보장하고 국가의 정치조직 구성과 정치작용 원칙을 정하고 시민과 국가의 관계를 규정하거나 형성하는 최고의 규범이다. 이러한 헌법에 대한 정의와 관련해 학자들의 개념 정의는 다양한데, 이를 크게 구분 지으면, 헌법은 국가공동체의 현실적 권력관계에 관한 정치적 사실관계를 규율한다는 측면과 특정나라의 정치적인 권력관계를 법으로 규율한다는 측면으로 구분할 수 있다. 다시 말해, 헌법은 국가공동체의 실질적인 권력관계 또는 형식적인 권력관계를 규율하는 법 개념이라 할 수 있다. 이러한 형식적 또는 실질적 권력관계에 대한 법규범체계에 근거해 국가공동체의 존립형태가 정해지고, 기본적 가치질서가 형성 또는 결정되는 것이라 할 수 있다. 때문에 국가공동체의 형식적 또는 실질적 권력관계는 현 상태를 반영해 규율될 수도 있고, 미래의 상태를 현재 사회에 반영시키기 위해 규율될 수도 있다.

헌법은 "국가적 공동체의 존재 형태와 기본적 가치질서에 관한 국민적 합의를 법으로 정한 것으로, 국민의 기본권 보장과 통치원리 및 통치 작용을 규정하고 있는 국가의 최고법이며 기본법"이라고 할 수 있다. 우리나라의 헌법은 1948년 7월 17일에 제정되고 9차례 개정을 거쳤다. 현행헌법은 전문과 총강, 국민의 권리와 의무, 국회, 정부, 법원, 헌법재판소, 선거관리, 지방자치, 경제, 헌법 개정의 내용으로 구성되어 있다. 헌법을 안다는 것은 우리나라의 존재 형태 및 기본적 가치질서와 기본권, 통치원리 및 통치 작용을 이해하여 주권자로서 기본적인 지식을 갖추는 것이다. 첫째, 헌법은 우리나라가 추구하고자 하는 헌법적 가치와 기본원리를 담고 있다. 둘째, 헌법은 국민의 기본권을 확인하고 보장한다. 셋째, 헌법은 국가기관의 구성과 운영에 대하여 규정하고 있다.

□ 헌법에 대해서 설명하시오.

대한민국헌법의 구조	전문, 제1장 총강, 제2장 국민의 권리와 의무, 제3장 국회, 제4장 정부 제1절 대통령, 제2절 행정부 제1관 국무총리와 국무위원, 제2관 국무회의, 제3관 행정각부, 제4관 감사원, 제5장 법원, 제6장 헌법재판소, 제7장 선거관리, 제8장 지방자치, 제9장 경제, 제10장 헌법개정, 부칙
헌법재판소 체험 프로그램 만들기	

주택은 인간생활의 의식주 중 주거생활을 하는 터전이며, 사회조직의 기초단위인 가정을 담는 그릇이다. 인간생활의 질은 주택에 의해 크게 좌우되며, 일상생활의 기초는 가정과 주택에서 출발한다. 쾌적하고 살기 좋은 주거환경 조성에 필요한 주택의 건설, 공급 및 주택시장의 관리 등에 관한 사항을 정함으로써 국민의 주거안정과 주거수준의 향상에 이바지함을 목적으로 제정된 「주택법」 [시행 2019.3.19.] [법률 제16006호, 2018.12.18., 일부개정]은 제2조제1호에서 '주택'이란 세대

(世帶)의 구성원이 장기간 독립된 주거생활을 할 수 있는 구조로 된 건축물의 전부 또는 일부 및 그 부속 토지를 말한다. 건축법 제2조(정의), 동법 시행령 제2조의5(용도별 건축물의 종류)를 참고하면 공동주택은 여러 세대가 함께 거주하는 주택으로서, 주택건설촉진법에서 규정하고 있는 법률상의 용어로서, "대지 및 건물의 벽 · 복도 · 계단 기타설비 등의 전부 또는 일부를 공동으로 사용하는 각 세대가 하나의 건축물 안에서 각각 독립된 주거생활을 영위할 수 있는 구조로 된 주택"이며, 그 종류와 범위는 대통령령으로 정하고 있다. 층간소음 원인에 대한 분석보고서에 의하면 아이들의 뛰거나 발걸음소리, 망치소리, 가구 끄는 소리, 가전제품 등으로 나타났으며, 층간소음 민원의 72.2%는 아이들이 뛰거나 발걸음소리로 나타났다. 다시 말해 중량충격음에 의한 소음이 가장 큰 원인이라고 볼 수 있다. 공동주택 관리법 제20조에서는 '공동주택에서 뛰거나 걷는 동작에서 발생하는 소음이나 음향기기를 사용하는 등의 활동에서 발생하는 소음 등'으로 '벽간소음 등 인접한 세대 간 소음(대각선에 위치한 세대 간의 소음을 포함한다)을 포함'하는 것으로 층간소음을 정의하고 있다. 공동주택 층간소음의 범위와 기준에 관한 규칙에서는 층간소음의 범위를 다른 입주자 또는 사용자에게 피해를 주는 소음으로, 뛰거나 걷는 동작 등으로 인하여 발생하는 '직접충격 소음', 텔레비전, 음향기기 등의 사용으로 인하여 발생하는 '공기전달 소음'으로 규정하고 있으며, 욕실, 화장실 및 다용도실 등에서 급수 · 배수로 인하여 발생하는 소음은 제외한다. 직접충격소음의 경우에는 충격이 바닥과 벽을 통해 전달되기 때문에 소음의 근원을 찾아내기 힘든 경우가 많다. 직접충격 소음은 1분간 등가소음도(Leq)와 최고소음도(Lmax)로, 공기전달소음은 5분간 등가소음도로 평가한다. 등가소음도의 경우 측정한 값 중 가장 높은 값을 기준으로 하고, 최고 소음도는 1시간에 3회 이상 초과할 경우 그 기준을 넘어선 것으로 본다. 어린이가 집에서 뛰었을 때 약 43dB, 농구공을 바닥에 튀겼을 때 약 43~57dB 정도의 소음이 측정된다고 한다. 바닥충격음은 중량충격음과 경량충격음으로 나뉘는데, 아이들의 뛰는 소리나 발걸음소리 등에 의해 발생하는 무겁고 지속시간이 긴 충격음을 중량충격음이라고 부른다. 중량충격음에는 저주파 성분이 많다. 경량충격음은 가벼운 물건을 떨어뜨릴 때나, 가구를 끌 때 발생하

는 지속시간이 짧은 음으로 중·고주파수 성분이 많다. 따라서 대부분의 사람들이 층간소음으로 인해 저주파 소음에 노출된다고 볼 수 있다. 주택건설기준 등에 관한 규정이 개정되어 시행된 2005년을 기준으로, 규정이 시행된 후에 지어진 공동주택 거주자들을 대상으로 한 설문조사 연구에서는 경량충격음보다 중량충격음에 대한 인지 정도가 더 높은 것으로 나타났으며, 충격음에 대한 느낌은 중량충격음이 조금 더 신경 쓰이는 것으로 나타났다. 낮은 주파수의 소음은 감각적, 생리적, 신체적 영향을 줄 뿐만 아니라, 스트레스를 가중시킨다고 한다. 층간소음으로 인해 나타난 문제를 해결하기 위해 각고의 노력이 요구되고 있지만, 이미 시공이 완료되어 거주하고 있는 상태에서 다른 재료를 사용하여 리모델링하거나 시공방법을 바꾸는 것은 실질적으로 어렵다. 2014년 이후 층간소음의 법적 기준이 마련되어 층간소음으로 인한 피해를 법적으로 해결할 수 있게 되었으나, 피해자가 직접 그 피해 사실을 입증해야 하므로 시간적, 경제적인 비용이 발생하게 되어 또 다른 피해를 가중시키는 결과가 된다.

환경부의 소음·진동관리법에 따르면 소음은 기계, 기구, 시설, 기타 물체의 사용으로 인하여 발생하는 강한 소리를 말한다. 소음의 크기는 데시벨(dB) 단위로 나타내며 사람이 들을 수 있는 가장 작은 소리를 0dB로 정하였다. 여기서 소리의 크기에 주의할 것이 있는데, 소리의 크기는 10dB 차이마다 10배 차이가 난다는 것이다. 예를 들어 20dB은 10dB의 소리에 2배의 크기 차이가 아닌 10배의 차이가 난다. 일반적으로 소음이라 하면 50dB 정도를 전후한 것을 말하며, 개인적인 소음은 주관에 따라 상황에 따라 다르며, 장소와 시간에 따라서도 다르게 나타날 수 있다. 소음은 사회 심리적, 생리적 영향, 생활방해뿐만 아니라 인체에 직접적인 영향을 미친다. 특히 심야에 발생하는 소

음은 수면에 방해가 되어 사회활동에 영향을 미치게 된다. 첫째, 사회 심리적 영향은 소음이 인간에게 미치는 심리적 영향에 대한 종합적인 평가로서 대화 및 수면 방해, 업무수행을 방해하는 기능장애와 시끄러움에서 느끼는 종합적인 피해 정도를 나타낸다. 둘째, 생리적 영향: 소음에 대한 생리적인 영향은 일시적, 장기적으로 구분된다. 일시적인 영향은 자극이 지속되는 기간이 짧은 단속적인 영향으로 혈관수축, 혈구 수의 변동, 오줌이나 폐 속에 있는 호르몬 양의 변화 등에 관계된다. 또한 임신 및 출산에 악영향을 미치며 위궤양, 소화불량, 심장병, 혈압 항진의 원인이 될 수 있다. 셋째, 생활 방해: 가정이나 사무실, 밀폐된 공간에서 주위 소음이 문제가 되는 것 중의 하나는 의사전달을 방해하는 것이다. 대화를 방해하는 소음에 관한 지표는 Beranek의 SIL(Speech Interference Levels)이다.

□ 층간소음의 기준

소음크기	음원의 예	소음의 영향
20	나뭇잎 부딪히는 소리	쾌적
30	조용한 농촌, 심야의 교회	수면에 거의 영향 없음
35	조용한 공원	수면에 거의 영향 없음
40	조용한 주택의 거실	수면 깊이 낮아짐
50	조용한 사무실	호흡 맥박수 증가, 계산력 저하
60	보통의 대화소리, 백화점 내 소음	수면장애 시작
70	전화벨소리, 거리	TV · 라디오 청취 방해
80	철로변 및 지하철 소음	청력장애 시작
90	소음이 심한 공장 안	난청증상 시작, 소변량 증가
100	착암기, 경적소리	작업량 저하, 단시간 노출 시 일시적 난청
1분간 등가소음 (Leq)	주간(06:00~22:00) 층간소음의 기준[단위: dB(A)] 39	야간(22:00~06:00) 층간소음의 기준[단위: dB(A)] 34
최고소음 (Lmax)	주간(06:00~22:00) 층간소음의 기준[단위: dB(A)] 57	야간(22:00~06:00) 층간소음의 기준[단위: dB(A)] 52
5분간 등가소음 (Leq)	주간(06:00~22:00) 층간소음의 기준[단위: dB(A)] 45	야간(22:00~06:00) 층간소음의 기준[단위: dB(A)] 40

□ 층간소음 상황별 대처법

층간소음 형태	아이들이 뛰거나 걷는 소리, 가구(끌거나 찍는 행위), 가전제품, 악기(피아노 등), 대화(언쟁), 망치질, 문 개폐, 급배수, 개 짖는 소리 등
층간소음 사례조사	※ 층간소음의 범위에 해당하지 않는 아래의 경우에는 층간소음 전문기관의 업무 범위에 해당하지 않습니다. 기계소음 및 진동: 보일러, 냉장고, 에어컨(실외기 포함), 세탁기, 건조기, 운동기구, 청소기, 안마기 등에서 발생되는 소음·진동(단, 운동기구, 청소기, 안마기 사용으로 인하여 발생되는 마찰·충격·타격음은 제외), 인테리어 공사소음, 동물 활동으로 인한 소음: 공동주택별 관리규약 참고(관리사무소에 문의) • 상가(주상복합 상가 포함) 소음: 「임대차 보호법」 제20조(상가건물임대차분쟁조정위원회) 또는 「집합건물의 소유 및 관리에 관한 법률」 제52조의2(집합건물분쟁조정위원회)에 해당 • 사람 육성(대화·싸움·고성방가 등), 우퍼소리: 「경범죄 처벌법」 제3조제1항 제21호 '인근소란죄'에 해당(관할 경찰서로 문의) • 코골이, 도로 소음, 공사장 소음, 원인불명 소음, 냄새(담배·음식 등) 등
층간소음 관련 법	공동주택관리법, 공동주택관리 분쟁조정위원회, 환경분쟁조정위원회, 경범죄처벌법, 공동주택 층간소음의 범위와 기준에 관한 규칙, 환경정책기본법 환경정책기본법 시행령, 소음·진동관리법, 소음·진동관리법 시행령, 소음·진동관리법 시행규칙, 소음진동 공정시험기준(환경부고시 제2015-085호), 아파트관리사무소, 경찰서 등
층간소음에서 살아남기	

최근에 사회문제로 부각된 간호업계의 태움문화 및 대기업 오너 일가의 폭언은 근로자의 정신적 고통을 야기시키고 우울증 및 사기 저하를 동반하여 자살에까지 이르게 되는 등, 직장 내 괴롭힘은 단순히 사업주의 배려의무로서 더이상 방치할 수 없는 지경에까지 이르게 되었다. 누군가를 괴롭히는 행위는 그 행위자 그리고 상대방이 처한 상황에 따라 매우 다양한 형태로 나타날 수밖에 없는 것으로 우리가 직간접적으로 익히 경험해서 알고 있는 괴롭힘의 행위만 하더라도 셀 수 없을 만큼 그 양태가 매우 다양하기 때문에 어디서부터 어디까지가 괴롭힘의 행위인지를 명시적으로 구분해 놓는다는 것은 현실적으로 불가능한 일이다. 특히나 대다

수의 많은 괴롭힘 행위의 경우 우리 실생활 속의 아주 익숙하고 자연스러운 환경에서 발생하고 있기 때문에 이런 괴롭힘 행위를, 제도화나 법제화를 통해 근절할 필요가 있다는 견해는 예전부터 쉽게 지지를 받기가 어려웠을 것으로 보인다. 어떤 기술의 개발이나 제품 또는 서비스의 발명과 같이 그 실체가 드러난 이후부터 사람들에게 자연스레 관심을 끌게 되는 것과는 달리 괴롭힘의 경우 특정 괴롭힘 이슈가 사회적으로 큰 반향을 불러일으키지 않는 이상 사람들의 공감대를 끌어내는 데는 한계가 있는 것이 분명하다.

우리 「헌법」 제10조에서는 "모든 국민은 인간으로서의 존엄한 가치를 지니며 행복을 추구할 권리를 지닌다"고 명시하고 있다. 「헌법」 제32조제3항은 "근로조건의 기준은 인간의 존엄성을 보장하도록 법률로 정한다"로 규정하고 있어 직장 내에서도 인간으로서의 존엄한 가치와 행복을 추구할 권리를 가진다. 이러한 권리는 안전하고 쾌적한 환경과 건강한 환경에서 일하여야 할 '권리'로서 근로자의 가장 기본적인 권리 중 하나이며 근로관계에서 직장내괴롭힘으로 인하여 인간으로서 존엄한 가치를 존중받고 보장되어야 할 권리이다. 노동현장에서 발생되는 직장내괴롭힘은 개인의 성향과 인간관계에서의 복합적인 관계에서 발생되기도 하지만 근로관계에서 발생되는 사용자와 근로자와의 관계, 동료 근로자들과의 사이에서 다수 또는 개인의 성향, 지위 등 여러 관계에 따라 발생되기도 한다. 이러한 괴롭힘은 근로자의 정신과 신체 건강을 해쳐 우울증, 대인기피증, 공황장애, 정신장애 등이 발생되어 근로자의 정신 및 신체적 건강을 해하고 근로자의 인격권 및 존엄한 가치를 해하는 행위이므로 직장 내에서 발생되는 괴롭힘은 금지되어야 한다.

집단생활에 있어서 무리 짓기와 이질적인 것에 대한 배척은 자연스러운 현상이다. 인간의 본성에 관한 연구들에서는 유사한 것에 친밀함을 느끼고, 다른 것에 거부감을 느끼는 것을 인간의 본성 중 일부라고 파악하고 있다. 특히 가족, 인종, 민족처럼 태어나면서부터 자연스럽게 형성된 집단이 아니라, 학교나 군대, 직장과 같이 후천적으로 속하게 되는 집단에서의 무리 짓기와 그 속에서의 갈등이 바람직하지는 않지만 반드시 발생할 수밖에 없는 문제이다.

이러한 사회적 상황으로 인하여 2018년 12월 27일에 직장내괴롭힘 금지 관련

「근로기준법」 개정안이 국회 본회의에 최종 의결되어 2019년 1월 15일에 공포되었다. 즉 직장내괴롭힘 방지의무가 단순히 사용자의 부수적 의무인 배려의무에서, 이제는 「대한민국헌법」상 인간의 존엄성을 보장받을 수 있도록 근로조건을 법률로써 정하는 금지조항으로 입법화한 것이다. 「근로기준법」은 「대한민국헌법」에 따라 근로조건의 기준을 정함으로써 근로자의 기본적 생활을 보장, 향상시키며 균형 있는 국민경제의 발전을 꾀하는 것을 목적으로 제정되었다. 이러한 「근로기준법」의 제정 목적을 규정한 조항은 근로자가 인간으로서 가치 있는 생활을 영위하는 데 필요한 근로조건의 보장을 선언하고 있으며, 이는 「대한민국헌법」 제34조 1항의 "모든 국민은 인간다운 생활을 할 권리를 가진다"를 상위 원칙으로 하여, 동법 제32조3항의 "근로조건의 기준은 인간의 존엄성을 보장하도록 법률로 정한다"를 근거로 추진된 것이다. 근로조건이란 "사용자와 근로자 사이의 근로관계에서 임금 · 근로시간 · 후생 · 해고 기타 근로자의 대우에 관하여 정한 조건"을 말하며 더 나아가 근로자의 안전 · 보건까지 포함하는 개념으로 볼 수 있다. 이러한 근로조건을 바탕으로 사용자와 근로자는 상호 동등한 지위에서 자유의사에 따라 근로계약을 체결한다. 근로자는 주된 의무로서 근로제공의무를, 사용자는 임금지급의무를 부담하게 되고 부수적 의무로서 근로자는 성실의무를, 사용자는 배려의무가 지워진다. 배려의무란 근로자에 대하여 신의칙에 따른 안전 및 균등 의무를 의미하며 근로자가 근로를 제공하는 과정에서 신체, 생명, 건강에 해가 되는 일이 없도록 근로 환경을 정비하는 등의 필요한 조치를 제공해야 할 안전보호의무가 포함된다. 사용자의 부수적 의무로서 배려의무를 위반했을 경우 근로자는 사용자에게 「민법」상 손해배상책임을 물을 수 있으나 이러한 방법은 근로자의 피해를 구제하는 데 상당한 시간 및 비용이 요구되기 때문에 그 실익이 미미하다. 따라서 단순히 근로계약의 부수적 의무로서 배려의무를 사용자에게 부담시키는 것보다 법률로 명확히 하여 보다 실효성 있는 구제방안을 제도적으로 마련하는 것이 효과적이다. 이에 우리나라는 사용자의 배려의무로서 기능하였던 성희롱예방의무를 「근로기준법」 개정으로 도입하였다가, 「남녀고용평등과 일 · 가정 양립 지원에 관한 법률」(이하 "남녀고용평등법"이라 한다.)에 보다 구체적으로 명시하였다. 마찬가지로 직장 내에서의 괴롭힘 현상이 사회적 이슈로 부상하게 되자 이를 적극적으로 반영하여 「근로기준법」 제76조의2의 직장내괴롭힘 금지조항이 신설되었다. 그러나 직장내괴롭힘 금지규정이 도입된 현재, 실제적으로 동 조항이 얼마나 우리나라의 갑질 문화 및 정신적, 신체적 괴롭힘을 방지하고 감소하게 하였는지 그 실효성 측면에서 의문이다. 또한, 직장내괴롭힘 금지제도는 2019년도에 입법되었기 때문에 판례 혹은 공인된 사례는 아직 부족하다. 2018년 9월 12일에 국회 환경노동위원회가 의결한 근로기준법 개정안은 「근로기준법」의 정의 조항인 제2조에서 직장내괴롭힘을 정의하는 대신 동 개정안 제76조의2에서 "사용자 또는 근로자는 직장에서의 지위 또는 관계 등의 우위를 이용하여 업무상 적정 범위를 넘어 다른 근로자에게 신체적 · 정신적 · 정서적 고통을 주거나 업무환경을 악화시키는 행위(이하 "직장내괴롭힘"이라 한다)를 하여서는 아니 된다"라고 규정하고 있다. 위 조항에서 정의된 직장내괴롭힘의 개념을 구성하는 징표에는 첫째, 직장에서의 지위 또는 관계 등의 우위를 이용하여 둘째, 업무상 적정 범위를 넘어 셋째, 다른 근로자에게 넷째, 신체적 · 정신적 · 정서적 고통을 주거나 업무환경을 악화시키는 행위라는 네 가지 요소를 들 수 있다. 「근로기준법」상 직장내괴롭힘 금지규정은 다음과 같다. 제76조의3에는 총 7개의 항으로 직장내괴롭힘이 발생할 경우 사업주의 조치사항을 열거하고 있다. 동조 제1항은 "누구든지 직장내괴롭힘 발생 사실을 알게 된 경우 그 사실을 사용자에게 신고할 수 있다"라고 규정하고 있으며, 제2항은 "사용자는 제1항에 따른 신고를 접수하거나 직장내괴롭힘 발생 사실을 인지한 경우에는 지체 없이 당사자 등을 대상으로 그 사실 확인을 위하여 객관적으로 조사를 실시하여야 한다"라고 규정하고 있다. 제3항은 "사용자는 제2항에 따른 조사 기간 동안 직장내괴롭힘과 관련하여 피해를 입은 근로자 또는 피해를 입었다고 주장하는 근로자(이하 "피해 근로자 등"이라 한다)를 보호하기 위하여 필요한 경우 해당 피해 근로자 등에 대하여 근무장소의 변경, 유급휴가 명령 등 적절한 조치를 하여야 하며, 이 경우 사용자는 피해 근로자 등의 의사에 반하는 조치를 하여서는 아니 된다"라고 하여, 피해 근로자 등에 대한 사업주의 보호조치 의무를 명확히 하고 있다. 제4항은 "사용자는 제2항에 따른 조사 결과 직장내괴롭힘 발생 사실이 확인된 때에는 피해 근로자가 요청하면 근무 장소의 변경, 배치전환, 유급휴가의 명령 등 적절한 조치를 하여야 한다"라고 규정하고 있다. 제5항은 "사용자는 제2항에 따른 조사 결과 직장내괴롭힘 발생사실이 확인된 때에는 지체없이 행위자에 대하여 징계, 근무 장소의 변경 등 필요한 조치를 하여야 하고 이 경우 사용자는 징계 등의 조치를 하기 전에 그 조치에 대하여 피해 근로자의 의견을 들어야 한다"라고 하여 괴롭힘을 행한 자에 대한 징계 의무를 규정하였다. 제6항은 신고자 보호 조항으로 "사용자는 직장내괴롭힘 발생 사실을 신고한 근로자 및 피해 근로자 등에게 해고나 그 밖의 불리한 처우를 하여서는 아니 된다"라고 규정하고 있다. 제6항을 위반하여 직장내괴롭힘 발생 사실을 신고한 근로자 및 피해 근로자 등에게 해고나 그 밖의 불리한 처우를 한 사용자는 동법 제109조제1항에 의하여 3년 이하의 징역 또는 3천만 원 이하의 벌금에 처한다. 제7항은 "제2항에 따라 직장내괴롭힘 발생 사실을 조사한 사람, 조사 내용을 보고받은 사람 및 그 밖에 조사 과정에 참여한 사람은 해당 조사 과정에서 알게 된 비밀을 피해근로자 등의 의사에 반하여 다른 사람에게 누설하여서는 아니 된다. 다만, 조사와 관련된 내용을 사용자에게 보고하거나 관계 기관의 요청에 따라 필요한 정보를 제공하는 경우는 제외한다."고 규정하였다. 끝으로 동법 제93조제11호에 직장내괴롭힘의 예방 및 발생 시 조치 등에 관한 사항을 취업규칙 작성 시 필수적 기재사항으로 추가하고 있다. 벌칙 규정으로 사용자(사용자의 친족 중 대통령령으로 정하는 사람이 해당 사업장의 근로자인 경우)가 직장내괴롭힘을 한 경우 1천만 원 이하의 과태료를 부과하도록 하였고(제116조제1항), 사용자가 직장내괴롭힘 행위의 조사, 피해 근로자 보호, 가해 근로자 징계 등의 조치의무를 이행하지 않거나 조사 과정에서 알게 된 비밀을 누설하는 경우 500만 원 이하의 과태료를 부과하는 규정을 신설하였다(제116조 제2항).

□ 직장내괴롭힘 및 성차별에 대해 설명하시오.

집단 내 상사 괴롭힘에 대해 설명하시오.	
직장 내 성희롱에 대해 설명하시오.	

3. 시사 너머 상식

최근 4차 산업혁명 시대에 요구되는 인재상에 대한 논의가 활발하다. 4차 산업혁명이란 사물인터넷(IoT), 로봇, 인공지능(AI), 빅데이터(Big Data) 등의 기술이 나노기술(NT), 바이오기술(BT), 정보기술(IT), 인지과학(CS)의 융합기술로 발전하고, 이로 인한 지능형 사이버 물리 시스템(Cyber Physical System)이 생산을 주도하는 사회구조로의 대변혁이다(WEF, 2016). WEF의 회장인 클라우스 슈밥(K. Schwab)이 2016년 1월 스위스 다보스에서 열린 세계경제포럼(WEF, World Economic Forum)에서 처음 소개한 '4차 산업혁명'이라는 용어는 이후 전 세계에 급속도로 전파되었다.

4차 산업혁명의 도래와 함께 인간에게 새로운 모습이 필요하다는 인식들이 늘어나게 되자 여러 연구기관, 정부기관 및 기타 단체들은 저마다의 기준으로 4차 산업혁명 시대의 새로운 인재상을 제시하였다. 이러한 인재상 연구는 4차 산업혁명을 처음 언급한 WEF와 4차 산업혁명 시대의 인재교육을 강조하는 OECD를 중심으로 이뤄지고 있으며, 다른 연구기관들 역시 WEF와 OECD의 분석을 따라가는 경향을 보인다. 이들은 어떠한 인간이 변화하는 4차 산업혁명 시대에 가장 빠르게 적응하고, 효율적으로 대처할 수 있는지에 관심을 가지며, 변화에 신속하게 적응할 수 있는 능력인 '역량'을 갖춘 사람을 시대적 인재로 보고 있다.

인간교육의 관점에 따를 때 인간은 신체 · 심리적 차원, 사회 · 문화적 차원, 정신적 · 인격적 차원 등을 갖춘 다차원적 존재이며, 이들 각 차원이 균형적으로 발달될 때에만 온전한 인간으로 성장할 수 있다. 인간은 내재된 여러 차원의 유기적 통합작용을 통해 사고하고 판단하며 진정한 인격체로 거듭나게 된다. 그러나 현재 진행되고 있는 4차 산업혁명 시대의 인재상 논의는 인간의 다차원성을 간과하고 있다. 인간이 다차원적 존재임을 무시하고 산업적 생산성 확대를 위한 인공지능 개발을 통해 시대적 요구에 대처하려는 것이 그러하다. 사고능력만 갖춘 인공지능이 인간의 총체적 사고와 판단을 대체할 수 있을 것이라 생각하기 때문이다. 그러나 그 결과 인간은 정신적 사고의 영역을 침범당하고 존재의 의미를 상실해 감으로써 자신의 고유한 삶마저 구속당한다. 그럼에도 WEF, 경제협력개발기구(OECD, Organization for Economic Cooperation and Development), 각국 정부는 여전히 역량 중심의 인재상에 집중하고 있다.

일반적으로 사용되는 인재는 사람 인(人)자에 재목 재(材)자를 붙인 인재(人材)로서, '어떤 일을 할 수 있는 학식이나 능력을 갖춘 사람'을 뜻한다(표준국어대사전). 영어로는 talent, a man of ability, a competent person 등으로 번역된다. 나아가 인재(人材)는 인간을 어떤 방향으로든 발전할 수 있는 재목으로 보고, 사람 속의 잠재적 자질 그 자체를 의미하기도 한다. 이 경우 인재(人材) 개념은 사람에 따라 다른 능력을 갖추게 되는 것이 아니라, 모든 사람에게 평등한 가능성으로 존재하는 개념이 된다. 사람이라면 누구나 자신 안에 재주(才)나 재목(材)을 가지고 있으며 이를 가꾸어 특정한 자질을 갖춘 인재가 될 수 있다는 것이다. 시대가 지향하고 요구하는 바에 따라 인간상은 변화하기 마련이다. 예전에 비해 더욱 빠른 속도로 변화해 가는 현대에서 요구하는 인간상은 무엇인가? 끊임없이 유형 · 무형의 물질을 생산해 내는 산업사회에서 필요로 하는 인재는 고매한 인격보다는 전문적인 능력을 갖춘 사람이라고 할 수 있다. 하지만 창조와 발달이라는 현대인들의 과업수행 중에 발생하는 거대조직 내의 갈등과 불통 같은 문제는 과연 어떻게 해소해야 하는가? 현대의 지식인과 정치인들은 세대 간, 계층 간, 각 분야 간, 또는 보이지 않는 자본주의 계급으로 인해 발생한 간극의 해소를 위해 '소통' 혹은 '통섭'을 말하고 있다. 또한 교육, 기업, 정부 등 각계에서 새로운 창조를 위한 지적 · 물적 '융합'을 부르짖고 있다.

인공지능, 빅데이터(Big Data)와 같은 기술이 결합한 자동화 시스템과 포트폴리오 이론이 접목된 로보어드바이저 서비스가 코로나로 인한 비대면 자산관리의 대표적인 서비스로 주목받기 시작했다. 우리나라 자산관리시장에서도 은행, 증권사, 자산운용사, 핀테크 사업자 등 로보어드바이저 시장에 뛰어들면서 더욱 성장하고 있다. 로봇(Robot)과 투자자문(Advisor) 두 단어의 합성어인 로보어드바이저는 핀테크의 한 형태로서 알고리즘, 빅데이터 분석 등에 기반을 둔 프로그램을 활용하여 자동으로 포트폴리오 자문 · 운용서비스를 제공하는 온라인상의 자산관리서비스를 의미한다. 로보어드바이저(Robo-Advisor)는 2002년 미국 한 잡지사의 카레토 기자에 의해 처음 사용된 언어로 해외에서는 "자동화된 투자자문 서비스"를 의미하는 명칭으로 사용되고 있다. 사전적 의미로 로보(Robo)는 자동화(Automation)를, 어드바이저(Advisor)는 금융자문서비스(financial advice)를 제공하는 자를 뜻한다. 즉 로보어드바이저는 자동화된 금융자문서비스로 해석될 수 있다. 해외에서도 로보어드바이저를 이와 유사하게 정의한다. 핀테크는 금융(Finance)과 기술(Technology)의 합성어로 금융과 IT의 융합을 통한 금융서비스 및 금융산업의 변화를 통칭한다. 또한, 금융과 IT의 융합으로 '금융업과 직접 관련이 있거나 효율적 업무수행을 위해 필요한 업무'로 정의하거나, 핀테크 기업이 고객과 직접 소통함으로써 금융업 가치사실 등 기존의 금융서비스 체계를 근본적으로 변화시키는 와해적 혁신(Disruptive Innovation)을 의미하기도 한다.

투자에 사용된 자본의 수익성을 진단하여 기업의 경영성과를 판단하는 핵심지표로 ROE(자기자본이익률), ROA(총자산순익률)가 있다. 즉, 얼마를 투자해 얼마를 벌었는지 요약이 가능한 수익성 평가지표로 활용된다. ROE(Return On Equity)란, '자기자본이익률'로 투입한 주주지분을 활용해 얼마만큼의 이익을 냈는지를 나타내는 대표적인 수익성 지표를 말한다. 자기자본이익률(ROE, 순이익÷평균 자기자본)은 자기자본에서 순이익을 나눠 백분율로 환산한 값이다. 반면, ROA(Return On Assets, 순이익÷총자산)란, '총자산 순이익률'로 주주자본뿐만 아니라 대출 투자 등의 차입자본을 합친 총자산 기준으로 산출되는 지표이다. 즉 ROA로 얼마나 큰 수익을 냈는지 측정할 수 있다. 총자산 순이익률(ROA)은 총자산에서 순이익으로 나눠 백분율로 환산한 값이다. PER(Price Earning Ratio)은 주가수익비율, 즉 주가가 그 기업의 1주당 수익의 몇 배가 되는지를 나타내는 지표이다. PBR(Price Book-value Ratio, 주가÷주당순자산)은 주가순자산비율로, 주가가 그 기업의 순자산에 비해 1주당 몇 배로 거래되고 있는지를 측정하는 지표이다.

매매당사자 사이에 일방이 상대방에게 유가증권을 일정기간 경과 후 일정가액으로 환매수(도)키로 하고 매도(수)하는 거래를 말하며, 일반적인 유가증권 매매와는 달리 유가증권과 자금의 이전이 영구적인 것이 아니라 일시적이라는 데 근본적인 특징이 있다. 통상 RP 매도자는 보유 유가증권을 활용한 자금의 조달이 가능하고, RP(환매조건부채권) 매수자(자금대여자)는 단기 여유자금의 운용 또는 공매도 후 결제증권의 확보 등이 가능하다. 현재 우리나라의 RP시장은 공개시장조작의 일환으로 중앙은행이 실시하는 한국은행 RP시장 외에, 기관 간 RP시장 및 대고객 RP 시장으로 대별할 수 있다. 대기관 RP는 증권사의 초단기 자금조달 수단으로 증권사는 매일의 결제수요와 담보로 이용 가능한 채권내역을 파악하여 RP매도를 통해 자금수요를 충당한다. 반면에 대고객 RP는 증권사 수신상품의 일종으로 채권을 운용하여 동 운용수익으로 약정이자를 지급하고 차액만큼 마진을 취득한다.

공매도(Short Selling)란 소유하지 않았거나 차입한 증권을 매도하는 것을 말한다. 가격하락이 예상되는 경우 공매도를 하고 향후 저렴한 가격으로 재매입해 상환함으로써 차익을 얻을 수 있다. 공매도는 가격결정의 효율성을 제고하고 유동성을 제고하는 등의 장점이 있는 반면에 결제불이행의 위험과 시세조종의 수단으로 활용될 수 있는 단점이 있다. 자본시장법에서는 일반채권과 투자계약증권을 제외한 모든 증권의 공매도를 원칙적으로 금지하고 있다. 그러나 차입한 유가증권을 매도하는 경우로서 증권시장의 안정성 및 공정한 가격형성을 해할 위험이 없는 경우에 한하여 공매도를 허용하고 있다. 이 경우 공매도에 잠재된 위험을 방지하기 위해 공매도 주문의 결제가능여부에 대한 사전확인과 공매도 주문에 대한 호가 구분표시, 직전 시장가격 이하의 호가를 금지하는 가격규제, 일정수준 이상의 공매도 포지션 보유 시 그 내용을 보고, 공시하도록 하는 등의 제도적 장치를 마련하고 있다. 이에 따라 공매도 투자자는 공매도주문 및 공매도주문의 결제가능 여부를 투자중개업자에게 알려야 하며 투자중개업자는 이를 확인한 뒤 매도 주문 시 거래소에 공매도 여부를 통보해야 한다. 한편 증권시장에서 매수계약이 체결된 상장증권을 해당 수량의 범위에서 결제일 전에 매도하는 경우 및 권리행사·유무상증자·주식배당 등으로 결제일까지 주식이 상장되어 결제가 가능한 주식을 매도하는 경우 등은 이를 공매도로 보지 않는다. 주권상장법인이 발행한 주식의 종목별 발행총수에 대한 일별 순보유잔고 비율이 일정비율 이상이 되면 순보유 잔고(공매도 잔고)를 보고 또는 공시하여야 한다[자본시장법 제180조의2(보고) 및 180조의3(공시)]. 보고, 공시는 T+2일 장 종료 후 지체 없이 이루어져야 하며, 공매도 잔고비율이 0.01% 이상이면서 잔고평가액이 1억 원 이상 또는 잔고 평가액 10억 원 이상인 경우에 보고의무, 공매도 잔고비율이 0.5% 이상인 경우에 공시의무가 발생한다.

담보인정비율[LTV(주택담보대출금액+선순위채권+임차보증금 및 최우선변제 소액임차보증금) ÷ 담보가치 × 100]이란 자산의 담보가치 대비 대출금액 비율을 의미하는 것으로 담보대출을 취급하는 하나의 기준이다. 금융기관은 대출채권에서 부도가 발생하는 경우 담보자산을 처분하여 대출채권 상환에 충당하며, 이때 대출채권 상환에 부족분이 발생하지 않도록 일정의 담보인정비율 이내에서 담보대출을 취급하고 있다. 일반적으로 경매 처분 시에는 담보자산의 시가보다 낮은 수준에서 낙찰가격이 결정된다는 점을 고려해야 하며, 부동산 가격 하락 시에도 대출채권 상환에 부족분이 발생하지 않도록 하기 위해 금융기관은 담보인정비율을 100%보다 낮은 수준에서 운용하고 있다. 총부채원리금상환비율[DSR(금융회사 대출의 연간 원리금 상환액) ÷ 연소득 × 100]이란 차주가 보유한 금융부채의 원리금 상환액이 연소득에서 차지하는 비율을 의미하며, 차주의 금융부채 상환부담을 보다 정확하게 판단하고 금융기관의 담보 위주 여신심사 관행을 상환능력 평가 위주로 개선하기 위하여 도입되었다.

블록체인(block chain)이란 거래 데이터를 중앙집중형 서버에 기록, 보관하는 기존 방식과 달리 거래 참가자 모두에게 내용을 공유하는 분산형 디지털 장부(distributed ledger)를 말한다. 다시 말해, 블록체인은 네트워크 내의 모든 참여자가 공동으로 거래 정보를 검증하고 기록, 보관함으로써 공인된 제3자 없이도 거래 기록의 무결성 및 신뢰성을 확보하는 기술로서 해시(Hash), 전자서명(Digital Signature), 암호화(Cryptography) 등의 보안기술을 활용한 분산형 네트워크 인프라를 기반으로 다양한 응용서비스를 구현할 수 있는 구조를 가지고 있다. 참고로, 해시는 임의의 길이의 입력 메시지를 고정된 길이의 출력값으로 압축시키는 기술로 데이터의 무결성 검증 및 메시지 인증에 사용되며, 전자서명은 작성자로 기재된 자가 그 전자문서를 작성하였다는 사실과 작성내용이 송·수신과정에서 위변조되지 않았다는 사실을 증명하는 기술이다. 한편, 국내 금융회사들은 해외송금, 인증, 비대면 실명확인 관련 증빙자료 보관 등에 블록체인을 활용하고 있다.

교환한다(exchange)는 의미를 가진 스왑거래는 두 당사자가 각기 지니고 있는 미래의 서로 다른 자금흐름을 일정기간 동안 서로 교환하기로 계약하는 거래이다. 이때 교환되는 현금흐름의 종류 및 방식에 따라 크게 두 가지 유형으로 구분된다. 거래금액에 있어 가장 큰 비중을 차지하는 금리스왑(interest rate swap)이 그 첫 번째 형태인데, 이는 두 거래당사자가 자신이 가지고 있는 자산이나 부채의 금리조건을 상호 교환하기로 하는 계약이다. 즉 변동금리 부채를 가지고 있는 기업이 금리스왑을 통해 고정금리 부채와 교환함으로써 금리조건을 고정금리에서 변동금리로 전환시킬 수 있다. 스왑의 두 번째 기본 형태는 통화스왑(cross currency swap)으로 이는 두 거래당사자가 가지고 있는 자산이나 부채를 다른 통화의 자산이나 부채로 전환하면서 금리조건까지도 상호 교환할 수 있는 계약이다. 즉 변동금리 미 달러화 부채를 가지고 있는 기업이 통화스왑거래를 통해 원화고정금리 부채로 전환시킬 수 있다.

문자메시지(SMS, Short Message Service)와 피싱(Phishing)의 합성어로 '무료쿠폰 제

공', '돌잔치 초대장' 등을 내용으로 하는 악성 앱 주소가 포함된 문자메시지를 대량으로 전송 후 문자메시지 내 인터넷주소(URL)를 클릭하면 악성코드가 설치되어 피해자가 모르는 사이에 소액결제 피해를 발생시키거나 개인 금융정보를 탈취하는 수법이다.

엉뚱한 계좌에 송금했을 때 반환 절차
① 금융회사 콜센터에 반환청구 ② 수취인과 직접 연락하는 건 금지 ③ 수취인이 반환에 동의해야 돌려받을 수 있어 ④ 수취인이 반환 거부 시 소송 통해 받아내야
착오송금 예방법
① 이체 버튼 누르기 전 수취인 정보 다시 확인 ② 자주 쓰는 계좌, 즐겨찾기 계좌 등록 ③ 지연이체서비스(최소 3시간 지연이체) 이용

출처: 금융감독원

금융회사는 장외시장에서 고객들에게 옵션을 매도한 후, 옵션에 대한 위험을 관리(헤지)해야 한다. 옵션리스크를 나타내는 각 그릭문자(Greeks)는 옵션포지션의 위험을 측정, 관리하는 수단으로 이용된다. 옵션리스크는 선형적 가격리스크인 델타(Delta), 비선형적 가격리스크인 감마(Gamma), 기초자산의 변동성의 변화로 야기되는 베가(Vega)로 구분한다. 델타는 기초자산의 가격이 1단위 변할 때의 옵션가격 증감액으로 기초자산 가격에 대한 옵션가격모형의 일차 편미분을 통해 결정된다. 감마는 기초자산 가격이 1단위 변할 때의 델타 변동폭을 말하고 기초자산 가격에 대한 옵션가격모형의 이차 편미분을 통해 결정된다. 베가는 기초자산의 가격변동률이 1단위 변화할 경우 옵션가치의 변화이며 기초자산의 변동성에 대한 옵션가격모형의 일차 편미분을 통해 산출한다.

파생상품이란 그 가치가 기초상품(underlying instrument, 파생상품 가치의 근간이 되는 상품)의 가치로부터 파생되는 계약 또는 증권을 말한다. 파생상품은 그 자체가 효용가치를 가진 것이 아니나 계약한 기초상품의 가치가 변동함에 따라 그 가치가 연동되어 변동한다. 파생상품의 가치가 연동되는 기초상품을 현물이라 부르기도 하며, 선도(forward), 선물(futures), 스왑(swap), 옵션(option) 등을 대표적인 파생상품이라고 할 수 있다. 파생상품은 거래방식 및 장소에 따라 증권선물거래소에서 거래하는 장내거래와 당사자 간에 직접 계약·거래하는 장외거래로 구분할 수 있으며 장내거래는 거래불이행 위험이 없는 반면 장외거래는 거래불이행 위험이 상대적으로 높다. 기초자산별로는 상품(commodity)파생상품, 통화(currency)파생상품, 금리(interest)파생상품, 주식(equity)파생상품, 신용(credit)파생상품 등으로 구분할 수 있다.

은행이라는 명칭은 상업은행, 투자은행, 상호저축은행 등 다양한 금융기관에 공통적으로 쓰이고 있으나 전통적 의미에서 은행이란 "예금을 받아 대출이나 어음할인 등 단기적 상업자금을 공급하는 좁은 의미의 상업은행"을 말한다. 「은행법」상 은행은 "은행업을 규칙적 · 조직적으로 경영하는 한국은행 외의 모든 법인"을 의미하는데(2조1항2호), 이때 은행업이란 "예금을 받거나 유가증권 또는 그 밖의 채무증서를 발행하여 불특정 다수인으로부터 채무를 부담함으로써 조달한 자금을 대출하는 것"을 말한다(2조1항1호). 즉 은행법상 은행이 되기 위해서는 ① 예금을 받거나 유가증권 기타 채무증서 발행에 의하여 불특정 다수인으로부터 채무를 부담함으로써 조달한 자금으로 ② 대출업무를 ③ 규칙적 · 조직적으로 경영하는 ④ 한국은행 이외의 법인이라는 요건을 갖추어야 한다. 여기서 '규칙적'이라 함은 계획성 · 계속성을 가지고 반복적으로 은행업을 영위하는 것, '조직적'이라 함은 경영자와 종업원 등 인적 설비와 자본금 · 영업소 등 물적 설비를 갖추는 것을 말하며, '업'은 상법상 영업으로 하는 것을 의미한다. 그리고 이러한 은행의 요건을 갖추었다 하더라도 별도로 금융위원회의 인가를 받아야만 은행업을 영위할 수 있다(8조1항). 은행을 구분하는 기준에는 여러 가지가 있을 수 있을 것이나 일반적으로 설립근거에 따라 은행법에 의해 설립된 일반은행과 개별법에 의해 설립된 특수은행으로 나눌 수 있다. 한국은행은 중앙은행으로서 금융정책과 통계 · 조사업무를 수행하는 기관이므로 일반적인 은행의 범위에 포함시키지 않는다. 일반은행은 다시 영업범위에 따라 시중은행, 지방은행, 외국은행 국내지점으로 분류된다. 시중은행은 전국을 영업지역으로 하며 국민은행, 신한은행, 하나은행, 우리은행, 한국스탠다드차타드은행, 한국시티은행 6곳이 있고, 지방은행은 지방을 영업지역으로 하며 부산은행, 대구은행, 광주은행, 전북은행, 제주은행, 경남은행 6곳이 있다. 특수은행은 일반은행이 재원의 부족이나 생산성의 제약으로 자금을 충분히 공급하지 못하는 특정부문에 대하여 원활한 자금공급을 위하여 개별

잠자는 내 돈 찾기, 3단계 비법

- 인터넷에 **파인** 두 글자 입력
- 파인 사이트에서 **잠자는 내 돈 찾기** 클릭
- '잠자는 내 돈 찾기' 창에서 **휴면금융재산별** 클릭

특수은행법에 따라 설립된 은행이다. 한편 은행과 유사한 수신 · 여신업무를 수행하지만 은행으로 분류되지 않는 기관도 있다. 이러한 기관을 '비은행 예금취급기관'이라 하는데 종합금융회사, 상호저축은행, 신용협동기구, 우체국이 이에 속한다. 종합금융회사는 주로 기업금융 업무를 수행하며 가계대출, 보험, 지급결제 등은 업무범위에 속하지 않는다. 상호저축은행은 서민 및 중소기업을 대상으로 여신 · 수신업무에 주력한다. 신용협동기구는 조합원에 대한 수신업무와 대출을 통한 조합의 이익추구를 목적으로 설립되며 신용협동조합, 새마을금고, 농업협동조합 · 수산업협동조합 · 산림조합의 상호금융이 포함된다.

USD 미국달러

은행(지점명)	환전수수료(사실 때)	환전수수료(파실 때)	기준일
신한은행 인천국제공항	4.15%	4.20%	2023.04.04
우리은행 공항금융센터	4.20%	4.20%	2023.04.05
하나은행 인천국제공항	4.20%	4.20%	2023.03.01

기준 환율이란 일반적으로 "자국 통화와 여러 외국 통화 간의 환율결정에서 다른 외국 통화 환율 결정의 기준이 되는 환율"을 의미한다. 우리나라의 경우 원/달러 환율이 바로 기준환율이며 원/엔, 원/유로, 원/파운드 등 여타 각국 통화의 환율은 원/달러 환율을 기초로 하여 자동적으로 산출(재정환율)된다. 또한 기준 환율이라 하면 외국환은행이 고객과 원화를 대가로 미달러화를 매매할 때 기준이 되는 환율(매매기준율)을 의미하기도 하는데, 매매기준율은 외국환중개회사를 통해 전 영업일 거래된 은행 간 원/달러 현물거래 중 익일물(value spot)의 거래환율을 거래량으로 가중 평균하여 결정되며, 현재 서울외국환중개회사가 원/달러 및 원/위안 기준 환율과 41개 재정환율을 매일 아침 고시하고 있다. 한편, 각 은행, 환전상 등이 고객에게 자국통화와 외국통화를 매입/매도하는 거래에서 적용하는 대고객환율은 기준 환율에다 외환 환전업무에 소요되는 리스크, 업무처리비용, 수익 등을 종합적으로 반영하여 자체적으로 정하게 되므로 기관마다 조금씩 다르다. 환율제도는 고정환율제도(fixed exchange rate system)와 자유변동환율제도(free floating exchange rate system)를 양 극단으로 하여 이를 절충하는 다양한 형태로 분류될 수 있다. 고정 환율제도는 외환의 시세 변동을 반영하지 않고 환율을 일정 수준으로 유지하는 환율제도이다. 반면 자유변동환율제도는 환

율이 외환시장에서 외환의 수요와 공급에 의해 자율적으로 결정되도록 하는 환율 제도를 말한다. 고정환율제도를 시행하면 환율 변동에 따른 충격을 완화하고 거시경제정책의 자율성을 어느 정도 확보할 수 있다는 장점이 있다. 하지만 특정 수준의 환율을 지속적으로 유지하기 위해서는 정부나 중앙은행이 재정정책과 통화정책을 실시하는 데 있어 국제수지 균형을 먼저 고려해야 하는 제약이 따르고 불가피하게 자본이동을 제한해야 한다. 또한, 경제의 기초여건(fundamentals)이 악화되거나 대외 불균형이 지속되면 환투기공격에 쉽게 노출되는 단점이 있다. 반면 자유변동환율제도하에서는 자본이동이 자유롭게 이루어지므로 국제유동성 확보가 용이하고 외부충격이 환율변동에 의해 흡수됨으로써 거시경제정책의 자율적 수행이 용이한 장점이 있다. 다만 외환시장 규모가 작고 외부충격의 흡수능력이 미약한 개발도상국은 환율변동성이 높아짐으로써 경제의 교란요인으로 작용할 가능성이 크다. 한편 어떤 환율제도라도 ① 통화정책의 자율성 ② 자유로운 자본이동 ③ 환율 안정 등 세 가지 정책목표를 동시에 만족시키기는 현실적으로 어려우며 이를 삼불원칙(impossible trinity, trilemma)이라고 한다.

한국은행 금융통화위원회에서 결정하는 정책금리를 말한다. 한국은행과 금융기관 간에 환매조건부채권매매(RP)와 대기성 여수신 등의 자금거래를 할 때 기준으로 적용된다. 2008년 3월부터 한국은행은 정책금리의 실체를 종전의 '익일물 콜금리 목표'에서 '기준금리(base rate)'로 변경하였다. 콜금리는 대표적인 시장금리 중 하나로 초단기 금융시장의 자금상황을 반영하는 금리이다. 그러나 1999년 콜금리목표제를 도입한 이후 콜금리가 자금수급사정에 관계없이 목표수준에서 고정되면서 콜금리의 시장신호 전달 및 자금배분 기능이 약화되었고, 단기자금거래가 콜시장에 과도하게 집중되어 금융기관 간 RP 등 기일물 단기자금시장의 발달이 저해되는 부작용이 발생하였다. 한국은행이 정책금리의 실체를 '기준금리'로 변경한 것은 이러한 문제를 해소하는 한편 통화정책 파급경로(정책금리 변경 → 단기 및 장기 시장금리 변동)의 원활한 작동을 도모한 것이다. 예대금리차(예대마진)는 자금중개기관인 은행이 자금차입자로부터 수취하는 대출금리와 예금자에게 지급하는 예금금리 간의 격차로서 은행수익의 본질적 원천이 된다. 예대금리차는 간단히 표현하면 대출금리(수입이자/대출금)에서 예금금리(지급이자/예수금)를 차감한 것으로, 분석목적에 따라 신규취급액 또는 잔액을 기준으로 측정할 수 있다. 또한 이와 유사한 개념인 순이자 마진(net interest margin)은 예대업무뿐만 아니라 유가증권투자에서 얻는 수익과 비용까지 포함하는 광범위한 수익성지표로 총이자 수익에서 총이자 비용을 차감한 금액을 이자부자산(투자이익) 총액으로 나눈 값을 말한다. 일반적으로 예대금리차는 예금과 대출시장의 경쟁도가 낮을수록, 은행의 위험기피성향이 강할수록, 대출취급에 따른 한계비용이 클수록, 신용위험이 높을수록 확대되는 것으로 알려져 있다.

시장에서 거래되는 여러 가지 상품과 서비스의 가격을 경제생활에서 차지하는 중요도를 고려하여 평균한 종합적인 가격수준을 물가라고 하는데, 이 같은 물가의 변화를 한눈에 알아볼 수 있도록 기준연도의 물가수준을 100으로 놓고 비교되는 다른 시점의 물가를 지수의 형태로 나타낸 것을 말한다. 물가지수(PI; Price Index)는 경제성장, 국제수지 등과 함께 한 나라 거시경제의 움직임을 나타내는 중요한 경제지표로, 물가지수를 이용하면 일정기간 동안의 생계비 또는 화폐가치의 변화를 측정할 수 있고 명목금액으로부터 실질금액을 산출할 수 있으며 물가수준을 통해 경기변동에 대해 어느 정도 가늠할 수 있다. 물가는 경제 전체의 총공급과 총수요의 영향을 받아 변동하는데, 총수요에 영향을 끼치는 대표적인 요인으로는 통화량과 가계소득을 들 수 있다. 임금 및 국제원자재가격 등 생산요소 가격은 총공급을 변화시키는 요인이며 기대인플레이션은 총수요와 총공급 모두에 영향을 준다. 우리나라의 대표적인 물가지수로는 생산자물가지수, 소비자물가지수, 수출입물가지수, 농가판매 및 구매가격지수 등을 들 수 있다. 소비자물가는 일반 가구가 소비생활을 유지하기 위하여 구입하는 각종 상품

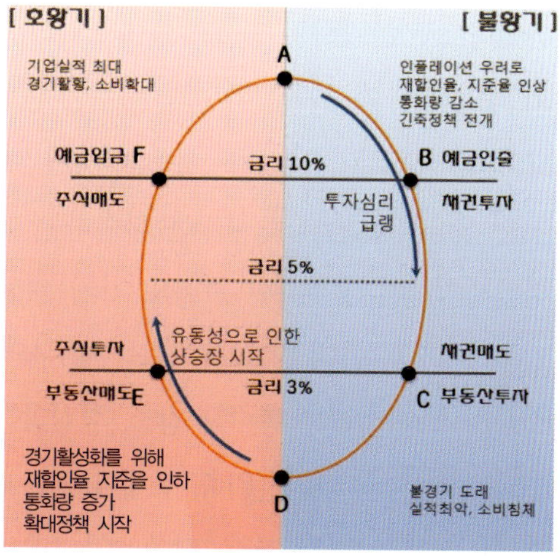

과 서비스의 가격변동을 종합적으로 파악하기 위하여 작성되는 물가지표이다. 우리나라의 소비자물가지수는 통계청에서 작성하고 있으며 기준년을 100으로 하여 작성된다. 조사대상 상품 및 서비스의 구성과 가중치도 경제상황에 맞게 주기적으로 조정된다. 현재는 40여 개 가계의 총소비지출에서 구입비중이 큰 500여 개의 상품 및 서비스 품목을 대상으로 조사된 소비자 구입가격을 기준으로 하고 있다. 소비자물가지수는 소비자가 일정한 생활수준을 유지하는 데 필요한 소득 내지 소비금액의 변동을 나타내기 때문에 소비자의 구매력과 생계비 등의 측정에 사용된다. 또한 소비자물가지수의 상승은 실질임금의 하락을 의미하므로 이를 보전하기 위한 임금인상의 기초자료로 널리 이용되고 있다. 인플레이션은 물가수준이 지속적으로 상승하는 현상을 말한다. 여기서 물가는 개별상품의 가격을 평균하여 산출한 물가지수를 의미한다.

앙드레 코스톨라니의 달걀모형의 시작은 달걀의 가장 상승부인 A에서 시작한다. 이는 주식시장의 호황기와 불황기로 나뉘고 상승기와 하락기의 단계로 구분해서 만들어진다. 인플레이션은 물가상승 지속기간 및 상승폭, 제품의 질적 수준 향상 여부, 정부의 가격통제에 따른 암시장 가격 상승 여부와 같은 점을 고려할 때 언제 인플레이션이라고 정의할 것인가에 대해 이견이 있을 수 있다. 통상 연 4~5% 정도의 물가상승률이 관측되면 일반적으로 인플레이션이 발생했다고 판단한다. 물가가 지속적으로 하락하는 현상인 디플레이션(deflation)하에서는 물가상승률(경제성장률)이 마이너스로 하락하는 인플레이션이 나타난다. 디플레이션이 발생하는 원인은 생산물의 과잉공급, 자산거품의 붕괴, 과도한 통화 긴축정책, 생산성 향상 등 다양하다. 그러나 궁극적으로는 유통되는 통화의 양이 재화 및 서비스의 양보다 적기 때문에 화폐가치는 상승하고 반대로 물가는 하락하는 디플레이션이 발생한다는 점에 이견이 없다. 디플레이션이 발생하면 통화의 가치는 상승하고 실물자산의 가치는 하락함에 따라 인플레이션과 반대 방향으로 소득 및 부의 비자발적 재분배가 발생한다. 이외에도 실질금리 상승에 따른 총수요 감소, 실질임금 상승에 따른 고용 및 생산 감소, 소비지출 연기에 따른 경제활동 위축, 부채디플레이션에 따른 총수요 감소, 통화정책 및 재정정책 등 정책적 대응 제약, 디플레이션 악순환 가능성 등의 문제를 일으킬 수 있다.

□ 주택 구입을 위한 프로젝트 만들기

주택 청약통장 만들기	
주택청약 신청하기	
부동산 중개업으로부터 얻는 정보	
주택 담보대출 받기	
확정일자 받는 방법 및 등기부 읽는 방법	
임차인 전세보증금 보호방법	
전세사기 피해 방지법	

□ 범죄로 처벌되는 행위들

사이버범죄	스미싱은 문자메시지(SMS)와 피싱(Phishing)의 합성어로 ① 문자메시지 속 인터넷주소 클릭하면 ② 악성코드가 스마트폰에 설치되어 ③ 소액결제를 유도하거나 개인·금융정보를 탈취해 악용하는 범죄수법
성범죄	
음주운전	
학교폭력	

참고문헌

김민주, 서비스 코디네이터, 백산출판사, 2017.
김문수, 대학생을 위한 프레젠테이션 스킬, 비즈프레스, 2011.
김영찬 · 김종규 · 신희영 · 권동극 · 박경호 · 신형섭, 국제화시대 매너와 에티켓, 백산출판사, 2018.
김승묵, 성공한 사람들의 리더십 노하우, 백산출판사, 2011.
박영수, 비즈니스를 위한 세계문화상식, 추수밭, 2011.
박한표 · 손일락 · 최호열, 현대인과 국제 매너, 한올출판사, 1999.
서여주, 365 글로벌 매너, 백산출판사, 2021.
엄경아 · 이향정 · 연지영, 서비스인을 위한 이미지메이킹, 지식인, 2016.
오선숙 · 홍성순 · 김지양 · 전명숙 · 김순하, 퍼스널 이미지메이킹, 경춘사, 2017.
오재복, 테이블 매너, 백산출판사, 2011.
이준의, 세계 비즈니스 에티켓, 백산출판사, 2018.
이재희, 비즈니스 커뮤니케이션, 한올, 2021.
이향정 · 오선미 · 김효실, 글로벌 매너 글로벌 에티켓, 백산출판사, 2014.
임붕영, 스토리텔링 서비스, 백산출판사, 2022.
장순자, 서비스 매너, 백산출판사, 2017.
조영대, 글로벌 에티켓과 매너, 백산출판사, 2015.
주영애 · 김선주 · 박상욱, 매너와 이미지메이킹 플러스, 신정, 2010.
최기정, 서비스실무, 백산출판사, 2019.
최지현 · 최세영 · 신재한 · 김새롬 · 김주희 · 진철웅, 글로벌 매너와 이미지메이킹 & 프레젠테이션, 한올, 2020.
한수정 · 우소연, 글로벌 비즈니스 매너와 커뮤니케이션, 백산출판사, 2022.
호텔신라 서비스교육센터, 현대인을 위한 국제매너, 김영사, 1998.

인터넷 사이트
| 경제용어사전 | 경제교육 | 한국은행 홈페이지(bok.or.kr)
https://www.trendbiz.co.kr/news/articleView.html?idxno=2341
https://v.daum.net/v/20140211201109616?f=o

https://v.daum.net/v/20061231205809025?f=o
https://news.koreaherald.com/view.php?ud=20220927000560&md=20221007100106_BL
https://www.donga.com/news/article/all/20221227/117174845/1
https://www.mediafine.co.kr/news/articleView.html?idxno=5065
http://www.medical-tribune.co.kr/news/articleView.html?idxno=109726
http://kor.theasian.asia/archives/281970
https://tammist.tistory.com/13
https://news.mt.co.kr/mtview.php?no=2022122708583771925
https://www.chosun.com/site/data/html_dir/2011/10/25/2011102500516.html
http://premium.chosun.com/site/data/html_dir/2016/07/06/2016070600434.html
https://v.daum.net/v/20120928115916625?f=o
http://www.kdpress.co.kr/news/articleView.html?idxno=45423
https://freesiablog.tistory.com/entry/%EC%8A%A4%ED%83%80%EC%9D%BC%EC%9D%98-%EC%96%B4%EC%9B%90%EA%B3%BC-%EC%9D%98%EB%AF%B8-%EC%86%8C%EA%B0%9C
https://mentorsclub.tistory.com/71
https://www.chosun.com/site/data/html_dir/2018/08/30/2018083001936.html?utm_source=daum&utm_medium=original&utm_campaign=news
https://newsis.com/view/?id=NISI20190826_0000384567
http://www.enewstoday.co.kr/news/articleView.html?idxno=1601874
https://www.ibabynews.com/news/articleView.html?idxno=41831
https://m.blog.naver.com/PostView.naver?isHttpsRedirect=true&blogId=mrplaner&logNo=30147658395
http://biz.heraldcorp.com/view.php?ud=20110201000529
https://www.yna.co.kr/view/AKR20220518078600009
https://www.goodnews1.com/news/articleView.html?idxno=92129
https://www.chosun.com/national/national_general/2022/12/16/M5V5M76CM5GWBBUWBZUKJ6KVIE/?utm_source=daum&utm_medium=referral&utm_campaign=daum-news
https://www.newswire.co.kr/newsRead.php?no=907209
[최강1교시] Full ver. 그리스 · 로마 신화 I 신(神)들의 이야기 I 서양 고전학자 김헌 - YouTube
https://www.hdec.kr/kr/newsroom/news_view.aspx?NewsSeq=298&NewsType=TREND&NewsListType=news_clist#.Y_gOyCbP2Uk
https://www.marieclairekorea.com/lifestyle/2017/07/%EC%8B%A0%EC%9E%85%EC%82%AC%EC%9B%90%EC%9D%B4-%EC%9C%84%EA%B8%B0%EC%97%90-%EC%B2%98%ED%96%88%EB%8B%A4/
https://news.kmib.co.kr/article/view.asp?arcid=0924285208&code=23111512&cp=du
https://young.hyundai.com/magazine/trend/detail.do?seq=18036

https://kormedi.com/1568218/%ed%97%ac%ec%8a%a4%ed%94%bd-%ec%8a%a4%ed%8a%b8%eb%a0%88%ec%8a%a4%ec%97%90-%eb%8c%80%ec%b2%98%ed%95%98%eb%8a%94-%eb%98%91%eb%98%91%ed%95%9c-%eb%8c%80%ec%b2%98%eb%b2%95-4/

https://www.chiefexe.com/news/ArticleView.asp?listId=MjU4Nnx8bGltaXRfZmFsc2Ug

http://www.newstomato.com/ReadNews.aspx?no=1178903&inflow=D

https://view.asiae.co.kr/article/2023022709400941411

https://yourbuoy.kr/how-to-write-effective-emails/

https://www.chosun.com/site/data/html_dir/2015/11/09/2015110902556.html

https://www.saramin.co.kr/zf_user/white-paper/office-view?paper_seq=94

https://blog.hanabank.com/794

http://www.kocw.net/home/cview.do?mty=p&kemId=1384380

[비즈니스 영어] 레스토랑에서-비즈니스 영어(kita.net)

https://www.edaily.co.kr/news/read?newsId=01866326583227976&mediaCodeNo=257

대선 캐치프레이즈를 '효자'로 만들려면? - 조선일보(chosun.com)

[김재동칼럼] 세계 공통 인사법 - 월드코리안뉴스(worldkorean.net)

[칼럼] 짧은 순간의 악수가 오랜 인상을 남긴다! 〈칼럼 〈기사본문 - 한국강사신문 (lecturernews.com)

알기쉬운 장례절차 | 장례절차 | 장사정보 | e하늘 장사정보시스템(15774129.go.kr)

한국장례문화진흥원〉장사정보마당〉문상방법〉문상예절〉절하는 법(kfcpi.or.kr)

사이언스온 - "때론 운명이 필요해", 그런데… 그 운명은 나의 거울이지(hani.co.kr)

제자백가의 '사상적 지도' 다시 그리다: 책&생각: 문화: 뉴스: 한겨레(hani.co.kr)

https://www.inews365.com/news/article.html?no=600535

[성공 비즈니스를 위한 에티켓]고객응대(三者소개) - 중소기업뉴스(kbiz.or.kr)

알고 보면 쉬운 테이블 매너 - 여행신문(traveltimes.co.kr)

http://m.mdilbo.com/detail/c3QycN/681367

http://www.autocast.co.kr/article/view/atc201905270004

http://www.chemicalnews.co.kr/news/articleView.html?idxno=3747

http://www.hapt.co.kr/news/articleView.html?idxno=156945

http://www.heritage.go.kr/heri/cul/culSelectDetail.do?pageNo__=1_2_1_0&ccbaCpno=1273700690000&pageNo=1_1_2_0

http://www.jeollailbo.com/news/articleView.html?idxno=483366

http://www.munhwa.com/news/view.html?no=2019110801073542000003

http://www.ujeil.com/news/articleView.html?idxno=136255

https://incheonport.tistory.com/5305

https://monoscale.net/file/13987

https://news.edupang.com/news/article.html?no=37507

https://news.mt.co.kr/mtview.php?no=2010101209434025331&outlink=1&ref=%3A%2F%2F

https://sports.donga.com/article/all/20211121/110368721/2
https://v.daum.net/v/20061017093006678?f=o
https://v.daum.net/v/20221117110547637
https://www.chosun.com/international/us/2021/07/28/MOT6VWS3TNGT3GGMUY5L3SJPAY/?utm_source=daum&utm_medium=referral&utm_campaign=daum-news
https://www.ebsnurisam.com/search?searchType=MULTI&value=%EC%98%88%EC%A0%88
https://www.fnnews.com/news/201304301006278324?t=y
https://www.hani.co.kr/arti/science/science_general/880694.html
https://www.hani.co.kr/arti/science/science_general/880694.html
https://www.hankyung.com/life/article/2022111138181
https://www.idomin.com/news/articleView.html?idxno=372239
https://www.khan.co.kr/article/201203231925065
https://www.psnews.co.kr/news/articleView.html?idxno=2005638
https://www.sciencetimes.co.kr/news/%EA%B0%90%EC%A0%95%EC%9D%98-%EC%8B%A0%EC%B2%B4%EA%B0%90%EA%B0%81%EC%A7%80%EB%8F%84-%EA%B7%B8%EB%A0%A4%EB%B3%B4%EB%8B%88/
https://www.sisaon.co.kr/news/articleView.html?idxno=579
https://zum.com/#!/v=2&p=2&r=1&cm=front_nb_total&thumb=1&news=0232021010465256722

저자 **약력**

최병호

세종대학교 대학원 호텔관광경영학 전공, 경영학 박사
5성 호텔 23년(신라, 롯데)
대한민국 명장심사위원(식음료서비스부문)
현) 신한대학교 글로벌관광경영학과 교수
한국대학 식음료교육교수협회 회장
(사)한국외식산업학회 부회장

저서: 커피바리스타경영사의 이해
칵테일아티스트 경영사의 이해
외식경영의 이해
최신 와인 소믈리에 이해
글로벌 외식산업창업론
호텔식음료론
와인소믈리에경영사의 이해
음료서비스 실무경영론

논문: 호텔교육훈련 특성이 교육 훈련전이 성과에 미치는 영향

연구 분야: 디저트 음료, 외식창업 컨설팅, 호텔레스토랑 트렌드 분석 등

이현재

세종대학교 대학원 호텔관광경영학 전공, 호텔관광학 박사
롯데호텔 외
현) 대덕대학교 호텔레저컨벤션과 조교수
한국웨딩학회 회장

저서: 글로벌 외식산업창업론
100만 유튜버의 성공전략
도시레저실무

논문: 코로나19 환경에서 고용불안정성이 이직의도에 미치는 영향 외

연구 분야: 제과제빵, 디저트 음료, 디지털 축제 등

저자와의
합의하에
인지첩부
생략

스토리텔링으로 배우는 **서비스 에티켓**

2023년 8월 25일 초판 1쇄 인쇄
2023년 9월 1일 초판 1쇄 발행

지은이 최병호 · 이현재
펴낸이 진욱상
펴낸곳 (주)백산출판사
교 정 성인숙
본문디자인 오행복
표지디자인 오정은

등 록 2017년 5월 29일 제406-2017-000058호
주 소 경기도 파주시 회동길 370(백산빌딩 3층)
전 화 02-914-1621(代)
팩 스 031-955-9911
이메일 edit@ibaeksan.kr
홈페이지 www.ibaeksan.kr

ISBN 979-11-6567-700-8 93190
값 33,000원